Steuerlehre 1
Rechtslage 2026

EBOOK INSIDE

Die Zugangsinformationen zum eBook inside finden Sie
am Ende des Buchs.

Manfred Bornhofen · Martin C. Bornhofen

Steuerlehre 1
Rechtslage 2026

Allgemeines Steuerrecht, Abgabenordnung, Umsatzsteuer

47., überarbeitete und aktualisierte Auflage

Mitarbeiterin: Simone Meyer

Springer Gabler

Studiendirektor, Dipl.-Hdl.
Manfred Bornhofen
Koblenz, Deutschland

WP, StB, CPA, Dipl.-Kfm.
Martin C. Bornhofen
Düsseldorf, Deutschland

ISBN 978-3-658-51981-0
ISBN 978-3-658-51982-7 (eBook)
DOI 10.1007/978-3-658-51982-7

Die Deutsche Nationalbibliothek verzeichnet diese Publikation in der Deutschen Nationalbibliografie; detaillierte bibliografische Daten sind im Internet über http://dnb.d-nb.de abrufbar.

Springer Gabler

Lektorat: Catarina Gomes de Almeida
Korrektorat: Inge Kachel-Moosdorf
Layout und Satz: workformedia | Frankfurt am Main

Springer Gabler ist ein Imprint der eingetragenen Gesellschaft Springer Fachmedien Wiesbaden GmbH und ist Teil von Springer Nature
Die Anschrift der Gesellschaft ist: Abraham-Lincoln-Strasse 46, 65189 Wiesbaden, Germany

SN Flashcards – Ihr Bonus als App und online

Als Käufer dieses Buches können Sie kostenlos unsere Lern-App SN Flashcards (erhältlich im App Store und bei Google Play) mit Fragen zur Wissensüberprüfung und zum Erlernen von Buchinhalten nutzen.
Dafür beachten Sie bitte die folgenden Anweisungen:

1. Gehen Sie auf **https://flashcards.springernature.com/login**
2. Erstellen Sie ein Benutzerkonto, indem Sie Ihre Mailadresse angeben und ein Passwort vergeben.
3. Verwenden Sie den folgenden Link, um Zugang zu Ihrem SN-Flashcards-Set zu erhalten: **https://sn.pub/wldt6j**

Sollte der Link fehlen oder nicht funktionieren, senden Sie uns bitte eine E-Mail mit dem Betreff **„SN Flashcards“** und dem Buchtitel an **customerservice@springernature.com**.

Laden im App Store

JETZT BEI Google Play

MOREMEDIA

Vorwort zur 47. Auflage

Die **Steuerlehre 1** erscheint im Juni eines jeden Kalenderjahres mit dem aktuellen Rechtsstand des **laufenden** Jahres. Zusammen mit der Steuerlehre 2 deckt das Werk die grundlegenden Inhalte des Steuerrechts ab.

Während die **Steuerlehre 2** die Einkommensteuer, die Körperschaftsteuer, die Gewerbesteuer, das Bewertungsgesetz und die Erbschaftsteuer behandelt, erläutert und erklärt die **Steuerlehre 1**

- das Allgemeine Steuerrecht,
- die Abgabenordnung sowie
- die Umsatzsteuer.

NEU mit der aktuellen 47. Auflage der Steuerlehre 1 stellen wir transparent die **Verknüpfung der Inhalte** unserer Werke mit dem **geänderten Rahmenlehrplan für Steuerfachangestellte** dar. Neben einer **Übersicht zu Beginn** sind **auch die jeweiligen Kapitel mit einem entsprechenden Hinweis auf die korrespondierenden Lernfelder des Rahmenlehrplans gekennzeichnet.** Mit dem ganzheitlichen Ansatz unserer Bornhofen Edition bieten wir Auszubildenden und Lernenden die einzigartige Möglichkeit, sich die relevanten Lernfelder aus einer bewährten Hand umfassend und verständlich zu erschließen.

Im Sinne eines zeitgemäßen Lernerlebnisses gewähren wir Ihnen außerdem **kostenlosen Zugang** zu der **Lern-App Springer Nature Flashcards.** Diese App ermöglicht **interaktives Lernen** und unterstützt Sie **mit zusätzlichen Fragen** beim Erfassen und Wiederholen der Lerninhalte. Zudem erscheint die gesamte Bornhofen Edition mit **eBook inside**, um Ihnen das digitale Arbeiten (z. B. durch Verlinkung zu weiterführenden Materialien) zu erleichtern .

Die 47., überarbeitete Auflage der **Steuerlehre 1** berücksichtigt den aktuellen Rechtsstand des Jahres **2026**. Neben neuen BMF-Schreiben, Urteilen und anderen Verwaltungsanweisungen sind insbesondere die sich aus dem Steueränderungsgesetz 2025, dem vierten Bürokratieentlastungsgesetz sowie dem Gesetz zur Modernisierung und Digitalisierung der Schwarzarbeitsbekämpfung ergebenden Neuerungen eingearbeitet. Sämtliche berücksichtigten Rechtsänderungen sind in Anhang 5 tabellarisch mit ihren Fundstellen zusammengefasst.

Rechtsänderungen gegenüber dem Vorjahr bzw. Änderungen, die sich ab 2027 ergeben, sind durch senkrechte Randlinien gekennzeichnet.

Ein größtmöglicher **Praxisbezug** wird durch den Einbezug der **aktuellen amtlichen Vordrucke** hergestellt. Zahlreiche erläuternde **Schaubilder**, **Beispiele**, **Wiederholungsfragen** und zu lösende **Übungsaufgaben** – basierend auf dem Rechtsstand 2026 – unterstützen den Lernerfolg. Über **sn.pub/lecturer-material** erhalten **registrierte Dozenten** bei Angabe der ISBN eine eMail mit dem Downloadlink für ein Gratis-PDF mit ausgewählten Schaubildern.

Zur Erleichterung der Erfolgskontrolle wird in umfangreichen Kapiteln bereits nach einzelnen Abschnitten unter dem Stichwort „**Übung**“ auf die entsprechenden Wiederholungsfragen und Fälle hingewiesen.

Die „**Zusammenfassenden Erfolgskontrollen**“ bieten die Möglichkeit, auch Inhalte vorhergehender Kapitel in die laufende Erfolgskontrolle einzubeziehen.

Aufgrund der vielen **Vernetzungen**, die sich zwischen dem **Steuerrecht und** dem **Rechnungswesen** ergeben, wird mit einem **besonderen Symbol** (siehe Seite VIII) auf Schnittstellen zu den Werken **Buchführung 1** und **2** sowie **zur Steuerlehre 1** und **2** hingewiesen.

Für die Lösungen der zahlreichen Aufgaben und für zusätzliche Aufgaben mit Lösungen ist ein **Lösungsbuch** (ISBN 978-3-658-51984-1) erhältlich.

Manfred Bornhofen†
Martin C. Bornhofen

Hyperlinks

Die **eBook-Ausgabe** der Steuerlehre 1 bietet Ihnen **sorgfältig ausgewählte Verlinkungen** zu Gesetzestexten, BMF-Schreiben u.v.m. Im eBook erkennen Sie diese Links an der blauen Einfärbung des Textes.

Alle Verlinkungen wurden bei Redaktionsschluss (15. Mai 2026) sorgfältig überprüft und waren zu diesem Zeitpunkt aktuell und valide.

Für Veränderungen, die die Betreiber der angesteuerten Webseiten nach dem 15. Mai 2026 an ihren Inhalten vornehmen oder für mögliche Entfernungen solcher Inhalte übernehmen der Verlag und die Autoren keinerlei Gewähr.

Zudem haben der Verlag und die Autoren auf die Gestaltung und die Inhalte der externen gelinkten Seiten keinerlei Einfluss genommen und machen sich deren Inhalte nicht zu eigen.

Wir freuen uns über Ihre Hinweise und Anregungen an **customerservice@springernature.com**.

Erläuterungen zu den in diesem Buch verwendeten Symbolen

▌	Die mit einer senkrechten Randlinie versehenen Seiten kennzeichnen die Rechtsänderungen gegenüber dem Vorjahr bzw. Änderungen, die sich ab 2026 ergeben.
LF xx	Das Symbol LF verweist auf das Lernfeld des Rahmenlehrplans für Steuerfachangestellte, dessen Inhalte in dem gekennzeichneten Kapitel behandelt werden.
B 1	Das Symbol **B 1** verweist auf die **Buchführung 1**, 38. Auflage.
B 2	Das Symbol **B 2** verweist auf die **Buchführung 2**, 37. Auflage.
S 1	Das Symbol **S 1** verweist auf die **Steuerlehre 1**, 47. Auflage.
S 2	Das Symbol **S 2** verweist auf die **Steuerlehre 2**, 46. Auflage.
A L	Das Symbol **A L** verweist auf das **Lösungsbuch** zur **Buchführung 1**, 38. Auflage, und darin enthaltene zusätzliche Aufgaben mit Lösungen.

Inhaltsverzeichnis

A. Allgemeines Steuerrecht

B. Abgabenordnung

C. Umsatzsteuer

Lernfeldverzeichnis

Lernfeld 1: Die eigene Rolle im Betrieb mitgestalten und am Wirtschaftsleben teilnehmen

Sachthema	S 1	S 2	B 1	B 2
Steuern	**A 1.1** (S. 2)			
Einteilung von Steuern	**A 2** (S. 13)			
Finanzgerichtsbarkeit	**A 3** (S. 19)			
Aufbau der Finanzverwaltung	**A 4.2** (S. 25)			
Steuergesetzgebung	**A 3** (S. 19)			
Hilfeleistung im Steuerrecht	**A 5.1** (S. 32)			
Hinweis auf Verschwiegenheitspflicht	**A 5.2** (S. 32)			
Fristenkontrolle	**B 4** (S. 57)			
Aufbewahrung	**B 5.2** (S. 82)		2.3	
Hinweis auf Steuerberatungsvergütungsverordnung	**B 5.3** (S. 84)			

Lernfeld 2: Buchführungsarbeiten durchführen

Sachthema	S 1	S 2	B 1	B 2
handelsrechtliche und steuerrechtliche Buchführungspflicht (+ § 241a HGB)	**B 5.1** (S. 75), **B 5.2** (S. 82)		2.1, 2.2	
Kurzüberblick Kaufmannsarten			2.1.1	
Erläuterungen zu Inventur-Inventar-Bilanz sowie Gewinn- und Verlustrechnung			3.1, 3.2	A 2.1.2
Buchen auf aktiven und passiven Bestandskonten, Buchen auf Aufwands- und Ertragskonten, Buchen von privaten Geldentnahmen, privaten Geldeinlagen und privaten Steuern			3.3, 3.4, 6.2.2, 3.5, 3.10, 8.1.2	
Kontenrahmen/-plan			3.6	
Warenbuchungen mit Skonti, Boni, Rabatten, Gutschriften bei Warenrücksendungen auf Einkaufs- und Verkaufsseite			4	
betriebswirtschaftlicher Kurzbericht (Berechnung des Wareneinsatzes, Rohgewinns/Rohverlusts, Reingewinn/Reinverlust)			3.8	
Grundsätze ordnungsmäßiger Buchführung, GoBD				A 2.1.3

Lernfeld 3: Umsatzsteuerliche Sachverhalte bearbeiten				
Sachthema	S 1	S 2	B 1	B 2
Einführung in die Umsatzsteuer (System der Umsatzsteuer, Schema zur Berechnung der Umsatzsteuer)	**C 1** (S. 134)		3.9.1	
Leistungen: Lieferung § 3 (1) UStG, sonstige Leistung § 3 (9) UStG, unentgeltliche Lieferung § 3 (1b) UStG, unentgeltliche sonstige Leistung § 3 (9a) UStG, Werklieferung § 3 (4) UStG, Werkleistung, Tausch und tauschähnlicher Umsatz § 3 (12) UStG, Einheitlichkeit der Leistung	 **C 2** (S. 142) **C 2** (S. 142) **C 3** (S. 180) **C 3** (S. 180) **C 2** (S. 142) **C 2** (S. 142) **C 2** (S. 142)			
Steuerbarkeit: § 1 (1) Nr. 1 (Unternehmer, Rahmen des Unternehmens, Inland, Entgelt) UStG	**C 2** (S. 142)			
Ortbestimmungen § 3 (6), § 3 (7) UStG ohne Reihengeschäft, § 3a (1), (2), (3), § 3 b (1) und (3) UStG	**C 6** (S. 224)			
Steuerbefreiungen § 4 (Beschränkung auf die Nummern 8, 9a, 10, 11, 12a, 14, 28) UStG	**C 7** (S. 273)			
Option (Verzicht auf die Steuerbefreiung) § 9 UStG	**C 7** (S. 273)			
Bemessungsgrundlage § 10 (1), (2), (4), (5) UStG	**C 8** (S. 292)			
Änderung der Bemessungsgrundlage § 17 UStG	**C 8** (S. 292)			
Steuersätze § 12 und Anlage 2 (Beschränkung auf § 12 (1) und (2) Nr. 1, 2, 7a, 10, 11, 14, 15) UStG	**C 9** (S. 324)			
Steuerberechnung § 16 UStG	**C 10.2** (S. 337)			
Voranmeldung und Vorauszahlung § 18 UStG (auch §§ 46-48 UStDV)	**C 10.3** (S. 338)			
Entstehung der Steuer § 13 (§ 13 (1) Nr. 1a und b sowie Nr. 2), § 20 Nr. 1 und 3 und § 19 (3) UStG	**C 11** (S. 344)			
Steuerschuldner § 13a (§ 13a (1) Nr. 1, 4) UStG	**C 11** (S. 344)			
Rechnungen § 14, § 14c, §§ 33-35 Umsatzsteuerdurchführungsverordnung (UStDV) (Beschränkung in § 14 auf (4), 31. 32 UStDV und § 14 b (1) UStDV	**C 12** (S. 355)			
Vorsteuer § 15 (1) Nr. 1, § 15 (1a), (2), (4) UStG; § 15a UStG in Grundzügen	**C 13** (S. 369)			
weitere Buchungen (Abschluss Vorsteuer- und Umsatzsteuer-Konten)			3.9.3	

Lernfeld 4: Einkommensteuererklärungen von Beschäftigten erstellen				
Sachthema	**S 1**	**S 2**	**B 1**	**B 2**
Wesen und Bedeutung der Einkommensteuer (ESt)		A 1		
persönliche Steuerpflicht: § 1 (1), (3), (4) EStG, § 1a, jedoch ohne Vertiefung § 49 EStG, Anriss Doppelbesteuerungsproblematik, Antrags- und Pflichtveranlagung § 46 EStG		A 2		
sachliche Steuerpflicht: § 2 EStG, Schema der Ermittlung des zu versteuernden Einkommens, Begriffsbestimmungen, Überblick § 3 EStG (Beschränkung auf ehrenamtliche, sozialpolitische und steuerfreie Arbeitgeberleistungen)		A. 1.5, A 3.1, A 4.2, A 11.1.2		
Einkünfte aus nichtselbstständiger Arbeit: § 19 EStG, Einnahmen § 8 EStG, Zufluss-/Abflussprinzip § 11 EStG einschließlich § 38a (2) EStG, Abgrenzung § 12 EStG, Grundzüge zu geldwerten Vorteilen, Fahrtkostenzuschüsse nur in Grundzügen, Werbungskosten § 9 EStG, § 9a Nr. 1a EStG, doppelte Haushaltsführung optional, Versorgungsbezüge § 19 (2) EStG, § 9a Nr. 1b EStG		A 11, A 4.2.2		
Gesamtbetrag der Einkünfte: §§ 24a (nur Bemessungsgrundlage (BMG) 1), 24b EStG (ohne Verlustausgleich und Freibetrag für Land- und Forstwirtschaft)		A 13		
Ermittlung des zu versteuernden Einkommens: Sonderausgaben § 10 EStG (inklusive § 34g und § 10b, ohne Riester-Rente), Vorsorgeaufwendungen nur für abhängig Beschäftigte, außergewöhnliche Belastungen § 33, § 33a und § 33b EStG, Berücksichtigungsfähigkeit von Kindern § 32 EStG (auch Günstigerprüfung), kein Härteausgleich		A 14, A 15		
Ermittlung der Einkommensteuer: Veranlagungsarten § 25, § 26, § 26a und b EStG, Einkommensteuertarif § 32a EStG, einschließlich Familienleistungsausgleich, Progressionsvorbehalt § 32b EStG am Beispiel von steuerfreien Einnahmen der Arbeitnehmerin/des Arbeitnehmers, tarifliche, festzusetzende und zu zahlende ESt, Steuerermäßigungen § 34g, § 5 a EStG, anrechenbare Lohnsteuer ohne Kirchensteuer		A 5, A 16, A 18		
Modernisierung des Besteuerungsverfahrens (integrativ): vorausgefüllte Steuererklärung, E-Daten, ELStAM, Vollmachtsdatenbank, elektronische Lohnsteuerbescheinigung		A 18		

Lernfeld 5: Arbeitsentgelte berechnen und buchen

Sachthema	S 1	S 2	B 1	B 2
Bereiche der Sozialversicherung und deren Bedeutung für die Gehaltsberechnung: Arten und Träger der Sozialversicherung, Leistungen im Überblick, Versicherungspflichtgrenze, Beträge einschließlich Beitragsbemessungsgrenzen			5.1	
Berechnung und Buchung der Entgeltabrechnung: Ermittlung des Nettolohns unter Berücksichtigung der Abzüge, Arbeitgeberanteil zur Sozialversicherung, vermögenswirksame Leistungen optional, geringfügig entlohnte Beschäftigung (ohne Midijob „Gleitzone"), Sachbezüge (Pkw-Gestellung, Belegschaftsrabatte), Vorschüsse, weitere steuerfreie Arbeitgeberleistungen, Reisekosten Arbeitnehmer/-in (Abgrenzung zur Unternehmerin/zum Unternehmer), Umlagen ohne Buchungen (U 1, U 2), Insolvenzgeldumlage nur in Grundzügen			5.1, 5.2, 5.1, 5.6, 5.7, 5.9, 5.5, 5.9, 8.2.3, 5.7, 5.7	

Lernfeld 6: Grenzüberschreitende Sachverhalte und Sonderfälle umsatzsteuerrechtlich bearbeiten und erfassen

Sachthema	S 1	S 2	B 1	B 2
Außenhandel und Sonderfälle (inklusive Buchungen)			8.2	
Ausfuhrlieferung § 4 Nr. 1a UStG und § 6 (1) Nr. 1 und 2, (2), (3a) UStG	**C 7.2** (S. 276)		8.2	
Innergemeinschaftliche Lieferung § 4 Nr. 1b und § 6a	**C 7.2** (S. 276)		8.2	
Einfuhr § 1 (1) Nr. 4 UStG, Steuerbefreiung nach § 5 (1) Nr. 7 UStG, § 11 UStG	**C 4** (S. 200)		8.2	
Innergemeinschaftlicher Erwerb § 1 (1) Nr. 5, § 1a (1), optional: (2), (3), (4); § 3d, § 4b (ohne Details), § 10 (1) UStG	**C 5** (S. 206)		8.2	
Fernverkauf nach § 3c (1) und (4) UStG	**C 6.1.5** (S. 238)			
Steuerschuldnerschaft der/des Leistenden und des Leistungsempfängers § 13b UStG (nur § 13b (1) und (2) Nr. 1, 3, 4, 7, 8)	**C 11.7** (S. 349)		8.2	
Steuerentstehung (§ 13 (1) Nr. 6 und § 13b (1) und (2) UStG)	**C 11** (S. 344)			
Steuerschuldner § 13b (5) und § 13a (1) Nr. 2 UStG)	**C 11** (S. 344)			
One-Stop-Shop-Verfahren (Überblick)	**C 6.1.5** (S. 238)			
Internetdienstleistungen in der EU ansässiger Online-Händler/-innen gem. § 3a (5), § 18j UStG	**C 6.2.2.9** (S. 257), **C 6.1.5** (S. 238)			
Kleinunternehmer § 19 UStG	**C 17** (S. 408)			
Vorsteuerabzug nach § 15 (1) Nr. 2, 3, 4; § 15 (3) UStG	**C 13** (S. 369)			

Lernfeld 7: Beschaffung und Verkauf von Anlagevermögen erfassen				
Sachthema	**S 1**	**S 2**	**B 1**	**B 2**
Finanzierungsarten			6.3	
Kreditarten (Fälligkeitsdarlehen mit Disagio/ Damnum mit Buchungen), optional: Raten- und Annuitätendarlehen			6.3	
Kreditsicherungsmöglichkeiten (Personalkredite (Bürgschaft), Realkredite (Grundschuld))			6.3	
Leasing mit Bildung der Buchungssätze (nur Zuordnung zum Leasinggeber)			6.4	
Anzahlungen			7.1.7	
Berechnung und Buchung von Anschaffungs- und Herstellungskosten gem. § 255 HGB von beweglichen und unbeweglichen Sachanlagen, ohne Ermittlung der Herstellkosten von Gebäuden		A 9.2	7.1	A 6
aktivierungspflichtige Steuern		A 9.2	7.1	A 6
direkte planmäßige Abschreibungen (linear, optional: degressiv, Leistungsabschreibung)		A 9.2	3.7,	A 5.2, A 6.1
Bewertungsfreiheit bei geringwertigen Wirtschaftsgütern (ohne Sammelposten nach § 6 Abs. 2a EStG)		A 9.2	7.1	
AB und Sonderabschreibungen § 7g optional		A 9.2		A 5.2,A 6
Buchung von Veräußerung einschließlich Inzahlunggabe von Sachanlagen, z. B. Pkw			7.1	
Anlagenverzeichnis			7.1	A 6.3
Betriebswirtschaftliche Auswertung (Anlagendeckung I und II, Gewinnauswirkung, Liquiditätskennziffern)				B 1, B 2

Lernfeld 8: Gewinneinkünfte und weitere Überschusseinkünfte ermitteln

Sachthema	S 1	S 2	B 1	B 2
Einkünfte aus Land- und Forstwirtschaft: Grundzüge, § 4a EStG		A 4, A 6.1		
Einkünfte aus Gewerbebetrieb: Merkmale Gewerbe, nur laufende Gewinne, keine Veräußerungsgewinne (§§ 16, 17 EStG)		A 4, A 6.2		
Einführung der Personengesellschaften: Vertretung, Geschäftsführung, Haftung und Gewinnverteilung (GbR, OHG, KG)				A 12
Berechnung der Einkünfte (Ermittlung und Verteilung des steuerlichen Gewinns bei Personengesellschaften, Gewinnermittlungsart, Überleitungsrechnung mit nicht abzugsfähigen Betriebsausgaben (Geschenke, Bewirtung, Fahrten Wohnung-Betrieb, Reisekosten Unternehmer/-in, Gewerbesteuer, Zuwendungen an politische Parteien)		A 3, A 4		
Einkünfte aus selbstständiger Arbeit: Abgrenzung § 15, Berechnung der Einkünfte mit Einnahmenüberschussrechnung ohne § 7g EStG		A 6.3, A 10		
Einkünfte aus Kapitalvermögen: Berechnung der Einkünfte unter Berücksichtigung der Abgeltungssteuer (nur Einnahmen nach § 20 (1) Nr. 1, 4, 7 und (2) Nr. 1 EStG, Hinweis auf Veranlagungsoptionen)		A 11.2		
Einkünfte aus Vermietung und Verpachtung: Berechnung der Einkünfte		A 11.3		
Sonstige Einkünfte: nur Renten, private Veräußerungsgeschäfte, gelegentliche Vermittlungen und Ehegattenunterhalt		A 11.4		
Summe der Einkünfte: horizontaler und vertikaler Verlustausgleich		A 12		
Gesamtbetrag der Einkünfte: § 24a BMG 2, Berechnung unter Berücksichtigung des Freibetrages für Land- und Forstwirtinnen/Land- und Forstwirte		A 13		
Einkommen: Berechnung unter Berücksichtigung des Verlustabzuges und der Regelungen für Selbstständige bei der Ermittlung der Höhe der Vorsorgeaufwendungen und beim Spendenabzug		A 14		
Ermittlung des zu versteuernden Einkommens		A 15		
Einkommensteuernachzahlung/-erstattung: Berechnung unter Berücksichtigung von Einkommensteuervorauszahlungen		A 16		

Lernfeld 9: Körperschaftsteuer und Gewerbesteuer ermitteln				
Sachthema	**S 1**	**S 2**	**B 1**	**B 2**
Überblick Kapitalgesellschaften: Gründung, Haftung, Organe, Geschäftsführung, Vertretung, Gewinnverwendung für GmbH				A 12
Körperschaftsteuer (KSt): unbeschränkte und beschränkte KSt-Pflicht §§ 1 (1), 2 KStG		B 2, B 3		
Ermittlung des zu versteuernden Einkommens: Korrektur handelsrechtlichen Gewinns, Ermittlung steuerrechtlichen Gewinns (Hinweis auf unterschiedliche Ansatz- und Bewertungsvorschriften Lernfeld 10)		B 4		
Verdeckte Gewinnausschüttungen § 8 (3) KStG, nicht abziehbare Aufwendungen § 10 KStG und nicht abzugsfähige Betriebsausgaben § 4 (5), (6) und § 4 (5b) EStG, steuerfreie Einnahmen § 8b (1), (5) KStG, Zuwendungen § 9 (1) Nr. 2 KStG		B 4		
Verlustabzug, KSt-Tarif, KSt-Rückstellungen, optional: Folgen von ordentlichen und verdeckten Gewinnausschüttungen für die Einkünfte der Gesellschafter		B 4, B 5		
Gewerbesteuer (GewSt): Arten und Formen des Gewerbebetriebes, Berechnungsschema GewSt, Ausgangsgröße handelsrechtlicher Gewinn, Ermittlung steuerrechtlicher Gewinn		C 2, C 3.1		
Hinzurechnungen § 8 GewStG (Nr. 1a Entgelte für Schulden, Nr. 1c Gewinnanteile stiller Gesellschafter, Nr. 1d–e Miet- und Pachtaufwendungen, Nr. 8 Verlust aus einer Beteiligung an einer Personengesellschaft, Nr. 9 Spenden bei Kapitalgesellschaften)		C 3.2		
Kürzungen § 9 GewStG (Nr. 1 Grundbesitz, Nr. 2 Gewinnanteile Personengesellschaften, Nr. 5 Spenden)		C 3.3		
Berechnung vorläufiger Gewerbeertrag: Gewerbeverlust § 10a GewStG		C 3.4, C 3.5		
Berechnung endgültiger Gewerbeertrag: Freibetrag § 11 (1) GewStG, Steuermessbetrag und -zahl § 11 GewStG		C 3.6		
Hebesatz § 16 GewStG, GewSt-Zerlegung, GewSt-Vorauszahlung und GewSt-Rückstellungen (inkl. Buchungen), Steuerermäßigung § 35 EStG, Erhebungsverfahren in Grundzügen		C 4, C 5		

Lernfeld 10: Jahresabschlüsse erstellen und auswerten				
Sachthema	**S 1**	**S 2**	**B 1**	**B 2**
Bilanzierungspflicht			2	A 2
Ansatzvorschriften: §§ 247, 246 (1) HGB, Definition Betriebsvermögen		A 8		A 5.1
Bewertungsmaßstäbe: Anschaffungskosten, Herstellungskosten, Teilwert		A 9		A 5.2
Bewertungsvorschriften: Saldierungsverbot § 246 (2) HGB, Einzelbewertung § 252 (1) Nr. 3 HGB, Stichtagsprinzip §§ 252 (1) Nr. 3, 241 HGB, Vorsichtsprinzip § 252 (1) Nr. 4 HGB, Wertaufhellungsprinzip § 252 (1) Nr. 4 HGB, Realisationsprinzip § 252 (1) Nr. 4 HGB, Periodisierungsprinzip § 252 (1) Nr. 5 HGB, Stetigkeitsprinzip § 252 (1) Nr. 6 HGB, Anschaffungswertprinzip § 253 (1) HGB, Niederstwertprinzip § 253 (3) HGB, § 6 (1) Nr. 1, 1b, 2 EStG		A 9		A 2, A 5.2
Zeitliche Abgrenzung: aktive und passive Rechnungsabgrenzung, sonstige Forderungen und sonstige Verbindlichkeiten, Abgrenzung USt, Vorsteuer				A 4
Bewertung Anlagevermögen: nur Sachanlagen, keine immateriellen Wirtschaftsgüter				A 6
Bewertung Umlaufvermögen: Vorräte (Lifo, Fifo, Durchschnittsbewertung) § 6 (1) Nr. 2a EStG, Forderungen				A 7
Bewertung Fremdkapital: nur Bewertung Rückstellungen (keine Pensionsrückstellungen)				A 8, A 9
Abschlussbuchungen				A 3
Buchung der nicht abzugsfähigen Betriebsausgaben: Geschenke, Bewirtung, Fahrten Wohnung-Betrieb, Reisekosten Unternehmer/-in, Gewerbesteuer			8.2.2	
Bilanzkennzahlen: nur Eigenkapital- und Umsatzrentabilität, Working Capital (andere Kennzahlen in Lernfeld 7), Umsatzsteuerverprobung				B 2, B 3

Lernfeld 11: Verwaltungsakte prüfen, Rechtsbehelfe und Anträge vorbereiten

Sachthema	S 1	S 2	B 1	B 2
Phasen des Besteuerungsverfahrens: Ermittlungs-, Festsetzungs-, Einspruchs- und Erhebungsverfahren	**B 5** (S. 75), **B 10.4** (S. 123)			
Örtliche Zuständigkeit der Finanzämter nach Steuerart und gesonderten Feststellungen	**B 2.2** (S. 36)			
Erklärungsfristen für natürliche Personen mit und ohne Berater/-in	**B 5.1** (S. 75)			
Verwaltungsakte: Begriff und Arten, insbesondere Steuerbescheide (Inhalt und Arten, Vorbehalts- und Vorläufigkeitsfestsetzungen, Grundlagenbescheide), Festsetzungsverjährung	**B 3** (S. 47), **B 6** (S. 90)			
Einspruchsverfahren: Einspruchsfrist, Wiedereinsetzung in den vorigen Stand, Einspruch, Aussetzung der Vollziehung	**B 4.3** (S. 58), **B 4.4** (S. 61), **B 9.1** (S. 116)			
Berichtigungsvorschriften: schlichte Änderung gemäß § 172 AO, neue Tatsachen und Beweismittel (nur Grundfälle) § 173 AO, Grundlagenbescheide § 175 AO, offenbare Unrichtigkeiten § 129, § 173a AO)	**B 7** (S. 98)			
Erhebungsverfahren: Wirksamkeit der Zahlung § 224 AO ohne Scheck, Reihenfolge der Tilgung, Aufrechnung; Stundung, Erlass, Zahlungsverjährung	**B 8** (S. 106)			
steuerliche Nebenleistungen: Verspätungszuschlag (nur bei Einkommensteuererklärungen, Ermessensentscheidung nach § 152 (1), automatische Festsetzung nach § 152 (2), Festsetzung in Erstattungsfällen § 152 (3) Nr. 3 AO, Säumniszuschlag § 240 AO, Zinsen §§ 233a ff AO)	**B 4.5** (S. 62)			
mögliche Gesetzesverstöße: Hinweis auf Geldwäschegesetz, Überblick über Steuerordnungswidrigkeiten und Steuerstraftaten	**B 10** (S. 123)			

Abkürzungsverzeichnis

A	=	Abschnitt
Abk.	=	Abkürzung
a. D.	=	außer Dienst
AdV	=	Aussetzung der Vollziehung
AEAO	=	Anwendungserlass zur Abgabenordnung (AO)
a. F.	=	alte Fassung
AfA	=	Absetzung für Abnutzung
AFG	=	Arbeitsförderungsgesetz
AG	=	Aktiengesellschaft
AktG	=	Aktiengesetz
AltEinkG	=	Alterseinkünftegesetz
AO	=	Abgabenordnung
AStG	=	Außensteuergesetz
AOH	=	Amtliches AO-Handbuch
Art.	=	Artikel
ATLAS	=	Automatisiertes Tarif- und Lokales Zoll-Abwicklungs-System
BAföG	=	Bundesausbildungsförderungsgesetz
BEF	=	Belgische Franken
BerlinFG	=	Berlinförderungsgesetz
BewG	=	Bewertungsgesetz
BFH	=	Bundesfinanzhof
BGB	=	Bürgerliches Gesetzbuch
BGBl	=	Bundesgesetzblatt
BGH	=	Bundesgerichtshof
BiRiLiG	=	Bilanzrichtlinien-Gesetz
BKGG	=	Bundeskindergeldgesetz
BImA	=	Bundesanstalt für Immobilienaufgaben
BIP	=	Bruttoinlandsprodukt
BMF	=	Bundesministerium der Finanzen
BMG	=	Bemessungsgrundlage
BNE	=	Bruttonationaleinkommen
BpO	=	Betriebsprüfungs-Ordnung
BSHG	=	Bundessozialhilfegesetz
BStBl	=	Bundessteuerblatt
BSP	=	Bruttosozialprodukt
B2B	=	business to business
B2C	=	business to consumer
BV	=	Berechnungsverordnung oder Betriebsvermögen
BVerfG	=	Bundesverfassungsgericht
BZSt	=	Bundeszentrale für Steuern
cbm = m³	=	Kubikmeter
CStHG	=	Corona-Steuerhilfegesetz
DA-FamEStG	=	Dienstanweisung zur Durchführung des steuerlichen Familienleistungsausgleichs nach dem X. Abschnitt des EStG
DBA	=	Doppelbesteuerungsabkommen
DK	=	Dänemark

DSGVO	=	Datenschutz-Grundverordnung
EDI	=	elektronischer Datenaustausch
EFH	=	Einfamilienhaus
EGAO	=	Einführungsgesetz zur Abgabenordnung
Eh.	=	Einzelhandel
EigZulG	=	Eigenheimzulagengesetz
ErbStG	=	Erbschaftsteuer- und Schenkungsgesetz
ErbStR	=	Erbschaftsteuer-Richtlinien
ESt	=	Einkommensteuer
EStDV	=	Einkommensteuer-Durchführungsverordnung
EStG	=	Einkommensteuergesetz
EStH	=	Amtliches Einkommensteuer-Handbuch
EStR	=	Einkommensteuer-Richtlinien
eTIN	=	electronic Taxpayer Identification Number
EU	=	Europäische Union
EuGH	=	Europäischer Gerichtshof
EUR	=	Euro
EUSt	=	Einfuhrumsatzsteuer
EWR	=	Europäischer Wirtschaftsraum
FA	=	Finanzamt
FAGO	=	Geschäftsordnung der Finanzämter
FG	=	Finanzgericht
FGO	=	Finanzgerichtsordnung
FinMin.	=	Finanzministerium
FördG	=	Fördergebietsgesetz
FRF	=	Französische Franken
FVG	=	Finanzverwaltungsgesetz
GbR	=	Gesellschaft des bürgerlichen Rechts
GdB	=	Grad der Behinderung
GewSt	=	Gewerbesteuer
GewStDV	=	Gewerbesteuer-Durchführungsverordnung
GewStG	=	Gewerbesteuergesetz
GewStR	=	Gewerbesteuer-Richtlinien
GG	=	Grundgesetz für die Bundesrepublik Deutschland
GmbH	=	Gesellschaft mit beschränkter Haftung
GNOFÄ	=	Grundsätze zur Neuorganisation der Finanzämter
GoB	=	Grundsätze ordnungsmäßiger Buchführung
GrEStG	=	Grunderwerbsteuergesetz
GrSt	=	Grundsteuer
H	=	Hinweis
HBeglG 2004	=	Haushaltsbegleitgesetz 2004
HGB	=	Handelsgesetzbuch
HR	=	Handelsregister
HZA	=	Hauptzollamt
InvZulG	=	Investitionszulagengesetz
i. S. d.	=	im Sinne des
i. V. m.	=	in Verbindung mit
JStG	=	Jahressteuergesetz

KapESt	=	Kapitalertragsteuer
KG	=	Kommanditgesellschaft
KGaA	=	Kommanditgesellschaft auf Aktien
KiSt	=	Kirchensteuer
KraftSt	=	Kraftfahrzeugsteuer
KSt	=	Körperschaftsteuer
KStDV	=	Körperschaftsteuer-Durchführungsverordnung
KStG	=	Körperschaftsteuergesetz
KStR	=	Körperschaftsteuer-Richtlinien
KWG	=	Kreditwesengesetz
Kz	=	Kennzahl
LStDV	=	Lohnsteuer-Durchführungsverordnung
LStR	=	Lohnsteuer-Richtlinien
MwStSystRL	=	Mehrwertsteuer-Systemrichtlinie
MwStVO	=	Durchführungsverordnung (EU)
n. F.	=	neue Fassung
OFD	=	Oberfinanzdirektion
OECD	=	Organisation für wirtschaftliche Entwicklung und Zusammenarbeit
OHG	=	offene Handelsgesellschaft
ParG	=	Parteiengesetz
PostG	=	Postgesetz
PUDLV	=	Post-Universaldienstleistungsverordnung
R	=	Richtlinie
RFH	=	Reichsfinanzhof
Rdvfg.	=	Rundverfügung
Rz.	=	Randziffer/Randzahl
SachbezV	=	Sachbezugsverordnung
SGB	=	Sozialgesetzbuch
SolZG	=	Solidaritätszuschlaggesetz
StADV	=	Steueranmeldungs-Datenträgerverordnung
StBerG	=	Steuerberatungsgesetz
StDÜV	=	Steuerdaten-Übermittlungsverordnung
StEntlG	=	Steuerentlastungsgesetz
StEuglG	=	Steuer-Euroglättungsgesetz
StraBEG	=	Strafbefreiungserklärungsgesetz
StSenkErgG	=	Steuersenkungsergänzungsgesetz
StSenkG	=	Steuersenkungsgesetz
StVBG	=	Steuerverkürzungsbekämpfungsgesetz
StVergAbG	=	Steuervergünstigungsabbaugesetz
StVZO	=	Straßenverkehrs-Zulassungs-Ordnung
SvEV	=	Sozialversicherungsentgeltverordnung
Tz.	=	Textziffer/Textzahl
u. a.	=	unter anderem
UntStFG	=	Unternehmenssteuerfortentwicklungsgesetz
UR	=	Umsatzsteuer-Rundschau
USt	=	Umsatzsteuer
UStAE	=	Umsatzsteuer-Anwendungserlass
UStB	=	Umsatzsteuer-Berater

UStDV	=	Umsatzsteuer-Durchführungsverordnung
UStG	=	Umsatzsteuergesetz
USt-IdNr.	=	Umsatzsteuer-Identifikationsnummer
UStZustVO	=	Umsatzsteuerzuständigkeitsverordnung
VermBG	=	Vermögensbildungsgesetz
VersG	=	Versicherungsteuergesetz
vGA	=	verdeckte Gewinnausschüttung
VoSt	=	Vorsteuer
VwZG	=	Verwaltungszustellungsgesetz
VZ	=	Veranlagungszeitraum
Wj	=	Wirtschaftsjahr
WG	=	Wechselgesetz
WoBauFG	=	Wohnungsbauförderungsgesetz
WoPG	=	Wohnungsbau-Prämiengesetz
WStG	=	Wechselsteuergesetz
WÜD	=	Wiener Übereinkommen vom 18.04.1961 über diplomatische Beziehungen
WÜK	=	Wiener Übereinkommen vom 24.04.1963 über konsularische Beziehungen
ZG	=	Zollgesetz
ZM	=	Zusammenfassende Meldung

A. Allgemeines Steuerrecht

Das **Steuerrecht** ist ein **Teil des öffentlichen Rechts**. Es gibt den Trägern der Steuerhoheit (Bund, Ländern und Gemeinden) die Möglichkeit, sich die zur Erfüllung ihrer Aufgaben notwendigen Mittel auf gesetzmäßigem Wege zu beschaffen.

Bund, **Länder** und **Gemeinden** haben vielfältige **Aufgaben** zu erfüllen, die der Einzelne nicht zu lösen vermag.

Wie die Mittel zur Aufgabenerfüllung z.B. durch den Bund verwendet werden sollen, zeigt der folgende **Bundeshaushalt 2026.** Darin sind insgesamt Ausgaben in Höhe von **524,5 Mrd. Euro** und damit ein um 4,4 % größerer Betrag als im Vorjahr vorgesehen. Der Bundeshaushalt 2026 wurde am 28. November 2025 beschlossen. Es ergeben sich zusammengefasst die nachfolgenden Zahlen: Als größter Posten sind weiterhin die Ausgaben für „Arbeit und Soziales" mit 197,3 Mrd. Euro geplant; diese entsprechen mit fast 38 % des Bundeshaushalts etwa dem gleichen Anteil wie 2025. Die nächstgrößeren Posten entfallen auf „Verteidigung" (82,7 Mrd. Euro) und „Allgemeine Finanzverwaltung" (47,4 Mrd. Euro). Der Posten „Bundesschuld" (33,6 Mrd. Euro) entspricht betragsmäßig etwa dem Vorjahreswert.

Die folgende Grafik zeigt die Einzelpläne der Ministerien:

Die Bundesregierung muss weiterhin die Belastungen (insbesondere durch die Erhöhung der Ausgaben z.B. Subventionsmaßnahmen) wegen der Auswirkungen des **Ukraine-Kriegs**, der **Auseinandersetzungen im Nahen Osten**, der **Energie-Krise** und der **gestiegenen Inflation** durch die Aufnahme von Krediten finanzieren. Im Kernhaushalt und für das Sondervermögen ist eine Neuverschuldung von 182,9 Mrd. Euro erfasst (weitere Informationen unter www.bundesfinanzministerium.de).

1 Öffentlich-rechtliche Abgaben

Die **öffentlich-rechtlichen Abgaben** werden vom Staat – das sind der Bund, die Länder und die Gemeinden – erhoben, damit die **öffentlichen Aufgaben** erfüllt werden können.

Zu den **öffentlich-rechtlichen Abgaben gehören**

- die **Steuern**,
- die **Gebühren**,
- die **Beiträge** sowie
- die **steuerlichen Nebenleistungen**.

LF 1

1.1 Steuern

Die **wichtigsten Einnahmen** des Bundes, der Länder und der Gemeinden (der Gebietskörperschaften) sind die **Steuereinnahmen**.

In diesem Abschnitt werden der **Steuerbegriff** erklärt und die **haushaltsmäßige Bedeutung** der Steuern erläutert.

1.1.1 Steuerbegriff

In der Abgabenordnung (AO) findet man weder Begriffsbestimmungen für Abgaben noch für Gebühren und Beiträge, sondern lediglich eine Legaldefinition der **Steuern** in § 3 Abs. 1 AO.

Steuern sind Geldleistungen, die nicht eine Gegenleistung für eine besondere Leistung darstellen und von einem öffentlich-rechtlichen Gemeinwesen zur Erzielung von Einnahmen allen auferlegt werden, bei denen der Tatbestand zutrifft, an den das Gesetz die Leistungspflicht knüpft; die Erzielung von Einnahmen kann Nebenzweck sein (§ 3 Abs. 1 AO).

Nur wenn **alle** Merkmale dieser Begriffsbestimmung auf eine **Abgabe** zutreffen, handelt es sich um eine **Steuer**. Das heißt:

1. Es muss eine **Geldleistung** vorliegen. Sach- und Dienstleistungen gehören nicht zu den Steuern.
2. Die Geldleistungen dürfen keine **Gegenleistung** für eine besondere Leistung darstellen. Gebühren und Beiträge sind Gegenleistungen für besondere Leistungen des Staates und gehören deshalb nicht zu den Steuern. Dieses Merkmal grenzt die Steuern von den Gebühren und Beiträgen ab.
3. Die Geldleistungen müssen von einem **öffentlich-rechtlichen Gemeinwesen** auferlegt werden. Öffentlich-rechtliche Gemeinwesen sind die Gebietskörperschaften (Bund, Länder und Gemeinden) und die Religionsgemeinschaften, die vom Staat als öffentlich-rechtliche Körperschaften anerkannt sind.
4. Die Geldleistungen müssen zur **Erzielung von Einnahmen** erhoben werden. Die Erzielung von Einnahmen kann Hauptzweck (Deckung des Finanzbedarfs) und/oder Nebenzweck (z. B. Konsumlenkung durch Tabaksteuer und Alkoholsteuer) sein.
5. Die Geldleistungen müssen allen auferlegt werden, bei denen der **Tatbestand** zutrifft, an den das Gesetz die Leistungspflicht knüpft. Dieses Begriffsmerkmal beinhaltet den Grundsatz der Tatbestandsmäßigkeit (Steuern dürfen nur erhoben werden, wenn der steuerliche Tatbestand erfüllt ist) und den Grundsatz der Gleichmäßigkeit (Steuern müssen immer erhoben werden, wenn der steuerliche Tatbestand zutrifft).

Einfuhr- und Ausfuhrabgaben sind nach Artikel 4 Nrn. 10 und 11 des Zollkodexes Steuern im Sinne der Abgabenordnung (§ 3 Abs. 3 AO).

Einfuhr- und Ausfuhrabgaben (früher Zölle) sind die im **Zollkodex geregelten Abgaben**, die **Einfuhrumsatzsteuer** sowie die für eingeführte Waren zu erhebenden Verbrauchsteuern.

ÜBUNG → Wiederholungsfragen 1 bis 4 (Seite 9)

1.1.2 Steueraufkommen

Bund, Länder und Gemeinden haben im Jahr 2024 insgesamt **Steuereinnahmen** in Höhe von rund **947,7 Mrd. Euro** erzielt. Das ist im Vergleich zum Jahr 2023 ein Anstieg von 32 Mrd. Euro (rund 3,5 %).

Die vom Staat übernommenen Aufgaben werden Bund, Ländern und Gemeinden zugewiesen. Demzufolge fließen auch die Steuern nicht in eine Kasse, sondern werden auf Bund, Länder und Gemeinden aufgeteilt.

Aus der folgenden Zusammenstellung ist ersichtlich, wie sich die Steuern nach der **Ertragshoheit** (Artikel 106 GG) von **2023 zu 2024** entwickelt haben. Nach der Ertragshoheit ist einerseits zu unterscheiden zwischen Steuern, die den Gebietskörperschaften **allein** zufließen (**Bundes-, Landes- und Gemeindesteuern**) und andererseits Steuern, die Bund, Ländern und Gemeinden nach einem festgelegten Verteilungsschlüssel **gemeinschaftlich** zufließen (**Gemeinschaftssteuern**):

	2023		**2024**	
	Mrd. €	%	Mrd. €	%
Gemeinschaftssteuern	**690,7**	75	**718,9**	76
Lohnsteuer	236,2		248,9	
veranlagte Einkommensteuer	73,4		74,8	
nicht veranlagte Steuern vom Ertrag (KapESt)	36,4		34,0	
Abgeltungsteuer	8,4		19,3	
Körperschaftsteuer	44,9		39,8	
Umsatzsteuer (einschl. Einfuhrumsatzsteuer)	291,4		302,1	
Bundessteuern	**107,6**	12	**109,0**	11
Energiesteuer (früher Mineralölsteuer)	36,7		35,1	
Stromsteuer	6,8		5,2	
Tabaksteuer	14,7		15,6	
Kraftfahrzeugsteuer	9,5		9,7	
Alkoholsteuer	2,2		2,0	
Versicherungsteuer	16,9		18,2	
Zölle	5,7		5,5	
Solidaritätszuschlag	12,2		12,6	
sonstige Bundessteuern	2,9		5,1	
Landessteuern	**25,3**	3	**26,5**	3
Rennwett- und Lotteriesteuer	2,5		2,5	
Erbschaftsteuer	9,3		10,0	
Grunderwerbsteuer	12,2		12,7	
sonstige Landessteuern	1,3		1,3	
Gemeindesteuern	**92,3**	10	**93,3**	10
Gewerbesteuer	75,1		75,3	
Grundsteuer	15,7		16,1	
sonstige Gemeindesteuern	1,5		1,9	
insgesamt	**915,9**	100	**947,7**	100

Aus der folgenden Grafik (**Steuerspirale 2024**) ist zu ersehen, wie sich die **Steuereinnahmen des Jahres 2024** – geordnet nach der Aufkommenshöhe – auf die einzelnen Steuerarten verteilen:

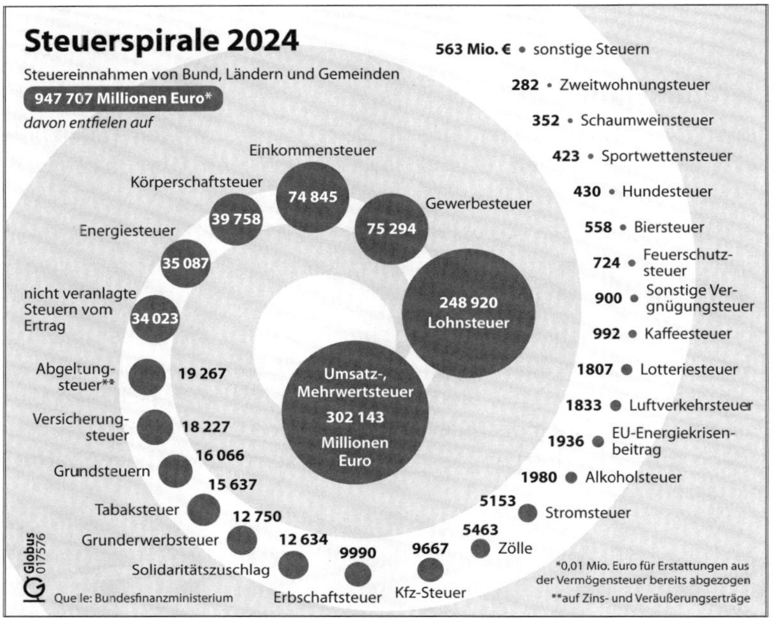

Die folgende Grafik zeigt die Steuereinnahmen 2024 **vor** und **nach** der Verteilung der Steuern:

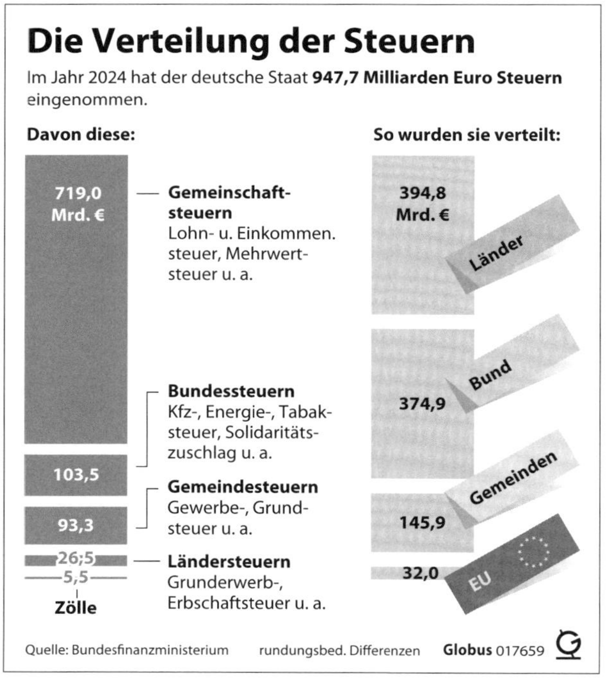

Setzt man die **Steuereinnahmen** eines Jahres ins prozentuale Verhältnis zum **Bruttoinlandsprodukt** (Ausdruck der wirtschaftlichen Leistung einer Volkswirtschaft), so erhält man die **volkswirtschaftliche Steuerquote**.

Die **volkswirtschaftliche Steuerquote** der Bundesrepublik Deutschland hat sich in den letzten Jahren wie folgt entwickelt:

Jahr	Bruttoinlandsprodukt (BIP) Mrd. €	Steuereinnahmen Mrd. €	**volkswirtschaftliche Steuerquote %**
2020	3.450	740	21,4
2021	3.676	833	22,7
2022	3.954	896	22,7
2023	4.186	916	21,9
2024	**4.306**	**948**	**22,0**

Die volkswirtschaftliche Steuerquote ist im Jahr 2024 im Vergleich zum Vorjahr etwa gleich geblieben. Im internationalen Vergleich befindet sich Deutschland bei den **niedrigeren volkswirtschaftlichen Steuerquoten** in der EU.

Die **Abgabenquote** (= Anteil der **Steuern** und **Sozialabgaben** im Verhältnis zum Bruttoinlandsprodukt eines Landes) lag in Deutschland im Jahre 2024 mit **38,0 %** im oberen Mittelfeld der OECD-Staaten (OECD-Durchschnitt etwa 34,1 %).

Die Leistung der deutschen Wirtschaft ist im Jahr **2024 im Vergleich zum Vorjahr** leicht gestiegen. Das **Bruttoinlandsprodukt** (BIP) erhöhte sich nach Berechnungen des Statistischen Bundesamtes **nominal** um **2,9 %**, aber **real** – nach Abzug des Preisanstiegs – sank es um **0,2 %**.

Die folgende Grafik zeigt die **Leistungen der deutschen Wirtschaft** in den letzten Jahren.

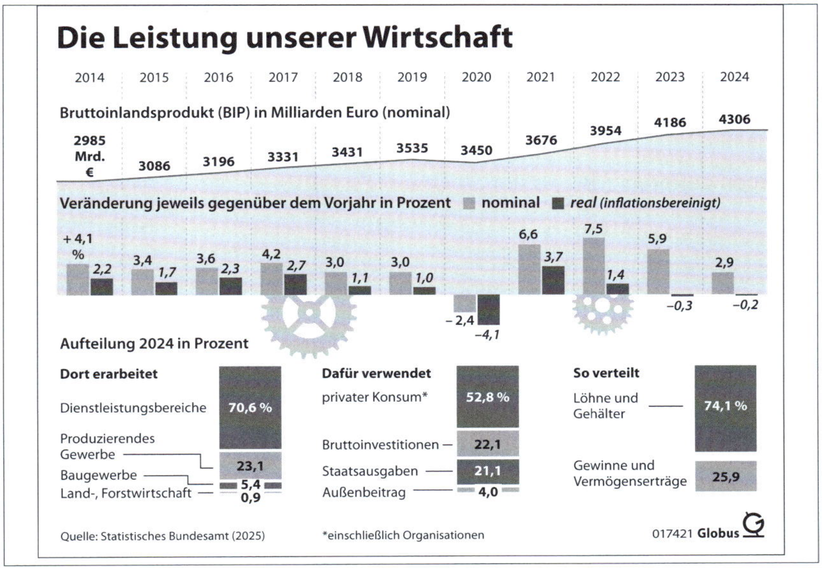

ÜBUNG →	1. Wiederholungsfragen 5 und 6 (Seite 9), 2. Aufgaben 1 und 2 (Seite 10)

1.2 Gebühren und Beiträge

Gebühren und Beiträge sind ebenfalls **öffentlich-rechtliche Abgaben**.

Sie **unterscheiden sich** von den Steuern vor allem dadurch, dass der Steuerpflichtige für die Entrichtung von Gebühren und Beiträgen eine **Gegenleistung** erhält.

Während **Gebühren** für eine konkret in Anspruch genommene Leistung gezahlt werden, besteht bei den **Beiträgen** die Gegenleistung in dem Angebot einer bestimmten Leistung, unabhängig davon, ob der Steuerpflichtige sie in Anspruch nimmt oder nicht.

Gebühren sind Geldleistungen für bestimmte, **tatsächlich in Anspruch genommene** öffentliche Leistungen.

Die **Gebühren** werden wie folgt unterschieden:

Gebühren

Benutzungsgebühren	**Verwaltungsgebühren**
Benutzungsgebühren sind Geldleistungen für die Inanspruchnahme einer Verwaltungseinrichtung. Hierzu gehören z. B.: • Postgebühren, • Kanalbenutzungsgebühren, • Bibliothekbenutzungsgebühren.	Verwaltungsgebühren sind Geldleistungen für die Vornahme einer Amtshandlung. Hierzu gehören z. B.: • Kfz-Zulassungsgebühren, • Passgebühren, • Standesamtgebühren.

Beiträge sind auch Geldleistungen für öffentliche Leistungen. Bei den Beiträgen fehlt jedoch vielfach der unmittelbare **zeitliche** Zusammenhang zwischen Leistung und Gegenleistung.

Beiträge sind Geldleistungen für **angebotene** öffentliche Leistungen, unabhängig davon, ob sie in Anspruch genommen werden oder nicht.

Zu den **Beiträgen** gehören z. B.

- Straßenanliegerbeiträge,
- Kurtaxen,
- Sozialversicherungsbeiträge,
- Kammerbeiträge.

ÜBUNG →
1. Wiederholungsfragen 7 bis 10 (Seite 9),
2. Aufgabe 3 (Seite 10)

1.3 Steuerliche Nebenleistungen

Die **steuerlichen Nebenleistungen** sind selbst **keine Steuern**, aber sie können im Zusammenhang mit der **Besteuerung** und der **Steuererhebung** auftreten.

Steuerliche Nebenleistungen sind nach § 3 Abs. 4 AO

1. **Verzögerungsgelder** (§ 146 Abs. 2c AO),
2. **Verspätungszuschläge** (§ 152 AO),
3. **Zuschläge gemäß** § 162 Abs. 4 AO,
4. **Zinsen** (§§ 233 bis 237 AO),
5. **Säumniszuschläge** (§ 240 AO),
6. **Zwangsgelder** (§ 329 AO),
7. **Kosten** (§§ 89, 178, 178a und §§ 337 bis 345 AO) sowie
8. **Zinsen** i.S.d. Zollkodexes und **Verspätungsgelder** nach § 22a Abs. 5 EStG.

Bußgelder und Geldstrafen gehören **nicht** zu den **steuerlichen Nebenleistungen**, auch wenn sie wegen Steuerordnungswidrigkeiten (z.B. leichtfertiger Steuerverkürzung) oder wegen Steuerstraftaten (z.B. Steuerhinterziehung) festgesetzt worden sind.
Bußgelder und Geldstrafen sind auch **keine Abgaben**, da sie nicht der Einnahmeerzielung, sondern der Ahndung von Ordnungswidrigkeiten bzw. Straftaten dienen.

Die **steuerlichen Nebenleistungen** werden im Abschnitt 4.5 „Folgen der Fristversäumnis“, Seiten 62 ff., näher erläutert. S 1

In diesem Abschnitt werden lediglich die **Begriffe** der steuerlichen Nebenleistungen erklärt.

zu 1. Verzögerungsgelder

Nach § 146 Abs. 2 AO sind Buchführungsunterlagen in Deutschland zu führen und aufzubewahren. Nunmehr kann die zuständige Finanzbehörde auf schriftlichen **Antrag** bewilligen, dass **elektronische** Bücher und sonstige erforderliche **elektronische** Aufzeichnungen in einem **Mitgliedstaat der EU** geführt und aufbewahrt werden (§ 146 **Abs. 2b** AO).
Kommt ein Steuerpflichtiger seinen in § 146 AO genannten Pflichten nicht nach, kann nach § 146 Abs. 2c AO ein **Verzögerungsgeld** festgesetzt werden.

zu 2. Verspätungszuschläge

Gegen denjenigen, der seiner Verpflichtung zur **Abgabe** einer Steuererklärung **nicht oder nicht fristgemäß** nachkommt, **kann** ein **Verspätungszuschlag** festgesetzt werden (§ 152 Abs. 1 **Satz 1** AO a.F. und n.F.). In bestimmten Fällen **muss** für Erklärungen, die nach dem 31.12.2018 abzugeben sind, ein **Verspätungszuschlag** festgesetzt werden (§ 152 AO n.F.).

zu 3. Zuschläge gemäß § 162 Abs. 4 AO

Werden die **Mitwirkungs- und Aufzeichnungspflichten** nach § 90 Abs. 3 AO **verletzt**, ist regelmäßig ein **Zuschlag** nach § 162 Abs. 4 AO festzusetzen (§ 3 Abs. 4 AO).

zu 4. Zinsen

Ansprüche aus dem Steuerschuldverhältnis werden **nur verzinst**, wenn dies **gesetzlich vorgeschrieben** ist (§ 233 Satz 1 AO).
Gesetzlich vorgeschrieben ist die **Verzinsung** beispielsweise für Zinsen bei **Steuernachforderungen** und **Steuererstattungen** (§ 233a AO), **Stundungszinsen** (§ 234 AO), Hinterziehungszinsen (§ 235 AO).

zu 5. Säumniszuschläge

Wird eine Steuerschuld **nicht** bis zum Ablauf des Fälligkeitstages **gezahlt**, so hat der Steuerpflichtige grundsätzlich einen **Säumniszuschlag** zu entrichten (§ 240 Abs. 1 Satz 1 AO). Sofern nicht bar oder per Scheck gezahlt wird, gilt eine **3-tägige Zahlungsschonfrist** (§ 240 Abs. 3 AO).

zu 6. Zwangsgelder

Erfüllt ein **Steuerpflichtiger nicht** die ihm im Rahmen des Ermittlungsverfahrens obliegenden **Mitwirkungspflichten** (z. B. ein Steuerpflichtiger gibt seine Steuererklärung nicht ab, obwohl er dazu verpflichtet ist), so kann die Finanzbehörde ihm ein **Zwangsgeld** auferlegen (§ 328 AO).

zu 7. Kosten

Kosten im Sinne steuerlicher Nebenleistungen sind Gebühren und Auslagen, die der Steuerpflichtige bei besonderer Inanspruchnahme der **Zollbehörden** (§ 178 AO) und bei der **Vollstreckung** finanzbehördlicher Verwaltungsakte (§§ 337 bis 345 AO) zu entrichten hat.

zu 8. Zinsen i. S. d. Zollkodexes und Verspätungsgelder nach § 22a Abs. 5 EStG

Unter **Zinsen im Sinne des Zollkodexes** sind Zinsen für Einfuhr- und Ausfuhrabgaben im Sinne des Artikels 4 Nrn. 10 und 11 des Zollkodexes zu verstehen.

Verspätungsgelder nach § 22a Abs. 5 EStG fallen an, wenn eine Rentenbezugsmitteilung nicht innerhalb der in § 93c Abs. 1 Nr. 1 AO genannten Frist übermittelt wird.

S 1 — Weitere Einzelheiten zu den Folgen einer Fristversäumnis sind im Teil B Abgabenordnung im Abschnitt 4.5, Seiten 62 ff., dargestellt.

ÜBUNG →
1. Wiederholungsfragen 11 und 12 (Seite 9),
2. Aufgaben 4 und 5 (Seiten 11 f.)

1.4 Zusammenfassung und Erfolgskontrolle

1.4.1 Zusammenfassung

- Der **Staat** (Bund, Länder und Gemeinden) hat eine Vielzahl von **Aufgaben** zu erfüllen, die der Einzelne nicht zu lösen vermag.
- Diese Aufgaben können nur erfüllt werden, wenn die Bürger die erforderlichen **Geldmittel** aufbringen.
- Die Geldmittel bekommt der Staat vor allem aus öffentlich-rechtlichen **Abgaben** (**Steuern, Gebühren, Beiträgen, steuerlichen Nebenleistungen**).
  Es fließen zu:
  - dem **Bund** insbesondere die Zölle, die Verbrauchsteuern (für Energie, Strom usw.), Versicherungssteuer, Kraftfahrzeugsteuer, Teile der Gemeinschaftssteuern und ein Teil der Gewerbesteuerumlage,
  - den **Ländern** insbesondere die Erbschaftsteuer, Biersteuer, Rennwett- und Lotteriesteuer, Teile der Gemeinschaftssteuern und ein Teil der Gewerbesteuerumlage,
  - den **Gemeinden** vor allem die Gewerbesteuer, die Grundsteuer, örtliche Verbrauch- und Aufwandsteuern (für Hunde, Schankerlaubnis etc.), ein Teil der veranlagten Einkommensteuer, ein Teil der Lohnsteuer und ein Teil der Umsatzsteuer.
- Die **Höhe der Steuereinnahmen** ist abhängig von der gesamtwirtschaftlichen Entwicklung und dem geltenden Steuerrecht.
- Die **volkswirtschaftliche Steuerquote** spiegelt die Relation zwischen Steueraufkommen und Bruttoinlandsprodukt wider. Sie hat 2024 rund **22 %** betragen.
- Die **Abgabenquote** beschreibt die Relation zwischen Steuern und Sozialabgaben einerseits und dem Bruttoinlandsprodukt andererseits.
- Die **Gemeinschaftssteuern** und die **Gewerbesteuer** sind die größten Posten unter den Steuereinnahmen. Ihr prozentualer Anteil am gesamten Steueraufkommen hat 2024 fast 84 **%** betragen.

1.4.2 Erfolgskontrolle

Wiederholungsfragen

1. Welche Aufgaben hat der Bund zu erfüllen?
2. Wie werden die öffentlichen Aufgaben der Gebietskörperschaften finanziert?
3. Wie wird der Begriff „Steuern" in der AO definiert?
4. Welche Merkmale kennzeichnen den Begriff Steuern?
5. Was versteht man unter der volkswirtschaftlichen Steuerquote?
6. Welche Größe wird in der Regel als Hauptmaßstab beim Vergleich von Volkswirtschaften herangezogen?
7. Was versteht man unter Gebühren?
8. Was versteht man unter Beiträgen?
9. Welcher Unterschied besteht zwischen Steuern einerseits und Gebühren und Beiträgen andererseits?
10. Welcher Unterschied besteht zwischen Gebühren und Beiträgen?
11. Worin unterscheiden sich Verspätungs- und Säumniszuschlag?
12. Wann kann die Finanzbehörde dem Steuerpflichtigen ein Zwangsgeld auferlegen?

Aufgaben

AUFGABE 1

a) Ermitteln Sie mithilfe der Steuerspirale 2024 den prozentualen Anteil der sieben ergiebigsten Steuerarten an den Gesamtsteuereinnahmen.

b) Halten Sie es – angesichts der Ergebnisse zu a) – für erforderlich, dass es in Deutschland mehr als 30 Steuerarten gibt?

c) Zur Einkommensteuer gehören auch die Lohnsteuer, die nicht veranlagten Steuern vom Ertrag und die Abgeltungsteuer. Wie hoch ist der prozentuale Anteil der Einkommensteuer an den gesamten Steuereinnahmen des Jahres 2024?

AUFGABE 2

Entscheiden Sie, ob die folgenden Steuern Bundes-, Landes-, Gemeinde- oder Gemeinschaftssteuern sind.

Steuern	Bundes-steuern	Landes-steuern	Gemeinde-steuern	Gemeinschafts-steuern
1. Grundsteuer				
2. Einkommensteuer				
3. Umsatzsteuer				
4. Zölle				
5. Körperschaftsteuer				
6. Rennwett- und Lotteriesteuer				
7. Kraftfahrzeugsteuer				

AUFGABE 3

Entscheiden Sie, ob die folgenden Abgaben Steuern, Gebühren oder Beiträge sind.

Abgaben	Steuern	Gebühren	Beiträge
1. Einfuhrabgaben			
2. Kurtaxen			
3. Alkoholsteuer			
4. Zahlung für Kanalbenutzung			
5. Zahlung an die Sozialversicherung			
6. Zahlung für die Zulassung eines Pkws			
7. Ausfuhrabgaben			
8. Zahlung für Müllabfuhr an die Gemeinde			
9. Zahlung für die Ausstellung einer Heiratsurkunde			

AUFGABE 4

Die Steuerpflichtige Julia Schmidt, München, übermittelt ihre Umsatzsteuer-Voranmeldung für August 2026, die eine Zahllast von 6.580,30 € aufweist, dem zuständigen Finanzamt fristgerecht elektronisch. Die Zahlung des genannten Betrages wird jedoch nicht fristgerecht dem Bankkonto der Finanzkasse gutgeschrieben; dem Finanzamt liegt auch keine Einzugsermächtigung vor.
Außerdem hat Frau Schmidt zwar die Lohnsteuerzahlung fristgerecht geleistet, aber sie hat die Lohnsteuer-Voranmeldung nicht fristgerecht dem zuständigen Finanzamt elektronisch übermittelt.

Mit welchen steuerlichen Nebenleistungen muss Frau Schmidt rechnen?

AUFGABE 5

Beantworten Sie die folgenden Fragen durch Ankreuzen. Zu jeder Frage gibt es nur eine richtige Antwort.

1. Bei welcher der folgenden Abgaben handelt es sich um eine Steuer?
   (a) Zahlung wegen verspäteter Übermittlung der Umsatzsteuer-Voranmeldung
   (b) Geldstrafe wegen leichtfertiger Steuerverkürzung
   (c) Zahlung von Ausfuhrabgaben
   (d) Zahlung wegen verspäteter Einkommensteuer-Vorauszahlung

Welche gesetzliche Aussage in Bezug auf den Steuerbegriff ist richtig?
   (a) Steuern dienen in erster Linie der wirtschaftspolitischen Steuerung.
   (b) Einfuhr- und Ausfuhrabgaben sind keine Steuern, weil sie von Hauptzollämtern und nicht vom Finanzamt erhoben werden.
   (c) Steuern können nur von juristischen Personen des privaten Rechts erhoben werden.
   (d) Steuern sind Geldleistungen, die keine Gegenleistung für eine besondere Leistung darstellen.

2. Welches sind die beiden ertragreichsten Steuern?
   (a) Zinsabschlag- und veranlagte Einkommensteuer
   (b) Energie- und Tabaksteuer
   (c) Einkommen- und Körperschaftsteuer
   (d) Umsatz- und Lohnsteuer

3. Bei welcher der folgenden Steuern handelt es sich um eine Gemeinschaftssteuer?
   (a) Energiesteuer
   (b) Gewerbesteuer
   (c) Umsatzsteuer
   (d) Erbschaftsteuer

4. Bei welcher der folgenden Steuern handelt es sich um eine Bundessteuer?
   (a) Rennwett- und Lotteriesteuer
   (b) Erbschaftsteuer
   (c) Grundsteuer
   (d) Tabaksteuer

5. Bei welcher der folgenden Steuern handelt es sich um eine Landessteuer?
   (a) Energiesteuer
   (b) Gewerbesteuer
   (c) Rennwett- und Lotteriesteuer
   (d) Stromsteuer

6. Bei welcher der folgenden Steuern handelt es sich um eine Gemeindesteuer?
   (a) Gewerbesteuer
   (b) Körperschaftsteuer
   (c) Kapitalertragsteuer
   (d) Versicherungsteuer
7. Bei welcher der folgenden Abgaben handelt es sich um eine Gebühr?
   (a) Zahlung einer Kurtaxe
   (b) Zahlung der Einfuhrabgabe
   (c) Zahlung für die Ausstellung einer Heiratsurkunde
   (d) Zahlung an die Sozialversicherung
8. Bei welcher der folgenden Abgaben handelt es sich um einen Beitrag?
   (a) Zahlung für die Ausstellung eines Personalausweises
   (b) monatliche Abzüge eines Arbeiters für die Sozialversicherung
   (c) monatliche Abzüge eines Angestellten für den Solidaritätszuschlag
   (d) Zahlung für verspätete Übermittlung der Umsatzsteuer-Voranmeldung
9. Der Steuerpflichtige Franz Klein hat seine Umsatzsteuervorauszahlung nicht rechtzeitig geleistet. Mit welcher steuerlichen Nebenleistung muss er rechnen?
   (a) Nachzahlungszinsen
   (b) Verspätungszuschlag
   (c) Säumniszuschlag
   (d) Zwangsgeld

2 Einteilung der Steuern

Die Steuern können nach verschiedenen Gesichtspunkten unterteilt werden. Häufig werden sie nach den folgenden Merkmalen eingeteilt:

1. Einteilung der Steuern nach der **Ertragshoheit**,
2. Einteilung der Steuern nach der **Überwälzbarkeit**,
3. Einteilung der Steuern nach dem **Gegenstand** der Besteuerung,
4. Einteilung der Steuern nach der **Abzugsfähigkeit** bei der Gewinnermittlung,
5. Einteilung der Steuern nach den **Erhebungsformen**.

2.1 Einteilung der Steuern nach der Ertragshoheit

In **Artikel 106 GG** ist festgelegt, wem die **Ertragshoheit** zusteht, d.h., wie der Ertrag der Steuern auf Bund, Länder und Gemeinden zu verteilen ist.
Danach ist **einerseits** zu unterscheiden zwischen Steuern, die einer der genannten Gebietskörperschaften in voller Höhe **allein** zufließen (**Bundes-, Landes- und Gemeindesteuern**) und **andererseits** Steuern, die Bund, Ländern und Gemeinden nach einem bestimmten Verteilungsschlüssel **gemeinschaftlich** zufließen (**Gemeinschaftssteuern**).

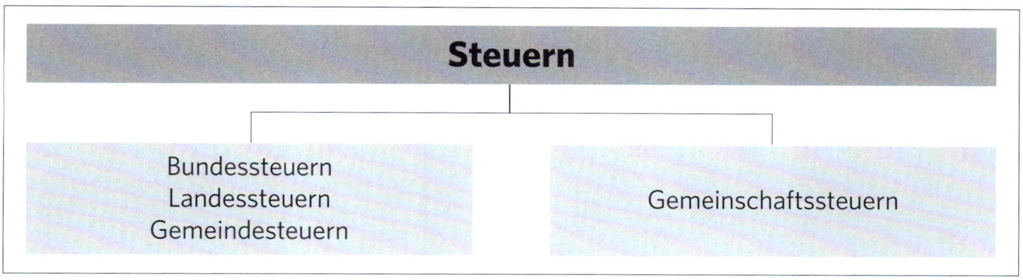

Welche Steuern Bundes-, Landes-, Gemeinde- oder Gemeinschaftssteuern sind, wurde bereits im Abschnitt 1.1.2 „Steueraufkommen", Seite 3, dargestellt. S 1

2.2 Einteilung der Steuern nach der Überwälzbarkeit

Nach dem Merkmal der **Überwälzbarkeit** werden die Steuern in **direkte** und **indirekte** Steuern eingeteilt. Diese Einteilung gibt Auskunft darüber, wer nach dem Willen des Gesetzgebers die Steuern **wirtschaftlich zu tragen** hat.
Bei den **direkten Steuern** sind Steuer**schuldner** und Steuer**träger identisch**, d.h., nach dem Willen des Gesetzgebers sind die Steuern vom Steuerschuldner wirtschaftlich selbst zu tragen. Dies ist z.B. bei der Einkommensteuer und der Körperschaftsteuer der Fall.
Bei den **indirekten Steuern** sind Steuer**schuldner** und Steuer**träger nicht identisch**, d.h., nach dem Willen des Gesetzgebers werden die Steuern auf den Kunden überwälzt und sind **nicht** vom Steuerschuldner wirtschaftlich selbst zu tragen. Dies ist z.B. bei der Umsatzsteuer, der Tabaksteuer und der Biersteuer der Fall.
Die **Einteilung** in direkte und indirekte Steuern ist jedoch **problematisch**, weil die Überwälzbarkeit nicht von der Steuerart abhängt, sondern davon, ob die **allgemeine Marktsituation** und die **besondere Stellung des Steuerschuldners** wirtschaftlich eine Überwälzung zulassen.

So kann es z.B. möglich sein, dass in einer bestimmten Marktsituation eine „**direkte**" Steuer überwälzt wird (z.B. die Körperschaftsteuer), während in einer anderen Situation die Überwälzbarkeit einer „**indirekten**" Steuer (z.B. der Biersteuer) nicht oder nur teilweise gelingt.

Als **direkte und indirekte Steuern** werden insbesondere bezeichnet:

Steuern

direkte Steuern Steuerschuldner = Steuerträger	**indirekte** Steuern Steuerschuldner ≠ Steuerträger
1. Einkommensteuer (ESt)	1. Umsatzsteuer (USt)
2. Körperschaftsteuer (KSt)	2. Versicherungsteuer (VersSt)
3. Erbschaftsteuer (ErbSt)	3. Energiesteuer
4. Grunderwerbsteuer (GrESt)	4. Tabaksteuer
5. Gewerbesteuer (GewSt)	5. Rennwett- und Lotteriesteuer
6. Grundsteuer (GrSt)	6. Schaumweinsteuer
7. Kraftfahrzeugsteuer (KraftSt)	7. Zölle
	8. Stromsteuer
	9. Alkopopsteuer

2.3 Einteilung der Steuern nach dem Gegenstand der Besteuerung

Nach dem **Steuergegenstand** (Steuerobjekt) werden die Steuern einerseits in **Besitz- und Verkehrsteuern** und andererseits in **Zölle und Verbrauchsteuern** eingeteilt.

Diese **Einteilung** hat vor allem eine **verwaltungstechnische Bedeutung**. So werden auf der unteren Verwaltungsebene **Besitz- und Verkehrsteuern** grundsätzlich von den **Finanzämtern** und die **Zölle und Verbrauchsteuern** von den **Hauptzollämtern** verwaltet. Obwohl die Kraftfahrzeugsteuer (KraftSt) eine Verkehrsteuer ist, wird sie seit Juli 2014 von der Zollverwaltung festgesetzt, erhoben und vollstreckt.

Besitzsteuern sind Steuern, deren Gegenstand Besitzwerte (Einkommen, Vermögen, Ertrag) sind. Sie werden wiederum unterteilt in **Personensteuern**, die an **persönliche Verhältnisse** (z.B. Familienstand) und **Leistungsfähigkeit** (z.B. Einkommen) einer **Person** anknüpfen, und **Realsteuern**, die an ein **Objekt** (z.B. Grund und Boden) anknüpfen.

Verkehrsteuern sind Steuern, die an **rechtliche bzw. wirtschaftliche Vorgänge** gebunden sind. Steuergegenstand ist ein Verkehrsakt (z.B. Verkauf von Gegenständen, Erwerb von Grundstücken), also ein Vorgang im Rahmen einer Tauschbeziehung. Die Umsatzsteuer ist eine **allgemeine** Verkehrsteuer, während die Kraftfahrzeugsteuer, Grunderwerbsteuer, Versicherungsteuer **spezielle** Verkehrsteuern sind.

Zölle sind Steuern, die bei der **Einfuhr bzw. Ausfuhr** von Gegenständen anfallen.

Der Gesetzgeber hat den Begriff „Zölle" durch den europarechtlichen Begriff „**Einfuhr- und Ausfuhrabgaben**" ersetzt.

Verbrauchsteuern sind Steuern, die in der Regel an den **Verbrauch von Waren anknüpfen** wie z.B. Energiesteuer (früher Mineralölsteuer), Tabaksteuer, Biersteuer, Schaumweinsteuer.

Nach dem Merkmal des **Steuergegenstandes** werden die Steuern wie folgt unterteilt:

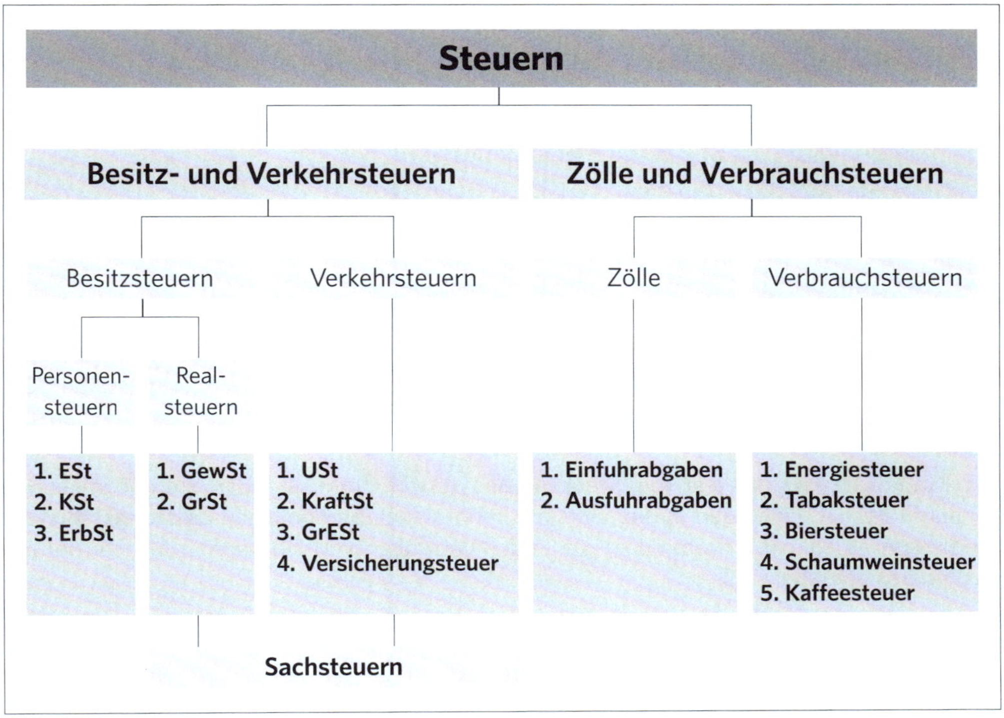

2.4 Einteilung der Steuern nach der Abzugsfähigkeit bei der Gewinnermittlung

In der Praxis unterscheidet man zwischen **Personensteuern**, die bei der **steuerlichen** Gewinnermittlung **nicht abzugsfähig** sind (§ 12 Nr. 3 EStG), und **Sachsteuern**, die **abzugsfähig sind**.

Der Begriff **Sachsteuern** ist **umfassender als** der Begriff **Realsteuern**.

Sachsteuern sind Steuern, die an einen **Gegenstand** sowie an einen **Verkehrsvorgang** anknüpfen. Zu den Sachsteuern gehören demnach die **Realsteuern** und die **Verkehrsteuern**.

Sachsteuern, die **betrieblich** veranlasst sind, sind grundsätzlich bei der Gewinnermittlung **abzugsfähig**, z. B. die Grundsteuer. Obwohl es sich bei der Gewerbesteuer um eine Sachsteuer handelt, die betrieblich veranlasst ist, ist sie seit 2008 bei der steuerlichen Gewinnermittlung **nicht mehr abzugsfähig** (§ 4 Abs. 5b EStG).

2.5 Einteilung der Steuern nach den Erhebungsformen

Die Steuern können nach unterschiedlichen Verfahren erhoben werden. Nach dem Merkmal **Erhebungsformen** unterscheidet man zwischen **Veranlagungssteuern** und **Abzugssteuern**.

Bei **Veranlagungssteuern** (z. B. ESt, KSt, GewSt) wird die Steuer in einem förmlichen Verfahren (Veranlagungsverfahren) festgesetzt.

Bei **Abzugssteuern** (Lohnsteuer, Abgeltungsteuer und Bauabzugsteuer) wird aus Gründen der Verwaltungsvereinfachung und der Sicherung des Steueraufkommens die Steuer nicht in einem förmlichen Verfahren festgesetzt, sondern bereits an der „Quelle" erhoben. Man bezeichnet diese Steuern auch als **Quellensteuern**.

2.6 Grundsätze der Besteuerung

Im Laufe der Zeit sind zahlreiche **Grundsätze der Besteuerung** entwickelt worden, die sowohl den Interessen des **Staates** als auch denen seiner **Bürger** dienen sollen.

Im Folgenden werden einige der **Besteuerungsgrundsätze** kurz erläutert, nämlich

- der Grundsatz des **objektiven Steuermaßes**,
- der Grundsatz des **subjektiven Steuermaßes**,
- der Grundsatz der **steuerlichen Gerechtigkeit**,
- der Grundsatz der **sparsamen Steuerverwaltung**.

Der Grundsatz des **objektiven Steuermaßes** (auch Grundsatz der Steuerdeckung genannt) besagt, dass das Steuersystem, d. h. die Gesamtheit der Einzelsteuern, so gestaltet sein soll, dass der in der Regel steigende Finanzbedarf des Staates - auf längere Sicht gesehen - **gedeckt** werden kann.

Der Grundsatz des **subjektiven Steuermaßes** (auch Grundsatz der Steuerbemessung genannt) besagt, dass der Bürger entsprechend seiner **persönlichen Leistungsfähigkeit** (gemessen an seinen Einkommens- und/oder Vermögensverhältnissen) zur Finanzierung des Staates beitragen soll.

Der Grundsatz der **steuerlichen Gerechtigkeit** vereinigt in sich den Grundsatz der **Allgemeinheit** und den Grundsatz der **Gleichmäßigkeit**. Der Grundsatz der **Allgemeinheit** besagt, dass **alle** Personen, ohne Rücksicht auf Staatsangehörigkeit, Stand, Klasse, Religion usw. zur Steuer heranzuziehen sind. Der Grundsatz der **Gleichmäßigkeit** verlangt, dass Personen, die sich in **gleichen** oder **gleichartigen** Verhältnissen befinden, steuerlich gleich zu behandeln sind.

Weitergehende aktuelle Erläuterungen bietet die Homepage des Bundesfinanzministeriums (www.bundesfinanzministerium.de) unter Themen/Steuern/**Steuerarten**.

Der Grundsatz der **sparsamen Steuerverwaltung** drückt aus, dass die **Steuererhebung einfach und billig** sein soll. Es soll die Möglichkeit einer **einfachen Kontrolle** gegeben sein.

2.7 Zusammenfassung und Erfolgskontrolle

2.7.1 Zusammenfassung

- Die **Steuern** können nach verschiedenen Gesichtspunkten eingeteilt werden.
- Nach der **Ertragshoheit** werden die Steuern in Bundes-, Landes-, Gemeinde- und Gemeinschaftssteuern unterteilt.
- Nach der **Überwälzbarkeit** unterscheidet man zwischen direkten Steuern (Steuerschuldner = Steuerträger) und indirekten Steuern (Steuerschuldner ≠ Steuerträger).
- Nach dem Merkmal des **Steuergegenstandes** werden die Steuern einerseits in **Besitz- und Verkehrsteuern** und andererseits in **Zölle und Verbrauchsteuern** unterteilt. Die **Besitzsteuern** werden wiederum unterteilt in **Personensteuern** und **Realsteuern**.
- Nach der **Abzugsfähigkeit** bei der Gewinnermittlung werden die Steuern in **Personen- und Sachsteuern** unterteilt. **Personensteuern** dürfen bei der Gewinnermittlung **nicht** abgezogen werden. **Sachsteuern**, die betrieblich veranlasst sind, sind grundsätzlich bei der Gewinnermittlung **abzugsfähig** (Ausnahme: GewSt).
- Nach den **Erhebungsformen** unterscheidet man zwischen **Veranlagungssteuern** (z.B. Einkommensteuer) und **Abzugssteuern** (z.B. Lohnsteuer).
- Um den Interessen des Staates und seiner Bürger gerecht zu werden, sind **Grundsätze der Besteuerung** entwickelt worden.

2.7.2 Erfolgskontrolle

WIEDERHOLUNGSFRAGEN

1. Nach welchen Gesichtspunkten werden die Steuern häufig eingeteilt?
2. Woran kann man feststellen, ob es sich um eine direkte oder indirekte Steuer handelt?
3. Warum ist die Einteilung in direkte und indirekte Steuern problematisch?
4. Dürfen Personensteuern bei der Gewinnermittlung abgezogen werden?
5. Worin unterscheiden sich Grund- und Grunderwerbsteuer?
6. Welche Interessen von Staat und Bürger verfolgen die einzelnen Besteuerungsgrundsätze?
7. Welcher Besteuerungsgrundsatz ist mit dem Wirtschaftlichkeitsprinzip vereinbar?
8. Welcher Besteuerungsgrundsatz kann unmittelbar aus § 3 AO abgeleitet werden?

AUFGABEN

AUFGABE 1

Sie bzw. einige Ihrer Mitschüler/Mitstudenten sind heute mit dem Pkw zur Ausbildungsstätte/Hochschule gefahren.

Welche Steuern gehören zu den Kosten dieser Fahrt?

AUFGABE 2

Ergänzen Sie den unvollständigen Tabellenaufbau und ordnen Sie die einzelnen Kriterien den Steuerarten zu.

Kriterium	Ertragshoheit	Überwälzbarkeit	Steuergegenstand	Abzugsfähigkeit
	Bundes- **L**andes- **G**emeinde- **Ge**meinschafts- steuer	**d**irekte **i**ndirekte Steuer	**B**esitz- **V**erkehr- **V**er**b**rauch- steuer	**abz**ugsfähige/ **n**icht**abz**ugsf. Steuer/ **A**nschaffungs- **n**eben**k**osten
Energiesteuer	**B**	**i**	**Vb**	**abz**
ESt				
ErbSt				
USt				
Lohnsteuer				
Tabaksteuer				
KapESt				
Grundsteuer				
GrESt				
KraftSt				
GewSt				
KSt				

3 Steuergesetzgebung und steuerliche Vorschriften

Aus dem **Steuerbegriff** und den **Grundsätzen der Besteuerung** ergibt sich, dass Steuern nur aufgrund von **Gesetzen** erhoben werden dürfen.
Die **Gesetzgebungshoheit** bzw. die **Gesetzgebungskompetenz**, d.h. das Recht, Gesetze zu erlassen, ist für die Bundesrepublik Deutschland im **Grundgesetz** (GG) geregelt.

3.1 Steuergesetzgebung

Die **Bundesrepublik Deutschland** ist ein demokratischer und sozialer **Bundesstaat** (Art. 20 Abs. 1 GG).
In einem **Bundesstaat** ist die **Gesetzgebungsbefugnis** und damit das **Steuergesetzgebungsrecht** zwischen **Bund** und **Ländern aufgeteilt**.

Das Grundgesetz unterscheidet im Bereich der Steuergesetzgebung zwischen

1. der **ausschließlichen** Gesetzgebung des **Bundes,**
2. der **konkurrierenden** Gesetzgebung und
3. der **ausschließlichen** Gesetzgebung der **Länder**.

3.1.1 Ausschließliche Gesetzgebung des Bundes

Die **ausschließliche Gesetzgebung des Bundes** besagt, dass der Bund das alleinige Recht hat, Gesetze zu erlassen.
Der **Bund** hat die **ausschließliche** Gesetzgebung auf dem Gebiet der **Zölle** und der **Finanzmonopole** (Art. 105 Abs. 1 GG).
Das bedeutet, dass grundsätzlich der Bund das Recht hat, für Zölle und Finanzmonopole **Steuergesetze** zu erlassen. Mit der Abschaffung des Branntweinmonopols zum 31.12.2017 kommt diesem Recht derzeit nur bei Zöllen Bedeutung zu.

Im Bereich der **ausschließlichen** Gesetzgebung des **Bundes** haben die Länder die Befugnis zur Gesetzgebung nur, wenn und soweit sie hierzu in einem **Bundesgesetz** ausdrücklich ermächtigt werden (Art. 71 GG).

3.1.2 Konkurrierende Gesetzgebung

Konkurrierende Gesetzgebung bedeutet, dass **Bund und Länder** Gesetzgebungsrechte haben.
Im Rahmen der Steuergesetzgebung hat der **Bund** die **konkurrierende** Gesetzgebung über die wichtigsten Steuerarten (Art. 105 Abs. 2 GG). So hat der Bund z.B. die konkurrierende Gesetzgebung für die **Gemeinschaftssteuern**.

Bundesgesetze über Steuern, deren **Aufkommen** den **Ländern** oder den Gemeinden (Gemeindeverbänden) ganz oder zum Teil zufließt, bedürfen der **Zustimmung des Bundesrates** (Art. 105 Abs. 3 GG).

3.1.3 Ausschließliche Gesetzgebung der Länder

Die **ausschließliche Gesetzgebung der Länder** beschränkt sich auf die **örtlichen Verbrauch- und Aufwandsteuern**, solange und soweit sie nicht bundesgesetzlich geregelten Steuern gleichartig sind (Art. 105 Abs. 2a GG).
Die Länder haben z.B. das ausschließliche Gesetzgebungsrecht für die **Hundesteuer und** die **Vergnügungsteuer**. Die Länder haben ihre Befugnis **zum Teil durch Gesetz auf** die **Gemeinden übertragen**.

3.2 Steuerliche Vorschriften

Zu den **steuerlichen Vorschriften** gehören vor allem:

Steuerliche Vorschriften

Rechtsnormen	**keine** Rechtsnormen
• Gesetze • Rechtsverordnungen	• Verwaltungsanordnungen • Urteile der Steuergerichte

3.2.1 Gesetze

Gesetze sind nach § 4 AO **Rechtsnormen**, die in einem **förmlichen Gesetzgebungsverfahren** zustande kommen. Sie **binden** die **Bürger**, die **Verwaltung** und die **Gerichte**.

Steuergesetze können **Bundes**gesetze oder **Landes**gesetze sein.
Bundesgesetze werden vom Bundes**tag** beschlossen, Gesetzes**vorlagen** werden durch die Bundes**regierung** (Regelfall), aus der Mitte des Bundes**tages** oder durch den Bundes**rat** eingebracht (Art. 76 Abs. 1 GG).

Bei den **Steuergesetzen** ist zwischen **allgemeinen Steuergesetzen** und **Einzelsteuergesetzen** zu unterscheiden.
Für die Anwendung der Steuergesetze gilt der **Grundsatz**, dass **Einzelsteuergesetze** den **Vorrang vor allgemeinen** Steuergesetzen haben.

Die **allgemeinen Steuergesetze** enthalten Vorschriften, die für alle Steuern oder mehrere Steuerarten Geltung haben. Zu den allgemeinen Steuergesetzen gehören insbesondere

- die **Abgabenordnung** (AO) und
- das **Bewertungsgesetz** (BewG).

Zu den **Einzelsteuergesetzen** gehören z. B.:

- das **Einkommensteuergesetz** (EStG),
- das **Körperschaftsteuergesetz** (KStG),
- das **Umsatzsteuergesetz** (UStG),
- das **Gewerbesteuergesetz** (GewStG),
- das **Erbschaftsteuergesetz** (ErbStG).

3.2.2 Rechtsverordnungen

Rechtsverordnungen sind **Rechtsnormen**, die **nicht** in einem förmlichen Gesetzgebungsverfahren zustande kommen, sondern aufgrund von gesetzlichen Verordnungen von der Exekutive erlassen werden. Sie haben jedoch die **Verbindlichkeit von Gesetzen**.

Zu den **steuerlichen** Rechtsverordnungen gehören die **Durchführungsverordnungen** (DV), die der Ergänzung und Erläuterung der Steuergesetze dienen. Zu den Durchführungsverordnungen gehören z.B. die **EStDV, LStDV, KStDV, UStDV, ErbStDV**.

Nach Art. 80 GG können die **Bundesregierung**, ein **Bundesminister** oder die **Landesregierungen** durch Gesetz **ermächtigt** werden, **Rechtsverordnungen zu erlassen**. Dabei müssen **Inhalt**, **Zweck** und **Ausmaß** der Ermächtigung im **Gesetz** bestimmt sein.

BEISPIELE

a) Nach § 51 EStG wird die Bundesregierung ermächtigt, mit Zustimmung des Bundesrates Rechtsverordnungen zu erlassen.

   Die **Einkommensteuer-Durchführungsverordnung** (EStDV) ist die auf § 51 EStG beruhende Rechtsverordnung.

b) Nach § 35c GewStG wird die Bundesregierung ermächtigt, mit Zustimmung des Bundesrates Rechtsverordnungen zu erlassen.

   Die **Gewerbesteuer-Durchführungsverordnung** (GewStDV) ist die auf diesem Gesetz beruhende Rechtsverordnung.

3.2.3 Verwaltungsanordnungen

Verwaltungsanordnungen sind allgemeine Weisungen (Vorschriften) einer vorgesetzten Behörde an die ausführenden Beamten und Angestellten.

Zu den **steuerlichen** Verwaltungsanordnungen gehören:

- **Richtlinien** (z.B. EStR, LStR, KStR, GewStR, ErbStR),
- **Erlasse und Schreiben** (z.B. AEAO, UStAE, BMF-Schreiben),
- **Verfügungen** (z.B. OFD-Verfügung).

Richtlinien, Erlasse und Schreiben sowie Verfügungen binden **nicht** die **Bürger** und die **Gerichte**, **sondern** lediglich die **Finanzbehörden** (z.B. die Finanzämter).

Richtlinien sind steuerliche Verwaltungsanordnungen, die der Gleichmäßigkeit der Verwaltungsausübung und damit der Gleichmäßigkeit der Besteuerung dienen.

3.2.4 Urteile der Steuergerichte

Die **Finanzgerichtsbarkeit** wird nach § 1 der Finanzgerichtsordnung (FGO) durch **unabhängige**, von den Verwaltungsbehörden getrennte, **besondere Verwaltungsgerichte** ausgeübt.

Die **Gerichte** der Finanzgerichtsbarkeit sind die **Finanzgerichte** (FG) der Länder und der **Bundesfinanzhof** (BFH) mit Sitz in München (§ 2 FGO). Die Finanzgerichtsbarkeit ist **zweistufig** aufgebaut.

Die **Entscheidungen der Steuergerichte** (FG-Urteile, BFH-Urteile) haben **keine allgemeine Bindung**. Rechtskräftige Urteile **binden** nur die **Beteiligten** so weit, als über den Streitgegenstand entschieden worden ist (§ 110 Abs. 1 FGO).

Die Entscheidungen des BFH werden, soweit sie nicht ausschließlich Bedeutung für einen Einzelfall haben, im **Bundessteuerblatt** (BStBl) **Teil II** amtlich veröffentlicht.

Vorab werden die zur Veröffentlichung vorgesehenen Entscheidungen auf den **Internetseiten des BMF** bekannt gemacht. Bereits durch die Bekanntmachung im Internet sind die Entscheidungen (zwingend) bei der Bearbeitung gleichgelagerter Fälle zu beachten (OFD Frankfurt/M, Rdvfg. vom 22.02.2005, FG 2029 A - 4- St II 4.01).

Die BFH-Entscheidungen sind unter der Internetadresse www.bundesfinanzministerium.de unter Publikationen/BFH-Entscheidungen aufgeführt.

S 1 Weitere Einzelheiten zur Finanzgerichtsbarkeit erfolgen im Teil B Abgabenordnung im Abschnitt 9.2, Seiten 119 f.

3.3 Zusammenfassung und Erfolgskontrolle

3.3.1 Zusammenfassung

- **Steuern** dürfen nur aufgrund von Gesetzen erhoben werden.
- Das Recht, Gesetze zu erlassen (**Gesetzgebungshoheit**) haben **Bund** und **Länder**.
- Der **Bund** hat die **ausschließliche Gesetzgebung** über **Zölle** und **Finanzmonopole**.
- Der **Bund** hat die **konkurrierende Gesetzgebung** über alle **übrigen Steuern**, vorausgesetzt, dass es sich nicht um eine örtliche Verbrauch- und Aufwandsteuer handelt.
- Die **Länder** haben die **ausschließliche Befugnis zur Gesetzgebung** über die **örtlichen Verbrauch- und Aufwandsteuern**; diese Befugnis erstreckt sich jedoch nur auf solche Steuern, die bundesgesetzlich geregelten Steuern **nicht gleichartig** sind.
- Zu den **steuerlichen** Vorschriften gehören: **Gesetze**, **Durchführungsverordnungen**, **Richtlinien**, **Erlasse**, **Verfügungen und Urteile der Steuergerichte**.
- **Gesetze** sind Rechtsnormen, die in einem förmlichen Gesetzgebungsverfahren zustande kommen und **Bürger**, **Verwaltung und Gerichte binden**.
- Die **Steuergesetze** werden unterteilt in **allgemeine** Steuergesetze (z.B. AO, BewG) und **Einzelsteuergesetze** (z.B. EStG, KStG, UStG, GewStG, ErbStG).
- **Durchführungsverordnungen** (Rechtsverordnungen) sind Rechtsnormen, die nicht in einem förmlichen Gesetzgebungsverfahren zustande kommen, sondern von der Exekutive erlassen werden. Sie haben die Verbindlichkeit von Gesetzen.
- **Richtlinien** (Verwaltungsanordnungen) sind behördeninterne Vorschriften, welche die Finanzverwaltung binden, nicht jedoch die Bürger und die Gerichte.
- **Entscheidungen der Steuergerichte** (FG-Urteile, BFH-Urteile) binden nur die Beteiligten.

3.3.2 Erfolgskontrolle

Wiederholungsfragen

1. Was versteht man unter der Gesetzgebungshoheit bzw. der Gesetzgebungskompetenz?
2. Wie regelt Art. 105 GG die Gesetzgebungskompetenz?
3. Durch welche Gemeinsamkeiten sind Rechtsnormen gekennzeichnet?
4. Was versteht man unter einem Gesetz?
5. Welche Arten von Steuergesetzen kennen Sie? Nennen Sie je zwei Beispiele.
6. Welcher Unterschied besteht zwischen Gesetzen und Richtlinien?
7. Welche Voraussetzungen verbindet Art. 80 GG mit einer Durchführungsverordnung?
8. Welche Wirkung hat die Veröffentlichung eines BFH-Urteils auf den Internetseiten des BMF?

Aufgaben

AUFGABE 1

Steht bei folgenden Steuern dem Bund oder den Ländern die Gesetzgebungskompetenz zu?

Steuern	Kompetenzbereich des Bundes	Kompetenzbereich der Länder
1. ESt		
2. GewSt		
3. USt		
4. Hundesteuer		
5. Zölle		
6. KSt		
7. Finanzmonopole		
8. Vergnügungsteuer		

AUFGABE 2

Sind die folgenden Vorschriften Gesetze, Rechtsverordnungen (Durchführungsverordnungen) oder Verwaltungsanordnungen (Richtlinien)?

Vorschriften	Gesetze	Rechtsverordnungen	Verwaltungsanordnungen
1. AO			
2. BMF-Schreiben			
3. UStAE			
4. EStDV			
5. GewStR			
6. OFD-Verfügung			
7. EStG			
8. UStDV			
9. FGO			

AUFGABE 3

Ergänzen Sie die folgende Tabelle:

Vorschrift	**G**esetz **V**er**o**rdnung **V**erwaltungsanordnung **U**rteil	Erlassen von ...	Bindend für ...
AO	**G**	**Bundestag**	**alle**
AEAO			
UStAE			
EStDV			
OFD-Verfügung			
EStG			
UStDV			
BMF-Schreiben			
Urteil des BFH			

AUFGABE 4

Beantworten Sie die folgenden Fragen durch Ankreuzen. Zu jeder Frage gibt es nur eine richtige Antwort.

1. In welchem Fall handelt es sich um eine Rechtsnorm, welche die Verbindlichkeit eines Gesetzes hat?
   (a) Einkommensteuerrichtlinien
   (b) OFD-Verfügung
   (c) BMF-Schreiben
   (d) Einkommensteuergesetz
2. Welche Aussage über die steuerlichen Rechtsgrundlagen ist zutreffend?
   (a) Die AO ist ein Einzelsteuergesetz.
   (b) Steuererlasse sind Anweisungen, die für alle Steuerzahler verbindlich sind.
   (c) Die EStDV bindet nur die Finanzverwaltung und die Steuerbürger.
   (d) Allgemeine Steuergesetze enthalten Vorschriften, die für alle Steuern oder mehrere Steuerarten Geltung haben.
3. In welchem Fall handelt es sich um ein allgemeines Steuergesetz?
   (a) EStG
   (b) BewG
   (c) KStG
   (d) ErbStG

4 Steuerverwaltung

Die **Steuerverwaltung** vollzieht die durch den Gesetzgeber erlassenen Steuergesetze. Sie sorgt dafür, dass die durch die Steuergesetze entstandenen Steuern **festgesetzt** und **entrichtet** werden.

4.1 Steuerverwaltungshoheit

Unter der **Steuerverwaltungshoheit** bzw. der **Verwaltungskompetenz** versteht man das Recht und die Pflicht, Steuern zu verwalten (d. h. festzusetzen und einzuziehen).

Die Steuerverwaltungshoheit basiert auf Art. 108 GG. Danach fallen unter die **Steuerverwaltungshoheit**:

Steuerverwaltungshoheit

Verwaltungshoheit des **Bundes**	Verwaltungshoheit der **Länder**
Durch die Bundesfinanzbehörden werden verwaltet: 1. **Zölle und die Kfz-Steuer**, 2. **Finanzmonopole**, 3. die bundesgesetzlich geregelten **Verbrauchsteuern** einschließlich der **Einfuhrumsatzsteuer** und 4. **Abgaben an die EU**.	Durch die Landesfinanzbehörden werden verwaltet: **die übrigen Steuern**, z. B. die 1. **Einkommensteuer**, 2. **Umsatzsteuer**, 3. **Gewerbesteuer**, 4. **Körperschaftsteuer**, 5. **Erbschaftsteuer**.

Für die den **Gemeinden** (Gemeindeverbänden) **allein** zufließenden Steuern (z. B. Grundsteuer) kann die den Ländern zustehende **Verwaltung** ganz oder zum Teil den **Gemeinden** (Gemeindeverbänden) **übertragen** werden (Art. 108 Abs. 4 GG).

4.2 Aufbau und Aufgaben der Steuerverwaltungsbehörden

4.2.1 Aufbau der Finanzbehörden

Entsprechend der Aufteilung der Steuerverwaltungshoheit ist zwischen **Bundes-, Landes- und Gemeindefinanzbehörden** zu unterscheiden.

Der Aufbau der **Bundes- und Landesfinanzbehörden** ist in **§§ 1 bis 3 FVG** und in **§ 6 AO** geregelt. Aus diesen Gesetzen ergibt sich folgender Aufbau dieser Behörden:

Finanzbehörden

	Bundesfinanzbehörden	**Landes**finanzbehörden
Oberste Behörden	Bundesfinanzministerium	Finanzministerien bzw. Senatsverwaltungen der Länder
Oberbehörden	Bundeszentralamt für Steuern (BZSt) Informationstechnikzentrum Bund (ITZ Bund) Generalzolldirektion (GZD)	Rechenzentren
Mittelbehörden		Oberfinanzdirektionen/Landesämter
Örtliche Behörden	Hauptzollämter, Zollfahndungsämter	Finanzämter

Die **Familienkassen**, die **zentrale Stelle** i. S. d. § 81 EStG und die **Deutsche Rentenversicherung Knappschaft-Bahn-See** gehören ebenfalls zu den Finanzbehörden (§ 6 Abs. 2 Nrn. 6 bis 8 AO).

4.2.2 Aufgaben der Finanzbehörden

Der Bundesminister der Finanzen leitet das **Bundesfinanzministerium** als **oberste Behörde der Bundesfinanzverwaltung**; die Finanzminister (Finanzsenatoren) der Länder leiten die **oberste Behörde der Landesfinanzverwaltung** (§ 3 FVG). Zu den **Aufgaben der Finanzministerien** gehören die Organisation ihrer Verwaltung, die Personalführung und die oberste Sachleitung, soweit ihnen die Steuerverwaltungshoheit zusteht. Dazu gehört auch das Recht, im Einzelfall Weisung zu erteilen.

Als **Oberbehörde der Bundesfinanzverwaltung** ist das **Bundeszentralamt für Steuern (BZSt)** z. B. zuständig für die Mitwirkung bei Außenprüfungen, die von den Landesfinanzbehörden durchgeführt werden und die Erstattung von deutschen Abzugsteuern zur Vermeidung der Doppelbesteuerung (§ 5 FVG). Es vergibt die folgenden Identifikationsnummern: die **Umsatzsteueridentifikationsnummer** (§ 27a UStG), die **Identifikationsnummer (IdNr.)** nach § 139b AO für natürliche Personen und die Identifikationsnummer für wirtschaftlich tätige natürliche Personen, juristische Personen und Personenvereinigungen: die **Wirtschafts-Identifikationsnummer (W-IdNr.)** nach § 139c AO. Das **Informationstechnikzentrum Bund** erbringt ressortübergreifende IT-Dienstleistungen für 200 Behörden der Bundesverwaltung. Die **Generalzolldirektion** ist für die operative Steuerung der Zollverwaltung zuständig. Das **Zollkriminalamt** ist eine der elf Direktionen der Generalzolldirektion. Es hat seinen Sitz in Köln und ist die Zentrale des deutschen Zollfahndungsdienstes, dessen Hauptaufgabe die Verfolgung und Verhütung der mittleren, schweren und organisierten Zollkriminalität ist. Die **Rechenzentren** als **Landesoberbehörden** sind zuständig für die gesamte Informationstechnik der jeweiligen Landesfinanzverwaltung.

Auf Bundesebene gibt es keine **Mittelbehörden**, während es auf der Ebene der Länder die **Oberfinanzdirektionen** bzw. **Landesämter** gibt (§ 6 Abs. 2 Nr. 4 AO). Sie leiten die Finanzverwaltung des Landes in ihrem jeweiligen Bereich. Einer Oberfinanzdirektion kann auch die Leitung der Finanzverwaltung eines Landes für mehrere Oberfinanzdirektionsbezirke übertragen werden.

Die **Hauptzollämter** sind **örtliche Bundesfinanzbehörden**. Sie verwalten die Zölle und die bundesgesetzlich geregelten Verbrauchsteuern (z. B. die Energiesteuer [früher Mineralölsteuer], Kaffeesteuer, Tabaksteuer) einschließlich der Einfuhrumsatzsteuer und der Biersteuer (§ 12 Abs. 2 FVG). Sie sind auch für die Verwaltung der Kraftfahrzeugsteuer zuständig. Die **Zollfahndungsämter** sind zuständig für die Verfolgung von Straftaten und Ordnungswidrigkeiten im Zuständigkeitsbereich des Zolls (Zollfahndungsdienst). Die **Finanzämter** sind als **örtliche Landesbehörden** für die Verwaltung der Steuern (mit Ausnahme der Zölle und der bundesgesetzlich geregelten Verbrauchsteuern) zuständig, soweit die Verwaltung nicht den Bundesfinanzbehörden oder den Gemeinden (Gemeindeverbänden) übertragen worden ist (§ 17 Abs. 2 FVG). Zur Verwaltung dieser Steuern gehören deren Festsetzung, Erhebung und Einziehung, die Durchführung der Steueraufsicht, der Steuererlass und die Steuerstundung sowie die Festsetzung von Steuermessbeträgen. Für den Steuererlass bzw. die -stundung geht die Kompetenz der Finanzämter nur soweit, als nicht die entsprechende OFD oder das BMF sich wegen der Höhe des Steuerbetrages den Erlass bzw. die Stundung vorbehalten haben.

Zu den **Gemeindefinanzbehörden** gehören die **Steuerämter in den Städte- und Gemeindeverwaltungen**. Ihre Aufgaben ergeben sich aus den jeweiligen Kommunalverwaltungsgesetzen der Länder. Die Steuerämter verwalten insbesondere die Getränkesteuer, Vergnügungsteuer, Schankerlaubnissteuer, Hundesteuer und gemeinsam mit den Finanzämtern (auf Basis der Messbeträge) die Grundsteuer und die Gewerbesteuer.

4.3 Organisation der Finanzämter

Das **Finanzamt** ist in der Regel für die meisten Steuerpflichtigen die **wichtigste Finanzbehörde.**

Die **sachliche Gliederung und personelle Struktur** der Finanzämter ergeben sich aus der **„Geschäftsordnung für die Finanzämter (FAGO 2020)"**, die am 04.12.2020 von den obersten Finanzbehörden der Länder erlassen wurde (gleichlautender Ländererlass).

Die Geschäftsordnung regelt im Anschluss an das Finanzverwaltungsgesetz (FVG) die **Grundsätze der Organisation** sowie den **Geschäftsgang** (Arbeitsablauf) bei den Finanzämtern. Das **Finanzamt** gliedert sich in **Sachgebiete**. Ein **Sachgebiet (SG)** umfasst mehrere **Arbeitsgebiete**. Ein **Arbeitsgebiet (AG)** ist die kleinste Organisationseinheit, der bestimmte, abgegrenzte Aufgaben zugewiesen sind (z.B. im SG V das AG für die Buchstaben A – J).

Der Leiter des Finanzamts ist der **Vorsteher**. Er leitet das SG I mit den Arbeitsgebieten Organisation, Haushalt, Personal sowie die Presse- und Öffentlichkeitsarbeit (Geschäftsstelle).

Sachgebiet I Arbeitsgebiet:	Organisation, Haushalt, Personal, Presse- und Öffentlichkeitsarbeit (Geschäftsstelle)
Sachgebiet II Arbeitsgebiet:	Veranlagungsstelle für Körperschaften
Sachgebiet III Arbeitsgebiet:	Veranlagungsstelle für Personengesellschaften
Sachgebiet IV Arbeitsgebiet:	Veranlagungsstelle für Land- und Forstwirte
Sachgebiet V Arbeitsgebiet:	Veranlagungsstellen für Arbeitnehmer, Einzelunternehmen, freie Berufe
Sachgebiet VI Arbeitsgebiet:	Umsatzsteuerstelle mit USt-Außenprüfung
Sachgebiet VII Arbeitsgebiet:	Lohnsteuerstelle mit LSt-Außenprüfung
Sachgebiet VIII Arbeitsgebiet:	Grunderwerbsteuerstelle und Bewertungsstelle für Grundbesitz
Sachgebiet IX Arbeitsgebiet:	Rechtsbehelfsstelle
Sachgebiet X Arbeitsgebiet:	Betriebsprüfung
Sachgebiet XI Arbeitsgebiet:	Finanzkasse und Vollstreckungsstelle
Sachgebiet XII Arbeitsgebiet:	Erbschaft- und Schenkungsteuerstelle

Kennzeichnend für die Organisation der Finanzämter sind **variable Prüffelder**, die auf Amts-, OFD- oder Landesebene festgelegt werden.

Soweit diese **Regelungen** die **verfahrensrechtliche Behandlung** der **Steuerfälle** betreffen, sind sie im Einvernehmen mit dem Bundesminister der Finanzen getroffen worden. Hierzu gehören z. B.:

1. Bei der Bearbeitung der Steuerfälle muss auf **das Wesentliche** abgestellt werden. Der Aufwand bei der Bearbeitung eines Falles richtet sich nach dessen **steuerlicher Bedeutung**.
2. Steuerfälle sind **intensiv** zu bearbeiten, soweit
   - dies generell oder im Einzelfall **angeordnet** wird,
   - sie **maschinell** hierzu **ausgewählt** werden oder
   - sich Zweifelsfragen von **erheblicher steuerlicher Bedeutung** ergeben.

   Darüber hinaus hat der Bearbeiter Steuerfälle im Rahmen pflichtgemäßen Ermessens **intensiv** zu bearbeiten, **soweit** er dazu einen **Anlass** sieht.
3. In den übrigen Steuerfällen soll den **Angaben der Steuerpflichtigen gefolgt** werden, **soweit** sie **schlüssig und glaubhaft** sind.
   Die Angaben sind **schlüssig**, wenn die vorgetragenen Tatsachen die begehrte Rechtsfolge eintreten lassen und der Sachvortrag nicht offensichtlich unvollständig ist.
4. Die Steuerfälle sind nach Möglichkeit **in einem Arbeitsgang** abschließend zu bearbeiten. Kann die Bearbeitung **nicht zeitnah** abgeschlossen werden, ist die Steuer zunächst unter dem **Vorbehalt der Nachprüfung** festzusetzen, wenn dies erkennbar erhebliche steuerliche Auswirkungen hätte (z. B. hohe Abschlusszahlungen bzw. Heraufsetzung laufender Vorauszahlungen). Bei Steuerpflichtigen, die der **regelmäßigen Betriebsprüfung** unterliegen **oder** bei denen eine **Außenprüfung bevorsteht**, ist die Steuer unter dem **Vorbehalt der Nachprüfung** festzusetzen.
5. Wenn **mit erheblichen steuerlichen Auswirkungen** zu rechnen ist, sind **Steuererklärungen rechtzeitig anzufordern**.

4.4 Zusammenfassung und Erfolgskontrolle

4.4.1 Zusammenfassung

- Die **Steuerverwaltungshoheit** bzw. die **Verwaltungskompetenz** regelt nach Art. 108 GG, welche Verwaltungsebene (Bundesfinanzbehörden, Landesfinanzbehörden und Gemeinden) die einzelnen Steuern verwaltet.
- Dementsprechend ist zwischen **Bundes-, Landes- und Gemeindefinanzbehörden** zu unterscheiden.
- Der **Aufbau** der Bundesfinanzbehörden und der Landesfinanzbehörden ist vierstufig. Aufbau und Aufgaben dieser Behörden sind im **FVG und** in der **AO geregelt**.
- Die Aufgaben der **Gemeindefinanzbehörden** ergeben sich aus den Landesgesetzen zur kommunalen Verwaltung.

4.4.2 Erfolgskontrolle

Wiederholungsfragen

1. Was versteht man unter der Steuerverwaltungshoheit bzw. der Verwaltungskompetenz?
2. Welche Bundesfinanzbehörden gibt es?
3. Welche Landesfinanzbehörden gibt es?
4. Welche Steuern verwalten die Hauptzollämter?
5. Welche Steuern verwalten die Finanzämter?

Aufgaben

AUFGABE 1

Welche Behörde ist/welche Behörden sind in die Verwaltung folgender Steuern involviert?

Steuern		Hauptzollamt	Finanzamt	Steueramt der Gemeinde
1.	Umsatzsteuer			
2.	Einkommensteuer			
3.	Gewerbesteuer			
4.	Kraftfahrzeugsteuer			
5.	Grundsteuer			
6.	Einfuhrumsatzsteuer			
7.	Vergnügungssteuer			
8.	Energiesteuer			
9.	Getränkesteuer			
10.	Biersteuer			

AUFGABE 2

Welches Sachgebiet des Finanzamtes ist laut dem Geschäftsverteilungsplan auf S. 28 für die Erfüllung folgender Verwaltungsaufgaben zuständig?

1. Durchführung einer USt-Außenprüfung
2. Bearbeitung eines Antrags auf Arbeitnehmer-Veranlagung
3. Festsetzung und Erhebung der Grunderwerbsteuer
4. Genehmigung des Urlaubsantrags eines Finanzbeamten
5. Durchführung einer Betriebsprüfung bei einem Handwerksbetrieb
6. Bearbeitung der einheitlichen und gesonderten Feststellung über die Einkünfte aus Gewerbebetrieb der Bädertraum Blickle OHG
7. Erstellung der Einspruchsentscheidung für den Einspruch der Eheleute Inga und Ingo Bauer

AUFGABE 3

Beantworten Sie die folgenden Fragen durch Ankreuzen. Zu jeder Frage gibt es nur eine richtige Antwort.

1. Welche der folgenden Behörden ist keine Finanzbehörde?
   (a) Bundesfinanzdirektion
   (b) Finanzamt
   (c) Zollkriminalamt
   (d) Bundesagentur für Arbeit
2. Welche der folgenden Steuern verwaltet das Finanzamt?
   (a) Tabaksteuer
   (b) Kaffeesteuer
   (c) Lohnsteuer
   (d) Schaumweinsteuer
3. Für welche der folgenden Aufgaben ist das Bundeszentralamt für Steuern zuständig?
   (a) Vergabe der Umsatzsteuer-Identifikationsnummer
   (b) Festsetzung und Erhebung der Kraftfahrzeugsteuer
   (c) Festsetzung und Erhebung der Grunderwerbsteuer
   (d) Festsetzung und Erhebung der Hundesteuer

5 Berufsrecht der steuerberatenden Berufe

Während ihres Berufsalltags erhalten Mitarbeitende in einer Steuerberatungskanzlei viele Informationen über ihre Mandanten. Da es sich hierbei häufig um **sensible Daten** handelt, sind besondere Schutzmaßnahmen notwendig. Nachfolgend sind die beiden wichtigsten dargestellt.

Mitarbeitende in einer Steuerberatungskanzlei haben - je nach Qualifikation - unterschiedliche Kompetenzen. Die Berufsbezeichnung des Steuerberaters darf nur führen, wer nach erfolgreich bestandener Prüfung zum **Steuerberater** bestellt wurde (**Zulassung**). Die Rechte und Pflichten des Steuerberaters sind im **Steuerberatungsgesetz (StBerG)**, der dazugehörenden **Durchführungsverordnung (DVStB)** und in der **Berufsordnung der Bundessteuerberaterkammer (BOStB)** geregelt. Die Höhe der Vergütung richtet sich nach der **Steuerberatungsgebührenverordnung (StBVV)**.

LF 1

5.1 Hilfeleistung in Steuersachen

Nicht jeder ist berechtigt, eine steuerliche Beratung vorzunehmen. Eine unqualifizierte Beratung kann im Steuerrecht weittragende Konsequenzen nach sich ziehen (z. B. Tatbestand der Steuerhinterziehung). Deshalb ist in § 1 StBerG geregelt, **wer** Hilfe in Steuersachen leisten darf. Darunter versteht man **jede** unterstützende Tätigkeit bei der Beratung und Vertretung eines Dritten in dessen steuerlichen Angelegenheiten. Geschäftsmäßige Hilfe in Steuersachen (§ 2 StBerG) dürfen **nur** Steuerberater, Rechtsanwälte, Wirtschaftsprüfer, Steuerbevollmächtigte und Steuerberatungsgesellschaften (§§ 3, 3a StBerG) leisten. Für **bestimmte Gruppen** (z. B. Arbeitgeber, Lohnsteuerhilfevereine, Kreditinstitute) ist eine **beschränkte geschäftsmäßige Hilfeleistung** in Steuersachen erlaubt (§ 4 StBerG); für alle anderen ist dies grundsätzlich **verboten** (§ 5 StBerG). Als Ausnahme zu dieser Regelung ist im § 6 StBerG beispielsweise die **unentgeltliche** Hilfeleistung durch Angehörige im Sinne des § 15 AO genannt.

BEISPIEL

Der Steuerfachangestellte Fritz Huber erstellt jährlich privat die Einkommensteuererklärungen für seine Mutter und für seinen besten Freund. Beide geben ihm hierfür jeweils 200 Euro.

Fritz Huber ist im Hinblick auf seine Mutter zwar Angehöriger (§ 15 Abs. 1 Nr. 3 AO), aber die Beratung erfolgt nicht unentgeltlich. Als bester Freund liegt kein Angehörigenverhältnis nach § 15 AO vor. Dementensprechend sind beide geschäftsmäßigen Hilfeleistungen verboten und ein Verstoß gegen die §§ 2-5 StBerG.

Die **Konsequenzen** bei der unbefugten Hilfeleistung in Steuersachen reichen vom **Bußgeld** von bis zu **50.000 Euro** (§ 160 StBerG) über die **Untersagung der Tätigkeit** bzw. einem **Verstoß gegen die Berufsbezeichnung** bis hin zur **Mithilfe bei Steuerhinterziehung** (§ 370 AO).

LF 1

5.2 Verschwiegenheitspflicht

Bei der Erfassung der steuerlich relevanten Verhältnisse der Mandanten erhalten die Mitarbeitenden in der Kanzlei sehr viele, auch sehr **sensible Informationen**. Sie bekommen nicht nur einen Einblick in die **privaten Lebensverhältnisse**, sondern sind auch über die **wirtschaftliche Lage** der Mandanten informiert. Außerdem haben sie Kenntnis über all deren steuerliche Vorgänge. Zu den allgemeinen Berufspflichten des Steuerberaters gehört auch die in § 57 Abs. 1 StBerG genannte **Verschwiegenheitspflicht**. Auch die Mitarbeitenden in der Kanzlei unterliegen der Verschwiegenheitspflicht.

Der Steuerberater **muss** sie auf diese Verpflichtung hinweisen und deren **Einhaltung** sicherstellen (§ 62 StBerG). Die Verschwiegenheitspflicht ist **zeitlich unbegrenzt**, d. h. sie besteht auch **nach** Beendigung des Arbeitsverhältnisses fort.

Der **Verstoß** gegen die Verschwiegenheitspflicht (Verletzung von Privatgeheimnissen) stellt einen **Straftatbestand** nach § 203 Abs. 1 Nr. 3 StGB dar, der mit **Geldstrafe** oder **Freiheitsstrafe** bis zu zwei Jahren bestraft werden kann. Außerdem können noch **berufs-** und **arbeitsrechtliche Konsequenzen** (Kündigung, Verlust der Zulassung etc.) folgen.

5.3 Steuerberatungsvergütungsverordnung

In der Steuerberatungsvergütungsverordnung (StBVV) ist die Vergütung für die steuerberatenden Leistungen (**Vorbehaltsaufgaben** nach § 33 StBerG) festgelegt. Sie bezieht sich auf Tätigkeiten im **Inland** und auf Steuerberater mit Sitz im Inland. Daneben **kann** ein Steuerberater auch sogenannte „**vereinbare Tätigkeiten**" ausüben. Diese können aufgrund des Angebotsportfolios **neben** den Vorbehaltsaufgaben ausgeübt werden (z. B. **betriebswirtschaftliche Beratung, Finanzierungsberater, Testamentsvollstrecker**). Hierfür trifft die StBVV über die Höhe der Vergütung **keine** Regelung. Sofern keine anderweitigen Regelungen (beispielsweise für die Tätigkeit als Insolvenzverwalter die §§ 63, 64 InsO) vorliegen, erfolgt die Abrechnung nach den **allgemeinen** Regelungen des BGB (§§ 612 Abs. 2, 632 Abs. 2 BGB).

Der Steuerberater **kann** mit seinem Mandanten eine Vergütungsvereinbarung treffen (Textform), in der er (sowohl nach oben als auch nach unten) von den Vergütungen in der StBVV **abweicht** (§ 4 StBVV).

Für die jeweiligen Tätigkeiten des Steuerberaters enthält die StBVV einzelne **Gebührentatbestände**. In der Berechnung sind die Beträge der einzelnen Gebühren und Auslagen, die Vorschüsse, eine kurze Bezeichnung des jeweiligen Gebührentatbestands, die Bezeichnung der Auslagen sowie die angewandten Vorschriften dieser Gebührenverordnung und bei Wertgebühren auch der Gegenstandswert anzugeben. Dabei können nach demselben Stundensatz berechnete Zeitgebühren zusammengefasst werden.

Art der Gebühr	Beispiel
Wertgebühr	Für die Anfertigung einer Einkommensteuererklärung ohne Ermittlung der einzelnen Einkünfte erhält der Steuerberater 1/10 bis 6/10 einer vollen Gebühr nach Tabelle A. Die Mittelgebühr liegt somit bei 3,5/10. Gegenstandswert ist die Summe der positiven Einkünfte, jedoch mindestens 8.000 Euro (§ 24 Abs. 1 Nr. 1 StBVV).
Beitragsrahmengebühr	Für die erstmalige Einrichtung von Lohnkonten und die Aufnahme der Stammdaten erhält der Steuerberater eine Gebühr von 6 bis 19 Euro je Arbeitnehmer (§ 34 Abs. 1 StBVV).
Zeitgebühr	Die Prüfung des Steuerbescheids wird nach dem für die Bearbeitung des Auftrages erforderlichen Zeitaufwand berechnet und beträgt, sofern nicht ein höherer Betrag gesondert vereinbart ist, zwischen 16,50 und 41 Euro je angefangene Viertelstunde (§ 13 StBVV).

Bei **Auslagen** für Post- und Telekommunikationsdienstleistungen genügt die Angabe des Gesamtbetrags; neben den tatsächlichen Kosten **können** auch **pauschale Werte** (§§ 16 - 18 StBVV) angesetzt werden. Die Honorarabrechnung **muss** in Textform erfolgen (§ 9 StBVV).

B. Abgabenordnung

1 Bedeutung und Aufbau der Abgabenordnung

Die **Abgabenordnung** (AO) gilt als das **Grundgesetz des Steuerrechts**. Mit ihrem Inkrafttreten zum 01.01.1977 löste sie die bis dahin geltende Reichsabgabenordnung ab.

1.1 Bedeutung der Abgabenordnung

Eine Hauptaufgabe der AO ist, das vom Gesetzgeber gewollte **Gleichgewicht** zwischen den **Rechten des Steuerpflichtigen** und den **Rechten der Finanzverwaltung** herzustellen.

Ihre Bedeutung erlangt die Abgabenordnung vor allem dadurch, dass sie bestimmte Sachverhalte und Begriffe regelt, die für **mehrere** oder sogar **alle** Steuerarten gelten.

Während die Einzelsteuergesetze (z. B. EStG, UStG) die Regelungen zur Steuerentstehung und Steuerberechnung für ihre Steuerart enthalten, regelt die Abgabenordnung die **Ermittlung der Besteuerungsgrundlagen**, die **Steuerfestsetzung** und **Steuererhebung**, die **Vollstreckung** sowie **außergerichtliche Rechtsbehelfe**. Darüber hinaus enthält die Abgabenordnung Bestimmungen zum **Steuerstrafrecht** und **Steuerordnungswidrigkeitsrecht**.

Der Vorteil eines allgemein verbindlichen „Rahmengesetzes" ist in der **Entlastung der Einzelsteuergesetze** zu sehen.

BEISPIEL

Der (**Einkommensteuer**-) **Bescheid** (§ 155 AO) des Steuerpflichtigen Karl Müller ist ein **Verwaltungsakt** (§ 118 AO), nach dem er die (**Einkommen**-) **Steuer** (§ 3 Abs. 1 AO) schuldet. Der zulässige Rechtsbehelf gegen die Steuerfestsetzung ist der **Einspruch** (§ 347 AO), sofern der Steuerpflichtige Einwendungen erhebt.

Gäbe es die AO nicht, müssten die Begriffe **Steuerbescheid**, **Verwaltungsakt**, **Steuern** und **Einspruch** in jedem Einzelsteuergesetz separat geregelt werden.

Für die Anwendung der Steuergesetze gilt der Grundsatz, dass **Einzelsteuergesetze** (z. B. EStG, UStG) den **Vorrang vor allgemeinen Steuergesetzen** (z. B. AO) haben.

1.2 Aufbau der Abgabenordnung

Die Abgabenordnung ist in die folgenden neun Teile untergliedert:

1. Teil: Einleitende Vorschriften
2. Teil: Steuerschuldrecht
3. Teil: Allgemeine Verfahrensvorschriften
4. Teil: Durchführung der Besteuerung
5. Teil: Erhebungsverfahren
6. Teil: Vollstreckung
7. Teil: Außergerichtliches Rechtsbehelfsverfahren
8. Teil: Straf- und Bußgeldvorschriften, Straf- und Bußgeldverfahren
9. Teil: Schlussvorschriften

Im Folgenden wird der erste Teil der AO erläutert. Einzelheiten zu weiteren wichtigen Vorschriften der AO erfolgen in den Kapiteln 2 bis 10.

Einleitende Vorschriften

Der **1. Teil der AO** behandelt neben dem **Anwendungsbereich** der AO vor allem die **Grundbegriffe des Steuerrechts** sowie die **Zuständigkeit der Finanzbehörden** und das **Steuergeheimnis**.

Der **Anwendungsbereich** der AO erstreckt sich auf alle Steuern und Steuervergütungen, die durch Bundesrecht oder Recht der Europäischen Union geregelt sind, soweit sie durch Bundes- oder Landesfinanzbehörden verwaltet werden (§ 1 Abs. 1 AO).

BEISPIELE

Zu den Steuern, die durch Bundesrecht geregelt sind und durch Bundes- oder Landesfinanzbehörden verwaltet werden, gehören z. B. die Einkommensteuer, die Körperschaftsteuer und die Umsatzsteuer.

Zu den durch Recht der Europäischen Union geregelten Steuern, die durch Bundes- oder Landesfinanzbehörden verwaltet werden, gehören z. B. die Einfuhr- und Ausfuhrabgaben.

Zu den **Grundbegriffen des Steuerrechts** gehören neben dem Begriff der **Steuern** (§ 3 Abs. 1 AO, siehe Teil A Allgemeines Steuerrecht im Abschnitt 1.1) selbst z. B. auch die Begriffe **Wohnsitz** (§ 8 AO), **gewöhnlicher Aufenthalt** (§ 9 AO), **Geschäftsleitung** (§ 10 AO), **Sitz** (§ 11 AO) sowie **Angehörige** (§ 15 AO).

Die Bestimmungen zur **Zuständigkeit der Finanzbehörden** regeln, welche Behörde zunächst **sachlich** und dann **örtlich** zuständig ist (§§ 16 bis 29a AO).

BEISPIEL

Der deutsche Staatsbürger Egon Theis hat in Köln, Antwerpener Straße 55, seinen Wohnsitz.

Egon Theis ist nach § 1 Abs. 1 EStG im Inland unbeschränkt einkommensteuerpflichtig, weil er als natürliche Person im Inland einen **Wohnsitz** (§ 8 AO) hat. Für die Besteuerung natürlicher Personen nach dem Einkommen ist das Finanzamt örtlich zuständig, in dessen Bezirk der Steuerpflichtige seinen Wohnsitz hat (**Wohnsitzfinanzamt** Finanzamt Köln-Mitte; § 19 Abs. 1 Satz 1 AO).

Die Abgabenordnung ist an die Europäische **Datenschutz-Grundverordnung (DS-GVO)** angepasst (§ 2a AO). Die **§§ 29b, 29c AO** regeln die **Verarbeitung von personenbezogenen und sensiblen Daten**. Die Regelungen zur Verarbeitung solcher Daten und zum Steuergeheimnis sollen gewährleisten, dass die im Rahmen der Besteuerungsverfahren den Finanzbehörden übermittelten Informationen **geheim gehalten** und **vertraulich behandelt** werden. Einzelheiten zum Datenschutz im Steuerverwaltungsverfahren enthält das BMF-Schreiben IV A 3 - S 0130/19/10017 :004 vom 17.06.2021, welches das ursprüngliche Einführungsschreiben zur DSGVO aus 2018 ergänzt. Auch der **AEAO** wurde mit BMF-Schreiben IV A 3 - S 0062/18/10001 **an die DSGVO angepasst**.

1.3 Erfolgskontrolle

Wiederholungsfragen

1. Warum wird die Abgabenordnung als Grundgesetz des Steuerrechts bezeichnet?
2. Welche Vorschriften haben Vorrang, wenn sie gleichzeitig in einem Einzelsteuergesetz und in der Abgabenordnung geregelt sind?
3. Wie viele Teile enthält die Abgabenordnung?
4. Die Abgabenordnung ist die „Bibel der Finanzbeamten". Was veranlasst Sie als Angehörige(n) der steuer- und wirtschaftsberatenden Berufe, dort hineinzusehen?

2 Zuständigkeit der Finanzbehörden

Um die vielfältigen Aufgaben der Steuerverwaltung reibungslos erfüllen zu können, ist es notwendig, klare **Regeln für die Zuständigkeit** aufzustellen.

Bei den **Zuständigkeitsregeln** unterscheidet man zwischen

1. der **sachlichen** Zuständigkeit (§ 16 AO) und
2. der **örtlichen** Zuständigkeit (§§ 17 bis 29 AO).

Das **Bundeszentralamt für Steuern** stellt im Internet unter **www.bzst.de** eine **Suchfunktion** zur Ermittlung der **sachlich und örtlich** zuständigen **Finanzämter** zur Verfügung.

2.1 Sachliche Zuständigkeit

Die sachliche Zuständigkeit bezieht sich auf **Aufgabenbereiche** einer Behörde, die ihr nach dem **Gegenstand und** der **Art** durch Gesetz zugewiesen sind.

Neben dem Aufgabenkreis, der durch das **Finanzverwaltungsgesetz** (FVG) bestimmt wird, ergeben sich für die Finanzbehörden auch Aufgabenzuweisungen aus der AO (z. B. §§ 208, 249, 386 AO) und **anderen Gesetzen** (z. B. StBerG, InvZulG).

Sachlich zuständig für die **Verwaltung** der Steuern sind die **Bundes-, Landes-** und **Gemeindefinanzbehörden**.

BEISPIEL

Für den Erlass von **ESt-Bescheiden** sind die **Finanzämter sachlich** zuständig, weil ihnen die Verwaltung der Einkommensteuer obliegt (§ 17 Abs. 2 FVG).

Eine Entscheidung, die von einer **sachlich nicht zuständigen** Behörde getroffen wird, ist **fehlerhaft** (§ 130 Abs. 2 Nr. 1 AO) und bei besonders schwerwiegenden Fehlern **nichtig** (§ 125 Abs. 1 AO).

BEISPIEL

Ein Teil des Einkommensteueraufkommens fließt den Gemeinden zu. Die Gemeindeverwaltung von Altstadt erlässt deshalb gegen den Bürger Anton Eisner einen **ESt-Bescheid.**

Der ESt-Bescheid ist wegen der **offenkundigen** (sachlichen) **Nichtzuständigkeit** der Gemeindeverwaltung **nichtig**, d. h., er hat keinerlei Rechtswirkung. Die Gemeindeverwaltung ist zwar eine Behörde, sie ist jedoch in diesem Fall **sachlich nicht zuständig.**

Die **sachliche** Zuständigkeit gibt allerdings noch keine Auskunft darüber, **welches** der vielen Finanzämter der Bundesrepublik Deutschland einen bestimmten Einkommensteuerbescheid zu erlassen hat. Dies ergibt sich aus der örtlichen Zuständigkeit.

F 11

2.2 Örtliche Zuständigkeit

Die örtliche Zuständigkeit bezieht sich auf die **Aufgabenverteilung** der **sachlich zuständigen** Behörde in **räumlicher** Hinsicht, d. h. beispielsweise, **welches Finanzamt** im konkreten Fall für den Erlass des Einkommensteuerbescheids zuständig ist.

Die **gesetzlichen Grundlagen** für die **örtliche** Zuständigkeit der Finanzbehörden sind vor allem in den **§§ 17 bis 29 AO** enthalten.

Eine Entscheidung, die von einer örtlich nicht zuständigen Behörde getroffen wird, ist nicht schon deshalb nichtig, weil Vorschriften über die örtliche Zuständigkeit nicht eingehalten worden sind (§ 125 Abs. 3 Nr. 1 AO). Diese Verfahrensfehler können nach § 126 Abs. 1 Nr. 5 AO geheilt werden.

Die für den Steuerpflichtigen wohl wichtigste Zuständigkeit ist die **örtliche** Zuständigkeit der **Finanzämter**. Sie ist zum Teil von der **Steuerart** und zum Teil von der **gesonderten** bzw. **gesonderten und einheitlichen Feststellung der Besteuerungsgrundlagen** abhängig. Es ist deshalb sinnvoll, die **örtliche** Zuständigkeit wie folgt zu gliedern:

1. nach der **Steuerart** und
2. nach der **gesonderten und einheitlichen Feststellung der Besteuerungsgrundlagen**.

2.2.1 Örtliche Zuständigkeit nach der Steuerart

2.2.1.1 Einkommensteuer natürlicher Personen und Umsatzsteuer natürlicher Personen, die Nichtunternehmer sind

Einkommensteuer

Für die Besteuerung **natürlicher Personen** nach dem Einkommen (z. B. **ESt**) ist grundsätzlich das Finanzamt örtlich zuständig, in dessen Bezirk der Steuerpflichtige seinen **Wohnsitz** oder - in Ermangelung eines Wohnsitzes - seinen **gewöhnlichen Aufenthalt** hat (§ 19 Abs. 1 Satz 1 AO). Dieses Finanzamt wird als **Wohnsitzfinanzamt** bezeichnet.

Einen **Wohnsitz** hat jemand dort, wo er eine **Wohnung** unter Umständen **innehat**, die darauf schließen lassen, dass er die Wohnung **beibehalten** und **benutzen** wird (§ 8 AO).

Mit **Wohnung** sind die objektiv zum Wohnen geeigneten Wohnräume gemeint. Es genügt eine bescheidene Bleibe. **Nicht** erforderlich ist eine abgeschlossene Wohnung mit Küche und separater Waschgelegenheit im Sinne des Bewertungsrechts (AEAO zu § 8, Nr. 2).

BEISPIEL

Der Steuerpflichtige Anton Eisner, der im Bezirk des Finanzamtes Köln-Mitte seinen Wohnsitz hat, betreibt in Leverkusen in gemieteten Räumen einen Computerhandel.

Für die **Einkommensteuer** ist das **Finanzamt Köln-Mitte** örtlich zuständig, weil Anton Eisner als **natürliche Person** im Bezirk des Finanzamtes Köln-Mitte seinen **Wohnsitz** hat (§ 19 Abs. 1 Satz 1 AO).

Die Frage des **Wohnsitzes** ist bei **Ehegatten** und **sonstigen Familienangehörigen** für jede Person **gesondert** zu prüfen. Ein **Ehegatte**, der nicht dauernd getrennt lebt, hat seinen Wohnsitz grundsätzlich dort, wo seine **Familie bzw. sein Lebenspartner lebt** (AEAO zu § 8, Nr. 5.2).

Ist **kein Wohnsitz** vorhanden, so ist das Finanzamt örtlich zuständig, in dessen Bezirk der Steuerpflichtige seinen **gewöhnlichen Aufenthalt** hat.

Der Begriff **„gewöhnlich"** ist gleichbedeutend mit **„dauernd"**. **„Dauernd"** erfordert keine ununterbrochene Anwesenheit, sondern ist im Sinne **„nicht nur vorübergehend"** zu verstehen (AEAO zu § 9, Nr. 1).

Den **gewöhnlichen Aufenthalt** hat jemand dort, wo er sich unter Umständen aufhält, die erkennen lassen, dass er an diesem Ort oder in diesem Gebiet **nicht nur vorübergehend** verweilt. Als **nicht nur vorübergehend** ist stets und von Beginn an ein zeitlich zusammenhängender Aufenthalt von **mehr als sechs Monaten** Dauer anzusehen; **kurzfristige Unterbrechungen** bleiben **unberücksichtigt** (§ 9 AO).

Als **kurzfristige Unterbrechung** kommen in Betracht: Familienheimfahrten, Jahresurlaub, längerer Heimaturlaub, Kur und Erholung, aber auch geschäftliche Reisen (AEAO zu § 9, Nr. 1).

BEISPIEL

Ein türkischer Arbeiter reist in die Bundesrepublik ein. Er hat einen Arbeitsvertrag für die Dauer eines Jahres. Er arbeitet in Bochum, hat aber keine eigene Wohnung, sondern hält sich bei einer befreundeten Familie in Bochum auf.

Der Arbeiter hat in Deutschland seinen **gewöhnlichen Aufenthalt** begründet. Die Einreise zur Erfüllung eines Arbeitsvertrags über ein Jahr begründet den gewöhnlichen Aufenthalt, auch wenn die Ausreise bereits vor Ablauf eines Jahres erfolgt. Für die Besteuerung nach dem **Einkommen** ist das **Finanzamt Bochum** örtlich zuständig.

Eine besondere Regelung gibt es, wenn sich in der Wohnsitzgemeinde **mehrere** Finanzämter befinden **und Gewinneinkünfte** aus einem **anderen** Finanzamtsbezirk der Wohnsitzgemeinde als dem des Wohnsitzes vorliegen. Dann ist nach § 19 Abs. 3 AO das Finanzamt **auch** für die **Einkommensteuer** zuständig, das auch **für den Betrieb/die selbständige Tätigkeit zuständig** ist.

Bei sog. „**Wegzugsfällen**" (ein Steuerpflichtiger, der keine Einkünfte nach § 49 EStG mehr erzielt, zieht ins Ausland) ist nach § 19 Abs. 2 Satz 3 AO nun weiterhin das zuletzt für den Steuerpflichtigen zuständige Finanzamt verantwortlich (z.B. zur Durchführung der noch ausstehenden Veranlagungen nach dem Wegzug).

Umsatzsteuer

Für die **Umsatzsteuer**, die **natürliche Personen als Nichtunternehmer** zu zahlen haben, gelten gemäß § 21 Abs. 2 AO die Regelungen des § 19 AO, wonach grundsätzlich das **Wohnsitzfinanzamt** zuständig ist.

BEISPIEL

Der Privatmann Peter Frei, der seinen Wohnsitz in Koblenz hat, erwirbt einen neuen Pkw von dem dänischen Autohändler Ulf Kroes in Alpenrade (Dänemark).

Für die Umsatzbesteuerung des innergemeinschaftlichen Erwerbs eines neuen Fahrzeugs (§ 1 Abs. 1 **Nr. 5** i.V.m. § 1b UStG) ist das **Wohnsitzfinanzamt Koblenz** örtlich zuständig (§ 21 Abs. 2 AO).

ÜBUNG →	1. Wiederholungsfragen 1 bis 5 (Seite 44), 2. Aufgaben 1 und 2 (Seite 45)

2.2.1.2 Körperschaftsteuer

Bei den **Kapitalgesellschaften** (z.B. **AG, GmbH**), Personenvereinigungen und Vermögensmassen (z.B. Stiftungen), die als solche steuerpflichtig sind und unter das Körperschaftsteuergesetz (KStG) fallen, ist für die Besteuerung nach dem **Einkommen** (z.B. **KSt**) das Finanzamt örtlich zuständig, in dessen Bezirk sich die **Geschäftsleitung** befindet (§ 20 Abs. 1 AO). Dieses Finanzamt wird als **Geschäftsleitungsfinanzamt** bezeichnet.

Die **Geschäftsleitung** ist der Mittelpunkt der geschäftlichen Oberleitung (§ 10 AO). Der Mittelpunkt der geschäftlichen Oberleitung ist dort, wo der für die Geschäftsleitung maßgebende Wille gebildet wird. In der Regel sind es die **Büroräume** des Unternehmens.

BEISPIEL

Der Steuerpflichtige Dieter Sturm, der seinen Wohnsitz in Hagen hat, ist Gesellschafter-Geschäftsführer der X-GmbH, die ihre Geschäftsleitung in Hamm hat.

Für die **Körperschaftsteuer** der GmbH ist das **Finanzamt Hamm** örtlich zuständig, weil die **X-GmbH** als **Kapitalgesellschaft** im Bezirk des Finanzamtes Hamm ihre **Geschäftsleitung** hat (§ 20 Abs. 1 AO).

Beim **Fehlen der Geschäftsleitung** im Inland tritt eine **Rangfolge** von **Ersatzzuständigkeiten** ein:

1. **Fehlt** die inländische **Geschäftsleitung**, so ist das Finanzamt örtlich zuständig, in dessen Bezirk sich der **inländische Sitz** (§ 11 AO) des Steuerpflichtigen befindet (§ 20 Abs. 2 AO).
2. **Fehlen Geschäftsleitung und Sitz** im Inland (beschränkte Körperschaftsteuerpflicht), ist das Finanzamt örtlich zuständig, in dessen Bezirk sich das **Vermögen** der Steuerpflichtigen bzw. der **wertvollste Teil des Vermögens** befindet (§ 20 Abs. 3 AO).

2.2.1.3 Umsatzsteuer und Realsteuern

Umsatzsteuer

Für die Besteuerung nach dem **Umsatz (USt)** ist, mit Ausnahme der Einfuhrumsatzsteuer, in der Regel das Finanzamt örtlich zuständig, von dessen Bezirk aus der **Unternehmer sein Unternehmen** ganz oder vorwiegend **betreibt** (§ 21 Abs. 1 Satz 1 AO). Dieses Finanzamt wird bei **Gewerbetreibenden** als **Betriebsfinanzamt** und bei **Freiberuflern** als **Tätigkeitsfinanzamt** bezeichnet.

BEISPIEL

Unternehmer Gustav Haller, Duisburg, betreibt in Krefeld ein gewerbliches Unternehmen. Die Geschäftsleitung des Unternehmens befindet sich in Krefeld.

Für die Umsatzbesteuerung ist als **Betriebsfinanzamt** das Finanzamt **Krefeld** örtlich zuständig, weil von dessen Bezirk aus der Unternehmer sein gewerbliches Unternehmen betreibt (§ 21 Abs. 1 AO).

Durch die Schaffung des **europäischen Binnenmarktes** bewirken viele Unternehmer aus anderen Mitgliedstaaten Umsätze im Inland, die der deutschen Umsatzsteuer unterliegen. § 21 Abs. 1 **Satz 2** AO ermächtigt das BMF, die örtliche Zuständigkeit für die Besteuerung aller Umsätze, die ein **ausländischer** Unternehmer im Inland bewirkt, durch Rechtsverordnung einer Finanzbehörde für das **gesamte** Bundesgebiet zu übertragen **(Zentralfinanzamt)**.

Das BMF hat von dieser Ermächtigungsvorschrift Gebrauch gemacht, sodass die Zuständigkeiten für Umsätze **ausländischer** Unternehmer geregelt sind [Umsatzsteuerzuständigkeitsverordnung (UStZustV) in der Fassung vom 19.12.2025] (siehe **Anhang 2** dieses Buches).

Realsteuern

Die **Gewerbesteuer** und die **Grundsteuer** sind Gemeindesteuern und **Realsteuern**.
Die Feststellung (und Zerlegung) der **Besteuerungsgrundlagen** der Realsteuern in Form von **Steuermessbeträgen** erfolgt durch die **Finanzämter** und die Feststellung und Erhebung der **Gewerbesteuer und Grundsteuer** durch die **Gemeinden** (§ 16 Abs. 1 GewStG).

Für die Feststellung (und Zerlegung) des **Gewerbesteuermessbetrages** ist das **Betriebsfinanzamt** örtlich zuständig, in dessen Bezirk sich die Geschäftsleitung bzw. beim Fehlen einer Geschäftsleitung im Inland die Betriebsstätte des gewerblichen Betriebes befindet (§ 22 Abs. 1 Satz 1 AO).

Für die Feststellung (und Zerlegung) des **Grundsteuermessbetrages** ist das **Lagefinanzamt** (§ 18 Abs. 1 Nr. 1 AO) örtlich zuständig, in dessen Bezirk das Grundstück liegt (§ 22 Abs. 1 Satz 1 AO).

2.2.1.4 Einkommensteuer bei Bauleistungen

Für den Steuerabzug im Zusammenhang mit Bauleistungen i.S.d. §§ 48 ff. EStG gelten die Regelungen des § 20a AO. Der Leistungsempfänger (Auftraggeber; Unternehmer i.S.d. § 2 UStG) hat dabei den Steuerabzug an das für den Leistenden örtlich zuständige Finanzamt zu melden und abzuführen. Ist der leistende Unternehmer eine **natürliche Person**, ist dies das **Wohnsitzfinanzamt**. Ist der leistende Unternehmer eine **Körperschaft** oder **Personengesellschaft** mit **Geschäftsleitung** oder Sitz im **Inland**, ist dies das **Geschäftsleitungsfinanzamt**. Bei Unternehmern oder Unternehmen mit Wohnsitz, Sitz oder Geschäftsleitung im **Ausland** ergibt sich abhängig von dem Staat das entsprechende **Zentralfinanzamt**.

ÜBUNG →	1. Wiederholungsfragen 6 und 7 (Seite 44), 2. Aufgaben 3 bis 5 (Seite 45)

Zusammenfassung zu Abschnitt 2.2.1:

Örtliche Zuständigkeit nach der **Steuerart**

Steuerart		zuständiges Finanzamt
Einkommensteuer **(ESt) natürlicher** Personen und **ESt** bei Bauleistungen **inl.** Unternehmer	→	**Wohnsitzfinanzamt** (§ 19 Abs. 1 AO)
Körperschaftsteuer **(KSt) juristischer** Personen und **ESt** bei Bauleistungen **inl.** Unternehmer	→	**Geschäftsleitungsfinanzamt** (§ 20 Abs. 1 AO)
Grundsteuer **(GrSt)** (**nur** GrSt-Messbeträge)	→	**Lagefinanzamt** (§ 22 Abs. 1 AO)
Umsatzsteuer **(USt) inländischer** Unternehmer und Gewerbesteuer **(GewSt)** (**nur** GewSt-Messbeträge)	→	**Betriebs- bzw. Tätigkeitsfinanzamt** (§ 21 **Abs. 1** AO und § 22 **Abs. 1** AO)
Umsatzsteuer **(USt) natürlicher** Personen, die **keine** Unternehmer sind	→	**Wohnsitzfinanzamt** (§ 21 **Abs. 2** AO)
Umsatzsteuer **(USt)** und Einkommensteuer **(ESt)** und **ESt** bei Bauleistungen **ausländischer** Unternehmer	→	**Zentralfinanzamt** (§ 21 **Abs. 1 Satz 2** AO und § 20a Abs. 1 AO)

2.2.2 Örtliche Zuständigkeit nach der gesonderten und einheitlichen Feststellung von Besteuerungsgrundlagen

Während die Feststellung der **Besteuerungsgrundlagen** grundsätzlich einen mit Rechtsbehelfen nicht selbständig anfechtbaren Teil des Steuerbescheids bildet (§ 157 Abs. 2 AO), gilt dies nicht für die gesonderte Feststellung von Besteuerungsgrundlagen. In bestimmten Fällen sehen die AO und Einzelsteuergesetze eine solche **gesonderte Feststellung der Besteuerungsgrundlagen** vor (AEAO zu § 179, Nr. 1).

Die **gesonderte Feststellung von Besteuerungsgrundlagen** ist in den **§§ 179 ff. AO** geregelt.

Sind **mehrere Personen** an einer Besteuerungsgrundlage beteiligt, so wird die **gesonderte** Feststellung gegenüber den Beteiligten **einheitlich** vorgenommen **(gesonderte und einheitliche Feststellung).**

Betreiben zusammenveranlagte Ehegatten gemeinsam eine PV-Anlage auf dem eigengenutzten Wohnhaus, so kann eine **gesonderte und einheitliche Feststellung der Besteuerungsgrundlagen** regelmäßig **unterbleiben**, wenn es keinen Streit über die Höhe und Aufteilung dieser Einkünfte gibt (BFH-Urteil vom 29.01.2020).

Nach **§ 180 AO** werden insbesondere **gesondert festgestellt**:

1. die **Einheitswerte** nach Maßgabe des Bewertungsgesetzes (BewG), z. B. **für Grundstücke**,
2. a) die **einkommensteuer- und körperschaftsteuerpflichtigen Einkünfte** und mit ihnen im Zusammenhang stehenden Besteuerungsgrundlagen (z. B. anzurechnende Denkmalabschreibungen, die den Feststellungsbeteiligten anteilig zustehen), **wenn mehrere Personen** daran beteiligt sind,
   b) die **Einkünfte aus Land- und Forstwirtschaft**, **Gewerbebetrieb** oder **einer freiberuflichen Tätigkeit**, **wenn** nach den Verhältnissen zum Schluss des Gewinnermittlungszeitraums (Wj) das für die gesonderte Feststellung der Einkünfte zuständige **Finanzamt** nicht auch für die **Steuern vom Einkommen** zuständig ist.

Eine **Besteuerungsgrundlage** (z. B. der steuerpflichtige Umsatz) wird **nicht gesondert** in einem Feststellungsbescheid festgestellt, wenn sie nur für **einen** Bescheid (z. B. den Umsatzsteuerbescheid) bedeutsam ist.

Die **gesonderte** Feststellung in einem Feststellungsbescheid ist **zweckmäßig**, wenn sie für **mehrere Steuerbescheide** von Bedeutung ist, weil sonst die Besteuerungsgrundlage für jeden Steuerbescheid erneut ermittelt und festgesetzt werden müsste. Hat das Finanzamt eine gesonderte bzw. gesonderte und einheitliche Feststellung von Besteuerungsgrundlagen durchgeführt, übermittelt es seine Ergebnisse in Form einer Mitteilung an alle betroffenen Stellen (z.B. Steuerpflichtige, Veranlagungsbezirk, andere Finanzämter). Diese festgestellten Besteuerungsgrundlagen werden dann beispielsweise bei der Veranlagung zur Einkommensteuer des jeweiligen Steuerpflichtigen herangezogen.

§ 18 AO regelt die örtliche Zuständigkeit für die Fälle, in denen nach **§ 180 AO** gesonderte Feststellungen zu treffen sind. Sie ergibt sich für die **Gewinneinkünfte** aus § 18 Abs. 1 **Nrn. 1 bis 3** AO und für die **Überschusseinkünfte** aus § 18 Abs. 1 **Nr. 4** AO.

Die gesonderte Feststellung bei Mitunternehmerschaften nach § 180 Abs. 1 **Nr. 2a** AO umfasst über die von den Feststellungsbeteiligten gemeinsam erzielten Einkünfte hinaus **alle weiteren Besteuerungsgrundlagen**, die in rechtlichem, wirtschaftlichem oder tatsächlichem Zusammenhang mit den Einkünften bestehen, z. B. Sonderbetriebseinnahmen und -ausgaben (AEAO zu § 180, Nr. 1).

2.2.2.1 Einheitswerte der Grundstücke und Einkünfte aus Land- und Forstwirtschaft

Für die **gesonderte** bzw. **gesonderte und einheitliche** Feststellung der **Einheitswerte der Grundstücke** ist das Finanzamt örtlich zuständig, in dessen Bezirk das Grundstück liegt (**Lagefinanzamt**) (§ 18 Abs. 1 **Nr. 1** AO).

BEISPIEL

Die Geschwister Helga und Franz Schulz, die im Bereich des Finanzamts Neuwied jeweils ihren Wohnsitz haben, besitzen in Bendorf (Rhein) im Bereich des Finanzamtes Koblenz ein Einfamilienhaus, dessen Eigentümer die Geschwister je zur Hälfte sind.

Der **Einheitswert** des **Einfamilienhauses** ist **gesondert** festzustellen, weil er **zwei Personen** zuzurechnen ist. Für die **gesonderte und einheitliche Feststellung** des Einheitswerts ist das **Lagefinanzamt Koblenz** örtlich zuständig, weil das Grundstück in dessen Bezirk liegt.

Erstreckt sich ein Grundstück auf die Bezirke **mehrerer Finanzämter**, ist Lagefinanzamt das Finanzamt, in dessen Bezirk der **wertvollste Teil** des Gesamtgrundstücks liegt.

BEISPIEL

Der Steuerpflichtige Alfred Hase besitzt ein Grundstück, das sich auf die Finanzamtsbezirke Neuwied und Koblenz erstreckt. Der Neuwieder Grundstücksteil ist 100.000 €, der Koblenzer 150.000 € wert.

Für die **gesonderte Feststellung** des **Einheitswerts** ist das **Lagefinanzamt Koblenz** örtlich zuständig, weil sich in dessen Bezirk der wertvollste Teil des Grundstücks befindet.

Das **Lagefinanzamt** ist örtlich auch zuständig für die gesonderte bzw. gesonderte und einheitliche Feststellung der **Einheitswerte der land- und forstwirtschaftlichen Betriebe** und für die gesonderte bzw. gesonderte und einheitliche Feststellung der **Einkünfte aus Land- und Forstwirtschaft,** die wegen der Beteiligung **mehrerer Personen** nach § 180 Abs. 1 Nr. 2a AO oder wegen des **Auseinanderfallens der Zuständigkeiten** nach § 180 Abs. 1 Nr. 2b AO in Betracht kommen.

2.2.2.2 Gewinn aus Gewerbebetrieb

Für die **gesonderte** bzw. **gesonderte und einheitliche** Feststellung von Besteuerungsgrundlagen bei **gewerblichen Betrieben** ist das Finanzamt örtlich zuständig, in dessen Bezirk sich die **Geschäftsleitung** befindet (**Geschäftsleitungsfinanzamt**) (§ 18 Abs. 1 **Nr. 2** AO). Diese Vorschrift hat Bedeutung für die **Feststellung** des **Gewinns aus Gewerbebetrieb**.

BEISPIEL

Der Steuerpflichtige Max Schuster, der seinen Wohnsitz im Bezirk des Finanzamtes Nürnberg-Nord hat, ist an einer offenen Handelsgesellschaft (OHG) beteiligt, die ihre Geschäftsleitung im Bezirk des Finanzamtes Nürnberg-Ost hat.

Für die **gesonderte und einheitliche** Feststellung des **Gewinns aus Gewerbebetrieb** der **OHG** ist das **Geschäftsleitungsfinanzamt Nürnberg-Ost** örtlich zuständig, weil sich dort die Geschäftsleitung des Betriebes befindet.

Befindet sich die Geschäftsleitung nicht im Inland, richtet sich die örtliche Zuständigkeit nach dem Ort der **Betriebsstätte (Betriebsfinanzamt)** (§ 18 Abs. 1 Nr. 2 AO i. V. m. § 180 Abs. 1 **Nr. 2** AO).

2.2.2.3 Einkünfte aus selbständiger Arbeit

Für die **gesonderte** bzw. **gesonderte und einheitliche** Feststellung von Besteuerungsgrundlagen bei **selbständiger Arbeit** ist das Finanzamt örtlich zuständig, von dessen Bezirk aus die **Berufstätigkeit vorwiegend ausgeübt** wird (**Tätigkeitsfinanzamt**) (§ 18 Abs. 1 **Nr. 3** AO i. V. m. § 180 Abs. 1 **Nr. 1** und **Nr. 2** AO).

BEISPIEL

Axel Huber, wohnhaft in Köln, und Bert Wagner, wohnhaft in Koblenz, betreiben eine Rechtsanwaltskanzlei in Form einer Anwaltsgemeinschaft in Bonn (Innenstadt).

Zur **ESt-Veranlagung** ist eine **gesonderte und einheitliche Gewinnfeststellung** erforderlich (§ 180 Abs. 1 Nr. 2 AO). Für die gesonderte und einheitliche Feststellung des Gewinns (= **Einkünfte aus selbständiger Arbeit**) ist örtlich das **Tätigkeitsfinanzamt Bonn** (Innenstadt) zuständig, weil von dessen Bezirk aus die Berufstätigkeit vorwiegend ausgeübt wird (§ 18 Abs. 1 Nr. 3 AO).

2.2.2.4 Einkünfte aus Kapitalvermögen und Einkünfte aus Vermietung und Verpachtung

Für die **gesonderte und einheitliche** Feststellung von Besteuerungsgrundlagen bei einer Beteiligung **mehrerer Personen** an **anderen** Einkünften **als** Einkünften aus **Land- und Forstwirtschaft,** aus **Gewerbebetrieb** oder aus **selbständiger Arbeit** z. B.

1. **Einkünften aus Kapitalvermögen** und
2. **Einkünften aus Vermietung und Verpachtung**

ist das Finanzamt örtlich zuständig, von dessen Bezirk aus die **Verwaltung** dieser Einkünfte ausgeht (**Verwaltungsfinanzamt**) (§ 18 Abs. 1 **Nr. 4** AO i. V. m. § 180 Abs. 1 **Nr. 2a** AO).

BEISPIEL

Die Erbengemeinschaft Trist ist Eigentümerin eines in Würzburg gelegenen Mietwohngrundstückes. Die Mitglieder der Erbengemeinschaft wohnen in verschiedenen Städten der Bundesrepublik. Die Verwaltung des Grundstückes obliegt einem Immobilienbüro in Würzburg.

Für die **gesonderte und einheitliche Feststellung** der **Einkünfte aus Vermietung und Verpachtung** der Erbengemeinschaft ist das **Verwaltungsfinanzamt Würzburg** örtlich zuständig (§ 18 Abs. 1 Nr. 4 AO).

ÜBUNG →

1. Wiederholungsfragen 9 bis 11 (Seite 44),
2. Aufgaben 6 bis 9 (Seiten 45 f.)

Zusammenfassung zu Abschnitt 2.2.2:

Örtliche Zuständigkeit nach der **gesonderten Feststellung** von Besteuerungsgrundlagen

gesonderte Feststellung		zuständiges Finanzamt
Einheitswerte der Grundstücke (§ 180 Abs. 1 **Nr. 1** AO) und **Einkünfte aus Land- und Forstwirtschaft** (§ 180 Abs. 1 **Nr. 2** AO)	→	**Lagefinanzamt** (§ 18 Abs. 1 **Nr. 1** AO)
Gewinn aus Gewerbebetrieb (§ 180 Abs. 1 **Nr. 2** AO)	→	**Geschäftsleitungsfinanzamt/ Betriebsfinanzamt** (§ 18 Abs. 1 **Nr. 2** AO)
Einkünfte aus selbständiger Arbeit (§ 180 Abs. 1 **Nr. 2** AO)	→	**Tätigkeitsfinanzamt** (§ 18 Abs. 1 **Nr. 3** AO)
Einkünfte aus Kapitalvermögen und Einkünfte aus Vermietung und Verpachtung **mehrerer Personen** (§ 180 Abs. 1 **Nr. 2a** AO)	→	**Verwaltungsfinanzamt** (§ 18 Abs. 1 **Nr. 4** AO)

2.3 Erfolgskontrolle

Wiederholungsfragen

1. Welcher Unterschied besteht zwischen der sachlichen und der örtlichen Zuständigkeit der Finanzbehörden?
2. Welche Rechtsfolgen ergeben sich bei falscher sachlicher oder örtlicher Zuständigkeit?
3. Für welche Personen und Steuerarten ist das Wohnsitzfinanzamt örtlich zuständig?
4. Was ist unter einem Wohnsitz im Sinne des § 8 AO zu verstehen?
5. Was ist unter einem gewöhnlichen Aufenthalt im Sinne des § 9 AO zu verstehen?
6. Welche Regelungen gelten für die örtliche Zuständigkeit bei der Körperschaftsteuer?
7. Welche Regelungen gelten für die örtliche Zuständigkeit bei der Umsatzsteuer?
8. Welche Regelungen gelten für die örtliche Zuständigkeit bei den Realsteuern?
9. Was versteht man unter einer Feststellung der Besteuerungsgrundlagen?
10. Worin liegt der Unterschied zwischen einer Feststellung und einer Festsetzung?
11. In welchen Fällen sieht das Gesetz eine einheitliche und gesonderte Feststellung vor?
12. Welche Zuständigkeiten regelt § 18 AO?

Aufgaben

AUFGABE 1

Nach dem Geschäftsverteilungsplan des Finanzamtes Großstadt ist Steuerinspektor Klaus Pink für die Einkommensteuer-Veranlagung der Steuerpflichtigen mit den Anfangsbuchstaben A bis K zuständig.
Aus Versehen bearbeitet er die Steuererklärung des Steuerpflichtigen Leopold Lex, Großstadt, und erlässt für ihn einen Steuerbescheid.

Ist der Einkommensteuerbescheid nichtig? Begründen Sie Ihre Antwort.

AUFGABE 2

Der Steuerpflichtige Max Kühn wohnt in Koblenz im eigenen Einfamilienhaus. In Neuwied (Rhein) betreibt Kühn in gemieteten Räumen eine Textilgroßhandlung (Gewerbebetrieb). In allen genannten Orten bestehen Finanzämter.

Welches Finanzamt ist für die Einkommensteuer örtlich zuständig?

AUFGABE 3

Sachverhalt wie in Aufgabe 2.

1. Welches Finanzamt ist für die Festsetzung des Grundsteuermessbetrags zuständig?
2. Welches Finanzamt ist für die Umsatzsteuer örtlich zuständig?
3. Welches Finanzamt ist für die Festsetzung des Gewerbesteuermessbetrages örtlich zuständig?
4. Welche Behörde ist für die Festsetzung der Gewerbesteuer örtlich zuständig?

AUFGABE 4

Die X-GmbH betreibt von Neuwied (Rhein) aus eine Elektrogroßhandlung. Der Steuerpflichtige Klaus Baum, der seinen Wohnsitz in Koblenz hat, ist mit 10 % an der X-GmbH beteiligt.

Welches Finanzamt ist für die Körperschaftsteuer der X-GmbH örtlich zuständig?

AUFGABE 5

Der Steuerpflichtige Udo Weller, der seinen Wohnsitz in Koblenz hat, betreibt in Neuwied (Rhein) seine Steuerberatungspraxis.

1. Welches Finanzamt ist für die Umsatzsteuer örtlich zuständig?
2. Welches Finanzamt ist für die Einkommensteuer örtlich zuständig?

AUFGABE 6

Nennen Sie unter Angabe der entsprechenden Paragrafen das jeweils örtlich zuständige Finanzamt:

1. Umsatzsteuer eines Rechtsanwalts,
2. Körperschaftsteuer einer GmbH,
3. Einheitswert eines unbebauten Grundstücks eines Privatmanns,
4. Umsatzsteuer eines Privatmanns,
5. Gewerbesteuermessbetrag einer GmbH,
6. Grundsteuermessbetrag für das Betriebsgrundstück einer GmbH (keine Bauleistungen).

AUFGABE 7

Prüfen Sie in den folgenden Fällen, welches Finanzamt nach der Steuerart und der gesonderten Feststellung örtlich zuständig ist. In allen genannten Orten bestehen Finanzämter. Geben Sie dabei die entsprechenden Paragrafen an.

1. Der Steuerpflichtige Günter Hohmann, geschieden, wohnhaft in Augsburg, ist als Einzelunternehmer Inhaber einer Möbelfabrik in Oberstdorf i. Allgäu. Daneben ist er als Kommanditist an einer KG in Füssen i. Allgäu beteiligt.
2. Der Steuerberater Claus Janssen wohnt in Mainz im eigenen Einfamilienhaus und betreibt seine Praxis in Wiesbaden in gemieteten Räumen. Das Praxisvermögen ist Betriebsvermögen im bewertungsrechtlichen Sinne. Für das Einfamilienhaus und das Betriebsvermögen sind Einheitswerte festzustellen.
3. Die Klein & Groß KG betreibt ein Kaufhaus in Köln im eigenen Gebäude. Der Gesellschafter Max Klein wohnt in Köln und der Gesellschafter Moritz Groß in Bonn.

AUFGABE 8

Die Geschwister Herta und Hans Stoll betreiben gemeinsam in Landsberg die vom Vater geerbte Weinhandlung Stoll OHG mithilfe eines Geschäftsführers. Daneben gehört ihnen ein Mietwohngrundstück in München, um das sich die in Rosenheim lebende Herta kümmert. Hans betätigt sich an seinem Wohnsitz in Kaufbeuren als Heilpraktiker. An allen genannten Orten befinden sich Finanzämter.

Welche Bescheide sind ggf. zu erlassen und welches Finanzamt ist hierfür jeweils örtlich zuständig?

AUFGABE 9

Beantworten Sie die folgenden Fragen durch Ankreuzen. Zu jeder Frage gibt es nur eine richtige Antwort.

1. Für welche der folgenden Steuern ist das Wohnsitzfinanzamt örtlich zuständig?
   (a) Einkommensteuer
   (b) Körperschaftsteuer
   (c) Einfuhrumsatzsteuer
   (d) Grundsteuermessbetrag
2. Für welche der folgenden Steuern ist das Lagefinanzamt örtlich zuständig?
   (a) Einkommensteuer
   (b) Körperschaftsteuer
   (c) Umsatzsteuer
   (d) Grundsteuermessbetrag
3. Für welche der folgenden Steuern ist das Geschäftsleitungsfinanzamt örtlich zuständig?
   (a) Einkommensteuer
   (b) Körperschaftsteuer
   (c) Umsatzsteuer
   (d) Grundsteuermessbetrag
4. Für welche der folgenden Steuern ist das Betriebsfinanzamt örtlich zuständig?
   (a) Einkommensteuer
   (b) Körperschaftsteuer
   (c) Umsatzsteuer
   (d) Grundsteuermessbetrag

3 Steuerverwaltungsakt

Die **Steuern** werden von den Finanzbehörden grundsätzlich durch **Steuerbescheide** (§§ 155 ff. AO) festgesetzt. Da Steuerbescheide **Verwaltungsakte** sind, gelten die §§ 118 ff. AO auch für die Steuerbescheide, soweit in den §§ 155 ff. AO nichts anderes bestimmt ist (AEAO zu § 118). Obwohl sich die Ansprüche des Steuerschuldverhältnisses bereits aus dem Gesetz ergeben, werden sie erst durch den **Steuerverwaltungsakt konkretisiert**.

3.1 Begriff

Unter einem **(Steuer-) Verwaltungsakt** versteht man jede Verfügung, Entscheidung oder andere **hoheitliche Maßnahme**, die eine (Finanz-) **Behörde** zur **Regelung eines Einzelfalls** auf dem Gebiet des **öffentlichen Rechts** (Steuerrechts) trifft und die auf unmittelbare **Rechtswirkung** nach außen gerichtet ist (§ 118 Satz 1 AO).

Diese Gesetzesdefinition enthält folgende **Begriffsmerkmale**:

1. Es muss sich um eine **hoheitliche Maßnahme** handeln,
2. die von einer (Finanz-) **Behörde** ausgeht,
3. zur **Regelung eines Einzelfalls**,
4. auf dem **Gebiet des öffentlichen Rechts** (Steuerrechts),
5. mit unmittelbarer **Rechtswirkung nach außen**.

zu 1. hoheitliche Maßnahme

Hoheitlich ist eine **Maßnahme** (Willensäußerung z.B. durch Bescheid, Entscheidung), die aufgrund der **gesetzlichen** Vorschriften und der **öffentlichen** (staatlichen) Gewalt Verbindlichkeit gegenüber den Betroffenen schafft.

zu 2. Behörde

Eine **Behörde** ist jede Stelle, die Aufgaben der öffentlichen Verwaltung (Finanzverwaltung) wahrnimmt (§ 6 Abs. 1 AO). Dabei ist es für das Vorliegen eines Verwaltungsaktes gleichgültig, ob die Aufgaben von einer Bundes-, Landes- oder Gemeindebehörde wahrgenommen werden.

zu 3. Regelung eines Einzelfalls

Die finanzbehördlichen Maßnahmen müssen zur **Regelung eines Einzelfalls** getroffen werden, d.h., sie müssen in die Rechtsverhältnisse einer **einzelnen** „Person" eingreifen. Maßnahmen, die nicht zur Regelung eines Einzelfalls getroffen werden, sind keine Verwaltungsakte. Eine Ausnahme hiervon bildet die **Allgemeinverfügung** (§ 118 Satz 2 AO).

zu 4. Gebiet des öffentlichen Rechts

Eine finanzbehördliche Maßnahme auf dem **Gebiet des öffentlichen Rechts (Steuerrechts)** liegt vor, wenn sie auf **steuerrechtlichen** Vorschriften beruht.
Willensäußerungen der Finanzbehörden, die nicht auf steuerrechtlichen Vorschriften beruhen, z.B. eine Anordnung über die Versetzung eines Finanzbeamten, sind keine Verwaltungsakte.

zu 5. Rechtswirkung nach außen

Die finanzbehördlichen Maßnahmen müssen schließlich eine unmittelbare **Rechtswirkung nach außen** haben, d.h., sie müssen den Steuerpflichtigen unmittelbar in seinen Rechten und Pflichten berühren.

BEISPIEL

Das Finanzamt Siegen erlässt einen Einkommensteuerbescheid gegen den Steuerpflichtigen Marvin Schuhmacher in Siegen.

Der Steuerbescheid ist ein **Verwaltungsakt**, denn er ist eine Maßnahme des **Finanzamtes** Siegen, die einen **Einzelfall** (Einkommensteuer des Steuerpflichtigen Marvin Schuhmacher) auf dem Gebiet des Einkommen**steuerrechts** regelt und die den Steuerpflichtigen Schuhmacher in seinen **Pflichten und Rechten** (Steuerpflicht) berührt.

3.2 Arten des Steuerverwaltungsaktes

Steuerverwaltungsakte können u.a. nach der Wirkung auf den Steuerpflichtigen in **begünstigende und belastende** Steuerverwaltungsakte unterschieden werden.

Steuerverwaltungsakte

Begünstigende Steuerverwaltungsakte	**Belastende** Steuerverwaltungsakte
sind Verwaltungsakte, die für einen Steuerpflichtigen ein Recht oder einen rechtlich erheblichen **Vorteil** begründen oder bestätigen (§ 130 Abs. 2 AO).	sind Verwaltungsakte, die für einen Steuerpflichtigen einen **Nachteil** begründen.
Beispiele: ▪ **Fristverlängerung** (§ 109 AO) ▪ Gewährung von Buchführungserleichterungen (§ 148 AO) ▪ Steuerstundung (§ 222 AO) ▪ Steuererlass (§ 227 AO)	Beispiele: ▪ **Steuerbescheid** (§ 155 AO) ▪ Aufforderung zur Buchführung (§ 141 Abs. 2 AO) ▪ Prüfungsanordnung (§ 196 AO) ▪ Pfändung (§ 281 AO)

3.3 Voraussetzung für das Wirksamwerden eines Verwaltungsaktes

Voraussetzung für die **Wirksamkeit** eines Verwaltungsaktes ist, dass er **inhaltlich hinreichend bestimmt** ist (§ 119 Abs. 1 AO) **und** dass er demjenigen, für den er bestimmt oder der von ihm betroffen wird, **bekannt gegeben** wird (§ 124 Abs. 1 AO).
Deshalb ist beim Erlass eines schriftlichen Verwaltungsaktes festzulegen,

- an wen er sich richtet (**Inhaltsadressat**),
- wem er bekannt gegeben werden soll (**Bekanntgabeadressat**),
- welcher Person er zu übermitteln ist (**Empfänger**, z. B. Steuerberater) und
- ob eine besondere **Form** der Bekanntgabe erforderlich oder zweckmäßig ist.

Ein **Verwaltungsakt** wird gegenüber demjenigen, für den er bestimmt ist oder der von ihm betroffen wird, **in dem Zeitpunkt** wirksam, in dem er ihm **bekannt gegeben** wird (§ 124 Abs. 1 AO).

Bekanntgabe bedeutet, dem Beteiligten, für den der Verwaltungsakt bestimmt ist oder der von ihm betroffen wird, die Möglichkeit zu verschaffen, **von dem Inhalt des Verwaltungsaktes Kenntnis zu nehmen** („Zugang im Machtbereich mit der Möglichkeit zur Kenntnisnahme"). Beispiele zur **Adressierung** und zur **Handhabung bei Sonderfällen bei der Bekanntgabe** sind ausführlich im AEAO zu § 121 AO beschrieben.

Bis zur Bekanntgabe ist ein **Verwaltungsakt** nur ein behördeninterner Vorgang **ohne Wirkung** für den Betroffenen (AEAO zu § 124, Nr. 3).

BEISPIEL

Der Steuerinspektor Axel Willig fertigt einen Einkommensteuerbescheid für den Steuerpflichtigen Jan Silbermann aus. Aus Versehen bleibt der Steuerbescheid in der Steuerakte liegen.

Der Verwaltungsakt wird **nicht wirksam,** weil er **nicht bekannt gegeben** wurde.

MERKE → **Bekanntgabe** ist die **Voraussetzung** für das **Wirksamwerden eines Verwaltungsaktes**.

3.4 Formen des Verwaltungsakts und der Bekanntgabe

Ein Verwaltungsakt kann **schriftlich, elektronisch, mündlich** oder in anderer Weise (schlüssiges Verhalten) erlassen werden (§ 119 Abs. 2 **Satz 1** AO).

Aus Gründen der Rechtssicherheit sollen Verwaltungsakte aber im Allgemeinen **schriftlich** erteilt werden. Ein mündlicher Verwaltungsakt ist gegebenenfalls schriftlich zu bestätigen (§ 119 Abs. 2 **Satz 2** AO).

Für einige **Bescheidarten** ist die **Schriftform** (AEAO zu § 122, Nr. 1.8.1) jedoch **gesetzlich vorgeschrieben** (z.B. für Steuerbescheide § 157 AO, Feststellungsbescheide § 181 AO, Haftungsbescheide § 191 AO). Mit Einwilligung des Steuerpflichtigen **kann** die Finanzbehörde beispielsweise den Steuerbescheid (§ 157 AO) anstatt in Papierform **in elektronischer Form** übermitteln.

Fristverlängerungen sowie die Festsetzung von Verspätungszuschlägen oder Säumniszuschlägen können nun auch durch **automationsgestützte Verwaltungsakte** festgesetzt werden (§§ 109 Abs. 4, 152 Abs. 11 und 254 Abs. 2 Satz 3 AO).

Der **schriftlich oder elektronisch** erlassene Verwaltungsakt muss folgende **Mindestangaben** enthalten (§ 119 Abs. 3 AO):

- erlassende Behörde,
- Unterschrift oder formularmäßige Darstellung,
- Begründung § 121 AO.

Bei **Steuerbescheiden** sind noch **weitere Angaben** notwendig (§ 157 AO).

Für die **Bekanntgabe** schriftlicher oder elektronischer Verwaltungsakte nennen § 122 Abs. 2 bis 5 und § 122a AO **fünf Formen:**

1. **Übermittlung** durch die **Post mittels gewöhnlichem Brief,**
2. **elektronische Übermittlung,**
3. **öffentliche Bekanntgabe,**
4. **Zustellung** nach dem Verwaltungszustellungsgesetz (VwZG),
5. **Bereitstellung zum Datenabruf.**

Ein Verwaltungsakt bleibt gem. § 124 **Abs. 2** AO nach der **Bekanntgabe** so lange und so weit wirksam, als er **nicht zurückgenommen, widerrufen, anderweitig aufgehoben** (z. B. durch Rechtsbehelfsentscheidung), **durch Zeitablauf** oder **auf andere Weise** erledigt ist (z. B. durch Zahlung eines gestundeten Betrages).

Ein **nichtiger** Verwaltungsakt ist **unwirksam** (§ 124 **Abs. 3** AO).

3.4.1 Übermittlung durch die Post

Bei der **Übermittlung durch die Post** wird der Verwaltungsakt dem **Bekanntgabeadressaten** mittels **gewöhnlichem bzw. einfachem Brief** durch die Post zugestellt.

Bekanntgabeadressat ist die Person, der ein Verwaltungsakt bekanntzugeben ist (AEAO zu § 122, Nr. 1.4). Bei Steuerfestsetzungen ist das in der Regel der **Steuerschuldner** als **Inhaltsadressat** (AEAO zu § 122, Nr. 1.3).

Der in § 122 Abs. 2 AO verwendete Begriff **„Post"** ist nicht auf die Deutsche Post AG beschränkt, sondern umfasst alle Unternehmen, soweit sie Postdienstleistungen erbringen (AEAO zu § 122, Nr. 1.8.2). Schaltet ein beauftragtes Postdienstleistungsunternehmen zur Beförderung von Postsendungen einen anderen Postdienstleister ein und es steht nicht fest, dass es hierdurch nicht zu Verzögerungen kommt, dann ist die Zugangsvermutung des § 122 Abs. 2 Nr. 1 AO widerlegt (BFH-Beschluss vom 07.05.2019 und Urteil des FG Baden-Württemberg vom 01.08.2019).

Schriftliche Verwaltungsakte, insbesondere **Steuerbescheide**, die durch die Post übermittelt werden, **gelten** nach § 122 Abs. 2 AO grundsätzlich **als bekannt gegeben**

1. bei einer Übermittlung im Inland **am vierten Tag** nach der Aufgabe zur Post,
2. bei einer Übermittlung im Ausland **einen Monat** nach Aufgabe zur Post.

Der **Tag der Aufgabe** zur Post wird bei der Bekanntgabe-Fiktion **nicht mitgezählt.** Fallen der „Tag der Aufgabe zur Post" und das Datum des Poststempels auseinander, so ist das **Datum des Poststempels** entscheidend (BFH-Urteil vom 12.08.1981, BStBl II 1982, S. 102). Durch das **Postrechtsmodernisierungsgesetz** wurde die Bekanntgabefiktion **von drei auf vier Tage verlängert**. Die neue Bekanntgabefiktion gilt für **alle** Verwaltungsakte, die **nach dem 31.12.2024 zur Post gegeben**, elektronisch **übermittelt oder** elektronisch zum Abruf **bereitgestellt** wurden.

BEISPIEL

Ein Finanzbeamter des Finanzamtes Koblenz gibt am Montag, dem 01.06.2026, einen Einkommensteuerbescheid mittels einfachem Brief zur Post.

Der ESt-Bescheid **gilt** als am **Freitag**, dem **05.06.2026**, bekannt gegeben (Zugangsvermutung), auch, wenn er tatsächlich schon früher zugegangen ist.

Fällt das **Fristende** auf einen **Samstag, Sonntag** oder **gesetzlichen Feiertag,** so verlängert sich diese Frist bis zum **nächstfolgenden Werktag** (§ 108 Abs. 3 AO). Für die Beurteilung, ob ein **gesetzlicher Feiertag** vorliegt, ist das am **Ort des Empfängers** geltende **Feiertagsrecht** maßgebend, da an diesem Ort die Bekanntgabe erfolgt und der Verwaltungsakt wirksam wird (OFD-Karlsruhe, Vfg. vom 27.05.2004, S 0284 A - St 412).

BEISPIEL

Das Finanzamt Koblenz gibt am Mittwoch, dem 02.09.2026, einen Steuerbescheid mittels einfachem Brief zur Post.

Der Steuerbescheid gilt als am **Montag**, dem **07.09.2026**, **bekannt gegeben** (02.09.2026 + 4 Tage = 06.09.2026 (Sonntag), somit gemäß § 108 Abs. 3 AO Verschiebung auf den nächstfolgenden Werktag, nämlich Montag, den 07.09.2026).

MERKE → Der **Tag der Bekanntgabe** ist immer ein **Werktag**.

Die Frist des § 122 Abs. 2 Nr. 1 und Nr. 2 AO (Bekanntgabe-Fiktion) **gilt nicht**, wenn der Verwaltungsakt **nicht** oder zu einem **späteren Zeitpunkt** zugegangen ist. Beruft sich ein Steuerpflichtiger auf einen späteren Zugang, so muss er diesen substantiiert begründen; er hat aber auch dafür zu sorgen, dass ihm die Schriftstücke rechtzeitig zugehen können (BFH-Urteil vom 11.07.2017). **Im Zweifel** hat jedoch die Finanzbehörde zu beweisen, dass der Verwaltungsakt dem Adressaten (innerhalb der Bekanntgabe-Fiktion) zugegangen ist (§ 122 Abs. 2 AO).

3.4.2 Elektronische Übermittlung

Ein elektronisch übermittelter Verwaltungsakt (z.B. per **E-Mail**) gilt ebenfalls **am vierten Tag** nach der Absendung **als bekannt gegeben,** außer wenn er nicht oder zu einem späteren Zeitpunkt zugegangen ist; im Zweifel hat die Behörde den Zugang des Verwaltungsaktes und den Zeitpunkt des Zugangs nachzuweisen (§ 122 Abs. 2a AO). Ein durch **Telefax** bekannt gegebener Verwaltungsakt ist ein i.S.d. § 122 Abs. 2a AO elektronisch übermittelter Verwaltungsakt. Es gilt somit ebenfalls grundsätzlich **am vierten Tag** nach Absendung als bekannt gegeben (AEAO zu § 122, Nr. 1.8.2). Bei einem Telefax handelt es sich jedoch **nicht** um ein **elektronisches Dokument** i.S.d. § 87a AO.

3.4.3 Öffentliche Bekanntgabe

Ein Verwaltungsakt darf **öffentlich bekannt gegeben** werden, wenn dies durch Rechtsvorschriften zugelassen ist (§ 122 Abs. 3 AO). Dies erfolgt z.B. durch ortsübliche Bekanntmachung des verfügenden Teils des Verwaltungsaktes (Aushang) oder vollständig elektronisch durch eine Benachrichtigung auf der Internetseite oder in einem elektronischen Portal der Finanzbehörde (§ 122 Abs. 5 AO). Der Verwaltungsakt gilt dann **zwei Wochen** nach dem Tag der ortsüblichen Bekanntmachung als bekannt gegeben, es sei denn, dass für die Bekanntgabe ein abweichender Tag verfügt wurde.
Die öffentliche Bekanntgabe eines Einzelverwaltungsaktes (im Gegensatz zur Übermittlung durch die Post) hat in der Praxis nur geringe Bedeutung.

Beispiele für die öffentliche Bekanntgabe einer Allgemeinverfügung sind die öffentliche Aufforderung zur Abgabe der Steuererklärungen (§ 149 Abs. 1 Satz 3 AO) und die öffentliche Mahnung (§ 259 Satz 4 AO).

3.4.4 Zustellung

Unter **Zustellung** ist die **förmliche Übergabe eines Schriftstücks** in der gesetzlich vorgeschriebenen Art und Weise zu verstehen.

Die **Zustellung eines Verwaltungsaktes** erfolgt nur dann, wenn dies **gesetzlich** vorgeschrieben ist (AEAO zu § 122, Nr. 1.8.3; z.B. bei einer Arrestanordnung § 324 Abs. 2 AO) oder **behördlich** angeordnet wird. Die **förmliche Zustellung** von **Rechtsbehelfsentscheidungen** ist nach § 366 AO **nicht mehr** zwingend **vorgeschrieben**. Eine **förmliche Zustellung** der **Rechtsbehelfsentscheidung** ist **nur erforderlich, wenn** sie **ausdrücklich angeordnet** wird (§ 122 Abs. 5 Satz 1 AO). Sie sollte insbesondere dann angeordnet werden, wenn ein eindeutiger Nachweis des Zugangs für erforderlich gehalten wird (AEAO zu § 366, Nr. 2).

Die Art und Weise der Zustellung richtet sich nach den Vorschriften des Verwaltungszustellungsgesetzes (VwZG) (§ 122 Abs. 5 Satz 2 AO).

Neben der Zustellung eines elektronischen Dokuments durch die Behörde und die öffentliche Zustellung werden hier vor allem zwei **Arten der Zustellung** betrachtet:

1. die **Zustellung** durch die Post mit **Zustellungsurkunde**,
2. die **Zustellung** durch die Post mittels **Einschreiben**.

zu 1. (vgl. AEAO zu § 122, Nr. 3.1.1)

Bei **Zustellung** durch die Post mit **Zustellungsurkunde** ist für die **Bekanntgabe** des Verwaltungsaktes der Zeitpunkt der **tatsächlichen Zustellung** maßgebend (BFH-Urteil vom 19.06.1991).

zu 2. (vgl. AEAO zu § 122, Nr. 3.1.2)

Bei Zustellung mittels Einschreiben **mit Rückschein** gilt die Bekanntgabe an dem **Tag, den der Rückschein angibt**, als erfolgt. Beim Einschreiben **mittels Übergabe** gilt die Bekanntgabe mit dem **vierten Tag nach Aufgabe zur Post** als erfolgt, es sei denn, dass der Bescheid zu einem späteren Zeitpunkt zugegangen ist (§ 4 Abs. 2 Satz 2 VwZG). Die Zustellung mittels „**Einwurf-Einschreibens**" ist nach § 4 VwZG **nicht möglich** (OFD Erfurt, Verfügung v. 05.10.2001 -S 0284 A-01- St 231).

3.4.5 Bereitstellung zum Datenabruf

Seit dem 01.01.2026 gilt die neue Fassung des § 122a AO. Künftig soll die Bekanntgabe des Steuerbescheids in den meisten Fällen **elektronisch** erfolgen. Grundsätzlich wird davon ausgegangen, dass bei der elektronischen Einreichung der Erklärung auch für die Bekanntgabe des Steuerbescheids diese Form genutzt wird. Eine **Einwilligung** des Steuerpflichtigen oder seines Bevollmächtigten ist **nicht mehr erforderlich**; es besteht jedoch die Möglichkeit, einen **Antrag auf postalische Bekanntgabe** zu stellen (§ 122a Abs. 2 n. F. AO).

Die **abrufberechtigte Person** wird elektronisch benachrichtigt (z.B. per E-Mail), wenn ein Verwaltungsakt zum Abruf bereitgestellt wurde. Diese Benachrichtigung erfolgt unverschlüsselt. Zum Abruf des Verwaltungsaktes muss sich die abrufberechtigte Person **authentifizieren**.

Ein zum Datenabruf bereitgestellter Verwaltungsakt gilt **am vierten Tag** nach der Absendung der elektronischen Benachrichtigung über die Bereitstellung der Daten **als bekannt gegeben** (§ 122a Abs. 4 Satz 1 AO); die Finanzbehörde trägt die Beweislast für den Zeitpunkt der Bereitstellung zum Abruf.

Hat die abrufberechtigte Person die Nachricht für den Datenabruf **nicht** erhalten und den Bescheid auch nicht **aus anderen Gründen** abgerufen, so kommt **gegebenenfalls** eine **Wiedereinsetzung in den vorigen Stand** (§ 110 AO) in Betracht (AEAO zu § 122, Nr. 6).

3.5 Nichtigkeit des Verwaltungsaktes

Ein **Verwaltungsakt** ist **nichtig**, wenn er einen besonders **schweren und offenkundigen Fehler** enthält (§ 125 **Abs. 1** AO).

BEISPIEL

Die Steuerpflichtige Andrea Meister, Bonn, die seit Jahren nur Renteneinkünfte erzielt, erhält einen Umsatzsteuerbescheid, der eine Zahllast von 13 Mio. Euro ausweist.

Der Steuerbescheid leidet an einem schwerwiegenden und offenkundigen Fehler. Er ist somit nach § 125 Abs. 1 AO **nichtig**. Dieser Bescheid entfaltet keine Rechtswirkung; aus ihm darf nicht vollstreckt werden.

Ohne Rücksicht auf das Vorliegen eines offenkundigen Fehlers ist ein Verwaltungsakt **nichtig** (§ 125 Abs. 2 AO),

1. der schriftlich oder elektronisch erlassen worden ist, die erlassende Finanzbehörde aber nicht erkennen lässt,
2. den aus tatsächlichen Gründen niemand befolgen kann,
3. der gegen straf- oder bußgeldrechtliche Vorschriften verstößt und/oder
4. der gegen die guten Sitten verstößt.

BEISPIEL

In A-Stadt befinden sich mehrere Finanzämter. Das Finanzamt A-Stadt Süd versendet Schreiben mit dem Briefkopf „Finanzamt A-Stadt-Muster".

Da es an der eindeutigen Bezeichnung des Finanzamts mangelt, ist die erlassende Behörde nicht erkennbar.

3.6 Zusammenfassung und Erfolgskontrolle

3.6.1 Zusammenfassung

- **Steuerverwaltungsakte** sind finanzbehördliche Maßnahmen, die auf dem Gebiet des Steuerrechts erfolgen und zur Regelung eines Einzelfalles mit unmittelbarer Rechtswirkung nach außen ergehen.
  Steuerverwaltungsakte sind z.B. **Steuerbescheide**.
- Die **Bekanntgabe** ist die **Voraussetzung** für das Wirksamwerden eines Verwaltungsaktes.
- Ein **Verwaltungsakt gilt** grundsätzlich **am vierten Tage nach Aufgabe zur Post** als **bekannt gegeben**.
- An den **bekannt gegebenen Verwaltungsakt** sind sowohl das Finanzamt als auch der **Steuerpflichtige gebunden**, falls keine Korrekturvorschrift (z.B. § 129 AO) eingreift oder der Steuerpflichtige nichts gegen den Verwaltungsakt unternimmt (z.B. Einspruch einlegt).

3.6.2 Erfolgskontrolle

Wiederholungsfragen

1. Was versteht man unter einem Verwaltungsakt?
2. Welche Arten von Steuerverwaltungsakten gibt es und wie können sie in ihrer Wirkung auf den Steuerpflichtigen unterschieden werden?
3. Was setzt das Wirksamwerden eines Verwaltungsaktes voraus?
4. Welche Formen der Bekanntgabe werden in § 122 Abs. 2 bis 5 AO unterschieden?
5. Wann gilt ein Steuerbescheid, der mittels gewöhnlichem Brief durch die Post zugestellt wird, als bekannt gegeben?
6. Wann ist ein Verwaltungsakt nichtig?

Aufgaben

AUFGABE 1

Prüfen Sie, ob es sich in den folgenden Fällen um Steuerverwaltungsakte handelt und geben Sie die Wirkung für den Steuerpflichtigen an.

1. Bewilligung einer Stundung (§ 222 AO) der Umsatzsteuer-Vorauszahlung für den Steuerpflichtigen Frank Weber
2. Niederschlagung (§ 261 AO) der Einkommensteuer-Abschlusszahlung der Steuerpflichtigen Mia Blum
3. Vertrag zwischen dem Vorsteher des Finanzamtes und der Stadt Göttingen über die Anmietung von Diensträumen
4. Festsetzung eines Säumniszuschlages (§ 240 AO) gegen die Maxi-GmbH wegen nicht bei Fälligkeit entrichteter Körperschaftsteuer-Vorauszahlungen

AUFGABE 2

Die Eheleute Ursula und Willi Schmidt, Koblenz, gehen gegen die Einspruchsentscheidung des Finanzamts Koblenz gerichtlich vor. Am 08.09.2026 erhalten sie vom zuständigen Finanzgericht Neustadt das Urteil.

Ist das Urteil des Finanzgerichts ein Verwaltungsakt? Begründen Sie Ihre Antwort.

AUFGABE 3

In welchen Fällen gilt der Steuerbescheid (Papierform) als wirksam bekannt gegeben?

1. Der Einkommensteuerbescheid wird dem Steuerpflichtigen persönlich im Finanzamt übergeben.
2. Der Briefträger hat den Einkommensteuerbescheid in den Türbriefkasten des Steuerpflichtigen Müller eingeworfen. Der Hund des Steuerpflichtigen vernichtet den Verwaltungsakt.
3. Der mit einfachem Brief durch die Post übermittelte Einkommensteuerbescheid geht dem Steuerpflichtigen fristgemäß zu. Er weist jedoch einen sachlichen Fehler aus, der zu einer überhöhten Steuerschuld führt.

AUFGABE 4

Der Gymnasiast Oliver Abele (17 Jahre alt) führt mit Zustimmung seiner Eltern und dem Vormundschaftsgericht einen Turnier-Service-Betrieb für Pferdesportveranstaltungen. Daneben hat er Einkünfte aus Vermietung und Verpachtung.

Lesen Sie zunächst den AEAO zu § 122, Nr. 2.2 vollständig durch und erläutern Sie dann, wem der Umsatzsteuer-, Gewerbesteuer- und Einkommensteuerbescheid bekanntzugeben ist.

AUFGABE 5

Der Einkommensteuerbescheid 2025 der Klara Weiß wird am Montag, dem 18.05.2026, vom zuständigen Finanzamt mit einfachem Brief zur Post gegeben.

Wann gilt der Bescheid als wirksam bekannt gegeben?

AUFGABE 6

Der Einkommensteuerbescheid 2025 des Fritz Müller wird am Mittwoch, dem 01.07.2026, mit einfachem Brief vom zuständigen Finanzamt zur Post gegeben. Er erhält den Bescheid am darauffolgenden Tag (Donnerstag, dem 02.07.2026).

Wann gilt der Einkommensteuerbescheid als wirksam bekannt gegeben?

(a) am Donnerstag, dem 02.07.2026
(b) am Freitag, dem 03.07.2026
(c) am Samstag, dem 04.07.2026
(d) am Sonntag, dem 05.07.2026
(e) am Montag, dem 06.07.2026
(f) am Dienstag,dem 07.07.2026

AUFGABE 7

Das Finanzamt gibt den Umsatzsteuerbescheid 2025 für die Huber GmbH am Gründonnerstag, dem 02.04.2026, mit einfachem Brief zur Post.

Wann gilt der Bescheid als wirksam bekannt gegeben?

AUFGABE 8

Der Einkommensteuerbescheid 2025 der Sophie Brenner wird am Montag, dem 12.10.2026, vom zuständigen Finanzamt mit einfachem Brief zur Post gegeben. Der Briefträger händigt ihr den Brief mit dem Bescheid am Dienstag, dem 20.10.2026, aus.

Wann gilt der Bescheid als wirksam bekannt gegeben?

AUFGABE 9

Eva Gusterer nimmt am Datenabruf-Bekanntgabeverfahren über das ElsterOnline-Portal teil. Am Montag, dem 19.10.2026, sendet das Finanzamt Frau Gusterer eine E-Mail, dass ihr Einkommensteuerbescheid 2025 zum Abruf im ElsterOnline-Portal zur Verfügung steht. Frau Gusterer erhält die E-Mail am selben Tag. Sie loggt sich am 26.10.2026 im Elster-Online-Portal ein und ruft den Einkommensteuerbescheid ab.

Wann gilt der Bescheid als wirksam bekannt gegeben?

AUFGABE 10

Eva Gusterer nimmt am Datenabruf-Bekanntgabeverfahren über das ElsterOnline-Portal teil. Am Montag, dem 19.10.2026, sendet das Finanzamt Frau Gusterer eine E-Mail, dass ihr Einkommensteuerbescheid 2025 zum Abruf im ElsterOnline-Portal zur Verfügung steht. Aus technischen Gründen kommt die E-Mail nicht bei Frau Gusterer an. Sie loggt sich am 26.10.2026 im ElsterOnline-Portal ein und ruft den Einkommensteuerbescheid ab.

Wann gilt der Bescheid als wirksam bekannt gegeben?

4 Fristen

Die Fristbestimmung und die Einhaltung von Fristen haben in der Praxis der steuerberatenden Berufe und der Finanzbehörden eine große Bedeutung, weil eine Fristversäumnis erhebliche negative Folgen haben kann.

4.1 Begriffe

Fristen sind abgegrenzte, bestimmte oder jeweils bestimmbare **Zeiträume** (AEAO zu § 108, Nr. 1 Satz 1), z.B. die Einspruchsfrist innerhalb eines Monats nach Bekanntgabe (§ 355 AO).

BEISPIEL

Dem Steuerpflichtigen Frieder Lustig wird am Freitag, dem 13.03.2026, sein Einkommensteuerbescheid 2025 bekannt gegeben. Gegen diesen Steuerbescheid (Verwaltungsakt) will Lustig Einspruch einlegen.

Frieder Lustig kann den Einspruch nur innerhalb der **Einspruchsfrist** von **einem Monat** nach Bekanntgabe einlegen (§ 355 AO). Diese **Monatsfrist** endet am Montag, dem 13.04.2026. Der Einspruch kann somit bis zum Ablauf (d. h. bis 24:00 Uhr) des 13.04.2026 beim zuständigen Finanzamt eingelegt werden.

Termine sind bestimmte **Zeitpunkte**, an denen eine Handlung vorzunehmen ist oder zu denen eine Wirkung eintritt. **„Fälligkeitstermine"** geben das Ende einer Frist an (AEAO zu § 108, Nr. 1 Satz 2).

4.2 Arten der Fristen

Die AO unterscheidet **behördliche** und **gesetzliche** Fristen:

Fristen

Behördliche Fristen
- sind Fristen, die von der **Behörde** festgelegt werden.
- **verlängerbar (§ 109 AO)**
- Beispiele:
  Stundungsfrist (§ 222 AO)
  Frist zur Aussetzung der Vollziehung (§ 361 AO)

Gesetzliche Fristen
- sind Fristen, die vom **Gesetzgeber** festgelegt werden.
- **verlängerbar (§ 109 AO)**
  - Beispiel:
    (Steuer-) Erklärungsfristen (§ 149 AO)
- **nicht verlängerbar** (Ausschlussfristen)
  - Beispiele:
    Schonfrist (§ 240 AO)
    Festsetzungsfrist (§ 169 AO)
    Einspruchsfrist (§ 355 AO)

Soll eine Frist, z. B. zur Abgabe der ESt-Erklärung, verlängert werden (§ 109 AO), so ist hierfür ein Antrag beim Finanzamt zu stellen. Zur Vermeidung unbilliger Härten besteht jedoch die Möglichkeit, beim Versäumen einer **gesetzlichen Frist**, die **Wiedereinsetzung in den vorigen Stand** (vgl. Kapitel 4.4) zu gewähren (§ 110 AO).

LF 11

4.3 Berechnung von Fristen

Für die Berechnung von Fristen gelten nach § 108 Abs. 1 AO grundsätzlich die Vorschriften des **Bürgerlichen Gesetzbuches (BGB)**.

Für die Berechnung einer Frist müssen folgende **drei Fragen** beantwortet werden:

1. Wann **beginnt** die Frist? (= **Beginn**)
2. Wie **lange** läuft die Frist? (= **Dauer**)
3. Wann **endet** die Frist? (= **Ende**)

Die **Antworten** auf diese drei Fragen sind in das **folgende Schema** einzutragen:

	Beginn der Frist
+	**Dauer** der Frist
=	**Ende** der Frist

4.3.1 Beginn der Frist

Das BGB unterscheidet für die Bestimmung des Fristbeginns **zwei Arten** von Fristen, nämlich die **Beginnfristen** (§ 187 Abs. 2 BGB) und die **Ereignisfristen** (§ 187 Abs. 1 BGB).

Bei **Beginnfristen** zählt der **Anfangstag** (z.B. Tag der Geburt) bei der Fristberechnung **mit**, d.h., die Frist **beginnt** mit **Ablauf des Vortages** um 24.00 Uhr.
Beginnfristen sind z.B. die **Zahlungsfrist für Vorauszahlungen** (§ 18 Abs. 1 UStG) und die **Lebensalterberechnung** (§ 187 Abs. 2 BGB).

Bei den **Ereignisfristen** bleibt der **Tag des Ereignisses** (z.B. Tag der Aufgabe zur Post, Datum des Poststempels, Bekanntgabe des Einkommensteuerbescheids) **unberücksichtigt**, d.h., die Frist **beginnt** mit **Ablauf des Ereignistages**. Der **Tag des Ereignisses** wird somit **nicht mitgezählt.**
Ereignisfristen sind z.B. die Zugangsvermutungen/Bekanntgabefiktionen (§ 122 AO) die **Einspruchsfrist** (§ 355 AO), die **Festsetzungsfrist** (§ 169 Abs. 2 AO) und die **Zahlungsschonfrist** (§ 240 Abs. 3 AO).

Für jede einzelne Frist sind der Beginn, die Dauer und das Ende zu ermitteln. Der **Beginn** einer Frist ist an jedem Tag möglich (keine Sonderregelung). Fällt das **Ende** einer Frist jedoch auf einen Samstag, Sonntag oder gesetzlichen Feiertag, so verschiebt sich das Fristende auf den nächstfolgenden Werktag (§ 193 BGB; § 108 Abs. 3 AO). Für den **Beginn** einer sich daran **anschließenden Frist** ist dann das **verschobene Ende maßgebend**.

BEISPIEL

Der Einkommensteuerbescheid des Steuerpflichtigen Josef Müller wird am Mittwoch, dem 24.06.2026, vom Finanzamt mit einfachem Brief zur Post gegeben.

Der **Bekanntgabetag** als Grundlage für den **Beginn der Einspruchsfrist** § 355 Abs. 1 AO) wird wie folgt berechnet:

	Tag der Aufgabe zur Post:	24.06.2026
+	Bekanntgabefiktion:	**4 Tage** § 122 Abs. 2 AO n. F.
		28.06.2026 (Sonntag; deshalb Verschiebung gem. § 108 Abs. 3 AO auf den nächsten Werktag)
=	Bekanntgabetag:	29.06.2026 (Montag) 24:00 Uhr

Bekanntgabe ist am **29.06.2026**, d. h. die **Einspruchsfrist beginnt mit Ablauf** des 29.06.2026.

4.3.2 Dauer der Frist

Eine Frist kann nach **Tagen, Wochen, Monaten oder Jahren** (halbes Jahr, Vierteljahr) bestimmt sein.

Hinsichtlich der **Dauer einer Frist** unterscheidet man deshalb zwischen

• **Tagesfristen**, z. B.	Zahlungsschonfrist (§ 240 Abs. 3 AO), Bekanntgabefiktion (§ 122 Abs. 2 Nr. 1 AO)
• **Wochenfristen**, z. B.	Mahnfrist (§ 259 AO), Vollstreckungsschutzfrist (§ 254 Abs. 1 AO),
• **Monatsfristen**, z. B.	Einspruchsfrist (§ 355 Abs. 1 AO), Klagefrist (§ 47 Abs. 1 FGO),
• **Jahresfristen**, z. B.	Festsetzungsfrist (§ 169 Abs. 2 AO), Verjährungsfrist (§ 228 AO), Aufbewahrung von Unterlagen (§ 147 Abs. 3 AO),

BEISPIELE

Die **Bekanntgabefiktion** nach § 122 Abs. 2 AO beträgt **vier Tage**.
Die **Einspruchsfrist** beträgt gemäß § 355 AO **einen Monat**.
Die **Festsetzungsfrist** bei Steuerhinterziehung ist **zehn Jahre** (§ 169 Abs. 2 Satz 2 AO).

4.3.3 Ende der Frist

Das **Fristende** ist abhängig von der **Fristdauer**.

Tagesfristen enden mit Ablauf des **letzten** Tages der Frist um 24:00 Uhr (§ 188 Abs. 1 BGB).

BEISPIEL

Der Unternehmer Udo Weber, Monatszahler ohne Dauerfristverlängerung, Köln, hat seine USt-Voranmeldung für Oktober 2026 fristgerecht zum 10.11.2026 dem Finanzamt elektronisch übermittelt.

Die **USt-Vorauszahlung** ist ebenfalls am 10. Tag nach Ablauf des Voranmeldungszeitraums **fällig**, d. h. am **10.11.2026** (§ 18 Abs. 1 UStG).
Nach § 240 Abs. 3 AO wird ein **Säumniszuschlag** bei einer **Säumnis** bis zu **drei Tagen (Zahlungsschonfrist)** bei **Zahlung durch Banküberweisung nicht erhoben.**

Wann endet die Zahlungsschonfrist bei Zahlung per Banküberweisung?

	Beginn der Schonfrist:	mit Ablauf des **10.11.2026** um 24:00 Uhr
+	**Dauer** der Schonfrist:	**drei Tage**
=	**Ende** der Schonfrist:	mit Ablauf des **13.11.2026** um 24:00 Uhr

Wenn die Umsatzsteuer bis zum Ablauf des **13.11.2026** (d. h. bis 24:00 Uhr) dem Konto des Finanzamtes (Finanzkasse) gutgeschrieben wird, entsteht kein Säumniszuschlag.

Wochen- und Monatsfristen enden grundsätzlich wie folgt:

a) Nach **Wochen** zählende Fristen **enden** mit Ablauf des Tages, der in seiner **Benennung** (z. B. Mittwoch) dem nicht mitgezählten Anfangstag entspricht.

b) Nach **Monaten** zählende Fristen **enden** mit Ablauf des Tages, der in seiner **Zahl** (z. B. 14.) dem nicht mitgezählten Anfangstag entspricht.

BEISPIELE

a) Dem Steuerpflichtigen Roland Schwarz ist am **Freitag**, dem 04.09.2026, eine Mahnung zugegangen. In der Mahnung wird eine Frist zur Zahlung innerhalb **einer Woche** gesetzt (Ereignisfrist).

Die **Wochenfrist** endet mit Ablauf des Tages in der nächsten Woche, der den **gleichen Wochentagnamen** hat wie der Ereignistag, nämlich am **Freitag**, dem 11.09.2026 um 24:00 Uhr.

b) Dem Steuerpflichtigen Josef Müller wird am **05.**05.2026 ein Einkommensteuerbescheid bekannt gegeben. Gegen diesen Bescheid will Josef Müller Einspruch einlegen. Nach § 355 Abs. 1 AO beträgt die Frist für die Einlegung des Einspruchs **einen Monat** (Ereignisfrist).

Die **Monatsfrist** endet mit Ablauf eines Tages im folgenden Monat, der die **gleiche Zahl** hat wie der Ereignistag, nämlich am **05.**06.2026, um 24:00 Uhr.

Fehlt bei einer nach Monaten bestimmten Frist **in dem letzten Monat** der für den Ablauf **maßgebende Tag,** so **endet** die Frist mit Ablauf des **letzten Tages dieses Monats** (§ 188 Abs. 3 BGB).

BEISPIEL

Dem Steuerpflichtigen Stefan Köhler wird der Einkommensteuerbescheid 2024 am 31.08.2026 bekannt gegeben.

Die **Einspruchsfrist (Monatsfrist)** endet am **30.09.2026** (um 24:00 Uhr), weil dieser Tag der letzte Tag des Monats September 2026 ist.

Fällt das **Ende** einer Frist auf einen **Samstag, Sonntag oder** einen **gesetzlichen Feiertag,** so **endet** die Frist erst mit Ablauf des **nächstfolgenden Werktags** (§ 193 BGB; § 108 Abs. 3 AO). Dabei ist die Feiertagsregelung des jeweiligen Bundeslandes zu beachten.

Dies gilt beispielsweise für die **Einspruchsfrist** (§ 355 AO), aber laut dem BFH-Urteil vom 20.01.2016 auch für die **Festsetzungsfrist** (§§ 169 ff. AO), die **Zahlungsverjährung** (§§ 228 ff. AO) und die dreitägige **Zahlungsschonfrist** (§ 240 Abs. 3 AO).

BEISPIEL

Dem Steuerpflichtigen Ralf Schuster wird am Mittwoch, dem 13.05.2026, sein Einkommensteuerbescheid 2025 bekannt gegeben. Gegen diesen Bescheid will er Einspruch einlegen.

Die Einspruchsfrist würde am **13.06.2026**, enden. Da dieser Tag jedoch ein Samstag ist, endet die Frist erst mit Ablauf des **nächstfolgenden Werktags**, nämlich mit Ablauf des Montags, des **15.06.2026**.

	Beginn der Einspruchsfrist:	mit Ablauf des **13.05.2026** um 24:00 Uhr
+	**Dauer** der Einspruchsfrist:	**ein Monat**
		mit Ablauf des 13.06.2026 (Samstag; deshalb Verschiebung gem. § 108 Abs. 3 AO)
=	**Ende** der Einspruchsfrist	mit Ablauf des **15.06.2026** (Montag) um 24:00 Uhr

Ein **Fälligkeitstag** ist stets an einem Tag, der **kein** Samstag, Sonntag oder gesetzlicher Feiertag ist. Das bedeutet, dass die Fälligkeit sich gegebenenfalls nach § 108 Abs. 3 AO verschiebt.

Die **Zahlungsschonfrist beginnt** erst, wenn die **Fälligkeit eingetreten** ist:

	Fälligkeitstag einer Zahlung (Samstag) Fällt der **Fälligkeitstag** auf einen Samstag, Sonntag oder gesetzlichen Feiertag, wird der Fälligkeitstag **hinausgeschoben** (07.11.2026 = Samstag), (08.11.2026 = Sonntag).	**07.11.2026**
=	**hinausgeschobener Fälligkeitstag (Montag)**	09.11.2026
+	**Zahlungsschonfrist** (§ 240 Abs. 3 AO)	3 Tage
=	**letzter Tag der Schonfrist (Donnerstag)**	**12.11.2026**

Fällt bei der Berechnung der **Zahlungsschonfrist das Ende** (also der **letzte Tag**) **der Schonfrist** auf einen Samstag, Sonntag oder gesetzlichen Feiertag, so wird auch dieses gemäß § 108 Abs. 3 AO auf den nächstfolgenden Werktag verschoben:

	Fälligkeitstag einer Zahlung (Mittwoch)	**10.06.2026**
+	**Zahlungsschonfrist** (§ 240 Abs. 3 AO) Dies ergibt den 13.06.2026 (Samstag). Fällt der **letzte Tag der Schonfrist** auf einen Samstag, Sonntag oder gesetzlichen Feiertag, so tritt an seine Stelle der nächstfolgende Werktag, nämlich hier Montag, der 15.06.2026.	3 Tage
=	**letzter Tag der Schonfrist (Montag)**	**15.06.2026**

ÜBUNG →
1. Wiederholungsfragen 1 bis 12 (Seite 72),
2. Aufgaben 1 und 2 (Seite 73)

4.4 Wiedereinsetzung in den vorigen Stand

11 LF

War jemand **ohne Verschulden** verhindert, eine **gesetzliche Frist** einzuhalten, so ist ihm auf Antrag **Wiedereinsetzung in den vorigen Stand** zu gewähren (§ 110 Abs. 1 **Satz 1** AO).

Mit der **Wiedereinsetzung in den vorigen Stand** (Nachsicht) wird der Steuerpflichtige so gestellt, als hätte er die **Frist nicht versäumt**; beim Vorliegen der Voraussetzungen besteht hierauf ein **Rechtsanspruch**.

Die Wiedereinsetzung in den vorigen Stand **setzt voraus,** dass den Steuerpflichtigen an der Fristüberschreitung **kein Verschulden** trifft. Das Verschulden des Vertreters (z. B. des Steuerberaters) wird dem Steuerpflichtigen als eigenes Verschulden zugerechnet (§ 110 Abs. 1 **Satz 2** AO).

Bei Führung eines **elektronischen Fristenkalenders** und einem **Totalausfall der Computeranlage** kann **keine** Wiedereinsetzung gewährt werden, da keine ausreichenden Vorkehrungen zur Fristenkontrolle für den Notfall getroffen wurden (BFH-Urteil vom 19.03.2019).

Wenn ein Steuerberater für seinen Mandanten **nur gegen einen Teil** der aufgrund einer Betriebsprüfung ergangenen Bescheide Einspruch einlegt, ist eine Wiedereinsetzung für die „vergessenen" Bescheide **nicht möglich** (Beschluss des FG Münster vom 25.03.2019).

Jemand versäumt eine **gesetzliche** Frist (z. B. Einspruchsfrist nach § 355 Abs. 1 AO) **nicht schuldhaft,** wenn er z. B. bis zum Ende der Frist durch eine plötzlich eintretende schwere **Krankheit** gehindert war, seine steuerlichen Angelegenheiten selbst zu besorgen oder einen Dritten damit zu beauftragen (Beschluss des FG München vom 17.06.2020).

BEISPIEL

Die Steuerpflichtige Julia Gisecke will gegen den Einkommensteuerbescheid 2025 Einspruch einlegen. Durch einen Unfall wird sie so schwer verletzt, dass sie dadurch gehindert ist, den Einspruch fristgerecht einzulegen. Sie ist auch nicht in der Lage, sich einen Vertreter zu bestellen.

Julia Gisecke hat die Einspruchsfrist **unverschuldet** versäumt. Nach Abklingen der entschuldigenden Erkrankung kann die Steuerpflichtige innerhalb **eines Monats** Antrag auf **Wiedereinsetzung in den vorigen Stand** stellen (§ 110 Abs. 2 AO).

Wurde eine **E-Mail** zur Einlegung des Einspruchs **rechtzeitig abgesandt**, vom **Finanzamt** aber **nicht empfangen**, so liegt ebenfalls ein **Wiedereinsetzungsgrund** vor. Das Anfordern einer Lesebestätigung ist nicht notwendig (BFH-Urteil vom 29.04.2025 - VI R 2/23).

Arbeitsüberlastung ist **kein Grund** für eine **Wiedereinsetzung in den vorigen Stand**. Ebenso sind **mangelnde Deutschkenntnisse** für sich genommen **kein Grund** zur Entschuldigung der Fristversäumnis. Die Sorgfaltspflicht verlangt, sich in angemessener Zeit um eine Übersetzung zu kümmern, um dann entsprechend reagieren zu können (Urteil des FG Bremen vom 28.11.2016).

Abwesenheit wegen Urlaubs (von einer Dauer bis zu 6 Wochen) **kann** bei einem **Privatmann** ein Grund für die Wiedereinsetzung in den vorigen Stand sein.

Der **Antrag** auf Wiedereinsetzung in den vorigen Stand ist **innerhalb eines Monats** nach Wegfall des Hindernisses zu stellen. Innerhalb dieser Antragsfrist von einem Monat ist auch die versäumte Rechtshandlung (z. B. Einlegung eines Einspruchs) nachzuholen.

Die **Frist ist nicht verlängerbar.** Bei Fristversäumnis ist **jedoch wiederum Wiedereinsetzung in den vorigen Stand möglich.**

BEISPIEL

Sachverhalt wie im Beispiel zuvor. Julia Gisecke will nach Abklingen der Erkrankung Einspruch einlegen. Durch einen zweiten Unfall wird sie daran gehindert.

Die Steuerpflichtige kann **nochmals** Antrag auf Wiedereinsetzung in den vorigen Stand stellen.

Nach **einem Jahr** seit dem Ende der versäumten Frist kann der Antrag auf Wiedereinsetzung in den vorigen Stand grundsätzlich **nicht** mehr gestellt werden (§ 110 Abs. 3 AO).

ÜBUNG → Wiederholungsfragen 13 und 14 (Seite 72)

LF 11

4.5 Folgen der Fristversäumnis

Versäumt der Steuerpflichtige eine **Frist**, so können sich für ihn negative **Folgen** ergeben. Bei der Fristversäumnis kommen vor allem folgende steuerliche Nebenleistungen in Betracht:

1.	**Verspätungszuschläge**	(§ 152 AO),
2.	**Säumniszuschläge**	(§ 240 AO),
3.	**Zinsen**	(§§ 233 bis 237 AO),
4.	**Zwangsgelder**	(§ 329 AO).
5.	**Verzögerungsgelder**	(§§ 146 Abs. 2c; 200a Abs. 2 AO)

zu 1. Verspätungszuschläge

Gegen denjenigen, der seiner Verpflichtung zur **Abgabe einer Steuererklärung** oder Steueranmeldung **nicht** oder **nicht fristgerecht** nachkommt, **kann** ein **Verspätungszuschlag** festgesetzt werden (§ 152 Abs. 1 Satz 1 AO).

Von der Festsetzung eines Verspätungszuschlags ist **abzusehen**, wenn die Versäumnis **entschuldbar** erscheint (§ 152 Abs. 1 **Satz 2** AO).

Für Steuererklärungen **muss** allerdings ein Verspätungszuschlag festgesetzt werden, wenn beispielsweise die Einkommensteuererklärung nicht binnen **14 Monaten** nach Ablauf des Kalenderjahres eingereicht wird (§ 152 Abs. 2 Nr. 1 AO). **Ausnahmen** hierzu bestehen nur in den in § 152 Abs. 3 AO geregelten Fällen, wie z.B. bei Fristverlängerungen nach § 109 AO oder in Erstattungsfällen.

Die aufgrund der **Corona-Pandemie verlängerten Abgabefristen** für Steuererklärungen führen zu einem **späteren Beginn für die Pflichtfestsetzung des Verspätungszuschlags** (Besteuerungszeiträume 2020: 20 Monate, 2021: 20 Monate, 2022: 19 Monate, 2023: 17 Monate und 2024: 16 Monate). Seit dem Besteuerungszeitraum **2025** gelten wieder die regulären Zeitpunkte (z.B. BMF-Schreiben vom 23.06.2022).

Weitere Einzelheiten zu **Abgabefristen** werden im Abschnitt 5.1.2.2 „Erklärungspflichten", Seiten 76 ff., dargestellt. S 1

BEISPIEL

Der Steuerpflichtige Henri Müller (Pflichtveranlagung) ist steuerlich nicht beraten und gibt seine Einkommensteuererklärung für das Jahr 2024 erst am 09.10.2026 beim zuständigen Finanzamt ab.

Müller hätte die Einkommensteuererklärung bis zum 31.07.2025 beim zuständigen Finanzamt abgeben müssen (§ 149 Abs. 2 AO).
Das Finanzamt **muss** nach § 152 Abs. 2 Nr. 1 AO einen Verspätungszuschlag festsetzen, da die 16-Monatsfrist (Sonderregelung für den VZ 2024) am 30.04.2026 um 24 Uhr abgelaufen ist (**kein** Ermessen).

Die **Höhe des Verspätungszuschlags** ist abhängig von der **Art der abzugebenden Erklärung**. So beträgt z. B. der Verspätungszuschlag für eine verspätet abgegebene Einkommensteuererklärung **0,25 % der nach Anrechnungen verbleibenden Steuer (mindestens jedoch 25 Euro) pro angefangenem Monat der Verspätung** (§ 152 Abs. 5 **Satz 2** AO).

BEISPIEL

Das Finanzamt setzt für Henri Müller einen Verspätungszuschlag für die Zeit vom 01.05.2026 - 09.10.2026 fest. Die festgesetzte Steuer abzüglich der festgesetzten Vorauszahlungen und anzurechnenden Steuerabzugsbeträge beläuft sich auf 8.753 €.

Die Berechnung des Verspätungszuschlags erfolgt nach § 152 Abs. 5 Satz 2 AO:
Für jeden angefangenen Monat der Verspätung beträgt der Verspätungszuschlag
0,25 % x 8.753 € = 21,88 €, aber mindestens 25 €.
Da es sechs angefangene Verspätungsmonate sind, beträgt der Verspätungszuschlag
6 x 25 € = 150 €.

Wurde jedoch pflichtwidrig **keine Steuererklärung abgegeben**, ist der Verspätungszuschlag bis zum erstmaligen Wirksamwerden der Steuerfestsetzung zu berechnen (§ 152 Abs. 9 AO).

Der berechnete Verspätungszuschlag ist **auf volle Euro abzurunden** und darf **höchstens 25.000 Euro** betragen (§ 152 Abs. 10 AO).

ÜBUNG →
1. Wiederholungsfragen 15 bis 17 (Seite 72),
2. Aufgaben 3 bis 5 (Seiten 73 f.)

zu 2. Säumniszuschläge

Wird eine **Steuer nicht** bis zum Ablauf des Fälligkeitstages **gezahlt**, so hat der Steuerpflichtige einen **Säumniszuschlag** zu entrichten (§ 240 Abs. 1 Satz 1 AO). Säumniszuschläge entstehen **automatisch durch Zeitablauf**, sodass es auf ein Verschulden des Zahlungspflichtigen **nicht** ankommt (AEAO zu § 240, Nr. 5).
Der Säumniszuschlag stellt primär ein **Druckmittel** zur pünktlichen Durchsetzung fälliger Steuerforderungen dar. Er ist auch ein **Ausgleich** für den resultierenden Mehraufwand der Verwaltung und nur im Nebenzweck eine **Gegenleistung** für das Herausschieben der Zahlung. Säumniszuschläge können auch **erlassen** werden (§ 227 AO).
Ein **Säumniszuschlag** wird jedoch grundsätzlich bei einer Säumnis bis zu **drei Tagen nicht** erhoben (Schonfrist gemäß § 240 Abs. 3 Satz 1 AO). Auf die **Zahlungsschonfrist** beim Säumniszuschlag hat der Steuerpflichtige einen **Rechtsanspruch**.
Die Schonfrist findet **keine Anwendung**, wenn die Steuerzahlung durch **Scheck** oder in **bar** bei der Finanzkasse erfolgt (§ 240 Abs. 3 **Satz 2** AO).

Für die **fristgemäße Zahlung** ist zu beachten, dass der Betrag bei **Barzahlung** am **Eingangstag** und bei **Scheckzahlung** erst **drei Tage nach dem Eingang** des Schecks bei der zuständigen Finanzkasse als entrichtet gilt (§ 224 Abs. 2 AO). Bei **Banküberweisung** ist der **Tag der Gutschrift** auf dem Konto der Finanzkasse maßgebend. Liegt der Steuerbehörde eine **Einzugsermächtigung** vor, können **keine Säumniszuschläge** anfallen. Obwohl auch hier eine Belastung des Kontos oftmals erst Tage später erfolgt, gilt die Zahlung stets als pünktlich entrichtet (§ 224 Abs. 2 Nr. 3 AO).

MERKE →	Bei **Scheck- oder Barzahlung** gibt es **keine Schonfrist.**

BEISPIEL

Die Steuerpflichtige Annette Döhn (Monatszahlerin; keine Dauerfristverlängerung) übermittelt ihre USt-Voranmeldung für den Monat Februar 2026 fristgerecht dem Finanzamt in elektronischer Form. Ihre am 10.03.2026 fällige **USt-Zahllast** in Höhe von **1.190 €** begleicht sie am **Fälligkeitstag**, dem **10.03.2026**, durch **Hingabe eines Schecks** bei der Finanzkasse.

Die Steuerschuld gilt bei Zahlung per Scheck erst am **13.03.2026** (10.03.2026 + 3 Tage = 13.03.2026) als beglichen (§ 224 Abs. 2 Nr. 1 AO). Bei Scheckzahlung gibt es **keine Zahlungsschonfrist**. Die Zahlung erfolgte also nicht fristgemäß, sodass **ein Säumniszuschlag** zu entrichten ist (§ 240 Abs. 1 AO).

Fällt der **letzte Tag** der **Schonfrist** auf einen **Samstag, Sonntag** oder einen **gesetzlichen Feiertag,** so tritt an seine Stelle der **nächstfolgende Werktag (§ 108 Abs. 3 AO)**; fällt das Fristende auf einen **gesetzlichen Feiertag,** ist das am **Ort der Finanzkasse** geltende Feiertagsrecht **maßgebend**, da die Zahlungspflicht am Ort der Finanzkasse zu erfüllen ist.

Der **Säumniszuschlag** beträgt für jeden **angefangenen Monat der Säumnis 1 %** des rückständigen, **auf 50 Euro** nach unten **abgerundeten Steuerbetrages** (§ 240 Abs. 1 Satz 1 AO).

BEISPIEL

Die Steuerpflichtige Heike Utler (Monatszahlerin; keine Dauerfristverlängerung) reicht die USt-Voranmeldung für den Monat März 2026 mit einer **USt-Zahllast** von **49 €** verspätet ein, **ohne** eine **Zahlung** zu leisten.

Obwohl die Zahlung nicht geleistet wird, fällt **kein Säumniszuschlag** an, weil die **Steuerschuld unter 50 €** liegt.

Auf **steuerliche Nebenleistungen** wie beispielsweise Verspätungszuschläge, Zinsen oder Zwangsgelder fallen **keine** Säumniszuschläge an (§ 240 Abs. 2 AO).

Der **Säumniszeitraum beginnt** mit dem **Ablauf des Fälligkeitstages, nicht** erst **nach Ablauf der Zahlungsschonfrist** nach § 240 Abs. 3 AO.

MERKE →	Die **Zahlungsschonfrist** hat auf die Berechnung der **Säumniszuschläge keine Auswirkung**.

Der Säumniszeitraum **endet** mit dem **Erlöschen der Steuerschuld.** Ansprüche aus dem Steuerschuldverhältnis erlöschen im Regelfall durch **Zahlung** (§ 47 AO).

BEISPIEL

Die Steuerpflichtige Julia Siegismund (Monatszahlerin; keine Dauerfristverlängerung) übermittelt ihre USt-Voranmeldung für den Monat Mai 2026 fristgerecht dem Finanzamt. Die Zahlung ihrer **USt-Zahllast** in Höhe von **1.140 €** durch Banküberweisung geht jedoch erst am **21.07.2026** bei der Finanzkasse ein.

In diesem Fall ist ein **Säumniszuschlag** für **zwei (angefangene) Monate** (11.06. bis 21.07.2026) also i. H. v. **22 €** zu entrichten (2 x 1% = 2 %; 1.140 € abgerundet auf den nächsten durch 50 € teilbaren Betrag ergibt 1.100 €; somit **2% von 1.100€ = 22€**). Die Schonfrist bewirkt keine Verschiebung der Fälligkeiten, d. h., die Schonfrist hat auf die Berechnung der Säumniszuschläge **keine** Auswirkung.

Fällt das **Ende der Zahlungsfrist (= Beginn des Säumniszeitraums) auf einen Samstag, Sonntag** oder auf einen **allgemeinen Feiertag,** so **endet** die (Zahlungs-)Frist mit Ablauf des **nächstfolgenden Werktags (§ 108 Abs. 3 AO). Der Säumnisbeginn verschiebt sich dementsprechend.**

BEISPIEL

Die Steuerpflichtige Julia Siegismund (Monatszahlerin; keine Dauerfristverlängerung) übermittelt ihre USt-Voranmeldung für den Monat April 2026 fristgerecht dem Finanzamt. Die Zahlung ihrer **USt-Zahllast** von **2.140 €**, die durch Banküberweisung erfolgt, geht erst am **28.08.2026** bei der Finanzkasse ein.

Da der 10.05.2026 ein Sonntag ist, wird der Fälligkeitstag auf den nächsten Werktag hinausgeschoben (= Montag, den 11.05.2026). Der **erste Säumnistag** ist demnach der **12.05.2026**. Somit ist ein **Säumniszuschlag** für **vier (angefangene) Monate** (12.05. bis 28.08.2026), also i. H. v. **84€** zu entrichten (**4% von 2.100€ = 84€**).

Nach § 240 Abs. 1 Satz 3 AO tritt eine **Säumnis nicht** ein, bevor die Steuer **festgesetzt** oder **angemeldet** worden ist. Wird z. B. eine USt-Voranmeldung verspätet abgegeben, **beginnt** der Säumniszeitraum erst am Tag nach dem tatsächlichen **Eingangstag** der Voranmeldung. Das Finanzamt kann **bis zum Eingangstag keinen Säumniszuschlag** erheben, jedoch einen **Verspätungszuschlag** festsetzen (AEAO zu § 240, Nr. 1).

ÜBUNG →	1. Wiederholungsfragen 18 bis 21 (Seite 72), 2. Aufgabe 6 (Seite 74)

zu 3. Zinsen

Zu den **Zinsen**, die sich als Folge der Fristversäumnis ergeben können, gehören

- **Zinsen** auf Steuer**nachforderungen** und Steuer**erstattungen** (§ 233a AO),
- **Stundungszinsen** (§ 234 AO),
- Hinterziehungszinsen (§ 235 AO),
- Prozesszinsen auf Erstattungsbeträge (§ 236 AO),
- Zinsen bei Aussetzung der Vollziehung (§ 237 AO).

Im Folgenden werden lediglich die **ersten beiden Zinsarten** kurz erläutert.

Die **Zinsen** betragen **0,5 %** für jeden **vollen Monat** des Zinslaufs; angefangene Monate bleiben außer Ansatz (§ 238 Abs. 1 AO). Für ihre Berechnung wird der **zu verzinsende Betrag** auf den **nächsten durch 50 Euro teilbaren Betrag** nach unten **abgerundet** (§ 238 Abs. 2 AO). Die **berechneten Zinsen** sind **auf volle Euro nach unten** abzurunden und werden nur dann festgesetzt, wenn sie **mindestens 10 Euro** betragen (§ 239 Abs. 2 AO); die **Festsetzungsfrist** für Zinsen wurde von einem **auf zwei Jahre erhöht** .

Nach dem Beschluss des Bundesverfassungsgerichts (BVerfG) vom 08.07.2021 ist der **Zinssatz für Steuernachforderungen und -erstattungen** in Höhe von **6 %/Jahr** für alle Verzinsungszeiträume ab dem 01.01.2014 **verfassungswidrig**. Das **Zweite Gesetz zur Änderung der AO und des Einführungsgesetzes der AO vom 12.07.2022** (BGBl I S. 1142) bestimmt für **Verzinsungszeiträume ab** dem **01.01.2019** einen Zinssatz von **0,15 %/Monat** bzw. **1,8 %/Jahr** (§ 238 Abs. 1a AO). Der neue Zinssatz wird alle zwei Jahre mit Wirkung für die nachfolgenden Verzinsungszeiträume überprüft; erstmals zum 01.01.2024 (§ 238 Abs. 1c AO); jedoch erfolgte **weder zum 01.01.2024 noch zum 01.01.2026 eine Änderung**.
Sind für einen Zinslauf unterschiedliche Zinssätze anzuwenden, muss der Zinslauf in Teilverzinsungszeiträume aufgeteilt werden (§ 238 Abs. 1b AO).

Die **Verfassungswidrigkeit** des Zinssatzes gilt jedoch **nicht** für andere Verzinsungstatbestände wie **Stundungs-, Hinterziehungs- und Aussetzungszinsen** (§§ 234, 235, 237 AO) sowie **Zinsen nach § 236 AO**. Hier ist **weiterhin** ein Zinssatz von **6 %/Jahr** anzuwenden (§ 238 Abs. 1 AO).

Zinsen auf Steuernachforderungen und Steuererstattungen (§ 233a AO)

Die **Verzinsung** nach § 233a AO (**Vollverzinsung**) soll einen **Ausgleich** dafür schaffen, dass die Steuern trotz gleichen gesetzlichen Entstehungszeitpunkts, aus welchen Gründen auch immer, zu unterschiedlichen Zeitpunkten **festgesetzt** und **erhoben** werden. Die Verzinsung ist gesetzlich vorgeschrieben; die Zinsfestsetzung steht **nicht im Ermessen** der Finanzbehörde (AEAO zu § 233a, Nr. 1).

Die **Verzinsung** nach **§ 233a AO** ist beschränkt auf die **Einkommen-, Körperschaft-, Umsatz- und Gewerbesteuerfestsetzungen** (§ 233a Abs. 1 AO).

Der **Zinslauf** beginnt **grundsätzlich 15 Monate** (bzw. **23 Monate bei Land- und Forstwirtschaft**) **nach Ablauf des Kalenderjahres**, in dem die Steuer entstanden ist (**Karenzzeit** nach § 233a Abs. 2 Satz 1 AO) und hätte für die **ESt/KSt/USt/GewSt 2024 am 01.04.2026** (bzw. **am 01.12.2026** bei **Land- und Forstwirtschaft**) **begonnen.**

Pandemiebedingt wurden für die **Besteuerungszeiträume 2019 bis 2024** die Karenzzeiten verlängert und sind der nachfolgenden Tabelle (in Klammern für Land- und Forstwirtschaft, kurz L+F) zu entnehmen (BMF-Schreiben vom 03. November 2022).

VZ	Karenzzeit	(grds.) Beginn des Zinslaufs
2019	21 Monate (28 Monate)	01.10.2021 (01.05.2023)
2020	21 Monate (29 Monate)	01.10.2022 (01.06.2023)
2021	21 Monate (29 Monate)	01.10.2023 (01.06.2024)
2022	20 Monate (28 Monate)	01.09.2024 (01.05.2025)
2023	18 Monate (26 Monate)	01.07.2025 (01.03.2026)
2024	17 Monate (25 Monate)	01.06.2026 (01.02.2027)

Die **Karenzzeit endet** seit dem **VZ 2025 wieder regulär**. Für den **VZ 2026** endet sie am **31.03.2028** (L+F: 30.11.2028) und der **Zinslauf** beginnt am 0**1.04.2028** (L+F: 01.12.2028). Für das Ende der Karenzzeit ist die **Wochenend- und Feiertagsregelung** des § 108 Abs. 3 AO zu beachten.

BEISPIEL

Das Finanzamt Koblenz gibt am Montag, dem 07.12.2026, einen Einkommensteuerbescheid 2024 (keine L+F) mit einfachem Brief zur Post. Die ESt-Nachforderung beträgt 34.000 €.

Die ESt 2024 entsteht mit Ablauf des Kalenderjahres 2024 (§ 36 Abs. 1 EStG). Die **Karenzzeit beginnt** am 01.01.2025.

Grundsatzregelung: Die **Karenzzeit endet** mit Ablauf des 31.03.2026 (= mit Ablauf des 31.12.2024 + 15 Monate). Der **Zinslauf beginnt** am 01.04.2026.

Pandemieregelung: Die **Karenzzeit endet** mit Ablauf des 01.06.2026 (= mit Ablauf des 31.12.2024 + 17 Monate und nächstfolgender Werktag). Der **Zinslauf beginnt** am 02.06.2026.

Der **Zinslauf endet** einheitlich sowohl bei Steuernachforderungen als auch bei Steuererstattungen mit Ablauf des Tages, an dem die **Steuerfestsetzung wirksam** wird (§ 233a Abs. 2 **Satz 3** AO). Bei Steuerbescheiden ist das der **Tag der Bekanntgabe** (AEAO zu § 233a, Nr. 5). Der Tag der Bekanntgabe ist immer ein **Werktag**.

BEISPIEL

Sachverhalt wie im Beispiel zuvor.

Der **Zinslauf endet** am Freitag, dem **11.12.2026** (= 07.12.2026 + 4 Tage).

Bei Umsatzsteuererklärungen mit einem Unterschiedsbetrag **zuungunsten** des Steuerpflichtigen **endet** der Zinslauf grundsätzlich am Tag des **Eingangs der Steueranmeldung** (§ 168 Satz 1 AO; AEAO zu § 233a, Nr. 5).

Ein **voller Zinsmonat** (§ 238 Abs. 1 Satz 2 AO) ist erreicht, wenn der Tag, an dem der Zinslauf endet, hinsichtlich seiner Zahl dem Tag entspricht, der dem Tag vorhergeht, an dem die Frist begann. Begann der Zinslauf z. B. am **01.04.** und wurde die Steuerfestsetzung am **30.04. bekannt gegeben,** ist bereits ein **voller Zinsmonat** gegeben (AEAO zu § 233a, Nr. 6).

Als **Grundlage** der Verzinsung ist nicht nur der **Zinslauf**, sondern auch der **zu verzinsende Betrag** entscheidend. Der **zu verzinsende Betrag** wird vom Gesetzgeber als **Unterschiedsbetrag** bezeichnet.

Für die **Zinsberechnung** gelten die Grundsätze der sog. **Sollverzinsung**. **Berechnungsgrundlage** ist der **Unterschied** zwischen dem **festgesetzten Soll** (= festgesetzte Steuer abzüglich anzurechnender Steuerabzugsbeträge) und den **vorher festgesetzten Vorauszahlungen** (Berechnungsbeispiele und weitere Ausführungen siehe AEAO zu § 233a, Nrn. 14 ff.).

Bei der Berechnung von Erstattungszinsen gelten allerdings Besonderheiten, wenn Steuerbeträge nicht oder nicht fristgerecht gezahlt wurden (§ 233a Abs. 3 Satz 3 AO).

	festgesetztes Soll	.... €
-	festgesetzte Vorauszahlungen	.... €
=	**Unterschiedsbetrag** (Mehrsoll/Mindersoll)	.... €

BEISPIEL

Sachverhalt wie im Beispiel zuvor. Die festgesetzte Einkommensteuer 2024, bekannt gegeben am 11.12.2026, beträgt 40.000 €, die festgesetzten Vorauszahlungen 6.000 €.
Die **Nachzahlungszinsen** werden wie folgt berechnet:

	festgesetztes Soll, bekannt gegeben am **11.12.2026**	40.000,00 €
-	festgesetzte Vorauszahlungen	6.000,00 €
=	**Unterschiedsbetrag (Mehrsoll)**	**34.000,00 €**

Grundsatz: Der Zinslauf **beginnt** am **01.04.2026** und **endet** am **11.12.2026**. Die **Nachzahlungszinsen** betragen **1,2 %** (= 8 volle Monate x 0,15 %) **von 34.000 € = 408 €**.

Pandemieregelung: Der Zinslauf **beginnt** am **02.06.2026** und **endet** am **11.12.2026**. Die **Nachzahlungszinsen** betragen **0,9 %** (= 6 volle Monate x 0,15 %) **von 34.000 € = 306 €**.

Nachzahlungszinsen sind **nicht abziehbare Aufwendungen** i.S.d. § 12 Nr. 3 EStG (OFD Magdeburg, Vfg. vom 27.08.2003, S 2252 - 68 - St 24).

Ergibt sich ein **Unterschiedsbetrag zugunsten** des Steuerpflichtigen (**Mindersoll**), ist dieser ebenfalls Grundlage der Zinsberechnung. Dann muss das Finanzamt Erstattungszinsen bezahlen. Um **Erstattungszinsen** auf festgesetzte, aber nicht entrichtete Vorauszahlungen zu verhindern, ist **nur der tatsächlich zu erstattende Betrag**, d.h. die bisher tatsächlich geleisteten Zahlungen, zu verzinsen. Die Verzinsung **beginnt dann frühestens mit dem Tag der Zahlung dieser Beträge** (§ 233a Abs. 3 Satz 3 AO).

BEISPIEL

Sachverhalt wie im Beispiel zuvor, aber die festgesetzte Einkommensteuer beträgt nun 0 €.
Von den festgesetzten Vorauszahlungen in Höhe von 6.000 € sind bis zum 02.06.2026 (**Pandemieregelung**) nur 4.000 € gezahlt worden. Weitere Zahlungen wurden nicht geleistet.
Die **Erstattungszinsen** werden wie folgt berechnet:

	festgesetztes Soll, bekannt gegeben am **11.12.2026**	0,00 €
-	festgesetzte Vorauszahlungen	6.000,00 €
=	**Unterschiedsbetrag (Mindersoll)**	**- 6.000,00 €**

Da bis zum 02.06.2026 tatsächlich nur 4.000 € gezahlt wurden und darüber hinaus keine weiteren Zahlungen erfolgt sind, sind lediglich **4.000 € zu erstatten**. Zu verzinsen sind **4.000 €** zugunsten der Steuerpflichtigen für die Zeit vom **02.06.2026 bis 11.12.2026.** Die **Erstattungszinsen** betragen (vgl. AEAO zu § 233a, Nr. 22) **0,9 %** (= 6 volle Monate x 0,15 %) **von 4.000 € = 36 €**.

Die **Erstattungszinsen** i.S.d. § 233a AO gehören zu den **Einkünften aus Kapitalvermögen** (§ 20 Abs. 1 Nr. 7 Satz 3 EStG). Der BFH hat die Verfassungsmäßigkeit der Besteuerung von erhaltenen Erstattungszinsen i.S.d. § 233a AO bestätigt (AZ VIII R 36/10).

ÜBUNG →
1. Wiederholungsfragen 22 bis 25 (Seite 72),
2. Aufgabe 7 (Seite 74)

Stundungszinsen (§ 234 AO)

Für die Dauer einer **gewährten** (nicht zwangsläufig auch in Anspruch genommenen) Stundung von Ansprüchen aus dem Steuerschuldverhältnis werden **Stundungszinsen** erhoben (§ 234 Abs. 1 AO; AEAO zu § 234, Nr. 1). Es gilt wie beim § 233a AO der Grundsatz der **Sollverzinsung**.

Ebenso gelten auch hier die allgemeinen Vorschriften über Zinsen des § 239 AO (Abrundung auf volle Euro, mindestens 10 Euro pro Einzelforderung; vgl. AEAO zu § 234 Nr. 8).

Grundlage der Stundungszinsen sind lediglich die **Stundung einzelner Beträge** sowie die **gewährte Dauer. Vorzeitige Zahlungen** trotz gewährter Stundung **ändern** an der Zinspflicht grundsätzlich **nichts**.

Zahlt der Verpflichtete die gestundeten Beträge nach Ablauf der Stundung **nicht,** so werden vom Ablauf der Stundung an **Säumniszuschläge** erhoben (§ 240 AO).

Der Zinslauf **beginnt** mit dem ersten Tag der Stundungswirkung. Das ist in der Regel der **Tag nach dem Fälligkeitstag.** Unter Berücksichtigung des § 108 Abs. 3 AO verschiebt sich dieser Tag auf den **nächsten Werktag.**

Der Zinslauf **endet** mit Ablauf des **letzten Tages** für den die Stundung ausgesprochen ist. Ist dieser Tag ein **Samstag**, ein **Sonntag** oder ein **gesetzlicher Feiertag,** endet der Zinslauf erst am **nächstfolgenden Werktag** (AEAO zu § 234 AO, Nr. 5).

BEISPIEL

Der Steuerpflichtigen Tina Schlaudt wird die am 06.10.2026 fällige Einkommensteuer-Abschlusszahlung 2025 in Höhe von 3.730 € bis zum 06.12.2026 gestundet.

Der Zinslauf **beginnt** am **07.10.2026** und **endet** am **07.12.2026** (06.12. ist ein Sonntag; der nächstfolgender Werktag = 07.12.2026). Die **Stundungszinsen** betragen insgesamt **37 €** (1 % (= 2 volle Monate x 0,5 %) von 3.700 € = 37 €).

zu 4. Zwangsgelder

Erfüllt ein Steuerpflichtiger **nicht** die ihm im Rahmen des Ermittlungsverfahrens obliegenden **Mitwirkungspflichten** (z. B.: Ein Steuerpflichtiger gibt seine Steuererklärung nicht ab, obwohl er dazu verpflichtet ist.), so kann die Finanzbehörde ihm ein **Zwangsgeld** auferlegen (§ 328 AO).

Das **Zwangsgeld** muss **schriftlich** angedroht werden (§ 332 AO) und darf im Einzelnen **25.000 Euro** nicht übersteigen (§ 329 AO).

zu 5. Verzögerungsgelder

Sofern ein Steuerpflichtiger seinen in § 146 AO genannten Pflichten im Rahmen der **Buchführung nicht** nachkommt, kann gegen ihn ein **Verzögerungsgeld** von **2.500 bis 250.000 Euro** festgesetzt werden (§ 146 Abs. 2c AO). Kommt er seinen Mitwirkungspflichten im Rahmen der **Betriebsprüfung nicht rechtzeitig** nach, so werden **für jeden vollen Tag** der Verzögerung **75 Euro** (für maximal 150 Tage) als Mitwirkungsverzögerungsgeld festgesetzt.

ÜBUNG → Wiederholungsfragen 26 und 27 (Seite 72)

4.6 Zusammenfassung und Erfolgskontrolle

4.6.1 Zusammenfassung

Fristen

Fristen sind abgegrenzte, bestimmte oder jeweils bestimmbare **Zeiträume** (AEAO zu § 108, Nr. 1 Satz 1).

Fristbeginn

Nach § 108 Abs. 1 AO gelten für die Berechnung von Fristen die §§ 187 bis 193 des BGB.

- **Beginnfristen**
  (§ 187 Abs. 2 BGB)
  Anfangstag wird mitgerechnet.
- **Ereignisfristen**
  (§ 187 Abs. 1 BGB)
  Ereignistag wird nicht mitgerechnet.

Fristdauer

Eine Frist kann nach Tagen, Wochen, Monaten oder Jahren gerechnet werden.

- **Tagesfristen**
  z. B. Zahlungsschonfrist
  (§ 240 Abs. 3 AO) (3 Tage)
- **Wochenfristen**
  z. B. Mahnfrist (§ 259 AO)
- **Monatsfristen**
  z. B. Einspruchsfrist (§ 355 AO)
- **Jahresfristen**
  z. B. Zahlungsverjährungsfrist
  (§ 228 AO)

Fristende

- Bei **Beginnfristen** endet die Frist an dem Tag um 24:00 Uhr, der dem Anfangstag in der Benennung oder der Zahl vorausgeht.
- Bei **Ereignisfristen** endet die Frist an dem Tag um 24:00 Uhr, der dem Ereignistag in der Benennung oder der Zahl entspricht.
- Fällt das Ende einer Frist auf einen **Samstag**, **Sonntag** oder **gesetzlichen Feiertag**, so endet die Frist mit Ablauf des **nächstfolgenden Werktags** (§ 193 BGB; § 108 Abs. 3 AO).

Folgen der Fristversäumnis

Verspätungszuschlag (§ 152 AO)

Der Verspätungszuschlag wird **abhängig** von der Art der abzugebenden **Erklärung** berechnet.

Bei der **Einkommensteuer** beträgt der Verspätungszuschlag für jeden **angefangenen** Monat der Verspätung **0,25 %** der um die Vorauszahlungen und anzurechnenden Steuerabzugsbeträge geminderten festgesetzten Steuer (**mindestens 25 Euro pro Monat**).
Er wird auf volle Euro abgerundet und beträgt **höchstens 25.000 Euro**.

Säumniszuschlag (§ 240 AO)

Der Säumniszuschlag beträgt **1 %** für jeden **angefangenen** Monat der Säumnis.

Der rückständige Steuerbetrag ist auf volle **50 Euro** abzurunden.

Zinsen (§§ 233 ff. AO)

Die Zinsen betragen **0,15 %** für jeden **vollen** Monat des Zinslaufs. Der zu verzinsende Betrag ist auf einen durch **50 Euro teilbaren Betrag** abzurunden. Der berechnete **Zinsbetrag** ist **auf volle Euro** abzurunden und wird erst ab einem Betrag von **mindestens 10 Euro** festgesetzt.

§ 233a AO

Erstattungs- und Nachzahlungszinsen (<u>**pandemiebedingt**</u>)

z. B.:

<u>**Beginn:**</u>
02.06.2026 (01.07.2025)

<u>**Ende:**</u>
Bekanntgabe des Steuerbescheids **2024** (2023)

Zwangsgeld (§ 329 AO)

Das Zwangsgeld darf im Einzelnen **25.000 Euro** nicht übersteigen.

Verzögerungsgelder (§§ 146 Abs. 2c; 200a Abs. 2 AO)

Das Verzögerungsgeld kann bei Pflichtverletzungen i. R. d. Buchführung **zwischen 2.500 und 250.000 Euro** betragen.

Bei Verletzung der Mitwirkungspflichten bei Betriebsprüfungen drohen **75 Euro pro Tag** (maximal 150 Tage).

4.6.2 Erfolgskontrolle

Wiederholungsfragen

1. Was versteht man unter einer Frist?
2. Was versteht man unter einem Termin?
3. Welche Fristenarten werden in der AO unterschieden?
4. Welcher Unterschied besteht zwischen gesetzlichen und behördlichen Fristen?
5. Was versteht man unter Beginnfristen?
6. Was versteht man unter Ereignisfristen?
7. Wann beginnt eine Ereignisfrist?
8. Wann beginnt eine Beginnfrist?
9. Wann endet eine Ereignisfrist nach Tagen/Wochen/Monaten/Jahren?
10. Wann endet eine Beginnfrist nach Tagen/Wochen/Monaten/Jahren?
11. Wann enden Fristen i.S.d. § 108 Abs. 3 AO, wenn das Ende einer Frist auf einen Samstag, Sonntag oder gesetzlichen Feiertag fällt?
12. Bei welchen Fristen ist § 108 Abs. 3 AO anzuwenden?
13. Unter welchen Voraussetzungen ist die Wiedereinsetzung in den vorigen Stand möglich?
14. Welche Konsequenzen hat ein Antrag auf Wiedereinsetzung in den vorigen Stand?
15. In welchen Fällen kann/muss ein Verspätungszuschlag festgesetzt werden?
16. Wie erfolgt die Berechnung des Verspätungszuschlags?
17. Wie hoch kann der Verspätungszuschlag höchstens sein?
18. In welchem Fall hat der Steuerpflichtige einen Säumniszuschlag zu entrichten?
19. Wie hoch ist der Säumniszuschlag?
20. Wie viele Tage beträgt die Zahlungsschonfrist?
21. Bei welchen Zahlungsarten ist die Zahlungsschonfrist nicht anzuwenden?
22. Welche Zinsarten werden in der AO unterschieden?
23. Wie hoch ist der Zinssatz?
24. Wann beginnt der Zinslauf grundsätzlich?
25. Wann endet der Zinslauf bei Nachforderungen?
26. Wie werden Stundungszinsen berechnet?
27. Wann wird ein Zwangsgeld verhängt?

Aufgaben

AUFGABE 1

Bestimmen Sie bei den Sachverhalten 1 bis 4 Beginn, Dauer und Ende der Einspruchsfrist nach § 355 Abs. 1 AO.

1. Das Finanzamt Freiburg gibt am Freitag, dem 20.03.2026, einen Einkommensteuerbescheid mittels einfachem Brief zur Post.
2. Der Steuerpflichtige Erich Klein erhält am Donnerstag, dem 30.07.2026, seinen Einkommensteuerbescheid für das Jahr 2025. Der Bescheid wurde vom Finanzamt am 28.07.2026 mit einfachem Brief zur Post gegeben, das Datum des Poststempels ist der 29.07.2026.
3. Die Steuerpflichtige Karin Schüller erhält ihren Einkommensteuerbescheid 2025 am Dienstag, dem 07.04.2026. Der Bescheid wurde vom Finanzamt am Dienstag, dem 31.03.2026, zur Post gegeben (Datum des Poststempels).
4. Die Steuerpflichtige Agnes Wagner erhält am 21.04.2026 ihren Einkommensteuerbescheid für das Jahr 2025 (Datum des Poststempels 20.04.2026).

AUFGABE 2

Der Steuerpflichtige Siegfried Lenz, Münster, geht am 02.05.2026, dem letzten Tag der Einspruchsfrist, zum zuständigen Finanzamt, um den Einspruch gegen den ESt-Bescheid 2024 persönlich in den Briefkasten des Finanzamtes zu werfen. An einer ungesicherten Baustelle stürzt er. Wegen einer schweren Gehirnerschütterung wird er in ein Krankenhaus eingeliefert, wo er bis zum 19.05.2026 bleiben muss. Am Tag der Entlassung aus dem Krankenhaus findet er in seiner Jacke das Einspruchsschreiben.

Kann Lenz nach Entlassung aus dem Krankenhaus noch Einspruch gegen den Einkommensteuerbescheid einlegen? Erläutern Sie Ihre Antwort.

AUFGABE 3

Die Westfalen OHG hat für die Abgabe der monatlichen Umsatzsteuervoranmeldungen keine Dauerfristverlängerung beantragt. Die Umsatzsteuervoranmeldung für September 2026 wird erst am 22.10.2026 statt bis zum 12.10.2026 dem Finanzamt elektronisch übermittelt. Die Westfalen OHG hat dem Finanzamt eine Einzugsermächtigung für betriebliche Steuern erteilt.

1. Fallen Säumniszuschläge an?
2. Wie sieht die Regelung für den Verspätungszuschlag in diesem Fall aus?

AUFGABE 4

Die Steuerpflichtige Klara Schulz gibt ihre Einkommensteuererklärung 2024 (Pflichtveranlagung) erst am 20.11.2026 beim zuständigen Finanzamt ab. Das Finanzamt berechnet ab dem ersten Tag der Verspätung einen Verspätungszuschlag. Der Reformationstag ist an ihrem Wohnsitz kein Feiertag. Informieren Sie sich in Kapitel 5.1.2.2 über die entsprechende Abgabefrist der ESt-Erklärung 2024.

Geben Sie in den folgenden Fällen die Anzahl der (angefangenen) Verspätungsmonate an.

1. Klara Schulz hat keine Fristverlängerung beantragt und ist nicht steuerlich beraten.
2. Klara Schulz ist steuerlich beraten.
3. Klara Schulz ist nicht steuerlich beraten, hat aber eine Fristverlängerung bis zum 31.01.2026 erhalten.

AUFGABE 5

Der Steuerpflichtige Frieder Wahl gibt seine Einkommensteuererklärung 2024 (Pflichtveranlagung) erst am 05.11.2026 beim zuständigen Finanzamt ab. Frieder Wahl hat keine Fristverlängerung beantragt und ist auch nicht steuerlich beraten. Das Finanzamt berechnet ab dem ersten Tag der Verspätung einen Verspätungszuschlag.

Berechnen Sie in den folgenden Fällen die Höhe des Verspätungszuschlags.

1. Die festgesetzte Steuer abzüglich der Vorauszahlungen und der anzurechnenden Steuerabzugsbeträge beläuft sich auf 17.640 €.
2. Die festgesetzte Steuer abzüglich der Vorauszahlungen und der anzurechnenden Steuerabzugsbeträge beläuft sich auf 4.560 €.
3. Die festgesetzte Steuer abzüglich der Vorauszahlungen und der anzurechnenden Steuerabzugsbeträge beläuft sich auf 725.620 €.

AUFGABE 6

Der Steuerpflichtige Max Greger (Monatszahler ohne Dauerfristverlängerung) übermittelt seine Umsatzsteuervoranmeldung für Juni 2026 mit einer Zahllast von 11.217 € am Donnerstag, dem 02.07.2026, dem zuständigen Finanzamt. Die Zahlung wird am 13.11.2026 dem Bankkonto der Finanzkasse gutgeschrieben.

Wie hoch ist der Säumniszuschlag?

AUFGABE 7

Wie hoch ist bei den Sachverhalten 1 bis 4 jeweils der Zinsbetrag nach § 233a AO?

1. Der Steuerpflichtigen Heike Schmitt wird am 12.10.2026 der Einkommensteuerbescheid 2024 mit einer festgesetzten Einkommensteuer in Höhe von 36.399 € bekannt gegeben. Die Steuerpflichtige hat für 2024 die festgesetzten Vorauszahlungen in Höhe von insgesamt 30.654 € jeweils bei Fälligkeit geleistet.
2. Sachverhalt wie in Aufgabe 1 mit dem Unterschied, dass die Steuerpflichtige die festgesetzten Vorauszahlungen für 2024 in Höhe von insgesamt 43.399 € jeweils bei Fälligkeit geleistet hat. Die letzte Zahlung erfolgte somit am 11.12.2024 (§ 37 Abs. 1 EStG).
3. Der Steuerpflichtige Egon Maier erhält am 08.10.2026 seinen Einkommensteuerbescheid für das Jahr 2023. Der Bescheid trägt den Poststempel vom 05.10.2026. Die festgesetzte Einkommensteuer beträgt 46.320 €. An Vorauszahlungen für 2023 wurden insgesamt 28.460 € festgesetzt und gezahlt.
4. Das Finanzamt Koblenz gibt am 02.11.2026 den Einkommensteuerbescheid 2024 der Steuerpflichtigen Andrea Zimmerschied zur Post. Die festgesetzte Einkommensteuer beträgt 50.040 €, die festgesetzten und gezahlten Vorauszahlungen betragen insgesamt 25.000 € und die anzurechnende Lohnsteuer beträgt 5.000 €.

5 Ermittlungsverfahren

11 LF

Das Besteuerungsverfahren **beginnt** mit dem **Ermittlungsverfahren**. Dessen **Ziel** ist beispielsweise im Hinblick auf die Einkommensteuer, dass die **Steuererklärung** erstellt und eingereicht wurde und dem Finanzamt alle notwendigen Daten vorliegen. Das Ergebnis des sich anschließenden **Festsetzungsverfahrens** ist die Erstellung des **Steuerbescheids**. Damit erfährt der Steuerpflichtige, wie viel Geld er auf welcher Grundlage zu bezahlen hat. Im **Erhebungsverfahren** geht es um die Begleichung der **Steuerschuld**. Sofern der Steuerpflichtige Einwände gegen die **Steuerfestsetzung** hat, kann er sich im **Einspruchsverfahren** dagegen wehren.

Die **Festsetzung** der Steuern setzt also voraus, dass zuvor die **Besteuerungsgrundlagen** (z.B. Umsatz, Gewinn, Einkünfte, zu versteuerndes Einkommen) **ermittelt** worden sind; dabei haben sowohl die **Finanzbehörden** als auch die **Steuerpflichtigen** mitzuwirken **(Mitwirkungspflichten)**.

5.1 Pflichten der Finanzbehörden und der Steuerpflichtigen

2+11 LF

5.1.1 Allgemeine Mitwirkungspflichten

Die **Finanzbehörden** haben die Steuern nach Maßgabe der Gesetze **gleichmäßig** festzusetzen und zu erheben. Insbesondere haben sie sicherzustellen, dass Steuern nicht verkürzt, zu Unrecht erhoben oder Steuererstattungen und Steuervergütungen nicht zu Unrecht gewährt oder versagt werden (**allgemeiner Besteuerungsgrundsatz**; § 85 AO).

Die **Finanzbehörden** haben den **Sachverhalt** von Amts wegen **zu ermitteln**. Sie haben alle für den Einzelfall **bedeutsamen**, **auch** die für den Steuerpflichtigen **günstigen Umstände** zu berücksichtigen (**allgemeiner Untersuchungsgrundsatz**; § 88 AO).

Die **Finanzämter** und das **Bundeszentralamt für Steuern** sollen die Abgabe von Erklärungen, die Stellung von Anträgen oder die Berichtigung von Erklärungen oder von Anträgen **anregen**, wenn diese offensichtlich nur **versehentlich** oder aus **Unkenntnis** unterblieben oder unrichtig abgegeben oder gestellt worden sind (§ 89 AO).

Die Finanzbehörden wären überfordert, wenn sie die Besteuerungsgrundlagen ohne Mitwirkung der Steuerpflichtigen ermitteln müssten. Dem **Steuerpflichtigen** ist deshalb eine **gesetzliche Mitwirkungspflicht** auferlegt, die in § 90 Abs. 1 AO allgemein beschrieben wird; er hat bei der Feststellung der Sachverhalte, die für die Besteuerung erheblich sein können, mitzuwirken. Insbesondere muss der Steuerpflichtige **Auskünfte** erteilen, **Aufzeichnungen**, **Bücher**, **Geschäftspapiere** und **andere Urkunden** zur Einsicht und Prüfung **vorlegen**, die zum Verständnis der Aufzeichnungen erforderlichen **Erläuterungen geben** und die Finanzbehörde bei Ausübung ihrer Befugnisse nach § 147 Abs. 6 AO **unterstützen** (§ 200 Abs. 1 AO). § 200a AO enthält weitere Regelungen für die Mitwirkung des Steuerpflichtigen bei einer Außenprüfung, sodass diese zügig erfolgen kann; bei mangelnder Mitwirkung kann ein Mitwirkungsverzögerungsgeld festgesetzt werden.

Die Finanzbehörden müssen sich in der Regel zuerst zur Sachverhaltsermittlung an den Steuerpflichtigen wenden, bevor sie Informationen von Dritten einholen (§ 93 AO); ansonsten handeln sie ermessensfehlerhaft (BFH-Urteil vom 29.07.2015).

In den §§ 93a ff. AO sind noch weitere Regelungen getroffen, in denen andere Stellen zur Mitwirkung (Meldung steuerlich relevanter Tatsachen an die Finanzbehörden) verpflichtet werden. Dennoch findet man in der Abgabenordnung auch für bestimmte Personen(-gruppen) Vorschriften über das **Recht zur Auskunftsverweigerung** (§§ 101 ff. AO).

Der Steuerpflichtige hat die Möglichkeit, eine gebührenpflichtige **verbindliche Auskunft** seitens der Finanzbehörde über die steuerliche Beurteilung von genau bestimmten, **noch nicht verwirklichten** Sachverhalten einzuholen (§ 89 Abs. 2 AO). Über den **Antrag** auf die Erteilung einer verbindlichen Auskunft soll die Finanzbehörde **innerhalb von sechs Monaten** entscheiden. Wird für mehrere Beteiligte eine einheitliche Auskunft erteilt, entsteht für die gebührenpflichtige Bearbeitung auch nur **eine** Gebühr (§ 89 Abs. 3 AO).

5.1.2 Besondere Mitwirkungspflichten

Neben der allgemeinen Mitwirkungspflicht gibt es eine Reihe besonderer Mitwirkungspflichten.

Zu den besonderen Mitwirkungspflichten gehören z.B.:

- Anzeigepflichten (§§ 137 bis 139 AO),
- Erklärungspflichten (§§ 149 bis 153 AO),
- Buchführungs- und Aufzeichungspflichten (§§ 140 bis 148 AO).

5.1.2.1 Anzeigepflichten

Bei der **Anzeigepflicht** muss der Steuerpflichtige - im Gegensatz zur Auskunftspflicht (§ 93 AO) - von sich aus, also unaufgefordert, tätig werden.
Um eine möglichst umfassende Erfassung steuerlich relevanter Vorgänge sicherzustellen, bestehen z.B. **Anzeigepflichten** für folgende Sachverhalte:

Steuerliche Erfassung von nicht natürlichen Personen

Körperschaften (z.B. AG, GmbH), Vereine und Vermögensmassen haben den **Finanzämtern** und den **Gemeinden** die Gründung, den Erwerb der Rechtsfähigkeit, die Änderung der Rechtsform, die Verlegung der Geschäftsleitung oder des Sitzes mitzuteilen (§ 137 Abs. 1 AO).
Die Mitteilungen sind innerhalb **eines Monats** seit dem meldepflichtigen Ereignis zu erstatten (§ 137 Abs. 2 AO).

Anzeigen über die Erwerbstätigkeit

Die Eröffnung, Verlegung oder Auflösung eines **land- und forstwirtschaftlichen Betriebes** oder eines **Gewerbebetriebes** ist nach einem amtlich vorgeschriebenem Vordruck der **Gemeinde** mitzuteilen. Die Gemeinde unterrichtet unverzüglich das zuständige Finanzamt (§ 138 Abs. 1 AO).
Wer eine **freiberufliche Tätigkeit** aufnimmt, hat dies dem zuständigen **Finanzamt** mitzuteilen (§ 138 Abs. 1 Satz 3 AO).
Außerdem sind beispielsweise die Meldepflichten über den Erwerb bzw. die Veräußerung einer Beteiligung an einer Körperschaft **mit Sitz im Ausland** verschärft worden (§ 138 Abs. 2 ff. AO) und die Finanzinstitute haben die über sie laufenden Beziehungen von inländischen Steuerpflichtigen zu Drittstaat-Gesellschaften mitzuteilen (§ 138b AO) (vgl. auch BMF-Schreiben vom 26.04.2022).

5.1.2.2 Erklärungspflichten

Wer zur Abgabe von Steuererklärungen (Steueranmeldungen) verpflichtet ist, bestimmen die **Einzelsteuergesetze**, z.B. § 25 Abs. 3 EStG, § 18 Abs. 3 UStG (§ 149 Abs. 1 AO).
Zur Abgabe einer Steuererklärung ist auch verpflichtet, wer hierzu persönlich oder durch öffentliche Bekanntmachung von der Finanzbehörde aufgefordert wird (§ 149 Abs. 1 AO).
Die Angaben in den Steuererklärungen sind wahrheitsgemäß und nach bestem Wissen und Gewissen zu machen (§ 150 Abs. 2 AO).
Erkennt ein Steuerpflichtiger nachträglich vor Ablauf der Festsetzungsfrist, dass eine Erklärung unrichtig oder unvollständig ist, und dass es dadurch zu einer Verkürzung von Steuern kommen kann oder bereits gekommen ist, so ist er verpflichtet, dies unverzüglich anzuzeigen und die erforderliche Richtigstellung vorzunehmen (§ 153 Abs. 1 AO).

Grundsätzlich gilt: Soweit Einzelsteuergesetze nichts anderes bestimmen, sind **Steuererklärungen**, die sich auf ein Kalenderjahr oder einen gesetzlich bestimmten Zeitpunkt beziehen, regelmäßig spätestens **sieben Monate** nach dessen Ablauf abzugeben (§ 149 Abs. 2 Satz 1 AO). So ist z.B. die Jahreserklärungen für die Einkommensteuer, Umsatzsteuer, Körperschaftsteuer und Gewerbesteuer des Jahres 2025 bis spätestens **31.07.2026** bei den Finanzämtern abzugeben.

Werden die Steuererklärungen **durch Angehörige der steuerberatenden Berufe** angefertigt, so wird **grundsätzlich** die Abgabefrist dieser Steuererklärungen allgemein bis zum **28.02.2027** (bzw. dem nächstfolgenden Werktag: **01.03.2027**) und bei Land- und Forstwirten (L+F) mit abweichendem Wirtschaftsjahr bis zum 31.07.2027 (bzw. Fristende nicht vor Ablauf des 7. Monats nach Ende des Wirtschaftsjahres 2025/2026) verlängert (§ 149 Abs. 3 AO, § 109 Abs. 2 Nr. 1 AO).

Pandemiebedingt gelten aufgrund des **Vierten Corona-Steuerhilfegesetzes** sowie des BMF-Schreibens vom 23.06.2022 besondere Regelungen bis einschließlich dem VZ 2024. Die Tabelle gibt die Abgabefristen (für Beratene mit L+F in Klammern) für die VZ bis einschließlich 2026 unter Berücksichtigung von Feiertagsregelungen im Land, zu dem das Finanzamt gehört, und des § 108 Abs. 3 AO an:

VZ	nicht beraten	beraten
2022	02.10.2023	31.07.2024 (31.12.2024)
2023	02.09.2024	02.06.2025 (31.10.2025 bzw. 03.11.2025)
2024	31.07.2025	30.04.2026 (30.09.2026)
2025	31.07.2026	01.03.2027 (02.08.2027)
2026	31.07.2027	29.02.2028 (31.07.2028)

Eine Vorabanforderung aus sachlichen Gründen ist durch das Finanzamt nach wie vor möglich.

Erklärungsfristen können von den Finanzbehörden verlängert werden, siehe Abschnitt 4.2 „Arten der Fristen“, Seite 57. S 1

ÜBUNG →
1. Wiederholungsfragen 1 bis 5 (Seite 87),
2. Aufgaben 1 bis 3 (Seite 88)

5.1.2.3 Buchführungs- und Aufzeichnungspflichten

Im Steuerrecht wird zwischen der **Buchführung** und den **Aufzeichnungen** unterschieden.
Eine **Buchführung** erfasst **alle** Geschäftsvorfälle nach einem bestimmten System (z.B. doppelte Buchführung, einfache Buchführung).
Die **Aufzeichnungen** erfassen **nur bestimmte** steuerlich bedeutsame Sachverhalte.
Eine Buchführung ist also **umfassender** als Aufzeichnungen.

5.1.2.3.1 Steuerliche Buchführungspflichten

Die **steuerrechtliche** Buchführungspflicht knüpft für einen großen Kreis der Steuerpflichtigen an deren **handelsrechtliche** Buchführungspflicht an (= **abgeleitete** oder derivative Buchführungspflicht; § 140 AO).
Steuerpflichtige, die **nicht bereits nach Handelsrecht** zur Buchführung verpflichtet sind, können jedoch nach § 141 AO der **steuerrechtlichen** Buchführungspflicht unterliegen. Diese Verpflichtung wird als **originäre** Buchführungspflicht bezeichnet.

5.1.2.3.1.1 Abgeleitete Buchführungspflicht

Jeder **Kaufmann** ist nach § 238 Abs. 1 Satz 1 Handelsgesetzbuch (HGB) verpflichtet, Bücher zu führen und in diesen seine Handelsgeschäfte und die Lage seines Vermögens nach den Grundsätzen ordnungsmäßiger Buchführung (GoB) ersichtlich zu machen.

Kaufmann ist, wer ein **Handelsgewerbe** betreibt (§ 1 **Abs. 1** HGB).

Handelsgewerbe ist jeder **Gewerbebetrieb**, der einen in kaufmännischer Weise eingerichteten Geschäftsbetrieb (kaufmännische Organisation) erfordert (§ 1 **Abs. 2** HGB).

Ob ein **Gewerbebetrieb** vorliegt, richtet sich nach den Merkmalen des **§ 15 Abs. 2 EStG**. Unternehmer, die einen Gewerbebetrieb im Sinne des § 15 Abs. 2 EStG führen, bezeichnet man als **gewerbliche Unternehmer**.

Gewerbliche Unternehmer, deren Unternehmen nach Art oder Umfang einen in kaufmännischer Weise eingerichteten Geschäftsbetrieb **nicht** erfordern **(Kleingewerbetreibende)**, sind **keine Kaufleute**.

Handelsrechtlich buchführungspflichtig ist demnach **jeder gewerbliche Unternehmer**, dessen Unternehmen nach Art oder Umfang einen in kaufmännischer Weise eingerichteten Geschäftsbetrieb erfordert, **unabhängig** von der **Eintragung** in das Handelsregister (HR). Für **Kleingewerbetreibende** besteht die Möglichkeit, die **Kaufmannseigenschaft freiwillig** durch **Eintragung** in das Handelsregister zu erlangen.

Ein gewerbliches Unternehmen, dessen Gewerbebetrieb nicht schon nach § 1 Abs. 2 HGB Handelsgewerbe ist, **gilt** als **Handelsgewerbe** i.S.d. HGB, **wenn** die Firma des Unternehmens in das Handelsregister **eingetragen** ist (§ 2 HGB).
Mit der Erlangung der **Kaufmannseigenschaft** wird durch freiwillige Eintragung ins Handelsregister der **Kleingewerbetreibende** handelsrechtlich **buchführungspflichtig**.

Land- und Forstwirte und Handelsgesellschaften (z.B. AG, GmbH, KG, OHG), die keine gewerblichen Unternehmen sind, werden ebenfalls **durch Eintragung** in das Handelsregister zum **Kaufmann** und damit **buchführungspflichtig** (§§ 3 und 6 HGB).

Einzelkaufleute sind von der **handelsrechtlichen** Pflicht zur Buchführung und Aufstellung eines Jahresabschlusses befreit, sofern sie **an zwei aufeinander folgenden** Abschlussstichtagen folgende Schwellenwerte **nicht** überschreiten (§§ 241a, 242 Abs. 4 HGB):

• Umsatz	**800.000 €** und
• Jahresüberschuss	**80.000 €**.

Zusammenfassung:

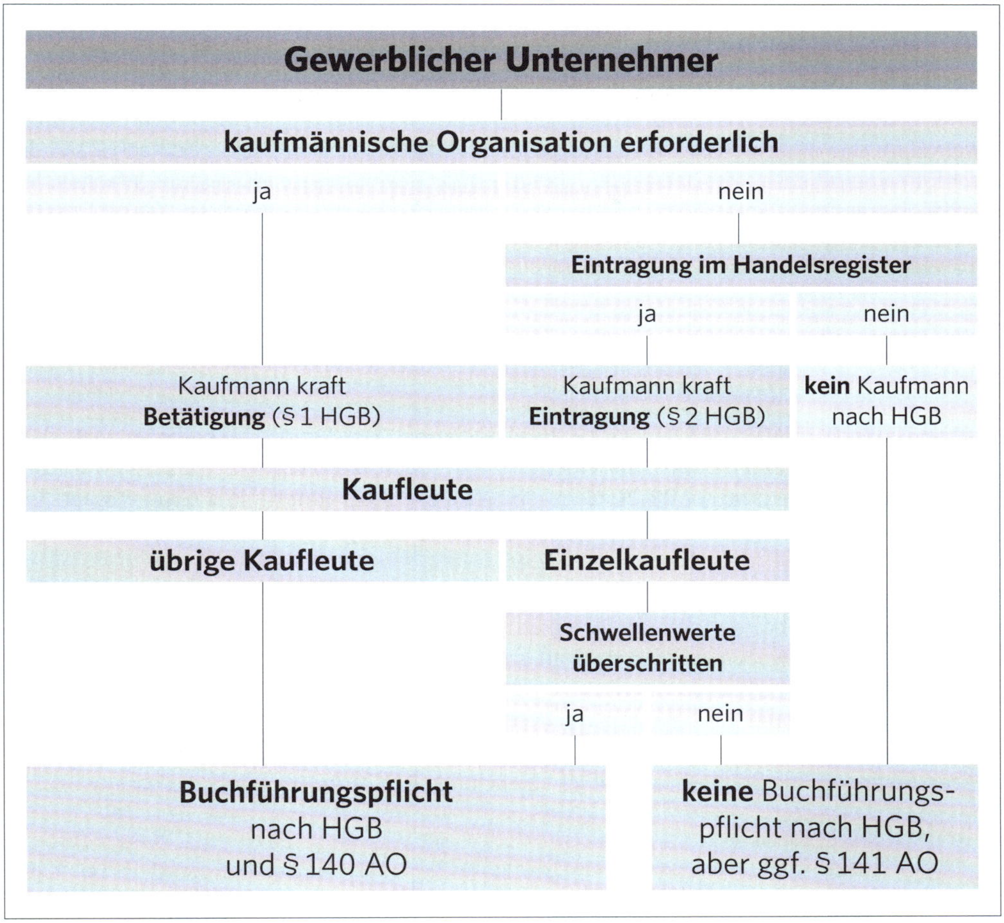

Alle **Kaufleute** sind auch **steuerrechtlich** zur Buchführung verpflichtet.
Die **steuerrechtliche** Buchführungspflicht der **Kaufleute** wird in **§ 140 AO** aus der handelsrechtlichen Buchführungspflicht abgeleitet. § 140 AO hat folgenden Wortlaut:

„Wer nach **anderen Gesetzen** als den Steuergesetzen Bücher ... zu führen hat, die für die Besteuerung von Bedeutung sind, hat die Verpflichtungen, die ihm nach den anderen Gesetzen obliegen, auch für die Besteuerung zu erfüllen."

5.1.2.3.1.2 Originäre Buchführungspflicht

Der Kreis der steuerrechtlich Buchführungspflichtigen wird durch **§ 141 AO** erweitert. § 141 AO gilt für **bestimmte** gewerbliche Unternehmer und Land- und Forstwirte, **nicht** jedoch für **selbständig Tätige** mit Einkünften im Sinne des § 18 EStG.

Gewerbetreibende sowie **Land- und Forstwirte**, die nach den Feststellungen der Finanzbehörde für den einzelnen Betrieb die folgenden Grenzen überschreiten, sind nach **§ 141 AO buchführungspflichtig** (Erhöhung der Umsatz- und Gewinngrenzen durch das **Wachstumschancengesetz**):

1. **Umsätze** von mehr als **800.000 Euro** im Kalenderjahr oder
2. **Gewinn aus Gewerbebetrieb** von mehr als **80.000 Euro** im Wirtschaftsjahr oder
3. **Gewinn aus Land- und Forstwirtschaft** von mehr als **80.000 Euro** im Kalenderjahr.

Für **Land- und Forstwirte** galt **bis 31.12.2024** noch noch eine Grenze für **selbstbewirtschaftete land- und forstwirtschaftliche Flächen** (Wirtschaftswert von mehr als 25.000 Euro). Diese Grenze wurde **zum 01.01.2025** durch das Gesetz zur Reform des Grundsteuer- und Bewertungsrechts **(Grundsteuer-Reformgesetz) abgeschafft**.

Beginn der Buchführungspflicht

Die **Finanzbehörde** hat den Steuerpflichtigen auf den **Beginn** der Buchführungspflicht **hinzuweisen**. Dieser Hinweis kann durch einen selbständig feststellenden Verwaltungsakt, aber auch im Rahmen eines Steuer- oder Feststellungsbescheides erfolgen (AEAO zu § 141, Nr. 2). Diese Mitteilung über den Beginn der Buchführungspflicht soll dem Steuerpflichtigen **mindestens einen Monat** vor Beginn des Wirtschaftsjahres bekanntgegeben werden, von dessen Beginn ab die Buchführungspflicht zu erfüllen ist (AEAO zu § 141, Nr. 4).

BEISPIEL

Der Kioskbesitzer Kurt Badner, Koblenz, der Einkünfte aus Gewerbebetrieb erzielt, ist kein Kaufmann. In seinem Einkommensteuerbescheid 2024, der ihm am 04.07.2025 bekanntgegeben wurde, wird ihm mitgeteilt, dass er buchführungspflichtig ist, weil er die Betragsgrenze des § 141 Abs. 1 Nr. 4 AO (Gewinn aus Gewerbebetrieb) überschritten hat.

Die Buchführungspflicht **beginnt** am **01.01.2026**, weil die Buchführung von Beginn des Wirtschaftsjahres an zu führen ist, das auf die Bekanntgabe der Mitteilung (Bekanntgabe am 04.07.2025) folgt, durch die die Finanzbehörde auf den Beginn der Buchführungspflicht hingewiesen hat (§ 141 Abs. 2 AO).

B 1 — Weitere Hinweise zu Buchführungsvorschriften erfolgen in der Buchführung 1, 38. Auflage 2026, Seiten 7 ff.

ÜBUNG →
1. Wiederholungsfragen 6 bis 11 (Seite 87),
2. Aufgaben 4 bis 6 (Seiten 88 f.)

5.1.2.3.2 Steuerliche Aufzeichnungspflichten

Wie bei den Buchführungspflichten kann man auch bei den Aufzeichnungspflichten zwischen **abgeleiteten** und **originären** Aufzeichnungspflichten unterscheiden.

5.1.2.3.2.1 Abgeleitete Aufzeichnungspflichten

Aufzeichnungspflichten, die nach **anderen** als steuerrechtlichen Vorschriften bestehen, sind nach § 140 AO auch für die Besteuerung zu erfüllen, wenn sie für diese von Bedeutung sind.

Von den vielen sogenannten **außersteuerlichen** Aufzeichnungspflichten (z. B. aus dem HGB, AktG, GmbHG, der Apothekenbetriebsordnung, Eichordnung, dem Fahrlehrergesetz, der Gewerbeordnung, dem Kreditwesengesetz, Versicherungsgesetz etc.) werden im Folgenden Beispiele für einige betroffene Betriebe und Berufe genannt:

• Apotheker:	Herstellungsbücher;
• Banken:	Depotbücher;
• Bauträger und Baubetreuer:	Bücher nach der Gewerbeordnung;
• Fahrschulen:	Fahrschüler-Ausbildungsbücher;
• Gebrauchtwagenhändler:	Gebrauchtwagenbücher;
• Handelsmakler:	Tagebuch nach HGB;
• Heimarbeiter:	Entgeltbücher;
• Hotel-, Gaststätten-und Pensionsgewerbe:	Fremdenbücher;
• Metallhändler:	Einkaufsbücher;
• Reisebüro:	Bücher nach der Gewerbeordnung;
• Vieh- und Fleischverkäufer:	Bücher nach dem Vieh- und Fleischgesetz;
• Winzer:	Keller- und Weinlagerbücher nach dem Weingesetz.

Weitere außersteuerliche Aufzeichnungspflichten sind aus dem Einführungserlass zur AO 1977 zu ersehen (BStBl 1976 I S. 576). Es können jedoch auch **ausländische Rechtsnormen** ein **anderes Gesetz i.S.d. § 140 AO** sein. So ist z. B. eine in Deutschland beschränkt körperschaftsteuerpflichtige Aktiengesellschaft liechtensteinischen Rechts mit ihrer dortigen Buchführungspflicht nach § 140 AO buchführungspflichtig (BFH-Urteil vom 14.11.2018).

5.1.2.3.2.2 Originäre Aufzeichnungspflichten

Unter **originären** steuerrechtlichen Aufzeichnungspflichten sind solche zu verstehen, die sich unmittelbar aus Steuergesetzen ergeben.

Zu diesen **originären** Aufzeichnungspflichten gehören:

- umsatzsteuerliche Aufzeichnungen (§ 22 UStG);
- Aufzeichnung des Wareneingangs (§ 143 AO);
- Aufzeichnung des Warenausgangs (§ 144 AO);
- Aufzeichnung bestimmter Betriebsausgaben (§ 4 Abs. 5 und 7 EStG);
- Aufzeichnung geringwertiger Anlagegüter (§ 6 Abs. 2 und 2a EStG).

ÜBUNG →	1. Wiederholungsfragen 12 bis 15 (Seite 87), 2. Aufgaben 7 und 8 (Seite 89)

LF 1+2

5.2 Ordnungsvorschriften für die Buchführung und für Aufzeichnungen

Allgemein muss die **Buchführung** so beschaffen sein, dass sie einem sachverständigen Dritten innerhalb angemessener Zeit einen Überblick über die Geschäftsvorfälle und über die Lage des Unternehmens vermitteln kann. Die Geschäftsvorfälle müssen sich in ihrer Entstehung und Abwicklung verfolgen lassen (§ 238 Abs. 1 HGB, § 145 Abs. 1 AO).

Aufzeichnungen sind allgemein so vorzunehmen, dass der Zweck, den sie für die Besteuerung erfüllen sollen, erreicht wird (§ 145 Abs. 2 AO).

Neben diesen allgemeinen Anforderungen werden in § 239 HGB und den §§ 146, 147 und 154 AO noch besondere Ordnungsvorschriften aufgeführt:

1. Die Buchungen und die sonstigen erforderlichen Aufzeichnungen sind vollständig, richtig, zeitgerecht und geordnet vorzunehmen.
   Kasseneinnahmen und Kassenausgaben sollen täglich festgehalten werden.
2. Die Eintragungen in Büchern und die sonst erforderlichen Aufzeichnungen sind in einer lebenden Sprache vorzunehmen. Wird eine andere als die deutsche Sprache verwendet, so kann die Finanzbehörde Übersetzungen verlangen.
3. Werden Abkürzungen, Ziffern, Buchstaben oder Symbole verwendet, muss im Einzelfall deren Bedeutung eindeutig festliegen.
4. Eine Buchung oder eine Aufzeichnung darf nicht so verändert werden, dass der ursprüngliche Inhalt nicht mehr feststellbar ist.
5. Auch solche Veränderungen dürfen nicht vorgenommen werden, die es ungewiss lassen, ob sie ursprünglich oder erst später gemacht worden sind.
6. Es ist unzulässig, Konten auf falsche oder erdichtete Namen zu führen.
7. Bei der Führung der Bücher und der sonst erforderlichen Aufzeichnungen auf Datenträgern muss insbesondere sichergestellt sein, dass während der Dauer der Aufbewahrungsfrist die Daten jederzeit verfügbar und unverzüglich lesbar gemacht werden können.

Die elektronischen Aufzeichnungen können auch in einem anderen EU-Mitgliedstaat geführt werden, ohne dass dies beantragt und bewilligt werden muss (§ 146 Abs. 2a AO). Das Führen elektronischer Aufzeichnungen in einem Drittstaat muss jedoch genehmigt werden (§ 146 Abs. 2b AO).

Insbesondere für **elektronische oder computergestützte Kassensysteme** enthält § 146a AO Vorschriften zur Buchführung und zu Aufzeichnungen. Sie sollen die Integrität, Authentizität und Vollständigkeit der elektronischen Aufzeichnungen sicherstellen. Weitere Informationen und Ausführungen zu § 146a AO sind im BMF-Schreiben vom 30.06.2023 dargestellt. § 146b AO bietet in diesem Zusammenhang eine Kontrollmöglichkeit, die **Kassen-Nachschau**. Diese ermöglicht dem damit betrauten Amtsträger der Finanzbehörde ohne vorherige Ankündigung und außerhalb einer Außenprüfung die Kontrolle der Ordnungsmäßigkeit der Aufzeichnungen und Buchungen der Kasseneinnahmen und -ausgaben.

Durch das **Vierte Bürokratieentlastungsgesetz** wurde die **Aufbewahrungsfrist** für **Buchungsbelege** (insbesondere Rechnungen i. S. d. § 14 UStG) von zehn auf **acht Jahre** reduziert (§ 257 Abs. 1 und 4 HGB, § 147 Abs. 1 Nr. 4 und Abs. 3 AO). Die neue Aufbewahrungsfrist gilt für Unterlagen, deren Aufbewahrungsfrist **am 01.01.2025 noch nicht abgelaufen** ist.

Für **Bücher und Aufzeichnungen**, **Inventare**, **Jahresabschlüsse**, **Lageberichte** und weitere in § 147 Abs. 1 Nr. 1 und Nr. 4a AO genannte Unterlagen gilt weiterhin die Aufbewahrungsfrist von **10 Jahren**. Für andere Unterlagen (z. B. Geschäftsbriefe) beträgt die Aufbewahrungsfrist **6 Jahre**.

Die **Aufbewahrungsfrist** beginnt mit dem Schluss des Kalenderjahres, in dem die letzte Eintragung in das Buch gemacht oder die Aufzeichnungen vorgenommen worden sind (§ 257 Abs. 5 HGB, § 147 Abs. 4 AO).

Die Finanzbehörde hat im Rahmen der **Außenprüfung** das **Recht**, Einsicht in die **gespeicherten Daten** zu nehmen und das **Datenverarbeitungssystem** zur Prüfung dieser Unterlagen **zu nutzen**.

Bei einem **Wechsel des Datenverarbeitungssystems** oder einer **Datenauslagerung** reicht es aus, wenn der Steuerpflichtige nach Ablauf des fünften Kalenderjahres, das auf die Umstellung oder Auslagerung folgt, diese Daten z.B. für Zwecke einer steuerlichen Außenprüfung ausschließlich auf einem maschinell lesbaren und maschinell auswertbaren Datenträger vorhält (§ 147 **Abs. 6** AO).

Digitale Kontoauszüge sind auch in digitaler Form aufzubewahren; ein Papierausdruck genügt nicht (Verfügung des BayLfSt vom 20.01.2017). Die Datenträger sind spätestens nach Bestandskraft der aufgrund der Außenprüfung ergangenen Bescheide wieder zu löschen oder zurückzugeben (BFH-Urteil vom 16.12.2014). Das BMF hat mit seinem Schreiben vom 28.11.2019 die Grundsätze zur ordnungsmäßigen Führung und Aufbewahrung von Büchern, Aufzeichnungen und Unterlagen in elektronischer Form sowie dem Datenzugriff neu gefasst.

Wer entweder **keine** Bücher oder Aufzeichnungen führt, obwohl er dazu verpflichtet ist, **oder** wer Bücher oder Aufzeichnungen **mangelhaft** führt, verstößt gegen seine gesetzlichen Buchführungs- oder Aufzeichnungspflichten.

Bei einer **mangelhaften Buchführung** oder bei **Verletzung der Aufzeichnungspflichten** ist zwischen formellen und sachlichen Mängeln zu unterscheiden.

Hat ein zur Buchführung oder zu Aufzeichnungen Verpflichteter **keine Bücher geführt oder Aufzeichnungen vorgenommen**, kann die Finanzbehörde die Erfüllung der Pflicht durch Auferlegung eines Zwangsgeldes erzwingen (§ 328 AO). Das einzelne **Zwangsgeld** kann **bis zu 25.000 Euro** betragen (§ 329 AO). Bei fehlender Buchführung oder fehlenden Aufzeichnungen hat das Finanzamt außerdem die Besteuerungsgrundlagen zu schätzen (§ 162 AO).

Bei **formellen Mängeln** wird die Ordnungsmäßigkeit der Buchführung oder der Aufzeichnungen grundsätzlich nicht berührt, wenn die formellen Mängel so **gering** sind, dass das sachliche Ergebnis nicht beeinflusst wird (R 5.2 Abs. 2 Satz 1 EStR 2012). **Schwere und gewichtige formelle** Mängel können dagegen zur **Verwerfung der Buchführung** bzw. **der Aufzeichnungen** führen.

Enthalten die Buchführung bzw. die Aufzeichnungen **materielle Mängel**, so wird ihre Ordnungsmäßigkeit dadurch nicht berührt, wenn es sich um **unwesentliche** Mängel handelt, z.B. nur unbedeutende Vorgänge sind nicht oder falsch dargestellt. Derartige Fehler sind dann **zu berichtigen** oder das Ergebnis ist durch eine **Zuschätzung** (Ergänzungsschätzung) richtigzustellen (R 5.2 Abs. 2 Sätze 2 und 3 EStR 2012). Enthalten die Buchführung bzw. die Aufzeichnungen dagegen **wesentliche**, also **schwerwiegende materielle Mängel**, so sind sie **nicht mehr ordnungsgemäß**.

Eine **Vollschätzung** ist nach § 162 AO dann vorzunehmen, wenn die Buchführung bzw. die Aufzeichnungen so **schwerwiegende formelle und/oder materielle** Mängel enthalten, dass das ausgewiesene Ergebnis auch durch eine Zuschätzung nicht richtiggestellt werden kann.

Werden buchungs- bzw. aufzeichnungspflichtige Vorfälle vorsätzlich oder leichtfertig nicht oder falsch gebucht und wird dadurch eine Verkürzung der Steuereinnahmen ermöglicht, liegt eine **Steuergefährdung** (= Ordnungswidrigkeit) vor, die mit einer **Geldbuße bis zu 25.000 Euro** geahndet werden kann (§ 379 AO).

Bei einer **leichtfertigen Steuerverkürzung** im Sinne des § 378 AO kann die Geldbuße sogar **bis zu 50.000 Euro** betragen.

Liegt der Tatbestand der **Steuerhinterziehung** vor (§ 370 AO), können Geldstrafen oder **Freiheitsstrafen bis zu fünf Jahren**, in besonders schweren Fällen **bis zu 10 Jahren** verhängt werden.

ÜBUNG →	1. Wiederholungsfragen 16 bis 23 (Seite 87), 2. Aufgaben 9 und 10 (Seite 89)

LF 1

5.3 Zusammenfassung und Erfolgskontrolle

5.3.1 Zusammenfassung

In den folgenden Schaubildern werden die wesentlichen Pflichten der Finanzbehörden und Steuerpflichtigen im Erhebungsverfahren noch einmal kurz zusammengestellt und ein zusammenfassender Überblick über die steuerlichen Buchführungspflichten gegeben.

Ermittlungsverfahren

Mitwirkungspflichten der Finanzbehörde	Mitwirkungspflichten der Steuerpflichtigen
1. **Besteuerungsgrundsatz** Die Finanzbehörden haben die Steuern nach Maßgabe der Gesetze **gleichmäßig** festzusetzen und zu erheben. Insbesondere haben sie sicherzustellen, dass Steuern nicht verkürzt, zu Unrecht erhoben oder Steuererstattungen und Steuervergünstigungen nicht zu Unrecht gewährt oder versagt werden. 2. **Untersuchungsgrundsatz** Die Finanzbehörden haben den Sachverhalt von Amts wegen zu ermitteln. Sie haben auch die für den Steuerpflichtigen **günstigen** Umstände zu berücksichtigen.	1. **Allgemeine Mitwirkungspflicht** Die Steuerpflichtigen sind zur Mitwirkung bei der Ermittlung des Sachverhalts verpflichtet. Außerdem sind weitere Stellen, die steuerlich relevante Informationen über den Steuerpflichtigen führen, zur Mitteilung an die Finanzbehörden verpflichtet. 2. **Besondere Mitwirkungspflichten** a) Anzeigepflichten bei den zuständigen Gemeinden bzw. Finanzämtern b) Erklärungspflichten c) Buchführungs- und Aufzeichnungspflichten

Steuerrechtliche Buchführungspflicht

abgeleitete (derivative) Buchführungspflicht (§ 140 AO)

Wer nach **anderen Gesetzen als den Steuergesetzen** (z. B. HGB) Bücher zu führen hat, hat die Verpflichtung auch für die Besteuerung zu erfüllen.

Kaufleute

originäre Buchführungspflicht (§ 141 AO)

Gewerbetreibende sowie **Land- und Forstwirte** sind auch dann buchführungspflichtig, wenn **eine** der folgenden Grenzen überschritten ist:

1. Umsätze > **800.000 Euro**
2. Gewinn aus Gewerbebetrieb > **80.000 Euro**
3. Gewinn aus Land- und Forstwirtschaft > **80.000 Euro**

bestimmte **Gewerbetreibende** und **Land- und Forstwirte**

Die Ordnungsvorschriften der §§ 146 und 146a AO sind zu beachten. Ebenso sind die Schwellenwerte des § 241a HGB zu prüfen.

Verstöße gegen die Buchführungsvorschriften und mögliche **Folgen**

Verstöße gegen steuerrechtliche Buchführungsvorschriften	mögliche **Folgen**
Verpflichteter führt **keine Bücher**	Zwangsgeld bis 25.000 Euro; Vollschätzung; bei Steuer**gefährdung** Geldbuße bis 5.000 Euro; bei Steuer**verkürzung** Geldbuße bis 50.000 Euro; bei Steuer**hinterziehung** Geld- oder Freiheitsstrafen
Verpflichteter **führt Bücher mit geringfügigen** formellen oder **unwesentlichen** sachlichen Mängeln	Berichtigung durch Zuschätzung
Verpflichteter **führt Bücher mit schweren und gewichtigen** formellen oder sachlichen Mängeln	Verwerfung der Buchführung; Vollschätzung; bei Steuer**gefährdung** Geldbuße bis 5.000 Euro; bei Steuer**verkürzung** Geldbuße bis 50.000 Euro; bei Steuer**hinterziehung** Geld- oder Freiheitsstrafen

5.3.2 Erfolgskontrolle

Wiederholungsfragen

1. Was verlangt der allgemeine Besteuerungsgrundsatz des § 85 AO von den Finanzbehörden?
2. Was besagt der allgemeine Untersuchungsgrundsatz des § 88 AO?
3. Welche besonderen Mitwirkungspflichten haben die Steuerpflichtigen? Nennen Sie drei Beispiele.
4. Wer ist zur Abgabe von Steuererklärungen (Steueranmeldungen) verpflichtet?
5. Bis wann müssen Steuererklärungen für das Kalenderjahr 2026 abgegeben werden, wenn sie von steuerberatenden Berufen betreut werden?
6. Welcher Unterschied besteht zwischen Buchführung und Aufzeichnungen?
7. Welche beiden Arten der steuerrechtlichen Buchführungspflicht gibt es?
8. Wer unterliegt der abgeleiteten Buchführungspflicht nach § 140 AO?
9. In welchem Fall ist ein gewerblicher Unternehmer Kaufmann?
10. Wer unterliegt der originären Buchführungspflicht nach § 141 AO?
11. Wer ist von der Buchführungspflicht nach § 241a HGB befreit?
12. Welche beiden Arten der steuerrechtlichen Aufzeichnungspflichten kann man unterscheiden?
13. Welche außersteuerlichen Aufzeichnungspflichten, die auch im Interesse der Besteuerung zu erfüllen sind, gibt es?
14. Was versteht man unter abgeleiteten Aufzeichnungspflichten?
15. Welche originären Aufzeichnungspflichten gibt es?
16. Welche allgemeine Anforderung wird an die Ordnungsmäßigkeit der Buchführung gestellt?
17. Welche allgemeine Anforderung wird an die Ordnungsmäßigkeit von Aufzeichnungen gestellt?
18. Welche besonderen Ordnungsvorschriften gelten für die Buchungen und die sonst erforderlichen Aufzeichnungen?
19. Wie lange dauert die Aufbewahrungsfrist für Bücher und Aufzeichnungen?
20. Welche möglichen Verstöße gegen die Buchführungs- und Aufzeichnungspflichten sind denkbar?
21. Welche Arten von Mängeln können Bücher und Aufzeichnungen allgemein aufweisen?
22. Wie können diese Mängel behoben werden?
23. Was sind die steuerrechtlichen Folgen bei Verstößen gegen die Buchführungspflichten?

Aufgaben

AUFGABE 1

Bei der Überprüfung der Einkommensteuererklärung des Steuerpflichtigen Willi Weyer, Großstadt, stellt der zuständige Sachbearbeiter des Finanzamtes Großstadt fest, dass Weyer im Gegensatz zu den Vorjahren bei der Ermittlung der Einkünfte aus Vermietung und Verpachtung keine Gebäude-AfA angesetzt hat.
Der Sachbearbeiter ist der Auffassung, dass er nichts zu unternehmen brauche, weil sich eine Berichtigung des Sachverhalts zugunsten des Steuerpflichtigen auswirken würde.

Ist der Sachbearbeiter verpflichtet, diesen Sachverhalt aufzuklären? Begründen Sie Ihre Antwort.

AUFGABE 2

Der Steuerpflichtige Emil Bach hat in seiner Einkommensteuererklärung als Werbungskosten 560 € für Fachliteratur nicht anhand von Belegen nachgewiesen. Er wird gebeten, die entsprechenden Belege nachzureichen.

Ist Bach verpflichtet, die Belege nachzureichen? Begründen Sie Ihre Antwort.

AUFGABE 3

Die Steuerpflichtige Helga Pretz aus München erzielte im Jahr 2025 erhebliche Einkünfte aus Gewerbebetrieb. Trotz mehrmaliger Aufforderung durch das Finanzamt weigert sich Frau Pretz, eine Einkommensteuererklärung für das Jahr 2025 abzugeben.

1. Welche Paragraphen verpflichten Frau Pretz zur Abgabe einer Einkommensteuererklärung?
2. Durch welche steuerliche Nebenleistung und in welcher möglichen Höhe kann das Finanzamt die Abgabe der Einkommensteuererklärung herbeiführen?

AUFGABE 4

Werner Klein betreibt in Düsseldorf ein Elektrowaren-Einzelhandelsgeschäft.

Er fragt Sie, ob er steuerrechtlich zur Buchführung verpflichtet sei. Was antworten Sie ihm?

AUFGABE 5

Der Steuerpflichtige Franz Wepper betreibt seit Jahren ein Lebensmittel-Einzelhandelsgeschäft in Fulda, das keine kaufmännische Organisation erfordert. Eine Eintragung im Handelsregister ist bisher nicht erfolgt. Wepper ermittelt seinen Gewinn zulässigerweise nach § 4 Abs. 3 EStG (= Überschuss der Betriebseinnahmen über die Betriebsausgaben).
Wepper hat in den letzten Jahren folgende Umsätze und Gewinne erzielt:

Jahr	Umsatz	Gewinn
2024	62.000 €	3.000 €
2025	250.000 €	32.000 €
2026	540.000 €	85.500 €

Ist Wepper nach Handels- bzw. Steuerrecht buchführungspflichtig?

AUFGABE 6

Der selbständige Steuerberater Bodo Müller, Frankfurt, hat 2025 einen Gewinn von 120.000 € nach § 4 Abs. 3 EStG ermittelt und versteuert.

Ist Müller nach Handels- bzw. Steuerrecht zum nächstmöglichen Termin buchführungspflichtig?

AUFGABE 7

Günter Blau, München, betreibt einen Souvenirladen. Er ist kein Kaufmann. Die Wertgrenzen des § 141 AO werden von ihm nicht überschritten.

Er fragt Sie, zu welchen Aufzeichnungen er verpflichtet ist. Welche Auskunft geben Sie ihm?

AUFGABE 8

Zu den Mandanten des Steuerberaters Werner Müller, Stuttgart, gehören u.a.

- ein Fahrlehrer mit einer Fahrschule,
- vier Winzer mit Weinbaubetrieben,
- ein Gebrauchtwagenhändler und
- ein Hotelier mit einem Hotel garni (nur Frühstück, keine warmen Mahlzeiten).

Welche außersteuerlichen Aufzeichnungspflichten, die für die Besteuerung von Bedeutung sind, haben diese Mandanten zu beachten?

AUFGABE 9

Carl May ist Kaufmann. Er eröffnet am 01.07.2026 sein Einzelhandelsgeschäft. Im Oktober 2026 beschließt er, sich von einem Steuerberater beraten zu lassen. Beim ersten Beratungsgespräch legt er seine Bücher vor. Eine überschlägige Durchsicht der Bücher ergibt Folgendes:

1. Die Kasseneinnahmen und -ausgaben wurden wöchentlich in je einer Summe gebucht.
2. Ein Vergleich der Wareneingangsrechnungen mit dem Wareneingangskonto ergibt, dass fünf Rechnungen nicht gebucht wurden.
3. Ein Geschäftsvorfall wurde in lateinischer Sprache gebucht.
4. Einige Beträge sind durch dicke Tintenbalken unleserlich gemacht; die neuen Beträge wurden daneben geschrieben.
5. Zwei Beträge wurden mit einer Korrekturmaus entfernt und andere Beträge darüber gesetzt.
6. Drei Buchungen von Kasseneinnahmen wurden mit Bleistift vorgenommen.

Wie beurteilen Sie diese Feststellungen im Hinblick auf die Ordnungsmäßigkeit der Buchführung?

AUFGABE 10

Herbert Reich, Würzburg, ist Inhaber eines Einzelhandelsgeschäftes. Seine Firma wurde am 02.01.2026 ins Handelsregister eingetragen. Die in § 141 AO genannten Wertgrenzen werden von Herbert Reich nicht überschritten. Da er sehr sparsam ist, führt er seine Bücher so einfach wie möglich, d.h., er zeichnet nur seine Betriebseinnahmen und seine Betriebsausgaben auf. Seinen Gewinn will er durch Überschussrechnung der Betriebseinnahmen über die Betriebsausgaben ermitteln.

Wird das Finanzamt den so ermittelten Gewinn der Besteuerung zugrunde legen?

LF 11

6 Festsetzungs- und Feststellungsverfahren

6.1 Grundzüge des Festsetzungs- und Feststellungsverfahrens

Nachdem die Besteuerungsgrundlage (z.B. das zu versteuernde Einkommen bei der Einkommensteuer) anhand der vom Steuerpflichtigen abgegebenen Steuererklärung ermittelt worden ist, wird die **Steuer** von der zuständigen Finanzbehörde **festgesetzt**.
Durch die **Steuerfestsetzung** wird der Steueranspruch verwirklicht (konkretisiert). Die Festsetzung der Steuer schafft die Voraussetzung für die **Steuererhebung**.

6.1.1 Festsetzung der Steuer durch Steuerbescheide

Die **Festsetzung der Steuer** erfolgt in der Regel durch die Finanzbehörde in Form eines **Steuerbescheides** (§ 155 Abs. 1 Satz 1 AO).

Steuerbescheide sind, soweit nichts anderes bestimmt ist, **schriftlich** zu erteilen (§ 157 Abs. 1 Satz 1 AO).

Schriftliche **Steuerbescheide** müssen nach § 157 Abs. 1 AO

1. die **festgesetzte Steuer** nach **Art** und **Betrag** bezeichnen,
2. angeben, **wer** die **Steuer schuldet** und
3. eine **Belehrung** darüber enthalten, welcher **Rechtsbehelf** zulässig und binnen welcher **Frist** und bei welcher **Behörde** er einzulegen ist.

Ein schriftlicher Steuerbescheid muss außerdem, weil er ein schriftlicher **Verwaltungsakt** ist, die **erlassende Behörde** erkennen lassen (§ 119 Abs. 3 AO). Er ist schriftlich **zu begründen**, soweit dies zu seinem Verständnis erforderlich ist (§ 121 Abs. 1 AO). In Steuerbescheiden werden deshalb neben den oben genannten Angaben auch die **Besteuerungsgrundlagen** aufgeführt.

Ergeht ein Steuerbescheid nicht schriftlich, sind die Art und die Höhe der Steuer, der Steuerschuldner oder die erlassende Behörde nicht hinreichend bezeichnet, so liegt ein schwerwiegender Fehler vor, der zur **Nichtigkeit** des Steuerbescheides führt (§ 125 AO). Das Fehlen oder die fehlerhafte Rechtsbehelfsbelehrung (z.B wenn der Hinweis auf die Möglichkeit der elektronischen Einspruchseinreichung fehlt, vgl. Urteil des FG Schleswig-Holstein vom 21.06.2017 - 5 K 7/16) bewirkt die **einjährige Einspruchsfrist** ab Bekanntgabe des Verwaltungsaktes (§ 356 Abs. 2 AO).

Steuererklärungen, in denen der Steuerpflichtige die Steuer aufgrund gesetzlicher Verpflichtung selbst zu berechnen hat (z.B. bei der Umsatzsteuer), werden als **Steueranmeldungen** bezeichnet (§ 150 Abs. 1 Satz 3 AO).

Ist eine Steuer aufgrund gesetzlicher Verpflichtung anzumelden, so ist eine **Festsetzung** der Steuer **durch einen Steuerbescheid nicht erforderlich**, es sei denn, eine Festsetzung würde zu einer von der Anmeldung abweichenden Steuer führen oder der Steuerpflichtige würde keine Steueranmeldung abgeben (§ 167 Abs. 1 AO).

Eine **Steueranmeldung** (z. B. USt-Voranmeldung) steht einer **Steuerfestsetzung unter dem Vorbehalt der Nachprüfung** gleich (§ 168 AO).

Erkennt der Steuer- oder Haftungsschuldner nach Abschluss einer **Außenprüfung** i.S.d. § 193 Abs. 2 Nr. 1 AO (Lohnsteueraußenprüfung) seine Zahlungsverpflichtung **schriftlich** an, steht das **Anerkenntnis** einer **Steueranmeldung** gleich (§ 167 Abs. 1 Satz 3 AO).

6.1.2 Feststellung der Besteuerungsgrundlagen durch Grundlagenbescheide

Im Allgemeinen werden die **Besteuerungsgrundlagen nicht gesondert** in einem eigenen Bescheid festgestellt, sondern bilden einen mit Rechtsbehelfen nicht selbständig anfechtbaren Teil des Steuerbescheides (§ 157 Abs. 2 AO).

Abweichend davon werden die Besteuerungsgrundlagen durch einen sogenannten **Feststellungsbescheid** (Grundlagenbescheid) **gesondert** festgestellt, **wenn** dies in einem Steuergesetz bestimmt ist. Dies ist beispielsweise der Fall, wenn die Besteuerungsgrundlage für **mehrere** Steuerarten bedeutsam ist oder Einkünfte **einer** Einkunftsquelle **mehreren** Steuerpflichtigen zuzurechnen sind.

BEISPIEL

Den Brüdern Franz Fabel aus Koblenz und Christoph Fabel aus Neuwied gehört zu gleichen Teilen ein Mietshaus in Berlin im Bezirk des Finanzamtes Berlin-Mitte. Die Verwaltung des Mietshauses erfolgt ebenfalls von Berlin (Finanzamtsbezirk Berlin-Mitte) aus.

Die **Besteuerungsgrundlagen** für die Ermittlung der Einkünfte aus Vermietung und Verpachtung sind vom Finanzamt Berlin-Mitte (Verwaltungsfinanzamt) **einheitlich und gesondert** festzustellen.

Gesondert festgestellt werden insbesondere:

1. die **Grundsteuerwerte** für inländischen Grundbesitz, inländische land- und forstwirtschaftliche Betriebe,
2. die **Einkünfte** aus Land- und Forstwirtschaft, aus Gewerbebetrieb, aus selbständiger Arbeit und aus Vermietung und Verpachtung, **wenn** an den Einkünften **mehrere Personen** beteiligt sind und die Einkünfte diesen Personen steuerlich zuzurechnen sind (§§ 179, 180 AO).

Die Besteuerungsgrundlagen werden **nicht gesondert** festgestellt, wenn hierfür in der Praxis keine Notwendigkeit besteht. Das ist z.B. der Fall, wenn Einkünfte aus einem Mietwohngrundstück Ehegatten gemeinsam zustehen und die Ehegatten zusammen zur Einkommensteuer veranlagt werden; so erhält jeder Ehegatte „seine" Einkünfte aus der Anlage V.
Sind nach einem Einzelsteuergesetz **Steuermessbeträge** zu ermitteln (z.B. bei der Gewerbesteuer und Grundsteuer), so werden die Steuermessbeträge durch einen **Steuermessbescheid** festgesetzt.

Ein Steuermessbescheid ist ein sogenannter **Grundlagenbescheid** (§ 171 Abs. 10 AO).

Grundlagenbescheide sind Feststellungsbescheide, Steuermessbescheide oder sonstige für eine Steuerfestsetzung bindende Verwaltungsakte (AEAO zu § 175, Nr. 1.1).

Grundlagenbescheide sind für die **Folgebescheide** (z.B. Gewerbe**steuer**bescheid) bindend, soweit die in den Feststellungsbescheiden getroffenen Feststellungen für diese Folgebescheide von Bedeutung sind (§ 182 Abs. 1 Satz 1 AO). Deshalb muss ein Fehler im Grundlagenbescheid mit einem Einspruch gegen diesen angefochten werden (§ 351 Abs. 2 AO). Ein Einspruch gegen den (folgerichtig ergangenen) Folgebescheid wäre unbegründet (AEAO zu § 351, Nr. 4).

In Steuermessbescheiden wird **keine Steuerschuld** festgesetzt.

Mit der Festsetzung der Steuermessbeträge wird auch über die persönliche und sachliche Steuerpflicht entschieden (§ 184 Abs. 1 Satz 2 AO).

ÜBUNG → Wiederholungsfragen 1 bis 3 (Seite 97)

6.2 Nicht endgültige Steuerfestsetzungen

Neben der **endgültigen Festsetzung** kann eine Steuer auch unter dem **Vorbehalt der Nachprüfung** (§ 164 AO) oder **vorläufig** (§ 165 AO) festgesetzt werden.

6.2.1 Steuerfestsetzung unter dem Vorbehalt der Nachprüfung

Solange ein Steuerfall nicht abschließend geprüft ist, kann sich die Finanzbehörde die spätere Überprüfung vorbehalten und die Steuer aufgrund der Angaben des Steuerpflichtigen oder aufgrund vorläufiger Überprüfung **unter Vorbehalt der Nachprüfung** festsetzen (§ 164 AO).

Die Steuerfestsetzung **unter Vorbehalt der Nachprüfung** gibt der Finanzbehörde die Möglichkeit, die Steuer **rascher** festzusetzen, ohne den Steuerfall eingehend und abschließend nachprüfen zu müssen.

Der Vorbehalt der Nachprüfung erfasst die Festsetzung **insgesamt**; eine Beschränkung auf Einzelpunkte oder Besteuerungsgrundlagen ist nicht zulässig.

Eine **Begründung** dafür, dass die Festsetzung unter Vorbehalt erfolgt, ist **nicht erforderlich**.

Solange der Vorbehalt wirksam ist, bleibt der gesamte Steuerfall **offen**. Die Steuerfestsetzung kann **jederzeit,** also auch nach Ablauf der Rechtsbehelfsfrist, und dem Umfang nach uneingeschränkt von Amts wegen oder auch auf Antrag des Steuerpflichtigen aufgehoben oder geändert werden (§ 164 Abs. 2 AO).

Der Vorbehalt der Nachprüfung kann kraft **ausdrücklichen Vermerks** jederzeit aufgehoben werden. Nach einer Außenprüfung **muss** der Vorbehalt der Nachprüfung jedoch aufgehoben werden.

Mit **Ablauf der allgemeinen Festsetzungsfrist** entfällt der Vorbehalt kraft Gesetz.

S 1 Der Ablauf der allgemeinen Festsetzungsfrist wird im Abschnitt 6.3 „Festsetzungsverjährung bei Steuern“, Seiten 94 ff., näher erläutert.

Es sind folgende **Arten der Vorbehaltsfestsetzung** zu unterscheiden:

Vorbehaltsfestsetzung

Vorbehaltsfestsetzung kraft ausdrücklichen Vermerks	Vorbehaltsfestsetzung kraft gesetzlicher Vorschrift
Der Vorbehalt muss **ausdrücklich erwähnt** sein. Beispiel: Der Steuerbescheid ist durch das Finanzamt mit folgendem Vermerk versehen: „Der Bescheid ergeht nach § 164 Abs. 1 AO unter dem Vorbehalt der Nachprüfung.“	Der Vorbehalt gilt auch **ohne** ausdrücklichen Vermerk: 1. **nach der AO** a) für Vorauszahlungsbescheide (§ 164 Abs. 1 Satz 2 AO), b) für Steueranmeldungen (§ 168 AO), 2. **nach Einzelsteuergesetzen** z.B. Eintragung eines **Freibetrags** oder eines **Hinzurechnungsbetrags** (§ 39a Abs. 4 EStG).

Die **Festsetzung einer Vorauszahlung** ist **stets** eine Steuerfestsetzung **unter Vorbehalt der Nachprüfung** (§ 164 Abs. 1 Satz 2 AO).

Eine **Steueranmeldung** (d.h. eine Steuererklärung, in der der Steuerpflichtige die Steuer aufgrund gesetzlicher Vorschrift selbst zu berechnen hat) **steht** ebenfalls einer **Steuerfestsetzung unter Vorbehalt der Nachprüfung gleich** (§ 168 AO).

6.2.2 Vorläufige Steuerfestsetzung

Eine **Steuer kann**, soweit eine **Ungewissheit** über einzelne Besteuerungsgrundlagen besteht, **vorläufig** festgesetzt werden (§ 165 Abs. 1 **Satz 1** AO).

Diese Regelung ist **auch** anzuwenden, **wenn** (§ 165 Abs. 1 **Satz 2** AO)

1. ungewiss ist, ob und wann **Verträge mit anderen Staaten** über die Besteuerung, die sich zugunsten des Steuerpflichtigen auswirken, für die Steuerfestsetzung wirksam werden,
2. das **Bundesverfassungsgericht** die **Unvereinbarkeit eines Steuergesetzes mit dem Grundgesetz** festgestellt und den Gesetzgeber zu einer Neuregelung verpflichtet hat,
3. die **Vereinbarkeit eines Steuergesetzes mit höherrangigem Recht** Gegenstand eines Verfahrens bei dem **Gerichtshof der Europäischen Gemeinschaften**, dem **Bundesverfassungsgericht** oder einem **obersten Bundesgericht** ist oder
4. die Auslegung eines Steuergesetzes Gegenstand eines Verfahrens bei dem **Bundesfinanzhof** ist.

Umfang und Grund der Vorläufigkeit sind anzugeben. Die Vorläufigkeit ist auf die **ungewissen** Voraussetzungen zu beschränken (§ 165 Abs. 1 Satz 3 AO).

In mehreren **BMF-Schreiben** ist festgelegt, hinsichtlich welcher Punkte eine Steuerfestsetzung zurzeit **vorläufig** vorzunehmen ist, zuletzt im BMF-Schreiben vom 10.03.2025 (www.bundesfinanzministerium.de).

Soweit die Finanzbehörde eine Steuer **vorläufig** festgesetzt hat, kann sie die Festsetzung **aufheben oder ändern** (§ 165 Abs. 2 Satz 1 AO). Wenn die **Ungewissheit beseitigt** ist, ist eine vorläufige Steuerfestsetzung aufzuheben, zu ändern oder für endgültig zu erklären (§ 165 Abs. 2 Satz 2 AO).

Die **vorläufige** Steuerfestsetzung kann mit einer Steuerfestsetzung unter **Vorbehalt der Nachprüfung** verbunden werden (§ 165 Abs. 3 AO).

Ist eine Steuer nach § 165 Abs. 1 **Satz 1** AO **vorläufig** festgesetzt worden, so **endet die Festsetzungsfrist nicht** vor Ablauf **eines Jahres**, nachdem die Ungewissheit beseitigt ist und die Finanzbehörde hiervon Kenntnis erlangt hat. In den Fällen des § 165 Abs. 1 **Satz 2** AO **endet die Festsetzungsfrist nicht** vor Ablauf von **zwei Jahren** (**Ablaufhemmung**; § 171 Abs. 8 Satz 2 AO).

ÜBUNG → Wiederholungsfragen 4 bis 6 (Seite 97)

6.3 Festsetzungsverjährung bei Steuern

Eine **Steuerfestsetzung** ist nach § 169 Abs. 1 Satz 1 AO **nicht mehr zulässig**, **wenn** die Festsetzungs**frist abgelaufen ist** (**Festsetzungsverjährung**). **Durch** Eintritt der Festsetzungs**verjährung erlischt** der **Steueranspruch** des Steuergläubigers (§ 47 AO).

Die **Verjährung** dient der **Wahrung des Rechtsfriedens** und der **Rechtssicherheit**. Der Steuerpflichtige soll nach Ablauf einer bestimmten Zeit die Gewissheit haben, dass ein Steueranspruch nicht mehr gegen ihn geltend gemacht werden kann.

Die AO unterscheidet zwischen der **Verjährung** der noch **nicht festgesetzten Steuer** (**Festsetzungsverjährung**, §§ 169 bis 171 AO) **und** der **Verjährung** des **Zahlungsanspruchs** (**Zahlungsverjährung**, §§ 228 bis 232 AO). Auch bei diesen beiden Fristen kann sich das **Ende** gegebenenfalls **nach § 108 Abs. 3 AO verschieben** (BFH-Urteil vom 20.01.2016).

S 1 Die **Zahlungsverjährung** wird im Abschnitt 8.5.4 „Zahlungsverjährung", Seiten 111 f., näher erläutert.

Ein Steueranspruch ist innerhalb einer gesetzlich vorgeschriebenen Frist zu konkretisieren, d. h., die Steuer ist innerhalb dieser Frist **durch Bescheid festzusetzen**. Diese Frist wird als **Festsetzungsfrist** bezeichnet.

Nach Ablauf der Festsetzungsfrist ist eine **erstmalige** Steuerfestsetzung bzw. Aufhebung oder Änderung einer **durchgeführten** Steuerfestsetzung **nicht mehr zulässig** (§ 169 Abs. 1 AO).

Die Festsetzungsfrist ist z. B. bei der Antragsveranlagung zur Einkommensteuer (§ 46 Abs. 2 Nr. 8 EStG) dann gewahrt, wenn die Steuererklärung vor Fristablauf beim örtlich zuständigen Finanzamt eingeht. Gibt der Steuerpflichtige seine Erklärung bei einem anderen Finanzamt ab, trägt er das Risiko für die rechtzeitige Weiterleitung seiner Erklärung an das zuständige Finanzamt (BFH-Urteil vom 13.02.2020).

Die **Festsetzungsfrist** beträgt nach § 169 Abs. 2 AO:

• für Verbrauchsteuern	ein Jahr,
• für **alle übrigen Steuern**	**vier Jahre**,
• für leichtfertig verkürzte Steuern	fünf Jahre,
• für hinterzogene Steuern	zehn Jahre.

Die Festsetzungsfrist **beginnt** allgemein mit **Ablauf des Kalenderjahres,** in dem die Steuer entstanden ist (§ 170 **Abs. 1** AO). **Davon abweichend** beginnt die Festsetzungsfrist in den Fällen, in denen eine **Steuererklärung oder Steueranmeldung** einzureichen ist (z. B. ESt, USt, GewSt) mit **Ablauf des Kalenderjahres**, in dem die **Steuererklärung oder Steueranmeldung eingereicht** wurde.

Das **Hinausschieben des Anlaufs** (= Beginns) der Festsetzungsfrist wird als „**Anlaufhemmung**" bezeichnet. Die **Festsetzungsfrist beginnt** jedoch **spätestens** mit Ablauf des **dritten** Kalenderjahres zu laufen, das auf die **Entstehung** der Steuer folgt (§ 170 Abs. 2 Satz 1 Nr. 1 AO). Sie ist gewahrt, wenn der Steuerbescheid den Bereich der für die Steuerfestsetzung zuständigen **Finanzbehörde** vor Ablauf der Frist **verlassen** hat.

BEISPIEL

Bert Hübner, München, hat im Jahr 2025 ein zu versteuerndes Einkommen von 86.510 € erzielt. Er reicht seine Einkommensteuererklärung am 13.05.2026 beim zuständigen Finanzamt ein.

Die **Festsetzungsfrist beginnt** mit Ablauf des Jahres der Abgabe der Steuererklärung, also mit Ablauf des **31.12.2026** und **endet** nach **vier Jahren** (übrige Steuer) mit Ablauf des **31.12.2030** (Dienstag).

Die „**Anlaufhemmung**" kommt auch in Betracht, wenn die Abgabe aufgrund einer Fristverlängerung später erfolgt.

BEISPIEL

Timo Sauer, Bonn, hat im Jahr 2025 ein zu versteuerndes Einkommen von 120.730 € erzielt. Ihm wurde für die Abgabe der Einkommensteuererklärung 2025 eine Fristverlängerung bis zum 01.02.2027 gewährt. Er reicht die Erklärung am 08.01.2027 beim zuständigen Finanzamt ein.

Die **Festsetzungsfrist beginnt** mit Ablauf des Jahres der Abgabe der Steuererklärung, also mit Ablauf des **31.12.2027** und **endet** nach **vier Jahren** (übrige Steuer) mit Ablauf des **31.12.2031** (Mittwoch).

Auch bei verheimlichten Beziehungen zu Drittstaat-Gesellschaften kann eine Anlaufhemmung vorliegen (§ 170 Abs. 7 AO).

Bestimmte Tatsachen **schieben das Ende** der Festsetzungsfrist **hinaus** (**Ablaufhemmung**; § 171 AO). Die **Festsetzungsfrist endet** in diesen Fällen meist nicht - wie im Normalfall - am Ende, sondern **im Laufe eines Kalenderjahres** (AEAO zu § 171, Nr. 1). Fällt das Ende der Festsetzungsfrist auf einen Samstag, Sonntag oder gesetzlichen Feiertag, so verschiebt sich auch hier das Fristende nach § 108 Abs. 3 AO auf den nächstfolgenden Werktag (AEAO zu § 108; Nr. 2).

Die Festsetzungsfrist läuft nicht ab, solange der Ablauf der Frist **gehemmt** ist, z.B. bei **höherer Gewalt** innerhalb der letzten **sechs Monate** des Fristlaufes (§ 171 Abs. 1 AO).

BEISPIEL

Die Frist für eine Einkommensteuer-Festsetzung wäre am 31.12.2025 abgelaufen. Infolge einer Naturkatastrophe (höhere Gewalt) kann eine Festsetzung in der Zeit vom 01.11.2025 bis 31.01.2026 nicht erfolgen (Ruhezeitraum innerhalb der regulären Festsetzungsfrist: 01.11. bis 31.12.2025 = 2 Monate).

Die höhere Gewalt entfällt mit Ablauf des 31.01.2026 und hinzu kommt der Ruhezeitraum (innerhalb der regulären Festsetzungsfrist) von 2 Monaten. Die Festsetzungsfrist läuft deshalb am **31.03.2026** (Dienstag) ab.

Außerdem besteht eine Ablaufhemmung bei **Beginn einer Außenprüfung** (§ 171 Abs. 4 AO) vor Ablauf der Festsetzungsfrist. Dann läuft die Festsetzungsfrist für die Steuern, auf die sich die Außenprüfung erstreckt, im Allgemeinen nicht ab, bevor die aufgrund der Außenprüfung zu erlassenden Steuerbescheide unanfechtbar geworden sind (§ 171 Abs. 4 AO). Ein Steuerbescheid ist **unanfechtbar**, wenn **kein** Rechtsbehelf mehr gegen ihn eingelegt werden kann.

BEISPIEL

Am 14.10.2025 wird mit einer Außenprüfung begonnen. Die Außenprüfung erstreckt sich auf die Einkommensteuer, deren Festsetzungsfrist am 31.12.2025 ablaufen würde. Durch die Außenprüfung ergibt sich eine Mehrsteuer von 5.170 €. Der aufgrund der Außenprüfung erlassene Steuerbescheid wird am Dienstag, dem 19.05.2026, bekannt gegeben.

Da die Einspruchsfrist mit Ablauf des 19.06.2026 (Freitag) endet, ist der Bescheid ab dem 20.06.2026 unanfechtbar. Die **Festsetzungsfrist** für die betreffende Einkommensteuer läuft mit Ablauf des **19.06.2026** ab.

Für die Auswertung der Feststellungen bei einer Außenprüfung stehen dem Finanzamt die im § 169 Abs. 2 AO genannten Fristen zur Verfügung. Im Allgemeinen hat das Finanzamt **fünf Jahre**, gerechnet ab dem **Ende des Kalenderjahres**, in dem die **Prüfungsanordnung** bekanntgegeben wurde, zur Verfügung. Erlässt es in dieser Zeit **keinen** (geänderten) Steuerbescheid, ist der Anspruch auf eine Änderung der Festsetzung grundsätzlich **erloschen** (§ 171 Abs. 4 Satz 3 AO).

Die Ablaufhemmung ist im Hinblick auf das Vorliegen eines **Grundlagenbescheids** nach § 171 Abs. 10 Satz 1 AO für **Zinsen** grundsätzlich nicht anzuwenden. Die Festsetzungsfrist wird bei Zinsen nach § 239 AO berechnet. § 171 Abs. 10 AO wird jedoch bei einem Zinsbescheid als Folgebescheid eines Zins-Grundlagenbescheids angewandt (BFH-Urteil vom 16.01.2019).

Im Rahmen der Korrektur von Steuerfestsetzungen aufgrund von **Datenübermittlungen durch Dritte** (§ 93c AO) endet die Ablaufhemmung gem. § 171 Abs. 10a AO **nicht vor Ablauf von zwei Jahren nach Zugang** dieser Daten. Zu diesen Datenübermittlungen gehören z.B. die Beiträge zur Basiskrankenversicherung und zur gesetzlichen Pflegeversicherung, die durch die **Krankenkassen** an das BZSt übermittelt werden, oder die elektronische Lohnsteuerbescheinigung, die der **Arbeitgeber** an die zuständige Finanzbehörde sendet.

ÜBUNG →

1. Wiederholungsfragen 7 bis 10 (Seite 97),
2. Aufgaben 1 und 2 (Seite 97)

6.4 Zusammenfassung und Erfolgskontrolle

6.4.1 Zusammenfassung

Grundzüge des Festsetzungs- und Feststellungsverfahrens

Festsetzung der Steuer durch **Steuerbescheide**	Feststellung der **Besteuerungsgrundlagen** durch **Grundlagenbescheide**
Steuern werden in der Regel durch **Steuerbescheide** der Finanzbehörden festgesetzt. **Form** und **Inhalt** der Steuerbescheide (§ 157 Abs. 1 i.V.m. § 119 AO): **Form**: grundsätzlich schriftlich **Inhalt**: • erlassende Behörde • Art der festgesetzten Steuer • Höhe der festgesetzten Steuer • Steuerschuldner • Rechtsbehelfsbelehrung • Besteuerungsgrundlagen **Ausnahme:** Eine Steuerfestsetzung durch Steuerbescheid ist **nicht** erforderlich, wenn der Steuerpflichtige eine **Steueranmeldung** (§ 167 AO) abgibt, die zu keiner abweichenden Steuer führt.	Besteuerungsgrundlagen werden durch **Grundlagenbescheide gesondert** festgestellt, wenn • die Besteuerungsgrundlagen für mehrere Steuerarten oder mehrere Steuerpflichtige bedeutsam sind **oder** • Steuermessbeträge nach den Einzelsteuergesetzen festzusetzen sind. **Grundlagenbescheide** sind: • **Feststellungsbescheide**, • **Steuermessbescheide** oder • **sonstige** für eine Steuerfestsetzung bindende **Verwaltungsakte**.

6.4.2 Erfolgskontrolle

Wiederholungsfragen

1. Was versteht die AO unter einem Steuerbescheid?
2. Welche Bestandteile muss/soll ein Steuerbescheid nach § 157 Abs. 1 AO enthalten und welche Rechtsfolgen ergeben sich aus ihrem Fehlen?
3. Was ist der Unterschied zwischen einer Feststellung und einer Festsetzung?
4. Welche Möglichkeiten gibt es, eine Steuer nicht endgültig festzusetzen?
5. Was versteht man unter dem Vorbehalt der Nachprüfung?
6. Was versteht man unter einer vorläufigen Steuerfestsetzung?
7. Was versteht man unter der Festsetzungsverjährung?
8. Was versteht man unter einer Zahlungsverjährung?
9. Wie werden Beginn und Ende der Festsetzungsverjährung bestimmt?
10. Welchen Sinn haben Anlauf- und Ablaufhemmung?

Aufgaben

AUFGABE 1

Bestimmen Sie bei den Sachverhalten 1 bis 4 Beginn, Dauer und Ende der Festsetzungsfrist.

1. Der Steuerpflichtige Viktor Breitbach, Stuttgart, reicht am 16.06.2026 beim zuständigen Finanzamt seine USt-, ESt- und GewSt-Erklärung 2025 ein.
2. Dem Steuerpflichtigen Felix Bußmann, Kiel, wird für die Abgabe seiner USt-, ESt- und GewSt-Erklärung 2024 eine Fristverlängerung bis zum 27.02.2026 gewährt, die er auch in Anspruch nimmt.
3. Die Frist für eine ESt-Festsetzung würde am 31.12.2026 ablaufen. Infolge höherer Gewalt kann eine Festsetzung in der Zeit vom 01.10.2026 bis 31.03.2027 nicht erfolgen.
4. Die Frist für eine ESt-Festsetzung würde am 31.12.2026 ablaufen. Am 02.12.2026 wird mit einer Außenprüfung begonnen. Durch die Außenprüfung ergibt sich eine Mehrsteuer von 2.760 €. Diese wird durch einen Steuerbescheid festgesetzt, den das zuständige Finanzamt am Dienstag, dem 02.02.2027, bei der Post aufgibt. Der Steuerpflichtige legt gegen den Bescheid keinen Einspruch ein.

AUFGABE 2

Der Steuerpflichtige Klaus Eck, Hamburg, reicht am 20.03.2026 dem zuständigen Finanzamt seine Einkommensteuererklärung für 2025 ein.

Wann läuft die Festsetzungsfrist für eine

1. leichtfertig verkürzte Einkommensteuer 2025
2. hinterzogene Einkommensteuer 2025

ab?

LF 11

7 Berichtigungsverfahren

Ein nicht nichtiger Verwaltungsakt wird mit Bekanntgabe mit seinem gesamten Inhalt **wirksam**, auch, wenn er fehlerhaft ist (§ 124 Abs. 1 AO).
Wird der Fehler innerhalb eines Monats nach Bekanntgabe festgestellt, kann der Verwaltungsakt z. B. durch Einlegung eines **Einspruchs** berichtigt werden (§ 355 Abs. 1 AO). Nach Ablauf der Einspruchsfrist wird der Steuerbescheid **bestandskräftig** und kann nur noch bis zum Ablauf der Festsetzungsfrist korrigiert werden, soweit eine entsprechende **Korrekturvorschrift** greift (§ 172 Abs. 1 Nr. 2 AO). Die **AO** unterscheidet folgende **Korrekturvorschriften**:

- **Berichtigung offenbarer Unrichtigkeiten** beim Erlass von Steuerbescheiden (§ 129 AO) und
- **Aufhebung und Änderung** von Steuerbescheiden (§§ 172 ff. AO).

Die **Berichtigung** beseitigt materielle Fehler (AEAO zu § 129, Nr. 2).
Aufhebung eines Steuerbescheides bedeutet, dass der Bescheid nach **Inhalt und Form** beseitigt wird, d.h., dass alle Wirkungen des Bescheides entfallen. Bei der **Änderung** eines Steuerbescheides bleibt der Bescheid nach der Form erhalten, lediglich der **Inhalt** wird berichtigt.
Werden Steuern unter dem **Vorbehalt der Nachprüfung** (§ 164 AO) oder **vorläufig** (§ 165 AO) festgesetzt, können diese Bescheide **jederzeit** innerhalb der Festsetzungsfrist entsprechend des Vermerks **aufgehoben oder geändert** werden; fehlt ein solcher Vermerk, ist eine Aufhebung oder Änderung nur unter ganz bestimmten Voraussetzungen möglich.

7.1 Berichtigung offenbarer Unrichtigkeiten

Die Finanzbehörde kann

- **Schreibfehler**,
- **Rechenfehler** und
- **ähnliche offenbare Unrichtigkeiten**,

die ihr beim Erlass eines **Verwaltungsaktes** unterlaufen sind, **jederzeit** – bis zum Ablauf der Festsetzungsfrist – **berichtigen** (§§ 129 und 169 Abs. 1 Satz 2 AO).

Eine Unrichtigkeit ist **offenbar**, wenn die Finanzbehörde **bei Kenntnis** des Fehlers zu einem **anderen** Ergebnis (z.B. niedrigere oder höhere Steuerfestsetzung) gekommen wäre **und** sie es zum Zeitpunkt des Erlasses des Verwaltungsakts **hätte sehen können**. Ist beim Erlass eines Steuerbescheides eine offenbare Unrichtigkeit unterlaufen, so endet die **Festsetzungsfrist** insoweit nicht vor Ablauf **eines Jahres** nach **Bekanntgabe** dieses Steuerbescheides (**Ablaufhemmung**; § 171 Abs. 2 AO).

BEISPIEL

Der Steuerpflichtigen Anna Huber, München, wird am Montag, dem 06.10.2025, der Einkommensteuerbescheid für 2021 bekannt gegeben. Sie entdeckt im April 2026, dass das Finanzamt sich verschrieben und statt 4.300 € Versicherungsbeiträge nur 3.400 € als Sonderausgaben angesetzt hat. Dadurch hat sie 260 € zu viel Steuern gezahlt.
Die Festsetzungsverjährung wäre zunächst bereits mit Ablauf des 31.12.2025 eingetreten.

Da das Finanzamt sich **verschrieben** hat, liegt eine **offenbare Unrichtigkeit i.S.d. §129 AO** vor. Nach § 171 Abs. 1 Nr. 2 AO i.V.m. § 129 AO **endet** die **Festsetzungsfrist** jedoch **nicht** vor Ablauf **eines Jahres** nach Bekanntgabe des entsprechenden Steuerbescheides.

Huber wurde der Bescheid am 06.10.2025 bekannt gegeben, sodass die **Festsetzungsfrist** erst **mit Ablauf des 06.10.2026 endet**. Der Bescheid ist somit auf Grundlage des § 129 AO zu berichtigen.

Keine offenbaren Unrichtigkeiten liegen vor, wenn ein Fehler bei der Auslegung oder Nichtanwendung einer Rechtsnorm, eine unrichtige Tatsachenwürdigung oder der unzutreffenden Annahme eines in Wirklichkeit nicht vorliegenden Sachverhalts erfolgt. Ebenso **scheidet die Anwendung des § 129 AO aus**, wenn die ernsthafte Möglichkeit besteht, dass eine fehlerhafte Tatsachenwürdigung, ein sonstiger sachverhaltsbezogener Denk- oder Überlegungsfehler oder eine mangelnde Sachverhaltsaufklärung stattfand (BFH-Urteil vom 16.09.2015). Wurden die Angaben zum Arbeitslohn aus der Steuererklärung nicht vom Finanzamt übernommen, sondern stattdessen die (unvollständigen) elektronisch übermittelten Lohnsteuerdaten abgerufen, führt dies ebenfalls **nicht** zu einer **Korrektur nach § 129 AO**, sondern stellt einen Fehler bei der Sachverhaltsermittlung dar (BFH-Urteil vom 16.01.2018, VI R 41/16).

Im Gegensatz dazu sind Fehler, die auf einem falschen Verständnis eines amtlichen **Steuererklärungsformulars** beruhen, **keine Fehler bei der Auslegung einer Rechtsnorm** und demnach **Fehler i.S.d. § 129 AO** (Urteil des FG Baden-Württemberg vom 06.10.2016). Dabei handelt es sich um ein „mechanisches Versehen", wenn der Sachbearbeiter versehentlich eine falsche Eingabe macht und fehlerhafte Angaben des Steuerpflichtigen übernimmt. Ebenso kann eine Berichtigung nach **§ 129 AO** erfolgen, wenn bei der Einreichung der elektronischen Körperschaftsteuererklärung eine Zeile nicht ausgefüllt wurde, obwohl sich dies aus den weiteren eingereichten Unterlagen und Bescheinigungen ergibt (BFH-Urteil vom 22.05.2019, XI R 9/18).

7.2 Aufhebung und Änderung von Steuerbescheiden

Ein Steuerbescheid darf, soweit er **nicht vorläufig** oder unter dem **Vorbehalt der Nachprüfung** ergangen ist, **nur aufgehoben oder geändert werden, wenn**

- der Steuerpflichtige vor Ablauf der Einspruchsfrist **zustimmt** bzw. einen **Antrag** stellt oder
- nachträglich **neue Tatsachen** oder **Beweismittel** bekannt werden.

7.2.1 Auf Antrag oder mit Zustimmung des Steuerpflichtigen

Ein **fehlerhafter** Steuerbescheid über **andere Steuern** als Einfuhr- und Ausfuhrabgaben (früher: Zölle) und Verbrauchsteuern kann mit **Zustimmung** oder auf **Antrag** des Steuerpflichtigen aufgehoben oder geändert werden (§ 172 Abs. 1 Nr. 2a) AO).

Der **praktisch wichtigste Anwendungsfall** des § 172 Abs. 1 Nr. 2a) AO ist die Änderung eines Steuerbescheides durch Einlegung eines **Einspruchs** (§ 347 AO).

BEISPIEL

Das Finanzamt hat bei der ESt-Veranlagung des Steuerpflichtigen Karl Parschau einen Teil seiner Spenden nicht als Sonderausgaben berücksichtigt. Der Steuerpflichtige legt fristgerecht gegen den Steuerbescheid Einspruch ein und beantragt, die Spenden in voller Höhe einkommensmindernd zu berücksichtigen.

Das Finanzamt folgt dem Antrag und ändert den ESt-Bescheid nach § 172 Abs. 1 Nr. 2a) AO.

Die Vorschrift des § 172 Abs. 1 Nr. 2a) AO bietet dem Steuerpflichtigen **auch** die Möglichkeit, einen Fehler durch einen Antrag auf eine sog. „**schlichte Änderung**", d. h. durch Änderung eines Bescheides **außerhalb** eines Rechtsbehelfsverfahrens zu berichtigen.

Der Antrag auf schlichte Änderung, der **vor** Ablauf der Einspruchsfrist beim Finanzamt eingehen muss, bietet den **Vorteil**, dass er **formfrei** (z.B. telefonisch) gestellt werden kann und die **Gefahr einer Verböserung** des ursprünglichen Bescheides bei Einlegung eines Einspruchs **vermeidet**. Weitere Einzelheiten hierzu vgl. AEAO zu § 172, Nr. 2.

BEISPIEL

Das Finanzamt hat bei der Berechnung des zu versteuernden Einkommens den Altersentlastungsbetrag des Steuerpflichtigen Hans Link nicht abgesetzt, obwohl aus der Einkommensteuererklärung klar hervorgeht, dass die Voraussetzungen dafür erfüllt sind.

Das Finanzamt kann den Fehler aufgrund eines formfreien Antrags innerhalb der Einspruchsfrist von einem Monat durch **schlichte Änderung** nach § 172 Abs. 1 Nr. 2a) AO berichtigen.

Ein Steuerbescheid kann ferner **aufgehoben oder geändert** werden, wenn er

- von einer sachlich **unzuständigen Behörde** erlassen worden ist,
- durch **unlautere Mittel** (z.B. Drohung oder Bestechung) erwirkt worden ist oder
- aufgrund **anderer gesetzlicher Vorschriften** berichtigt werden darf.

7.2.2 Neue Tatsachen oder Beweismittel

Steuerbescheide sind bis zum Ablauf der Festsetzungsfrist **aufzuheben** oder zu **ändern**, wenn **neue Tatsachen oder Beweismittel nachträglich** bekannt werden, die

- zu einer **höheren** Steuer führen (§ 173 Abs. 1 **Nr. 1** AO) oder
- zu einer **niedrigeren** Steuer führen **und** den Steuerpflichtigen **kein grobes Verschulden** am nachträglichen Bekanntwerden trifft (§ 173 Abs. 1 **Nr. 2** AO).

Eine Änderung ist nur soweit zulässig, wie sich die **neuen Tatsachen oder Beweismittel** auswirken (**punktuelle Änderung**), d.h., der Steuerfall wird **nicht mehr insgesamt** aufgerollt.

Tatsache ist alles, was Merkmal oder Teilstück eines steuergesetzlichen Tatbestandes sein kann, also Zustände, Vorgänge, Beziehungen und Eigenschaften materieller oder immaterieller Art. Zu den **Tatsachen** gehören **auch** innere Tatsachen (z.B. die Absicht, Einkünfte bzw. Gewinne zu erzielen), die nur anhand äußerer Merkmale **(Hilfstatsachen)** festgestellt werden können. **Keine Tatsachen** sind Rechtsnormen und Schlussfolgerungen aller Art, insbesondere **steuerrechtliche Bewertungen** (AEAO zu § 173, Nrn. 1.1, 1.1.2).

Beweismittel ist jedes Erkenntnismittel, das der Aufklärung eines steuerlich erheblichen Sachverhalts dient, d.h. geeignet ist, das Vorliegen oder Nichtvorliegen von Tatsachen zu beweisen (AEAO zu § 173, Nr. 1.2). Beweismittel sind insbesondere **Urkunden**, Rechnungen, Verträge, Akten, Auskünfte und Sachverständigengutachten (§ 92 AO).

Nachträgliches Bekanntwerden heißt, dass die Tatsachen oder Beweismittel der Behörde erst bekannt werden, nachdem die Willensbildung über die Steuerfestsetzung abgeschlossen ist (AEAO zu § 173, Nr. 2.1). Als **bekannt** gilt alles, was im Zeitpunkt der Willensbildung Inhalt derjenigen Akten ist, die von der organisatorisch **zuständigen** Dienststelle der Finanzbehörde für den Steuerpflichtigen geführt werden.

BEISPIEL

Siegbert Kemp stellt beim Erhalt seines Einkommensteuerbescheids fest, dass er vergessen hat, in seiner Einkommensteuererklärung einen Teil seiner Mieteinnahmen (wegen einer Mieterhöhung) anzugeben. Er berichtigt seine Erklärung unverzüglich nach § 153 Abs. 1 AO.

Die Einnahmen waren dem Finanzamt bisher noch nicht bekannt, deshalb muss es den Steuerbescheid wegen nachträglich bekannt gewordener Tatsachen, die zu einer höheren Steuer führen, ändern (§ 173 Abs. 1 Nr. 1 AO).

Als **grobes Verschulden** hat der Steuerpflichtige Vorsatz und grobe Fahrlässigkeit bei der Erstellung der Erklärung und der Bescheidprüfung zu vertreten. **Vorsatz** liegt vor, wenn das Wissen um die Folgen und der Wille, trotzdem so zu handeln, gegeben sind. **Grobe Fahrlässigkeit** ist anzunehmen, wenn er die ihm (persönlich/individuell) zumutbare Sorgfalt in ungewöhnlichem Maße und in nicht entschuldbarer Weise verletzt. Eine **grobe Fahrlässigkeit** ist in der Regel jedoch **nicht** anzunehmen, wenn beim Ausfüllen einer elektronischen Steuererklärung übliche Fehler oder Nachlässigkeiten (unbewusste „mechanische" Fehler) unterlaufen (BFH-Urteil vom 10.02.2015).

Ein **grobes Verschulden** kann im Allgemeinen angenommen werden, wenn der Steuerpflichtige trotz Aufforderung eine Steuererklärung nicht abgegeben hat, allgemeine Grundsätze der Buchführung verletzt oder ausdrückliche Hinweise in ihm zugegangenen Vordrucken, Merkblättern oder sonstigen Hinweisen der Finanzbehörde nicht beachtet (AEAO zu § 173, Nr. 5.1.2).

BEISPIEL

Der Steuerpflichtige Hans Holzmeister stellt fest, dass er in seiner Einkommensteuererklärung übersehen hat, seine Kirchensteuerzahlungen als Sonderausgaben anzugeben. Er beantragt beim Finanzamt, den Steuerbescheid zu ändern.

Wenn der Steuerbescheid noch **anfechtbar** ist (d. h. **vor** Ablauf der Einspruchsfrist), kann das Finanzamt den Bescheid aufgrund des Antrags des Steuerpflichtigen zu dessen Gunsten nach § 172 Abs. 1 Nr. 2a) AO **ändern**.
Wenn der Bescheid bereits **unanfechtbar** ist (d. h. **nach** Ablauf der Einspruchsfrist), kann das Finanzamt den Bescheid **nicht mehr ändern**, weil nach der Unanfechtbarkeit eine Änderung nur noch **zuungunsten** des Steuerpflichtigen möglich ist (§ 173 Abs. 1 Nr. 1 AO).
Ein Fall des § 173 Abs. 1 Nr. 2 **Satz 1** AO ist **nicht** gegeben, weil man wohl von einem **groben Verschulden** des Steuerpflichtigen sprechen kann und kein Zusammenhang i. S. d. § 173 Abs. 1 Nr. 2 **Satz 2** AO besteht (siehe unten).

Die **Unkenntnis** steuerlicher Bestimmungen begründet alleine noch nicht den Vorwurf groben Verschuldens. Der Steuerpflichtige hat aber ein **grobes Verschulden** seines steuerlichen **Beraters** in gleicher Weise zu vertreten wie das Verschulden eines Bevollmächtigten (AEAO zu § 173, Nr. 5.4). Das Finanzministerium Nordrhein-Westfalen hat in einem Erlass vom 28.06.2019 ausführlich zum Begriff des groben Verschuldens Stellung genommen.

Das **Verschulden des Steuerpflichtigen** ist nach § 173 Abs. 1 Nr. 2 Satz 2 AO **unbeachtlich**, wenn die Tatsachen oder Beweismittel, die zu einer **niedrigeren** Steuer führen, in einem unmittelbaren oder mittelbaren Zusammenhang mit neuen Tatsachen oder Beweismitteln stehen, die zu einer **höheren** Steuer führen.

Stehen die **steuermindernden** Tatsachen mit **steuererhöhenden** Tatsachen im Zusammenhang, sind die **steuermindernden** Tatsachen nicht nur bis zur steuerlichen Auswirkung der steuererhöhenden Tatsachen, sondern **uneingeschränkt** zu berücksichtigen.

Wird dem Finanzamt nachträglich bekannt, dass ein Steuerpflichtiger **nicht erklärte Einkünfte** einer bestimmten Einkunftsart erzielt hat, so stellt die Höhe dieser Einkünfte die für die Anwendung des § 173 Abs. 1 Nr. 1 oder Nr. 2 AO relevante **Tatsache** dar (AEAO zu § 173, Nr. 6.2).

Steuerbescheide, die aufgrund einer **Außenprüfung** ergangen sind, können nur aufgehoben oder geändert werden, wenn eine Steuerhinterziehung oder eine leichtfertige Steuerverkürzung vorliegt (Änderungssperre nach § 173 Abs. 2 AO).

7.2.3 Schreib- und Rechenfehler in der Steuererklärung

Sind dem Steuerpflichtigen bei der Erstellung seiner Steuererklärung **Schreib- und/oder Rechenfehler** unterlaufen, sodass beim Erlass des Steuerbescheids deshalb unzutreffende Tatsachen berücksichtigt wurden, ist der Steuerbescheid nach § 173a AO zu ändern bzw. aufzuheben. **Nicht** in den Anwendungsbereich von § 173a AO fallen **Rechtsirrtümer oder Rechtsanwendungsfehler** sowie **Fehler oder Unvollständigkeiten im Rahmen der Datenübertragung an das Finanzamt** (z.B. Abbruch der Internetverbindung, Verklicken beim Datenimport ins ELSTER-Portal).

Die Berichtigungsmöglichkeit wegen offenbarer Unrichtigkeiten beim Erlass eines Verwaltungsakts durch die Finanzverwaltung nach **§ 129 AO** bleibt **unverändert bestehen**. Während § 129 AO für alle Verwaltungsakte gilt, ist **§ 173a AO nur** auf **Steuerbescheide** anwendbar.

7.2.4 Aufgehobene oder geänderte Grundlagenbescheide und rückwirkende Ereignisse

Die Korrekturvorschrift des § 175 Abs. 1 Nr. 1 AO erlaubt die Änderung eines bestandskräftigen Bescheids, wenn **Änderungen bei einem** für diesen Steuerbescheid relevanten **Grundlagenbescheid** eingetreten sind. Die Auswirkungen können zugunsten, aber auch zuungunsten des Steuerpflichtigen sein.

BEISPIEL

Franz Kaiser hat in seiner Steuererklärung 2024 unter anderem Einkünfte aus Vermietung und Verpachtung i.H.v. 12.000 € erklärt. Es handelt sich um seinen **Anteil** an den Vermietungseinkünften einer **Erbengemeinschaft**. Im Einkommensteuerbescheid 2024, der Herrn Kaiser am 14.04.2025 bekannt gegeben wird, hatte das Finanzamt diese Einkünfte erfasst.
Am 04.09.2025 erhält das Finanzamt die Mitteilung über die **einheitliche und gesonderte Feststellung** der Vermietungseinkünfte aus der Erbengemeinschaft vom zuständigen Finanzamt. Auf Franz Kaiser entfallen nun Vermietungseinkünfte von nur 8.000 €.

Die Mitteilung über die einheitliche und gesonderte Feststellung der Einkünfte aus Vermietung und Verpachtung ist ein Grundlagenbescheid, deshalb **ändert** das Finanzamt den Bescheid nach **§ 175 Abs. 1 Nr. 1 AO** zugunsten des Herrn Kaiser.

Ein **rückwirkendes Ereignis** i.S.d. § 175 Abs. 1 Nr. 2 AO, das Auswirkungen auf den Steuerbescheid hat, liegt z.B. vor, wenn eine Lebenspartnerschaft rückwirkend in eine Ehe umgewandelt wird (Ehegattenvoraussetzungen erfüllt) oder in einem (Änderungs-)Bescheid erstmals die Voraussetzungen für die Günstigerprüfung nach § 32d Abs. 6 EStG vorliegen.

7.2.5 Fehlerhafte Datenübermittlung mitteilungspflichtiger Stellen

Wurden von mitteilungspflichtigen Stellen (z.B. Krankenkassen) an die Finanzverwaltung übermittelte Daten **nicht** oder **unzutreffend** bei der Steuerfestsetzung berücksichtigt, ist der Bescheid nach § 175b **Abs. 1** AO aufzuheben oder zu ändern. Dies gilt auch, wenn erforderliche Einwilligungen des Steuerpflichtigen nicht vorlagen (§ 175b **Abs. 3** AO).

Waren die Daten **falsch** und der Steuerpflichtige hat **keine abweichenden** Angaben gemacht, ist der Bescheid nach § 175b **Abs. 2** AO zugunsten des Steuerpflichtigen zu korrigieren.

Sind die nachträglich übermittelten Daten jedoch nicht rechtserheblich, erfolgt keine Änderung (§ 175b **Abs. 4** AO).

7.3 Zusammenfassung und Erfolgskontrolle

7.3.1 Zusammenfassung

Das folgende Schaubild fasst die wesentlichen Inhalte der Berichtigung von Steuerbescheiden nochmals zusammen.

Berichtigungsverfahren

alle Verwaltungsakte (§ 129 AO)	nur Steuerbescheide (§§ 172 ff. AO)					
Berichtigung **offenbarer Unrichtigkeiten** (§ 129 AO)	auf **Antrag/ mit Zustimmung** des Steuerpflichtigen (§ 172 AO)	**neue Tatsachen** oder **Beweismittel** (§ 173 AO)		**Schreib-/ Rechenfehler** des Steuerpflichtigen (§ 173a AO)	**Grundlagenbescheid** (§ 175 AO)	**fehlerhafte Datenübermittlung** (§ 175b AO)
		zuungunsten des Steuerpfl.	**zugunsten** des Steuerpfl.			
Die Finanzbehörde kann • **Schreibfehler**, • **Rechenfehler** und • **ähnliche offenbare Unrichtigkeiten**, die beim Erlass eines Steuerbescheids unterlaufen sind, jederzeit – **bis zum Ablauf der Festsetzungsfrist** – berichtigen.	Fehlerhafte, endgültige Steuerbescheide über andere Steuern (z.B. ESt, KSt, GewSt) können mit **Zustimmung** oder **auf Antrag** des Steuerpflichtigen aufgehoben oder geändert werden. Der praktisch wichtigste Anwendungsfall des § 172 AO ist die Änderung eines Steuerbescheids durch Einlegung eines **Einspruchs** (§ 347 AO).	Eine Berichtigung kommt vor Ablauf der Festsetzungsfrist **in jedem Fall** in Betracht (§ 173 Abs. 1 **Nr. 1** AO).	Eine Berichtigung kommt vor Ablauf der Festsetzungsfrist nur in Betracht, wenn den Steuerpflichtigen **kein grobes Verschulden** trifft oder ein **Zusammenhang** mit den Fällen der Nr. 1 besteht (§ 173 Abs. 1 **Nr. 2** AO).	Aufhebung oder Berichtigung **vor Ablauf der Festsetzungsfrist**	Aufhebung oder Änderung zugunsten und zuungunsten des Steuerpflichtigen ist grds. **innerhalb der Festsetzungsfrist** vorzunehmen. **Beachte:** Vorschriften zur Ablaufhemmung (§ 171 Abs. 10 und 10a AO)	

7.3.2 Erfolgskontrolle

Wiederholungsfragen

1. Welche Berichtigungsverfahren lassen sich nach der AO unterscheiden?
2. Welche Regelung sieht die AO im Falle einer offenbaren Unrichtigkeit vor?
3. Unter welchen Voraussetzungen kann ein Steuerbescheid zugunsten (zuungunsten) des Steuerpflichtigen nach § 172 Abs. 1 Nr. 2a) AO aufgehoben oder geändert werden?
4. Wie kann man bei einem Berichtigungswunsch die Gefahr einer Verböserung vermeiden?
5. Welcher Fall führt lediglich zu einer punktuellen Änderung von Steuerbescheiden?
6. Was versteht man unter den einzelnen Begriffsmerkmalen der Berichtigungsmerkmale nach § 173 AO?
7. Welche beiden Fälle sind bei einer Aufhebung oder Änderung nach § 173 Abs. 1 AO zu unterscheiden?
8. Was ist unter einem „groben Verschulden" zu verstehen?
9. Was versteht man unter einer Änderungssperre?
10. Wodurch unterscheiden sich Wirksamkeit und Bestandskraft von Steuerbescheiden?

Aufgaben

AUFGABE 1

Die reguläre Festsetzungsfrist für die ESt des Steuerpflichtigen Fritz Moser endet am 31.12.2026. Die Festsetzung der ESt erfolgt mit Bescheid (keine Festsetzung nach §§ 164, 165 AO), der am 01.04.2026 bekannt gegeben wird. Am 19.03.2027 entdeckt der Steuerpflichtige zufällig, dass der ihm zustehende Werbungskostenpauschbetrag nach § 9a Nr. 1a) EStG seitens des Finanzamtes vergessen worden war.

Kann noch eine Berichtigung zugunsten des Steuerpflichtigen erfolgen? Begründen Sie Ihre Antwort.

AUFGABE 2

Das Finanzamt hat bei der ESt-Veranlagung 2025 des Steuerpflichtigen Fiete Josten einen Teil seiner beantragten und belegten Sonderausgaben nicht anerkannt. Josten legt sofort nach Erhalt des Steuerbescheides (keine Festsetzung nach §§ 164, 165 AO) schriftlich Einspruch ein.

Kann das Finanzamt den Steuerbescheid ändern?

AUFGABE 3

Das Finanzamt hat bei der ESt-Veranlagung 2025 der Steuerpflichtigen Inge Kanisch den Entlastungsbetrag für Alleinerziehende nach § 24b EStG nicht berücksichtigt, obwohl aus der Einkommensteuererklärung klar hervorgeht, dass die Voraussetzungen dafür erfüllt sind. Andererseits war beim Sonderausgabenabzug die entrichtete Kirchensteuer nicht um die Erstattung des Vorjahres gekürzt worden. Der Bescheid wurde nicht nach §§ 164, 165 AO festgesetzt.

Welches Vorgehen würden Sie Frau Kanisch empfehlen?

AUFGABE 4

Der Steuerpflichtige Werner Nink, Hamburg, ermittelt für den VZ 2025 einen Verlust aus Gewerbebetrieb von 3.000 € und fügt seiner Einkommensteuererklärung den richtig ausgefüllten amtlich vorgeschriebenen Vordruck (§ 60 Abs. 4 EStDV) bei.
In seiner Einkommensteuererklärung gibt er versehentlich einen Gewinn von 3.000 € an, der vom Finanzamt bei der Festsetzung übernommen wird.

Ein Jahr später bemerkt Nink den Fehler und bittet das Finanzamt um Berichtigung des Steuerbescheides (keine Festsetzung nach §§ 164, 165 AO).

Wie beurteilen Sie die Rechtslage?

AUFGABE 5

Bei einer Außenprüfung stellt der Prüfer fest, dass der Einzelhändler Harry Kloth einen betrieblichen Pkw auch für private Zwecke verwendet hat, ohne die private Nutzung als solche zu erfassen. Die Mehrsteuer für den inzwischen bestandskräftigen Bescheid (keine Festsetzung nach §§ 164, 165 AO) beträgt 600 €.

Kann der Bescheid noch geändert werden? Begründen Sie Ihre Antwort.

AUFGABE 6

Der Gewerbetreibende Erwin Barthels hat seine Einkommensteuererklärung 2017 am 11.05.2018 (Freitag) beim zuständigen Finanzamt eingereicht. Der Steuerbescheid wurde am 02.11.2018 (Freitag) unter dem Vorbehalt der Nachprüfung bekannt gegeben. Der Vorbehalt der Nachprüfung wurde nach einer Außenprüfung im Juni 2024 aufgehoben.
Nach einer Durchsuchung bei seiner Hausbank durch die Steuerfahndung im Oktober 2026 erfährt das Finanzamt erstmals, dass Barthels im Jahr 2017 Wertpapiererträge in Höhe von 10.000 € aus Luxemburg nicht angegeben hatte.

Kann der Einkommensteuerbescheid für 2017 noch geändert werden? Begründen Sie Ihre Antwort.

AUFGABE 7

Der Einkommensteuerbescheid 2025 (keine Festsetzung nach §§ 164, 165 AO) Ihres Mandanten Werner Winter ist mit Poststempel vom 25.06.2026 versehen. Am 05.08.2026 legt Ihnen Winter noch eine Provisionsabrechnung über 3.500 € vor, die er nach eigenem Bekunden übersehen hatte, sodass diese Einnahmen weder erklärt noch versteuert wurden.

Welchen Rat und welche Erläuterungen geben Sie dem Mandanten?

AUFGABE 8

Der Einkommensteuerbescheid 2025 der alleinerziehenden Mutter Klara Kraft vom 07.04.2026 (Bekanntgabetag) enthält einen Vorläufigkeitsvermerk („Die Steuerfestsetzung ist im Hinblick auf ... anhängige Verfahren vorläufig hinsichtlich der beschränkten Abziehbarkeit von Vorsorgeaufwendungen (§ 10 Abs. 3 EStG)"). Der Bescheid steht nicht unter dem Vorbehalt der Nachprüfung.

Als Frau Kraft Ihnen den Bescheid am 11.06.2026 Rat suchend vorlegt, stellen Sie fest, dass die beantragten Krankheitskosten in Höhe von 700 € zu Unrecht nicht als außergewöhnliche Belastungen berücksichtigt wurden. Das Finanzamt hatte den Nichtansatz im Bescheid erläutert. Es war der Meinung, dass Krankheitskosten keine außergewöhnlichen Belastungen seien.

Hat Frau Kraft noch eine Chance auf Berücksichtigung dieser Aufwendungen? Prüfen Sie die einzelnen Änderungs-/Berichtigungsvorschriften.

LF 11

8 Erhebungsverfahren

Steuern können erst dann **erhoben** werden, wenn sie

1. **entstanden,**
2. **festgesetzt** und
3. **fällig**

sind.

Die Zeitpunkte der **Entstehung, Festsetzung und Fälligkeit** einer Steuer sind deshalb sorgfältig auseinanderzuhalten.

8.1 Entstehung der Steuer

Eine Steuer **entsteht** grundsätzlich, wenn der **Tatbestand verwirklicht** ist, an den das Gesetz die Leistungspflicht knüpft (§ 38 AO).

Die jeweiligen Einzelsteuergesetze regeln, wann die entsprechende Steuer konkret **entsteht**.

Beispiele für die **Entstehung der Steuer** in den Einzelsteuergesetzen:

Lohnsteuer	in dem Zeitpunkt, in dem der Arbeitslohn dem Arbeitnehmer zufließt (§ 38 Abs. 2 Satz 2 EStG),
ESt- und KSt-Vorauszahlung	jeweils mit Beginn des Kalendervierteljahres, in dem die Vorauszahlung zu entrichten ist (§ 37 Abs. 1 Satz 2 EStG und § 30 Nr. 2 KStG),
ESt- und KSt-Abschlusszahlung	mit Ablauf des Veranlagungszeitraums (§ 36 Abs. 1 EStG und § 30 Nr. 3 KStG),
GewSt-Vorauszahlung	mit Beginn des Kalendervierteljahres, in dem die Vorauszahlung zu entrichten ist (§ 21 GewStG),
GewSt-Abschlusszahlung	mit Ablauf des Erhebungszeitraums, für den die Festsetzung vorgenommen wird (§ 18 GewStG),
Umsatzsteuer	mit Ablauf des Voranmeldungszeitraums, in dem der Umsatz **ausgeführt** wurde (Sollbesteuerung) bzw. das Entgelt **vereinnahmt** wurde (Istbesteuerung) (§ 13 Abs. 1 Nr. 1a) und Nr. 1b) UStG)

Nur eine **entstandene** Steuer kann **festgesetzt** und **fällig** werden.

Der **Entstehungszeitpunkt** ist von Bedeutung für den **Beginn der Festsetzungsfrist** (§ 170 AO).

S 1 Einzelheiten zum **Beginn der Festsetzungsfrist** wurden bereits im Kapitel 6 „Festsetzungs- und Feststellungsverfahren“, Seiten 90 ff., dargestellt.

8.2 Festsetzung der Steuer

Durch die **Steuerfestsetzung** wird der Steueranspruch **verwirklicht (konkretisiert)**.

Die **Festsetzung** erfolgt in der Regel durch einen **Steuerbescheid** (§§ 155 und 218 AO).

BEISPIEL

Der Steuerpflichtige Fridolin Neuerburg, Frankfurt, hat im Jahr 2025 ein zu versteuerndes Einkommen von 110.250 € erzielt.

Die ESt ist spätestens mit Ablauf des Kalenderjahres 2025 **entstanden** (soweit ESt-Vorauszahlungen festgesetzt wurden, ist sie schon früher entstanden). Durch die Festsetzung der für 2025 geschuldeten ESt im ESt-Bescheid 2025 ist der Steueranspruch des Steuergläubigers verwirklicht.

Weitere Einzelheiten zur **Steuerfestsetzung** wurden bereits im Kapitel 6 „Festsetzungs- und Feststellungsverfahren", Seiten 90 ff., dargestellt. S 1

8.3 Fälligkeit der Steuer

Fälligkeit der Steuer bedeutet, dass der Steuergläubiger zu einem bestimmten Zeitpunkt vom Steuerschuldner die Zahlung verlangen kann.

Die **Fälligkeit** richtet sich ebenfalls nach den **Einzelsteuergesetzen** (§ 220 AO).

Die Steuern, deren Fälligkeit gesetzlich kalendermäßig genau geregelt ist, werden allgemein als **„Fälligkeitssteuern"** bezeichnet.

Beispiele für **Fälligkeitsregelungen** in Einzelsteuergesetzen:

Lohnsteuer	10. Tag nach Ablauf des Lohnsteuer-Anmeldungszeitraums (§ 41a Abs. 1 EStG)
ESt- und KSt-Vorauszahlung	10. März, 10. Juni, 10. September, 10. Dezember (§ 37 Abs. 1 EStG und § 31 KStG)
ESt- und KSt-Abschlusszahlung	1 Monat nach Bekanntgabe des ESt-/KSt-Bescheides (§ 36 Abs. 4 EStG und § 31 KStG)
GewSt-Vorauszahlung	15. Februar, 15. Mai, 15. August, 15. November (§ 19 Abs. 1 GewStG)
GewSt-Abschlusszahlung	1 Monat nach Bekanntgabe des GewSt-Bescheides (§ 20 Abs. 2 GewStG)
USt-Vorauszahlung	10. Tag nach Ablauf des USt-Voranmeldungszeitraums (§ 18 Abs. 1 UStG)
USt-Abschlusszahlung	1 Monat **nach** dem **Eingang** der Jahressteuer**erklärung** (§ 18 Abs. 4 UStG)

Wird eine Steuer **nicht** bis zum Ablauf des **Fälligkeitstages** entrichtet, so ist für jeden **angefangenen** Monat der Säumnis ein **Säumniszuschlag** von **1 %** des rückständigen abgerundeten Steuerbetrags zu entrichten. Der **Steuerbetrag** ist auf den nächsten **durch 50 Euro teilbaren Betrag abzurunden** (§ 240 Abs. 1 AO).

Bei Vorliegen einer **Einzugsermächtigung** gilt die Steuer **stets** als **bei Fälligkeit beglichen** (§ 224 Abs. 2 Nr. 3 AO).

Ein **Säumniszuschlag** wird bei einer Säumnis bis zu **drei Tagen (= Schonfrist) nicht** erhoben (§ 240 Abs. 3 **Satz 1** AO). Diese **Zahlungsschonfrist** gilt **nicht** für **Bar- und Scheckzahlungen** (§ 224 Abs. 2 Nr. 1 und § 240 Abs. 3 **Satz 2** AO).

Bei Zahlung **nach** Ablauf der Schonfrist ist der Säumniszuschlag **ab Fälligkeit** (bzw. dem Folgetag) zu berechnen, denn durch die Schonfrist wird die Fälligkeit **nicht geändert**.

Die **Lohn- und Umsatzsteuer** müssen erst angemeldet werden, damit sie fällig werden, d.h., bevor die Voranmeldung nicht beim Finanzamt eingeht, können **keine Säumniszuschläge** anfallen. Allerdings droht bei verspäteter Abgabe der Anmeldung die Festsetzung eines **Verspätungszuschlags** (§ 152 AO).

S 1 | Einzelheiten zum **Säumniszuschlag** und **Verspätungszuschlag** wurden bereits im Abschnitt 4.5 „Folgen der Fristversäumnis", Seiten 62 ff., dargestellt.

ÜBUNG →
1. Wiederholungsfragen 1 bis 5 (Seite 113),
2. Aufgaben 1 und 2 (Seite 113)

8.4 Steuerstundung

Durch die **Stundung** wird der Fälligkeitstermin einer Steuer hinausgeschoben, z.B. indem eine Teil-/Ratenzahlung für die Begleichung der Steuerschuld vereinbart wird.

Die **Finanzbehörden können** Steuern nach § 222 AO ganz oder teilweise **stunden, wenn**

- die Einziehung bei Fälligkeit eine **erhebliche Härte** für den Schuldner bedeuten würde **und**
- der **Anspruch** durch die Stundung **nicht gefährdet** erscheint.

Eine **erhebliche Härte** kann sich aus **sachlichen** Gründen und aus den **persönlichen** Verhältnissen des Steuerschuldners ergeben.

Als **sachliche** Gründe kommen z.B. die Insolvenz eines wichtigen Kunden des Steuerschuldners, unerwartet hohe Steuernachzahlungen aufgrund einer Außenprüfung oder wirtschaftliche Schwierigkeiten als Folge einer Naturkatastrophe (z.B. Hochwasser, Sturm) in Betracht.
Als **persönlicher** Grund kommt z.B. eine längere schwere Krankheit in Betracht.

Steuer**ansprüche** gegen den Steuerschuldner können **nicht gestundet** werden, soweit ein **Dritter** (z.B. ein Arbeitgeber) die Steuer (z.B. die LSt) **für Rechnung des Steuerschuldners** zu entrichten, insbesondere einzubehalten und abzuführen hat (§ 222 Satz 3 AO).

Die Stundung soll in der Regel nur **auf Antrag** und **gegen Sicherheitsleistung** gewährt werden (§ 222 Satz 2 AO), denn die **Zahlung** soll **nicht gefährdet** werden.

Die Stundung ist eine **Ermessensentscheidung** der Finanzbehörden („... können ..."). Bei Steuerpflichtigen, die ihren Zahlungsverpflichtungen regelmäßig **nicht** nachkommen, kann dies ein Argument **gegen** die Gewährung einer Stundung sein.

Gegen die **Ablehnung** eines Stundungsantrags durch das Finanzamt kann der Steuerschuldner **Einspruch** bei der Finanzbehörde einlegen.

Für die Dauer einer gewährten Stundung werden Zinsen **(Stundungszinsen)** erhoben (§ 234 Abs. 1 AO). Die Zinsen betragen **für jeden vollen Monat 0,5 %** des abgerundeten **Steuerbetrages**. Der Steuerbetrag ist **auf den nächsten durch 50 Euro teilbaren Betrag abzurunden**. Angefangene Monate bleiben dabei außer Ansatz (§ 238 AO). Auf die Zinsen kann ganz oder teilweise verzichtet werden, wenn ihre Erhebung nach Lage des einzelnen Falles **unbillig** wäre (§ 234 Abs. 2 AO).

Der Zinslauf **beginnt** bei Stundungszinsen am ersten Tag, für den die Stundung wirksam wird. Bei einer Stundung ab Fälligkeit beginnt der Zinslauf erst am Tag nach Ablauf der gegebenenfalls nach § 108 Abs. 3 AO verlängerten Zahlungsfrist (AEAO zu § 234 Nr. 4). Fällt das **Ende der ausgesprochenen Stundung auf einen Samstag, Sonntag oder gesetzlichen Feiertag, endet der Zinslauf erst am darauffolgenden Werktag** (AEAO zu § 234 Nr. 5).

Weitere Informationen sowie Berechnungsbeispiele sind im AEAO zu § 234 AO dargestellt.

ÜBUNG →	1. Wiederholungsfragen 6 bis 8 (Seite 113), 2. Aufgaben 3 und 4 (Seite 114)

8.5 Erlöschen des Steueranspruchs

Der Steueranspruch **erlischt** insbesondere **durch Zahlung, Aufrechnung, Erlass** oder **Verjährung** (§ 47 AO).

8.5.1 Zahlung

Der Steueranspruch wird im Regelfall **durch Zahlung** erfüllt.

Die **Zahlungsschuld** ist eine **Bringschuld**. Der Steueranspruch erlischt nur, wenn die Zahlung wirksam, d.h. an die zuständige Kasse (z.B. Finanzkasse) geleistet wurde (§ 224 AO).

Eine wirksam geleistete **Zahlung** gilt als **entrichtet** (§ 224 Abs. 2 AO):

1. bei Übergabe oder Übersendung von **Zahlungsmitteln am Tag des Eingangs**, bei Hingabe oder Übersendung von **Schecks** jedoch erst **drei Tage nach** dem **Tag des Eingangs**,
2. bei Überweisung oder Einzahlung auf ein **Konto der Finanzbehörde** und bei Einzahlung mit Zahlschein oder Postanweisung an dem Tag, an dem der Betrag **der Finanzbehörde gutgeschrieben wird**,
3. bei Vorliegen einer **Einzugsermächtigung am Fälligkeitstag**.

Für die **Kosten der Zahlung** gilt § 270 Abs. 1 BGB, d.h., der **Zahlende hat die Kosten** des Zahlungsvorgangs **zu tragen**.

Ein **Säumniszuschlag** wird bei einer Säumnis bis zu **drei Tagen (= Zahlungsschonfrist) nicht** erhoben (§ 240 Abs. 3 **Satz 1** AO). Diese **Schonfrist** gilt jedoch **nicht** für **Bar- und Scheckzahlungen** (§ 224 Abs. 2 Nr. 1 und § 240 Abs. 3 **Satz 2** AO).

Für die **Reihenfolge der Tilgung der Steuerschulden** ist § 225 AO zu beachten. Wenn die Zahlung nicht für alle Steuerschulden ausreicht, bestimmt der **Steuerpflichtige**, wofür die Zahlung gilt (§ 225 Abs. 1 AO). Bestimmt der Steuerpflichtige den Zahlungszweck **nicht**, so gilt die in § 225 Abs. 2 AO festgelegte Reihenfolge: Geldbußen, Zwangsgelder, Steuerabzugsbeträge usw., wobei innerhalb dieser Rangfolge noch nach der **Fälligkeit** geordnet wird. Dabei werden die **zuerst fälligen** Schulden **zuerst getilgt**. Bei einer **erzwungenen Zahlung** im Wege der Vollstreckung bestimmt die **Finanzverwaltung** die Tilgungsreihenfolge, wenn der verfügbare Betrag **nicht** ausreicht (§ 225 Abs. 3 AO).

ÜBUNG →	1. Wiederholungsfragen 9 bis 11 (Seite 113), 2. Aufgabe 5 (Seite 114)

8.5.2 Aufrechnung

Unter **Aufrechnung** versteht man die wechselseitige Tilgung zweier sich gegenüberstehender Forderungen durch Verrechnung (§ 387 BGB, § 226 AO). Sowohl die Finanzbehörde als auch der Steuerschuldner können die Aufrechnung erklären. Durch die Aufrechnung erlischt der Steueranspruch.

Voraussetzung für eine wirksame Aufrechnung ist, dass die sogenannte „**Aufrechnungslage**" gegeben ist (AEAO zu § 226, Nr. 1).

Die **Aufrechnungslage** ist gegeben bei:

Gegenseitigkeit der Forderungen	Schuldner der einen Forderung muss Gläubiger der anderen Forderung sein. Als Gläubiger eines Steueranspruches gilt auch die Körperschaft, die die Steuer verwaltet (§ 226 Abs. 4 AO). So kann z.B. ein Finanzamt eine von einem Steuerpflichtigen geforderte Landessteuer (z.B. Erbschaftsteuer) gegen die an diesen Steuerpflichtigen zu erstattende Bundessteuer (z.B. Energiesteuer) aufrechnen.
Gleichheit der Forderungen	Sie ist gegeben, wenn sich Geldforderungen gegenüberstehen.
Erfüllbarkeit der Hauptforderung	Die Forderung, die dem Empfänger der Aufrechnungserklärung gegen den Aufrechnenden zusteht, muss entstanden sein. Die Steuerpflichtigen können nur mit unbestrittenen oder rechtskräftig festgestellten Gegenansprüchen aufrechnen (§ 226 Abs. 3 AO).
Fälligkeit der Gegenforderung	Die Forderung, die dem Aufrechnenden zusteht, muss fällig sein.

Im Übrigen gelten die Vorschriften des Bürgerlichen Gesetzbuches (BGB) über die Aufrechnung sinngemäß (§§ 387 ff. BGB).

Die **Aufrechnung** erfolgt durch **Erklärung** gegenüber dem anderen Teil. Die **Aufrechnungserklärung** des Steuerpflichtigen ist eine **einseitige, empfangsbedürftige Willenserklärung**.

BEISPIEL

Der Steuerpflichtige Udo Bader hat einen fälligen Umsatzsteuer-Erstattungsanspruch in Höhe von 2.000 €. Gleichzeitig hat er eine Einkommensteuer-Vorauszahlung in Höhe von 3.000 € zu leisten.

Bader kann **aufrechnen**, weil die Aufrechnungslage gegeben ist. In seiner Umsatzsteuer-Voranmeldung ist für die Verrechnung des USt-Erstattungsanspruchs in **Zeile 53**, **Kennzahl 29**, eine **„1"** einzutragen. Die Verrechnungswünsche sind auf einem besonderen Blatt anzugeben.

Die **Aufrechnungserklärung** des Finanzamtes ist ein **Verwaltungsakt** i.S.d. § 118 AO, der mit dem Einspruch angefochten werden kann.

8.5.3 Erlass

Unter **Erlass** versteht man den endgültigen Verzicht des Steuergläubigers auf eine entstandene Steuer. Der Erlass ist eine **Ermessensentscheidung** („... können ...") der Finanzbehörden (Verwaltungsakt).

Der Erlass kommt nur in **Ausnahmefällen** in Betracht. Grundsätzlich müssen Steuern beglichen werden. Die Finanzbehörden können Steuern ganz oder zum Teil erlassen, wenn deren Einziehung nach Lage des einzelnen Falles **unbillig** wäre (§ 227 AO).

In der Rechtsprechung werden **zwei Arten der Unbilligkeit** unterschieden:

- **persönliche** Unbilligkeit,
- **sachliche** Unbilligkeit.

Persönliche Unbilligkeit ist in der Person des Steuerpflichtigen und seiner wirtschaftlichen Lage begründet. Ein Erlass aus **persönlichen** Billigkeitsgründen setzt voraus, dass der **Steuerpflichtige erlassbedürftig** und **erlasswürdig** ist. **Erlassbedürftigkeit** ist gegeben, wenn der Steuerpflichtige durch die Zahlung in seiner wirtschaftlichen Existenz gefährdet würde. Soweit der Erwerber bei einem Großerwerb betrieblichen Vermögens nachweist, dass er nicht in der Lage ist, die auf das begünstigte Vermögen entfallende Steuer aus seinem verfügbaren Vermögen zu begleichen, ist diese ihm auf Antrag zu erlassen (sog. Bedürfnisprüfung § 28a Abs. 1 Satz 1 ErbStG). Eine weitere Erlassbedürftigkeitsprüfung findet dann nicht statt.

Erlasswürdigkeit liegt vor, wenn der Steuerpflichtige seine mangelnde wirtschaftliche Leistungsfähigkeit nicht selbst verschuldet hat.

Sachliche Unbilligkeit, die in der Praxis sehr selten gegeben ist, liegt der Rechtsprechung nach vor, wenn die Besteuerung als solche, unabhängig von den persönlichen Verhältnissen des Steuerpflichtigen, unbillig wäre. Eine sachliche Unbilligkeit liegt beispielsweise für einen Erlass von Säumniszuschlägen nicht vor, wenn der Steuerpflichtige seinen Einspruch gegen die teilweise Ablehnung der Aussetzung der Vollziehung, der vom Finanzamt zurückgewiesen wurde, nicht begründet (BFH-Urteil vom 18.09.2018).

8.5.4 Zahlungsverjährung

Die **Verjährung** bewirkt, dass der Steueranspruch **durch Zeitablauf** erlischt.

Die AO unterscheidet zwischen der **Festsetzungsverjährung** und der **Verjährung des Zahlungsanspruchs (Zahlungsverjährung)**.

Einzelheiten zur **Festsetzungsverjährung** wurden bereits im Abschnitt 6.3 „Festsetzungsverjährung bei Steuern", Seiten 94 ff., dargestellt und erläutert. S 1

Die **Verjährungsfrist** der **Zahlungsverjährung** beträgt nach § 228 Satz 2 AO

grundsätzlich **fünf Jahre**, aber in den Fällen der §§ 370, 373 und 374 AO **10 Jahre**.

Die Verjährungsfrist **beginnt** grundsätzlich mit **Ablauf des Kalenderjahres**, in dem der Anspruch **erstmals fällig** geworden ist (§ 229 Abs. 1 AO).

BEISPIEL

Die ESt-Abschlusszahlung des Steuerpflichtigen Klaas Rump für 2025 ist am 11.08.2026 fällig.

Der Zahlungsanspruch verjährt mit Ablauf des 31.12.2031 (31.12.2026 + 5 Jahre).

Der Lauf der Verjährungsfrist beginnt jedoch **nicht vor** Ablauf des Kalenderjahres, in dem die Festsetzung eines Steueranspruchs, ihre Aufhebung, Änderung oder ihre Berichtigung nach § 129 AO wirksam geworden ist; eine Steueranmeldung steht einer Steuerfestsetzung gleich (§ 229 Abs. 1 Satz 2 AO).

BEISPIEL

Die Steuerpflichtige Vera Mang (Monatszahlerin; keine Dauerfristverlängerung) hat ihre USt-Voranmeldung für November 2025 erst im Januar 2026 abgegeben.

Der USt-Zahlungsanspruch für November 2025 verjährt nicht bereits mit Ablauf des 31.12.2030, sondern erst mit Ablauf des 31.12.2031, weil die Steueranmeldung erst im Jahr 2026 wirksam geworden ist.

Diese Regelung hat Bedeutung für die sogenannten **Fälligkeitssteuern**, d.h. Steuern, deren Fälligkeit gesetzlich festgelegt ist (z.B. Umsatzsteuer und Lohnsteuer). Sie gewährleistet, dass die Finanzbehörde die Verjährungsfrist von fünf Jahren ausschöpfen kann, wenn der Steuerpflichtige seine Erklärungspflicht verspätet oder überhaupt nicht erfüllt.

Fällt das **Ende der Zahlungsverjährung** auf einen Samstag, Sonntag oder gesetzlichen Feiertag, verschiebt sich das Ende der Frist nach § 108 Abs. 3 AO auf den nächstfolgenden Werktag (vgl. AEAO zu § 228 Nr. 2).

Die Verjährung kann **gehemmt** oder **unterbrochen** werden.

Die Verjährung ist **gehemmt**, solange der Steueranspruch wegen **höherer Gewalt innerhalb** der letzten sechs Monate der Verjährungsfrist nicht verfolgt werden kann.
Höhere Gewalt sind z.B. Naturkatastrophen. Die Verjährungsfrist **verlängert sich um den Zeitraum der Hemmung** (§ 230 AO).

Der Lauf der Verjährungsfrist wird z.B. **unterbrochen** durch

- schriftliche Geltendmachung des Steueranspruchs,
- Stundung,
- Aussetzung der Vollziehung (wegen eines schwebenden Rechtsbehelfs),
- Anmeldung im Insolvenzverfahren (§ 231 Abs. 1 AO).

Die **Verjährungsfrist beginnt im Fall der Unterbrechung** mit Ablauf des Kalenderjahres, in dem die Unterbrechung geendet hat, **neu zu laufen** (§ 231 Abs. 3 AO).

ÜBUNG →	1. Wiederholungsfragen 12 bis 19 (Seite 113), 2. Aufgabe 6 (Seite 114)

8.6 Zusammenfassung und Erfolgskontrolle

8.6.1 Zusammenfassung

- Steuern können nur **erhoben** werden, wenn sie **entstanden**, **festgesetzt** und **fällig** sind.
- Die Steuer **entsteht**, wenn der Tatbestand verwirklicht ist, an den das Gesetz die Leistungspflicht knüpft.
- Durch die Steuer**festsetzung** wird der Steueranspruch **konkretisiert**.
- **Fälligkeit** der Steuer bedeutet, dass der Steuergläubiger die Zahlung verlangen kann.
- Die Finanzbehörden können unter bestimmten Voraussetzungen Steuern ganz oder teilweise **stunden**, d.h. den Fälligkeitstermin hinausschieben.
- Der Steueranspruch **erlischt** insbesondere durch **Zahlung**, **Aufrechnung**, **Erlass** oder **Verjährung**.
- Unter **Aufrechnung** versteht man die wechselseitige Tilgung zweier Forderungen durch Verrechnung.
- Unter **Erlass** versteht man den endgültigen Verzicht auf eine entstandene Steuer aus Billigkeitsgründen.
- Die **Zahlungsverjährung** bewirkt, dass der Steueranspruch durch Zeitablauf erlischt.
- Bei einer **Unterbrechung** beginnt die fünfjährige Verjährungsfrist neu zu laufen.

8.6.2 Erfolgskontrolle

WIEDERHOLUNGSFRAGEN

1. Welche Voraussetzungen müssen erfüllt sein, damit eine Steuer erhoben werden kann?
2. Wann entstehen Steuern allgemein und im Besonderen?
3. Wodurch wird der Steueranspruch verwirklicht (konkretisiert)?
4. Wie unterscheidet sich die Fälligkeit einer Steuer von der einer Fälligkeitssteuer?
5. Wie ist die Fälligkeit wichtiger Steuerarten geregelt? Nennen Sie einige Beispiele.
6. Unter welchen Voraussetzungen kann eine Steuer gestundet werden?
7. Wie wehrt sich der Steuerpflichtige gegen die Ablehnung eines Stundungsantrags?
8. Wie werden steuerliche Nebenleistungen in Verbindung mit der Stundung ermittelt?
9. Welche Erlöschungsgründe sieht die AO für Steueransprüche vor?
10. Welche Regelung enthält § 224 AO für das Erlöschen eines Steueranspruchs?
11. Welchen Vorteil bietet eine Einzugsermächtigung bei der Zahlung von Steuerschulden?
12. Was versteht man unter einer Aufrechnung?
13. Welche Voraussetzungen müssen vorliegen, damit die Aufrechnungslage gegeben ist?
14. Was versteht man unter einem Erlass?
15. Welche Bedeutung haben die Erlassbedürftigkeit und die Erlasswürdigkeit?
16. Wer ist für den Erlass sachlich zuständig?
17. Wie wird die Zahlungsverjährungsfrist bei Steuern und Fälligkeitssteuern berechnet?
18. Welche Wirkung haben eine Flutkatastrophe bzw. eine Stundung auf die Verjährung?
19. Welcher Zusammenhang besteht zwischen Festsetzungs- und Zahlungsverjährung?

Aufgaben

AUFGABE 1

Stellen Sie bei den Sachverhalten 1 bis 3 fest, wann die jeweils genannte Steuer entsteht, wodurch sie festgesetzt und wann sie fällig wird. Geben Sie dabei die Rechtsgrundlagen an.

1. Helga Wirtz, Köln, ist als Steuerfachangestellte bei einem Steuerberater tätig. Ihr Monatsgehalt wird jeweils am Monatsletzten überwiesen. Die Lohnsteuer wird monatlich vom Arbeitgeber einbehalten und angemeldet.
2. Die X-GmbH, Bonn, versteuert ihre Umsätze als Monatszahlerin nach vereinbarten Entgelten. Ihre USt-Voranmeldung für Mai 2026 übermittelt sie elektronisch am 10.07.2026 an das zuständige Finanzamt in Bonn. Die GmbH hat keine Dauerfristverlängerung beantragt.
3. Die Steuerpflichtige Edith Jung, Wiesbaden, erhält am 28.08.2026 ihren Einkommensteuerbescheid 2024 (Poststempel 26.08.2026). Sie hat noch 1.180 € ESt nachzuzahlen.

AUFGABE 2

Der Steuerpflichtige Willi Schneider, Münster, schuldet dem Finanzamt folgende Steuern, die er am 14.12.2026 zahlt (Eingang auf dem Konto der Finanzkasse) (**Grundsatz**; keine Anwendung von Pandemieausnahmen):

a)	ESt-Abschlusszahlung 2024	5.540,00 €, fällig am 02.07.2026
b)	einbehaltene Lohnsteuer Oktober 2026	5.630,00 €, fällig am 10.11.2026
c)	USt-Vorauszahlung Oktober 2026	3.755,00 €, fällig am 10.11.2026

Ermitteln Sie die Art und Höhe der steuerlichen Nebenleistungen.

AUFGABE 3

Der Steuerpflichtige Klaus Scherer, München, erhält am 13.08.2026 seinen Einkommensteuerbescheid 2025 mit Poststempel vom 10.08.2026. Der Steuerbescheid enthält eine Abschlusszahlung von 2.532 €. Herr Scherer beantragt die Stundung der Abschlusszahlung bis 31.12.2026. Das Finanzamt entspricht seinem Antrag. Wenden Sie bei Ihrer Lösung den **Grundsatz** und keine Pandemieregelung an.

1. Welche steuerliche Nebenleistung wird das Finanzamt berechnen?
2. Wie hoch ist die steuerliche Nebenleistung?

AUFGABE 4

Halten Sie bei den Sachverhalten 1 bis 5 eine Stundung für gerechtfertigt?

Begründen Sie Ihre Antwort. Gehen Sie davon aus, dass der Steueranspruch durch eine Stundung nicht gefährdet ist.

1. Christine Meran, Oldenburg, muss für das Vorjahr eine erwartete ESt-Abschlusszahlung in Höhe von 10.000 € leisten. Da sie einen Großteil ihres Geldes kurz nach Abgabe ihrer Steuererklärung für ein Jahr fest angelegt hat, bittet sie das Finanzamt um Stundung.
2. Valentin Fuchs, Berlin, hat aufgrund einer Außenprüfung unerwartet eine größere Steuernachzahlung zu leisten. Er bittet das Finanzamt um Stundung.
3. Adrian Kubig, Hamburg, bittet das Finanzamt um Stundung seiner ESt-Abschlusszahlung für das Vorjahr. Er begründet den Antrag mit der Eröffnung eines Insolvenzverfahrens bei einem Kunden, gegen den er noch hohe Forderungen hat.
4. Einige Obstanlagen des Landwirts Fabian Horch, Oldenburg, wurden kurz vor der Ernte durch Hagelschlag verwüstet. Er bittet das Finanzamt um Stundung seiner ESt-Vorauszahlungen.

5. Paul Hauck, Bremen, bittet das Finanzamt um Stundung einer erwarteten ESt-Abschlusszahlung für das Vorjahr. Als Begründung gibt er an, dass er zurzeit nicht flüssig sei, weil er seinen Kindern vor kurzem einen größeren Geldbetrag zur Hochzeit geschenkt habe.

AUFGABE 5

Der Steuerpflichtige Fritz Barden, Düsseldorf, schuldet für 2025 die ESt-Abschlusszahlung in Höhe von 1.500 €, fällig am 10.09.2026.

Ist die Zahlung wirksam und rechtzeitig geleistet, wenn Herr Barden

1. am 10.09.2026 seiner Bank den Überweisungsauftrag erteilt und der Betrag am 14.09.2026 auf dem Konto der Finanzkasse gutgeschrieben wird?
2. am 11.09.2026 der Finanzkasse einen Verrechnungsscheck übergibt?

AUFGABE 6

Bestimmen Sie bei den Sachverhalten 1 bis 3 Beginn, Dauer und Ende der Zahlungsverjährungsfrist. Begründen Sie Ihre Lösung mit der Angabe der Rechtsgrundlage.

1. Alfons Schüler schuldet für das 2. Quartal 2026 die ESt-Vorauszahlungen in Höhe von 5.000 €.
2. Bernd Roll versteuert seine Umsätze nach vereinbarten Entgelten als Monatszahler. Für den VAZ Oktober 2026 ist eine Zahllast von 7.000 € ermittelt worden. Die Voranmeldung wird ohne Dauerfristverlängerung erst am 04.01.2027 übermittelt, nachdem das Weihnachtsgeschäft beendet war.
3. Die ESt-Vorauszahlung der Frieda Müller für das 1. Quartal 2026 wird ab Fälligkeit bis zum 10.03.2027 gestundet.

9 Rechtsbehelfsverfahren

Unter einem **Rechtsbehelfsverfahren** versteht man die Möglichkeit des Steuerpflichtigen, gegen eine Entscheidung (Verwaltungsakt) der Finanzbehörde vorzugehen.

Man unterscheidet zwei Gruppen von Rechtsbehelfsverfahren

- das **außergerichtliche** Rechtsbehelfsverfahren und
- die **gerichtlichen** Rechtsbehelfsverfahren.

LF 11

9.1 Außergerichtliches Rechtsbehelfsverfahren

Die AO sieht als **außergerichtliches** Rechtsbehelfsverfahren ausschließlich den **Einspruch (§§ 347 ff. AO)** vor.

Ein Einspruch hat nur dann Aussicht auf Erfolg, wenn er **zulässig** und **begründet** ist.

Bei der Einlegung des Einspruchs soll der Verwaltungsakt bezeichnet werden, gegen den der Einspruch gerichtet ist. Grund und Umfang der Anfechtung sind anzugeben. Die Tatsachen und Beweismittel, die zur **Begründung** dienen, sollen angeführt werden (§ 357 Abs. 3 AO).

9.1.1 Zulässigkeit des Einspruchs

Voraussetzungen für die **Zulässigkeit** eines Einspruchs sind:

- **Statthaftigkeit** (§ 347 Abs. 1 AO),
- **Beschwer** (§ 350 AO),
- Einhaltung der **Einspruchsfrist** (§ 355 AO),
- Einhaltung der **Form** (§ 357 Abs. 1 AO).

Statthaftigkeit

Das Einspruchsverfahren ist nur eröffnet, wenn ein Verwaltungsakt angegriffen wird oder der Einspruchsführer sich gegen den Nichterlass eines Verwaltungsaktes wendet (§ 347 Abs. 1 AO).

Demnach sind zwei Arten des Einspruchs zu unterscheiden:

1. Einspruch gegen einen **erlassenen Verwaltungsakt** (§ 347 Abs. 1 **Satz 1** AO),
2. **Untätigkeitseinspruch** gegen den **Nichterlass eines Verwaltungsaktes** (§ 347 Abs. 1 **Satz 2** AO).

Nach § 347 Abs. 1 AO ist der Einspruch als Rechtsbehelf gegen Verwaltungsakte **statthaft** in

1. **Abgabenangelegenheiten**,
2. Vollstreckungsangelegenheiten,
3. Steuerberatungsangelegenheiten und
4. sonstigen Verwaltungsangelegenheiten.

Entscheidet die Finanzbehörde über einen gestellten Antrag auf Erlass eines Verwaltungsaktes **nicht binnen einer angemessenen Frist**, sondern bleibt in Bezug auf den gestellten Antrag untätig, so ist nach § 347 Abs. 1 **Satz 2** AO der **Untätigkeitseinspruch** möglich.

Im Folgenden wird nur das Einspruchsverfahren gegen Verwaltungsakte in **Abgabenangelegenheiten** kurz dargestellt und erläutert.

Der **Anwendungsbereich** der AO erstreckt sich nach § 1 Abs. 1 AO auf

1. **Steuern** und **Steuervergütungen**, die durch
2. **Bundesrecht** oder **EU-Recht** geregelt sind, soweit sie durch
3. **Bundes- oder Landesfinanzbehörden verwaltet** werden.

Nach § 1 Abs. 3 AO ist die AO **auch** auf **steuerliche Nebenleistungen** vorbehaltlich des Rechts der Europäischen Gemeinschaften anzuwenden.

Das finanzbehördliche Einspruchsverfahren ist nach § 1 Abs. 2 AO i.V.m. § 3 Abs. 2 AO grundsätzlich **nicht** für Maßnahmen bei der Verwaltung der **Grundsteuer** und der **Gewerbesteuer durch die Gemeinden** gegeben.

Gegen folgende Verwaltungsakte der Finanzbehörden ist z.B. der Einspruch **statthaft**:

- Steuerbescheide und Steueranmeldungen,
- Festsetzungs- und Feststellungsbescheide,
- Steuermessbescheide,
- Festsetzung von Verspätungs-, Säumniszuschlägen und Zwangsgeldern,
- Ablehnung von Stundungs- und Erlassanträgen.

Der Einspruch ist nach § 348 AO **nicht statthaft**:

- gegen Einspruchsentscheidungen (§ 367 AO),
- bei Nichtentscheidung über einen Einspruch,
- gegen Verwaltungsakte der obersten Bundes- oder Landesfinanzbehörden,
- gegen Entscheidungen der Steuerberaterkammer,
- in den Fällen des § 172 Abs. 3 AO.

Beschwer

Zur Einlegung von Einsprüchen ist **befugt**, wer geltend machen kann, durch einen Verwaltungsakt oder dessen Unterlassung **beschwert** zu sein (§ 350 AO).

Bei einer **Nullfestsetzung** besteht grundsätzlich **keine Beschwer** (AEAO zu § 350, Nr. 3).

BEISPIEL

Der Steuerpflichtige Anton Albert legt gegen einen Einkommensteuerbescheid, in dem die Einkommensteuer mit 0 € festgesetzt worden ist, Einspruch mit der Begründung ein, seine Rente sei statt mit einem Besteuerungsanteil von 50 % mit 54 % angesetzt worden.

Der Einspruch des Herrn Albert ist **unzulässig**, weil er **nicht beschwert**, d.h. in seinen Rechten nicht beeinträchtigt ist (§ 350 AO).

Einspruchsfrist

Der Einspruch ist **innerhalb eines Monats** nach **Bekanntgabe** des Verwaltungsaktes einzulegen (§ 355 Abs. 1 Satz 1 AO).

BEISPIEL

Dem Steuerpflichtigen Anton Albert wird am 11.05.2026 sein Einkommensteuerbescheid 2025 bekannt gegeben. Gegen diesen Bescheid will Herr Albert Einspruch einlegen.

Die **Einspruchsfrist endet** am **11.06.2026 um 24:00 Uhr**. Bis dahin muss der Einspruch beim Finanzamt eingegangen sein. Trifft er **später** ein, so ist der Einspruch **unzulässig**.

Die Einspruchsfrist ist eine **gesetzliche** Frist, die durch die Finanzbehörde **nicht verlängert** werden kann. § 108 Abs. 3 AO (Verschiebung des Fristendes auf den nächstfolgenden Werktag) ist jedoch anzuwenden. Für die Wahrung der Einspruchsfrist ist der Eingang beim Finanzamt entscheidend (BFH-Beschluss vom 10.11.2016). Bei Einlegung eines Einspruchs per Fax ist der Zugang des Schriftstücks (Ausdruck) beim Finanzamt entscheidend; d.h., dass der Eingang lediglich im Datenspeicher des Faxgeräts nicht fristwahrend ist (BFH-Beschluss vom 22.06.2020).

War der Einspruchsführer **ohne Verschulden** verhindert, die Einspruchsfrist einzuhalten, kann er **Wiedereinsetzung in den vorigen Stand** beim Finanzamt beantragen und seinen Einspruch nachholen (§ 110 Abs. 1 AO).

Form

Nach § 357 Abs. 1 **Satz 1** AO ist der Einspruch **schriftlich** (z. B. als Brief) oder **elektronisch** (z. B. als E-Mail) einzureichen oder zur Niederschrift zu erklären (z. B. Gesprächsdokument des persönlichen Vorsprechens beim Finanzamt).
Der Einspruch kann auch durch **Telefax, De-Mail** oder **Webformular** eingelegt werden, wenn diese Möglichkeiten eröffnet sind. Bei der **elektronischen Form** ist eine elektronische Signatur **nicht** erforderlich (AEAO zu § 357, Nr. 1). Wird ein Einspruch über das Portal ElsterOnline formuliert, so ist der Einspruch nicht eingelegt, wenn anstatt „Senden" der Befehl „Speichern und Verlassen" gewählt wurde. Eine Wiedereinsetzung in den vorigen Stand kommt dann nach Ablauf der Einspruchsfrist nicht in Betracht (FG Köln vom 25.07.2018).

Die Finanzbehörde, die den Verwaltungsakt erlassen hat, hat den (Steuer-)Fall **in vollem Umfang** sowohl zum Vorteil als auch zum Nachteil des Einspruchsführers **erneut zu prüfen** (§ 367 Abs. 2 Satz 1 AO).

Die vollständige Nachprüfbarkeit hat zur **Folge**, dass der Verwaltungsakt auch zum **Nachteil** des Einspruchsführers geändert werden kann. Eine solche **Verböserung** darf nur erfolgen, wenn dem Steuerpflichtigen zuvor **Gelegenheit zur Stellungnahme** gegeben worden ist (AEAO zu § 367, Nr. 2).

Der Steuerpflichtige kann dann die **Verböserung** durch **Rücknahme seines Einspruchs verhindern** (§ 362 Abs. 1 AO). Für die Rücknahme des Einspruchs gelten die Formvorschriften des Einspruchs entsprechend.

BEISPIEL

Der Steuerpflichtige Anton Albert macht mit seinem Einspruch gegen den Einkommensteuerbescheid geltend, dass die Werbungskosten um 200 € zu niedrig berücksichtigt worden sind. Der Sachbearbeiter des Finanzamtes stellt fest, dass der Einspruch zulässig ist, die Sonderausgaben jedoch um 300 € zu hoch angesetzt wurden.

Das Finanzamt wird Herrn Albert auf die **mögliche Verböserung** (§ 367 Abs. 2 **Satz 2** AO) hinweisen. Herr Albert kann jedoch den **Einspruch** gemäß § 362 Abs. 1 AO **zurücknehmen** und damit die **Verböserung vermeiden**.

Verstößt der Einspruch gegen die Unzulässigkeitsvoraussetzungen (z. B. weil die Einspruchsfrist verpasst wurde), wird er als **unzulässig** verworfen.

Behält die Finanzbehörde ihre Auffassung bei, dann entscheidet sie über den Einspruch per **Einspruchsentscheidung** (§ 367 Abs. 1 Satz 1 AO).

Gibt sie dem **Einspruch** jedoch **statt**, dann erlässt sie einen **Abhilfebescheid (geänderten Verwaltungsakt)**. Dadurch wird das Einspruchsverfahren in einfacher Weise erledigt (§ 367 Abs. 2 letzter Satz AO).

Nach § 367 **Abs. 2a** AO kann die Finanzbehörde vorab über Teile des Einspruchs entscheiden **(Teileinspruchsentscheidung)**, wenn dies sachlich dienlich ist. Um Klarheit darüber zu schaffen, inwieweit der Steuerfall „offen" bleibt, muss die Finanzbehörde in der Teileinspruchsentscheidung ausdrücklich bestimmen, hinsichtlich welcher Teile Bestandskraft nicht eintreten soll. Dies geschieht durch einen **Vorläufigkeitsvermerk** hinsichtlich der **angefochtenen Teile**.
Nach § 367 **Abs. 2b** AO wird der obersten Finanzbehörde die Möglichkeit eingeräumt, Einsprüche, die vom EuGH, vom BVerfG oder vom BFH entschiedene Rechtsfragen betreffen, durch eine **Allgemeinverfügung** (§ 118 Satz 2 AO) zurückzuweisen. Dabei reicht eine **Veröffentlichung** im **Bundessteuerblatt** aus.

Das Einspruchsverfahren ist **kostenfrei** (AEAO vor § 347, Nr. 2).

9.1.2 Aussetzung der Vollziehung

Durch die **Einlegung des Einspruchs** wird die **Vollziehung** des angefochtenen Verwaltungsaktes grundsätzlich **nicht gehemmt**, insbesondere die **Erhebung der Abgabe nicht aufgehalten** (§ 361 Abs. 1 Satz 1 AO). Das bedeutet, dass die gesamte Steuerschuld trotzdem zunächst zu zahlen ist.

In § 361 Abs. 2 AO ist deshalb vorgesehen, dass die Vollziehung eines Verwaltungsaktes bis zur Entscheidung über den Einspruch ausgesetzt werden kann, wenn

- **ernsthafte Bedenken gegen die Rechtmäßigkeit** des Verwaltungsaktes bestehen **oder**
- die Vollziehung eine **unbillige**, nicht durch überwiegende öffentliche Interessen gebotene **Härte** zur Folge hätte.

Ernsthafte Zweifel an dem angefochten Verwaltungsakt liegen vor, wenn eine eilige Überprüfung Unsicherheiten in der Beurteilung der Rechtsfragen aufkommen lässt, die gegen die Rechtmäßigkeit des Verwaltungsaktes sprechen (AEAO zu § 361, Nr. 2.5).

Die Aussetzung der Vollziehung (AdV) erfolgt grundsätzlich nur auf **Antrag**, der in der Regel **zusammen mit dem Einspruch** gestellt wird.
Sie bewirkt, dass die ausgesetzte Abgabe nicht zu leisten ist, keine Säumniszuschläge erhoben und keine Vollstreckungsmaßnahmen durchgeführt werden dürfen.

Bleibt der Einspruch erfolglos, werden jedoch **Aussetzungszinsen** erhoben (§ 237 AO).

ÜBUNG →
1. Wiederholungsfragen 1 bis 9 (Seite 121),
2. Aufgabe 1 (Seite 121)

9.2 Gerichtliche Rechtsbehelfsverfahren

Macht der Steuerpflichtige geltend, dass er durch die Entscheidung im **außergerichtlichen** Verfahren in seinen Rechten verletzt wurde, kann er **gerichtlich** gegen den Verwaltungsakt der Finanzbehörde vorgehen.

Gerichtliche Rechtsbehelfe sind

1. die **Klage** (§§ 40 ff. FGO) und
2. die **Revision** (§§ 115 ff. FGO).

9.2.1 Klage

Die **Klage** ist beim zuständigen **Finanzgericht** (FG) **schriftlich** (z.B. für **Steuerberater** verpflichtend durch **elektronische** Einreichung) zu erheben (§ 64 FGO); nach § 52d Satz 2 i.V.m. § 52a Abs. 4 Nr. 2 FGO hat der Steuerberater seit dem **01.01.2023** hierfür das **besondere Steuerberaterpostfach (beSt)** zu verwenden.

Die **Frist** zur Erhebung der Klage beträgt **einen Monat** nach Bekanntgabe der Entscheidung über den außergerichtlichen Rechtsbehelf (§ 47 Abs. 1 FGO). Auch besteht bei Fristversäumnis die Möglichkeit zur Wiedereinsetzung in den vorigen Stand nach § 56 FGO. Allerdings muss die Begründung des Antrags (z.B. Krankheit) glaubhaft gemacht werden (FG Bremen vom 07.06.2021). Bei beruflich mit der Fristwahrung befassten Personen wird dabei ein strenger Maßstab angelegt (BFH-Beschluss vom 21.07.2021).

Über die Klage wird durch Urteil **(FG-Urteil)** vom Finanzgericht entschieden (§ 95 FGO).

Neben der Entscheidung über den Streitgegenstand muss das Gericht auch eine **Kostenentscheidung** treffen, die Auskunft darüber gibt, wer die Kosten des Verfahrens zu tragen hat bzw. wie die Kosten auf die Beteiligten zu verteilen sind.

9.2.2 Revision

Gegen das Urteil des Finanzgerichts können die Beteiligten (der Steuerpflichtige und/oder die Finanzbehörde) **Revision** beim **Bundesfinanzhof** (BFH) einlegen, **wenn** das **Finanzgericht** oder auf Beschwerde gegen die Nichtzulassung der **Bundesfinanzhof diese zugelassen haben** (§ 115 **Abs. 1** FGO).

Die **Revision** ist nach § 115 **Abs. 2** FGO **nur zugelassen, wenn**

1. die Rechtssache **grundsätzliche Bedeutung** hat,
2. die Fortbildung des Rechts oder Sicherung einer **einheitlichen Rechtsprechung** eine Entscheidung des Bundesfinanzhofs erfordert oder
3. ein **Verfahrensmangel** geltend gemacht wird und vorliegt, auf dem die Entscheidung beruhen kann.

Die Revision ist innerhalb **eines Monats** nach Zustellung des Urteils **schriftlich** beim **Bundesfinanzhof** einzulegen (§ 120 **Abs. 1** FGO).

Sie muss **innerhalb eines weiteren Monats** begründet werden (§ 120 **Abs. 2** FGO).

Ist die Revision **begründet**, so kann der Bundesfinanzhof durch Urteil **(BFH-Urteil) selbst entscheiden** (§ 126 Abs. 3 Satz 1 **Nr. 1** FGO) **oder** das FG-Urteil **aufheben und** den Fall an das Finanzgericht **zurückgeben** (§ 126 Abs. 3 Satz 1 **Nr. 2** FGO).

Neben der Entscheidung über den Streitgegenstand hat der BFH auch eine **Kostenentscheidung** zu treffen (§ 138 FGO).

9.2.3 Aussetzung der Vollziehung

Durch die **Erhebung der Klage** wird die **Vollziehung** des angefochtenen Verwaltungsaktes grundsätzlich **nicht gehemmt**, insbesondere die **Erhebung einer Abgabe nicht aufgehalten** (§ 69 Abs. 1 Satz 1 FGO).

Die **Aussetzung der Vollziehung** (AdV) kann durch die zuständige Finanzbehörde (§ 69 **Abs. 2** FGO) oder das Finanzgericht (§ 69 **Abs. 3** FGO) erfolgen. Ein Antrag auf AdV des Widerrufs einer Lohnsteueranrufungsauskunft (§ 42e EStG) ist jedoch nicht zulässig, da dieser Verwaltungsakt nicht vollziehbar ist (BFH-Beschluss vom 15.01.2015). Auch bei einer überlangen Dauer eines Einspruchs- oder Klageverfahrens werden die Aussetzungszinsen festgesetzt, da dem Steuerpflichtigen ausreichende präventive Rechtsbehelfe (z.B. Untätigkeitseinspruch/-klage) zur Verfügung stehen, um eine Verfahrensverzögerung zu verhindern (BFH-Urteil vom 27.04.2016).

ÜBUNG →
1. Wiederholungsfrage 10 (Seite 121),
2. Aufgabe 2 (Seite 121)

9.3 Zusammenfassung und Erfolgskontrolle

9.3.1 Zusammenfassung

Rechtsbehelfsverfahren

außergerichtliches Rechtsbehelfsverfahren		**gerichtliches** Rechtsbehelfsverfahren	
Einspruch (§ 347 Abs. 1 Satz 1 AO)	Untätigkeitseinspruch (§ 347 Abs. 1 Satz 2 AO)	**Klage** (§§ 40 ff. FGO)	**Revision** (§§ 115 ff. FGO)
richtet sich gegen die erlassende Finanzbehörde. Beispiele: • Steuerbescheide • Steuermessbescheide • Festsetzungsbescheide	richtet sich gegen die unterlassende Finanzbehörde. Beispiel: Nichtentscheidung über einen Stundungsantrag	richtet sich gegen Einspruchsentscheidungen der Finanzbehörde. Die Klage wird durch Urteil (FG-Urteil) entschieden.	richtet sich gegen Urteile des Finanzgerichts. Die Revision wird i.d.R. durch Urteil (BFH-Urteil) entschieden.

9.3.2 Erfolgskontrolle

Wiederholungsfragen

1. Was versteht man unter einem Rechtsbehelfsverfahren?
2. Welche Gruppen von Rechtsbehelfsverfahren lassen sich unterscheiden?
3. Welche Einspruchsarten gibt es in der AO?
4. Unter welchen Voraussetzungen ist ein Einspruch zulässig und begründet? Erläutern Sie die einzelnen Voraussetzungen.
5. Bei welchen Verwaltungsakten ist der Einspruch statthaft?
6. Welche Behörde entscheidet über den Einspruch?
7. Wie können Negativfolgen durch einen Einspruch für den Steuerpflichtigen entstehen und vermieden werden?
8. Wodurch unterscheidet sich die Aussetzung der Vollziehung von der Wiedereinsetzung in den vorigen Stand?
9. Wann können in Verbindung mit einem Einspruch Zinsen anfallen?
10. Welche Voraussetzungen gelten für gerichtliche Rechtsbehelfsverfahren?

Aufgaben

AUFGABE 1

Die Eheleute Willi und Helga Schmidt, Hauptstr. 10, 56291 Maisborn, erhalten am 08.10.2026 ihren Einkommensteuerbescheid 2025 (per einfachem Brief mit Poststempel vom 05.10.2026, Steuer-Nr. 22/074/27382), in dem die Steuernachzahlung um 200 € zu hoch festgesetzt wurde. Das Finanzamt Koblenz, Ferdinand-Sauerbruch-Straße 19, 56073 Koblenz, hatte Ausgaben für Fachbücher in Höhe von 600 € zu Unrecht nicht anerkannt.

1. Welche Voraussetzungen müssen erfüllt sein, damit der Einspruch Aussicht auf Erfolg hat?
2. Entwerfen Sie ein Schreiben an die zuständige Finanzbehörde, durch das der entsprechende Rechtsbehelf eingelegt und finanzielle Negativfolgen für die Eheleute vermieden werden.

AUFGABE 2

Den Eheleuten Willi und Helga Schmidt (Aufgabe 1) wird am 09.10.2026 der Einkommensteuerbescheid 2025 vom Finanzamt Koblenz bekannt gegeben. Gegen diesen Bescheid legen sie form- und fristgerecht Einspruch ein.
Der Einspruch wird abgelehnt.
Die Einspruchsentscheidung wird den Eheleuten am 15.12.2026 bekannt gegeben.
Gegen die Einspruchsentscheidung des Finanzamtes wollen die Eheleute gerichtlich vorgehen.

1. Was ist das geeignete (Rechts-)Mittel, um sich gegen die Entscheidung des Finanzamts zu wehren?
2. Bis wann und wo muss dieser Rechtsbehelf erhoben werden?

10 Straf- und Bußgeldverfahren

Im steuerlichen Kontext sind besonders die **steuerlichen Pflichten** zu beachten; im Berufsalltag spielen auch die Vorschriften des **Geldwäschegesetzes** eine immer größere Rolle.

10.1 Vergehen im Rahmen der Abgabenordnung

Nach dem Grad der Pflichtverletzung unterscheidet die AO zwei Gruppen von Verstößen gegen Steuergesetze:

1. **Steuerstraftaten** und
2. **Steuerordnungswidrigkeiten**.

Steuerstraftaten sind mit Geld- oder Freiheits**strafen** bedroht bzw. zu ahnden, während **Steuerordnungswidrigkeiten** mit Geld**bußen** geahndet werden.

10.1.1 Steuerstraftaten und Strafmaße

In der AO werden folgende Steuerstraftaten und Strafmaße genannt:

- **Steuerhinterziehung** (§ 370 AO),
  Strafen: Geldstrafe oder
  bis zu **fünf** Jahren Freiheitsstrafe;
  in besonders schweren Fällen (ab über 50.000 € Hinterziehungsbetrag):
  Freiheitsstrafe von **sechs** Monaten bis zu **zehn** Jahren,
  außerdem fallen Hinterziehungszinsen nach § 235 AO an.
- **Bannbruch** (§ 372 AO)
  Strafen: wie bei Steuerhinterziehung,
- **gewerbsmäßiger, gewaltsamer und bandenmäßiger Schmuggel** (§ 373 AO)
  Strafe: Freiheitsstrafe von **sechs** Monaten bis zu **zehn** Jahren,
- **Steuerhehlerei** (§ 374 AO)
  Strafen: wie bei Steuerhinterziehung;
  bei gewerbsmäßigem Handeln:
  Freiheitsstrafe von **sechs** Monaten bis zu **zehn** Jahren.

Außerdem können noch Nebenfolgen (§ 375 AO) eintreten, sodass beispielweise keine öffentlichen Ämter mehr bekleidet werden dürfen.

Steuerhinterziehung begeht, wer **vorsätzlich**

1. den Finanzbehörden oder anderen Behörden über steuerlich erhebliche Tatsachen unrichtige oder unvollständige Angaben macht,
2. die Finanzbehörden pflichtwidrig über steuerlich erhebliche Tatsachen in Unkenntnis lässt oder
3. pflichtwidrig die Verwendung von Steuerzeichen oder Steuerstemplern unterlässt

und dadurch **Steuern verkürzt** oder für sich oder einen anderen **nicht gerechtfertigte Steuervorteile** erlangt (§ 370 Abs. 1 AO).

Vorsätzlich handelt, wer den Tatbestand einer strafbaren Handlung wissentlich und willentlich verwirklicht. Weiß beispielsweise auch nur einer der Erben, dass die Steuererklärung des Erblassers unvollständig war und berichtigt diese nicht, so liegt eine Steuerhinterziehung vor, für die alle Erben haften (BFH-Urteil vom 29.08.2017 - VIII R 32/15).

Steuern sind dann **verkürzt**, wenn sie nicht, nicht in voller Höhe oder nicht rechtzeitig festgesetzt werden. Dies gilt auch, wenn die Steuer vorläufig oder unter dem Vorbehalt der Nachprüfung festgesetzt wird (§ 370 Abs. 4 AO).

Auch der **Versuch**, Steuern zu hinterziehen, **ist strafbar** (§ 370 Abs. 2 AO).

Bannbruch begeht, wer Gegenstände entgegen einem Verbot einführt, ausführt oder durchführt, ohne sie der zuständigen Zollstelle ordnungsgemäß anzuzeigen (§ 372 AO).

Gewerbsmäßigen, gewaltsamen und bandenmäßigen Schmuggel begeht, wer gewerbsmäßig Einfuhr- oder Ausfuhrabgaben hinterzieht oder gewerbsmäßig durch Zuwiderhandlungen gegen Monopolvorschriften Bannbruch begeht (§ 373 AO).

Steuerhehlerei begeht, wer Erzeugnisse oder Waren bei denen Verbrauchsteuern oder Einfuhr- und Ausfuhrabgaben hinterzogen wurden, ankauft, um sich oder einen Dritten zu bereichern (§ 374 AO).

10.1.2 Steuerordnungswidrigkeiten und Bußmaße

Steuerordnungswidrigkeiten (§ 377 AO) sind weniger schwerwiegende Verstöße gegen Steuergesetze. Sie stellen keine Straftaten dar und werden nach dem Gesetz mit **Geldbußen** geahndet.

In der AO, dem StBerG und der Verordnung (EU) 2016/679 werden folgende **Steuerordnungswidrigkeiten und Bußmaße** genannt:

- **leichtfertige Steuerverkürzung** (§ 378 AO)
  Buße: Geldbuße bis zu 50.000 Euro;
- **Steuergefährdung** (§ 379 AO)
  Buße: Geldbuße bis zu 25.000 Euro;
- **Gefährdung von Abzugsteuern** (§ 380 AO)
  Buße: Geldbuße bis zu 25.000 Euro;
- **Verbrauchsteuergefährdung** (§ 381 AO)
  Buße: Geldbuße bis zu 5.000 Euro;
- **Gefährdung der Einfuhr- und Ausfuhrabgaben** (§ 382 AO)
  Buße: Geldbuße bis zu 5.000 Euro;
- **unzulässiger Erwerb von Steuererstattungs- und Vergütungsansprüchen** (§ 383 AO)
  Buße: Geldbuße bis zu 50.000 Euro;
- **Pflichtverletzung bei Übermittlung von Vollmachtsdaten** (§ 383b AO)
  Buße: Geldbuße bis 10.000 Euro;
- **Verstöße nach Art. 83 Abs. 4 bis 6 der Verordnung (EU) 2016/679** (§ 384a AO)
  Buße: Geldbuße von dem höheren Betrag aus 10 Mio. Euro/2 % des weltweiten Jahresumsatzes bzw. 20 Mio. Euro/4 % des weltweiten Jahresumsatzes;
- **unbefugte Hilfeleistung in Steuersachen** (§ 160 StBerG)
  Buße: Geldbuße bis zu 5.000 Euro.

Leichtfertige Steuerverkürzung begeht, wer als Steuerpflichtiger oder bei der Wahrnehmung der Angelegenheiten eines Steuerpflichtigen (z.B. Steuerberater, Angestellte) eine der in § 370 Abs. 1 AO bezeichneten Taten leichtfertig begeht (§ 378 AO) .

Leichtfertig ist, wer grob fahrlässig handelt.

Unter **Steuergefährdung** versteht man Vorbereitungshandlungen, die es ermöglichen (= geeignet sind), eine Steuerverkürzung zu bewirken.

Eine **Steuergefährdung** begeht z.B., wer vorsätzlich oder leichtfertig

1. Belege ausstellt, die unrichtig sind,
2. Belege gegen Entgelt in den Verkehr bringt oder
3. buchungs- oder aufzeichnungspflichtige Vorgänge nicht oder unrichtig bucht oder buchen lässt oder
4. nicht die Regelungen für die elektronischen Aufzeichnungssysteme beachtet (§ 146a AO)

und dadurch ermöglicht, Steuern zu verkürzen oder nicht gerechtfertigte Steuervorteile zu erlangen (§ 379 Abs. 1 Satz 1 AO).

Eine **Gefährdung von Abzugsteuern** liegt vor, wenn jemand vorsätzlich oder leichtfertig seiner Verpflichtung, Steuerabzugsbeträge (z.B. Lohnsteuer, Umsatzsteuer) einzubehalten und abzuführen, nicht, nicht vollständig oder nicht rechtzeitig nachkommt (§ 380 AO).

Von einer **Verbrauchsteuergefährdung** spricht man beispielsweise, wenn die Verbrauchsteuergesetze (z.B. Alkopopsteuer, Energiesteuer, Tabaksteuer) vorsätzlich oder leichtfertig missachtet werden.

Eine **Gefährdung der Einfuhr- und Ausfuhrabgaben** liegt dann vor, wenn Zollvorschriften vorsätzlich oder fahrlässig nicht beachtet werden.

Wenn ein Kreditgeber sich den Einkommensteuererstattungsanspruch eines Arbeitnehmers zur Vorfinanzierung abtreten lässt, liegt ein **unzulässiger Erwerb von Steuererstattungs- und Vergütungsansprüchen** vor.

Werden vorsätzlich oder leichtfertig die Vorschriften des § 80a Abs. 1 AO zur **Übermittlung von Vollmachtsdaten** missachtet, so liegt eine **Pflichtverletzung** diesbezüglich vor.

Unerlaubte Hilfestellung in Steuersachen liegt vor, wenn Unbefugte geschäftsmäßig steuerliche Beratungen durchführen.

10.2 Selbstanzeige bei Steuerhinterziehung und leichtfertiger Steuerverkürzung

Die **Selbstanzeige** eröffnet reuigen Steuersündern die Möglichkeit, **straf- oder bußgeldfrei** auszugehen, wenn sie umfassend alle unrichtigen Angaben gegenüber der Finanzbehörde korrigieren, alle unvollständigen Angaben ergänzen und die gesamte geschuldete Steuer inklusive Hinterziehungs- und Nachzahlungszinsen (§§ 233a, 235 AO) nachentrichten.

Die gesetzlichen Regelungen hierzu sind bei **Steuerhinterziehung** in § 371 AO und bei **leichtfertiger Steuerverkürzung** in § 378 AO aufgeführt.

Wer gegenüber der Finanzbehörde zu allen **unverjährten** (bzw. aus den letzten zehn Kalenderjahren) Steuerstraftaten einer Steuerart in **vollem Umfang**

- die unrichtigen Angaben berichtigt,
- die unvollständigen Angaben ergänzt oder
- die unterlassenen Angaben nachholt,

wird wegen dieser Straftat (Steuerhinterziehung) **nicht** bestraft (§ 371 AO), **wenn** er die hinterzogene Steuer inklusive der Hinterziehungs- und Nachzahlungszinsen (§§ 233a, 235 AO) **entrichtet**.

Eine sog. **Teilselbstanzeige**, bei der nur Ausschnitte einer Tat korrigiert werden, ist **nicht möglich**.

BEISPIEL

Der Steuerpflichtige Peter Bündgen, Köln, hat Einnahmen aus Kapitalvermögen, die er aus Anlagen bei der Bank A und der Bank B erzielt hat, der Finanzbehörde nicht gemeldet.
Aus schlechtem Gewissen meldet er die höheren Erträge aus der Anlage bei der Bank A nach.

Herr Bündgen hat **nicht** in **vollem Umfang** seine Einnahmen aus Kapitalvermögen gegenüber der Finanzbehörde gemeldet, sodass die **Selbstanzeige unwirksam** ist.

Die **Wirksamkeitsvoraussetzungen** einer strafbefreienden Selbstanzeige und die Regelungen für das Absehen von Verfolgung in besonderen Fällen wurden **zum 1. Januar 2015** durch das Gesetz zur Änderung der Abgabenordnung und des Einführungsgesetzes zur Abgabenordnung vom 22. Dezember 2014 (BGBl. I S. 2415) **deutlich verschärft**. Danach tritt keine Straffreiheit ein, wenn der Steuerpflichtige **mit der Entdeckung der Straftat rechnen musste** (z.B. durch Bekanntgabe einer Prüfungsanordnung oder bereits angelaufene Ermittlungen) oder der **Hinterziehungsbetrag pro Tat 25.000 Euro** übersteigt (§ 371 Abs. 2 AO). Bei Hinterziehungsbeträgen von **über 25.000 Euro** pro Tat wird von der Verfolgung einer Straftat dennoch abgesehen, wenn der Täter innerhalb einer ihm bestimmten Frist

1. die **hinterzogenen Steuern inklusive aller Zinsen entrichtet** und
2. einen **Geldbetrag** in Höhe eines **bestimmten Prozentsatzes (zwischen 10 % und 20 %)** der hinterzogenen Steuer **zahlt** (§ 398a AO).

Bleibt der verkürzte Betrag **unter 25.000 Euro**, ist der Wirksamkeitsausschluss des § 398a AO nicht anzuwenden und die Selbstanzeige ist **wirksam**, wenn alle übrigen Voraussetzungen erfüllt sind. Die Verfolgungsverjährung beträgt in **schweren** Fällen der Steuerhinterziehung **15 Jahre** (§ 376 Abs. 1 AO) und wird beispielsweise durch die Einleitung des Bußgeldverfahrens unterbrochen.

Im Fall der **leichtfertigen Steuerverkürzung** wird eine **Geldbuße** festgesetzt, soweit der Täter gegenüber der Finanzbehörde die unrichtigen Angaben berichtigt, ergänzt oder die unterlassenen Angaben nachholt, bevor ihm oder seinem Vertreter die Einleitung eines Straf- oder Bußgeldverfahrens wegen der Tat bekannt gegeben worden ist (§ 378 Abs. 3 AO). Die Verjährungsfrist für die Verfolgung von Steuerordnungswidrigkeiten nach den §§ 378 - 380 AO beträgt nach § 384 AO 5 Jahre.

10.3 Vorschriften des Geldwäschegesetzes (GwG)

Unter **Geldwäsche** versteht man Aktivitäten, durch die **illegal** erwirtschaftete Gelder (z. B. aus Steuerhinterziehung, Waffen- oder Drogenhandel) in den **legalen** Finanz- und Wirtschaftskreislauf überführt werden. Dabei sollen die wahre Herkunft des Geldes **verschleiert** und „saubere", also legale, Erträge erzeugt werden.

Der Geldwäscheprozess gliedert sich dabei grundsätzlich in **drei Schritte**:

In einem ersten Schritt wird durch die **Einspeisung** (Placement) das illegale Geld in das Finanzsystem eingebracht (z. B. Bareinzahlung auf ein Bankkonto). Im zweiten Schritt, der **Verschleierung** (Layering), wird durch zahlreiche Transaktionen die Herkunft des Geldes verwischt. Dann erfolgt im dritten Schritt die **Integration:** Das Geld wird wieder in die Wirtschaft (z. B. durch den Kauf von Immobilien) investiert.

Geldwäsche erfolgt dabei z. B. durch **Smurfing** (Aufteilung großer Summen Bargeld durch Einzahlung in vielen kleinen Beträgen, um die Bankenüberwachung zu umgehen), **Scheinfirmen** (Vortäuschung legaler Umsätze, um illegale Einnahmen zu verbuchen) oder **Finanzagenten** (angeworbene Privatpersonen tätigen Überweisungen von ihren Privatkonten).

Nach **§ 261 StGB** ist die Geldwäsche **strafbar** und kann mit **Freiheitsstrafen** von **fünf** (in schweren Fällen bis zu **zehn**) **Jahren** oder **Geldstrafe** geahndet werden. Auch der Geldwäsche-Versuch und die Verheimlichung/Verschleierung von Tatsachen, die die Ermittlung der Herkunft des Geldes ermöglichen, sind strafbar.

Das **Geldwäschegesetz (GwG)** ist das Gesetz zum Aufspüren von Gewinnen aus schweren Straftaten. Um Geldwäsche und Terrorismusfinanzierung zu vermeiden, werden neben Finanzdienstleistern auch **Rechts- und Beratungsberufe** in die Pflicht genommen.

Deshalb sind auch im Kanzleialltag einige Vorschriften und Sorgfaltsmaßnahmen zu beachten. Für die Einhaltung dieser Anforderungen ist stets eine hinreichende **Dokumentation** notwendig (§ 8 GwG).

Vor der eigentlichen steuerlichen Beratung, also bei Begründung der Geschäftsbeziehung, muss klar sein, **wer** der Mandant/Vertragspartner ist (**Identifizierungspflicht** § 10 Abs. 1 und § 11 GwG). Hierzu dient z. B. eine Kopie des Personalausweises des Auftraggebers.

Außerdem ist der Kanzleiinhaber verpflichtet, ein **Risikomanagement** und eine eigene **Risikoanalyse** zu erstellen (§§ 4, 5 GwG), mit denen in der Beratung potenzielle Geldwäschegefahren, z. B. im Hinblick auf bestimmte Branchen oder Bargeldgeschäfte, erkannt und bewertet werden können. Zudem sind hierfür interne Sicherungsmaßnahmen vorzunehmen (§ 6 GwG).

Steuerberater müssen sich im Meldeportal goAML der **Zentralstelle für Finanztransaktionsuntersuchungen (FIU)** registrieren. Bei begründeten Verdachtsfällen ist eine **unverzügliche** Meldung des Beraters über dieses Meldeportal an die FIU zu machen; das Berufsgeheimnis bleibt dabei grundsätzlich jedoch geschützt (§ 43 GwG).

Daneben gibt es noch allgemeine Regelungen, um die Geldwäsche zu vermeiden. Beispielsweise müssen **Banken** nach § 10 GwG bei einer Bargeldeinzahlung ab **10.000 Euro** die **Identität** des Einzahlers feststellen und benötigen einen Herkunftsnachweis des Geldes. Der Erwerb von **Immobilien** kann **nicht** mit Bargeld, Kryptowährung, Gold, Platin oder Edelsteinen erfolgen (§ 16a GwG).

Bei Verstößen gegen das GwG können sowohl empfindliche **Bußgelder** (ab 50.000 Euro bis zu 5 Mio. Euro) verhängt (§ 56 GwG) und diese Bußgeldentscheidungen auf den Webseiten der Aufsichtsbehörden **veröffentlicht** werden (§ 57 GwG).

10.4 Zusammenfassung und Erfolgskontrolle

10.4.1 Zusammenfassung

Steuerstraftaten und Steuerordnungswidrigkeiten

Steuerstraftaten	**Steuerordnungswidrigkeiten**
Steuerstraftaten sind **z.B.**: Steuerhinterziehung (§ 370 AO), Bannbruch (§ 372 AO), Schmuggel (§ 373 AO), Steuerhehlerei (§ 374 AO).	**Steuerordnungswidrigkeiten** sind **z.B.**: leichtfertige Steuerverkürzung (§ 378 AO), Steuergefährdung (§ 379 AO), Gefährdung von Abzugsteuern (§ 380 AO), unbefugte Hilfeleistung in Steuersachen (§ 160 StBerG).
Strafmaße: Geld- oder Freiheitsstrafen	**Bußmaße**: Geldbußen

Bei **Steuerhinterziehung** und **leichtfertiger Steuerverkürzung** besteht die Möglichkeit der **Selbstanzeige**.
Folge: **Straffreiheit** bzw. **Bußgeldfreiheit**

10.4.2 Erfolgskontrolle

Wiederholungsfragen

1. Welche zwei Gruppen von Verstößen gegen Steuergesetze sind nach der AO zu unterscheiden?
2. Welche Steuerstraftaten werden in der AO genannt?
3. Wer begeht Steuerhinterziehung?
4. Wer handelt vorsätzlich?
5. Wann sind Steuern verkürzt?
6. Welche Strafen können bei Steuerhinterziehung verhängt werden?
7. Welche Steuerordnungswidrigkeiten werden in der AO und dem Steuerberatungsgesetz genannt?
8. Wer begeht leichtfertige Steuerverkürzung?
9. Mit welcher Buße kann leichtfertige Steuerverkürzung geahndet werden?
10. Welche Handlungen wurden bei einer allgemeinen Steuergefährdung vorgenommen?
11. Mit welcher Buße können allgemeine Steuergefährdungen geahndet werden?
12. Wer begeht eine Gefährdung von Abzugsteuern?
13. Mit welcher Buße kann diese Ordnungswidrigkeit geahndet werden?
14. Unter welchen Voraussetzungen bleibt der Täter der Steuerhinterziehung straffrei?
15. In welchen Fällen tritt bei einer Selbstanzeige die Straffreiheit nicht ein?
16. In welchem Fall wird bei einer leichtfertigen Steuerverkürzung keine Geldbuße festgesetzt?
17. Wie wird der Begriff der Geldwäsche definiert?
18. Nennen Sie drei Maßnahmen aus Ihrem Alltag, um Geldwäsche zu vermeiden?

Aufgaben

AUFGABE 1

Die Steuerpflichtige Martina Roth, Köln, reicht im Mai 2026 dem zuständigen Finanzamt ihre Einkommensteuererklärung 2025 ein.
Um weniger Einkommensteuer zu zahlen, erklärt sie vorsätzlich ihre Einkünfte um 10.000 € zu niedrig.

1. Hat Martina Roth eine Steuerstraftat oder eine Steuerordnungswidrigkeit begangen?
2. Welche Art von Strafe bzw. Buße kann gegen diesen Verstoß verhängt werden?

AUFGABE 2

Der Steuerpflichtige Alfred Baum, Bonn, reicht im April 2026 dem zuständigen Finanzamt seine Einkommensteuererklärung 2025 ein.
Der Einkommensteuererklärung fügt er Tankquittungen bei, die er bei einer Internetauktion von Ingo Busch entgeltlich erworben hat. Herr Baum setzt den Betrag dieser Tankquittungen als Betriebsausgaben ab. Das Finanzamt erstattet dem Steuerpflichtigen aufgrund dieser Tankquittungen 200 € Einkommensteuer zu viel.

1. Hat Ingo Busch eine Steuerstraftat oder eine Steuerordnungswidrigkeit begangen?
2. Welche Art von Strafe bzw. Buße kann gegen diesen Verstoß verhängt werden?

AUFGABE 3

Ihr Kollege, der Steuerfachangestellte Kevin Müller, erzählt Ihnen, dass er seine Freunde und Nachbarn ausgiebig bei der Erstellung von deren Einkommensteuererklärungen berät und hierfür 50 € pro Stunde verlangt.

Darf er das? Was raten Sie ihm?

Zusammenfassende Übersicht:

Die **Durchführung der Besteuerung** erfolgt – wie die bisherigen Kapitel der AO gezeigt haben – in verschiedenen **Verfahrensabschnitten**.

Ermittlungsverfahren
(Welche Sachverhalte sind festzustellen?)

Mitwirkungspflichten der Finanzbehörde	Mitwirkungspflichten der Steuerpflichtigen

Festsetzungs- und Feststellungsverfahren
(Wie viel Steuer ist festzusetzen?)

Festsetzung der **Steuer** durch **Steuerbescheide**	Feststellung der **Besteuerungsgrundlagen** durch **Grundlagenbescheide**

Rechtsbehelfs- und Berichtigungsverfahren
(Welche materiellen Fehler sind zu berichtigen?)

Berichtigung **offenbarer Unrichtigkeiten**	Aufhebung oder Änderung auf **Antrag** oder **Zustimmung** des Steuerpflichtigen	Aufhebung oder Änderung wegen **neuer Tatsachen** oder **Beweismittel**

Erhebungsverfahren
(Ist die festgesetzte Steuer gezahlt worden?)

Wird die festgesetzte Steuer **nicht** gezahlt oder werden **Steuergesetze missachtet,** können sich folgende Verfahren anschließen:

Vollstreckungsverfahren	**Straf- und Bußgeldverfahren**

Prüfungsaufgaben: Abgabenordnung

PRÜFUNGSAUFGABE 1

Der Steuerpflichtige Hans Klein, München, gab seine Einkommensteuererklärung 2024 (Pflichtveranlagung) am 07.11.2025 beim zuständigen Finanzamt ab.
Am 07.01.2026 erhält Hans Klein den Bescheid für 2024 über Einkommensteuer, Solidaritätszuschlag und Kirchensteuer vom Finanzamt (Bekanntgabetag).
Klein legt form- und fristgerecht wegen nicht anerkannter Werbungskosten Einspruch gegen diesen Bescheid ein.
Das Finanzamt lehnt den Einspruch mit Schreiben vom 12.03.2026 ab.
Der Steuerpflichtige erhält das Schreiben am 13.03.2026.

1. Bis zu welchem Zeitpunkt – ohne Fristverlängerung oder steuerliche Beratung – hätte Herr Klein seine Einkommensteuererklärung 2024 beim zuständigen Finanzamt spätestens abgeben müssen?
2. Gibt der Steuerpflichtige seine Einkommensteuererklärung nicht fristgerecht ab, so kann eine steuerliche Nebenleistung anfallen. Wie bezeichnet man diese steuerliche Nebenleistung?
3. Bis zu welchem Zeitpunkt dürfte das Finanzamt die Einkommensteuer für den VZ 2024 von Hans Klein festsetzen?
4. Wie heißt der Verwaltungsakt, mit dem das Finanzamt mit Schreiben vom 12.03.2026 den Einspruch abgelehnt?
5. Bis zu welchem Zeitpunkt kann Herr Klein Klage beim Finanzgericht erheben?
6. Wie heißt die Entscheidung des Finanzgerichts, mit der dann über die Klage entschieden wird?

PRÜFUNGSAUFGABE 2

Der Steuerpflichtige Egon Theis ist Komplementär der Egon Theis KG in München. Egon Theis, Geschäftsführer der KG, wohnt in seinem Einfamilienhaus in Landshut.
Daneben ist Egon Theis noch gemeinsam mit seiner Schwester Edith Müller, wohnhaft in Traunstein, und seinem Bruder Peter Theis, wohnhaft in Köln, Eigentümer eines Mietwohngrundstückes in Rosenheim. Die Verwaltung dieses Hauses wird von Frau Müller wahrgenommen.
An allen genannten Orten bestehen Finanzämter. Welches Finanzamt bzw. welche Behörde ist jeweils sachlich und örtlich zuständig für

1. die Einkommensteuer von Egon Theis,
2. die gesonderte Gewinnfeststellung der Egon Theis KG,
3. die Festsetzung der Gewerbesteuermessbeträge der Egon Theis KG,
4. die Festsetzung der Gewerbesteuer der Egon Theis KG,
5. die Festsetzung der Grundsteuer für das vermietete Mietwohngrundstück,
6. die gesonderte Feststellung der Einkünfte aus Vermietung und Verpachtung aus dem Mietwohngrundstück?

PRÜFUNGSAUFGABE 3

Der Steuerpflichtige Franz Lappas, München, erhält am Dienstag, dem 02.06.2026, seinen Einkommensteuerbescheid 2025. Der Bescheid wird am 01.06.2026 vom Finanzamt mit einfachem Brief zur Post gegeben. An Werbungskosten werden 1.030 € weniger anerkannt, als Lappas in seiner Einkommensteuererklärung 2025 angesetzt hatte.

1. Wann ist der Einkommensteuerbescheid 2025 wirksam?
2. Welche Möglichkeiten hat Lappas, damit seine Werbungskosten doch noch berücksichtigt werden?
3. Wann endet die Rechstbehelfsfrist?
4. Welche Voraussetzungen muss der Einspruch von Herrn Lappas erfüllen, sodass er damit Aussicht auf Erfolg hat?

PRÜFUNGSAUFGABE 4

Der Einzelhändler Klaus Walter, Ulm, erhält am Freitag, dem 31.07.2026, seinen Einkommensteuerbescheid für 2025. Der Bescheid wird am 30.07.2026 vom Finanzamt mit einfachem Brief zur Post gegeben. Die festgesetzte Einkommensteuer-Abschlusszahlung beträgt 3.330 €.

1. Walter rechnete mit einer Erstattung von 866 €. Das Finanzamt hat einige gebuchte Betriebsausgaben nicht anerkannt. Wie kann sich Walter gegen den Einkommensteuerbescheid wehren, wenn er eine komplette Überprüfung des Steuerfalls wünscht?
2. Walter möchte die Abschlusszahlung ganz oder zumindest teilweise nicht leisten. Welchen Antrag muss er dann in Verbindung mit seinem Einspruch stellen?
3. Berechnen Sie das Ende der Rechtsbehelfsfrist (Datum und Uhrzeit).
4. Wann wäre (ohne Berücksichtigung von Nr. 2) die Abschlusszahlung fällig?
5. Das Finanzamt und Herr Walter stimmen nun doch überein, dass die festgesetzte Abschlusszahlung in Ordnung und fristgemäß zu leisten ist. Am Dienstag, dem 08.09.2026, geht beim Finanzamt ein Scheck von Walter über 1.330 € ein. Den Restbetrag überweist Walter mit Auftrag an seine Bank am Montag, dem 05.10.2026, die Gutschrift auf dem Konto des Finanzamtes erfolgt am Dienstag, dem 06.10.2026. Berechnen Sie den Säumniszuschlag, den Walter bezahlen muss.
6. Angenommen, Walter hätte mit dem Finanzamt eine Stundung der Beträge (siehe Nr. 5) vereinbart (keine Pandemieregelung). Wäre diese für Walter günstiger gewesen? Begründen Sie!

PRÜFUNGSAUFGABE 5

Am Freitag, dem 07.08.2026 (Poststempel), gibt das Finanzamt Düsseldorf-Mitte den endgültigen Einkommensteuerbescheid 2024 des Mandanten Georg Pasch mit einfachem Brief zur Post. In dem Bescheid ist die Einkommensteuer 2024 mit 26.160 € festgesetzt.
Am 14.09.2026 ruft Georg Pasch bei der Veranlagungsstelle des Finanzamtes Düsseldorf-Mitte an und beantragt eine Änderung des Einkommensteuerbescheides 2024, da das Finanzamt Werbungskosten bei den Einkünften aus Vermietung und Verpachtung wegen fehlender Originalbelege (Handwerker-Rechnungen) nicht anerkannt hatte.
Am 30.09.2026 bestätigt er seinen Antrag auch schriftlich und reicht beglaubigte Kopien der fehlenden Belege, die er sich inzwischen von den Handwerksbetrieben besorgt hat, nach.

1. Ermitteln Sie Beginn und Ende der Einspruchsfrist.
2. Prüfen und begründen Sie, ob eine Änderung des Bescheides noch möglich ist.

PRÜFUNGSAUFGABE 6

Hans Schreckegast, München, erhält am 13.08.2026 seinen Einkommensteuerbescheid 2025. Der Bescheid (einfacher Brief) trägt den Poststempel vom 12.08.2026. Bei der Überprüfung des Bescheides stellt Herr Schreckegast fest, dass der Finanzbeamte statt der erklärten und nachgewiesenen Spende (Zuwendung) in Höhe von 4.000 € nur 400 € übernommen hat. Die festgesetzte Einkommensteuer-Abschlusszahlung beträgt 5.183 €.

1. Ermitteln Sie den Beginn und das Ende der Rechtsbehelfsfrist.
2. Wann ist die festgesetzte Einkommensteuer-Abschlusszahlung fällig?
3. Welchen Rechtsbehelf kann Herr Schreckegast einlegen, wenn er zeitgleich eine Aussetzung der Vollziehung (AdV) beantragen will?

Weitere Prüfungsaufgaben mit Lösungen zur Abgabenordnung finden Sie im **Lösungsbuch** der Steuerlehre 1.

A L

C. Umsatzsteuer

LF 3

1 Einführung in die Umsatzsteuer

1.1 Geschichtliche Entwicklung

Die deutsche **Umsatzsteuer (USt)** entwickelte sich aus dem 1916 eingeführten **Gesetz über den Warenumsatzstempel**.
Auf der Grundlage dieses Gesetzes schuf der preußische Finanzminister Popitz ein neues, umfassendes **Reichsumsatzsteuergesetz**, das am 27.07.1918 in Kraft trat. Dieses **Allphasen-Bruttoumsatzsteuersystem** wurde bis 1967 beibehalten.

Den wichtigsten Einschnitt in der Geschichte der deutschen Umsatzsteuer bildete das **Umsatzsteuergesetz** vom 29.05.1967, das am 01.01.1968 die **Allphasen-Nettoumsatzsteuer mit Vorsteuerabzug** einführte. Dieses Umsatzsteuersystem ist bis heute gültig. Der **Vorsteuerabzug** bewirkt, dass auf jeder Wirtschaftsstufe nur der **Mehrwert** (die Wertschöpfung) besteuert wird.

Mit dem **Umsatzsteuer-Binnenmarktgesetz** sind seit dem 01.01.1993 **innerhalb des europäischen Binnenmarktes** die Steuergrenzen im Bereich der Umsatzsteuer **weggefallen**.

Die Europäische Kommission hat in 2016 einen Aktionsplan für eine **Modernisierung des Mehrwertsteuersystems** vorgelegt. Ziel ist, das System zu vereinfachen und den Binnenmarkt und grenzüberschreitenden Handel zu fördern. Die erforderlichen Maßnahmen sind in einem sog. **Mehrwertsteuer-Digitalpaket** zusammengefasst worden, das in Deutschland durch die Jahressteuergesetze 2018, 2019 und 2020 umgesetzt wurde. Neu geregelt wurden u.a. die umsatzsteuerliche Behandlung innergemeinschaftlicher Lieferungen, Reihengeschäfte und des Versandhandels. Änderungen ergaben sich auch bei den Anlaufstellen im Rahmen des Besteuerungsverfahrens.

Die jüngsten Änderungen ergaben sich durch das **Wachstumschancengesetz,** das **Jahressteuergesetz 2024**, das **Steueränderungsgesetz 2025** sowie das **Gesetz zur Modernisierung und Digitalisierung der Schwarzarbeitsbekämpfung**. Wesentliche Anpassungen betrafen die **Besteuerung von Kleinunternehmern**, den **Steuersatz** bei **Restaurant- und Verpflegungsumsätzen** sowie die **Anhebung der Umsatzgrenze für die Durchschnittssatzbesteuerung**. Die wahrscheinlich bedeutendste Änderung ist die Einführung einer verpflichtenden **elektronischen Rechnung (eRechnung)**. Betroffen sind steuerpflichtige Umsätze zwischen inländischen Unternehmern (**B2B-Umsätze**) seit **2025**. **Übergangsregelungen** bestehen unter bestimmten Voraussetzungen für Umsätze **bis zum 31.12.2027**.

1.2 Steueraufkommen

Die Umsatzsteuer ist eine der größten Einnahmequellen des Bundes und der Länder. Ihr **Aufkommen** hat **2024** rund **302 Mrd. Euro** betragen. Das sind ca. **32 %** an den gesamten Steuereinnahmen von rund **948 Mrd. Euro**. Die im Jahr 2024 durchgeführten Umsatzsteuer-Sonderprüfungen führten zu einem umsatzsteuerlichen Mehrergebnis von rund 1,6 Mrd. Euro. Im Jahr 2023 lag das Mehrergebnis ebenfalls bei rund 1,5 Mrd. Euro.

Das **Umsatzsteueraufkommen** steht nach Artikel 106 Abs. 3 des Grundgesetzes (GG) **Bund und Ländern** gemeinsam zu, **soweit** das Aufkommen nicht den **Gemeinden** zugewiesen wird. Neben den **Gemeinden** (Artikel 106 Abs. 5a GG) erhält auch die **EU** einen Anteil am Aufkommen der Umsatzsteuer als sogenannte Eigenmittel.

1.3 Rechtsgrundlagen

Die wichtigsten nationalen **Rechtsgrundlagen** der Umsatzsteuer sind das Umsatzsteuergesetz **(UStG)** und die Umsatzsteuer-Durchführungsverordnung **(UStDV)**.

Bei der Umsatzsteuer handelt es sich um eine sogenannte **harmonisierte Steuer** im Rahmen der EU. Die Harmonisierung erfolgt aufgrund von **Richtlinien**, die für die einzelnen Mitgliedstaaten verbindlich sind. Die Richtlinie 2006/112/EG bildet die Grundlage für das harmonisierte Mehrwertsteuerrecht. Sie wird als „Mehrwertsteuer-Systemrichtlinie" **(MwStSystRL)** bezeichnet. Seit 01.07.2011 ist die Durchführungsverordnung (EU) zur Mehrwertsteuer-Systemrichtlinie in allen EU-Mitgliedstaaten anzuwenden.

Soweit in diesem Teil des Buches **§§ ohne Gesetzesangabe** genannt werden (z.B. § 4), handelt es sich um **§§ des UStG**.

Das **Umsatzsteuergesetz** ist ein **Gesetz des Bundes**. Nach Art. 105 Abs. 2 GG hat der **Bund** die **konkurrierende Gesetzgebung** über die Umsatzsteuer.

Die Umsatzsteuer-Richtlinien (**UStR**) wurden mit Wirkung vom 01.11.2010 **aufgehoben**. An ihre Stelle tritt der - zeitlich nicht befristete - **Umsatzsteuer-Anwendungserlass (UStAE)**.

Dieser ist tagesaktuell abrufbar unter www.bundesfinanzministerium.de.

Die **Verwaltung** der Umsatzsteuer (nicht der Einfuhrumsatzsteuer) obliegt den **Landesfinanzbehörden** (Art. 108 Abs. 2 GG). Soweit die Umsatzsteuer dem Bund zufließt, werden die Landesfinanzbehörden im Auftrag des Bundes tätig (Art. 108 Abs. 3 GG).

1.4 System der Umsatzsteuer

Da die Umsatzsteuer der Gemeinschaft Bund, Ländern und Gemeinden zusteht, wird sie als **Gemeinschaftssteuer** bezeichnet.

Die Umsatzsteuer erfasst wirtschaftliche Verkehrsvorgänge (Waren- und Dienstleistungsumsätze des täglichen Lebens). Sie gehört deshalb zu den **Verkehrsteuern**.

Die Umsatzsteuer wird auf jeder Wirtschaftsstufe (Urerzeugung, Weiterverarbeitung, Großhandel, Einzelhandel) erhoben. Da die Umsatzsteuer alle Phasen des Wirtschaftsverkehrs erfasst, wird sie als **Allphasenumsatzsteuer** (mit Vorsteuerabzug) bezeichnet.

Schließlich ist die Umsatzsteuer eine **indirekte Steuer**, weil Steuerschuldner und wirtschaftlicher Träger der Umsatzsteuer verschiedene Personen sind. Der Unternehmer zahlt zwar die Umsatzsteuer an das Finanzamt, wirtschaftlich getragen wird sie jedoch vom Letztverbraucher (private und öffentliche Verbraucher).

Der Umsatzsteuer unterliegen bestimmte im UStG genau beschriebene **wirtschaftliche Vorgänge**. Das UStG bezeichnet sie als **steuerbare Umsätze** (§ 1 UStG).

Bei der Lösung umsatzsteuerlicher Vorgänge empfiehlt es sich, nach der Reihenfolge des Gesetzes vorzugehen und dabei das folgende **Prüfungsschema** anzuwenden:

Prüfungsschema zur Lösung umsatzsteuerlicher Vorgänge

1. Liegt ein **steuerbarer** Umsatz vor (§ 1 Abs. 1 UStG)?

   Die wirtschaftlichen Vorgänge, die der Umsatzsteuer unterliegen, werden nach § 1 Abs. 1 UStG als steuerbare Umsätze bezeichnet.
   Vorgänge, die nicht in § 1 Abs. 1 UStG genannt werden, sind nicht steuerbar.
   Nicht steuerbare Umsätze werden vom Umsatzsteuergesetz nicht erfasst.

2. Ist der steuerbare Umsatz **steuerfrei** (§ 4 UStG)?

Der Gesetzgeber hat bei bestimmten wirtschaftlichen Vorgängen aus sozial- und wirtschaftspolitischen Gründen auf sein Besteuerungsrecht verzichtet, d.h., obwohl der Umsatz steuerbar ist, entsteht keine Umsatzsteuer (z.B. bei der Dienstleistung eines Hausarztes). Diese steuerbaren Umsätze sind steuerfrei, d.h., sie führen zu keiner Umsatzsteuer.

3. Ist der steuerbare Umsatz **steuerpflichtig**?

Der Umsatz ist steuerpflichtig, wenn er steuerbar und nicht steuerbefreit ist, z.B. der Verkauf eines Buches in einer Buchhandlung.

4. Wie hoch ist die **Bemessungsgrundlage** des steuerpfl. Umsatzes (§ 10 UStG)?

Bei der Bemessungsgrundlage handelt es sich um den Nettowert (Entgelt), den reinen Waren- oder Dienstleistungswert des steuerpflichtigen Umsatzes, z.B. kostet ein Buch beim Buchhändler 32,10 €. Der reine Warenwert des Buches beträgt 30 € [30 € + 2,10 € USt (7 %) = 32,10 €].

5. Welcher **Steuersatz** ist anzuwenden (**§ 12 UStG**)?

Durch die Anwendung des Steuersatzes auf die Bemessungsgrundlage ergibt sich die Umsatzsteuer (Traglast), z.B. 30 € x 7 % = 2,10 € USt.

6. Wann **entsteht** die Umsatzsteuer (§ 13 und § 13b Abs. 1 UStG)?

Die Umsatzsteuer entsteht, wenn alle Voraussetzungen des § 13 UStG oder des § 13b Abs. 1 UStG erfüllt sind; z.B. entstehen die 2,10 € USt des Buchhändlers mit Ablauf des letzten Tages eines Monats, eines Vierteljahres oder eines Jahres.

7. Wer ist **Steuerschuldner** (§ 13a, § 13b Abs. 2 UStG)?

Schuldner der Umsatzsteuer ist grundsätzlich der leistende Unternehmer (§ 13a UStG). Nach § 13b Abs. 2 UStG schuldet in bestimmten Fällen der Leistungsempfänger die Umsatzsteuer.

8. Wie hoch ist die abziehbare **Vorsteuer** (§ 15 UStG)?

Hat der leistende Unternehmer (z.B. der Buchhändler) selbst Leistungen (z.B. Bücher) von anderen (Vor-)Unternehmern bezogen (z.B. vom Großhändler der Bücher), so kann er die beim Einkauf bezahlte Umsatzsteuer als Vorsteuer vom Finanzamt zurückfordern.
Die Vorsteuer ist eine Forderung gegenüber dem Finanzamt.

9. Ergeben sich eine **Umsatzsteuerschuld** oder ein **Erstattungsanspruch** (§ 18 UStG)?

Aus Vereinfachungsgründen wird nicht jede Umsatzsteuerschuld und jede Vorsteuerforderung gegenüber dem Finanzamt einzeln beglichen.
Es werden vielmehr die Umsatzsteuerbeträge (Verbindlichkeiten) eines bestimmten Zeitraums mit den Vorsteuerbeträgen (Forderungen) dieses Zeitraums verrechnet. Das Ergebnis dieser Verrechnung stellt entweder die noch an das Finanzamt zu entrichtende Umsatzsteuer (Umsatzsteuerschuld bzw. -zahllast) oder den vom Finanzamt zu erstattenden Vorsteuerüberschuss (Erstattungsanspruch) dar. Die Abrechnungszeiträume können einen Monat, ein Vierteljahr oder ein Jahr betragen.

In der folgenden Übersicht werden die wesentlichen Merkmale des **Umsatzsteuersystems** nochmals zusammengestellt:

Umsätze

steuerbare Umsätze im Inland

nein → Ende | **ja**

steuerfreie Umsätze

ja → Ende | **nein**

steuerpflichtige Umsätze

Bemessungsgrundlage

x

Steuersatz

=

Umsatzsteuer (Traglast)

-

Vorsteuer

=

Umsatzsteuerschuld (Zahllast)
oder
Erstattungsanspruch
(Vorsteuerguthaben)

Fast alle **Einkäufe** und **Verkäufe** eines **Unternehmens** sind mit **Umsatzsteuer** belastet.
Bis beispielsweise Waren dem Endverbraucher zum Verkauf angeboten werden können, müssen die **Produkte** in der Regel **mehrere Wirtschaftsstufen** durchlaufen.

Das **Umsatzsteuersystem** soll mit folgendem Beispiel noch einmal erläutert werden:

BEISPIEL

Der **Urerzeuger A** (landwirtschaftlicher Betrieb) liefert Rohstoffe an den Weiterverarbeiter B für 100 € + 19 % USt. A hat keinen Vorlieferanten und damit keine Vorsteuer.
B (Königsbacher Brauerei GmbH & Co. KG) verarbeitet die Rohstoffe und liefert das Fertigerzeugnis an den Großhändler C für 250 € + 19 % USt.
Der **Großhändler C** liefert das Produkt an den Einzelhändler D für 320 € +19 % USt.
Der **Einzelhändler D** liefert die Ware an den Endverbraucher E für 400 € +19 % USt.

Die **Umsatzsteuerschuld (Zahllast)** der einzelnen Stufen wird wie folgt berechnet:

Wirtschaftsstufe bzw. Phase	Rechnungsbetrag €	**USt** (Traglast) €	**Vorsteuerabzug** €	**Umsatzsteuerschuld** (Zahllast) €	**Mehrwert** = Wertschöpfung €
A Urerzeuger	Nettopreis 100,00 + 19 % USt 19,00 = Verkaufspreis 119,00	19,00	—	**19,00**	100,00
B Weiterverarbeiter	+ Nettopreis 250,00 19 % USt 47,50 = Verkaufspreis 297,50	47,50	19,00	**28,50**	150,00
C Großhändler	Nettopreis 320,00 + 19 % USt 60,80 = Verkaufspreis 380,80	60,80	47,50	**13,30**	70,00
D Einzelhändler	Nettopreis 400,00 + 19 % USt **76,00** = Verkaufspreis 476,00	76,00	60,80	**15,20**	80,00
	Die Summe der Umsatzsteuerschulden aller Wirtschaftsstufen beträgt			**76,00**	

Sie stimmt mit der Umsatzsteuer überein, die im Verkaufspreis der letzten Stufe (**D**) enthalten ist.

Im vorgenannten Beispiel wird das Erzeugnis auf **vier** Wirtschaftsstufen versteuert. **Bemessungsgrundlage** der Umsatzsteuer ist auf jeder Wirtschaftsstufe der **Nettopreis**.
Der **Vorsteuerabzug** bewirkt jedoch, dass auf **jeder** Stufe nur die **Wertschöpfung** = der „Mehrwert" besteuert wird. Die Umsatzsteuer wird deshalb auch als **Allphasen-Nettoumsatzsteuer mit Vorsteuerabzug** bezeichnet.

Die **Umsatzsteuerschuld**, die im vorangegangenen Beispiel insgesamt 76,00 € beträgt, soll nach dem Willen des Gesetzgebers vom **Endverbraucher** (im Beispiel Kunde E des Einzelhändlers D) **getragen** werden.

Für den **Veranlagungszeitraum 2025** endet die **Abgabefrist** für die Umsatzsteuer-Erklärung (Formular **USt 2 A)** am **31.07.2026**. Sofern Angehörige **steuerberatender Berufe** die Erklärung erstellen, verlängert sich die Frist bis zum **01.03.2027**.

Für den **Veranlagungszeitraum 2026** endet für Unternehmer, die nicht steuerlich beraten werden, die **Abgabefrist** für die Umsatzsteuer-Erklärung (Formular **USt 2 A)** am **31.07.2027**. Sofern Angehörige **steuerberatender Berufe** die Erklärung erstellen, verlängert sich die Frist bis zum **29.02.2028**.

1.5 Schema zur Berechnung der Umsatzsteuer

Die **Umsatzsteuer** wird in diesem Buch nach folgendem Schema ermittelt:

Umsatzart nach § 1 i. V. m. § 3 UStG	**nicht** steuerbare Umsätze im Inland €	**steuerbare** Umsätze im Inland €	**steuerfreie** Umsätze im Inland § 4 UStG €	**steuerpflichtige** Umsätze im Inland € (19 %)	€ (7 %)

BEISPIEL

Im Folgenden wird die **Umsatzsteuerschuld** aus dem vorangegangenen Beispiel exemplarisch für den **Unternehmer B** nach obigem **Schema** ermittelt und anschließend in die **Umsatzsteuer-Voranmeldung 2026** eingetragen:

Umsatzart nach § 1 i. V. m. § 3 UStG	**nicht** steuerbare Umsätze im Inland €	**steuerbare** Umsätze im Inland €	**steuerfreie** Umsätze im Inland § 4 UStG €	**steuerpflichtige** Umsätze im Inland € (19 %)	€ (7 %)
Lieferung	—	**250**	—	**250**	—

	Umsatzsteuer (Traglast)	
	19 % von 250 € =	47,50 €
-	**abziehbarer Vorsteuerbetrag**	- 19,00 €
=	**verbleibende Umsatzsteuer** (Umsatzsteuerzahllast)	**28,50 €**

Unternehmer B hat in seiner **Umsatzsteuer-Voranmeldung 2026** in **Zeile 13** den **steuerpflichtigen Umsatz** (Kennzahl 81) und die **Umsatzsteuer** sowie in **Zeile 38** (Kennzahl 66) die **abziehbare Vorsteuer** einzutragen:

13	zum Steuersatz von 19 %	**81**	250	-	47,50
38	Vorsteuerbeträge aus Rechnungen von anderen Unternehmern (§15 Abs. 1 Nr. 1 UStG)			**66**	19,00
50	Verbleibende Umsatzsteuervorauszahlung			**83**	**28,50**

1.6 Erfolgskontrolle

Wiederholungsfragen

1. Welche Rechtsgrundlagen können zur Klärung umsatzsteuerlicher Fragen herangezogen werden?
2. Wem steht das Gesetzgebungsrecht auf dem Gebiet der Umsatzsteuer zu?
3. Wem obliegt die Verwaltung der Umsatzsteuer?
4. Warum bezeichnet man die Umsatzsteuer als Gemeinschaftssteuer?
5. Warum bezeichnet man die Umsatzsteuer als Verkehrsteuer?
6. Warum ist die Umsatzsteuer eine indirekte Steuer?
7. Wer ist Steuerträger der Umsatzsteuer?
8. Welches Prüfungsschema empfiehlt sich zur Lösung umsatzsteuerlicher Vorgänge?
9. Was bewirkt der Vorsteuerabzug?

Fälle

FALL 1

Kiesgrubenbetreiber Anton Wilms, Mayen, liefert Kies im Wert von netto 3.000 € an das Betonwerk Horst Zecha in Neuwied.
Das Betonwerk verarbeitet den Kies zu Palisaden. Anschließend werden diese Palisaden an den Baustoffgroßhändler Eduard Grün, Koblenz, für netto 5.000 € verkauft.
Herr Grün veräußert diese Palisaden an den Baustoffeinzelhändler Lars Ebel, Andernach, für netto 8.500 €.
Herr Ebel verkauft diese Palisaden an verschiedene private Endverbraucher für brutto 13.090 € (inkl. 19 % USt).

Berechnen Sie für die beteiligten Unternehmer die Umsatzsteuer (Traglast), die abziehbare Vorsteuer, die Umsatzsteuerschuld (Zahllast) und die Wertschöpfung.
Berechnen Sie außerdem die Umsatzsteuerbelastung der privaten Endverbraucher.

Hinweis: Verwenden Sie ausschließlich die Beträge aus der Falldarstellung. Es wird unterstellt, dass die beteiligten Unternehmer keine weiteren Ein- und Verkäufe getätigt haben.

FALL 2

Sabrina Müller, Ulm, kauft beim Elektrofachhändler Volker Friedrich, Ulm, ein TV-Gerät. Den Kaufpreis in Höhe von 785,40 € zahlt sie bar. An der freien Tankstelle Peter Speidel, Ulm, tankt sie Benzin im Wert von brutto 41,65 € und zahlt mit ihrer EC-Karte. Frau Müller erhält von der privatärztlichen Akupunkturpraxis Dr. Löbbert, Ulm, eine Rechnung für eine mehrwöchige Migränebehandlung in Höhe von 350,00 €. Frau Müller zahlt den Rechnungsbetrag durch Banküberweisung. Auf ihrem Kontoauszug findet Frau Müller unter anderem die folgenden Lastschriften:

• Scheckeinreichung Volker Friedrich	785,40 €,
• Wohnungsmiete Gabi Bauer	928,00 €,
• Tankstelle Peter Speidel	41,65 €,
• Arztpraxis Dr. Löbbert	350,00 €.

a) Bei der Bearbeitung umsatzsteuerlicher Probleme tauchen immer wieder die Begriffe „steuerbarer Umsatz, steuerfreier Umsatz, steuerpflichtiger Umsatz und Bemessungsgrundlage" auf. Erklären Sie diese Fachbegriffe anhand der dargestellten Sachverhalte. Lesen Sie in diesem Zusammenhang die folgenden Paragrafen: § 1 Abs. 1 Nr. 1, § 4 Nr. 12a, § 4 Nr. 14 und § 10 Abs. 1 UStG.
b) Wie viel Umsatzsteuer hat Frau Müller bei den oben genannten Transaktionen gezahlt? Erläutern Sie in diesem Zusammenhang die Begriffe „brutto und netto".

FALL 3

Lea Linn betreibt in 79539 Lörrach, Palmstraße 2, einen Lebensmittelgroßhandel. Frau Linn wird beim Finanzamt Lörrach (Luisenstraße 10a, 79539 Lörrach) unter der Steuernummer 11088/08288 geführt. Lörrach liegt in Baden-Württemberg.

Frau Linn erbringt im August 2026 die folgenden Leistungen:

1. steuerbare und steuerpflichtige inländische Warenverkäufe (19 %) gegen bar für brutto 14.280 €,
2. steuerbare und steuerpflichtige inländische Warenverkäufe (7 %) gegen bar für netto 7.000 €,
3. steuerbare und steuerpflichtige inländische Warenverkäufe (7 %) auf Ziel für brutto 19.795 €,
4. steuerbare, aber nach § 4 Nr. 12a UStG steuerfreie inländische Wohnungsvermietungen; Überweisungsbetrag 4.800 €,
5. steuerbare, aber nach § 4 Nr. 1 b) UStG steuerfreie innergemeinschaftliche Lieferung an einen Unternehmer mit USt-IdNr. in Frankreich für netto 2.000 €,
6. steuerbare, aber nach § 4 Nr. 1 a) UStG steuerfreie Ausfuhrlieferung an einen Unternehmer in der Schweiz für netto 1.600 €.

Frau Linn tätigt im August 2026 die folgenden Einkäufe:

1. inländische Wareneinkäufe (19 %) mit korrekt ausgewiesenen Vorsteuerbeträgen auf Ziel für brutto 7.140 €,
2. inländische Wareneinkäufe (7 %) mit korrekt ausgewiesenen Vorsteuerbeträgen auf Ziel für brutto 856 €,
3. Wareneinkäufe (19 %) in Frankreich (steuerbarer innergemeinschaftlicher Erwerb) auf Ziel für netto 900 €,
4. Wareneinkäufe (7 %) in der Schweiz (steuerbare Einfuhr) auf Ziel für netto 600 €.

Aufgabe

Übertragen Sie die oben genannten Angaben in das amtliche Formular „Umsatzsteuer-Voranmeldung 2026" und ermitteln Sie die verbleibende Umsatzsteuer-Vorauszahlung oder den Vorsteuerüberschuss (Erstattungsanspruch). Frau Linn muss ihre Voranmeldungen monatlich (ohne Dauerfristverlängerung) abgeben.

Hinweis:

Das **Muster für die Umsatzsteuervoranmeldung 2026** kann unter www.bundesfinanzministerium.de abgerufen werden.

LF 3

2 Steuerbare entgeltliche Leistungen

Der **Umsatzsteuer** unterliegen bestimmte im **UStG** genau beschriebene **wirtschaftliche Vorgänge**. Das **UStG** bezeichnet diese **Vorgänge** als **steuerbare Umsätze**.

In **§ 1 Abs. 1** i.V.m. **§ 3** werden **vier Arten steuerbarer Umsätze** genannt:

Umsätze

steuerbare Umsätze

1. **entgeltliche Lieferungen und sonstige Leistungen**
   (§ 1 Abs. 1 **Nr. 1** i.V.m. § 3 Abs. 1, 6 bis 9 oder § 3a bis § 3c)
2. unentgeltliche Lieferungen und sonstige Leistungen
   (§ 1 Abs. 1 **Nr. 1** i.V.m. § 3 Abs. **1b** oder Abs. **9a**)
3. Einfuhr
   (§ 1 Abs. 1 **Nr. 4**)
4. innergemeinschaftlicher Erwerb
   (§ 1 Abs. 1 **Nr. 5** i.V.m. § 1a, §1b und § 3d)

In diesem Kapitel werden die steuerbaren **entgeltlichen** Lieferungen und sonstigen Leistungen erläutert.

S 1 Der **Ort des Umsatzes für entgeltliche Leistungen** wird in den Abschnitten 6.1, Seiten 224 ff., und 6.2, Seiten 248 ff., dargestellt und erläutert.

2.1 Leistungsbegriff

Unter einer **Leistung** im umsatzsteuerlichen Sinne versteht man jedes Verhalten anderen gegenüber, das Gegenstand des Wirtschaftsverkehrs sein kann, z.B.

- Ein Einzelhändler **liefert** eine Stereoanlage.
- Ein Steuerberater **berät** einen Mandanten.
- Ein Hauseigentümer **vermietet** eine Wohnung.
- Ein Industriebetrieb **verzichtet** zugunsten eines Konkurrenten auf die Produktion eines bestimmten Erzeugnisses.

Keine Leistungen im Sinne des UStG sind **bloße Entgeltentrichtungen**, insbesondere **Geldzahlungen** oder Überweisungen (Abschn. 1.1 Abs. 3 Satz 3 UStAE).

Aus praktischen Gründen unterscheidet das UStG bei **Leistungen** zwischen **Lieferungen** und **sonstigen Leistungen**:

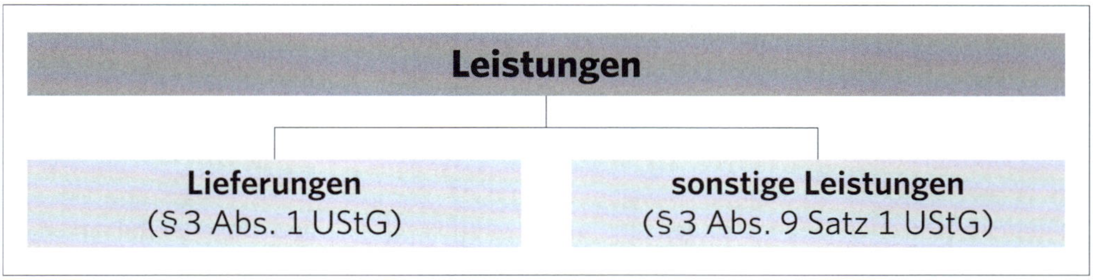

Diese **Unterscheidung** ist **bedeutsam** für den **Ort der Leistung**. Bestimmte Vorschriften gelten nur für **Lieferungen** (z. B. § 3 **Abs. 6 bis 8**), andere wiederum nur für **sonstige Leistungen** (z. B. **§ 3a**).

In der Regel beruht eine Leistung auf einem **Vertrag** (z. B. Kaufvertrag, Mietvertrag). Durch den **Vertrag verpflichten** sich die Vertragsparteien zu **Leistungen (Vertrag = Verpflichtungsgeschäft)**.

Allerdings löst **nicht** schon der **Vertragsabschluss** (das Verpflichtungsgeschäft) die Umsatzsteuer aus, **sondern** erst die **Erfüllung** des Vertrags (das **Erfüllungsgeschäft**).

BEISPIEL

Der Kfz-Händler U, Koblenz, schließt am **14.10.2026** mit dem Kunden A, Koblenz, einen **Kaufvertrag** über einen Pkw ab. U hat den Pkw nicht auf Lager, sondern muss ihn erst beim Hersteller besorgen. Der Pkw wird am **04.12.2026** von U an A **geliefert**.

Der Abschluss des Kaufvertrags (Verpflichtungsgeschäft) am 14.10.2026 löst noch keine USt aus. Erst mit der Übergabe des Pkws **(Erfüllungsgeschäft)** am **04.12.2026** fällt **Umsatzsteuer** an.

MERKE → Für die Umsatzbesteuerung ist das **Erfüllungsgeschäft** maßgebend.

2.1.1 Lieferungen

Unter einer **Lieferung** versteht das UStG die **Verschaffung der Verfügungsmacht** über einen **Gegenstand** (§ 3 Abs. 1).

Eine **Lieferung** setzt mindestens **zwei** beteiligte **Personen** voraus, nämlich den **Lieferer und** den **Abnehmer**.

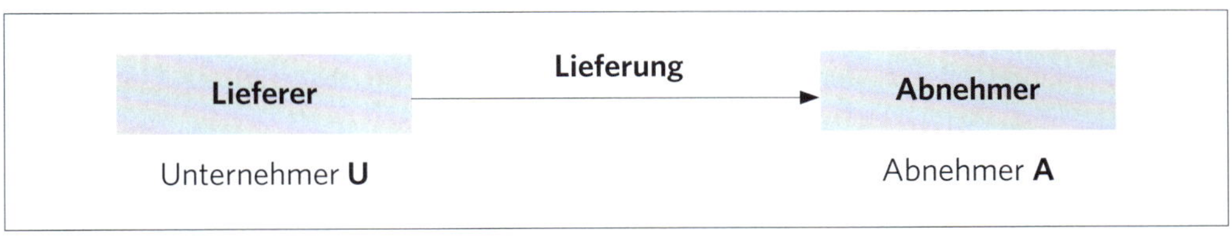

Bei einer **Lieferung** müssen folgende **zwei Tatbestandsmerkmale** vorliegen:

1. **Gegenstand** und
2. **Verschaffung der Verfügungsmacht** an dem Gegenstand.

zu 1. Gegenstand

Gegenstände einer Lieferung sind nach Abschn. 3.1 Abs. 1 Satz 2 UStAE

- **körperliche Gegenstände** (Sachen nach § 90 BGB, Tiere nach § 90a BGB),
- **Sachgesamtheiten** und
- solche Wirtschaftsgüter, die im Wirtschaftsverkehr **wie körperliche Sachen** behandelt werden.

Bei den **körperlichen Gegenständen** sind umsatzsteuerrechtlich **drei Gegenstandsarten** zu unterscheiden:

- **neue Fahrzeuge**,
- **verbrauchsteuerpflichtige Waren** und
- **sonstige Gegenstände**.

Neue Fahrzeuge sind **bestimmte motorbetriebene Landfahrzeuge** (z. B. Pkw), **bestimmte Wasserfahrzeuge** und **bestimmte Luftfahrzeuge** (§ 1b Abs. 2).

Verbrauchsteuerpflichtige Waren sind Mineralöle, Alkohol und alkoholische Getränke sowie Tabakwaren (§ 1a Abs. 5 Satz 2). Obwohl es keine deutsche Weinsteuer gibt, zählt Wein als alkoholisches Getränk zu den verbrauchsteuerpflichtigen Waren.

Sonstige Gegenstände sind Gegenstände, die **keine** neuen Fahrzeuge und **keine** verbrauchsteuerpflichtigen Waren sind. Hierzu zählen z. B. Bücher, Kleidungsstücke und Computer. Zu den lieferungsfähigen **sonstigen Gegenständen** gehören aber auch **Standard-Software** und sog. **Updates** auf Datenträgern, wenn durch die körperliche Übergabe der beweglichen Sache „Datenträger" dem Leistungsempfänger Verfügungsmacht daran und an der darauf befindlichen Software verschafft wird. Die **Art des Gegenstandes** ist für die Steuerbarkeit einer Lieferung bei **bestimmten Personengruppen** (z. B. Privatpersonen) von Bedeutung. Bei **Unternehmern** spielt die **Gegenstandsart keine Rolle**.

Eine **Sachgesamtheit** stellt die Zusammenfassung mehrerer selbständiger Gegenstände zu einem einheitlichen Ganzen dar, z. B. ein zwölfteiliges Kaffeeservice.

Zu den **Wirtschaftsgütern, die im Wirtschaftsverkehr wie körperliche Sachen behandelt werden,** zählen z. B. Gas, elektrischer Strom, Wärme und Wasserkraft.

Keine Gegenstände sind **Rechte**, die im Rahmen einer Lieferung übertragen werden können. Die **Übertragung von Rechten** stellt eine **sonstige Leistung** dar (Abschn. 3.1 Abs. 1 Satz 5 UStAE).

S 1 Einzelheiten zu den **sonstigen Leistungen** erfolgen im Abschnitt 2.1.2 „Sonstige Leistungen", Seite 150.

ÜBUNG → Wiederholungsfragen 1 bis 3 (Seite 174)

zu 2. Verschaffung der Verfügungsmacht

Die **Verfügungsmacht** versetzt den Abnehmer eines Gegenstandes in die Lage, im eigenen Namen **als** Eigentümer oder **wie** ein Eigentümer (wirtschaftlicher Eigentümer), über einen Gegenstand zu verfügen.

Bei der **Verschaffung der Verfügungsmacht** sind **zwei Grundfälle** zu unterscheiden:

- die Verschaffung der Verfügungsmacht **mit** Eigentumsübertragung,
- die Verschaffung der Verfügungsmacht **ohne** Eigentumsübertragung.

Verschaffung der Verfügungsmacht mit Eigentumsübertragung

Die Verfügungsmacht wird in der Regel durch **Eigentumsübertragung** verschafft. Wie das Eigentum an einer Sache übertragen wird, ist in den §§ 925, 929 ff. des **BGB** geregelt.

Grundsätzlich wird **Eigentum** an **beweglichen** Sachen durch **Einigung und Übergabe** übertragen (§ 929 Satz 1 BGB).

BEISPIEL

Der Bäckermeister U, Bonn, **verkauft** (Verpflichtungsgeschäft; § 433 BGB) und **übergibt** (Erfüllungsgeschäft; § 929 BGB) in seinem Laden 1 kg Brot an eine Kundin.
Er überträgt ihr das Eigentum an dem Brot.

U hat durch die **Eigentumsübertragung** der Kundin die **Verfügungsmacht** über das Brot **verschafft**. Damit hat er eine **Lieferung** im Sinne des UStG bewirkt.

Ist der Abnehmer bereits im Besitz der Sache (z.B. beim Kauf auf Probe), so genügt die **Einigung** über den Übergang des Eigentums (§ 929 Satz 2 BGB).

Die Eigentumsübertragung an **unbeweglichen** Sachen (Grundstücken) erfolgt durch **Einigung** (Auflassung) **und Eintragung** im Grundbuch (§ 873 i.V.m. § 925 BGB).

Da der Zeitpunkt der Grundbucheintragung nicht von den Vertragspartnern bestimmt werden kann, wird für die **Verschaffung der Verfügungsmacht** darauf abgestellt, wann **Nutzen und Lasten** eines Grundstücks an den Abnehmer **übergehen**. Dieser Zeitpunkt wird in der Regel im notariell beurkundeten **Kaufvertrag** (§ 311b Abs. 1 BGB) festgelegt.

Verschaffung der Verfügungsmacht ohne Eigentumsübertragung

Eine Verschaffung der Verfügungsmacht **ohne Eigentumsübertragung** liegt z.B. vor, wenn ein Gegenstand unter **Eigentumsvorbehalt** verkauft und übertragen wird (Abschn. 3.1 Abs. 3 Satz 4 UStAE) und beim **Kommissionsgeschäft** (§ 3 Abs. 3 i.V.m. Abschn. 3.1 Abs. 3 Satz 7 UStAE).

BEISPIEL

Der Kraftfahrzeughändler U, Köln, liefert einen Pkw an den Abnehmer A, Bonn. Im Kaufvertrag wird vereinbart, dass der Kaufpreis für den Pkw in zehn Monatsraten zu zahlen ist und U bis zur vollständigen Bezahlung des Kaufpreises Eigentümer des Pkws bleibt (Eigentumsvorbehalt, § 449 BGB).

A ist zwar im Zeitpunkt der Übergabe des Pkws **kein Eigentümer**, weil sich **U** das **Eigentum** bis zur vollen Zahlung des Kaufpreises **vorbehält**. A kann jedoch **wie** ein Eigentümer über den gekauften Pkw verfügen (wirtschaftliches Eigentum i.S.d. § 39 Abs. 2 Nr. 1 AO), sodass bereits bei Auslieferung des Pkws eine **Lieferung** im Sinne des UStG vorliegt (Abschn. 3.1 Abs. 3 Satz 4 UStAE).

Bei **Leasing-** und **Mietverträgen** ist von einer **Lieferung** auszugehen, wenn der Vertrag eine **Kaufoption** des Leasingnehmers bzw. Mieters enthält **und** die Inanspruchnahme dieser Kaufoption als die **einzig wirtschaftlich rationale Möglichkeit** erscheint (BMF-Schreiben vom 18.03.2020, Abschnitt 3.5 Abs. 5 UStAE). **Andernfalls** liegt eine **sonstige Leistung** vor.

Für den **Ort der Lieferung** ist entscheidend, ob

1. eine Lieferung **mit** Warenbewegung (§ 3 Abs. 6 UStG) oder
2. eine Lieferung **ohne** Warenbewegung (§ 3 Abs. 7 UStG)

erfolgt.

zu 1. Lieferung mit Warenbewegung

Eine Lieferung mit Warenbewegung kann eine

- **Beförderungslieferung oder**
- **Versendungslieferung**

sein.

Eine **Beförderungslieferung** liegt vor, wenn der **Lieferer oder** der **Abnehmer** (oder ein vom Lieferer oder Abnehmer beauftragter Dritter) den Gegenstand der Lieferung fortbewegt (§ 3 Abs. 6 Satz 1).

BEISPIEL

Der **Unternehmer** U (bzw. ein Mitarbeiter des Unternehmers), Wiesbaden, **bringt** die bestellte Ware **mit** seinem **eigenen Lkw** zum Abnehmer A nach Mainz.

Es liegt eine **Beförderungslieferung** vor, weil der **Unternehmer** als **Lieferer** die Ware **selbst** fortbewegt.

Eine **Beförderungslieferung** liegt auch vor, wenn der **Abnehmer** den Gegenstand der Lieferung fortbewegt (**Abholfall**; § 3 Abs. 6 Satz 1).

BEISPIEL

Der **Abnehmer** A (bzw. ein Mitarbeiter des Abnehmers), Mainz, **holt** die bestellte Ware beim Unternehmer U in Wiesbaden **ab**.

Es liegt eine **Beförderungslieferung** vor, weil der **Abnehmer** die Ware fortbewegt (**Abholfall**).

Eine **Versendungslieferung** liegt gem. § 3 Abs. 6 Satz 3 vor, wenn die Beförderung des Gegenstandes durch einen **selbständigen Beauftragten ausgeführt** (z. B. durch einen Frachtführer) oder **besorgt** (z. B. durch einen Spediteur) wird.

MERKE →	**Versenden** heißt: **„von einem selbständigen Dritten befördern lassen"**.

BEISPIEL

Der **Unternehmer** U, Wiesbaden, **lässt** die bestellte Ware durch die Post AG (Frachtführer) zum Abnehmer A nach Mainz **befördern**.

Es liegt eine **Versendungslieferung** des Unternehmers U vor, weil die Lieferung durch einen **selbständigen Beauftragten** (die Post AG) **ausgeführt** wird. Die Post AG erbringt ihrerseits eine sonstige Leistung (Beförderungsleistung = Transport der Ware) gegenüber Unternehmer U.

zu 2. Lieferung ohne Warenbewegung

Eine **körperliche Übergabe** ist **entbehrlich**, wenn der Abnehmer bereits im Besitz des Gegenstandes ist. In diesem Fall **genügt** zur Übereignung die **Einigung** über den Übergang des Eigentums (§ 929 Satz 2 BGB).

Eine **Lieferung ohne Warenbewegung** liegt z.B. vor

- bei der Vereinbarung eines Besitzkonstituts (§ 930 BGB),
- bei der Abtretung des Herausgabeanspruchs (§ 931 BGB),
- bei der Übergabe eines Traditionspapiers (z.B. Lagerscheins; § 447 HGB),
- bei einem sog. **Reihengeschäft** (§ 3 Abs. 6a Satz 5 UStG),
- bei bestimmten **Werklieferungen** (§ 3 Abs. 4 UStG).

Im Folgenden werden nur die **Begriffe** des sog. **Reihengeschäfts** und der **Werklieferung** kurz erläutert.

Reihengeschäft

Als **Reihengeschäft** bezeichnet das Umsatzsteuergesetz Umsatzgeschäfte (Verpflichtungsgeschäfte), die von **mehreren Unternehmern** über **denselben Gegenstand** abgeschlossen werden und bei denen dieser Gegenstand **unmittelbar vom ersten Unternehmer** an den **letzten Abnehmer** gelangt (§ 3 Abs. 6a).

Bei **Reihengeschäften** werden **mehrere Lieferungen** ausgeführt. Es existiert jedoch **nur eine Beförderungs- oder Versendungslieferung** i.S.d. § 3 Abs. 6a. Bei dieser Lieferung handelt es sich um eine Lieferung **mit Warenbewegung (bewegte Lieferung)**.

Die **übrigen Lieferungen** innerhalb der Reihe (Kette) sind **ruhende Lieferungen** i.S.d. § 3 **Abs. 7**. Hierbei handelt es sich immer um **Lieferungen ohne Warenbewegung**.
Ein **Beförderungs- oder Versendungsfall** liegt **auch** dann vor, wenn ein an einem Reihengeschäft beteiligter **Abnehmer** den Gegenstand der Lieferung selbst abholt oder abholen lässt (**Abholfall**) (Abschn. 3.14 Abs. 3 Satz 2 UStAE).

Der **Ort der Lieferung bei Reihengeschäften** wird im Abschnitt 6.1.4 „Ort der Lieferung bei Reihengeschäften", Seiten 230 ff., erläutert. S 1

Maßgebend für die Beurteilung des Reihengeschäfts ist die **Zuordnung der Warenbewegung (Beförderungs- oder Versendungslieferung)** zu lediglich **einer Lieferung** in der Reihe (Abschn. 3.14 Abs. 7 bis 9 UStAE).

Wird der Gegenstand der Lieferung durch den **ersten** Unternehmer (ersten Lieferer) in der Reihe befördert **(durchgeführt)** oder versendet **(veranlasst)**, ist die Beförderungs- oder Versendungslieferung dem **ersten** Unternehmer **zuzuordnen**, d.h., zwischen dem **ersten** liefernden Unternehmer **(U 1)** und dem **ersten** Abnehmer **(U 2)** liegt eine Lieferung **mit** Warenbewegung vor (§ 3 Abs. 6 **Satz 1** i.V.m. § 3 **Abs. 6a** Satz 2 und Abschn. 3.14 Abs. 8 Satz 1 UStAE).

BEISPIEL

Der Abnehmer **A** in Essen bestellt beim Einzelhändler **U 2** in Köln Maschinenteile. U 2 hat die Teile nicht auf Lager und bestellt sie beim Großhändler **U 1** in Koblenz. U 2 beauftragt den Großhändler U 1, die Maschinenteile unmittelbar mit eigenem Lkw an A zu befördern. U 1 führt den Auftrag vereinbarungsgemäß aus.

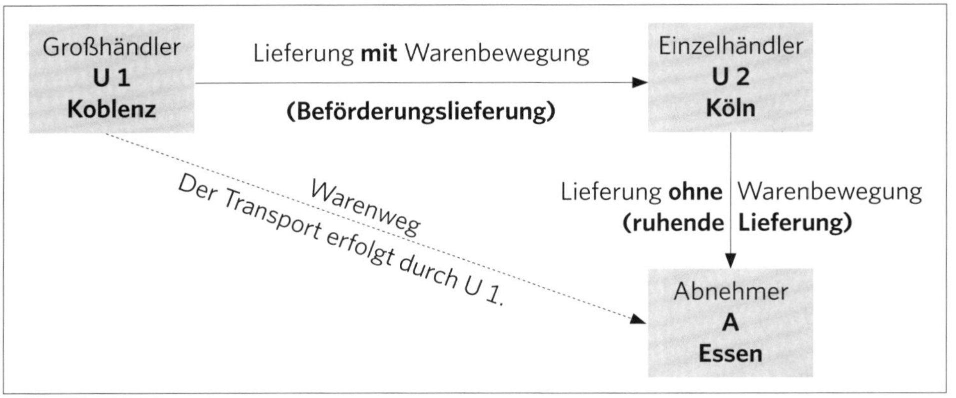

Es liegt ein **Reihengeschäft** i.S.d. §3 Abs. 6a vor, da **mehrere** Unternehmer über **dieselben** Maschinenteile **Umsatzgeschäfte** abschließen und die Maschinenteile im Rahmen einer Beförderung unmittelbar vom ersten Unternehmer **(U 1)** an den **letzten** Abnehmer **(A)** gelangen.
Da der Gegenstand der Lieferung durch den **ersten** Unternehmer **(U 1)** in der Reihe befördert **(durchgeführt)** wird, ist die **Beförderung** der **ersten** Lieferung **(U 1 an U 2) zuzuordnen** (§3 Abs. 6a Satz 2).
Zwischen **U 2 und A** liegt eine Lieferung **ohne** Warenbewegung **(ruhende Lieferung)** vor.

Wird der Gegenstand der Lieferung durch den **letzten** Abnehmer (A) in der Reihe befördert **(durchgeführt)** oder versendet **(veranlasst)**, ist die Beförderung oder Versendung der **letzten** Lieferung **(U 2 an A) zuzuordnen** (§3 Abs. 6a Satz 3).

BEISPIEL

Sachverhalt wie im Beispiel zuvor mit dem **Unterschied**, dass der Abnehmer A die Maschinenteile beim Lieferer (U 1) mit eigenem Lkw **abholt**.

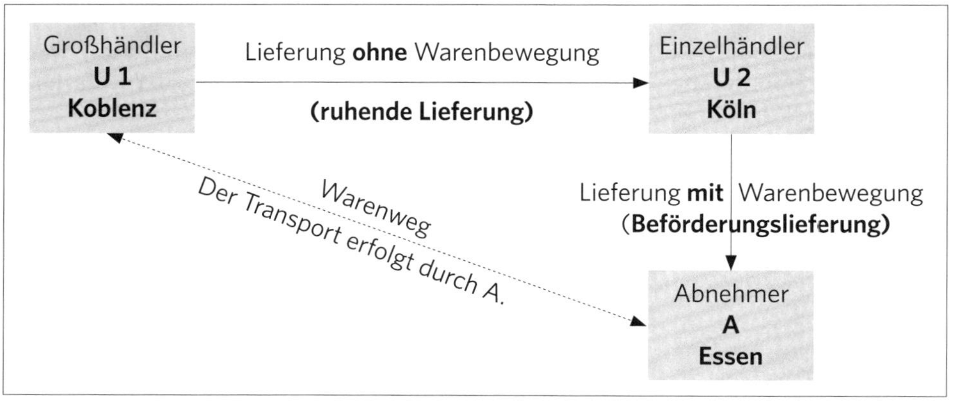

Es liegt wie im Beispiel zuvor ein **Reihengeschäft** i.S.d. §3 Abs. 6a vor. Die Beförderung ist der **letzten** Lieferung **(U 2 an A) zuzuordnen** (§3 Abs. 6a Satz 3).
Zwischen **U 1 und U 2** liegt eine Lieferung **ohne** Warenbewegung **(ruhende Lieferung)** vor.

Befördert oder versendet ein **mittlerer** Unternehmer in der Reihe den Liefergegenstand, ist dieser zugleich **Abnehmer** der Vorlieferung **und Lieferer** seiner eigenen Lieferung (**Zwischenhändler**). In diesem Fall ist die Beförderung oder Versendung nach §3 Abs. 6a Satz 4 **1. Halbsatz** grundsätzlich der Lieferung des **vorangehenden Unternehmers zuzuordnen** (**widerlegbare Vermutung**). Der befördernde oder versendende Zwischenhändler kann jedoch **anhand von Belegen**, z.B. durch eine Auftragsbestätigung, das Doppel der Rechnung oder andere handelsübliche Belege und Aufzeichnungen **nachweisen**, dass er als Lieferer aufgetreten und die Beförderung oder Versendung dementsprechend **seiner eigenen** Lieferung zuzuordnen ist (§ 3 Abs. 6a Satz 4 **2. Halbsatz** UStG).

Werklieferung

Verwendet der Unternehmer zur Herstellung eines Werkes (z.B. eines Einfamilienhauses) **Hauptstoffe**, die er **selbst beschafft**, so liegt eine **Werklieferung** vor (§ 3 Abs. 4 UStG; Abschn. 3.8 Abs. 1 Satz 1 UStAE).

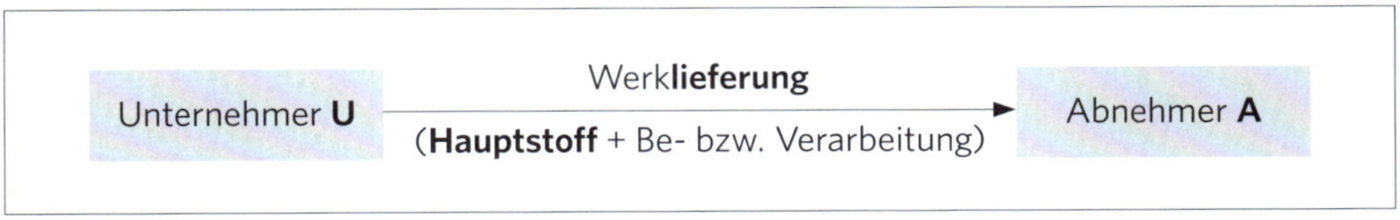

BEISPIEL

Der Kunde A, Bonn, beauftragt den Bauunternehmer U, Bad Godesberg, mit der Errichtung eines Rohbaus. Das Baumaterial für den Rohbau wird von U gestellt.

U erbringt mit der Erstellung des Rohbaus eine **Werklieferung**, weil er ein Werk aus von ihm selbst beschafften Hauptstoffen hergestellt hat.

Die **Leistungen** (Lieferung und sonstige Leistung) des Unternehmers werden bei einer **Werklieferung** nach dem Grundsatz der Einheitlichkeit (Abschn. 3.10 Abs. 5 UStAE) **zusammengefasst** und umsatzsteuerrechtlich wie eine **Lieferung** behandelt.

Einzelheiten über den **Ort der Werklieferung** erfolgen im Abschnitt 6.1.3 „Ort der Lieferung ohne Beförderung oder Versendung“, Seiten 228 f. S 1

Zusammenfassung zu Abschnitt 2.1.1:

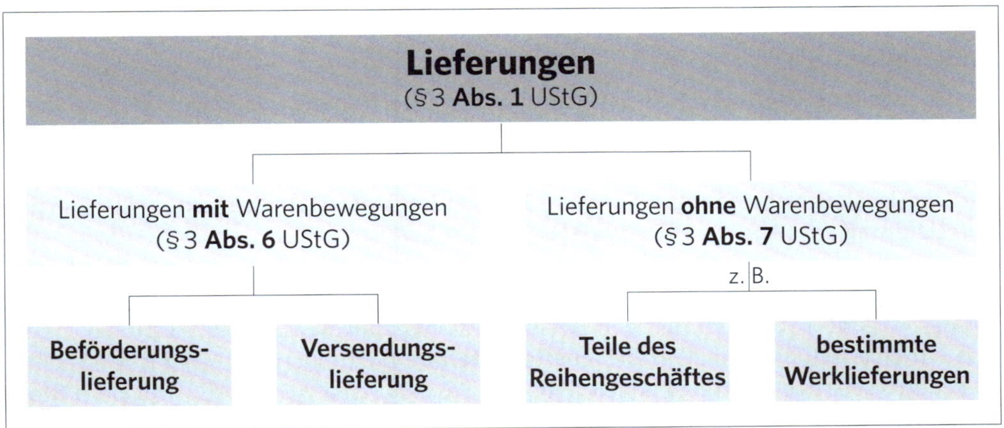

Der **Ort der Lieferung** wird im Abschnitt 6.1 „Ort der Lieferung“, Seiten 224 ff., dargestellt und erläutert. S 1

ÜBUNG →

1. Wiederholungsfragen 4 bis 10 (Seite 174),
2. Fall 1 (Seite 175)

2.1.2 Sonstige Leistungen

Sonstige Leistungen sind Leistungen, die **keine** Lieferungen sind (§ 3 Abs. 9 Satz 1).

Sonstige Leistungen können in einem **Tun**, **Dulden** oder **Unterlassen** bestehen.

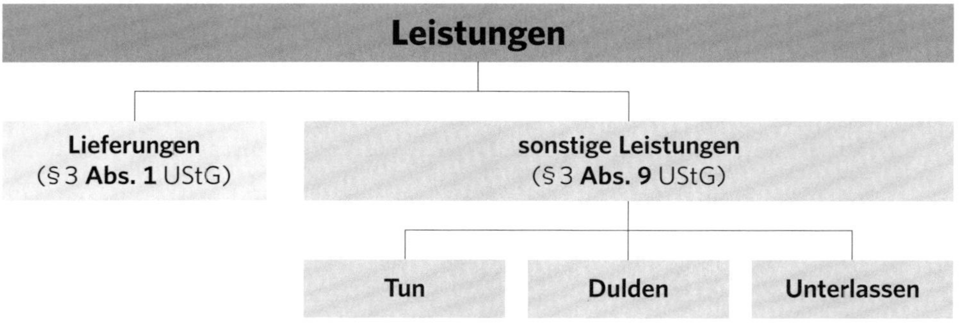

S 1 Der **Ort der sonstigen Leistungen** wird in Abschnitt 6.2 „Ort der sonstigen Leistungen", Seiten 248 ff., dargestellt und erläutert.

BEISPIELE

a) Der Frauenarzt Dr. Knut Viehbahn **behandelt** in seiner Praxis in München eine Patientin.

Dr. Viehbahn bewirkt eine **sonstige Leistung**, die in einem **Tun** besteht.

b) Der Hauseigentümer Bach, Berlin, **vermietet** eine Wohnung seines Zweifamilienhauses.

Bach bewirkt eine **sonstige Leistung**, die in einem **Dulden** besteht.

c) Die FAX AG **verzichtet** zugunsten eines Konkurrenten auf die Produktion eines bestimmten Produktes.

Die FAX AG bewirkt eine **sonstige Leistung**, die in einem **Unterlassen** besteht.

Software

Die **Überlassung von Individual-Software** und die **Übertragung von Standard- oder Individual-Software via Internet** stellen **sonstige Leistungen** dar (Abschn. 3.5 Abs. 3 Nr. 8 UStAE).

Die **Überlassung von Standard-Software und Updates auf Datenträgern** stellt hingegen eine **Lieferung** dar (Abschn. 3.5 Abs. 2 Nr. 1 UStAE).

Abgabe von Speisen und Getränken

Bei der Abgabe von verzehrfertigen Speisen war **bis zum 31.12.2025** zu prüfen, ob es sich um eine mit 7 % ermäßigt besteuerte **Lieferung** oder eine mit 19 % nicht ermäßigt besteuerte **sonstige Leistung** handelt (Abschn. 3.6 Abs. 1 Satz 1 UStAE). Mit dem **Steueränderungsgesetz 2025** werden diese sonstigen Leistungen (Restaurant- und Verpflegungsdienstleistungen) **ab dem 01.01.2026** auch mit dem **ermäßigten Steuersatz** belegt (§ 12 Abs. 2 Nr. 15 UStG). **Ausgenommen** ist die **Abgabe von Getränken**.

Wie bei allen komplexen Leistungen, die sowohl Elemente einer Lieferung als auch Elemente einer sonstigen Leistung beinhalten, richtet sich die umsatzsteuerliche Zuordnung nach den allgemeinen Abgrenzungsgrundsätzen (vgl. hierzu Abschn. 3.5 UStAE sowie 2.1.3 „Einheitlichkeit der Leistung", Seite 152).

Die **Qualität der vorhandenen Dienstleistungselemente** bestimmt die Zuordnung zur jeweiligen Leistungsart (Lieferung oder sonstige Leistung).

Überwiegen bei der Abgabe von Speisen die **Dienstleistungselemente** qualitativ, so **liegt insgesamt eine sonstige Leistung vor**. Zu den qualitativ zu berücksichtigenden Dienstleistungselementen zählen z.B. die Bereitstellung der Verzehrinfrastruktur, des Bedienungspersonals sowie des Geschirrs (Abschn. 3.6 Abs. 3 UStAE). Bei dem Verkauf von Speisen zum Verzehr in einer Gaststätte handelt es sich somit regelmäßig um sonstige Leistungen.

Dienstleistungselemente, die mit der reinen Vermarktung notwendig verbunden sind, bleiben bei der Zuordnungsbeurteilung **außer Betracht**. Diese Dienstleistungen dienen lediglich der Verschaffung der Verfügungsmacht (§ 3 Abs. 1 UStG) an den zubereiteten Speisen. Zu den „unschädlichen" Dienstleistungselementen zählen z.B. die Zubereitung der Speise, der Transport der Speise und die mit dem Transport der Speise im Zusammenhang stehenden sonstigen Leistungen (Abschn. 3.6 Abs. 2 UStAE). Bei dem Verkauf von Speisen „zum Mitnehmen" handelt es sich somit regelmäßig um Lieferungen.

Bei der Abgabe von Speisen durch **Catering-Unternehmen (Partyservice)** ist die Art der bereitgestellten Speisen zu beurteilen. Handelt es sich bei der Speise um eine **Standardspeise**, ist der Umsatz als **Lieferung** einzustufen, wenn keine zusätzlichen qualitativen Dienstleistungselemente erbracht werden. Handelt es sich hingegen um eine aufwendige Speisenkreation, die nach den **individuellen Wünschen des Kunden zusammengestellt** wird (z.B. ein französisches 4-Gänge-Menü für 80 Gäste), ist der Umsatz als **sonstige Leistung** einzustufen, auch wenn keine weiteren qualitativen Dienstleistungselemente erbracht werden.

Weitere Beispiele zur Abgrenzung von Lieferungen und sonstigen Leistungen bei der Abgabe von Speisen und Getränken enthalten das BMF-Schreiben vom 20.03.2013 sowie Abschn. 3.6 Abs. 6 UStAE.

Werkleistung

Verwendet der Unternehmer zur Herstellung eines Werkes **keine Hauptstoffe**, sondern nur **Nebenstoffe** (Zutaten, sonstige Nebensachen), die er **selbst beschafft**, so liegt eine **Werkleistung** vor (Abschn. 3.8 Abs. 1 Satz 3 UStAE). Zutaten und sonstige Nebensachen dürfen nicht das Wesen des Umsatzes bestimmen (Abschn. 3.8 Abs. 1 Satz 4 UStAE). Umsatzsteuerrechtlich wird eine Werk**leistung** wie eine **sonstige Leistung** behandelt.

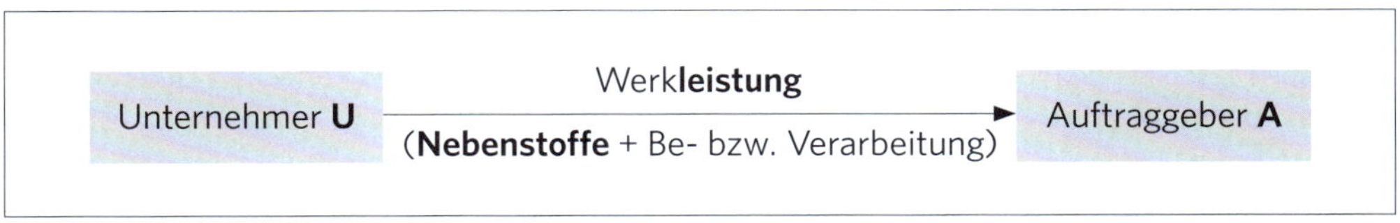

BEISPIEL

Der Kunde A, Bonn, übergibt dem Schneidermeister U, Bad Godesberg, Stoff mit dem Auftrag, ihm daraus einen Anzug anzufertigen. U verbraucht bei der Herstellung des Anzugs selbst beschaffte Futterstoffe, Knöpfe und andere Zutaten.

U erbringt eine **Werkleistung** (sonstige Leistung), weil er bei der Anfertigung des Anzuges nur selbst beschaffte Zutaten und sonstige Nebensachen verwendet.

Erläuterungen zur Abgrenzung einer Werklieferung von einer Werkleistung enthält Abschn. 3.8 Abs. 6 Satz 2 UStAE, zuletzt an die BFH-Rechtsprechung angepasst durch das BMF-Schreiben vom 01.10.2020.

Zusammenfassung zu Abschnitt 2.1.1 und 2.1.2:

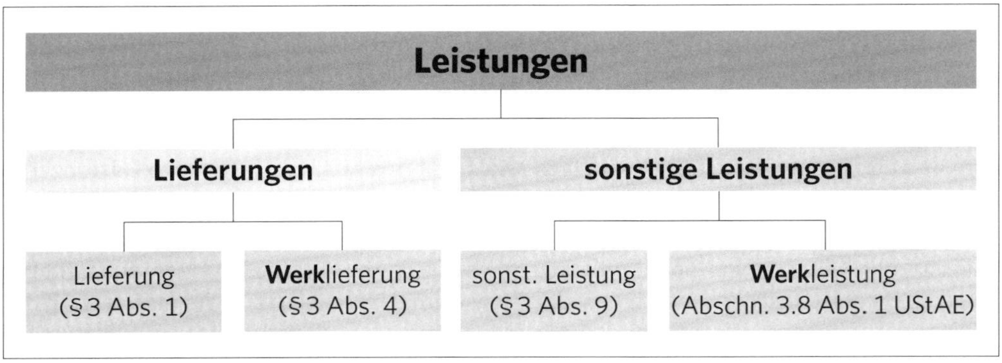

2.1.3 Einheitlichkeit der Leistung

Ein **einheitlicher wirtschaftlicher Vorgang** darf umsatzsteuerrechtlich **nicht** in **mehrere Leistungen aufgeteilt** werden (Abschn. 3.10 Abs. 3 Satz 1 UStAE; BFH-Urteil vom 14.02.2019).

Dieser **Grundsatz der Einheitlichkeit der Leistung** führt dazu, dass Vorgänge, die bürgerlich-rechtlich als selbständig und für sich allein betrachtet werden, umsatzsteuerrechtlich als einheitlicher Vorgang behandelt werden, wenn sie **wirtschaftlich zusammengehören** und als ein **unteilbares Ganzes** anzusehen sind.

Besteht daher ein Vorgang aus **mehreren Leistungen**, so wird zunächst die **Hauptleistung** bestimmt und entsprechend ihrer umsatzsteuerlichen Würdigung die **Nebenleistungen** behandelt.

Eine Leistung ist nach Abschn. 3.10 Abs. 5 Satz 3 UStAE grundsätzlich dann als eine **Nebenleistung** zu einer Hauptleistung anzusehen, wenn sie

- im Vergleich zu der Hauptleistung **nebensächlich** ist,
- mit ihr **eng zusammenhängt und**
- üblicherweise **in ihrem Gefolge** vorkommt.

BEISPIEL

Eine Maschinenfabrik verkauft und **übereignet** eine **Maschine** an ihren Kunden (= **Lieferung**) und **befördert** sie an den Ort des Abnehmers (= **sonstige Leistung**).

Es handelt sich um einen **einheitlichen wirtschaftlichen Vorgang** mit einer Haupt- und einer Nebenleistung. Insgesamt liegt **eine Lieferung** vor, weil die Nebenleistung (der Transport) gegenüber der Hauptleistung (der Lieferung der Maschine) zurücktritt und deren umsatzsteuerliches Schicksal teilt.

MERKE → **Nebenleistungen** teilen umsatzsteuerrechtlich das Schicksal der **Hauptleistung**.

Bedeutsam ist diese Behandlung als umsatzsteuerliche Einheit z. B. bei der Anwendung der **Steuersätze,** der **Steuerbefreiungs-** oder **Ortsbestimmungsvorschriften**.

Beispielsweise liegt bei der Abgabe einer gedruckten **Zeitun**g bzw. der Abgabe eines gedruckten **Buches** und der gleichzeitigen Einräumung des elektronischen Zugangs zum **E-Paper bzw. E-Book** (sog. Bundling) **keine** einheitliche Leistung vor (BMF-Schreiben vom 02.06.2014). Die Konsequenz unterschiedlicher Steuersätze wurde mittlerweile behoben. **E-Books und E-Papers** – und damit auch die vorgenannten Bundling-Produkte – unterliegen mittlerweile auch dem **ermäßigten Steuersatz** (§ 12 Abs. 2 Nr. 14).

Der **Bundesfinanzhof** (BFH) hat in seinem Urteil vom 14. November 2018 entschieden, dass die **entgeltliche Garantiezusage** eines Kfz-Händlers **keine unselbständige Nebenleistung** zur Fahrzeuglieferung, sondern eine **eigenständige** Leistung ist. Diese Leistung kann unter den weiteren Bedingungen als Versicherungsleistung **steuerfrei** (§ 4 Nr. 10 Buchst. a UStG) sein, führt dann aber zur Entstehung von Versicherungsteuer (BMF-Schreiben vom 11.05.2021).

2.2 Merkmale steuerbarer entgeltlicher Leistungen

Steuerbar im Sinne des § 1 Abs. 1 **Nr. 1** sind **Lieferungen und sonstige Leistungen**, wenn sie von einem **Unternehmer** im **Inland** gegen **Entgelt** im **Rahmen seines Unternehmens** ausgeführt werden.
Für **steuerbare Lieferungen und sonstige Leistungen** im Sinne des § 1 Abs. 1 **Nr. 1** müssen demnach folgende **vier Tatbestandsmerkmale** gegeben sein:

Steuerbare Leistungen

steuerbare Lieferungen | **steuerbare sonstige Leistungen**

1. **Unternehmer**
2. **Inland**
3. **Entgelt**
4. **im Rahmen seines Unternehmens**

Fehlt eines dieser vier **Tatbestandsmerkmale**, dann ist die Leistung **nicht steuerbar** im Sinne des § 1 Abs. 1 **Nr. 1**.

2.2.1 Unternehmer

Leistungen können grundsätzlich nur **steuerbar** sein, wenn sie von einem **Unternehmer** ausgeführt werden (§ 1 Abs. 1 **Nr. 1**).
Eine **Ausnahme** von diesem Grundsatz gibt es bei Lieferungen **neuer Fahrzeuge in das übrige Gemeinschaftsgebiet** durch **Nicht**unternehmer. Die **Nicht**unternehmer werden in diesem Falle **wie Unternehmer** behandelt (§ 2a Satz 1).

Unternehmer ist,

1. **wer (Unternehmerfähigkeit)**
2. eine **gewerbliche oder berufliche Tätigkeit**
3. **selbständig**

ausübt (§ 2 Abs. 1 Satz 1).

zu 1. Unternehmerfähigkeit

Die **Fähigkeit**, **Unternehmer** im Sinne des § 2 UStG zu sein und damit steuerbare Leistungen ausführen zu können, besitzen nach Abschn. 2.1 Abs. 1 UStAE:

natürliche Personen	(Einzelpersonen, die ein Unternehmen i. S. d. UStG betreiben, z. B. Einzelhändler, Handwerker, Steuerberater, Schriftsteller, Hauseigentümer),
juristische Personen	(z. B. AG, GmbH, Genossenschaften, eingetragene Vereine, Stiftungen) und
Personenvereinigungen	(z. B. OHG, KG, GbR).

Durch das **Jahressteuergesetz 2022** wurde klargestellt, dass die Unternehmerfähigkeit **nicht** von der Rechtsfähigkeit nach **anderen** Gesetzen abhängt.

Leben Ehegatten im gesetzlichen Güterstand (im Güterstand der Zugewinngemeinschaft) oder haben sie vertraglich Gütertrennung vereinbart, so kann **jeder** Ehegatte ein einzelner **Unternehmer** sein.

BEISPIEL

Der Schreinermeister Willi Weiß betreibt in Koblenz eine Möbelschreinerei. Mit seiner Ehefrau Ilse geb. Schwarz lebt er im **Güterstand der Zugewinngemeinschaft**. Die Ehefrau ist Eigentümerin eines Miethauses in Bonn. Alle Wohnungen des Hauses sind vermietet.

Jeder Ehegatte ist ein einzelner **Unternehmer**, und zwar Willi Weiß als **Handwerker** und Ilse Weiß als **Vermieterin**.

zu 2. gewerbliche oder berufliche Tätigkeit

Gewerblich oder beruflich ist jede **nachhaltige** Tätigkeit zur **Erzielung von Einnahmen**, auch wenn die Absicht, Gewinn zu erzielen, fehlt (§ 2 Abs. 1 Satz 3).
Das **Unternehmen** umfasst die **gesamte** gewerbliche oder berufliche Tätigkeit des **Unternehmers** (§ 2 Abs. 1 Satz 2).
Daraus folgt, dass **ein Unternehmer** zwar **mehrere Betriebe** (Unternehmensteile), aber **nur ein Unternehmen** haben kann (Abschn. 2.7 Abs. 1 Satz 1 UStAE).
Das **Unternehmen** umfasst somit **alle Betriebe** eines Unternehmers.

BEISPIEL

Sachverhalt wie im Beispiel zuvor. Zu der Möbelschreinerei gehören noch eine Filiale in Trier sowie eine Reparaturwerkstatt in Boppard. Daneben betreibt Willi Weiß noch einen Gebrauchtwagenhandel und besitzt zwei Mietshäuser in Ulm, die er seinem Unternehmen zugeordnet hat.

Unternehmer Weiß hat **ein Unternehmen**. Es umfasst die Möbelschreinerei mit ihrer Filiale und der Reparaturwerkstatt, den Gebrauchtwagenhandel sowie die Mietshäuser.

Nachhaltig wird eine gewerbliche oder berufliche Tätigkeit ausgeübt, wenn sie **auf Dauer** zur **Erzielung von Entgelten** angelegt ist. Ob dies der Fall ist, richtet sich nach dem Gesamtbild der Verhältnisse im Einzelfall. Abschn. 2.3 Abs. 5 UStAE enthält Kriterien anhand derer die Nachhaltigkeit festgestellt werden kann, z. B. mehrjährige Tätigkeit, planmäßiges Handeln, auf Wiederholung angelegte Tätigkeit, die Ausführung mehr als nur eines Umsatzes.

BEISPIEL

Ein Lebensmittelhändler verkauft in seinem Ladengeschäft täglich Lebensmittel.

Der Einzelhändler übt eine **nachhaltige** Tätigkeit aus, weil sie auf Dauer zur Erzielung von Entgelten angelegt ist.

Nicht nachhaltig tätig ist ein **Angehöriger einer Automobilfabrik**, der von dieser unter Inanspruchnahme des Werksangehörigenrabatts fabrikneue Automobile erwirbt und diese nach einer Behaltefrist von **mehr als einem Jahr** wieder verkauft (sog. **Jahreswagen**) (Abschn. 2.3 Abs. 6 Satz 2 UStAE).

Steuerbar sind auch **Hilfsgeschäfte** eines Unternehmers. **Hilfsgeschäfte** sind Geschäfte eines Unternehmers, die durch dessen Haupttätigkeit veranlasst sind, aber nur gelegentlich anfallen. Sie unterliegen auch bei Einmaligkeit der Umsatzsteuer.

BEISPIEL

Ein **Lebensmitteleinzelhändler verkauft** seinen betrieblich genutzten **Lkw**.

Die Lieferung des Kraftfahrzeugs ist als **Hilfsgeschäft** ein steuerbarer Vorgang.

Eine Tätigkeit wird zur **Erzielung von Einnahmen** ausgeübt, wenn durch sie eine Gegenleistung in irgendeiner Form (z.B. Geld, Sachen) erzielt werden soll. Es ist nicht erforderlich, dass dabei auch Gewinn erzielt wird (Abschn. 2.3 Abs. 8 Satz 2 UStAE).

zu 3. Selbständigkeit

Unternehmer kann schließlich nur sein, wer eine nachhaltige Tätigkeit zur Erzielung von Einnahmen **selbständig** ausübt (§ 2 Abs. 1 Satz 1). Eine **selbständige Tätigkeit** liegt vor, wenn sie auf **eigene Rechnung** und auf **eigene Verantwortung** ausgeübt wird (Abschn. 2.2 Abs. 1 Satz 1 UStAE).

Natürliche Personen sind unselbständig, wenn sie in ein Unternehmen so eingegliedert sind (z.B. aufgrund eines Angestelltenvertrags), dass sie den Weisungen des Unternehmers zu folgen verpflichtet sind (§ 2 Abs. 2 Nr. 1).

BEISPIEL

Bernhard Michiels ist **angestellter** Lehrer des Wolf-Henning Matt Gymnasiums, Köln.

Michiels ist als **Angestellter unselbständig** und damit kein Unternehmer. Die Merkmale der Unselbständigkeit, nämlich Eingliederung in ein Unternehmen und Weisungsgebundenheit, sind bei ihm erfüllt.

MERKE →	Wer Arbeitnehmer ist, kann für **diese** unselbständige Tätigkeit nicht gleichzeitig **Unternehmer** sein.

Übt eine natürliche Person **verschiedene** Tätigkeiten aus, dann kann sie sowohl zum Teil **unselbständig** (Arbeitnehmer) als auch zum Teil **selbständig** (Unternehmer) sein (Abschn. 2.2 Abs. 4 Satz 1 UStAE).

BEISPIEL

Lehrer Michiels übt **neben** seiner Lehrtätigkeit eine schriftstellerische Tätigkeit aus.

Michiels ist als **Arbeitnehmer unselbständig** und gleichzeitig als **Autor selbständig**. Er ist als Autor **Unternehmer**, weil er eine berufliche Tätigkeit selbständig ausübt.

MERKE →	**Natürliche** Personen, die **verschiedene** Tätigkeiten ausüben, können Arbeitnehmer **und** Unternehmer in einer Person sein.

Juristische Personen (z.B. AG, GmbH) können ihre Tätigkeit entweder **nur selbständig** oder **nur unselbständig** ausüben. Eine **juristische Person** ist **unselbständig**, wenn sie in ein anderes Unternehmen

- **finanziell**,
- **wirtschaftlich** und
- **organisatorisch**

eingegliedert ist (§ 2 Abs. 2 Nr. 2). Dieses **Eingliederungsverhältnis** wird als **Organschaft** bezeichnet. Die eingegliederte juristische Person wird als Organ (Organgesellschaft), das beherrschende Unternehmen als **Organträger** bezeichnet.

Inländische **Organträger und** ihre inländischen **Organgesellschaften** sind als ein **einheitliches Unternehmen** anzusehen (Abschn. 2.9 Abs. 1 Satz 3 UStAE). **Unternehmer** ist der **Organträger**. Leistungen innerhalb einer inländischen Organschaft sind als Innenumsatz nicht steuerbar (vgl. § 1 Abs. 1).

Eine **finanzielle** Eingliederung ist grundsätzlich gegeben, wenn die Beteiligung des Organträgers an der Organgesellschaft mehr als 50 % beträgt, sofern keine höhere qualifizierte Mehrheit in der Satzung vorgesehen ist (Abschn. 2.8 Abs. 5 Satz 2 UStAE).

Wirtschaftliche Eingliederung bedeutet, dass die Organgesellschaft gemäß dem Willen des Organträgers handelt und ihn fördert und ergänzt (Abschn. 2.8 Abs. 6 UStAE).

Die **organisatorische** Eingliederung liegt vor, wenn der Organträger durch organisatorische Maßnahmen sicherstellt, dass sein Wille auch tatsächlich in der Organgesellschaft durchgesetzt wird. Dies ist z.B. durch Personalunion der Geschäftsführer in beiden Gesellschaften gegeben (Abschn. 2.8 Abs. 8 UStAE).

Bei einer **Betriebsaufspaltung** mit einer juristischen Person (z.B. GmbH) als Betriebsgesellschaft, liegt in der Regel eine umsatzsteuerliche Organschaft vor.

BEISPIEL

Die **Klein GmbH** (Betriebsgesellschaft) ist als Produktionsgesellschaft der **Groß AG** (Besitzgesellschaft) tätig. Die GmbH-Anteile befinden sich zu 80 % im Besitz der AG. Der Vorstand der Groß AG ist gegenüber der Geschäftsführung der Klein GmbH weisungsberechtigt.

Die Klein GmbH ist **unselbständig**, weil sie **finanziell**, **wirtschaftlich** und **organisatorisch** in das Unternehmen der Groß AG eingegliedert ist. Die **Groß AG** muss als **Unternehmerin** für die gesamte Organschaft (Groß AG **und** Klein GmbH) nur eine Umsatzsteuererklärung abgeben.

Personengesellschaften des Handelsrechts (z.B. OHG, KG) sind **selbständig,** wenn sie nicht ausnahmsweise in das Unternehmen des Organträgers eingegliedert sind (Abschn. 2.2 Abs. 5 Satz 1 UStAE). Eine **Kapitalgesellschaft** (z.B. AG, GmbH) ist **stets selbständig**, wenn sie **nicht** nach § 2 Abs. 2 in das Unternehmen eines Organträgers eingegliedert ist (Abschn. 2.2 Abs. 6 Satz 1 UStAE).

Der **EuGH** hat in seinem Urteil vom **01.12.2022** zu den Rechtsfolgen der deutschen umsatzsteuerlichen Organschaft Stellung genommen. Hieraus könnten sich u.a. **Auswirkungen auf die Steuerfreiheit von Innenumsätzen einer Organschaft** ergeben. Eine Umsetzung durch den BFH oder eine eventuelle erneute Vorlage an den EuGH stehen aus.

ÜBUNG →

1. Wiederholungsfragen 11 bis 15 (Seite 174),
2. Fälle 2 und 3 (Seiten 175 f.)

Wem eine **Leistung als Unternehmer zuzurechnen** ist, richtet sich danach, wer dem Abnehmer gegenüber als **Schuldner der Leistung** auftritt. Ein **Unternehmer** kann nach außen **im eigenen** oder **fremden Namen** auftreten und **auf eigene** oder **fremde Rechnung** handeln.

Dabei können sich folgende **vier Möglichkeiten** ergeben:

1. Handeln im **eigenen Namen** für **eigene Rechnung** (**Eigenhändler**),
2. Handeln im **eigenen Namen** für **fremde Rechnung** (**Kommissionär**),
3. Handeln im **fremden Namen** für **fremde Rechnung** (**echter Agent**),
4. Handeln im **fremden Namen** für **eigene Rechnung** (**unechter Agent**).

zu 1. Eigenhändler

Tritt ein Unternehmer **im eigenen Namen** und für **eigene Rechnung** auf, so wird er als **Eigenhändler** bezeichnet (Abschn. 3.7 Abs. 7 Satz 1 UStAE).

BEISPIEL

Der Kfz-Händler U liefert in Köln an den Abnehmer A in seinem eigenen Laden einen Pkw. Der Verkäufer U ist Eigentümer des Pkws.

U verschafft A im **eigenen Namen** die Verfügungsmacht über das Auto und handelt für **eigene Rechnung**. U handelt als **Eigenhändler** (Abschn. 3.7 Abs. 7 Satz 1 UStAE).

zu 2. Kommissionär

Tritt ein Unternehmer im **eigenen Namen** für **fremde Rechnung** (des Kommittenten) auf, ist er **Kommissionär** (§ 383 Abs. 1 HGB).

Bei der vom Kommissionär erbrachten Leistung unterscheidet man zwischen

- **Lieferkommission** (§ 3 **Abs. 3** UStG) und
- **Dienstleistungskommission** (§ 3 **Abs. 11** UStG).

Lieferkommission

Der **Lieferkommissionär** wird umsatzsteuerrechtlich wie ein **Eigenhändler** behandelt. Bei der **Lieferkommission** liegt zwischen dem Kommittenten (Auftraggeber) und dem Kommissionär eine **Lieferung** vor (§ 3 Abs. 3 Satz 1).

Kauft der Lieferkommissionär für fremde Rechnung Gegenstände ein, spricht man von einer **Liefereinkaufskommission**, **verkauft** er Gegenstände für fremde Rechnung, liegt eine **Lieferverkaufskommission** vor.

Bei der **Lieferverkaufskommission** liegen **zwei Lieferungen** vor. Die Lieferung der Gegenstände vom Auftraggeber (dem Verkaufskommittenten) an den Verkaufskommissionär stellt das **Kommissionsgeschäft** im Sinne des § 3 **Abs. 3** dar. Die zweite Lieferung erfolgt zwischen dem Verkaufskommissionär und dem eigentlichen Abnehmer (Dritter) und stellt eine Lieferung im Sinne des § 3 **Abs. 1** dar.

Die Lieferung des Verkaufskommittenten an den Verkaufskommissionär liegt zeitlich **erst im Zeitpunkt der Lieferung** des Kommissionsgutes **an den Abnehmer** vor (Abschn. 3.1 Abs. 3 Satz 7 UStAE).

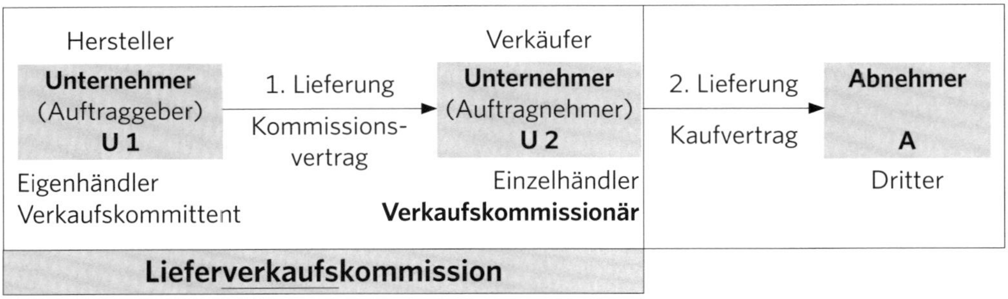

BEISPIEL

Der Waschmaschinenhersteller U 1 beauftragt den Einzelhändler U 2 durch Abschluss eines Vertrags, eine Waschmaschine im eigenen Namen aber für Rechnung des U 1 zu verkaufen. Der Einzelhändler U 2 verkauft diese Waschmaschine an den Abnehmer A.

Es liegt eine **Lieferverkaufskommission** vor. Da U 2 als **Verkaufskommissionär** im **eigenen Namen** auftritt, **bewirkt** er eine **Lieferung** (§ 3 **Abs. 1**). Der Waschmaschinenhersteller U 1 bewirkt als Verkaufskommittent ebenfalls eine **Lieferung**, bei der der Verkaufskommissionär als Abnehmer gilt (§ 3 **Abs. 3**).

Bei der **Liefereinkaufskommission** liegen ebenfalls **zwei Lieferungen** vor. Der Einkauf der Gegenstände durch den Einkaufskommissionär stellt eine Lieferung im Sinne des § 3 **Abs. 1** dar. Die zweite Lieferung erfolgt zwischen dem Einkaufskommissionär und dem Kommittenten und stellt das **Kommissionsgeschäft** im Sinne des § 3 **Abs. 3** dar. Beide Lieferungen finden **gleichzeitig beim Übergang der Verfügungsmacht an den Einkaufskommissionär** statt.

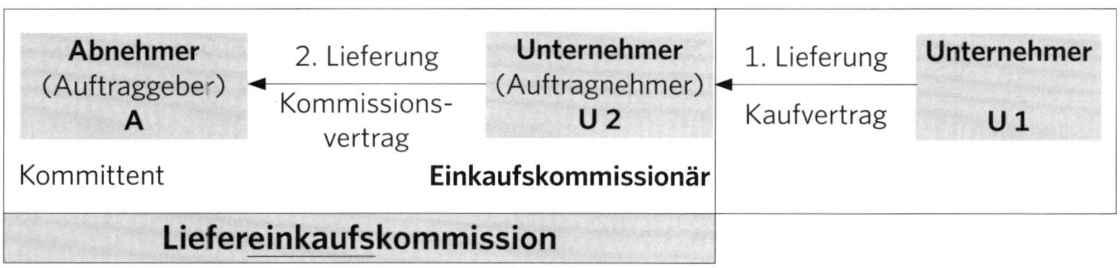

BEISPIEL

Der Abnehmer A beauftragt den Einkaufskommissionär U 2 Waren bei U 1 einzukaufen. Zu diesem Zweck schließt U 2 im eigenen Namen mit U 1 einen Kaufvertrag ab.

Es handelt sich um eine **Liefereinkaufskommission**. Dabei liegen **zwei Lieferungen** im Moment der Verschaffung der Verfügungsmacht an den Einkaufskommissionär vor.

MERKE →	Bei einer **Lieferkommission** liegen **zwei Lieferungen** vor.

Dienstleistungskommission

§ 3 **Abs. 11** regelt die sogenannte **Dienstleistungskommission**. Hierbei handelt es sich um eine Kommission für **sonstige Leistungen**, die als Leistungs**einkaufskommission** oder als

Leistungsverkaufskommission vereinbart werden kann (Abschn. 3.15 Abs. 1 Satz 4 UStAE). Im Rahmen der Dienstleistungskommission werden **zwei sonstige Leistungen zum selben Zeitpunkt** erbracht. Der Kommissionär tritt in der Leistungskette zugleich als Leistungsempfänger und als Leistender auf. Die beiden sonstigen Leistungen sind jedoch umsatzsteuerrechtlich gesondert zu beurteilen (z. B. bezüglich Leistungsort und Steuerfreiheit, vgl. Abschn. 3.15 Abs. 2 UStAE).

BEISPIEL

Spediteur Sp, Bremen, soll für Unternehmer U, Bremen, einen Warentransport von Bremen nach München organisieren. Sp beauftragt im eigenen Namen, jedoch für Rechnung des U, den Frachtführer F aus Bremen mit dem Warentransport.

Es handelt sich um eine Leistungseinkaufskommission mit **zwei sonstigen Leistungen** (Beförderungsleistung). Sp empfängt als Kommissionär von F eine **sonstige Leistung** und erbringt gleichzeitig gegenüber U (Kommittent) eine **sonstige Leistung**.

Die Dienstleistungskommission bei **elektronisch erbrachten Dienstleistungen** über ein Telekommunikationsnetz, eine Schnittstelle oder ein Portal (z. B. einen **App Store**) regelt § 3 Abs. 11a.

MERKE → Bei einer **Dienstleistungskommission** liegen **zwei sonstige Leistungen** vor.

zu 3. echter Agent

Tritt ein Unternehmer im **fremden Namen** und für **fremde Rechnung** auf, so wird er als **echter Agent** bezeichnet. **Echte Agenten** sind z. B. selbständige **Handelsvertreter**, **Bausparkassenvertreter, Versicherungs-** und **Immobilienmakler**.

Wer als **echter Agent** auftritt, bewirkt **keine Lieferung**, sondern eine **sonstige Leistung**. Die sonstige Leistung des echten Agenten besteht darin, dass er Geschäfte für andere Personen **vermittelt** (Vermittlungsleistungen; Abschn. 3.7 Abs. 1 Satz 3 UStAE).

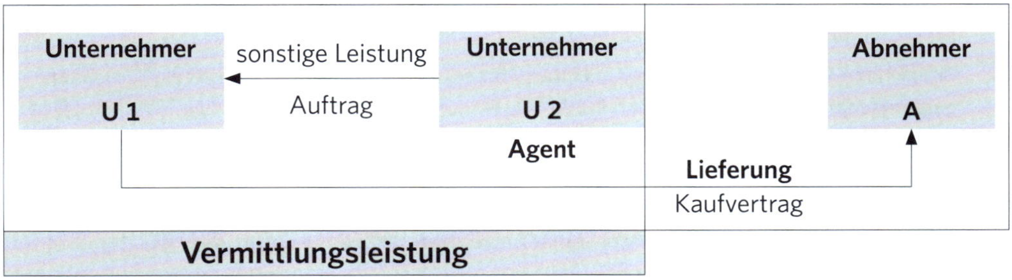

BEISPIEL

Willi Vetter (U 2) betreibt in Koblenz auf eigenem Grundstück eine Tankstelle. An der Tankstelle veräußert er nur Kraftstoffe der Firma U 1. Aus den Quittungsvordrucken, die er benutzt, geht hervor, dass die Verkäufe im Namen und für Rechnung der Firma U 1 ausgeführt werden. Vetter (U 2) erhält von U 1 für seine Vermittlungsleistungen eine Provision.

Da **Vetter** als **Agent** im Namen und für Rechnung der Firma U 1 auftritt, bewirkt er gegenüber der Firma U 1 **sonstige Leistungen** (Vermittlungsleistungen).

MERKE → Ein **echter Agent** erbringt nur **eine sonstige Leistung**.

zu 4. unechter Agent

Tritt ein Unternehmer im **fremden Namen** für **eigene Rechnung** auf, so wird er als **unechter Agent** bezeichnet.

Unechte Agenten sind z.B. Unternehmer, die im fremden Namen Umsätze tätigen, ohne dazu ermächtigt zu sein.
Da der Unternehmer in diesem Falle rechtlich nicht für einen anderen handeln kann, muss er wie ein Unternehmer behandelt werden, der **im eigenen Namen** für **eigene Rechnung** handelt. Der **unechte Agent** wird daher **wie** ein **Eigenhändler** behandelt.

Fiktiver Unternehmer

Auch **Nichtunternehmer** (z.B. Privatpersonen) werden **wie Unternehmer** behandelt, wenn sie **neue Fahrzeuge** vom **Inland** in das **übrige Gemeinschaftsgebiet** (ausländische EU-Staaten) liefern **(§ 2a Satz 1)**.

S 1 Einzelheiten zum **übrigen Gemeinschaftsgebiet** erfolgen im Abschnitt 2.2.2.2 „Ausland", Seiten 162 ff.

Dieser sog. **fiktive Unternehmer** (Fahrzeuglieferer) im Sinne des § 2a erbringt stets eine **steuerfreie innergemeinschaftliche Lieferung** (§ 4 Nr. 1b i.V.m. § 6a).

BEISPIEL

Der **Privatmann P**, Saarbrücken, liefert einen **neuen Pkw** an den französischen Abnehmer A in Metz. Der Kaufpreis des neuen Pkws beträgt 20.000 €.

Privatmann P wird nach § 2a **wie** ein **Unternehmer** behandelt. Es liegt eine steuerbare **innergemeinschaftliche Lieferung** nach § 1 Abs. 1 **Nr. 1** vor, die jedoch nach § 4 Nr. 1b i.V.m. § 6a **steuerfrei** ist.

Umsatzsteuer-Identifikationsnummer

Wer als Unternehmer am **innergemeinschaftlichen Warenverkehr der EU** teilnehmen möchte, also Waren innerhalb des EU-Gemeinschaftsgebiets liefern oder erwerben möchte, braucht zusätzlich zur Steuernummer eine sog. **Umsatzsteuer-Identifikationsnummer (USt-IdNr.)**.

S 1 Einzelheiten zum **EU-Gemeinschaftsgebiet** erfolgen im Abschnitt 2.2.2 „Umsatzsteuerliche Gebietsbegriffe", Seiten 161 ff.

Die Umsatzsteuer-Identifikationsnummern werden auf Antrag durch das **Bundeszentralamt für Steuern (BZSt)** vergeben (§ 27a Abs. 1 Satz 1). Dabei kann die USt-IdNr. auch **zeitlich befristet** erteilt werden, wenn ernsthafte Anzeichen vorliegen oder nachgewiesen ist, dass die USt-IdNr. zur **Gefährdung des Umsatzsteueraufkommens** der Bundesrepublik Deutschland oder anderer Mitgliedstaaten verwendet wird (§ 27a Abs. 1).

Im **Bestätigungsverfahren** erhält der Unternehmer vom Bundeszentralamt für Steuern die Auskunft, ob eine ausländische USt-IdNr. gültig ist (einfache Anfrage) und ob die mitgeteilten Angaben zu Firma, Standort, Postleitzahl und Straße (qualifizierte Anfrage) mit den in der Unternehmerdatei des jeweiligen EU-Mitgliedstaates registrierten Daten übereinstimmen. Gesetzliche Grundlage ist § 18e Nr. 1 UStG.
Der Unternehmer kann sich dazu per Internet **(www.bzst.de)**, telefonisch oder per Brief an das Bundeszentralamt für Steuern wenden (Abschn. 18e.1 UStAE).

Die Aufgaben des **Bundeszentralamtes für Steuern (BZSt)** wurden bereits in Teil A, Abschnitt 4.2.2, Seiten 27 f., dargestellt und erläutert. S 1

ÜBUNG → Wiederholungsfragen 16 bis 21 (Seite 174)

2.2.2 Umsatzsteuerliche Gebietsbegriffe

2.2.2.1 Inland

Eine Leistung im Sinne des § 1 Abs. 1 **Nr. 1** ist nur steuerbar, wenn sie im **Inland** ausgeführt wird.
Inland im Sinne des UStG ist das Gebiet der Bundesrepublik Deutschland mit Ausnahme des Gebiets von Büsingen, der Insel Helgoland, der Freizonen des Kontrolltyps I nach § 1 Abs. 1 Satz 1 des Zollverwaltungsgesetzes (Freihäfen), der Gewässer und Watten zwischen der Hoheitsgrenze und der jeweiligen Strandlinie sowie der deutschen Schiffe und der deutschen Luftfahrzeuge in Gebieten, die zu keinem Zollgebiet gehören (§ 1 **Abs. 2** Satz 1):

	Gebiet der Bundesrepublik Deutschland
./.	**Gebiet von Büsingen**
./.	**Insel Helgoland**
./.	**Freizonen des Kontrolltyps I** (Freihäfen: Bremerhaven und Cuxhaven)
./.	**Gewässer und Watten** zwischen der Hoheitsgrenze und der jeweiligen Strandlinie (**12 Seemeilen**)
./.	**deutsche Schiffe und deutsche Luftfahrzeuge** in Gebieten, die zu keinem Zollgebiet gehören
=	**Inland**

Nach Zollrecht wird in **Freihäfen** zwischen **Freizonen des Kontrolltyps I** (**mit** zollrechtlich überwachter Begrenzung) und **Freizonen des Kontrolltyps II** (**ohne** zollrechtlich überwachte Begrenzung) unterschieden. Freizonen des **Kontrolltyps I** gehören **nicht** zum **Inland**, umsatzsteuerrechtlich sind sie als **Drittland** zu behandeln.
Da die Freihäfen **Deggendorf** und **Duisburg** nur Freizonen des Kontrolltyps II haben, werden sie als **Inland** behandelt (Abschn. 1.9 Abs. 1 Satz 2 UStAE).

Zum **01.01.2027** wird die Freizone des Hafens **Cuxhaven aufgehoben**.

Die in **Freihäfen** und in **Gewässern und Watten** zwischen der Hoheitsgrenze und der jeweiligen Strandlinie ausgeführten Umsätze sind **grundsätzlich nicht** steuerbar, weil sie **nicht** im **Inland** ausgeführt werden.

Bestimmte Umsätze in Freihäfen und in Gewässern und Watten an Endverbraucher werden jedoch **wie** Umsätze **im Inland** behandelt. Zu diesen Umsätzen gehören insbesondere Lieferungen von Speisen, Getränken und dergleichen in Personalkantinen oder der Verkauf von Tabakwaren aus Automaten in Freihäfen (§ 1 **Abs. 3**).

Ziel dieser Vorschrift ist es, den **Letztverbrauch mit Umsatzsteuer zu belasten**.

Wird ein **Umsatz** im **Inland ausgeführt**, so kommt es für die Besteuerung **nicht** darauf an, ob der Unternehmer **deutscher Staatsangehöriger** ist, seinen **Wohnsitz oder Sitz im Inland** hat, im **Inland** eine **Betriebsstätte** unterhält, die **Rechnung** erteilt oder die **Zahlung** empfängt (§ 1 Abs. 2 Satz 3).

BEISPIEL

Der **türkische** Teppichhändler Noscolak liefert in seinem Teppichgeschäft in **Koblenz** gegen Entgelt Teppiche an Privatpersonen.

Die **Lieferung** der Teppiche ist **steuerbar**, da sie im **Inland** erfolgt und die übrigen Voraussetzungen des § 1 Abs. 1 **Nr. 1** erfüllt sind.
Es ist **unerheblich**, dass der Unternehmer **nicht** die **deutsche Staatsangehörigkeit** besitzt.

2.2.2.2 Ausland

Ausland ist das Gebiet, das **nicht Inland** ist (§ 1 Abs. 2 Satz 2).

Zum **Ausland** gehören das **Drittlandsgebiet** (einschließlich der Gebiete, die nach § 1 Abs. 2 Satz 1 vom Inland ausgenommen sind) **und** das **übrige Gemeinschaftsgebiet** (Abschn. 1.9 Abs. 2 Satz 1 UStAE).
Die österreichischen Gemeinden **Mittelberg** (Kleines Walsertal) und **Jungholz** in Tirol gehören zum **Ausland** im Sinne des § 1 Abs. 2 Satz 2 (Abschn. 1.9 Abs. 2 Satz 2 UStAE).

Zum **übrigen Gemeinschaftsgebiet** gehören die in Abschn. 1.10 Abs. 1 Satz 2 UStAE bezeichneten Gebiete.

Das **Gemeinschaftsgebiet** umfasst demnach das **Inland** und das **übrige Gemeinschaftsgebiet** (die ausländischen EU-Staaten) (§ 1 Abs. 2a Satz 1).

Drittlandsgebiet ist das Gebiet, das **nicht Gemeinschaftsgebiet** ist (§ 1 Abs. 2a Satz 3). Dazu zählen unter anderem die sogenannten **anderen Staaten** (Ausland, das nicht zur EU gehört, z. B. Andorra, Gibraltar, Vatikan).

Die folgende Übersicht fasst die umsatzsteuerlichen Gebietsbegriffe zusammen:

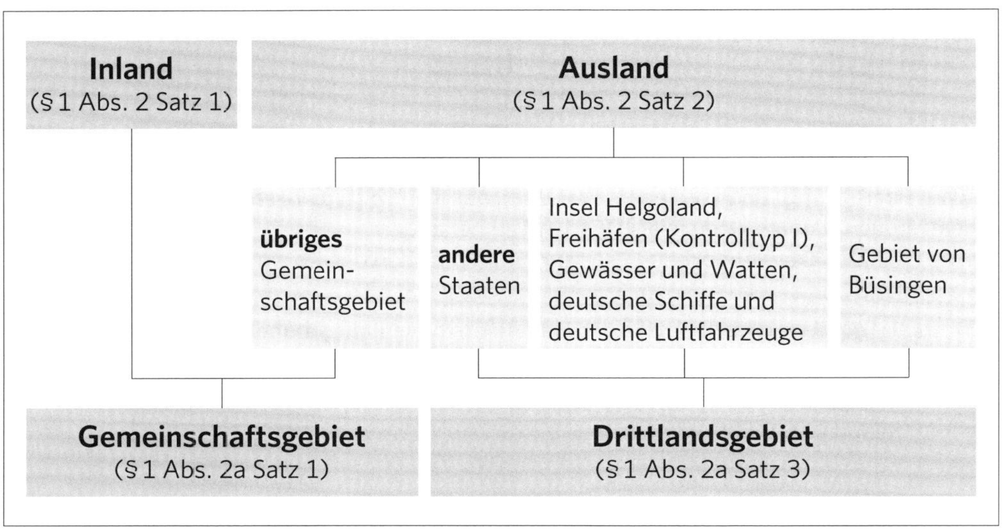

Beim grenzüberschreitenden Warenverkehr mit dem **Drittlandsgebiet** kann aus deutscher Sicht einerseits eine **Einfuhr** und andererseits eine (steuerfreie) **Ausfuhr** vorliegen.

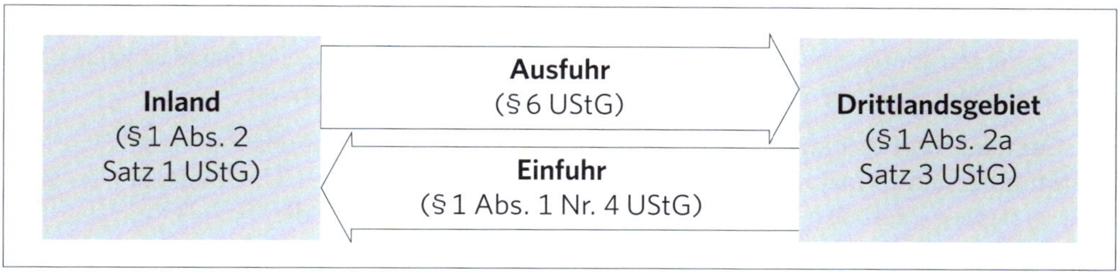

BEISPIELE

Unternehmer U, Berlin, **exportiert** Waren in die Schweiz = **Ausfuhr**.
Unternehmer U, Berlin, **importiert** Waren aus der Schweiz = **Einfuhr**.

Beim grenzüberschreitenden Warenverkehr mit dem **übrigen Gemeinschaftsgebie**t kann aus deutscher Sicht einerseits eine (steuerfreie) **innergemeinschaftliche Lieferung** und andererseits ein **innergemeinschaftlicher Erwerb** vorliegen.

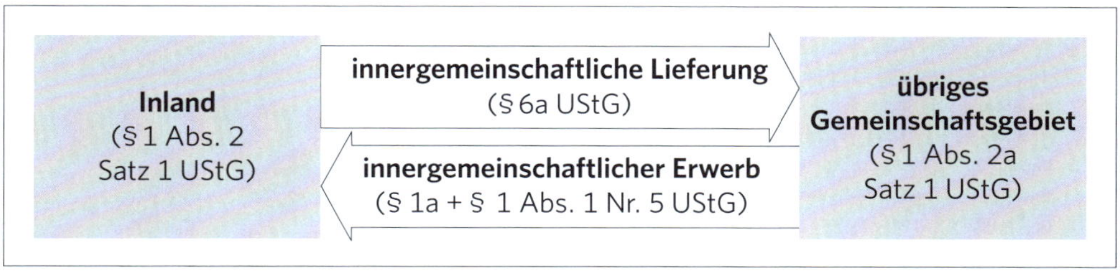

BEISPIELE

Unternehmer U, München, **„exportiert"** Waren nach Frankreich = **innergemeinschaftliche Lieferung**.
Unternehmer U, München, **„importiert"** Waren aus Frankreich = **innergemeinschaftlicher Erwerb**.

Als **innergemeinschaftliche Lieferung** gegen Entgelt gilt **grundsätzlich** auch das **unternehmensinterne Verbringen** eines Gegenstandes **vom Inland** in das **übrige Gemeinschaftsgebiet** (§ 3 **Abs. 1a**). **Ausnahmen** bestehen **gem.** § 3 Abs. 1a Satz 3 bei sog. **Konsignationslagern** (Außenlager) im Sinne des **§ 6b UStG**.

BEISPIEL

Der deutsche Unternehmer U verbringt eine Maschine von seinem Betriebssitz in **Stuttgart** zu seinem französischen Auslieferungslager nach **Paris**. Die Maschine soll in Frankreich verkauft werden.

Die unternehmensinterne Verbringung der Maschine gilt als **innergemeinschaftliche Lieferung** gegen Entgelt (§ 3 Abs. 1a).

Als **innergemeinschaftlicher Erwerb** gegen Entgelt gilt **grundsätzlich** auch das **unternehmensinterne Verbringen** eines Gegenstandes **vom übrigen Gemeinschaftsgebiet** in das **Inland** (§ 1a **Abs. 2**). Auch hier gelten bei Konsignationslagern **Ausnahmeregeln** (§ 1a Abs. 2a), auf die im weiteren Verlauf noch näher eingegangen wird.

Das **unternehmensinterne Verbringen** von Gegenständen **im Inland** ist **keine steuerbare Lieferung**. In diesen Fällen liegt ein sog. **nicht steuerbarer Innenumsatz** vor (Abschn. 2.7 Abs. 1 Satz 3 UStAE).

BEISPIEL

Der Bäcker- und Konditormeister U hat in Koblenz eine Bäckerei und in Neuwied ein Café. Die Bäckerei „liefert" Kuchen und Brötchen gegen Rechnungserteilung und Bezahlung an das Café.

Das unternehmensinterne Verbringen des Kuchens und der Brötchen im **Inland** ist **keine steuerbare Lieferung**. Es liegt ein sog. **nicht steuerbarer Innenumsatz** vor.

Im **Gemeinschaftsgebiet** gilt für den **gewerblichen Warenverkehr** grundsätzlich das **Bestimmungslandprinzip**, d.h., dass eine Ware in dem Staat mit Umsatzsteuer belastet wird, in den sie letztlich gelangt (**Bestimmungsland besteuert**, § 3d).

Im **Gemeinschaftsgebiet** gilt für den **privaten Reiseverkehr** das **Ursprungslandprinzip**, d.h., Umsätze an private Reisende aus anderen Mitgliedstaaten werden jeweils in dem Staat der Umsatzsteuer unterworfen, in dem sie ausgeführt werden **(Ursprungsland besteuert)**.

Die folgende Grafik zeigt die 27 Staaten der **Europäischen Union** (EU).

Die Europäische Union

	Beitrittsjahr	Einwohner 2025[1]	BIP 2024 pro Kopf[1,2]
Belgien	★ 1958	11,9 Mio.	46,2 Tsd. €
Deutschland	★ 1958	83,6	46,4
Frankreich	★ 1958	68,6	39,1
Italien	★ 1958	58,9	38,9
Luxemburg	★ 1958	0,7	96,2
Niederlande	★ 1958	18,0	53,2
Dänemark	★ 1973	6,0	50,2
Irland	★ 1973	5,4	88,3
Griechenland	★ 1981	10,4	27,8
Portugal	★ 1986	10,7	32,4
Spanien	★ 1986	49,1	36,3
Finnland	★ 1995	5,6	40,9
Österreich	★ 1995	9,2	45,9
Schweden	★ 1995	10,6	44,7
Estland	★ 2004	1,4	31,4
Lettland	★ 2004	1,9	28,0
Litauen	★ 2004	2,9	34,7
Malta	★ 2004	0,6	43,2
Polen	★ 2004	36,5	31,4
Slowakei	★ 2004	5,4	29,9
Slowenien	★ 2004	2,1	36,1
Tschechien	★ 2004	10,9	36,4
Ungarn	★ 2004	9,5	30,4
Zypern	★ 2004	1,0	37,8
Bulgarien	★ 2007	6,4	26,3
Rumänien	★ 2007	19,0	31,1
Kroatien	★ 2013	3,9	30,5

[1]zum Teil vorläufig oder geschätzt; Einwohner: Stichtag 1.1. [2]kaufkraftbereinigt Globus 017802 Quelle: Eurostat Stand September 2025

Gemäß der **Übergangsregelung** im Austrittsabkommen galt das Vereinigte Königreich (Großbritannien) **bis zum 31.12.2020 als Mitgliedsstaat**. Seit dem **01.01.2021** gilt das Vereinigte Königreich umsatzsteuerlich als **Drittland**. Sonderregelungen gelten weiterhin für **Nordirland**, das im Ergebnis wie Gemeinschaftsgebiet behandelt wird (§ 30 UStG).

Das **Bundesfinanzministerium** gibt mit dem BMF-Schreiben vom 10.12.2020 einen Überblick über Konsequenzen und Sonderregelungen.

Von den 27 Staaten der EU haben 21 Staaten den **Euro** eingeführt (**Euroländer**). Zum **01.01.2026** hat **Bulgarien** den Euro eingeführt.

ÜBUNG →	1. Wiederholungsfragen 22 bis 24 (Seite 174), 2. Fall 4 (Seite 177)

2.2.3 Entgelt

Die von einem Unternehmer im Rahmen seines Unternehmens im Inland erbrachte **Leistung** ist nur **steuerbar**, wenn eine Gegenleistung (d.h. ein **Entgelt**) gegenübersteht.

Entgelt ist alles, was der Leistungsempfänger aufwendet, um die Leistung zu erhalten, jedoch abzüglich der Umsatzsteuer (§ 10 Abs. 1 Satz 2). Die **Umsatzsteuer** gehört demnach **nicht** zum **Entgelt**.

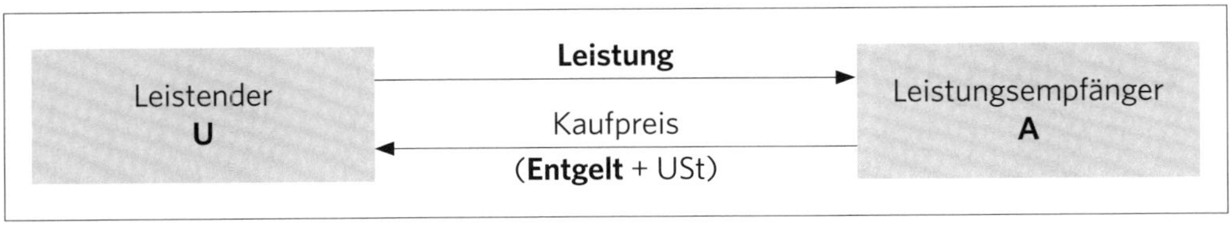

BEISPIEL

Der Schuhhändler Wolfgang Rogalla, Erfurt, liefert der Steuerfachangestellten Andrea Liegl, Erfurt, ein Paar Schuhe zum Preis von **119 €** einschließlich 19 % USt.

Das **Entgelt** beträgt **100 €** (119 € abzüglich 19 € Umsatzsteuer).

Wo **kein Entgelt** feststellbar ist, kann grundsätzlich **kein Leistungsaustausch** und damit **keine steuerbare Leistung** vorliegen (z.B. bei einer Schenkung).

Ein **Leistungsaustausch** setzt voraus (Abschn. 1.1 Abs. 1 UStAE)

1. **zwei verschiedene Personen** (Leistender ≠ Leistungsempfänger),
2. eine **Leistung und** eine **Gegenleistung** sowie
3. einen unmittelbaren **wirtschaftlichen Zusammenhang** zwischen Leistung und Gegenleistung.

Liegen **alle drei Voraussetzungen** vor, ist die Steuerbarkeitsvoraussetzung **„Entgelt"** erfüllt. **Fehlt eine** dieser Voraussetzungen, ist der Vorgang mangels Leistungsaustauschs **nicht steuerbar** im Sinne des § 1 Abs. 1 **Nr. 1**.

zu 1. zwei verschiedene Personen

Ein **Leistungsaustausch** setzt zunächst **zwei verschiedene Personen** voraus. **Leistender** und **Leistungsempfänger** dürfen **nicht identisch** sein.

BEISPIEL

Der Metzgermeister **U** führt in Leipzig eine Metzgerei. Er liefert aus seiner Metzgerei Fleischwaren an den Leipziger Gastwirt **A** zum Bruttopreis von 214 €.

Es liegt ein **Leistungsaustausch** vor, weil Leistender **(U)** und Leistungsempfänger **(A) nicht identisch** sind. Das Entgelt beträgt 200 € (214 € : 1,07).

Kein Leistungsaustausch liegt vor, wenn **Leistender** und **Leistungsempfänger identisch** sind, z.B. bei einem **einheitlichen Unternehmen** (= ein Unternehmen mit mehreren Betriebsstätten) oder einer **inländischen Organschaft** (= Eingliederung einer juristischen Person). Bei einem ehelichen Vermögen mit mehreren Betrieben existiert nur ein einheitliches Unternehmen, wenn die Ehegatten den **vertraglichen Güterstand der Gütergemeinschaft** vereinbart haben (im Gegensatz zur Gütertrennung und Zugewinngemeinschaft).

BEISPIEL

Der Metzgermeister **U** führt in Leipzig eine **Metzgerei und** eine **Gastwirtschaft**. **U** „liefert“ aus seiner Metzgerei Fleischwaren an seine Gastwirtschaft.

Es liegt **kein Leistungsaustausch** vor, weil **Leistender (U)** und **Leistungsempfänger (U) identisch** sind. Das **Unternehmen** umfasst die **gesamte** gewerbliche oder berufliche Tätigkeit des Unternehmers (§ 2 Abs. 1 Satz 2). Das besagt, dass **mehrere Betriebe** in der Hand desselben Unternehmers als ein **einheitliches Unternehmen** anzusehen sind (Abschn. 2.7 Abs. 1 Satz 1 UStAE).

Leistungen zwischen **verschiedenen Betrieben eines Unternehmens** werden als sogenannte **Innenumsätze** bezeichnet. **Innenumsätze** sind, wenn sie im **Inland** ausgeführt werden, **nicht steuerbar** (Abschn. 2.7 Abs. 1 Satz 3 UStAE).

zu 2. Leistung und Gegenleistung

Ein **Leistungsaustausch** setzt zweitens eine **Leistung** und eine **Gegenleistung** voraus.

Die **Gegenleistung** (das **Entgelt**) für eine Leistung kann bestehen in

- **Geld** oder
- einer **Leistung** (Lieferung/sonstigen Leistung).

In den meisten Fällen des Wirtschaftslebens besteht das **Entgelt** in **Geld** (Bargeld, Scheck, Wechsel, Überweisung usw.).

BEISPIEL

Der Unternehmer **U**, Dresden, **liefert** dem Abnehmer A, Leipzig, eine **Maschine**. Der Abnehmer **A bezahlt** den Kaufpreis von 95.200 € (80.000 € + 15.200 € USt) mit **Geld**.

Leistung und **Gegenleistung** sind gegeben. Die **Leistung** des U besteht in der **Lieferung** der Maschine. Die **Gegenleistung** des A besteht in der **Zahlung** des Kaufpreises **(mit Geld)**. Die Gegenleistung besteht aus **Entgelt** (80.000 €) und **Umsatzsteuer** (15.200 €).

Die Zahlung mit Geldmitteln ist eine **Gegenleistung**; sie stellt **keine Leistung** im Sinne des UStG (Abschn. 1.1 Abs. 3 Satz 3 UStAE) dar.

Das **Entgelt** für eine Leistung kann auch in einer **Lieferung** bestehen. Besteht das Entgelt für eine **Lieferung** in einer **Lieferung**, so liegt ein **Tausch** (Lieferung gegen Lieferung) vor (§ 3 Abs. 12 **Satz 1**).

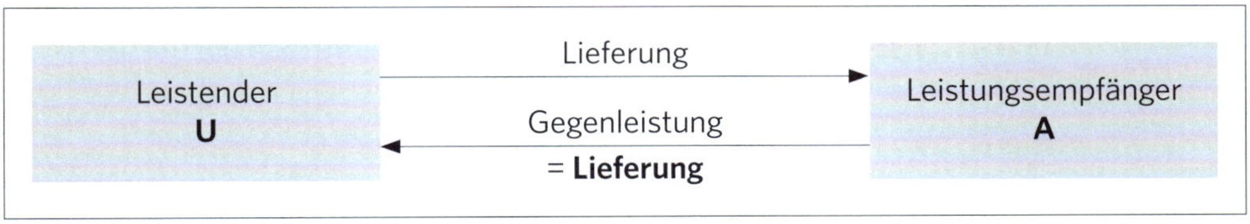

BEISPIEL

Der Unternehmer U, Ulm, **liefert** an den Abnehmer A, Wolfsburg, eine Maschine für netto 20.000 €. Abnehmer A **liefert** als Gegenleistung einen Pkw im Warenwert von netto 20.000 €.

Es liegt ein **Tausch** vor (§ 3 Abs. 12 Satz 1). Das Entgelt beträgt jeweils 20.000 €.

Bei einem **Tausch** erbringt **jeder** Leistungsempfänger gleichzeitig auch eine **Lieferung** im Sinne des UStG (zur BMG beim Tausch vgl. Abschn. 10.5 Abs. 1 UStAE).

S 1 Einzelheiten zur Bemessungsgrundlage (BMG) beim **Tausch** erfolgen im Kapitel 8 „Bemessungsgrundlage", Seiten 292 ff.

Wird zusätzlich zur Sachleistung noch ein **Geldbetrag zugezahlt**, spricht man von einem **Tausch oder tauschähnlichen Umsatz mit Baraufgabe** (Abschn. 10.5 Abs. 1 Satz 8 UStAE).

BEISPIEL

Laura Müller kauft einen neuen Pkw und gibt ihr altes Fahrzeug in Zahlung. Den Restbetrag überweist sie von ihrem Bankkonto an das Autohaus.

Es liegt ein Tausch (Pkw gegen Pkw) mit Baraufgabe (Restbetrag) vor.

Schließlich kann das **Entgelt** für eine Leistung in einer **sonstigen Leistung** bestehen.

Besteht das **Entgelt** für eine **sonstige Leistung** in einer **Lieferung oder** in einer **sonstigen Leistung**, so liegt ein **tauschähnlicher Umsatz** (sonstige Leistung gegen Lieferung oder sonstige Leistung gegen sonstige Leistung) vor (§ 3 Abs. 12 **Satz 2**).

BEISPIEL

Der selbständige Kfz-Meister U, Bonn, führt eine Inspektion am Firmenwagen des A durch. A liefert als Gegenleistung 2 cbm Kies.

Es liegt ein **tauschähnlicher Umsatz** (sonstige Leistung gegen Lieferung) vor (§ 3 Abs. 12 **Satz 2**).

S 1 Einzelheiten zur Bemessungsgrundlage beim **tauschähnlichen Umsatz** erfolgen in Kapitel 8 „Bemessungsgrundlage", Seiten 292 ff.

Bei einer **Schenkung** fehlt die **Gegenleistung**, sodass **kein** Leistungsaustausch vorliegt.

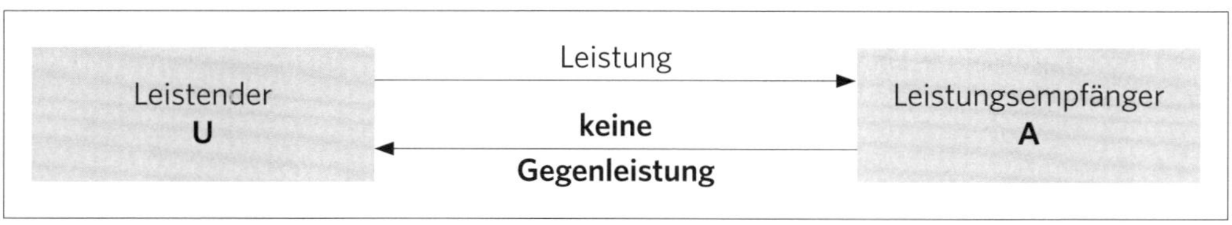

BEISPIEL

Der Verlag Springer Gabler | Springer Fachmedien Wiesbaden GmbH überlässt bestimmten Lehrern **unentgeltlich** Fachbücher.

Es liegt **kein Leistungsaustausch** vor, weil eine **Gegenleistung fehlt**.

Bei einem **echten Schadenersatz** liegt **kein Leistungsaustausch** vor (Abschn. 1.3 Abs. 1 Satz 1 UStAE). Wer einen **echten Schadenersatz** zu leisten hat, tut das nicht, weil er eine Lieferung oder sonstige Leistung erhalten hat, sondern weil er nach dem Gesetz oder Vertrag für den Schaden und seine Folgen einzustehen hat (Abschn. 1.3 Abs. 1 Satz 2 UStAE).

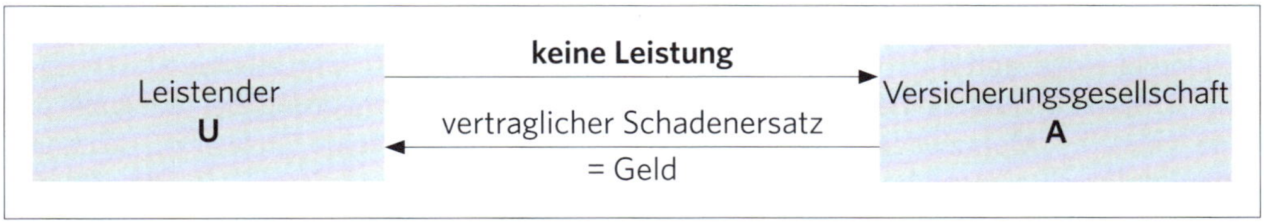

BEISPIEL

Elektrohändler U, Köln, wird ein Notebook gestohlen. Die Versicherung zahlt hierfür Schadenersatz in Höhe von 250 €.

Es liegt **kein Leistungsaustausch** vor, weil U **keine Leistung** ausführt, für die der Schadenersatz als Gegenleistung angesehen werden könnte. Es wird lediglich ein Schaden aufgrund eines Versicherungsvertrags ersetzt.

Ein **Schadenersatz** ist dagegen **nicht** anzunehmen, wenn die **Ersatzleistung** tatsächlich die **Gegenleistung** für eine **Lieferung oder sonstige Leistung** darstellt. In solchen Fällen spricht man von einem **unechten Schadenersatz** (Abschn. 1.3 Abs. 1 Satz 4 UStAE).

BEISPIEL

Der Handelsvertreter U 1, Bochum, erhält von dem Unternehmer U 2 nach Beendigung des Vertragsverhältnisses eine Ausgleichszahlung in Höhe von 20.000 €.

Es liegt ein **Leistungsaustausch** vor, weil die **Ausgleichszahlung** für den Handelsvertreter (nach § 89b HGB) **keinen Schadenersatz** darstellt. Es handelt sich hierbei um eine **Gegenleistung** des U 2 für erlangte Vorteile (z. B. Erweiterung des Kundenstamms) aus der früheren Tätigkeit des Handelsvertreters (Abschn. 1.3 Abs. 1 Satz 4 und Abs. 12 Satz 1 UStAE).

Ein **Schadenersatz** ist ebenfalls **nicht** anzunehmen, wenn der **Geschädigte** im Auftrag des Schädigers einen ihm zugefügten **Schaden selbst beseitigt**. In diesem Fall ist die Schadenersatzleistung als Entgelt für eine erbrachte Leistung (Beseitigung des Schadens) anzusehen (Abschn. 1.3 Abs. 11 Satz 1 UStAE).

BEISPIEL

Unternehmer U, München, ist Inhaber einer Kfz-Werkstatt. A beschädigt aus Unachtsamkeit den Pkw des U. A beauftragt U mit der Reparatur des beschädigten Pkws. Die von U berechneten Reparaturkosten in Höhe von 1.500 € zahlt A bar.

Es liegt ein **Leistungsaustausch** i. S. d. Abschn. 1.1 Abs. 1 Satz 1 UStAE vor. Die Bezahlung der Schadensbeseitigung stellt eine **Gegenleistung** des A **für eine erhaltene Leistung** aufgrund eines Werkvertrags dar (Reparaturleistung, vgl. Abschn. 1.3 Abs. 11 Satz 1 UStAE).

Ein echter **Schadenersatz** ist hingegen anzunehmen, wenn ein Unternehmer von einem **säumigen Kunden** Mahngebühren und Verzugszinsen vereinnahmt (Abschn. 1.3 Abs. 6 Sätze 1 bis 3 UStAE). Gleiches gilt im Falle der Vereinnahmung einer **Vertragsstrafe** aufgrund einer nicht ordnungsgemäßen Vertragserfüllung (Abschn. 1.3 Abs. 3 Satz 1 UStAE).

BEISPIEL

Der selbständige Kfz-Meister U, Bonn, berechnet einem Kunden brutto 1.823,08 €. Der Kunde zahlt diesen Betrag bar. Der Betrag beinhaltet 38,08 € Verzugszinsen.

Das Entgelt beträgt lediglich 1.500 € (1.823,08 € - 38,08 € = 1.785 €; 1.785 € : 1,19 = 1.500 €). Die berechneten Verzugszinsen stellen einen nicht steuerbaren Schadenersatz dar (Abschn. 1.3 Abs. 6 Satz 3 UStAE).

Gutscheine sind verpflichtend als vollständige oder teilweise Gegenleistung für eine Lieferung oder sonstige Leistung anzunehmen. Bei Gutscheinen, bei denen bereits bei Ausstellung alle relevanten Informationen (Leistungsort, geschuldete Umsatzsteuer) vorliegen (sog. **Einzweck-Gutscheine**), erfolgt die **sofortige Umsatzbesteuerung** bei Ausgabe des Gutscheins; bei **Mehrzweck-Gutscheinen** (alle Gutscheine, die **keine** Einzweck-Gutscheine sind) erfolgt die Umsatzbesteuerung **erst** bei **Leistungserbringung** (vgl. § 3 Abs. 14 und 15). Einzelheiten - mit erläuternden Beispielen - regeln das BMF-Schreiben vom 02.11.2020 sowie Abschn. 3.17 UStAE.

Instrumente (z.B. Rabattzusagen), die den Erwerber zu einem **Preisnachlass** berechtigen, ihm aber **nicht** das Recht verleihen, bestimmte Gegenstände oder Dienstleistungen zu erhalten, sind **keine Gutscheine** im Sinne des § 3 Abs. 13.

zu 3. wirtschaftlicher Zusammenhang

Ein **Leistungsaustausch** setzt drittens einen unmittelbaren **wirtschaftlichen Zusammenhang** zwischen **Leistung** und **Gegenleistung** voraus.

Dieser Zusammenhang besteht, wenn die **Gegenleistung** aufgewendet wird, um die **Leistung** zu erhalten.

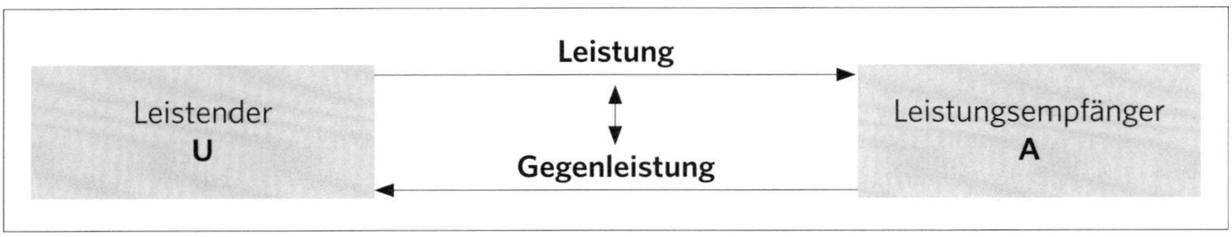

BEISPIEL

Der Lebensmitteleinzelhändler U liefert in seinem Ladengeschäft in Erfurt einer Kundin Lebensmittel gegen Barzahlung.

Zwischen der **Leistung** (Lieferung der Lebensmittel) **und** der **Gegenleistung** (Geld) besteht ein unmittelbarer **wirtschaftlicher Zusammenhang**, weil das Geld gezahlt wurde, um die Lieferung zu erhalten.

Kein Leistungsaustausch liegt vor, wenn ein **wirtschaftlicher Zusammenhang** zwischen **Leistung und Gegenleistung fehlt**, wie z.B. bei **echten Mitgliedsbeiträgen**.

BEISPIEL

Ein Sportverein in Halle stellt seinen Mitgliedern vereinseigene Sportanlagen, Einrichtungen und Geräte zur Verfügung und erhebt von seinen Mitgliedern Beiträge (= **echte Mitgliedsbeiträge**).

Es liegt **kein Leistungsaustausch** vor, weil der unmittelbare **wirtschaftliche Zusammenhang** zwischen der im Einzelnen nicht messbaren Leistung des Vereins und der Zahlung der Mitgliedsbeiträge **fehlt** (Abschn. 1.4 Abs. 1 Satz 1 UStAE).

Werden hingegen mit Mitgliedsbeiträgen **konkrete Sonderleistungen** der Vereinigungen gegenüber den Mitgliedern abgegolten, so stellen die Beiträge die Gegenleistung für die Sonderleistung dar (= **unechte Mitgliedsbeiträge**).

BEISPIEL

Der Post Sportverein Koblenz e. V. erhebt **neben** den üblichen Mitgliedsbeiträgen noch ein **spezielles Entgelt** für die Benutzung seiner Tennishalle.

Es liegt ein **Leistungsaustausch** vor, weil es sich bei den speziellen Benutzungsgebühren um ein **Sonderentgelt** für eine gegenüber dem einzelnen Mitglied erbrachte Leistung handelt (Erlass der OFD Koblenz vom 25.02.1977).

MERKE → Lieferungen und sonstige Leistungen sind nur dann steuerbar, wenn ein **Leistungsaustausch** stattfindet.

Zusammenfassung zu Abschnitt 2.2.3:

Leistungsaustausch	
ja	nein
1. zwei verschiedene Personen	1. **keine** zwei verschiedene Personen (sog. Innenumsätze) 1.1 **einheitliches Unternehmen** 1.2 inländische Organschaft
und	**oder**
2. Leistung und Gegenleistung	2. **keine** Leistung oder **keine** Gegenleistung 2.1 **Schenkung** 2.2 **echter Schadenersatz**
und	**oder**
3. unmittelbarer wirtschaftlicher Zusammenhang zwischen Leistung und Gegenleistung	3. **kein** unmittelbarer wirtschaftlicher Zusammenhang zwischen Leistung und Gegenleistung **echte Mitgliedsbeiträge**
Voraussetzungen des Leistungsaustauschs **liegen vor.**	**Voraussetzungen** des Leistungsaustauschs liegen **nicht** vor.
Die Leistung ist **steuerbar**.	Die Leistung ist **nicht steuerbar**.

ÜBUNG → 1. Wiederholungsfragen 25 bis 29 (Seite 174),
2. Fall 5 (Seiten 177 f.)

2.2.4 Rahmen des Unternehmens

Steuerbar sind entgeltliche Leistungen, die ein Unternehmer im Inland ausführt, nur dann, wenn sie im **Rahmen seines Unternehmens** bewirkt werden (§ 1 Abs. 1 **Nr. 1**).

In den **Rahmen des Unternehmens** fallen **alle** Leistungen, die sich als Geschäftsvorfälle aus der gewerblichen oder beruflichen Tätigkeit eines Unternehmens ergeben.

In den **Rahmen des Unternehmens** fallen nicht nur die **Grundgeschäfte**, sondern auch **Hilfsgeschäfte** sowie **Nebengeschäfte**.

Grundgeschäfte bilden den eigentlichen Gegenstand der geschäftlichen Betätigung (Abschn. 2.7 Abs. 2 Satz 1 UStAE).

Zu den **Hilfsgeschäften** gehört jede Tätigkeit, die die Haupttätigkeit mit sich bringt. Auf die Nachhaltigkeit der Hilfsgeschäfte kommt es nicht an (Abschn. 2.7 Abs. 2 Sätze 2 und 3 UStAE).

Nebengeschäfte sind solche, die sich nicht notwendig aus der Haupttätigkeit ergeben, mit dieser aber wirtschaftlich zusammenhängen.

Vorgänge, die in die **Privatsphäre** eines Unternehmers fallen, liegen als Privatvorgänge **außerhalb** des Rahmens seines Unternehmens und sind deshalb **nicht steuerbar**.

BEISPIEL

Ein Metzgermeister in Koblenz veräußert aus seinem Privathaushalt ein gebrauchtes Fernsehgerät gegen Entgelt.

Die Veräußerung des Fernsehgeräts wird **nicht** im **Rahmen seines Unternehmens** bewirkt, sodass die Leistung **nicht steuerbar** ist.

Als letzter Akt der Unternehmertätigkeit ist schließlich die **Geschäftsveräußerung** anzusehen. Sämtliche Umsätze (Einzelleistungen) im Rahmen einer **Geschäftsveräußerung** sind **nicht steuerbar** (§ 1 Abs. 1a i.V.m. Abschn. 1.5 UStAE).

Die Bestimmungen für das Vorliegen einer Geschäftsveräußerung im Ganzen wurden zuletzt durch das BMF-Schreiben vom 11.12.2013 geändert und durch die Überarbeitung des UStAE an die aktuelle Rechtsprechung des BFH angepasst (BMF-Schreiben vom 13.12.2017).

ÜBUNG →
1. Wiederholungsfragen 30 und 31 (Seite 174),
2. Fall 6 (Seite 178)

2.3 Zusammenfassende Erfolgskontrolle

2.3.1 Zusammenfassung

- Gegenstand (Objekt) der Umsatzsteuer sind die **steuerbaren Umsätze**.
- Nach § 1 i.V.m. § 3 werden **vier Arten steuerbarer Umsätze** unterschieden:
  1. steuerbare **entgeltliche Lieferungen und sonstige Leistungen**,
  2. steuerbare **unentgeltliche Lieferungen und sonstige Leistungen**,
  3. steuerbare **Einfuhr**,
  4. steuerbarer **innergemeinschaftlicher Erwerb**.
- **Leistung** im umsatzsteuerlichen Sinne ist jedes Verhalten anderen gegenüber, das Gegenstand des Wirtschaftsverkehrs sein kann.
- Für die Leistungsbesteuerung ist allein das **Erfüllungsgeschäft** und nicht das Verpflichtungsgeschäft (z.B. der Kaufvertrag) **maßgebend**.
- Unter einer **Lieferung** versteht das UStG die Verschaffung der Verfügungsmacht über einen Gegenstand.
- Die **Verfügungsmacht** wird in der Regel **durch Eigentumsübertragung** (z.B. Einigung und Übergabe) verschafft.
- **Reihengeschäfte** sind Umsatzgeschäfte, die von **mehreren Unternehmern** über **denselben Gegenstand** abgeschlossen werden und bei denen dieser Gegenstand **unmittelbar vom ersten Unternehmer** an den **letzten Abnehmer** gelangt (§ 3 Abs. 6a UStG).
- **Sonstige Leistungen** sind Leistungen, die keine Lieferungen sind.
- **Nebenleistungen** teilen umsatzsteuerlich das Schicksal der **Hauptleistung.**
- **Steuerbar** sind Lieferungen und sonstige Leistungen nur dann, wenn sie von einem **Unternehmer** im **Inland** gegen **Entgelt** im **Rahmen seines Unternehmens** ausgeführt werden.
- Erhält der Unternehmer für seine Leistung eine Gegenleistung, ein **Entgelt**, so findet ein **Leistungsaustausch statt**.
- Ein **Leistungsaustausch** setzt voraus
  1. **zwei verschiedene Personen** (Leistender ≠ Leistungsempfänger),
  2. eine **Leistung** und eine **Gegenleistung** und
  3. einen **wirtschaftlichen Zusammenhang** zwischen Leistung und Gegenleistung.
- Die Gegenleistung, das **Entgelt**, für eine Leistung kann in einer **Lieferung**, einer **sonstigen Leistung** oder in **Geld** bestehen.
- In den **Rahmen des Unternehmens** fallen **alle** Leistungen, die sich als Geschäftsvorfälle aus der gewerblichen oder beruflichen Tätigkeit ergeben.

2.3.2 Erfolgskontrolle

Wiederholungsfragen

1. Welche Arten steuerbarer Umsätze nennt das UStG?
2. Was ist unter einer Leistung i. S. d. UStG zu verstehen?
3. Was ist unter einer Lieferung i. S. d. § 3 Abs. 1 UStG zu verstehen?
4. Wie wird in der Regel die Verfügungsmacht über einen Gegenstand verschafft?
5. Welche Lieferungen mit Warenbewegung kennen Sie?
6. Welche Lieferungen ohne Warenbewegung kennen Sie?
7. Was ist unter einer Werklieferung i. S. d. § 3 Abs. 4 UStG zu verstehen? Wie werden diese Leistungen umsatzsteuerrechtlich behandelt?
8. Wann liegt ein Reihengeschäft nach § 3 Abs. 6a UStG vor?
9. Was versteht man unter einem Zwischenhändler im Sinne des § 3 Abs. 6a UStG?
10. Wie lauten die Zuordnungsregeln der Beförderungs- oder Versendungslieferung innerhalb eines Reihengeschäfts?
11. Was ist unter einer sonstigen Leistung i. S. d. § 3 Abs. 9 UStG zu verstehen?
12. Was versteht man unter einer Werkleistung? Wie werden diese Leistungen umsatzsteuerrechtlich behandelt?
13. Was versteht man unter der Einheitlichkeit der Leistung?
14. Unter welchen Voraussetzungen ist eine Leistung i. S. d. § 1 Abs. 1 Nr. 1 UStG steuerbar?
15. Wer ist Unternehmer i. S. d. UStG?
16. Wer ist Eigenhändler?
17. Wer ist Kommissionär?
18. Was ist unter einer Lieferkommission i. S. d. § 3Abs. 3 UStG zu verstehen?
19. Was versteht man unter einer Dienstleistungskommission i. S. d. § 3 Abs. 11 UStG?
20. Wer ist echter Agent?
21. Welche Leistung bewirkt ein echter Agent?
22. Welche umsatzsteuerlichen Gebietsbegriffe kennen Sie? Erklären Sie diese Begriffe.
23. Was versteht man unter dem Bestimmungslandprinzip?
24. Was versteht man unter dem Ursprungslandprinzip?
25. Was versteht man unter Entgelt?
26. Welche Voraussetzungen müssen für einen Leistungsaustausch erfüllt sein?
27. Worin kann das Entgelt für eine Leistung bestehen? Nennen und erklären Sie die umsatzsteuerlichen Fachbegriffe.
28. Was versteht man unter einem sogenannten Innenumsatz?
29. Was versteht man unter einem echten Schadenersatz?
30. Welche Leistungen fallen in den Rahmen des Unternehmens?
31. Welche Leistungen fallen nicht in den Rahmen des Unternehmens? Nennen Sie ein Beispiel.

Fälle

FALL 1

Prüfen und begründen Sie bei den Sachverhalten 1 bis 6, ob eine **Beförderungs- oder** eine **Versendungslieferung** vorliegt.

1. Buchhändler Eberhard Duchstein, Inhaber der Buchhandlung Reuffel, verkauft und übergibt in seinem Geschäft in Koblenz die „Steuerlehre 2" für 27,99 € an den Steuerfachangestellten Erwin Schlaudt.
2. Sachverhalt wie bei 1. mit dem Unterschied, dass sich der Kunde das Buch mit der Post zuschicken lässt.
3. Textilkaufmann E. Kühlenthal, Inhaber des Modehauses Chic, Köln, lässt sich 50 Damenmäntel zum Stückpreis von 200 € vom Lieferer Dagorn, Paris, mit der Bahn zuschicken.
4. Unternehmer U übergibt in Münster dem Spediteur B Waren mit dem Auftrag, den Transport dieser Waren zum Abnehmer A, Bonn, zu besorgen.
5. Unternehmer U, Dresden, transportiert von Dresden mit eigenem Lkw Waren, die sein Kölner Abnehmer A bestellt hat, nach Köln.
6. Unternehmer C aus Düsseldorf bestellt beim Unternehmer B aus Bielefeld Maschinenteile, die dieser bei A aus Berlin ordert. A befördert die Maschinenteile vereinbarungsgemäß mit eigenem Lkw unmittelbar von Berlin zu C nach Düsseldorf.

FALL 2

Prüfen und begründen Sie bei den Sachverhalten 1 bis 12, ob eine **Lieferung oder** eine **sonstige Leistung** vorliegt.

1. Die Buchhandlung Reuffel verkauft ein Buch an einen Kunden.
2. Ein Taxiunternehmer befördert einen Fahrgast.
3. Ein Fachbuchautor veräußert sein Manuskript an einen Verlag zwecks Veröffentlichung.
4. Steuerberater A, Koblenz, bestellt beim Verlag Springer Gabler | Springer Fachmedien Wiesbaden GmbH das Buch „Steuerlehre 2". Der Verlag verschickt das Buch mit der Post und berechnet 26,16 € + 1,83 € USt = 27,99 €.
5. Ein Steuerberater berät einen Mandanten in Fragen des Einkommensteuerrechts.
6. Ein Hauseigentümer vermietet ein Geschäftslokal an einen Einzelhändler.
7. Der Großhändler U, Dresden, befördert mit eigenem Lkw eine von ihm verkaufte Maschine zu seinem Kunden nach Hamburg.
8. Ein Bauunternehmer verzichtet auf Wunsch eines Konkurrenten auf die Beteiligung an einem Auftrag.
9. Die Edcon Vertriebs-Computer GmbH verkauft Standard-Software und sog. Updates mit Anleitungshandbüchern auf Datenträgern.
10. Ein Unternehmer verkauft Telefonkarten, die ausschließlich im Inland für die Inanspruchnahme von Telekommunikationsleistungen benutzt werden können.
11. Der Gastwirt U, Essen, verkauft regelmäßig Speisen und Getränke zum Verzehr in seiner Gastwirtschaft.
12. Ein Unternehmer übermittelt Leistungsempfängern Software über das Internet.

FALL 3

Prüfen und begründen Sie bei den Sachverhalten 1 bis 9, ob der Leistende **Unternehmer** ist.

1. Ein Studienreferendar verkauft und übergibt in Koblenz sein gebrauchtes Fahrrad an eine Schülerin für 30 €.
2. Ein Lebensmittelhändler verkauft in seinem Geschäft in Köln Lebensmittel, die er seinen Kunden gegen Barzahlung übergibt.
3. Ein Facharzt für Allgemeinmedzin behandelt einen Privatpatienten in seiner Praxis in Bonn. Der Patient bezahlt die Behandlung sofort mit EC-Karte.
4. Ein angestellter Arzt behandelt in einem Koblenzer Krankenhaus einen Patienten „auf Krankenschein". Das Krankenhaus rechnet die Behandlung mit der Krankenkasse des Patienten ab.
5. Ein angestellter Lehrer, Bonn, übt nebenberuflich als Fachbuchautor für einen deutschen Verlag eine schriftstellerische Tätigkeit aus, für die er ein Honorar bezieht.
6. Der Verlag Klein GmbH, Wiesbaden, befindet sich zu 100 % im Besitz der Groß AG, Wiesbaden. Der Verlag lässt 5.000 Exemplare eines Lehrbuchs herstellen. Nach der Produktion übergibt er diese Bücher zum Absatz an die Vertriebsgesellschaft der Groß AG in Stuttgart.
7. Der Schreinermeister A betreibt in Essen eine Möbelschreinerei. Mit seiner Frau lebt er im gesetzlichen Güterstand (Güterstand der Zugewinngemeinschaft).
   Die Ehefrau ist Eigentümerin eines gemischt genutzten Grundstücks in Essen.
   A betreibt in dem Haus seiner Frau die Schreinerei.
   Die Ehefrau erhält von ihrem Mann für die Überlassung der Räume eine monatliche Miete von 1.000 €.
8. Schreinermeister A lebt mit seiner Frau im vertraglichen Güterstand der Gütergemeinschaft. A leitet in Essen die „eheliche" Möbelschreinerei. Seine Ehefrau verwaltet das in Essen belegene „eheliche" gemischt genutzte Grundstück.
   Die Schreinerei wird auf diesem Grundstück betrieben.
9. Die Schneider Textilwerke GmbH aus Stuttgart produziert Textilien jeder Art. Den „selbständigen" Vertrieb der produzierten Textilien übernimmt die Schneider Textilienvertrieb GmbH aus Stuttgart. Die Schneider Textilienvertrieb GmbH kauft die Textilien von der Schneider Textilwerke GmbH und veräußert sie anschließend an gewerbliche Abnehmer in Deutschland. Geschäftsführer beider Gesellschaften ist Herr Stefan Schneider aus Esslingen. Die Schneider Textilwerke GmbH ist zu 100 % an der Schneider Textilienvertrieb GmbH beteiligt.

FALL 4

Welche Gebiete zählen nach § 1 Abs. 2 und 2a UStG zum **Inland**, **Gemeinschaftsgebiet** oder **Drittlandsgebiet**?

	Inland	Gemeinschaftsgebiet	Drittlandsgebiet
1. Freihafen Bremerhaven			
2. Dresden			
3. Insel Helgoland			
4. Berlin			
5. Insel Sylt			
6. Freihafen Duisburg			
7. Mittelberg (Kleines Walsertal)			
8. Büsingen am Hochrhein			
9. Moskau			
10. Monaco			
11. Rom			
12. Insel Man			
13. Jungholz (Tirol)			
14. Sofia (Bulgarien)			

FALL 5

Prüfen und begründen Sie bei den Sachverhalten 1 bis 10, ob ein **Leistungsaustausch** stattfindet oder nicht.

1. Ein Arzt behandelt einen Patienten in seiner Praxis in Koblenz unentgeltlich.
2. Der Klempnermeister U, München, repariert in München die Wasserleitung eines Kunden. U erhält für die Reparatur 100 €.
3. Der Bäcker- und Konditormeister U hat in Koblenz eine Bäckerei und in Neuwied ein Café. Die Bäckerei „liefert“ Kuchen und Brötchen gegen Rechnungserteilung und Bezahlung an das Café.
4. Der Unternehmer U, Koblenz, versendet mit der Deutschen Bahn AG Waren an den Abnehmer A, Dresden. Während des Transports wird ein Teil der Waren so beschädigt, dass er nicht mehr verkauft werden kann. Die Bahn zahlt U dafür eine Entschädigung.
5. Der Tennisverein Laudert e.V. hat zur Erfüllung seiner satzungsmäßigen Aufgaben Mitgliedsbeiträge von 5.000 € vereinnahmt.
6. Der Tennisverein (5.) unterhält in Laudert ein Vereinslokal. Es werden dort Speisen und Getränke für 8.000 € verkauft.
7. Ein Kfz-Händler in Koblenz repariert seinen Lieferwagen in der eigenen Werkstatt. Einem Fremden hätte er dafür 600 € berechnet.
8. Der Pkw des Unternehmers U wird durch den Autofahrer A beschädigt. Die Haftpflichtversicherung des A zahlt an U 1.190 €.

9. U ist Inhaber einer Kfz-Werkstatt. A beschädigt den Pkw des U. A beauftragt U mit der Reparatur des Schadens und bezahlt die ihm von U berechneten Reparaturkosten in Höhe von 1.190 €.
10. Der Unternehmer U, Bonn, kauft einen neuen Pkw für sein Unternehmen. Dabei gibt er gleichzeitig seinen gebrauchten ausschließlich betrieblich genutzten Pkw in Zahlung. Der Listenpreis des neuen Pkws beträgt 37.500 € zuzüglich 19 % Umsatzsteuer. Der Fahrzeughändler gewährt einen Barzahlungsnachlass in Höhe von 5 %. Nach Anrechnung des Betrags für die Inzahlunggabe des gebrauchten Pkws übergibt U dem Fahrzeughändler einen Scheck in Höhe von 30.493,75 €.

FALL 6

Prüfen und begründen Sie bei den Sachverhalten 1 bis 4, ob eine **steuerbare Leistung** vorliegt.

Hinweis:

Beinhaltet ein Sachverhalt mehrere umsatzsteuerlich relevante Vorgänge (z.B. ein Unternehmer erbringt mehrere Leistungen oder mehrere Unternehmer erbringen jeweils eine Leistung), so ist jeder Sachverhalt eines Unternehmers gesondert zu beurteilen.

1. Baustoffhändler Jost, Wiesbaden, verkauft Bauunternehmer Peters, Mainz, Zement und Ziegelsteine im Wert von netto 25.000 €. Den Zement nimmt Peters sofort mit. Die Ziegelsteine transportiert Jost mit dem eigenen Lkw zu Peters nach Mainz.
2. Maschinenfabrikant Milles, Halle, verkauft Hygieneartikelhersteller Lehmann, Hannover, zwei Spezialmaschinen „frei Haus" für insgesamt netto 130.000 €. Milles beauftragt Spediteur Butschkau, Leipzig, mit dem Transport der Maschinen nach Hannover. Butschkau berechnet für den Transport netto 4.000 €.
3. a) Bauunternehmer Peters, Mainz, bestellt bei Baustoffhändler Jost, Wiesbaden, Betonplatten für netto 6.000 €. Da Jost den gewünschten Artikel in der benötigten Menge nicht vorrätig hat, bestellt er die Betonplatten für netto 4.500 € bei Baustoffhändler Gräfer, Koblenz. Gräfer bestellt die benötigten Betonplatten beim Hersteller Leisner in Neuwied für netto 3.000 €. Leisner transportiert die Betonplatten mit dem eigenen Lkw direkt zu Bauunternehmer Peters nach Mainz.
   b) Fallabwandlung: Peters holt die Betonplatten mit dem eigenen Lkw bei Leisner ab.
4. Die HardSoftCompu GmbH, Essen, vertreibt Hard- und Software an Firmenkunden und private Endabnehmer. Die folgenden Verkäufe wurden im Voranmeldungszeitraum getätigt:
   a) PC- und Zubehörverkauf (Laufwerke, Festplatten etc.) im Laden für netto 5.000 €,
   b) Verkauf von handelsüblicher Software (Betriebssysteme, Antivirenprogramme etc.) im Laden für netto 1.200 €,
   c) Verkauf von handelsüblicher Software (s.o.) als Downloads per Internet für netto 400 € an private inländische Endverbraucher,
   d) Verkauf eines Warenwirtschaftssystems an einen Geschäftskunden aus Köln für netto 7.600 €. Die Software wurde speziell für diesen Kunden entwickelt.

A L Weitere Fälle mit Lösungen finden Sie im **Lösungsbuch** der Steuerlehre 1.

Zusammenfassende Erfolgskontrolle zum 1. und 2. Kapitel

Prüfen Sie, ob folgende Umsätze für den Unternehmer U im Inland **steuerbar** oder **nicht steuerbar** sind. Verwenden Sie dabei die folgende **Lösungstabelle** und tragen Sie die **Entgelte** in die beiden letzten Spalten ein:

Tz.	**Umsatzart** nach § 1 i. V. m. § 3 UStG	**nicht steuerbare** Umsätze im Inland €	**steuerbare** Umsätze im Inland €
1.			
2.			
usw.			

1. Der Elektrohändler U, Bonn, verkauft einem Kunden ein Notebook unter Eigentumsvorbehalt für netto 400 €. U bleibt bis zur vollständigen Bezahlung des Kaufpreises Eigentümer des Geräts.
2. Der selbständige Arzt U, Hannover, behandelt einen Patienten „auf Krankenschein". Die Bemessungsgrundlage für die Behandlung beträgt 8 €.
3. Der Steuerberater U, Dortmund, erzielt eine Einnahme in Höhe von 5.950 € (5.000 € + 950 € USt) aus dem Verkauf seines betrieblichen Pkws.
4. Der Rechtsanwalt U, München, erzielt Honorareinnahmen aus anwaltlicher Tätigkeit in Höhe von 17.850 € (15.000 € + 2.850 € USt).
5. Der Schreinermeister U, Frankfurt, übereignet einer Bank zur Sicherung eines Darlehens eine Hobelbank im Wert von 5.000 € netto. Es wird vereinbart, dass die Bank ihr Eigentum nur dann geltend machen darf, wenn U das Darlehen nicht fristgerecht zurückzahlt. Wird das Darlehen fristgerecht zurückgezahlt, soll das Sicherheitseigentum der Bank erlöschen. Durch den Sicherungsübereignungsvertrag erwirbt die Bank das bedingte Eigentum an der Hobelbank, während Schreinermeister U Besitzer der Hobelbank bleibt.
6. Der Gastwirt U, Koblenz, überbringt einem Gast das bestellte Schnitzel für 11,90 € (10 € + 1,90 € USt) zum Verzehr in der Gaststätte.
7. Das Elektrizitätswerk U, Bonn, versorgt den Bonner Abnehmer A mit Strom und berechnet ihm hierfür 1.685,17 € (1.416,11 € + 269,06 € USt) (Hinweis: § 3g UStG).
8. Der Gastwirt U, Berlin, erzielt Einnahmen aus dem Verkauf von Speisen und Getränken zum Verzehr außer Haus in Höhe von 8.560 € (8.000 € + 560 € USt).
9. Der Elektrohändler U, Stuttgart, baut ein neues Autoradio in seinen Geschäftswagen ein. Einem Fremden hätte er dafür 370 € netto berechnet.

3 Steuerbare unentgeltliche Leistungen

Unentgeltliche Wertabgaben aus dem Unternehmen sind, soweit sie in der **Abgabe von Gegenständen** bestehen, nach § 3 **Abs. 1b** den entgeltlichen Lieferungen und, soweit sie in der **Abgabe oder Ausführung von sonstigen Leistungen** bestehen, nach § 3 **Abs. 9a** den entgeltlichen sonstigen Leistungen gleichgestellt (**unentgeltliche Lieferungen und sonstige Leistungen**).

Solche Wertabgaben sind sowohl bei **Einzelunternehmern** als auch bei **Personen- und Kapitalgesellschaften** sowie bei Vereinen und Betrieben gewerblicher Art oder land- und forstwirtschaftlichen Betrieben von juristischen Personen des öffentlichen Rechts möglich (Abschn. 3.2 Abs. 1 Satz 2 UStAE).

Ziel der Besteuerung der unentgeltlichen Leistungen ist die **Gleichbehandlung** des Steuerpflichtigen, der z. B. einen Gegenstand seines Unternehmens für private Zwecke entnimmt, und eines gewöhnlichen Verbrauchers, der einen gleichartigen Gegenstand kauft. Da der Gegenstand beim Erwerb für das Unternehmen durch den **Vorsteuerabzug** von der Umsatzsteuer befreit wurde, wird er bei der Entnahme für private Zwecke wieder mit dieser belegt, um diese Gleichbehandlung zu erreichen.

Die steuerbaren unentgeltlichen Lieferungen und sonstigen Leistungen setzen die **Zugehörigkeit** des entnommenen oder genutzten Gegenstandes **zum Unternehmen** voraus.

MERKE →	Eine **steuerbare unentgeltliche Leistung** setzt die vorherige **Zuordnung** einer Leistung **zum Unternehmen** voraus.

Die Zuordnung eines Gegenstandes richtet sich **nicht** nach **ertragsteuerlichen Merkmalen**, also **nicht** nach der Einordnung als Betriebs- oder Privatvermögen. **Maßgebend** ist, ob der Unternehmer den Gegenstand dem **unternehmerischen** oder nichtunternehmerischen Tätigkeitsbereich zugeordnet hat. Hierfür wiederum ist die (beabsichtigte) Nutzung entscheidend. Beträgt die (beabsichtigte) unternehmerische Nutzung **weniger als 10 %**, ist die Zuordnung des Gegenstandes zum Unternehmen **unzulässig** (§ 15 Abs. 1 Satz 2 UStG, Abschn. 15.2c Abs. 1 und 5 Satz 1 UStAE, **Zuordnungsverbot**). Ebenfalls **unzulässig** ist die Zuordnung zum Unternehmen, wenn der Unternehmer bereits **bei Leistungsbezug beabsichtigt**, die bezogene Leistung **ausschließlich** für eine **steuerbare unentgeltliche Wertabgabe** zu verwenden (Abschn. 3.3 Abs. 1 Satz 7, 3.4 Abs. 2 Satz 2 i.V.m. 3.3 Abs. 1 Satz 5 UStAE).
Beträgt die unternehmerische Nutzung hingegen 100 %, besteht ein **Zuordnungsgebot**, d.h., der Gegenstand ist zwingend dem Unternehmen zuzuordnen (Abschn. 15.2c Abs. 1 Satz 1 UStAE).

Liegt die unternehmerische Nutzung bei mindestens 10 % und unter 100 %, ist wie folgt **zu unterscheiden**: Bei **vertretbaren (aufteilbaren) Sachen und sonstigen Leistungen** ist eine **Aufteilung** in unternehmerische Nutzung und nicht unternehmerische Nutzung vorzunehmen, nach der sich auch der Vorsteuerabzug richtet (**Aufteilungsgebot**).

Einheitliche (nicht aufteilbare) Gegenstände sind daraufhin zu untersuchen, ob die nicht unternehmerische Nutzung eine sogenannte **nicht wirtschaftliche Tätigkeit im engeren Sinne** darstellt **oder** ob es sich um eine **unternehmensfremde (= private) Nutzung** handelt.

Nichtwirtschaftliche Tätigkeiten im engeren Sinne sind alle nichtunternehmerischen Tätigkeiten, die **keine** private Nutzung darstellen, z.B. der ideelle Bereich eines Vereins (Abschn. 2.3 Abs. 1a Satz 4 UStAE). Bei einer nichtwirtschaftlichen Tätigkeit im engeren Sinne gilt wiederum das **Aufteilungsgebot** (Abschn. 15.2c Abs. 2 Nr. 2 UStAE).

Bei **privater Nutzung** einheitlicher Gegenstände besteht für den Unternehmer ein **Zuordnungswahlrecht**. Der Unternehmer kann in diesem Falle die Leistung entweder **ganz, gar nicht oder teilweise** seinem Unternehmen zuordnen.

Die Dokumentation der Ausübung des Wahlrechtes erfolgt durch die Zuordnung in der Umsatzsteuererklärung für das Jahr, in dem der Gegenstand zugegangen ist.

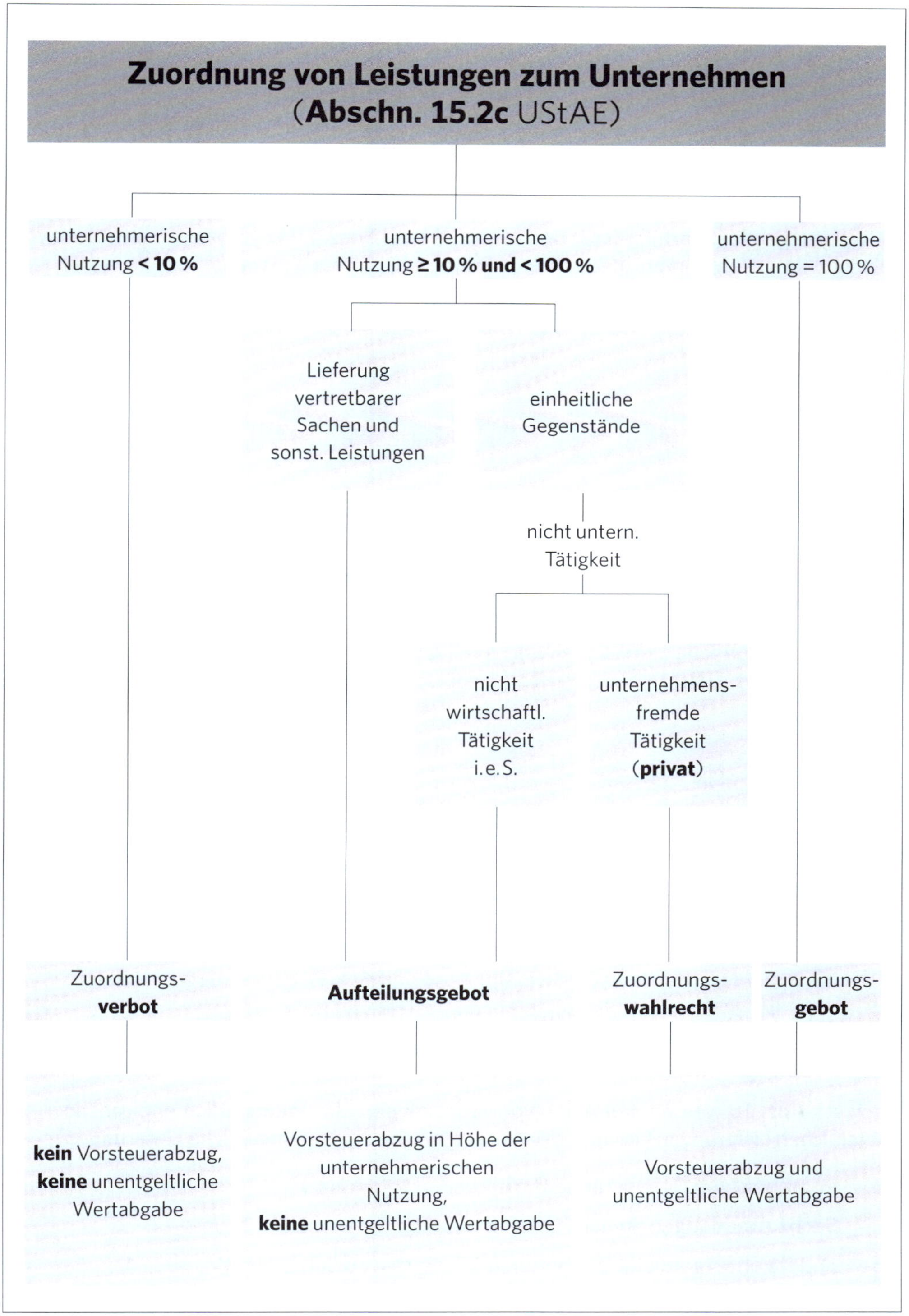

Unter folgenden Voraussetzungen besteht eine **Ausnahme** zum Aufteilungsgebot:

1. Aufwendungen entstehen durch Nutzung eines einheitlichen Gegenstandes,
2. der Gegenstand ist kein Grundstück und wurde vollständig dem Unternehmen zugeordnet und
3. die übrigen Voraussetzungen des Vorsteuerabzugs sind erfüllt.

Aus Vereinfachungsgründen kann in diesen Fällen der **volle Vorsteuerabzug** erfolgen; folgerichtig sind diese Aufwendungen auch bei der Berechnung der **unentgeltlichen Wertabgabe** zu berücksichtigen (Abschn. 15.2c Abs. 2 Satz 6 UStAE). Ein Anwendungsbeispiel stellen Aufwendungen für Wartung (sonstige Leistung) oder Benzin (vertretbare Sache) eines vollständig dem Unternehmen zugeordneten Fahrzeugs, das auch privat genutzt wird, dar.

Die folgende Übersicht zeigt, an welcher Stelle im Umsatzsteuersystem die **steuerbaren unentgeltlichen Lieferungen und sonstigen Leistungen** in diesem Buch dargestellt und erläutert werden:

Umsätze

steuerbare Umsätze

1. entgeltliche Lieferungen und sonstige Leistungen (§ 1 Abs. 1 **Nr. 1** i. V. m. § 3 Abs. 1, 6 bis 9 oder § 3a bis § 3c)
2. **unentgeltliche Lieferungen und sonstige Leistungen** (§ 1 Abs. 1 **Nr. 1** i. V. m. § 3 Abs. **1b** oder Abs. **9a**)
3. Einfuhr (§ 1 Abs. 1 **Nr. 4**)
4. innergemeinschaftlicher Erwerb (§ 1 Abs. 1 **Nr. 5** i. V. m. § 1a, §1b und § 3d)

In diesem Kapitel werden die **steuerbaren unentgeltlichen Lieferungen und sonstigen Leistungen** erläutert.

S 1 Der **Ort des Umsatzes** wird im Abschnitt 6.3 „Ort des innergemeinschaftlichen Erwerbs", Seiten 262 f., dargestellt und erläutert.

3.1 Unentgeltliche Lieferungen

Nach § 3 **Abs. 1b** werden **drei Arten** von Tatbeständen, die **unentgeltlich** erfolgen, aber den **entgeltlichen Lieferungen** gleichgestellt sind, unterschieden (**unentgeltliche Lieferungen**):

1. **Entnahme von Gegenständen** (§ 3 Abs. 1b Satz 1 **Nr. 1**),
2. **Sachzuwendungen an das Personal** (§ 3 Abs. 1b Satz 1 **Nr. 2**) und
3. **andere unentgeltliche Zuwendungen** (§ 3 Abs. 1b Satz 1 **Nr. 3**).

3.1.1 Entnahme von Gegenständen

Die **Entnahme eines Gegenstandes** ist nach § 1 Abs. 1 **Nr. 1** i. V. m. § 3 **Abs. 1b** Satz 1 **Nr. 1 steuerbar**, wenn folgende **Tatbestandsmerkmale** vorliegen:

1. **Entnahme eines Gegenstandes,**
2. durch einen **Unternehmer**,
3. aus seinem **Unternehmen**,
4. im **Inland**,
5. für **Zwecke außerhalb seines Unternehmens**,
6. wenn der Gegenstand oder seine Bestandteile **zum** vollen oder teilweisen **Vorsteuerabzug berechtigt** haben (§ 3 Abs. 1b **Satz 2**).

Fehlt eines dieser **Tatbestandsmerkmale**, so liegt **keine** steuerbare unentgeltliche Lieferung i. S. d. § 1 Abs. 1 **Nr. 1** i. V. m. § 3 **Abs. 1b** Satz 1 **Nr. 1** vor.

Die Entnahme eines dem Unternehmen zugeordneten Gegenstandes wird nach § 3 Abs. 1b Satz 1 **Nr. 1 nur** dann einer **entgeltlichen** Lieferung **gleichgestellt**, wenn der entnommene oder zugewendete Gegenstand oder seine Bestandteile zum vollen oder teilweisen **Vorsteuerabzug** berechtigt haben (Abschn. 3.3 Abs. 2 Satz 1 UStAE).

Bei den Entnahmen von Gegenständen i. S. d. § 3 Abs. 1b ist bei der Ermittlung der Bemessungsgrundlage gem. § 10 Abs. 4 Satz 1 Nr. 1 grundsätzlich vom **Nettoeinkaufspreis** im Zeitpunkt der Entnahme auszugehen. Der Einkaufspreis entspricht in der Regel dem **Wiederbeschaffungspreis**. Kann ein Einkaufspreis nicht ermittelt werden, so sind als Bemessungsgrundlage die **Selbstkosten** anzusetzen (**Abschn. 10.6 Abs. 1 UStAE**).

Einzelheiten zur **Bemessungsgrundlage** der Gegenstandsentnahme erfolgen im Abschnitt 8.2.1.1 „Entnahme von Gegenständen", Seiten 297 ff. S 1

BEISPIELE

a) Der Koblenzer Einzelhändler U entnimmt seinem Unternehmen eine Kühltruhe, die er wenige Tage zuvor für 250 € + 47,50 € USt = 297,50 € erworben hat, für seinen Privathaushalt. U hat einen Vorsteuerbetrag in Höhe von 47,50 € abgezogen.

   Es liegt eine **steuerbare unentgeltliche Lieferung** (Gegenstandsentnahme) vor, weil alle Tatbestandsmerkmale des § 1 Abs. 1 **Nr. 1** i. V. m. § 3 Abs. 1b Satz 1 Nr. 1 + Satz 2 erfüllt sind. Der Vorgang wäre bei entsprechender Ausführung an einen Dritten als **Lieferung** anzusehen. Die Bemessungsgrundlage beträgt 250 € (= **Nettoeinkaufspreis** im Zeitpunkt der Entnahme). Durch diese Besteuerung wird der Vorteil der Gewährung des Vorsteuerabzugs wieder rückgängig gemacht.

b) Der Kölner Bauunternehmer U, der aus selbst beschafften Baustoffen schlüsselfertige Einfamilienhäuser errichtet, baut für sich privat in Köln ein Einfamilienhaus. Die hierbei verwendeten Baustoffe haben zum Vorsteuerabzug berechtigt. Die Selbstkosten haben 200.000 € betragen.

   Es liegt eine **steuerbare unentgeltliche Lieferung** (Gegenstandsentnahme) vor, weil alle Tatbestandsmerkmale des § 1 Abs. 1 Nr. 1 i. V. m. § 3 Abs. 1b Satz 1 Nr. 1 + Satz 2 erfüllt sind. Das Haus als fertiges Werk wird entnommen (nicht die einzelnen Materialien), weil auch das Haus einem Dritten gegenüber geliefert würde (Werklieferung gem. § 3 Abs. 4). Die Bemessungsgrundlage für das schlüsselfertige Haus beträgt 200.000 € (= Selbstkosten).

zu 1. Entnahme eines Gegenstandes

Die **Entnahme eines Gegenstandes** aus dem Unternehmen im Sinne des § 3 Abs. 1b Satz 1 **Nr. 1** liegt nur dann vor, wenn der Vorgang bei entsprechender Ausführung an einen Dritten als **Lieferung** - **einschließlich Werklieferung** - anzusehen wäre (Abschn. 3.3 Abs. 5 Satz 1 UStAE).
Gegenstand im Sinne des § 3 Abs. 1b Satz 1 **Nr. 1** ist alles, was nach § 3 Abs. 1 **geliefert** werden kann.
Die **Entnahme von Geld** aus dem Unternehmen ist **keine Gegenstandsentnahme**, weil die entsprechende Wertabgabe an einen Dritten **nicht** als **Lieferung** anzusehen wäre.

zu 2. Entnahme durch einen Unternehmer

Die Gegenstandsentnahme umfasst den Verbrauch von Werten des Unternehmens **durch den Unternehmer selbst** und **durch Dritte**, denen sie der **Unternehmer** aus unternehmensfremden Zwecken zuwendet sowie durch **Gesellschafter** und deren **Angehörige**.

zu 3. Entnahme aus dem Unternehmen

Der Gegenstand muss **aus** dem **Unternehmen** entnommen sein. Dabei muss der Gegenstand dem unternehmerischen Bereich **zugeordnet** sein (Abschn. 3.3 Abs. 1 UStAE). Gegenstände können dem unternehmerischen Bereich nur dann zugeordnet werden, wenn sie **mindestens 10 %** unternehmerisch genutzt werden (Abschn. 3.3 Abs. 1 Satz 6 UStAE).
Da das **Unternehmen** die **gesamte gewerbliche und berufliche Tätigkeit** eines Unternehmers umfasst, ist die Entnahme aus **einem Betrieb** für einen **anderen Betrieb** desselben Unternehmers **keine Entnahme aus dem Unternehmen**. In diesen Fällen handelt es sich um sog. **nicht steuerbare Innenumsätze**.

BEISPIEL

Der Elektrohändler U, Köln, entnimmt seinem Elektrogeschäft (Betrieb 1) Lampen, die er in Wohnungen seines Mietwohngrundstücks (Betrieb 2) in Bonn einbaut.

Es liegt **keine Entnahme aus dem Unternehmen** vor, weil die Gegenstände nicht den Unternehmensbereich verlassen (= **nicht steuerbarer Innenumsatz**, Abschn. 2.7 Abs. 1 Satz 3 UStAE).

zu 4. Entnahme im Inland

Die Gegenstandsentnahme muss im **Inland** liegen. Nach § 1 **Abs. 3** Nr. 3 wird z. B. die unentgeltliche Lieferung im **Freihafen** wie ein Umsatz im **Inland** behandelt.

BEISPIEL

Der Tabakhändler U entnimmt seinem Geschäft, das sich im **Freihafen Bremerhaven** befindet, Tabakwaren zum eigenen Verbrauch. Die eingekauften Waren haben zum Vorsteuerabzug berechtigt.

Es liegt eine **Gegenstandsentnahme** vor, weil alle Tatbestandsmerkmale des § 1 Abs. 1 Nr. 1 i. V. m. § 3 Abs. 1b Satz 1 Nr. 1 + Satz 2 und § 1 Abs. 3 Nr. 3 erfüllt sind.

zu 5. Entnahme für Zwecke außerhalb des Unternehmens

Die Gegenstandsentnahme muss zu Zwecken erfolgen, die **außerhalb des Unternehmens** liegen. **Außerhalb des Unternehmens** liegt alles, was **außerhalb der gewerblichen oder beruflichen Tätigkeit** des Unternehmers liegt.

BEISPIEL

Der Getränkehändler U, Dortmund, entnimmt seinem Unternehmen Getränke für den **Privathaushalt**. Die eingekauften Getränke haben zum Vorsteuerabzug berechtigt. Der Nettoeinkaufspreis der entnommenen Getränke beträgt 180 €.

Es liegt **eine Gegenstandsentnahme** vor, weil die Entnahme für Zwecke erfolgt, die außerhalb des Unternehmens liegen. Die Bemessungsgrundlage beträgt 180 €.

Bei Gegenständen, die **sowohl unternehmerisch als auch unternehmensfremd** genutzt werden, ist nach dem Grundsatz der Einheitlichkeit der Leistung der **überwiegende Zweck maßgebend**. Der Grundsatz der Einheitlichkeit der Leistung gilt auch für die unentgeltliche Wertabgabe (Abschn. 3.3 Abs. 5 Satz 4 UStAE).

BEISPIEL

Die Koblenzer Brauerei GmbH, Koblenz, schenkt anlässlich Betriebsbesichtigungen den Besuchern Freitrunk aus.

Es liegt **keine Entnahme** für Zwecke **außerhalb** des Unternehmens vor, weil die GmbH mit der unentgeltlichen Wertabgabe des Freitrunks Werbung für ihr Produkt betreiben will, sodass der **betriebliche Zweck überwiegt**.

zu 6. Vorsteuerabzug der Gegenstände oder seiner Bestandteile

Voraussetzung für die Anwendung des § 3 Abs. 1b **Satz 1** ist, dass der entnommene **Gegenstand** oder seine **Bestandteile** zum vollen oder teilweisen **Vorsteuerabzug** berechtigt haben (§ 3 Abs. 1b **Satz 2**). Ist diese Voraussetzung nicht erfüllt, unterliegt die spätere Entnahme grundsätzlich nicht der Umsatzsteuer.

BEISPIEL

Der Unternehmer U, München, entnimmt einen dem Unternehmen zugeordneten Pkw für private Zwecke. U hat den Pkw vor zwei Jahren von einer **Privatperson** und damit ohne Berechtigung zum Vorsteuerabzug erworben.

Es liegt **keine unentgeltliche Lieferung** nach § 3 Abs. 1b Satz 1 Nr. 1 vor, weil der Gegenstand nicht zum Vorsteuerabzug berechtigte. Mithin liegt **kein steuerbarer Umsatz** vor, sodass keine Umsatzsteuer anfällt (§ 3 Abs. 1b Satz 2).

Wurden jedoch nach der Anschaffung des Pkws Arbeiten ausgeführt, die zum Einbau von **Bestandteilen** geführt haben und für die der Unternehmer zum **Vorsteuerabzug** berechtigt war, unterliegen bei der Entnahme des Pkws **nur** die **Bestandteile** (nicht der gesamte Pkw) der Umsatzsteuer (Abschn. 3.3 Abs. 2 Satz 2 UStAE).

BEISPIEL

Sachverhalt wie im Beispiel zuvor mit dem Unterschied, dass U nach der Anschaffung eine **Klimaanlage** für 2.975 € (**2.500 €** + 475 € USt) in den Pkw einbauen lässt.

Es liegt eine **unentgeltliche Lieferung** nach § 3 Abs. 1b Satz 1 Nr. 1 vor, weil es sich bei der **Klimaanlage** um einen **Bestandteil** i.S.d. UStG handelt (Abschn. 3.3 Abs. 2 Sätze 3 + 4 UStAE). Bei der Entnahme des Pkws unterliegt **nur** die **Klimaanlage** als **Bestandteil** der Umsatzsteuer.

Nach Abschn. 3.3 Abs. 4 UStAE wird auf die **Besteuerung** der Bestandteile **verzichtet**, wenn die vorsteuerentlastenden Aufwendungen (= Aufwendungen mit Vorsteuerabzugsrecht) für den Einbau von Bestandteilen **weder 20 %** der Anschaffungskosten des Wirtschaftsguts **noch** einen Betrag von **1.000 € (Bagatellgrenze)** übersteigen. Sobald einer der beiden Bagatellgrenzwerte überschritten wird, liegt eine steuerbare Bestandteilentnahme vor.

3.1.2 Sachzuwendungen an das Personal

Die **unentgeltlichen Zuwendungen von Gegenständen** (Sachzuwendungen) **an das Personal** sind nach § 1 Abs. 1 **Nr. 1** i. V. m. § 3 **Abs. 1b** Satz 1 Nr. 2 **steuerbar**, wenn folgende **Tatbestandsmerkmale** vorliegen:

1. **unentgeltliche Zuwendung eines Gegenstandes**,
2. durch einen **Unternehmer**,
3. aus seinem **Unternehmen**,
4. im **Inland**,
5. an sein **Personal für dessen privaten Bedarf**, sofern **keine Aufmerksamkeiten** vorliegen,
6. wenn der Gegenstand oder seine Bestandteile **zum** vollen oder teilweisen **Vorsteuerabzug berechtigt** haben (§ 3 Abs. 1b **Satz 2**).

Fehlt eines dieser Tatbestandsmerkmale, so liegt **keine** steuerbare unentgeltliche Lieferung i. S. d. § 1 Abs. 1 **Nr. 1** i. V. m. § 3 **Abs. 1b** Satz 1 **Nr. 2** vor.

Im Folgenden werden nur die Tatbestandsmerkmale näher erläutert, die nicht schon im Abschnitt 3.1.1 „Entnahme von Gegenständen" dargestellt wurden, nämlich

- **unentgeltliche Zuwendung eines Gegenstandes**,
- an sein **Personal für dessen privaten Bedarf**, sofern **keine Aufmerksamkeiten** vorliegen.

Unentgeltliche Zuwendung eines Gegenstandes

Nach § 3 Abs. 1b Satz 1 **Nr. 2** gelten **unentgeltliche Sachzuwendungen an Arbeitnehmer** als **unentgeltliche Lieferungen**.

Auch die unentgeltlichen Sachzuwendungen an das Personal für dessen privaten Bedarf werden **nur besteuert**, wenn die Anschaffungs- oder Herstellungskosten des abgegebenen Gegenstandes oder seine Bestandteile mit Umsatzsteuer belastet waren und der Unternehmer hinsichtlich dieser Steuer zum vollen oder teilweisen **Vorsteuerabzug** berechtigt war (§ 3 Abs. 1b **Satz 2** und Abschn. 1.8 Abs. 2 Satz 6 UStAE).

BEISPIEL

Der Elektrohändler U, Kiel, **schenkt** seinem Arbeitnehmer anlässlich eines Arbeitsjubiläums ein Fernsehgerät im Wert von 500 €. U hat beim Kauf des Geräts die volle Vorsteuer abgezogen.

Es liegt eine **unentgeltliche Lieferung** nach § 3 Abs. 1b Satz 1 **Nr. 2** vor, weil alle Voraussetzungen erfüllt sind. Die unentgeltliche Lieferung unterliegt nach § 1 Abs. 1 Nr. 1 i. V. m. § 3 Abs. 1b Satz 1 Nr. 2 der Umsatzsteuer.

Nicht unter die Fälle des § 3 Abs. 1b Satz 1 **Nr. 2** fallen Lieferungen von Waren an Arbeitnehmer, für die diese ein **Entgelt** entrichten müssen (z. B. bei Warenverkäufen unter Gewährung eines Personalrabatts oder bei sog. Jahreswagenverkäufen der Automobilhersteller). Selbst wenn der Arbeitnehmer kein sichtbares Entgelt entrichtet, kann die **Arbeitsleistung des Arbeitnehmers** Entgelt sein **(tauschähnlicher Umsatz)**.

Diese Fälle sind als steuerbare **entgeltliche** Lieferungen i. S. d. § 1 Abs. 1 Nr. 1 i. V. m. § 3 **Abs. 1** zu behandeln.

An das Personal, sofern keine Aufmerksamkeiten vorliegen

Bei dem Begriff „**Personal**" handelt es sich nach wie vor um **Arbeitnehmer**. Dazu gehören **auch** ausgeschiedene Arbeitnehmer aufgrund eines früheren Dienstverhältnisses, **Auszubildende** und Praktikanten (Abschn. 1.8 Abs. 2 Satz 5 UStAE).
Dies gilt **auch** für **Gesellschafter-Geschäftsführer** von Kapitalgesellschaften (z.B. GmbH), wenn sie umsatzsteuerlich dem Personal zugeordnet werden.
Keine steuerbaren Umsätze sind **Aufmerksamkeiten** (§ 3 **Abs. 1b** Satz 1 **Nr. 2**). **Aufmerksamkeiten** sind Zuwendungen des Arbeitgebers, die nach ihrer Art und nach ihrem Wert Geschenken entsprechen, die im gesellschaftlichen Verkehr üblicherweise ausgetauscht werden und zu keiner ins Gewicht fallenden Bereicherung des Arbeitnehmers führen (Abschn. 1.8 Abs. 3 **Satz 1** UStAE). Zu den **Aufmerksamkeiten** rechnen danach **gelegentliche Sachzuwendungen** bis zu einem Wert von **60 €** (Bruttobetrag **mit** Umsatzsteuer; **Freigrenze**), z.B. Blumen, Genussmittel, ein Buch oder ein Tonträger, die dem Arbeitnehmer oder seinen Angehörigen aus Anlass eines besonderen **persönlichen** Ereignisses (z.B. Geburtstag) zugewendet werden (Abschn. 1.8 Abs. 3 **Satz 2** UStAE).

Im Sinne einer einheitlichen Rechtsanwendung **entspricht** die **umsatzsteuerliche** Wertgrenze von 60 € auch der **lohnsteuerlichen** Freigrenze.

BEISPIEL

Buchhändler Bodo Müller, Bonn, **schenkt** seiner Angestellten Helga Fabel ein **Buch zum Geburtstag**. Das Buch hat einen Wert von 24 €.

Es handelt sich um eine **Aufmerksamkeit**, die nach § 1 Abs. 1 Nr. 1 i.V.m. § 3 Abs. 1b Satz 1 Nr. 2 **nicht steuerbar** ist.

Mit BMF-Schreiben vom 14.10.2015 bestätigt die Finanzverwaltung, dass unentgeltliche Zuwendungen des Arbeitgebers an Arbeitnehmer im Rahmen von **Betriebsveranstaltungen** als nicht steuerbare und übliche Leistungen anerkannt werden. Der Bruttobetrag in Höhe von 110 € pro Person bei maximal 2 Veranstaltungen pro Jahr gilt auch nach den lohnsteuerlichen Vorgaben als üblich. Allerdings handelt es sich **lohnsteuerlich** um einen Frei**betrag,** wohingegen es sich **umsatzsteuerlich** bei dem Bruttobetrag in Höhe von 110 € um eine Frei**grenze** handelt. Mit Schreiben vom 19.04.2016 hat das Bundesfinanzministerium die Gültigkeit dieser umsatzsteuerlichen Freigrenze bestätigt.

MERKE →	Die **Freigrenze** ist ein Betrag, bei dem - wenn er **überschritten** wird - die steuerlichen Folgen für den **Gesamtbetrag** gelten.

3.1.3 Andere unentgeltliche Zuwendungen

Die **anderen unentgeltlichen Zuwendungen** sind nach § 1 Abs. 1 **Nr. 1** i.V.m. § 3 Abs. 1b Satz 1 **Nr. 3 steuerbar**, wenn folgende **Tatbestandsmerkmale** vorliegen:

1. **andere unentgeltliche Zuwendung eines Gegenstandes**, ausgenommen Geschenke von geringem Wert und Warenmuster,
2. durch einen **Unternehmer**,
3. aus seinem **Unternehmen**,
4. im **Inland**,
5. für **Zwecke des Unternehmens**,
6. wenn der Gegenstand oder seine Bestandteile **zum** vollen oder teilweisen **Vorsteuerabzug berechtigt** haben (§ 3 Abs. 1b **Satz 2**).

Im Folgenden werden ebenfalls **nur** die Tatbestände näher erläutert, die in den vorangegangenen Abschnitten **noch nicht** dargestellt wurden.

Andere unentgeltliche Zuwendungen, die nicht in der Entnahme von Gegenständen oder in Sachzuwendungen an das Personal bestehen, sind auch dann **steuerbar**, wenn der Unternehmer sie aus **unternehmerischen** Erwägungen tätigt.

Nach § 3 **Abs. 1b** Satz 1 **Nr. 3** werden andere unentgeltliche Zuwendungen aus **unternehmerischen** Erwägungen z. B. zu **Werbezwecken**, zur **Verkaufsförderung** oder zur **Imagepflege** erbracht. Hierunter fallen insbesondere **Sachspenden an Vereine oder Schulen**, **Warenabgaben anlässlich von Preisausschreiben**, **Verlosungen** usw. **zu Werbezwecken** (Abschn. 3.3 Abs. 10 Satz 9 UStAE).

Ausgenommen von der Besteuerung sind **Geschenke von geringem Wert** und die **Abgabe von Warenmustern** (z. B. kostenlose Probepackungen) für Zwecke des Unternehmens (Abschn. 3.3 Abs. 10 Satz 2 und Abs. 11 Satz 1 UStAE).

Geschenke von geringem Wert liegen vor, wenn die Anschaffungs- oder Herstellungskosten der dem Empfänger im Kalenderjahr zugewendeten Gegenstände insgesamt **50 Euro** (Jahres-Nettobetrag **ohne** Umsatzsteuer; **Freigrenze**) **nicht übersteigen** (Abschn. 3.3 Abs. 11 Satz 2 UStAE). Dies kann bei geringwertigen Werbeträgern (z. B. Kugelschreiber, Kalender usw.) unterstellt werden (Abschn. 3.3 Abs. 11 Satz 3 UStAE).

Die **Freigrenze von 50 Euro** ist für Umsatzsteuerzwecke auf das **Kalenderjahr** zu beziehen. Bei der Überprüfung des Überschreitens der **50-Euro-Freigrenze** sind **Geldgeschenke einzubeziehen** (Abschn. 15.6 Abs. 4 Satz 4 UStAE). Bei der Zusammenfassung von Sach- und Geldgeschenken unterliegen jedoch **nur** die **Sachgeschenke** der Umsatzsteuer.

Werden Gegenstände **über 50 Euro** netto **direkt als Geschenke gekauft**, ist der **Vorsteuerabzug** nach § 15 Abs. 1a **ausgeschlossen**, sodass eine **Umsatzbesteuerung** der Abgabe dieser Geschenke **entfällt**. Der Umsatz ist dann nicht steuerbar (§ 3 Abs. 1b Satz 2).

Wird die Freigrenze von 50 Euro durch **Geschenke aus dem Warensortiment** überschritten, muss der Unternehmer den ursprünglich vorgenommenen **Vorsteuerabzug berichtigen** (Abschn. 15.6 Abs. 5 Satz 2 UStAE und § 17 Abs. 2 Nr. 5). Der Umsatz ist aufgrund des fehlenden Vorsteuerabzugs dann ebenfalls nicht steuerbar (§ 3 Abs. 1b Satz 2).

Für die Abgrenzung der Geschenke von anderen Zuwendungen gelten die einkommensteuerrechtlichen Grundsätze (vgl. R 4.10 Abs. 4 EStR 2012; Abschn. 15.6 Abs. 4 Satz 5 UStAE).

BEISPIEL

Der Buchhändler Willi Weiler, Bonn, hat im Kalenderjahr 2026 einem Kunden ein Sachgeschenk (Buch) im Wert von 24 € und ein Geldgeschenk von 30 € gemacht.

Da die Freigrenze von 50 € überschritten ist (Gesamtwert der Geschenke: 54 €), entfällt der Vorsteuerabzug nachträglich. Weiler hat eine **Vorsteuerberichtigung** von **1,57 €** (24 € : 1,07 = 22,43 €; 22,43 € x 7 % = 1,57 €) auf das Buch vorzunehmen (§ 17 Abs. 2 **Nr. 5**). Der Vorgang ist nicht steuerbar.

§ 3 Abs. 1b Satz 1 Nr. 3 dürfte bei Geschenken insbesondere dann **praktische Bedeutung** erlangen, wenn der Unternehmer Gegenstände aus seinem **Produktionsprogramm** (Gegenstände, die **selbst hergestellt** worden sind) verschenkt und die Freigrenze von 50 Euro überschritten wird.

BEISPIEL

Möbelhersteller M **verlost** im August 2026 im Rahmen eines Preisausschreibens zu Werbezwecken einen **Wohnzimmerschrank** im Wert von 2.000 € netto (Selbstkosten). Beim Kauf der verarbeiteten Rohstoffe hat der Möbelhersteller die Vorsteuer in voller Höhe abgesetzt.
Die unentgeltliche Abgabe des Schrankes ist eine **steuerbare unentgeltliche Lieferung**, weil alle Voraussetzungen des § 1 Abs. 1 **Nr. 1** i. V. m. § 3 Abs. 1b Satz 1 **Nr. 3 + Satz 2** erfüllt sind.

Warenmuster werden unentgeltlich als Probeexemplar abgegeben, um potenzielle Käufer von der Beschaffenheit der Ware zu überzeugen und zum Kauf anzuregen (Verkaufsförderung/ sales promotion). Eine derartige Zuwendung **unterliegt unabhängig von ihrem Wert nicht der Steuerbarkeit** (Abschn. 3.3 Abs. 13 Satz 1 UStAE).

ÜBUNG →	1. Wiederholungsfragen 1 bis 14 (Seite 196), 2. Fall 1 (Seiten 196 f.)

Die buchmäßige Darstellung der **unentgeltlichen Lieferungen** erfolgt im Abschnitt 8.2.2.2.1 der **Buchführung 1**, 38. Auflage 2026, Seiten 373 ff. B 1

3.2 Unentgeltliche sonstige Leistungen

Nach **§ 3 Abs. 9a** werden **zwei Arten** von Tatbeständen, die **unentgeltlich** erfolgen, aber den **sonstigen Leistungen** gegen Entgelt gleichgestellt sind, unterschieden **(unentgeltliche sonstige Leistungen)**:

1. **private Nutzung betrieblicher Gegenstände** (§ 3 Abs. 9a **Nr. 1** UStG) und
2. **andere unentgeltlich sonstige Leistungen** (§ 3 Abs. 9a **Nr. 2** UStG).

3.2.1 Private Nutzung betrieblicher Gegenstände

Die **private Nutzung betrieblicher Gegenstände** ist nach § 1 Abs. 1 **Nr. 1** i. V. m. § 3 **Abs. 9a Nr. 1 steuerbar**, wenn folgende **Tatbestandsmerkmale** vorliegen:

1. Verwendung eines **dem Unternehmen zugeordneten Gegenstandes**,
2. der zum vollen oder teilweisen **Vorsteuerabzug berechtigt** hat,
3. durch einen **Unternehmer oder** sein **Personal**, sofern **keine Aufmerksamkeiten** vorliegen,
4. im **Inland**,
5. für **Zwecke außerhalb des Unternehmens**.

Die nach § 3 Abs. 9a Nr. 1 einer steuerbaren sonstigen Leistung gleichgestellte **private Nutzung** eines betrieblichen Gegenstandes aus dem Unternehmen setzt die **Zugehörigkeit** des Gegenstandes **zum Unternehmen** voraus.

Einzelheiten zur **Zuordnung von Leistungen zum Unternehmen** erfolgten in Kapitel 3, Seiten 180 f. S 1

Die **private** Nutzung betrieblicher Gegenstände ist in der Praxis vor allem in folgenden Fällen bedeutsam:

1. private Nutzung von betrieblichen **Räumen**,
2. private Nutzung betrieblicher **Fahrzeuge** durch den **Unternehmer**,
3. private Nutzung betrieblicher **Telekommunikationsgeräte** durch den **Unternehmer**,
4. private Nutzung **betrieblicher Gegenstände** durch das **Personal**.

zu 1. private Nutzung von betrieblichen Räumen

Bis 31.12.2010 konnte der vorsteuerabzugsberechtigte Unternehmer eine gemischt genutzte Immobilie vollständig dem Unternehmensvermögen zuordnen und damit den **Vorsteuerabzug in voller Höhe** geltend machen. Der **nichtunternehmerische Anteil** unterlag als unentgeltliche Wertabgabe nach § 3 Abs. 9a Nr. 1 UStG a.F. der **Umsatzsteuer** (sog. **Seeling-Modell**). Diese „Altobjekte" unterliegen weiterhin der Umsatzbesteuerung.

BEISPIEL

Rechtsanwalt U, Köln, hat in 2010 ein Gebäude für 1.000.000 € + 190.000 € USt = 1.190.000 € hergestellt (sog. „**Altobjekt**"). Er hat das Gebäude insgesamt seinem Unternehmen zugeordnet. Er nutzt das Betriebsgebäude zu 50 % unternehmerisch und zu 50 % für nichtunternehmerische (private) Wohnzwecke.

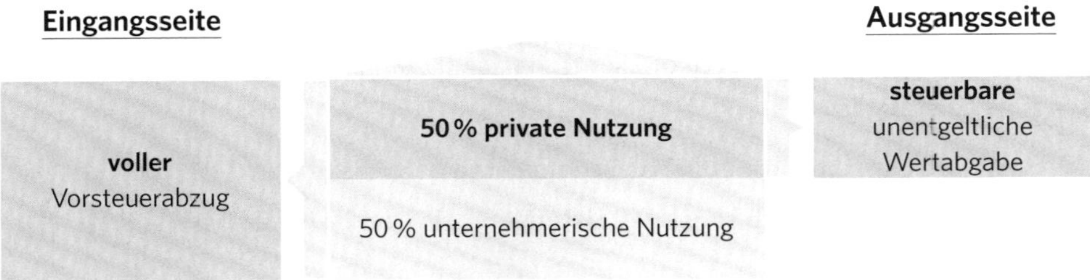

U konnte **190.000 €** als **Vorsteuer** nach § 15 **Abs. 1** UStG abziehen. Die private Nutzung ist auch in 2026 als **unentgeltliche sonstige Leistung** (unentgeltliche Wertabgabe) nach § 1 Abs. 1 **Nr. 1** i. V. m. **§ 3 Abs. 9a Nr. 1** UStG a. F. **steuerbar**. Die Anwendung der Steuerbefreiung nach § 4 Nr. 12 UStG kommt für die steuerbare unentgeltliche Wertabgabe **nicht** in Betracht, sodass die unentgeltliche Leistung auch in 2026 **steuerpflichtig** ist und der **Umsatzsteuer** unterliegt.

Seit 01.01.2011 bleibt das Zuordnungswahlrecht des Unternehmers erhalten, jedoch ist nach § 15 **Abs. 1b** UStG der **Vorsteuerabzug ausgeschlossen**, **soweit** er auf die **nichtunternehmerische** (private) Nutzung entfällt. Aufgrund des nicht vorhandenen Vorsteuerabzugs **entfällt** die **Wertabgabenbesteuerung** nach § 3 Nr. 9a Nr. 1 UStG. Nutzungsentnahmen, die unter das neue Recht fallen, sind **nicht steuerbar** (Abschn. 3.4 Abs. 7 Satz 2 UStAE).

BEISPIEL

Sachverhalt wie zuvor mit dem Unterschied, dass U den Bauantrag für das gemischt genutzte Gebäude **in 2011** gestellt hat (sog. „**Neuobjekt**").

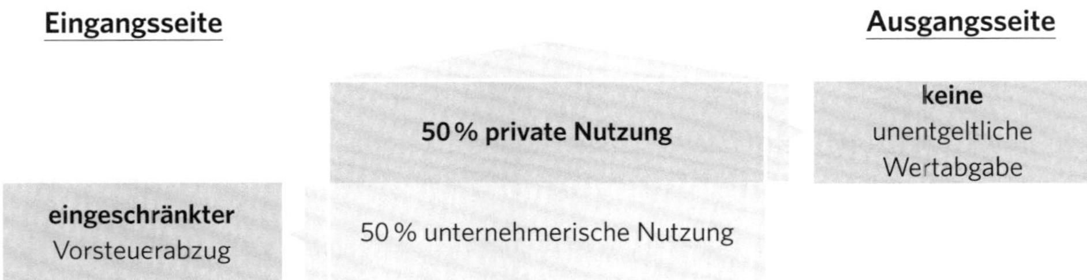

U kann als Vorsteuer nur noch **95.000 €** (50 % von 190.000 €) für den unternehmerisch genutzten Anteil abziehen (§ 15 **Abs. 1b** UStG). Aufgrund des eingeschränkten Vorsteuerabzugs entfällt insoweit für die private Nutzung die Besteuerung nach § 3 Nr. 9a Nr. 1 UStG.

§ 3 Abs. 9a Nr. 1 UStG ist hinsichtlich der privaten Nutzung betrieblicher Grundstücke und Gebäude nur noch auf **Altfälle** anwendbar.

Mit Urteil vom 09.06.2016 hat der Europäische Gerichtshof entschieden, dass bei einer **gemischt genutzten** Immobilie grundsätzlich die Eingangsleistungen den bezweckten Ausgangsleistungen zugeordnet werden sollen, um den korrekten Vorsteuerabzug zu ermitteln. Falls dies nicht möglich sein sollte, kann auf der Basis des **Gesamtumsatzschlüssels oder** des eventuell präziseren **Flächenschlüssels** die Vorsteueraufteilung vorgenommen werden.

Durch das **Gesetz zur Modernisierung und Digitalisierung der Schwarzarbeitsbekämpfung** wird in § 15 Abs. 4 **S. 4** UStG klargestellt, dass die Vorsteueraufteilung **vorrangig** nach dem **Verhältnis der Nutzflächen** (Flächenschlüssel) vorgenommen werden soll. Eine Aufteilung nach einem anderen Verhältnis (z. B. Umsatzschlüssel) ist **im Einzelfall** dann **zulässig**, wenn diese Aufteilung zu einem **noch präziseren wirtschaftlichen Ergebnis** führt.

zu 2. private Nutzung betrieblicher Fahrzeuge durch den Unternehmer

Wurde ein Fahrzeug für das Unternehmen angeschafft, hergestellt, eingeführt oder innergemeinschaftlich erworben **und** wird es von dem Unternehmer **sowohl unternehmerisch (mind. 10 %) als auch für** nichtunternehmerische **(private) Zwecke genutzt,** handelt es sich um ein sogenanntes **gemischt genutztes Fahrzeug**.

Ordnet der Unternehmer das gemischt genutzte Fahrzeug als einheitlichen Gegenstand **seinem Unternehmen voll zu (Zuordnungswahlrecht)**, kann er beim Einkauf die **Vorsteuer** in voller Höhe **(zu 100 %)** abziehen. Aus Vereinfachungsgründen kann im Falle der vollständigen Zuordnung zum Unternehmen **auch** die **Vorsteuer aus Aufwendungen**, die im Zusammenhang mit der Nutzung des Pkws entstanden sind (Inspektion, Benzin), **in voller Höhe** abgezogen werden (Abschn. 15.2c Abs. 2 Satz 6 UStAE). Diese Aufwendungen unterliegen ansonsten dem Aufteilungsgebot, wonach die Vorsteuer nur in Höhe der unternehmerischen Nutzung abgezogen werden könnte (Abschn. 15.2c Abs. 2 Satz 1 Nr. 1 UStAE).

Wird das gemischt genutzte Fahrzeug dem Unternehmen **vollständig** zugeordnet, ist die nichtunternehmerische **(private) Nutzung** als unentgeltliche sonstige Leistung **(unentgeltliche Wertabgabe)** nach **§ 3 Abs. 9a Nr. 1** der **Umsatzsteuer** zu unterwerfen.

Als **Bemessungsgrundlage** sind dabei nach § 10 Abs. 4 Satz 1 Nr. 2 die **Ausgaben** anzusetzen, soweit sie zum vollen oder teilweisen Vorsteuerabzug berechtigt haben.

Die **Ermittlung der Ausgaben**, die auf die private Nutzung eines dem Unternehmen zugeordneten Fahrzeugs entfallen, orientiert sich grundsätzlich an der **ertragsteuerlichen Vorgehensweise**. Entsprechend hat der Unternehmer die Wahl zwischen drei Möglichkeiten:

- **Fahrtenbuchregelung**,
- **1 %-Regelung** oder
- **Schätzung**.

Die **1 %-Regelung** kann nur in Anspruch genommen werden, wenn das Fahrzeug zu **mehr als 50 %** für das Unternehmen genutzt wird (§ 6 Abs. 1 Nr. 4 Satz 2 EStG). Im **Gegensatz** zur ertragsteuerlichen Behandlung (§ 6 Abs. 1 Nr. 4 EStG) erfolgen für umsatzsteuerliche Zwecke **keine Kürzungen** der Bemessungsgrundlage für **Elektro- und Hybridelektrofahrzeuge**.

Weitere Einzelheiten und Beispiele enthalten das BMF-Schreiben vom 07.02.2022 (abrufbar unter www.bmfschreiben.de) sowie die **Abschnitt 15.23 und 15.24** des UStAE.

BEISPIEL

Zum Unternehmensvermögen des Unternehmers U, Hamburg, gehört ein Pkw, der auch für private Zwecke genutzt wird. Die unternehmerische Nutzung beträgt 80 %. U hat den Pkw im August 2026 für 59.500 € (50.000 € + 9.500 € USt) gekauft und vollständig seinem Unternehmen zugeordnet.

Es handelt sich um ein **gemischt genutztes Fahrzeug**. U kann beim Einkauf den Vorsteuerabzug in voller Höhe von 9.500 € in Anspruch nehmen und gemäß der Vereinfachungsregelung des Abschn. 15.2c Abs. 2 Satz 6 UStAE aus den laufenden Kosten den vollen Vorsteuerabzug geltend machen.
Im Gegenzug ist der private Nutzungsanteil als unentgeltliche sonstige Leistung (unentgeltliche Wertabgabe) nach § 1 Abs. 1 Nr. 1 i.V.m. § 3 Abs. 9a Nr. 1 UStG der Umsatzsteuer zu unterwerfen. U kann den privaten Nutzungsanteil (= BMG) mithilfe der Fahrtenbuchregelung oder der 1 %-Regelung ermitteln.

S 1 Einzelheiten zur **Bemessungsgrundlage gemischt genutzter Fahrzeuge** erfolgen im Abschnitt 8.2.2.1.2, Seiten 305 ff.

zu 3. private Nutzung betrieblicher Telekommunikationsgeräte durch den Unternehmer

Kauft ein Unternehmer **Telekommunikationsgeräte** (z.B. Telefonanlagen nebst Zubehör, Faxgeräte, Mobilfunkeinrichtungen) für sein Unternehmen, kann er die auf diese **Anschaffungskosten** entfallende **Vorsteuer** unter den Voraussetzungen des § 15 in **voller Höhe** absetzen (Abschn. 3.4 Abs. 4 **Satz 1** UStAE).

Die unternehmensfremde **(private) Nutzung dieser gekauften Geräte** unterliegt dann nach § 3 **Abs. 9a Nr. 1** der **Umsatzsteuer** (Abschn. 3.4 Abs. 4 **Satz 2** UStAE).
Bemessungsgrundlage sind die auf 5 Jahre verteilten **anteiligen Anschaffungskosten** (§ 10 Abs. 4 Satz 1 Nr. 2 i.V.m. § 15a Abs. 1; Abschn. 10.6 Abs. 3 Satz 3 UStAE).

BEISPIEL

Der Kölner Unternehmer U hat im Juni 2026 für sein Unternehmen eine neue Telefonanlage, die zum Vorsteuerabzug berechtigte, gekauft. Er nutzt die betriebliche Telefonanlage auch für private Zwecke.

Die Privatnutzung der Telefonanlage ist bezüglich der Anschaffungskosten eine steuerbare unentgeltliche sonstige Leistung, weil alle Voraussetzungen des § 1 Abs. 1 Nr. 1 i.V.m. § 3 Abs. 9a Nr. 1 vorliegen.

Bei **laufenden Telefonkosten** (z.B. Miete, Grund- und Gesprächsgebühren) liegen **keine unentgeltlichen sonstigen Leistungen** vor (Abschn. 3.4 Abs. 4 **Satz 4** UStAE).

Telefonleistung bezieht ein Unternehmer nur insoweit für sein Unternehmen, als er das Telefon **unternehmerisch** nutzt. Aus diesem Grunde ist die **Vorsteuer** der laufenden Kosten in einen abziehbaren (unternehmerischen) und einen nicht abziehbaren (privaten) Anteil **aufzuteilen** (Abschn. 3.4 Abs. 4 **Satz 5**, Abschn. 15.2c UStAE Aufteilungsgebot). Der **fehlende Vorsteuerabzug** des privaten Nutzungsanteils bewirkt, dass die **Steuerbarkeit** bezüglich der laufenden Telefonkosten **entfällt**.

BEISPIEL

Der Bonner Unternehmer U benutzt sein **gemietetes** Geschäftstelefon zu **80 %** für unternehmerische und zu **20%** für private Zwecke. Die gesamten **laufenden Telefonkosten** (Miete, Grund- und Gesprächsgebühren) haben im Kalenderjahr **5.000 €** betragen.

Die anteiligen **privaten Telefonkosten** von **1.000 €** (20 % von 5.000 €) stellen **keine steuerbaren** unentgeltlichen sonstigen **Leistungen** i. S. d. § 3 **Abs. 9a Nr. 1** dar. Die auf die anteiligen **privaten Telefonkosten** entfallenden **Vorsteuerbeträge** in Höhe von **190 €** (19 % von 1.000 €) sind **nicht abziehbar** (Abschn. 3.4 Abs. 4 **Satz 5** UStAE).

zu 4. private Nutzung betrieblicher Gegenstände durch das Personal

Die private Nutzung betrieblicher Gegenstände für den privaten Bedarf des Personals setzt voraus, dass der Gegenstand oder seine Bestandteile zumindest zu einem teilweisen **Vorsteuerabzug** berechtigt haben (Abschn. 1.8 Abs. 2 Satz 6 UStAE).

Die **kostenlose Nutzung von Unternehmensgegenständen durch das Personal** wie Baumaschinen, Telekommunikationsanlagen, Ferienwohnungen usw. wird als **unentgeltliche sonstige Leistungen** (unentgeltliche Wertabgaben) nach **§ 3 Abs. 9a Nr. 1** besteuert.

Von einer **unentgeltlichen** Überlassung von Kraftfahrzeugen an das Personal kann ausnahmsweise ausgegangen werden, wenn die private Nutzung **gering** (aus besonderem Anlass **oder** an nicht mehr als fünf Tagen im Monat) ist (Abschn. 15.23 Abs. 12 Satz 2 UStAE). Regelmäßig handelt es sich allerdings nicht um eine unentgeltliche Wertabgabe, sondern vielmehr um einen **tauschähnlichen Umsatz, d. h. eine entgeltliche** sonstige Leistung im Rahmen des Arbeitsverhältnisses (Abschn. 15.23 Abs. 8 ff. UStAE).

3.2.2 Andere unentgeltliche sonstige Leistungen

Die Erbringung einer **anderen unentgeltlichen sonstigen Leistung** ist nach § 1 Abs. 1 **Nr. 1** i. V. m. § 3 **Abs. 9a Nr. 2 steuerbar**, wenn folgende **Tatbestandsmerkmale** vorliegen:

1. **unentgeltliche Erbringung einer sonstigen Leistung**,
2. durch den **Unternehmer oder** sein **Personal**, sofern **keine Aufmerksamkeiten** vorliegen,
3. im **Inland**,
4. für **Zwecke außerhalb des Unternehmens**.

Fehlt eines dieser **Tatbestandsmerkmale**, so liegt **keine** steuerbare unentgeltliche sonstige Leistung i. S. d. § 1 Abs. 1 **Nr. 1** i. V. m. § 3 **Abs. 9a Nr. 2** vor. Der volle oder teilweise **Vorsteuerabzug** stellt **kein Tatbestandsmerkmal** dar.

Unentgeltliche Dienstleistungen für Privatzwecke des Unternehmers

Zu den **unentgeltlichen sonstigen Leistungen** i. S. d. § 3 **Abs. 9a Nr. 2** gehören insbesondere unentgeltliche Dienstleistungen durch den **Einsatz von Betriebspersonal** für unternehmensfremde (private) Zwecke zulasten des Unternehmens (Abschn. 3.4 Abs. 5 UStAE).

BEISPIEL

Steuerberater U, Mainz, lässt durch seinen Mitarbeiter Mathias Meister während der Geschäftszeit seinen Jagdhund ausführen.

Es liegt eine steuerbare **unentgeltliche sonstige Leistung** vor, weil alle Voraussetzungen des § 1 Abs. 1 **Nr. 1** i. V. m. § 3 **Abs. 9a Nr. 2** erfüllt sind. Bemessungsgrundlage sind die entstandenen Personalaufwendungen (§ 10 Abs. 4 Satz 1 Nr. 3).

Unentgeltliche Dienstleistungen für Privatzwecke des Personals

Zu den **anderen unentgeltlichen sonstigen Leistungen** gehören **nicht nur** die **reinen Dienstleistungen** (z.B. der Einsatz von Betriebspersonal im Haushalt des Unternehmers), sondern **auch** die **Verwendung von Unternehmensgegenständen** für private Zwecke, **wenn** dabei der **Dienstleistungsanteil** eine **große Rolle spielt**.

BEISPIEL

Der Unternehmer U, Köln, **überlässt** einem **Arbeitnehmer** ohne besonders berechnetes Entgelt einen **Betriebs-Pkw nebst Fahrer** für seine einwöchige **Hochzeitsreise**.

Es liegt eine steuerbare **unentgeltliche sonstige Leistung** vor, weil alle Voraussetzungen des § 1 Abs. 1 **Nr. 1** i.V.m. § 3 **Abs. 9a Nr. 2** erfüllt sind.

Keine steuerbaren Umsätze sind **Aufmerksamkeiten** und **Leistungen**, die **überwiegend durch das betriebliche Interesse des Arbeitgebers veranlasst** sind, z.B. Leistungen zur Verbesserung der Arbeitsbedingungen, betriebliche Fort- und Weiterbildungsleistungen, die betriebsärztliche Betreuung, das Zurverfügungstellen von Parkplätzen auf dem Betriebsgelände usw. (vgl. hierzu Abschn. 1.8 Abs. 4 Satz 3 UStAE).

ÜBUNG →
1. Wiederholungsfragen 15 bis 21 (Seite 196),
2. Fall 2 (Seite 197 f.)

B 1 Die buchmäßige Darstellung der **unentgeltlichen sonstigen Leistungen** erfolgt in der **Buchführung 1**, 38. Auflage 2026.

3.3 Zusammenfassung und Erfolgskontrolle

3.3.1 Zusammenfassung

Im Schaubild auf der folgenden Seite werden die **steuerbaren unentgeltlichen Leistungen** nochmals zusammengestellt.

Steuerbare Umsätze

3. Steuerbare unentgeltliche Leistungen (§ 1 Abs. 1 **Nr. 1** UStG)

3.1 Unentgeltliche Lieferungen (§ 3 **Abs. 1b** UStG)

3.1.1 Entnahme von Gegenständen

1. **Entnahme eines Gegenstandes**,
2. durch einen **Unternehmer**,
3. aus seinem **Unternehmen**,
4. im **Inland**,
5. für **Zwecke außerhalb seines Unternehmens**,
6. wenn der Gegenstand oder seine Bestandteile **zum** vollen oder teilweisen **Vorsteuerabzug berechtigt** haben

3.1.2 Sachzuwendungen an das Personal

1. **unentgeltliche Zuwendung eines Gegenstandes**,
2. durch einen **Unternehmer**,
3. aus seinem **Unternehmen**,
4. im **Inland**,
5. an sein **Personal für dessen privaten Bedarf**, sofern **keine Aufmerksamkeiten** vorliegen,
6. wenn der Gegenstand oder seine Bestandteile **zum** vollen oder teilweisen **Vorsteuerabzug berechtigt** haben

3.1.3 Andere unentgeltliche Zuwendungen

1. **andere unentgeltliche Zuwendungen eines Gegenstandes**, ausgenommen Geschenke von geringem Wert und Warenmuster
2. durch einen **Unternehmer**,
3. aus seinem **Unternehmen**,
4. im **Inland**,
5. für **Zwecke des Unternehmens**,
6. wenn der Gegenstand oder seine Bestandteile **zum** vollen oder teilweisen **Vorsteuerabzug berechtigt** haben

3.2 Unentgeltliche sonstige Leistungen (§ 3 **Abs. 9a** UStG)

3.2.1 Private Nutzung betrieblicher Gegenstände

1. Verwendung eines **dem Unternehmen zugeordneten Gegenstandes**,
2. der zum vollen oder teilweisen **Vorsteuerabzug berechtigt** hat,
3. durch einen **Unternehmer** oder sein **Personal**, sofern **keine Aufmerksamkeiten** vorliegen,
4. im **Inland**,
5. für **Zwecke außerhalb des Unternehmens**

3.2.2 Andere unentgeltliche sonstige Leistungen

1. **unentgeltliche Erbringung einer sonstigen Leistung**,
2. durch einen **Unternehmer** oder sein **Personal**, sofern **keine Aufmerksamkeiten** vorliegen,
3. im **Inland**,
4. für **Zwecke außerhalb des Unternehmens**

3.3.2 Erfolgskontrolle

Wiederholungsfragen

1. Welches Ziel wird mit der Besteuerung unentgeltlicher Wertabgaben verfolgt?
2. Welche Voraussetzung besteht für die Besteuerung der unentgeltlichen Wertabgaben?
3. In welchen Fällen besteht ein Zuordnungsverbot für eine Leistung?
4. In welchen Fällen besteht ein Zuordnungsgebot für eine Leistung?
5. In welchen Fällen besteht ein Zuordnungswahlrecht für eine Leistung?
6. Für welche Sachverhalte besteht ein Aufteilungsgebot?
7. Welche drei Umsatzarten sind nach § 3 Abs. 1b UStG zu unterscheiden?
8. Unter welchen Voraussetzungen ist die Entnahme eines Gegenstandes eine unentgeltliche Lieferung?
9. Bei welchen Entnahmen liegt umsatzsteuerlich keine steuerbare Gegenstandsentnahme vor?
10. Unter welchen Voraussetzungen ist die Sachzuwendung an das Personal nach § 3 Abs. 1b Satz 1 Nr. 2 UStG eine steuerbare unentgeltliche Lieferung?
11. Welche unentgeltlichen Wertabgaben gehören zu den Aufmerksamkeiten?
12. Welche Umsätze sind nach § 1 Abs. 1 Nr. 1 i. V. m. § 3 Abs. 1b UStG nicht steuerbar?
13. Unter welchen Voraussetzungen sind andere unentgeltliche Zuwendungen nach § 3 Abs. 1b Satz 1 Nr. 3 UStG steuerbare unentgeltliche Lieferungen?
14. Welche unentgeltlichen Wertabgaben gehören z. B. zu den anderen unentgeltlichen Zuwendungen?
15. Welche zwei Umsatzarten sind nach § 3 Abs. 9a UStG zu unterscheiden?
16. Unter welchen Voraussetzungen ist die private Nutzung betrieblicher Gegenstände nach § 3 Abs. 9a Nr. 1 UStG eine steuerbare unentgeltliche sonstige Leistung?
17. In welchem Fall gilt § 3 Abs. 9a Nr. 1 UStG nicht?
18. In welchem Fall ist die private Nutzung von Räumen in einem dem Unternehmen zugeordneten Gebäude für Zwecke außerhalb des Unternehmens nicht steuerbar?
19. Was versteht man unter einem gemischt genutzten Fahrzeug?
20. Wie werden gemischt genutzte Fahrzeuge umsatzsteuerlich behandelt?
21. Unter welchen Voraussetzungen sind andere unentgeltliche sonstige Leistungen nach § 3 Abs. 9a Nr. 2 UStG steuerbare unentgeltliche sonstige Leistungen?

Fälle

FALL 1

Prüfen und begründen Sie bei den Sachverhalten 1 bis 8 die **Steuerbarkeit** der erbrachten Leistung.

Hinweis:

Gehen Sie bei Ihrer Lösung davon aus, dass alle Tatbestandsvoraussetzungen, die im Fall nicht explizit genannt werden, als erfüllt anzusehen sind.

1. Buchhändler Schröder, Düsseldorf, entnimmt seinem Warensortiment im Dezember 2026 ein Kochbuch. Am 24.12.2026 schenkt er dieses Buch seiner Tochter zu Weihnachten. Herr Schröder hatte das Kochbuch im November 2026 von einem Buchgroßhändler für netto 20 € für sein Unternehmen bezogen.

2. Gebrauchtwagenhändler Brenner, Passau, entnimmt seinem Unternehmen im August 2026 einen Gebrauchtwagen, den er im Juli 2026 für 9.500 € von der Rentnerin Eva Kaiser erworben hatte. Herr Brenner schenkt diesen Wagen seinem Sohn zur bestandenen Führerscheinprüfung.

3. Buchhändler Schröder, Düsseldorf, entnimmt seinem Warensortiment im November 2026 ein Kochbuch, um es seiner Mitarbeiterin zum 40. Geburtstag zu schenken. Herr Schröder hatte das Kochbuch im November 2026 von einem Buchgroßhändler für netto 20 € für sein Unternehmen bezogen.
4. Die Autohaus-GmbH, Köln, schenkt im August 2026 der Aktion Sorgenkind einen neuen VW-Transporter im Wert von netto 30.000 €. Der Transporter trägt die Anschrift und das Werbezeichen des Autohauses.
5. Lebensmittelhändler Lehmann, Karlsruhe, schenkt seiner Mitarbeiterin Herta Wagner zum 60. Geburtstag einen Präsentkorb, der mit Lebensmitteln aus dem Warensortiment im Einkaufswert von netto 70 € gefüllt ist.
6. Buchhändler Schröder, Düsseldorf, entnimmt seinem Warensortiment im Dezember 2026 ein Kunstlexikon, um es einem sehr guten Kunden zum 70. Geburtstag zu schenken. Herr Schröder hatte das Kunstlexikon im November 2026 von einem Buchgroßhändler für netto 75 € für sein Unternehmen bezogen.
7. Bekleidungshersteller Hermann, Chemnitz, überlässt Textilgroßhändler Reimer, Köln, ein Warenmuster im Wert von netto 60 € ohne besondere Berechnung.
8. Computerfachhändler Hein, Ulm, erwirbt im Mai 2026 von der Auszubildenden Verena Sturm, Ulm, einen gebrauchten PC für 200 € zum Weiterverkauf in seinem Geschäft. Im Juni 2026 erhöht Hein durch Einbau eines neuen Bauteils die Leistungsfähigkeit des PC. Das verwendete Bauteil hat Hein im Juni 2026 von einem Zubehörgroßhändler aus Hamburg für netto 50 € bezogen. Den „aufgerüsteten" PC bietet Hein in seinem Geschäft zum Verkauf an. Im Juli 2026 entnimmt Hein diesen PC und schenkt ihn seiner Tochter zum 12. Geburtstag.
9. Buchhändler Schröder, Düsseldorf, erwirbt im Dezember 2026 ein DVD-Set für netto 50 €, das er einer Mitarbeiterin zu Weihnachten schenken möchte. Am letzten Arbeitstag im Dezember 2026 überreicht Herr Schröder seiner Mitarbeiterin das für diesen Zweck erworbene Weihnachtsgeschenk.

FALL 2

Prüfen und begründen Sie bei den Sachverhalten 1 bis 7 die **Steuerbarkeit** der erbrachten Leistung.

Hinweis:

Gehen Sie bei Ihrer Lösung davon aus, dass alle Tatbestandsvoraussetzungen, die im Fall nicht explizit genannt werden, als erfüllt anzusehen sind.

1. Computerfachhändler Hein, Ulm, nutzt einen im Januar 2026 vom Kfz-Händler Muscheid, Neu-Ulm, für sein Unternehmen erworbenen Neuwagen zu 40 % für private Zwecke.
2. Ein Außendienstmitarbeiter des Computerfachhändlers Hein, Ulm, darf laut Arbeitsvertrag den speziell für den Außendienst angeschafften Firmenwagen auch für private Zwecke ohne besonders berechnetes Entgelt nutzen. Der zur Verfügung gestellte Firmenwagen wurde im Mai 2026 von Kfz-Händler Muscheid, Neu-Ulm, als Neuwagen erworben.
3. Der Computerfachhändler Hein, Ulm, verwendet den seinem Unternehmen zugeordneten Computer, für den ein Recht auf Vorsteuerabzug bestand, auch für private Zwecke. Bei der Anschaffung des Computers hat Hein den vollen Vorsteuerbetrag abgezogen.

4. Buchhändler Schröder, Düsseldorf, nutzt die betriebliche Telefonanlage zu 20 % für private Zwecke. Die Telefonanlage wurde im Januar 2026 bei einem Fachhändler gekauft. Die laufenden Gesprächskosten (Grundgebühr und Gesprächsgebühren) des Monats Juli 2026 betragen insgesamt netto 1.600 €.
5. Buchhändler Schröder, Düsseldorf, ist Eigentümer eines 2026 errichteten Gebäudes (Bauantrag Januar 2024). Im Erdgeschoss und im ersten Obergeschoss betreibt Herr Schröder seine Buchhandlung. Im zweiten Obergeschoss wohnt Familie Schröder. Das gesamte Gebäude hat Herr Schröder seinem Unternehmen zugeordnet und die während der Bauphase angefallene Vorsteuer - soweit möglich - in Abzug gebracht. Für die Nutzung der Privatwohnung entrichtet Familie Schröder kein Entgelt. Die Privatwohnung wird zweimal wöchentlich von einer Mitarbeiterin der Buchhandlung während ihrer regulären Arbeitszeit geputzt.
6. Bauunternehmer Willi Bündgen, Stuttgart, beschäftigt einen seiner Bauarbeiter in seinem selbstgenutzten Einfamilienhaus mit kleineren Schönheitsreparaturen. Der anteilige Arbeitslohn des Bauarbeiters für diese Zeit beträgt 420 €.
7. Dr. Leonard Paul betreibt seit Jahren in gemieteten Räumen in Düsseldorf eine mittelständische Steuerberatungskanzlei. Anfang des Jahres 2026 fasst Herr Dr. Paul den Entschluss, die Kanzlei in eigene Räume nach Köln zu verlagern.
   Am 04.03.2026 (Übergang von Besitz, Nutzen und Lasten) erwirbt er in Köln ein bebautes Grundstück zum Kaufpreis von 900.000 € + USt. Er ordnet das gesamte Gebäude seinem Unternehmen zu. Im 220 qm großen Erdgeschoss und im 110 qm großen Obergeschoss des Gebäudes betreibt Herr Dr. Paul seine Steuerberatungskanzlei. Im Dachgeschoss befindet sich die 110 qm große Wohnung, die er seit 04.03.2026 zusammen mit seiner Frau bewohnt. Im notariellen Kaufvertrag wurde auf die Steuerbefreiung verzichtet (§ 9 Abs. 1 i.V.m. Abs. 3 UStG).
   In seiner Umsatzsteuer-Voranmeldung März 2026 macht Herr Dr. Paul die maximal möglichen Vorsteuerbeträge geltend.

Zusammenfassende Erfolgskontrolle zum 1. bis 3. Kapitel

Prüfen Sie, ob folgende Umsätze für den Unternehmer U im Inland **steuerbar** oder **nicht steuerbar** sind. Verwenden Sie dabei die Lösungstabelle von Seite 179 und tragen Sie die Entgelte in die beiden letzten Spalten ein.

1. Textilhändler U, Bonn, entnimmt aus seinem Geschäft einen Wintermantel im Wert von netto 800 € und schenkt den Mantel seiner Ehefrau zu Weihnachten.
2. Ein Gesellschafter der U-OHG, Bonn, benutzt einen dem Unternehmen gehörenden Pkw unentgeltlich für Privatfahrten. Die Bemessungsgrundlage beträgt 300 €. Die OHG hat aus den Anschaffungskosten und den laufenden Pkw-Kosten dieses Fahrzeugs 100 % der Vorsteuerbeträge abgezogen.
3. Unternehmer U, München, vermietet an einen Unternehmer in der Schweiz eine Glasvitrine für 1.500 €, die dieser für eine Ausstellung in Zürich benötigt (Hinweis: § 3a Abs. 2 UStG).
4. Unternehmer U, Bonn, repariert in seiner Werkstatt den Pkw des Kunden A. U verwendet dabei Nebenstoffe (Entgeltanteil hierfür: 100 €) aus seinem Ersatzteillager. Für die Reparatur berechnet er A netto 300 €.
5. Bauunternehmer U, Köln, errichtet auf dem Grundstück des Bauherrn A in dessen Auftrag den Rohbau eines Zweifamilienhauses für netto 100.000 €. Das Baumaterial entnimmt U seinem Lager.
6. Buchhändler U, Koblenz, erhält von einem Verlag 20 Bücher als Kommissionsware. U verkauft 15 dieser Bücher für netto 15 € je Buch. Die restlichen Bücher schickt U an den Verlag zurück.
7. Unternehmer U, Düsseldorf, überlässt seinem Prokuristen zum Abstellen seiner privaten Segeljacht das ganze Jahr über kostenlos einen Teil der betrieblichen Werkshalle. Die dabei entstanden Ausgaben (z. B. anteilige Abschreibungen), die zum Vorsteuerabzug berechtigt haben, betragen 600 €.
8. Unternehmer U verkauft in seinem Geschäft in Rom ein Fahrrad an den deutschen privaten Endabnehmer A für netto 500 €.
9. Zahnarzt U, der in München seine Praxis hat, erhält für die Behandlung eines Patienten kein Entgelt. Die ärztliche Leistung entspricht einem Wert von netto 200 €.
10. Steuerberater U, Dortmund, erzielt Einnahmen aus dem Verkauf seines betrieblichen Pkws in Höhe von 5.950 € (5.000 € + 950 € USt).
11. Unternehmer U verkauft im Namen und für Rechnung der Firma X, Ulm, Staubsauger an Privathaushalte in der Bundesrepublik. U erhält für seine Tätigkeit eine Provision in Höhe von netto 5.000 €.
12. Unternehmer U, Mainz, verkauft im eigenen Namen für fremde Rechnung eine Waschmaschine an den Kunden A für netto 400 €.
13. Steuerberater U, Frankfurt, schenkt seiner Auszubildenden zum Geburtstag einen Blumenstrauß im Wert von netto 15 €.

4 Steuerbare Einfuhr

Mit der Besteuerung der Einfuhr wird das **Ziel** verfolgt, die eingeführten Gegenstände ebenso mit Umsatzsteuer zu belasten, wie die im Inland hergestellten, vorausgesetzt, das Ursprungsland entlastet die Gegenstände bei der Ausfuhr von der Umsatzsteuer.
Eingeführte und inländische Gegenstände unterliegen dann den **gleichen** umsatzsteuerrechtlichen **Wettbewerbsbedingungen**.

BEISPIEL

Der deutsche Unternehmer A, München, kauft vom Lieferer U, Bern (Schweiz), Waren für 10.000 € netto auf Ziel. Im Kaufvertrag vereinbaren sie die Lieferkondition **„unverzollt und unversteuert"**, d.h., der Leistungsempfänger (A) schuldet Zoll und Einfuhrumsatzsteuer. U befördert die Waren mit seinem eigenen Kraftfahrzeug von Bern nach München.

U zahlt an der Grenze vereinbarungsgemäß für A 100 € Zoll (1 % von 10.000 €) und 1.919 € Einfuhrumsatzsteuer (19 % von 10.100 €). U übergibt A den quittierten zollamtlichen Beleg und erhält dafür einen Bankscheck. Die entstandene Einfuhrumsatzsteuer kann A als Vorsteuer nach § 15 Abs. 1 Satz 1 Nr. 2 abziehen, sodass er die Ware netto erhält, so als hätte er sie im Inland gekauft. Für den Vorsteuerabzug ist es nicht erforderlich, dass der Unternehmer die Einfuhrumsatzsteuer selbst entrichtet hat (Abschn. 15.8 Abs. 7 Satz 1 UStAE).

Der Tatbestand der Einfuhr wird dann verwirklicht, wenn ein Gegenstand aus dem **Drittlandsgebiet** in das Inland gelangt **und** im Inland der **Einfuhrumsatzsteuer (EUSt)** unterliegt. Der Tatbestand der Einfuhr wird demnach erst mit der Überführung des Drittlandsgegenstands in den **zoll- und umsatzsteuerrechtlich freien Verkehr** verwirklicht (Abschn. 15.8 Abs. 2 Satz 1 UStAE).

Weitere Einzelheiten zur Steuerbefreiung bei Ein- und Ausfuhr enthält das BMF-Schreiben vom 06.02.2020, welches die Abschnitte 4.3.2 und 4.3.4 des UStAE an die aktuelle EuGH-Rechtsprechung anpasst.

Das folgende Schaubild zeigt die Einordnung der **steuerbaren Einfuhr** in das Umsatzsteuersystem:

Umsätze

steuerbare Umsätze

1. entgeltliche Lieferungen und sonstige Leistungen
   (§ 1 Abs. 1 **Nr. 1** i.V.m. § 3 Abs. 1, 6 bis 9 oder § 3a bis § 3c)
2. unentgeltliche Lieferungen und sonstige Leistungen
   (§ 1 Abs. 1 **Nr. 1** i.V.m. § 3 Abs. **1b** oder Abs. **9a**)
3. **Einfuhr**
   (§ 1 Abs. 1 **Nr. 4**)
4. innergemeinschaftlicher Erwerb
   (§ 1 Abs. 1 **Nr. 5** i.V.m. § 1a, § 1b und § 3d)

4.1 Einfuhrbegriff

Der **Einfuhrtatbestand** nach § 1 Abs. 1 **Nr. 4** setzt für die **Steuerbarkeit** folgende **Tatbestandsmerkmale** voraus:

1. Ein **Gegenstand** muss
2. aus dem **Drittlandsgebiet**
3. in das **Inland** oder die österreichischen Gebiete Jungholz und Mittelberg eingeführt (verbracht) werden und
4. **im Inland** der **Besteuerung** unterliegen.

Für die Verwirklichung des Einfuhrtatbestandes nach § 1 Abs. 1 **Nr. 4** UStG ist das körperliche Gelangen in das Inland **nicht allein** entscheidend. Dieser Tatbestand ist erst dann erfüllt, wenn die Drittlandsware im Inland in den **zoll- und steuerrechtlich freien Verkehr** überführt wird. Der Vorgang im Inland muss grundsätzlich der Besteuerung unterliegen, also **Einfuhrumsatzsteuer** auslösen.

Soweit die Ware zwar körperlich vom Drittland ins Inland gelangt, hier aber sich in einem **Zollverfahren** (Nichterhebungsverfahren) befindet, wird noch keine EUSt ausgelöst. In solchen Fällen ist der Tatbestand der **Einfuhr** (noch) **nicht** erfüllt.

Bei der **steuerbaren Einfuhr** ergibt sich folgender **Regelfall**:

Ursprungsland **Beginn**		Bestimmungsland **Ende**
Drittlandsgebiet	Lieferung →	**Inland** oder Jungholz und Mittelberg
Lieferer **U**		Unternehmer **A**
Aus der Sicht des **Lieferers U** liegt eine **Lieferung** **(Ausfuhr)** vor, die jedoch **steuerfrei** ist.		Aus der Sicht des **Unternehmers A** liegt eine **Einfuhr** vor, wenn eine **Einfuhrumsatzsteuerschuld** entsteht.

BEISPIEL

Der marokkanische Südfruchthändler U versendet per Seefracht eine Ladung Apfelsinen **im Namen und für Rechnung des Abnehmers A** von Marokko nach Hamburg. Nach Eintreffen der Ware in Cuxhaven nimmt sie der von A beauftragte Spediteur Sp in Empfang, überführt die Apfelsinen **für A** in den zoll- und steuerrechtlich freien Verkehr und entrichtet **für A** die Einfuhrumsatzsteuer. U hat in seiner Rechnung die Steuer für die Apfelsinenlieferung nicht gesondert ausgewiesen.

Die **Apfelsinen** werden **für** den Abnehmer **A eingeführt** (§ 1 Abs. 1 **Nr. 4** UStG). A ist zum Abzug der Einfuhrumsatzsteuer berechtigt (§ 15 Abs. 1 Satz 1 Nr. 2 UStG). Die **Lieferung (Ausfuhr)** des U ist in Marokko **steuerfrei**.

Eine **steuerbare Einfuhr** liegt **auch** dann vor, wenn der Gegenstand aus einem **Drittlandsgebiet** im Wege der **Durchfuhr** (Transit) durch das Gebiet eines anderen EU-Mitgliedstaates in das **Inland** oder Jungholz und Mittelberg gelangt und erst hier zoll- und umsatzsteuerrechtlich zum freien Verkehr abgefertigt wird.

BEISPIEL

Der deutsche Unternehmer A, Hamburg, kauft für sein Unternehmen eine Maschine von dem norwegischen Unternehmer U, Oslo. U versendet die Maschine auf dem Seeweg über Dänemark nach Bremerhaven. In Bremerhaven wird die Maschine zoll- und umsatzsteuerrechtlich zum freien Verkehr abgefertigt. U liefert **„unverzollt und unversteuert"**.

A tätigt eine **steuerbare Einfuhr** in Deutschland , weil alle Tatbestandsmerkmale des § 1 Abs. 1 **Nr. 4** erfüllt sind. Die Besteuerung obliegt der deutschen Zollbehörde.

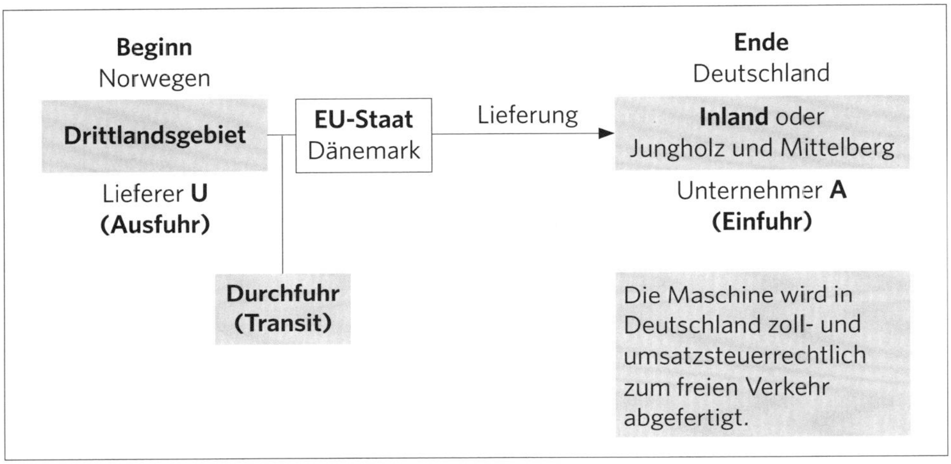

Keine Einfuhr im umsatzsteuerrechtlichen Sinne liegt z.B. vor, wenn sich eine Drittlandsware in einem zollrechtlichen **Versandverfahren** oder in einem **Zolllagerverfahren** befindet (Abschn. 15.8 Abs. 2 Satz 3 UStAE) oder vor dem Inlandsverkauf bereits **„verzollt und versteuert"** eingeführt wurde.

BEISPIEL

Unternehmer A in Frankfurt/Oder hat Drittlandswaren aus Russland importiert. Er lagert sie in einem **Zolllager** in Frankfurt/Oder ein. Einen Teil der Gegenstände liefert A an Unternehmer B (Düsseldorf). B lagert die Waren aus und überführt sie ordnungsgemäß in den zoll- und steuerrechtlich freien Verkehr.

Die **Lieferung** des **A an B** ist im Inland **steuerbar** (§ 1 Abs. 1 Nr. 1 i. V. m. § 3 Abs. 7 Satz 1 UStG). Sie ist als Lieferung innerhalb eines Zolllagers nach § 4 Nr. 4b **für A steuerfrei**. Es handelt sich um eine der Einfuhr vorangegangene steuerfreie ruhende Lieferung.
B tätigt mit Auslagerung und Überführung der Drittlandsware in den zoll- und steuerrechtlich freien Verkehr eine **steuerbare Einfuhr** in Deutschland (§ 1 Abs. 1 **Nr. 4**). Die restliche im Zolllager verbleibende Ware befindet sich noch im Zolllagerverfahren. Zoll und Einfuhrumsatzsteuer fallen bei der Einlagerung nicht an.

Der Tatbestand der **Einfuhr** kann auch durch einen **Nichtunternehmer** verwirklicht werden. Allerdings kann ein **Nichtunternehmer** die bei der Einfuhr entrichtete **Einfuhrumsatzsteuer nicht** als **Vorsteuer** abziehen.

Durch das **Steueränderungsgesetz 2025** wurde zum **01.01.2026** mit **§ 21b UStG** eine **Sonderregelung des EU-Zollkodex** umgesetzt. Im Rahmen der sogenannten zentralen Zollabwicklung ermöglicht § 21b UStG **nicht** im Inland ansässigen Personen in ihren **Heimatstaaten** eine **Zollanmeldung** für Waren abzugeben, die ins **Inland** eingeführt werden. Der Ort der Abgabe der Zollanmeldung und der Ort der Entstehung der EUSt werden dadurch **entkoppelt**.

Die **Einfuhrumsatzsteuer** ist eine **Verbrauchsteuer** im Sinne der AO (§ 21 Abs. 1 AO) und eine **Einfuhrabgabe** im Sinne des Zollrechts. Im Gegensatz zur Umsatzsteuer wird sie **nicht** von den **Finanzämtern**, sondern von den **Zollbehörden** erhoben und verwaltet (§ 12 Abs. 2 FVG).

Einzelheiten zum **Vorsteuerabzug der entstandenen Einfuhrumsatzsteuer** erfolgen im Abschnitt 13.1, Seite 373. S 1

4.2 Zusammenfassung und Erfolgskontrolle

4.2.1 Zusammenfassung

Steuerbare Umsätze

1. Entgeltliche Leistungen (§ 1 Abs. 1 **Nr. 1** UStG)

1. **Unternehmer**
2. **Inland**
3. **Entgelt**
4. **Rahmen seines Unternehmens**

2. Unentgeltliche Leistungen (§ 1 Abs. 1 **Nr. 1** UStG)

2.1 **Unentgeltliche Lieferungen** (§ 1 Abs. 1 **Nr. 1** i. V. m. § 3 **Abs. 1b** UStG)

2.1.1 Entnahme von Gegenständen
2.1.2 Sachzuwendungen an das Personal
2.1.3 Andere unentgeltliche Zuwendungen

2.2 **Unentgeltliche sonstige Leistungen** (§ 1 Abs. 1 **Nr. 1** i. V. m. § 3 **Abs. 9a** UStG)

2.2.1 Private Nutzung betrieblicher Gegenstände
2.2.2 Andere unentgeltliche sonstige Leistungen

3. Einfuhr (§ 1 Abs. 1 **Nr. 4** UStG)

1. Ein **Gegenstand** muss
2. aus dem **Drittlandsgebiet**
3. in das **Inland** oder die österreichischen Gebiete Jungholz und Mittelberg eingeführt (verbracht) werden und
4. **im Inland** der **Besteuerung** unterliegen.

4.2.2 Erfolgskontrolle

Wiederholungsfragen

1. Welches Ziel wird mit der Besteuerung der Einfuhr verfolgt?
2. Welche Tatbestandsmerkmale müssen vorliegen, damit die Einfuhr nach § 1 Abs. 1 Nr. 4 UStG steuerbar ist?
3. Wer erhebt und verwaltet die Einfuhrumsatzsteuer?
4. Wie wird die Einfuhrumsatzsteuer im unternehmerischen Bereich bei der Ermittlung der Umsatzsteuerschuld (Zahllast) behandelt?
5. Ist die Einfuhrumsatzsteuer auch dann als Vorsteuer abziehbar, wenn ein beauftragter Spediteur diese zahlt und im Anschluss an den Auftraggeber weiterberechnet?

Fälle

Erklären Sie unter Angabe der einschlägigen Rechtsgrundlagen die umsatzsteuerliche Behandlung der Sachverhalte 1 bis 5 in Deutschland.

1. Textilgroßhändler Rifaat, Frankfurt/Main, kauft bei Textilhersteller Khan aus Pakistan Stoffe im Warenwert von umgerechnet 20.000 €. Die vereinbarte Lieferbedingung lautet „unverzollt und unversteuert". Die Textilien werden auf dem Seeweg nach Marseille (F) und von dort aus per Bahn nach Frankfurt/Main transportiert. Ein Mitarbeiter des Herrn Rifaat stellt bei der zuständigen Zollbehörde in Frankfurt/Main den Antrag auf Abfertigung zum freien Verkehr. Der von Herrn Rifaat zu entrichtende inländische Zoll beträgt 400 €.
2. Elektrogroßhändler Nieland, Hamburg, kauft bei einem Elektrogeräthersteller aus Tokio (Japan) Unterhaltungselektronik im Warenwert von umgerechnet 100.000 €. Die „unverzollt und unversteuert" gelieferte Ware wird von Herrn Nieland in ein Zolllager in Bremerhaven eingelagert.
3. Der indische Teelieferant Singh versendet Tee auf dem Seeweg nach Cuxhaven. Anschließend lagert er die Ware in Cuxhaven in einem Zolllager ein. Kurze Zeit später veräußert Singh den Tee an den Teehändler Hansen, Bremen. Singh übergibt Hansen den mit einem Übertragungsvermerk versehenen Lagerschein. Hansen veräußert den Tee noch am gleichen Tag an Teehändler Zeidler, Wilhelmshaven. Zeidler erhält den von Hansen indossierten Lagerschein. Zeidler entnimmt den Tee aus dem Zolllager und überführt ihn in den freien Verkehr.
4. Die Angestellte Inka Lorenz, Mainz, kauft sich während einer USA-Rundreise eine neue Harley-Davidson für umgerechnet 9.000 € netto. Nach der Reise wird das Motorrad nach Deutschland überführt. Der fällige Zoll beträgt 180 €.
5. Baumaschinenhersteller Wirth, Singen (D), verkauft eine Asphaltfräse im Wert von netto 90.000 € an einen Tiefbauunternehmer in Winterthur (Ch). Wirth liefert die Fräse „unverzollt und unversteuert" mit dem eigenen Lkw von Singen nach Winterthur.

Zusammenfassende Erfolgskontrolle zum 1. bis 4. Kapitel

Prüfen Sie, ob folgende Umsätze für den Unternehmer U im Inland **steuerbar** oder **nicht steuerbar** sind. Verwenden Sie dabei die Lösungstabelle von Seite 179 und tragen Sie die **Entgelte** in die beiden letzten Spalten ein.

1. Der Metzgermeister U verkauft und übereignet in seinem Ladengeschäft in Koblenz Fleisch für netto 10 € an eine Kundin.
2. Der Handelsvertreter U verkauft im Namen und für Rechnung der Firma Heinzelmann, Köln, Staubsauger an Privathaushalte in der Bundesrepublik. U erhält für seine Tätigkeit eine Provision in Höhe von netto 2.000 €.
3. Der Elektrohändler U, München, bezieht aus der Schweiz Spezialleuchten im Wert von 5.000 € vom Hersteller Bucher. Der von Bucher beauftragte Münchner Fachtführer hat die EUSt an der Grenze für U verauslagt und erhält diesen Betrag gegen Vorlage der zollamtlichen Belege von U zurück.
4. Der Hauseigentümer U hat sein in Köln gelegenes Haus an Privatpersonen für netto 6.000 € vermietet.
5. Der Steuerberater U in Dortmund erzielt Einnahmen aus dem Verkauf seines betrieblichen Pkws in Höhe von 11.900 € (10.000 € + 1.900 € USt).
6. Der Rechtsanwalt U in Ulm erzielt Honorareinnahmen aus anwaltlicher Tätigkeit in Höhe von 23.800 € (20.000 € + 3.800 € USt).
7. Ein Gesellschafter der U-KG, Bonn, entnimmt der Gesellschaft unentgeltlich Getränke im Wert von netto 100 € für seinen Privathaushalt.
8. Der Turnverein U in Wiesbaden hat zur Erfüllung seiner satzungsmäßigen Aufgaben Mitgliedsbeiträge von netto 30.000 € vereinnahmt.
9. Der Turnverein U (Nr. 8) unterhält in Wiesbaden ein Vereinslokal. Er hat dort Getränke und Speisen für netto 10.000 € verkauft.
10. Der Unternehmer U, Koblenz, entnimmt seinem Unternehmen eine Handtasche im Wert (aktuelle Wiederbeschaffungskosten) von netto 400 € und schenkt sie seiner Frau zum Geburtstag.
11. Der Elektrohändler U in Koblenz repariert das Autoradio im eigenen Geschäftswagen. Einem Kunden hätte er dafür netto 30 € berechnet.
12. Der Rechtsanwalt U in Konstanz (Bodensee) verkauft sein gebrauchtes Segelboot an einen Arzt in Gummersbach für netto 10.000 €.
13. Der Unternehmer U, Bonn, überlässt seinem Angestellten einen betrieblichen Pkw regelmäßig (an mehr als fünf Tagen im Monat) für Privatfahrten, ohne ein besonderes Entgelt zu berechnen. Der Wert der Überlassung beträgt netto 500 €.
14. Der Unternehmer U, Frankfurt (Oder), kauft in Serbien Waren für 5.000 € und befördert sie mit seinem eigenen Lkw von Serbien nach Frankfurt (Oder). Im Inland werden die Waren von U in den zoll- und steuerrechtlich freien Verkehr überführt.
15. Der Unternehmer U, Trier, benutzt sein gemietetes Geschäftstelefon zu 30 % für private Zwecke. Die Kosten für die private Nutzung betragen netto 80 €.

LF 6

5 Steuerbarer innergemeinschaftlicher Erwerb

Die vierte Art der steuerbaren Umsätze ist der **innergemeinschaftliche Erwerb** im **Inland** gegen **Entgelt** (§ 1 Abs. 1 **Nr. 5**).

Das folgende Schaubild zeigt die Einordnung des **steuerbaren innergemeinschaftlichen Erwerbs** in das Umsatzsteuersystem:

Umsätze

steuerbare Umsätze

1. entgeltliche Lieferungen und sonstige Leistungen
   (§ 1 Abs. 1 **Nr. 1** i. V. m. § 3 Abs. 1, 6 bis 9 oder § 3a bis § 3c)
2. unentgeltliche Lieferungen und sonstige Leistungen
   (§ 1 Abs. 1 **Nr. 1** i. V. m. § 3 Abs. **1b** oder Abs. **9a**)
3. Einfuhr
   (§ 1 Abs. 1 **Nr. 4**)
4. **innergemeinschaftlicher Erwerb**
   (§ 1 Abs. 1 **Nr. 5** i. V. m. § 1a, §1b und § 3d)

S 1 Der **Ort des Umsatzes** für den innergemeinschaftlichen Erwerb (§ 3d) wird im Abschnitt 6.3 „Ort des innergemeinschaftlichen Erwerbs", Seiten 262 f., erläutert.

5.1 Erwerbe im Sinne des § 1a Abs. 1 und Abs. 2 UStG

Lieferungen zwischen vorsteuerabzugsberechtigten **Unternehmern** in der Europäischen Union (EU) sind als **innergemeinschaftlicher Erwerb** im **Bestimmungsland steuerpflichtig** (**Bestimmungslandprinzip**).

Beim steuerbaren und steuerpflichtigen innergemeinschaftlichen Erwerb aus dem übrigen Gemeinschaftsgebiet ist der **Erwerber** der **Steuerschuldner** (§ 13a Abs. 1 Nr. 2). Es kommt somit zu einer Verlagerung der Steuerschuldnerschaft vom Leistenden auf den Leistungsempfänger (Reverse Charge). Im **Ursprungsland** wird der Umsatz des Leistenden als steuerbare, jedoch **steuerfreie innergemeinschaftliche Lieferung** qualifiziert (vgl. auch § 4 Nr. 1b).

Vorsteuerabzugsberechtigte **Unternehmer** können als Erwerber die von ihnen geschuldete **Erwerbsteuer** - wie die Einfuhrumsatzsteuer - als **Vorsteuer** abziehen (§ 15 Abs. 1 Nr. 3).

Beim **innergemeinschaftlichen Erwerb** sind grundsätzlich **zwei Arten** zu unterscheiden:

1. **innergemeinschaftlicher Erwerb gegen Entgelt** (§ 1a **Abs. 1**) und
2. **innergemeinschaftliches Verbringen** (§ 1a **Abs. 2**).

Für **Außenlager** (**Konsignationslager**) enthält **§ 6b** spezielle Regeln, die im Anschluss an beide Erwerbsarten erläutert werden.

5.1.1 Innergemeinschaftlicher Erwerb gegen Entgelt (§ 1a Abs. 1 UStG)

Der innergemeinschaftliche Erwerb gegen Entgelt ist **steuerbar**, wenn folgende **Tatbestandsmerkmale** erfüllt sind (§ 1 Abs. 1 **Nr. 5** i. V. m. § 1a **Abs. 1**):

1. **Lieferung**
2. aus dem Gebiet eines Mitgliedstaates (**übriges Gemeinschaftsgebiet**)
3. in das Gebiet eines anderen Mitgliedstaates (**Inland**)
4. **durch** einen **Unternehmer** (keinen Kleinunternehmer), der die Lieferung gegen **Entgelt** im **Rahmen seines Unternehmens** ausführt
5. an bestimmte **Erwerber**
   5.1 **Unternehmer**, der den Gegenstand **für sein Unternehmen** erwirbt oder
   5.2 **juristische Person**, die **nicht** Unternehmer ist **oder** die den Gegenstand der Lieferung **nicht** für ihr **Unternehmen** erwirbt.

Beim steuerbaren innergemeinschaftlichen Erwerb ergibt sich folgender **Grundfall**:

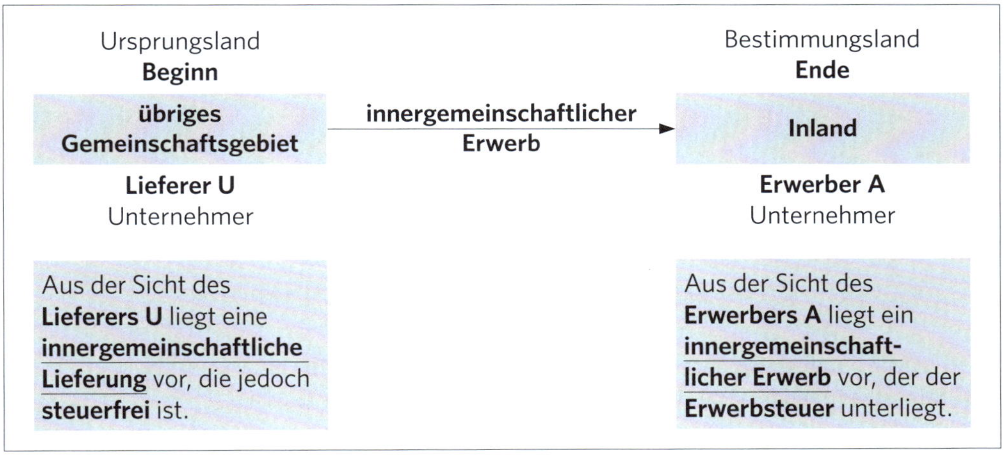

Der ausländische **Lieferer** muss **Unternehmer** i. S. d. § 2 Abs. 1 sein; er darf **kein Kleinunternehmer** im Sinne des § 19 Abs. 1 sein.

Der inländische **Erwerber** kann grundsätzlich davon ausgehen, dass ein ausländischer Lieferer **Unternehmer** ist, wenn dieser in der **Rechnung** die **USt-IdNr.** angibt und lediglich den **Nettowert** ohne USt - unter Hinweis auf die **steuerfreie innergemeinschaftliche Lieferung** - in Rechnung stellt (§ 14a Abs. 3 i. V. m. Abschn. 14a.1 Abs. 4 UStAE).

Der inländische **Erwerber** muss ebenfalls **Unternehmer** im Sinne des § 2 Abs. 1 sein, der den Gegenstand **für sein Unternehmen** erwirbt.

Verwendet der inländische Erwerber beim Einkauf seine **USt-IdNr.**, so signalisiert er damit, dass er **Unternehmer** ist und den Gegenstand **für sein Unternehmen** erwerben will.

MERKE →	Ein **steuerbarer innergemeinschaftlicher Erwerb** setzt eine **steuerfreie innergemeinschaftliche Lieferung** voraus.

BEISPIEL

Der **französische Lieferer** Olivier Vergniolle, Paris, liefert 50 Damenmäntel an den **deutschen Erwerber** Kühlenthal und erteilt folgende **Rechnung**. Die Rechnung enthält den **Nettowert** der Waren, die **USt-IdNr.** des französischen **Lieferers**, die **USt-IdNr.** des deutschen **Erwerbers** und den **Hinweis auf** die **Steuerfreiheit** der Lieferung:

Olivier Vergniolle, Textiles, 6 Rue Napoléon, Paris

Numéro d'identification: FR 128335655

Herrn
Textilkaufmann E. Kühlenthal
Karthäuserhofweg 30

56075 Koblenz

USt-IdNr.: DE 149637654

13.05.2026

Rechnung

Nr. 2026/007

Sie erhielten am 13.05.2026

Menge	Artikelbezeichnung	Stückpreis	Entgelt
50 Stück	Damenmäntel	200 €	**10.000 €**

Die innergemeinschaftliche Lieferung ist steuerfrei.

Für Herrn Kühlenthal liegt ein steuerbarer **innergemeinschaftlicher Erwerb** vor, weil alle Tatbestandsmerkmale des § 1 Abs. 1 **Nr. 5** i. V. m. **§ 1a Abs. 1** erfüllt sind.

Ein **innergemeinschaftlicher Erwerb** ist **auch** dann **steuerbar**, wenn der Gegenstand auf dem Wege der **Durchfuhr** vom übrigen Gemeinschaftsgebiet **über ein Drittlandsgebiet** in das **Inland** gelangt.

BEISPIEL

Der italienische **Lieferer U** in Rom befördert eine Maschine mit eigenem Lkw an den deutschen **Erwerber A** in München. Die Maschine wird von Italien über die Schweiz nach Deutschland verbracht. **U und A** sind **Unternehmer** mit **USt-IdNr**.

Für A liegt ein **steuerbarer innergemeinschaftlicher Erwerb** vor, weil die Beförderung im übrigen Gemeinschaftsgebiet beginnt und im Inland endet.

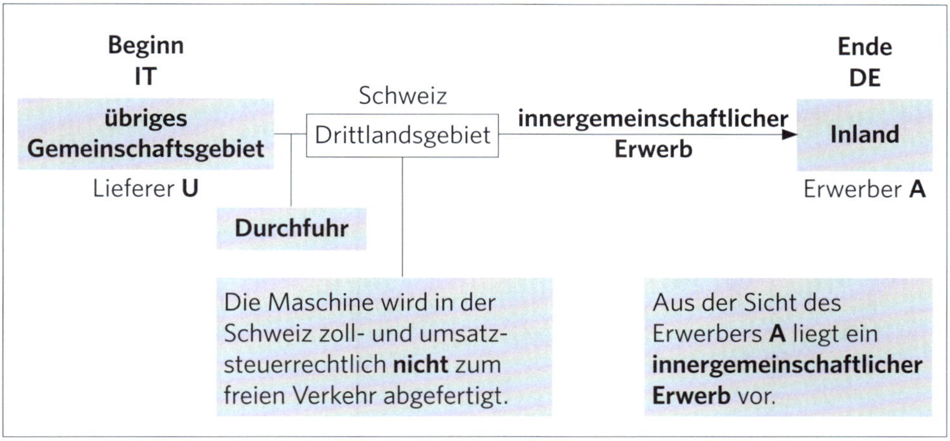

Ein **innergemeinschaftlicher Erwerb** i.S.d. § 1a Abs. 1 ist **auch** dann steuerbar, wenn die Lieferung im **Drittlandsgebiet beginnt** und der Gegenstand im **übrigen Gemeinschaftsgebiet** der **Einfuhrumsatzsteuer** unterworfen wird, d.h. zoll- und umsatzsteuerrechtlich zum freien Verkehr abgefertigt wird und vom **übrigen Gemeinschaftgebiet** in das **Inland** gelangt (Abschn. 1a.1 Abs. 1 Satz 4 UStAE).

BEISPIEL

Der deutsche Unternehmer A kauft von dem Unternehmer U in Brüssel eine Maschine. U hat die Maschine nicht auf Lager und bestellt sie bei dem Hersteller H in Oslo. U führt die Maschine aus Norwegen nach Belgien ein. In Belgien wird sie zoll- und umsatzsteuerrechtlich zum freien Verkehr abgefertigt und anschließend nach Deutschland versendet.

Es liegt ein **steuerbarer innergemeinschaftlicher Erwerb** vor, weil alle Tatbestandsmerkmale des § 1 Abs. 1 **Nr. 5** i.V.m. § **1a Abs. 1** erfüllt sind.

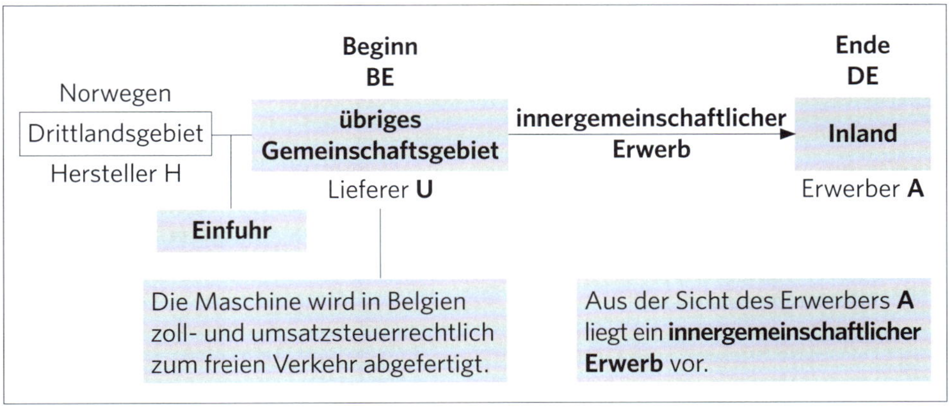

Kein innergemeinschaftlicher Erwerb liegt vor, wenn die Lieferung im **Drittlandsgebiet** beginnt und der Gegenstand im Wege der **Durchfuhr** durch das Gebiet eines anderen **EU-Mitgliedstaates** in das **Inland** gelangt und im **Inland** zoll- und umsatzsteuerrechtlich zum freien Verkehr abgefertigt wird (Abschn. 1a.1 Abs. 1 Satz 5 UStAE).

BEISPIEL

Sachverhalt wie im Beispiel zuvor mit dem Unterschied, dass die Maschine nicht in Belgien, sondern in Deutschland zoll- und steuerrechtlich zum freien Verkehr abgefertigt wird.

Es liegt **kein innergemeinschaftlicher Erwerb** vor, weil die Maschine lediglich im Wege der **Durchfuhr** durch das übrige Gemeinschaftsgebiet in das Inland gelangt. Die Maschine gelangt somit **nicht** vom übrigen Gemeinschaftsgebiet ins Inland. Es liegt eine **steuerbare Einfuhr** i. S. d. § 1 Abs. 1 **Nr. 4** vor.

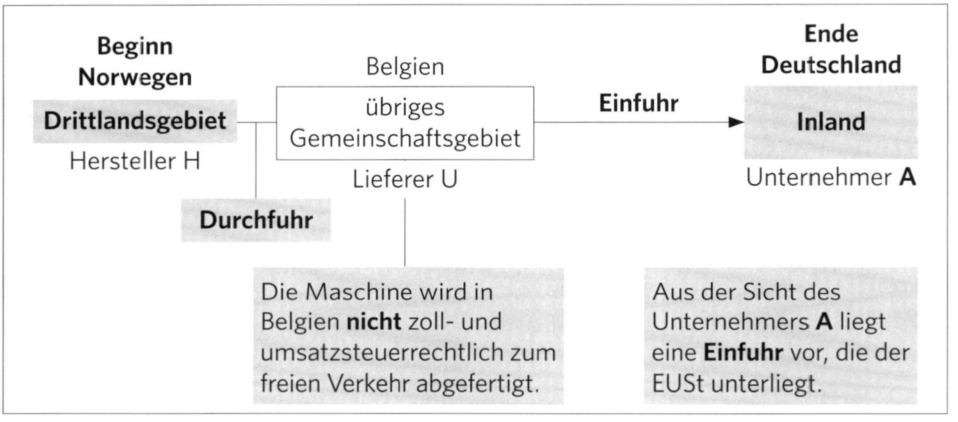

Beim Erwerb durch **Unternehmer** kommt es auf die **Art des Gegenstandes** – mit Ausnahme von Gas und Elektrizität – **nicht** an. **Neue Fahrzeuge** und **verbrauchsteuerpflichtige Waren** werden **wie sonstige Gegenstände** behandelt.

Bei der Lieferung von **Gas** über das Erdgasnetz und von **Elektrizität** liegen ebenfalls **kein** innergemeinschaftlicher Erwerb und kein innergemeinschaftliches Verbringen vor (Abschn. 1a.1 Abs. 1 Satz 7 UStAE).

Verwendet ein inländischer **Erwerber** beim Einkauf in einem EU-Mitgliedstaat **keine USt-IdNr.**, so signalisiert er damit, dass er den Gegenstand **nicht für sein Unternehmen** erwirbt.

In diesem Fall gilt in der Regel das **Ursprungslandprinzip**, d. h., der ausländische **Lieferer** hat den Umsatz in seinem Land **zu versteuern** und den **Bruttowert** (Nettowert + ausländische USt) in Rechnung zu stellen.

B 1 Die **buchmäßige Darstellung** des innergemeinschaftlichen Erwerbs erfolgt im Abschnitt 8.2.1.1 der **Buchführung 1**, 38. Auflage 2026, Seiten 363 ff.

ÜBUNG →
1. Wiederholungsfragen 1 bis 3 (Seite 220),
2. Fälle 1 bis 3 (Seite 220)

5.1.2 Innergemeinschaftliches Verbringen (§ 1a Abs. 2 UStG)

Als **innergemeinschaftlicher Erwerb gegen Entgelt** gilt auch das **innergemeinschaftliche Verbringen** eines Gegenstandes **in das Inland** (Abschn. 1a.1 Abs. 1 Satz 6 UStAE).

Ein **innergemeinschaftliches Verbringen** liegt vor, wenn **ein Unternehmer**

1. einen **Gegenstand seines Unternehmens aus** dem Gebiet eines Mitgliedstaates (**Ausgangsmitgliedstaat) zu seiner Verfügung** in das Gebiet eines anderen EU-Mitgliedstaates (**Bestimmungsmitgliedstaat**) befördert oder versendet
   und
2. den Gegenstand im Bestimmungsmitgliedstaat **nicht nur vorübergehend** verwendet (Abschn. 1a.2 Abs. 1 Satz 2 und Abs. 11 Satz 1 UStAE).

Der **Unternehmer gilt** im Ausgangsmitgliedstaat als **Lieferer**, im Bestimmungsmitgliedstaat als **Erwerber** (Abschn. 1a.2 Abs. 1 Satz 3 UStAE).

BEISPIEL

Der französische Unternehmer U verbringt (befördert oder versendet) eine Maschine von seinem Betriebssitz in Frankreich zu seinem deutschen Auslieferungslager, um sie dort auf Dauer einzusetzen.

Es liegt ein **steuerbares innergemeinschaftliches Verbringen** vor, weil alle Tatbestandsmerkmale des § 1 Abs. 1 **Nr. 5** i.V.m. § 1a **Abs. 2** erfüllt sind.

Beginn Ausgangsmitgliedstaat		**Ende** Bestimmungsmitgliedstaat
übriges Gemeinschaftsgebiet	**innergemeinschaftlicher Erwerb** →	**Inland**
Lieferer **U**		Erwerber **U**

Ein **innergemeinschaftliches Verbringen**, bei dem der Gegenstand **vom Inland in** das Gebiet eines anderen **EU-Mitgliedstaates** gelangt, ist nach § 3 **Abs. 1a** einer **Lieferung gegen Entgelt gleichgestellt** (Abschn. 1a.2 Abs. 2 Satz 1 UStAE).
Eine **nicht nur vorübergehende Verwendung** liegt **auch** dann vor, wenn der Unternehmer den Gegenstand mit der konkreten Absicht in den Bestimmungsmitgliedstaat verbringt, um ihn dort (unverändert) an einen noch nicht feststehenden Abnehmer weiterzuliefern (Abschn. 1a.2 Abs. 6 Satz 1 UStAE).
Bei der Lieferung von **Gas** über das Erdgasnetz und von **Elektrizität** liegt **kein** innergemeinschaftliches Verbringen vor (Abschn. 1a.1 Abs. 1 Satz 7 UStAE).
Das Verbringen von Gegenständen innerhalb des Unternehmens **im Inland** ist grundsätzlich ein **nicht steuerbarer Vorgang** (sog. nicht steuerbarer **Innenumsatz**).

BEISPIEL

Der Metzgermeister **U** führt in **Mainz** eine **Metzgerei und** eine **Gastwirtschaft**. Unternehmer U „liefert" aus seiner Metzgerei Fleischwaren an seine Gastwirtschaft.

Es liegt ein **nicht steuerbarer Innenumsatz** vor, weil das unternehmensinterne Verbringen im **Inland** stattfindet (§ 2 Abs. 1 Satz 2 und Abschn. 2.7 Abs. 1 Satz 3 UStAE).

ÜBUNG →
1. Wiederholungsfrage 4 (Seite 220),
2. Fälle 4 bis 7 (Seite 221)

5.1.3 Konsignationslager (§ 6b UStG)

Mit Wirkung zum **01.01.2020** wurden in **§ 6b** Regelungen aufgenommen, für den Fall, dass Gegenstände von einem Unternehmer aus einem **Mitgliedstaat** (**Ausgangs**mitgliedstaat) in einen anderen **Mitgliedstaat** (**Bestimmungs**mitgliedstaat) befördert oder versendet und dort zunächst in einem **Außenlager** (sog. **Konsignationslager**) aufbewahrt werden.

Werden die Gegenstände **innerhalb von 12 Monaten** an einen **vorher bestimmten Abnehmer** übereignet, gilt dies für den Abnehmer **im Moment der Lieferung aus dem Außenlager** als **innergemeinschaftlicher Erwerb** (§ 6b Abs. 2).

Der Erwerber muss durch **USt-IdNr. identifiziert** und mit vollständigem Namen und vollständiger Anschrift zu Beginn der Beförderung oder Versendung durch den liefernden Unternehmer **aufgezeichnet** werden (§ 6b Abs. 1).

BEISPIEL

Der französische **Lieferer U** in Lyon befördert im April 2026 eine Maschine mit eigenem Lkw in sein Außenlager in Nürnberg. Dort wird die Maschine im Juni 2026 von dem deutschen **Erwerber A** aus München abgeholt. **U und A** sind **Unternehmer** mit **USt-IdNr**. A's vollständiger Name und dessen vollständige Anschrift sind U zum Zeitpunkt des Beginns der Beförderung der Maschine bekannt und wurden von U aufgezeichnet. A verwendet die Maschine in seiner Produktionsanlage in München.

Für A liegt ein **steuerbarer innergemeinschaftlicher Erwerb** vor, weil die Regelungen für Konsignationslager erfüllt sind.

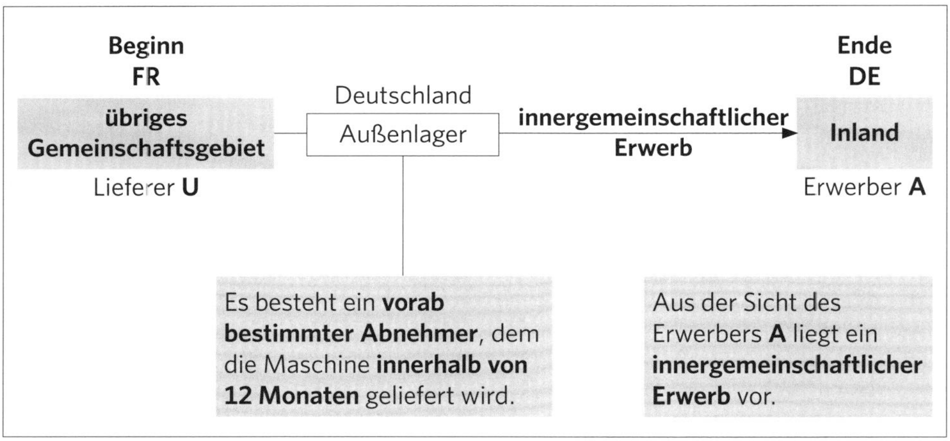

Unter bestimmten Voraussetzungen kann der Abnehmer **ausgetauscht** werden und die Gegenstände können **innerhalb von 12 Monaten ohne** umsatzsteuerliche Konsequenzen aus dem Außenlager in den Abgangsmitgliedstaat **zurück**gelangen (§ 6b Abs. 4 und 5).

Wird die Lieferung an einen vorab bestimmten oder ausgetauschten Erwerber **nicht** innerhalb von 12 Monaten erbracht und gelangt die Ware in diesem Zeitraum auch **nicht** zurück in den Ausgangsstaat, gilt die Beförderung oder Versendung als **innergemeinschaftliches Verbringen** (§ 6b Abs. 3).

Beförderungen und Versendungen in ein Konsignationslager in **einem anderen EU-Mitgliedstaat** sind in der **Zusammenfassenden Meldung** (§ 18a UStG) anzugeben.

Aus technischen Gründen ist dies aktuell weiterhin noch nicht möglich. Im Übergangszeitraum ist ein gesonderter Vordruck zu verwenden, der auf den Formularservern der Bundesfinanzverwaltung hinterlegt ist (siehe auch BMF-Schreiben vom 28.01.2020).

ÜBUNG →	1. Wiederholungsfragen 5 und 6 (Seite 220)

5.2 Erwerbe im Sinne des § 1a Abs. 3 und Abs. 4 UStG

Ein innergemeinschaftlicher Erwerb ist bei einem **Unternehmer**, der ganz oder zum Teil zum Vorsteuerabzug berechtigt ist, **unabhängig** von einer **Erwerbsschwelle steuerbar** (Abschn. 1a.1 Abs. 2 Satz 1 UStAE).

Für bestimmte **Erwerber** i. S. d. § 1a Abs. 3 Nr. 1 (**Halbunternehmer** bzw. **Schwellenerwerber**) ist der **innergemeinschaftliche Erwerb** im Inland gegen Entgelt **nicht steuerbar**, wenn sie die deutsche **Erwerbsschwelle nicht** überschreiten oder **nicht für** die **Erwerbsbesteuerung optieren**.

Wird von den bestimmten Erwerbern (Halbunternehmer bzw. Schwellenerwerber) die deutsche Erwerbsschwelle überschritten oder für die Erwerbsbesteuerung optiert, liegt ein **steuerbarer innergemeinschaftlicher Erwerb** i. S. d. § 1a Abs. 1 vor.
In diesem Fall werden die **Halbunternehmer** bzw. **Schwellenerwerber** für die an sie bewirkte Lieferung **wie Unternehmer** behandelt.

5.2.1 Erwerb durch Halbunternehmer (§ 1a Abs. 3 UStG)

Bestimmte Erwerber (Halbunternehmer) im Sinne des § 1a **Abs. 3** Nr. 1 sind:

a) ein Unternehmer, der nur **steuerfreie Umsätze** ausführt, die zum Ausschluss vom Vorsteuerabzug führen (z. B. Wohnungsvermieter, Arzt),

b) ein **Kleinunternehmer** im Sinne des § 19 Abs. 1 UStG,

c) ein **Land- und Forstwirt**, der die Pauschalversteuerung nach **§ 24** UStG anwendet,

d) eine **juristische Person** (des öffentlichen Rechts), die **nicht Unternehmer ist** (z. B. eine öffentliche Schule) oder die den Gegenstand **nicht für ihr Unternehmen** erwirbt.

Für **Halbunternehmer** ist der **innergemeinschaftliche Erwerb** im Inland gegen Entgelt **nur steuerbar**, wenn die **deutsche Erwerbsschwelle im Vorjahr überschritten** wurde oder **voraussichtlich im laufenden Jahr überschritten wird** (Abschn. 1a.1 Abs. 2 UStAE).

Die **deutsche Erwerbsschwelle** der Halbunternehmer ist nach Abschn. 1a.1 Abs. 2 UStAE überschritten bzw. wird voraussichtlich überschritten, wenn der **Gesamtbetrag der Entgelte** für ihre innergemeinschaftlichen Erwerbe (aus **allen EU-Mitgliedstaaten**)

1. im **vorangegangenen** Kalenderjahr **höher** als **12.500 Euro** (netto ohne USt) gewesen ist
oder
2. im **laufenden** Kalenderjahr voraussichtlich **höher** als **12.500 Euro** (netto ohne USt) sein wird.

Für die Erwerbsbesteuerung der Halbunternehmer genügt es, wenn **einer** der beiden Grenzbeträge überschritten ist.

Eine **Übersicht über** die aktuellen **Erwerbsschwellen** in den **EU-Mitgliedstaaten** ist am Ende des Buches als **Anhang 3** abgedruckt (vgl. auch Abschn. 3c.1 Abs. 2 UStAE).

BEISPIEL

Der deutsche Wohnungsvermieter A, Trier, der nur **steuerfreie Umsätze** nach § 4 Nr. 12 ausführt, erwirbt in 2026 neue Türen für seine Mietwohnungen im Wert von 5.000 € netto von dem Unternehmer U aus Frankreich. A verwendet bei der Bestellung seine deutsche **USt-IdNr.**, weil er im vorangegangenen Kalenderjahr die Erwerbsschwelle überschritten hat.

Es liegt ein **steuerbarer innergemeinschaftlicher Erwerb** i. S. d. § 1a Abs 1 vor. Der Wohnungsvermieter A gilt zwar als **Halbunternehmer**, der nur steuerfreie Umsätze ausführt, die den Vorsteuerabzug ausschließen, er hat aber die **Erwerbsschwelle** von **12.500 Euro** in 2025 (Vorjahr) überschritten. Die Rechtsfolge des § 1a Abs. 3 tritt somit nicht ein.

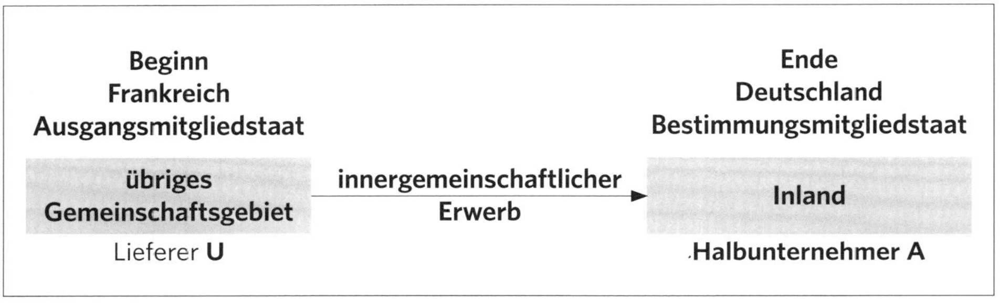

MERKE → Ist bei einem **Halbunternehmer** die **Erwerbsschwelle überschritten**, wird er für die an ihn bewirkte Lieferung wie ein **Unternehmer i.S.d. § 2** UStG behandelt.

Wird die **Erwerbsschwelle** bei Erwerben i.S.d. § 1a **Abs. 3 nicht überschritten** bzw. konnte **zu Beginn** des Kalenderjahres **nicht damit gerechnet werden, dass sie überschritten wird**, so ist jeder Warenbezug aus dem übrigen Gemeinschaftsgebiet **kein innergemeinschaftlicher Erwerb**.

In diesem Fall gilt das **Ursprungslandprinzip**, d.h. Besteuerung in dem EU-Mitgliedstaat, in dem die Ware erworben wird bzw. in dem die Beförderung oder Versendung der Ware **beginnt**.

BEISPIEL

Sachverhalt wie im Beispiel zuvor mit dem **Unterschied**, dass Halbunternehmer **A** die **Erwerbsschwelle nicht überschritten** und auch **nicht** für die Erwerbsbesteuerung **optiert** hat.

Die **Lieferung** unterliegt im **Ursprungsland** (Frankreich) der Umsatzsteuer mit **20,0 %** (siehe **Anhang 1** dieses Buches).

Die **tatsächliche** Höhe der getätigten Erwerbe im laufenden Jahr (2026) ist **unerheblich**, **wenn nicht zu Beginn** des Kalenderjahres vorauszusehen war, dass die Erwerbsschwelle von **12.500 Euro** in diesem Jahr (2026) überschritten wird (Abschn. 1a.1 Abs. 2 Satz 5 UStAE).

ÜBUNG →
1. Wiederholungsfragen 7 und 8 (Seite 220),
2. Fälle 8 bis 10 (Seiten 221f.)

5.2.2 Option durch Halbunternehmer (§ 1a Abs. 4 UStG)

Halbunternehmer im Sinne des § 1a **Abs. 3**, die die **Erwerbsschwelle nicht überschreiten**, können sich nach § 1a **Abs. 4** Satz 1 **für die Erwerbsbesteuerung** nach § 1a Abs. 1 **entscheiden (Option für die Erwerbsbesteuerung)**.

Die Verwendung der **Umsatzsteueridentifikationsnummer** (USt-IdNr.) gegenüber dem Lieferer gilt als Verzichtserklärung (§ 1a Abs. 4 Satz 2). Der Erwerber muss die empfangene Leistung dann im Bestimmungsland der Erwerbsteuer unterwerfen.

Die Erklärung **bindet** den Erwerber für **mindestens zwei Kalenderjahre** (§ 1a Abs. 4 Satz 3).

Eine **Option** für die Erwerbsbesteuerung **empfiehlt sich, wenn** regelmäßige Warenbezüge **aus einem Mitgliedstaat mit** einem **höheren USt-Satz** als in Deutschland erfolgen. Da der Halbunternehmer keinen Vorsteuerabzug in Anspruch nehmen kann (vgl. § 15 Abs. 2 Satz 1 Nr. 1), bewirkt die Option eine **Kostenersparnis** in Höhe des Differenzbetrages zwischen ausländischem und inländischem Steuersatz (im Beispiel unten wären dies 6 %).

Eine **Übersicht** über die **USt-Sätze in den EU-Mitgliedstaaten** ist als **Anhang 1** am Ende dieses Buches abgedruckt.

Ob eine **Option** wirtschaftlich **sinnvoll** ist, muss der **Halbunternehmer im Einzelfall prüfen**.

BEISPIEL

Der deutsche Kleinunternehmer A, der in 2026 die **Erwerbsschwelle** von 12.500 € voraussichtlich **nicht** überschreiten wird und im Vorjahr nicht überschritten hat, erwirbt von dem dänischen Unternehmer U einen Gegenstand, der dem **dänischen Regelsteuersatz** von **25 %** unterliegt.

Durch eine **Option** (Verwendung der USt-IdNr.) liegt ein **steuerbarer innergemeinschaftlicher Erwerb** i.S.d. § 1a Abs. 1 vor, der in Deutschland nur mit **19 %** besteuert wird. In diesem Fall ist die Lieferung des U in Dänemark steuerfrei.

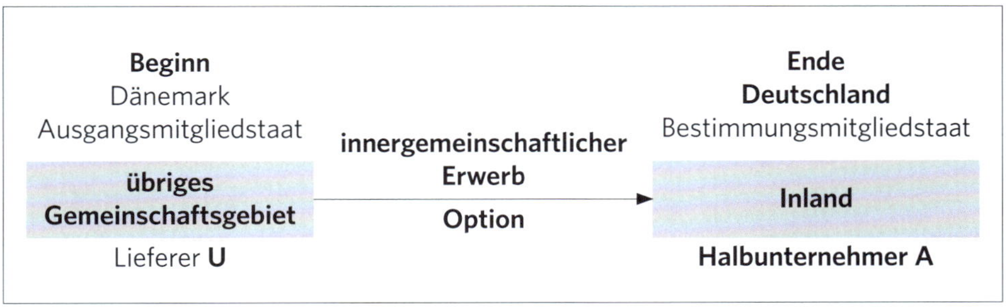

MERKE → **Optiert ein Halbunternehmer** nach § 1a **Abs. 4** UStG, wird er für die an ihn bewirkte Lieferung **wie** ein **Unternehmer i.S.d. § 2 UStG** behandelt.

Ein **Halbunternehmer** kann jedoch **nicht** für den Erwerb **neuer Fahrzeuge** (§ 1b) und **verbrauchsteuerpflichtiger Waren optieren** (§ 1a Abs. 5).

ÜBUNG →
1. Wiederholungsfragen 9 bis 11 (Seite 220),
2. Fall 11 (Seite 222)

5.3 Innergemeinschaftlicher Erwerb neuer Fahrzeuge (§ 1b UStG)

§ 1b UStG ist ein **Ergänzungstatbestand** zu § 1a UStG. Der Ergänzungstatbestand des **§ 1b** regelt den **innergemeinschaftlichen Erwerb neuer Fahrzeuge** durch **private Endverbraucher**, **unabhängig** von einer **Erwerbsschwelle**.

5.3.1 Fahrzeugerwerb durch private Endverbraucher

§ 1b weitet den innergemeinschaftlichen Erwerb **neuer Fahrzeuge** auch auf andere als die in § 1a Abs. 1 Nr. 2 genannten Personen aus. Damit sind in erster Linie **Privatpersonen** gemeint, aber auch Unternehmer, die neue Fahrzeuge für ihren **privaten Bereich** erwerben **(private Endabnehmer)**.

Ein **innergemeinschaftlicher Erwerb neuer Fahrzeuge** liegt vor, wenn das **neue Fahrzeug** bei einer entgeltlichen Lieferung an den **privaten Endverbraucher** aus einem **EU-Mitgliedstaat** in das **Inland** gelangt.
Dabei kommt es nicht darauf an, wie das Fahrzeug in die Bundesrepublik Deutschland gelangt, z. B. ob der Verkäufer es liefert oder der Käufer es abholt.

BEISPIEL

Der **Privatmann P** in Saarbrücken erwirbt in 2026 von dem französischen Autohändler U in Metz einen neuen Pkw für 20.000 € und bringt ihn selbst nach Deutschland.

Es liegt ein **steuerbarer innergemeinschaftlicher Erwerb** vor, weil alle Tatbestandsmerkmale des § 1 Abs. 1 **Nr. 5** i. V. m. **§ 1b** erfüllt sind.

Beginn **Frankreich** Ausgangsmitgliedstaat		**Ende** **Deutschland** Bestimmungsmitgliedstaat
übriges Gemeinschaftsgebiet	**innergemeinschaftlicher Erwerb** →	**Inland**
Lieferer **U**		**Privatmann P**

Mit dieser Regelung wird der **private Erwerber neuer Fahrzeuge wie** ein Unternehmer behandelt (§ 1b).

Damit soll sichergestellt werden, dass diese Lieferungen in jedem Fall im **Bestimmungsland** besteuert werden.
Nach der Fahrzeuglieferungs-Meldepflichtverordnung ist für jede innergemeinschaftliche Lieferung eines neuen Fahrzeugs, die in den Zeilen 20 oder 21 der Umsatzsteuer-Voranmeldung zu erfassen ist, eine Meldung an das Bundeszentralamt für Steuern zu übermitteln.

Der **private Endabnehmer** hat den **innergemeinschaftlichen Erwerb** in einem **besonderen Verfahren**, nämlich im Verfahren der **Fahrzeugeinzelbesteuerung**, **zu versteuern**.

MERKE → Für den innergemeinschaftlichen Erwerb **neuer Fahrzeuge** durch **Privatpersonen** gilt **immer** das **Bestimmungslandprinzip**.

5.3.2 Neue Fahrzeuge

Neue Fahrzeuge im Sinne des **§ 1b** sind zur Personen- und Güterbeförderung bestimmte motorbetriebene Landfahrzeuge, Wasserfahrzeuge und Luftfahrzeuge, die die in § 1b **Abs. 2** bezeichneten Merkmale aufweisen:

1. **motorbetriebene Landfahrzeuge**
   1.1 mehr als 48 ccm Hubraum oder mehr als 7,2 kW Leistung
   1.2 erste Inbetriebnahme liegt nicht mehr als sechs Monate zurück **oder**
   1.3 bis zu 6.000 km seit erster Inbetriebnahme zurückgelegt;
2. **Wasserfahrzeuge**
   2.1 mehr als 7,5 m Länge
   2.2 erste Inbetriebnahme liegt nicht mehr als drei Monate zurück **oder**
   2.3 bis zu 100 Betriebsstunden auf dem Wasser;
3. **Luftfahrzeuge**
   3.1 mehr als 1.550 kg Starthöchstmasse
   3.2 erste Inbetriebnahme liegt nicht mehr als drei Monate zurück **oder**
   3.3 bis zu 40 Betriebsstunden in der Luft.

Zu den **motorbetriebenen Landfahrzeugen** gehören insbesondere

- **Pkw**,
- Lkw,
- Motorräder,
- Motorroller,
- Mopeds,
- Pocket-Bikes
- motorbetriebene Wohnmobile etc.,

wenn sie die in § 1b **Abs. 2** Nr. 1 genannten technischen Merkmale aufweisen (Abschn. 1b.1 Satz 3 UStAE).

Ein steuerbarer innergemeinschaftlicher Erwerb i. S. d. § 1b liegt bei **gebrauchten** motorbetriebenen **Landfahrzeugen** (z. B. einem Pkw) dann vor, wenn die **Erstinbetriebnahme** des Fahrzeugs **nicht mehr als 6 Monate** zurückliegt **oder** das Fahrzeug im Zeitpunkt des Erwerbs **nicht mehr als 6.000 km** zurückgelegt hat. Als erste Inbetriebnahme eines Fahrzeugs ist die erste Nutzung zur Personen- oder Güterbeförderung zu verstehen. Bei Fahrzeugen, die einer Zulassung bedürfen, ist regelmäßig davon auszugehen, dass der Zeitpunkt der ersten Inbetriebnahme dem Zeitpunkt der Zulassung entspricht (Abschn. 1b.1 Satz 8 UStAE).

Ausschließlich wenn **beide Größen überschritten werden**, gilt das Fahrzeug **nicht** mehr als **neu** i. S. d. § 1b Abs. 3 Nr. 1 und wird somit im **Ursprungsland** besteuert.

Keine motorbetriebenen Landfahrzeuge sind z. B. **Wohnwagen, Packwagen** und **andere Anhänger ohne Motor**, die nur von Kraftfahrzeugen mitgeführt werden können (Abschn. 1b.1 **Satz 5** UStAE).

ÜBUNG →	1. Wiederholungsfragen 12 und 13 (Seite 220), 2. Fälle 12 bis 14 (Seite 222)

5.4 Innergemeinschaftliches Dreiecksgeschäft (§ 25b UStG)

Innerhalb des Reihengeschäfts ist es **notwendig**, das **innergemeinschaftliche Dreiecksgeschäft** abzugrenzen, da für diesen speziellen Fall des Reihengeschäfts besondere **Vereinfachungsregelungen** nach **§ 25b UStG** in Betracht kommen.

Ein **innergemeinschaftliches Dreiecksgeschäft** liegt nach **§ 25b** Abs. 1 vor, wenn

1. **drei Unternehmer** über denselben Gegenstand Umsatzgeschäfte abschließen und der Gegenstand **unmittelbar** vom **ersten** Lieferer an den **letzten** Abnehmer gelangt,
2. die Unternehmer in jeweils verschiedenen Mitgliedstaaten für Zwecke der Umsatzsteuer erfasst sind (**Unternehmer mit USt-IdNr.**),
3. der Gegenstand der Lieferung aus dem Gebiet **eines** Mitgliedstaates in das Gebiet **eines anderen** Mitgliedstaates gelangt **und**
4. der Gegenstand der Lieferung durch den **ersten** Lieferer (U 1) oder den **ersten** Abnehmer (U 2) befördert oder versendet wird, d.h. **kein Abholfall vorliegt**.

BEISPIEL

Der **deutsche** Unternehmer A in Essen bestellt beim **belgischen** Großhändler U 2 in Brüssel eine Maschine.
U 2 hat die Maschine nicht vorrätig und bestellt sie bei dem **französischen** Hersteller U 1 in Paris. U 1 lässt die Maschine durch einen Transportunternehmer nach Weisung des U 2 unmittelbar an A befördern. Alle Beteiligten treten unter der **USt-IdNr. ihres Landes** auf.

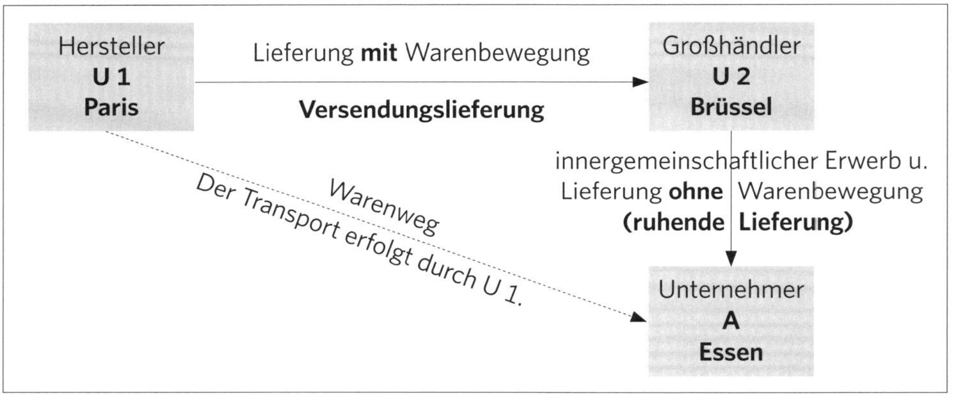

Es liegt ein **innergemeinschaftliches Dreiecksgeschäft** vor, weil alle Voraussetzungen des § 25b Abs. 1 erfüllt sind.
Die **Versendung** ist der **ersten Lieferung** (U 1 an U 2) **zuzuordnen** (§ 3 Abs. 6a), da U 1 als erster Unternehmer in der Reihe die Maschine versendet (Abschn. 3.14 Abs. 8 Satz 1 UStAE).
U 1 bewirkt eine steuerfreie innergemeinschaftliche Lieferung in Frankreich.
U 2 bewirkt einen **innergemeinschaftlichen Erwerb** in Deutschland (§ 3d Satz 1). Die **zweite Lieferung** (U 2 an A) ist eine **ruhende Lieferung** im Inland (§ 3 Abs. 7).

Die Finanzverwaltung hat im BMF-Schreiben vom 25.04.2023 ausführliche Erläuterungen zu den innergemeinschaftlichen Reihengeschäften vorgenommen und Abschn. 3.14 UStAE vollständig überarbeitet.

ÜBUNG → 1. Wiederholungsfrage 14 (Seite 220),
2. Fall 15 (Seite 222)

5.5 Zusammenfassung und Erfolgskontrolle

5.5.1 Zusammenfassung

Steuerbare Umsätze

1. Entgeltliche Leistungen (§ 1 Abs. 1 **Nr. 1** UStG)

1. **Unternehmer**
2. **Inland**
3. **Entgelt**
4. **im Rahmen seines Unternehmens**

2. Unentgeltliche Leistungen (§ 1 Abs. 1 **Nr. 1** UStG)

2.1 **Unentgeltliche Lieferungen** (§ 1 Abs. 1 **Nr. 1** i. V. m. § 3 **Abs. 1b** UStG)

2.1.1 Entnahme von Gegenständen
2.1.2 Sachzuwendungen an das Personal
2.1.3 andere unentgeltliche Zuwendungen

2.2 **Unentgeltliche sonstige Leistungen** (§ 1 Abs. 1 **Nr. 1** i. V. m. § 3 **Abs. 9a** UStG)

2.2.1 private Nutzung betrieblicher Gegenstände
2.2.2 andere unentgeltliche sonstige Leistungen

3. **Einfuhr** (§ 1 Abs. 1 **Nr. 4** UStG)

1. Ein **Gegenstand** muss
2. aus dem **Drittlandsgebiet**
3. in das **Inland** oder die österreichischen Gebiete Jungholz und Mittelberg eingeführt (verbracht) werden und
4. **im Inland** der **Besteuerung** unterliegen.

4. **Innergemeinschaftlicher Erwerb** (§ 1 Abs. 1 **Nr. 5** UStG)

1. **Lieferung**
2. aus dem **übrigen Gemeinschaftsgebiet**
3. in das Gebiet eines anderen Mitgliedstaates (**Inland**)
4. durch einen **Unternehmer** (kein Kleinunternehmer)
5. an **bestimmte Erwerber**

5.5.2 Erfolgskontrolle

Wiederholungsfragen

1. Unter welchen Voraussetzungen ist ein innergemeinschaftlicher Erwerb gegen Entgelt nach § 1 Abs. 1 Nr. 5 i. V. m. § 1a Abs. 1 UStG steuerbar?
2. Was bringt ein Erwerber zum Ausdruck, wenn er beim Import aus EU-Mitgliedstaaten eine USt-IdNr. verwendet?
3. Welche Folge ergibt sich, wenn ein Erwerber beim Import aus EU-Mitgliedstaaten keine USt-IdNr. verwendet?
4. Unter welchen Voraussetzungen gilt ein unternehmensinternes Verbringen im Sinne des § 1a Abs. 2 UStG als steuerbarer innergemeinschaftlicher Erwerb gegen Entgelt?
5. Innerhalb welcher Frist müssen Gegenstände aus dem Konsignationslager an einen vorab bestimmten Abnehmer geliefert werden?
6. Welche Informationen muss der liefernde Unternehmer im Zusammenhang mit Konsignationslagern über den vorab bestimmten Abnehmer zu Beginn der Beförderung oder Versendung aufzeichnen?
7. Unter welchen Voraussetzungen ist ein innergemeinschaftlicher Erwerb durch Halbunternehmer steuerbar?
8. Welche Folge ergibt sich, wenn die Erwerbsschwelle nicht überschritten wird?
9. Wer kann für die Erwerbsbesteuerung optieren?
10. Wie lange gilt die Option nach § 1a Abs. 4 Satz 3 UStG mindestens?
11. In welchem Fall ist es sinnvoll, für die Erwerbsbesteuerung zu optieren?
12. Für wen kommt der innergemeinschaftliche Erwerb neuer Fahrzeuge nach § 1b UStG vor allem in Betracht?
13. Liegt ein innergemeinschaftlicher Erwerb i. S. d. § 1b UStG vor, wenn der Fahrzeuglieferer eine Privatperson ist?
14. Wann liegt ein innergemeinschaftliches Dreiecksgeschäft nach § 25b Abs. 1 UStG vor?

Fälle

FALL 1

Der niederländische Lieferer U versendet mit der Bahn Ware für 10.000 € an den Unternehmer A in Köln, der die Ware für sein Unternehmen verwendet. Die Versendung beginnt am 15.07.2026 in Amsterdam und endet am 17.07.2026 in Köln.
U und A sind Unternehmer mit USt-IdNr.

Liegt ein steuerbarer innergemeinschaftlicher Erwerb vor? Begründen Sie Ihre Antwort.

FALL 2

Der norwegische Lieferer U liefert an den Erwerber A in Hamburg Ware für 15.000 €, die Dänemark im Wege der Durchfuhr berührt. Die Ware wird in Dänemark nicht zum zoll- und umsatzsteuerrechtlich freien Verkehr abgefertigt, sondern weiter in die Bundesrepublik Deutschland gebracht und dort in den zoll- und umsatzsteuerrechtlich freien Verkehr überführt. U und A sind Unternehmer mit USt-IdNr.

Liegt ein steuerbarer innergemeinschaftlicher Erwerb vor? Begründen Sie Ihre Antwort.

FALL 3

Sachverhalt wie im Fall 2 mit dem Unterschied, dass die Ware in Dänemark zoll- und umsatzsteuerrechtlich zum freien Verkehr abgefertigt wird und von dort in die Bundesrepublik Deutschland gelangt.

Liegt ein steuerbarer innergemeinschaftlicher Erwerb vor? Begründen Sie Ihre Antwort.

FALL 4

Unternehmer U, Amsterdam, befördert mit seinem Lkw Blumen nach Köln, um sie dort auf dem Wochenmarkt zu verkaufen. Einen Teil der Blumen verkauft U in Köln. Den Rest nimmt er wieder mit in die Niederlande. U ist Unternehmer mit USt-IdNr.

Liegt ein steuerbarer innergemeinschaftlicher Erwerb vor? Begründen Sie Ihre Antwort.

FALL 5

Der französische Maschinenfabrikant U, Metz, befördert verschiedene Metalle von seinem französischen Hauptsitz in Metz zu seiner deutschen Produktionsstätte nach Saarbrücken. In Deutschland werden diese Metalle im Rahmen des Produktionsprozesses zu Maschinenteilen bzw. zu Maschinen verarbeitet.

Liegt ein steuerbarer innergemeinschaftlicher Erwerb vor? Begründen Sie Ihre Antwort.

FALL 6

Der niederländische Möbelhersteller U, Venlo, befördert einen Teil der in den Niederlanden produzierten Möbel von seinem Hauptsitz in Venlo zu seinem Auslieferungslager nach Aachen, um sie dort an deutsche Möbelhändler zu verkaufen.

Liegt ein steuerbarer innergemeinschaftlicher Erwerb vor? Begründen Sie Ihre Antwort.

FALL 7

Der französische Bauunternehmer U, Straßburg, setzt auf seiner Baustelle in Freiburg (Deutschland) einen Bagger ein, den er zu diesem Zweck von Straßburg nach Freiburg verbringt. Der Bagger wird auf der Baustelle für drei Monate eingesetzt und anschließend wieder nach Straßburg gebracht.

Liegt ein steuerbarer innergemeinschaftlicher Erwerb vor? Begründen Sie Ihre Antwort.

FALL 8

Der Arzt Dr. Christoph Fabel, Flensburg, der nur steuerfreie Umsätze ausführt, kauft im März 2026 in Dänemark ein medizinisches Gerät für 10.000 € netto. Dr. Fabel plant für 2026 innergemeinschaftliche Erwerbe aus anderen EU-Mitgliedstaaten von insgesamt 12.000 €. Im Jahre 2025 hat Dr. Fabel keine Einkäufe aus EU-Mitgliedstaaten getätigt und auch nicht zur Erwerbsbesteuerung nach § 1a Abs. 4 UStG optiert.

Liegt ein steuerbarer innergemeinschaftlicher Erwerb vor? Begründen Sie Ihre Antwort.

FALL 9

Die Berufsbildende Schule Wirtschaft Koblenz, die bisher nur Gegenstände im Inland erworben hat, kauft 2026 für ihr Lehrerzimmer neue Tische und Stühle bei einem französischen Möbelhändler für 10.000 € netto. Es sind keine weiteren Einkäufe aus EU-Mitgliedstaaten geplant. Die Schule hat auch nicht zur Erwerbsbesteuerung nach § 1a Abs. 4 UStG optiert.

Liegt ein steuerbarer innergemeinschaftlicher Erwerb vor? Begründen Sie Ihre Antwort.

FALL 10

Der Arzt Dr. Weiß, Berlin, der nur steuerfreie Umsätze nach § 4 Nr. 14 ausführt, kauft Anfang 2026 ein medizinisches Gerät für 10.000 € netto von dem Unternehmer U in Luxemburg. Dr. Weiß hat zum Zeitpunkt des Kaufs keine USt-IdNr., weil keine weiteren Einkäufe aus EU-Mitgliedstaaten geplant sind. In 2025 tätigte Dr. Weiß keine Erwerbe aus anderen EU-Staaten. Entgegen seiner ursprünglichen Planung erwirbt Dr. Weiß Ende 2026 ein weiteres medizinisches Gerät für 5.000 € netto vom Unternehmer U in Luxemburg.

Liegt ein steuerbarer innergemeinschaftlicher Erwerb vor? Begründen Sie Ihre Antwort.

FALL 11

Sachverhalt wie im Fall 8 mit dem Unterschied, dass Dr. Christoph Fabel für die Erwerbsbesteuerung optiert hat. Dr. Fabel hat für die Option eine USt-IdNr. beantragt und erhalten.

1. Liegt ein steuerbarer innergemeinschaftlicher Erwerb vor? Begründen Sie Ihre Antwort.
2. Ist die Option wirtschaftlich sinnvoll? Begründen Sie Ihre Antwort.

FALL 12

Studienrätin Ute Roth, Kiel, erwirbt 2026 von dem dänischen Autohändler U einen Pkw. Der Preis des Pkws beträgt 18.000 € netto. Der Pkw hat bereits einen Kilometerstand von 5.000. Die Inbetriebnahme des Pkws erfolgte zwei Monate vor dem Verkauf. U verwendet gegenüber Frau Roth seine dänische USt-IdNr.

Liegt ein steuerbarer innergemeinschaftlicher Erwerb vor? Begründen Sie Ihre Antwort.

FALL 13

Wie Fall 12, jedoch beträgt der Kilometerstand 6.500. Die erste Inbetriebnahme erfolgte sieben Monate vor dem Verkauf.

Liegt ein steuerbarer innergemeinschaftlicher Erwerb vor? Begründen Sie Ihre Antwort.

FALL 14

Der selbständige Handelsvertreter Jens Ahrens, Köln, erwirbt 2026 von dem niederländischen Autohändler van Roompot einen Pkw. Der Preis des Pkws beträgt 28.000 € netto. Der Pkw hat bereits einen Kilometerstand von 8.200. Die Inbetriebnahme des Pkws erfolgte sieben Monate vor dem Verkauf. Im Sachverhalt nicht näher beschriebene Tatbestandsvoraussetzungen können als erfüllt unterstellt werden.

Liegt ein steuerbarer innergemeinschaftlicher Erwerb vor? Begründen Sie Ihre Antwort.

FALL 15

Die Maschinenbaufirma A in Paris (Unternehmer mit französischer USt-IdNr.) bestellt am 17.07.2026 eine Maschine bei dem deutschen Großhändler U 2 in Köln (Unternehmer mit deutscher USt-IdNr.). U 2 hat die Maschine nicht vorrätig und bittet den belgischen Produzenten U 1 in Brüssel (Unternehmer mit belgischer USt-IdNr.) die Maschine unmittelbar an A zu liefern. U 1 versendet den Gegenstand am 22.07.2026 an A. Alle drei Unternehmer geben jeweils die USt-IdNr. ihres Landes an.

1. Liegt ein innergemeinschaftliches Reihengeschäft vor?
2. Welcher Unternehmer bewirkt einen innergemeinschaftlichen Erwerb?

A L Weitere Fälle mit Lösungen finden Sie im **Lösungsbuch** der Steuerlehre 1.

Zusammenfassende Erfolgskontrolle zum 1. bis 5. Kapitel

Prüfen Sie, ob folgende Umsätze für den Unternehmer U im Inland **steuerbar** oder **nicht steuerbar** sind. Verwenden Sie dabei die Lösungstabelle von Seite 179 und tragen Sie die **Entgelte** in die beiden letzten Spalten ein. Alle Umsätze erfolgen im Kalenderjahr 2026.

1. Der Lehrer U, der als Fachbuchautor Unternehmer ist, verkauft und übergibt in Koblenz sein privates Fahrrad an einen Schüler für netto 50 €.
2. Die U-OHG betreibt in Bonn eine Lederwarengroßhandlung. Im vergangenen Monat hat ein Gesellschafter der U-OHG aus dem Unternehmen eine Handtasche im Wert von 300 € netto (aktuelle Wiederbeschaffungskosten) unentgeltlich entnommen.
3. Der Sportverein U e. V. in Wiesbaden hat zur Erfüllung seiner satzungsmäßigen Aufgaben Mitgliedsbeiträge in Höhe von 20.000 € netto vereinnahmt.
4. Der Sportverein (Nr. 3) unterhält in Wiesbaden ein Vereinslokal. Der Verein hat in diesem Lokal Getränke und Speisen für 10.000 € netto verkauft.
5. Ein Hotelgast besucht die selbständige Kosmetikerin U des Hotels und bezahlt für die Behandlung brutto 238 €.
6. Der Unternehmer U betreibt in München einen Sportartikelgroß- und -einzelhandel. Der französische Hersteller L versendet mit der Bahn Sportartikel für 20.000 € an U. Beide Unternehmer verwenden die USt-IdNr. ihres Landes.
7. Die Brauerei U, Koblenz, schenkt anlässlich einer Betriebsbesichtigung den Besuchern Freitrunk im Wert von 200 € netto aus.
8. Der Elektrohändler U, Berlin, entnimmt seinem Elektrogeschäft Lampen, die er in sein fremdvermietetes Mehrfamilienhaus in Berlin einbaut. Der Wert der Lampen beträgt 30 € netto.
9. Der französische Lieferer L, Paris, versendet mit der Bahn 50 Damenmäntel an den deutschen Unternehmer U in Koblenz für 5.000 € netto. L und U verwenden die USt-IdNr. ihres Landes.
10. Steuerberater U, Essen, fertigt in seinem Büro während der Geschäftszeit seine Umsatzsteuererklärung an. Einem Mandanten hätte er dafür 80 € netto berechnet.
11. Unternehmer U ist seit 03.07.2025 Eigentümer eines Zweifamilienhauses in Mainz, in dem er eine Wohnung (1. OG) für 3.000 € steuerfrei vermietet und die andere Wohnung (EG) für eigene Wohnzwecke nutzt. Die anteiligen Ausgaben für die privat genutzte Wohnung betragen 1.500 €. U hat das Haus insgesamt seinem Unternehmen zugeordnet.
12. Der norwegische Lieferer U, Oslo, liefert an den Erwerber A in Hamburg Ware, die Dänemark im Wege der Durchfuhr berührt. U und A sind Unternehmer. Die Bemessungsgrundlage beträgt 2.000 €. U liefert unverzollt und unversteuert. A überführt die Ware in den zoll- und steuerrechtlich freien Verkehr und entrichtet die Einfuhrumsatzsteuer.

LF 3

6 Ort des Umsatzes

Steuerbar sind nach § 1 Abs. 1 Nr. 1 und Nr. 5 nur solche Umsätze, die im **Inland** ausgeführt bzw. als ausgeführt behandelt werden.

Zur Feststellung der **Steuerbarkeit** muss deshalb geklärt werden, **wo** der **Ort des Umsatzes** ist. Für den **Ort des Umsatzes** sind folgende Vorschriften zu unterscheiden:

1. **Ort der Lieferungen** (§ 3 Abs. 6 bis 8, § 3c und § 3g)
   - 1.1 Ort der Lieferung bei Beförderung oder Versendung (§ 3 **Abs. 6**)
   - 1.2 Ort der Lieferung in den Sonderfällen der Beförderung oder Versendung (§ 3 **Abs. 8**)
   - 1.3 Ort der Lieferung **ohne** Beförderung oder Versendung (§ 3 **Abs. 7 Satz 1**)
   - 1.4 Ort der Lieferung bei Reihengeschäften (§ 3 Abs. 6 Sätze 5 und 6 i. V. m. § 3 **Abs. 7 Satz 2**)
   - 1.5 Ort der Lieferung bei innergemeinschaftlichen Beförderungs- und Versendungslieferungen an bestimmte Abnehmer (§ **3c**)
   - 1.6 Ort der Lieferung von Gas, Elektrizität, Wärme oder Kälte (§ **3g**)
2. **Ort der sonstigen Leistungen** (§§ 3a und 3b)
   - 2.1 Grundregel des § 3a **Abs. 2** (B2B-Umsätze)
   - 2.2 Grundregel des § 3a **Abs. 1** (B2C-Umsätze)
   - 2.3 Spezialvorschriften des § 3a **Abs. 3 bis 8**
   - 2.4 Spezialvorschriften des § **3b**
3. **Ort des innergemeinschaftlichen Erwerbs** (§ 3d)

In dieser **Reihenfolge** werden die Vorschriften über den Ort des Umsatzes erläutert.

Seit dem 01.01.2020 richtet sich der Ort der **unentgeltlichen Wertabgaben** nach den **allgemeinen Regeln**. Damit ist für die Bestimmung des Ortes des Umsatzes **nicht** mehr zwischen entgeltlich und unentgeltlich **zu unterscheiden**.

6.1 Ort der Lieferung

Die **Ortsbestimmung der Lieferung** entscheidet darüber, ob eine **steuerbare** Lieferung im **Inland** vorliegt oder nicht.

6.1.1 Ort der Lieferung bei Beförderung oder Versendung (§ 3 Abs. 6 UStG)

§ 3 **Abs. 6** und Abs. 7 regelt den **Lieferort** und damit zugleich auch den Zeitpunkt der Lieferung (Abschn. 3.12 Abs. 7 Satz 1 UStAE). Der **Leistungszeitpunkt** spielt eine zentrale Rolle bei der Beantwortung der Frage „Wann **entsteht** die **Umsatzsteuer** für diesen Leistungsaustausch?" (vgl. hierzu auch S. 132 „Prüfungsschema zur Lösung umsatzsteuerlicher Vorgänge" Nr. 6 sowie die S. 340 ff. „Entstehung der Umsatzsteuer und Steuerschuldner").

Durch § 3 **Abs. 6** wird bei **Beförderungs- und Versendungslieferungen** der **Lieferort** durch eine **Fiktion** (Annahme) auf den Ort des **Beginns** der Beförderung oder Versendung verlagert.

§ 3 **Abs. 6 bezweckt**, den **Ort der Beförderungs- und Versendungslieferung vorzuverlegen**.

Abholfälle werden in die **Beförderungs- und Versendungslieferungen** des § 3 **Abs. 6 einbezogen**.

Beförderung

Die Beförderungslieferung **gilt** (Fiktion) **mit Beginn der Beförderung als ausgeführt**. Der **Ort** der Beförderungslieferung ist **dort, wo die Beförderung beginnt** (§ 3 Abs. 6 **Satz 1**).

BEISPIEL

Der Unternehmer U, Kassel, **bringt mit eigenem Lkw** die für 2.000 € netto verkaufte Ware von Kassel zum Abnehmer A nach Göttingen.

Es liegt eine Lieferung **mit** Warenbewegung vor. Der **Lieferer** U **bewegt** die **Ware** selbst **fort (Beförderungslieferung)**.
Ort der Lieferung ist **Kassel**, weil dort die **Beförderung beginnt**. Die **Lieferung** ist nach § 1 Abs. 1 **Nr. 1** i. V. m. § 3 **Abs. 6** im **Inland steuerbar**.

Umsatzart nach § 1 i. V. m. § 3 UStG	Ort des Umsatzes	**nicht** steuerbare Umsätze im Inland €	**steuerbare** Umsätze im Inland €	steuerfreie Umsätze im Inland § 4 UStG €	steuerpflichtige Umsätze im Inland €
Lieferung	**Kassel**	—	2.000		

Versendung

Bei der Versendungslieferung **gilt** (Fiktion) die Lieferung **mit der Übergabe** des Gegenstandes **an den selbständigen Beauftragten** (Frachtführer, Spediteur) **als ausgeführt**. Die Versendung beginnt mit der Übergabe des Gegenstandes an den Beauftragten (§ 3 Abs. 6 **Satz 4**).

Bei der Versendungslieferung ist der **Ort** der Lieferung dort, **wo der Gegenstand an den selbständigen Beauftragten übergeben wird**.

BEISPIEL

Der Unternehmer U übergibt in Münster dem **Spediteur** B Waren für 3.000 € netto mit dem Auftrag, den Transport dieser Waren zum Abnehmer A, Köln, zu besorgen.

Es liegt eine Lieferung **mit** Warenbewegung vor. Der **selbständige Beauftragte** besorgt den Transport der Ware **(Versendungslieferung)**.
Ort der Lieferung ist **Münster**, weil der Gegenstand der Lieferung in Münster dem selbständigen Beauftragten übergeben wird. Die Versendung **beginnt** in **Münster**.
Die **Lieferung** ist nach § 1 Abs. 1 **Nr. 1** i. V. m. § 3 **Abs. 6** im **Inland steuerbar**.

Umsatzart nach § 1 i. V. m. § 3 UStG	Ort des Umsatzes	**nicht** steuerbare Umsätze im Inland €	**steuerbare** Umsätze im Inland €	steuerfreie Umsätze im Inland § 4 UStG €	steuerpflichtige Umsätze im Inland €
Lieferung	**Münster**	—	3.000		

Abholung

Auch der **Abholfall** wird als Lieferung **mit** Warenbewegung behandelt.

Wird der Gegenstand der Lieferung durch den **Abnehmer befördert oder versendet**, **gilt** (Fiktion) die Lieferung dort **als ausgeführt**, **wo die Beförderung oder Versendung beginnt** (§ 3 Abs. 6 **Satz 1**).

BEISPIEL

Der **Käufer** A, Trier, **holt** beim Unternehmer U in Köln die gekaufte Maschine für 10.000 € netto **mit eigenem Lkw ab**.

Es liegt eine Lieferung **mit** Warenbewegung vor. Der **Abnehmer** A **bewegt** die **Ware fort** (**Beförderungslieferung**, sog. Abholfall).
Ort der Lieferung ist **Köln**, weil dort die **Beförderung beginnt**.
Die **Lieferung** ist nach § 1 Abs. 1 **Nr. 1** i. V. m. § 3 **Abs. 6** im **Inland steuerbar**.

Umsatzart nach § 1 i. V. m. § 3 UStG	Ort des Umsatzes	**nicht** steuerbare Umsätze im Inland €	**steuerbare** Umsätze im Inland €	steuerfreie Umsätze im Inland § 4 UStG €	steuerpflichtige Umsätze im Inland €
Lieferung	**Köln**	—	10.000		

MERKE → Der Ort der Lieferung liegt grundsätzlich beim **liefernden Unternehmer**.

Zusammenfassung zu Abschnitt 6.1.1:

ÜBUNG →
1. Wiederholungsfragen 1 bis 4 (Seite 264),
2. Fall 1 (Seiten 265 f.)

6.1.2 Ort der Lieferung in den Sonderfällen der Beförderung oder Versendung (§ 3 Abs. 8 UStG)

Abweichend von § 3 **Abs. 6** (Lieferort bei Beförderung oder Versendung) wird nach § 3 **Abs. 8** der **Ort der Lieferung** in bestimmten Fällen in das **Inland** verlegt.

Der **Ort der Lieferung** liegt nach § 3 **Abs. 8** im **Inland**, wenn folgende **Voraussetzungen** erfüllt sind (vgl. auch Abschn. 3.13 Abs. 1 UStAE):

1. **Lieferung**,
2. **Beförderung** oder **Versendung** (§ 3 **Abs. 6** UStG),
3. aus dem **Drittlandsgebiet**,
4. in das **Inland**,
5. **Lieferer** muss **Schuldner der Einfuhrumsatzsteuer** (**EUSt**) sein (i. d. R. gilt die Lieferkondition **„verzollt und versteuert"**).

BEISPIEL

Der norwegische Unternehmer U, Oslo, hat Waren für netto 5.000 € an den Abnehmer A, Bonn, verkauft. Er befördert die Waren mit seinem Lkw nach Bonn.
U lässt die Waren zum zoll- und steuerrechtlich freien Verkehr abfertigen und entrichtet die deutsche Einfuhrumsatzsteuer. U liefert **„verzollt und versteuert"**.

U tätigt zunächst eine steuerbare Einfuhr (§ 1 Abs. 1 Nr. 4). Der Ort der **Lieferung** liegt im **Inland**, da alle Voraussetzungen des § 3 **Abs. 8** erfüllt sind.

Es liegt ein Sonderfall des § 3 **Abs. 8** vor. Ort der Beförderungslieferung ist für den Unternehmer U das Inland. Die Lieferung ist **steuerbar**, weil alle Voraussetzungen des § 1 Abs. 1 Nr. 1 i. V. m. § 3 **Abs. 8** erfüllt sind
U kann die entstandene **Einfuhrumsatzsteuer** als Vorsteuer abziehen (§ 15 Abs. 1 Nr. 2).

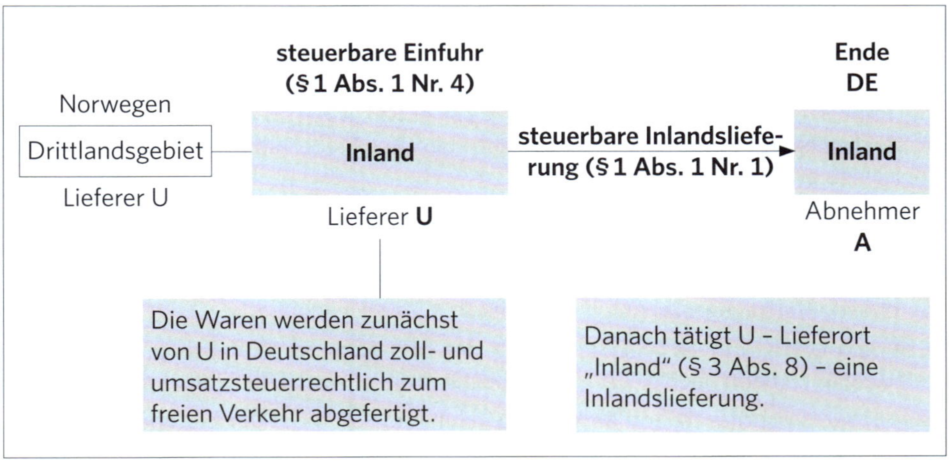

Umsatzart nach § 1 i. V. m. § 3 UStG	Ort des Umsatzes	**nicht** steuerbare Umsätze im Inland €	**steuerbare** Umsätze im Inland €	steuerfreie Umsätze im Inland § 4 UStG €	steuerpflichtige Umsätze im Inland €
Lieferung	**Inland**	—	5.000		

Kein Fall des § 3 **Abs. 8** liegt vor, wenn **eine Voraussetzung des § 3 Abs. 8 fehlt**, **z. B.**, wenn der **Abnehmer** (nicht der Lieferer) **Schuldner der** Einfuhrumsatzsteuer **(EUSt)** ist (Lieferklausel: **„unverzollt und unversteuert"**).

BEISPIEL

Sachverhalt wie im Beispiel zuvor mit dem **Unterschied**, dass der **Abnehmer A Schuldner der Einfuhrumsatzsteuer** ist. U überführt für A die Waren in den zoll- und steuerrechtlich freien Verkehr und entrichtet für A die Einfuhrumsatzsteuer. U liefert **„unverzollt und unversteuert"**.

Es liegt **kein** Sonderfall der Lieferung des § 3 **Abs. 8** vor. **Ort der Lieferung** ist für den Unternehmer U **Oslo** (§ 3 **Abs. 6 Satz 1**). Aus der **Sicht** des liefernden Unternehmers **U** liegt eine Lieferung (Ausfuhr) vor, die jedoch in Norwegen steuerfrei ist.

Für **A** liegt eine **Einfuhr** vor, die nach § 1 Abs. 1 **Nr. 4** in Deutschland **steuerbar** ist.

A kann die entstandene **Einfuhrumsatzsteuer** als **Vorsteuer** abziehen, weil die Gegenstände für sein Unternehmen in das Inland eingeführt worden sind (§ 15 Abs. 1 Satz 1 Nr. 2).

Umsatzart nach § 1 i. V. m. § 3 UStG	Ort des Umsatzes	**nicht** steuerbare Umsätze im Inland €	**steuerbare** Umsätze im Inland €	steuerfreie Umsätze im Inland § 4 UStG €	steuer-pflichtige Umsätze im Inland €
Einfuhr	**Inland**	—	5.000		

Keine Einfuhr liegt vor, wenn die Drittlandsgegenstände, die ins Inland verbracht werden, **keine Besteuerung** auslösen (z. B. Verbringen in ein Zolllager).

Erst mit der **Überführung** in den **zoll- und steuerrechtlich freien Verkehr** wird der Tatbestand der umsatzsteuerrechtlichen **Einfuhr** verwirklicht.

Die Einfuhr von Gegenständen mit einem **Sachwert von höchstens 150 Euro** ist von der Einfuhrumsatzsteuer **befreit**, wenn die Gegenstände unmittelbar für **Fernverkäufe an Nichtunternehmer im Gemeinschaftsgebiet** verwendet werden **und** die Steuer monatlich über einen sog. **Import-One-Stop-Shop** (**IOSS**) nach **§ 18k** erklärt wird (**§ 5 Abs. 1 Nr. 7**). Der IOSS stellt ein **elektronisches Portal** beim Bundeszentralamt für Steuern dar, bei dem die Steuer elektronisch zu erklären ist.

Der BFH hat in 2015 darauf hingewiesen, dass die Vermeidung der Besteuerung im Inland an **enge Voraussetzungen** geknüpft ist. Hier ist stets die Prüfung des Einzelfalles vorzunehmen. Es soll vermieden werden, dass eine **unerlaubte Steuervermeidung** durch z. B. entsprechende Vertragsgestaltung möglich ist bzw. tatsächlich erfolgt.

In seinem Urteil vom 16.06.2015 vertritt der BFH auch die Auffassung, dass der Ort der Lieferung **auch dann** nach § 3 Abs. 8 zu bestimmen ist, wenn die Einfuhr **steuerfrei** ist.

Das Umsatzsteuergesetz enthält **keine** Regelung über den **Ort der Einfuhr**.

ÜBUNG →	1. Wiederholungsfragen 5 bis 8 (Seite 264), 2. Fälle 2 und 3 (Seite 266)

6.1.3 Ort der Lieferung ohne Beförderung oder Versendung (§ 3 Abs. 7 UStG)

Wird der Gegenstand der Lieferung **nicht** befördert oder versendet, ist § 3 **Abs. 7** anzuwenden (Abschn. 3.12 Abs. 6 Satz 1 UStAE). § 3 **Abs. 7** regelt den **Lieferort** und damit zugleich auch den Zeitpunkt der Lieferung (Abschn. 3.12 Abs. 7 Satz 1 UStAE).

Nach § 3 **Abs. 7** sind zwei Fallgruppen zu unterscheiden:

1. Ort der ruhenden Lieferung außerhalb von Reihengeschäften (§ 3 Abs. 7 **Satz 1**) und
2. Ort der ruhenden Lieferung bei Reihengeschäften (§ 3 Abs. 7 **Satz 2**).

Im folgenden Abschnitt wird die **erste** Fallgruppe behandelt.

Der Ort der Lieferung bei **Reihengeschäften** wird im Abschnitt 6.1.4 „Ort der Lieferung bei Reihengeschäften" dargestellt und erläutert, Seiten 230 ff. S 1

Nach § 3 Abs. 7 **Satz 1** wird die Lieferung **dort** ausgeführt, **wo sich der Gegenstand zur Zeit der Verschaffung der Verfügungsmacht befindet**.

Nach Abschn. 3.12 Abs. 6 Satz 2 UStAE gilt § 3 Abs. 7 **Satz 1** insbesondere für Fälle, in denen die Verfügungsmacht z.B.

- durch Vereinbarung eines **Besitzkonstituts** (§ 930 BGB),
- durch Abtretung des **Herausgabeanspruchs** (§ 931 BGB) oder
- durch Übergabe von **Traditionspapieren** (Lagerscheine, Ladescheine, Konnossemente, §§ 444, 475c, 514 f. HGB)

verschafft wird.

BEISPIELE

a) Der Bauunternehmer U in Essen kauft Wertpapiere bei der Bonner Sparkasse für 10.000 €. Die Sparkasse verwahrt die Wertpapiere in ihrem Depot.

b) Durch **Einigung**, dass der Erwerber (U) Eigentümer werden soll, und die **Vereinbarung**, dass der Verkäufer (Sparkasse) Besitzer bleibt, erfolgt die Eigentumsübertragung (**Besitzkonstitut**). Ort der Lieferung ist **Bonn**, weil sich dort die Wertpapiere im Zeitpunkt der Verschaffung der Verfügungsmacht befinden (§ 3 Abs. 7 Satz 1).

c) Der Möbelhändler U in Bochum verkauft einen Wohnzimmerschrank für 8.000 €, den er in einem Lagerhaus in Dortmund eingelagert hat, an den Abnehmer A, Essen. U übergibt A in Bochum den Lagerschein.

d) Durch **Einigung** und **Abtretung** des Herausgabeanspruchs bzw. **Übergabe** eines Traditionspapiers an A erfolgt die Eigentumsübertragung (**Abtretung des Herausgabeanspruchs und Übergabe eines Traditionspapiers**). Ort der Lieferung ist **Dortmund**, weil sich dort der Wohnzimmerschrank im Zeitpunkt der Verschaffung der Verfügungsmacht befindet (§ 3 Abs. 7 Satz 1).

§ 3 Abs. 7 **Satz 1** gilt **auch** für die **Werklieferung**, wenn das **fertige Werk** (z.B. ein Bauwerk) **nicht befördert oder versendet** wird. Wird das fertige Werk hingegen befördert oder versendet (z.B. ein maßgeschneiderter Anzug), ist § 3 Abs. 6 Satz 1 anzuwenden.

BEISPIEL

Der Bauunternehmer U in Berlin lässt sich von dem serbischen Subunternehmer P aus Belgrad in Potsdam einen Rohbau errichten, den P mit **100.000 €** in Rechnung stellt. Das Baumaterial wird von P gestellt. Die Bemessungsgrundlage beträgt 100.000 € (§ 10 Abs. 1).

Der im Ausland ansässige Unternehmer P erbringt im Inland eine steuerbare **Werklieferung** an den Bauunternehmer U (§ 1 Abs. 1 Nr. 1 i.V.m. § 3 Abs. 4).

Ort der Werklieferung ist **Potsdam**, weil sich dort der Rohbau im Zeitpunkt der Verschaffung der Verfügungsmacht befindet (§ 3 Abs. 7 Satz 1). Die Werklieferung ist nach § 1 Abs. 1 Nr. 1 steuerbar und mangels einer Steuerbefreiung (§ 4) auch steuerpflichtig. Die Umsatzsteuer für die Werklieferung des im Ausland ansässigen Unternehmers P schuldet **U als Leistungsempfänger** (§ 13b **Abs. 2 Nr. 1** i. V. m. § 13b **Abs. 5** Satz 1).
U kann die Umsatzsteuer als Vorsteuer abziehen (§ 15 Abs. 1 Satz 1 Nr. 4).

Umsatzart nach § 1 i. V. m. § 3 UStG	Ort des Umsatzes	**nicht** steuerbare Umsätze im Inland €	**steuerbare** Umsätze im Inland €	**steuerfreie** Umsätze im Inland § 4 UStG €	**steuer-pflichtige** Umsätze im Inland €
Werklieferung	**Potsdam**	—	100.000	—	100.000

B 1	Die **buchmäßige Darstellung** des Leistungsempfängers als Steuerschuldner erfolgt in der **Buchführung 1**, 38. Auflage 2026.

Zusammenfassung zu Abschnitt 6.1.1 und 6.1.3:

Lieferungen

Lieferungen **mit** Warenbewegung (§ 3 **Abs. 6** Satz 1 UStG)	Lieferungen **ohne** Warenbewegung (§ 3 **Abs. 7** Satz 1 UStG)
Der Ort der Lieferung liegt bei Beförderungslieferungen oder Versendungslieferungen	Der Ort der Lieferung liegt bei ruhenden Lieferungen (**keine** Beförderung oder Versendung)
dort, wo die Beförderung oder Versendung **beginnt**, d. h. am **Startort**.	dort, wo sich der Gegenstand zur Zeit der Verschaffung der Verfügungsmacht **befindet**.

ÜBUNG →	1. Wiederholungsfrage 9 (Seite 264), 2. Fall 4 (Seite 266)

6.1.4 Ort der Lieferung bei Reihengeschäften (§ 3 Abs. 6a i. V. m. § 3 Abs. 7 Satz 2 UStG)

Für die Bestimmung des **Lieferorts bei Reihengeschäften** ist zunächst die Frage zu beantworten, bei **welcher** Lieferung innerhalb des Reihengeschäfts es sich um eine Lieferung **mit** Warenbewegung handelt.

S 1	Der Begriff des **Reihengeschäfts** wurde bereits im Abschnitt 2.1.1 „Lieferungen" erläutert, Seiten 147 ff.

Von der Beantwortung dieser Frage ist es abhängig, welche Rechtsvorschriften bei der Ortsbestimmung zur Anwendung kommen:

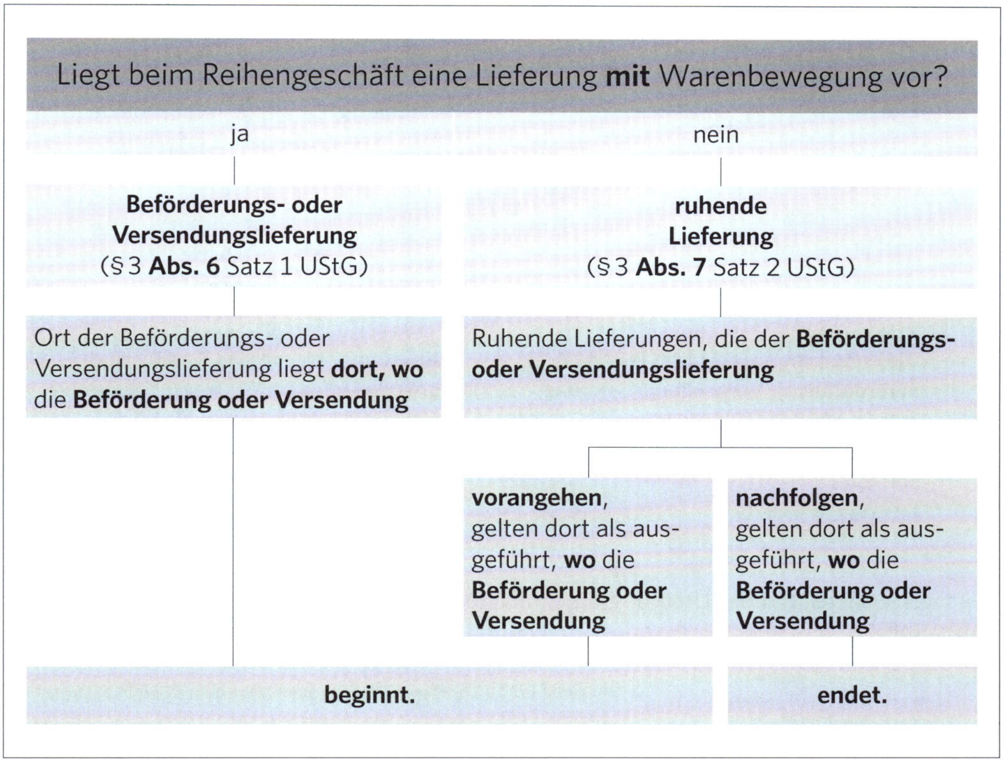

6.1.4.1 Reihengeschäft im Inland

Bei Reihengeschäften kann die **Beförderungs- oder Versendungslieferung** immer nur **einer** Lieferung in der Reihe zugeordnet werden (§ 3 Abs. 6a Satz 1).
Alle **anderen** Lieferungen in der Reihe sind **ruhende Lieferungen**, bei denen der Lieferort nach § 3 **Abs. 7** Satz 2 bestimmt wird.

Die **Beförderungs- oder Versendungslieferung** (Warenbewegung) ist danach der **ersten** Lieferung zuzuordnen, wenn der Gegenstand der Lieferung durch den **ersten** Unternehmer in der Reihe **befördert oder versendet** wird (§ 3 Abs. 6a).

BEISPIEL

(inländisches Reihen- oder Dreiecksgeschäft, Beförderung/Versendung):

Der Abnehmer A in Essen bestellt beim Einzelhändler U 2 in Köln Maschinenteile.
U 2 hat die Teile nicht auf Lager und bestellt sie bei dem Großhändler U 1 in Koblenz.
U 2 beauftragt den Großhändler U 1, die Maschinenteile unmittelbar an A zu **befördern** bzw. zu **versenden**. U 1 führt den Auftrag vereinbarungsgemäß aus.

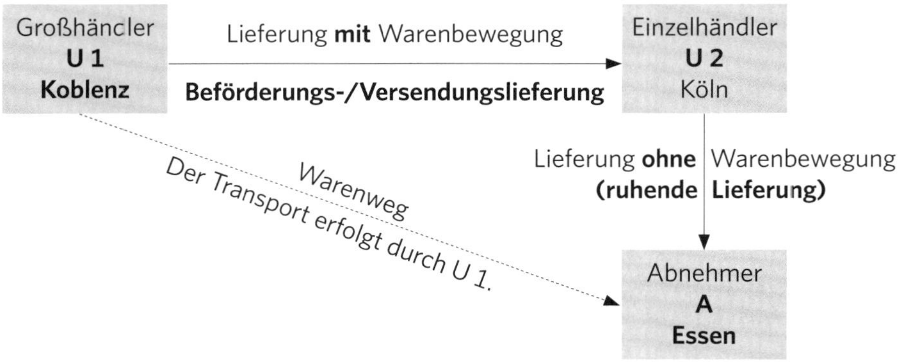

Die **erste** Lieferung (**U 1 an U 2**) ist die **Beförderungs-/Versendungslieferung**, da **U 1** die Maschinenteile **befördert**.
Ort der Lieferung des U 1 ist **Koblenz**, weil dort die Beförderung/Versendung **beginnt** (§ 3 **Abs. 6 Satz 1**).

Die zweite Lieferung (**U 2 an A**) ist die **ruhende Lieferung**, die der Beförderungs-/Versendungslieferung **nachfolgt**.
Ort der Lieferung des U 2 ist **Essen**, weil dort die Beförderung/Versendung **endet** (§ 3 **Abs. 7** Satz 2 **Nr. 2**).

Wird der Gegenstand der Lieferung durch den **letzten Abnehmer** befördert oder versendet (**Abholfall**), ist die Beförderung oder Versendung der **Lieferung an ihn** zuzuordnen (§ 3 Abs. 6a Sätze 3 und 4).

BEISPIEL

(inländisches Dreiecksgeschäft, Abholfall):

Sachverhalt wie im Beispiel zuvor mit dem **Unterschied**, dass der Abnehmer **A** die Maschinenteile direkt beim Lieferer (U 1) mit eigenem Lkw **abholt**.

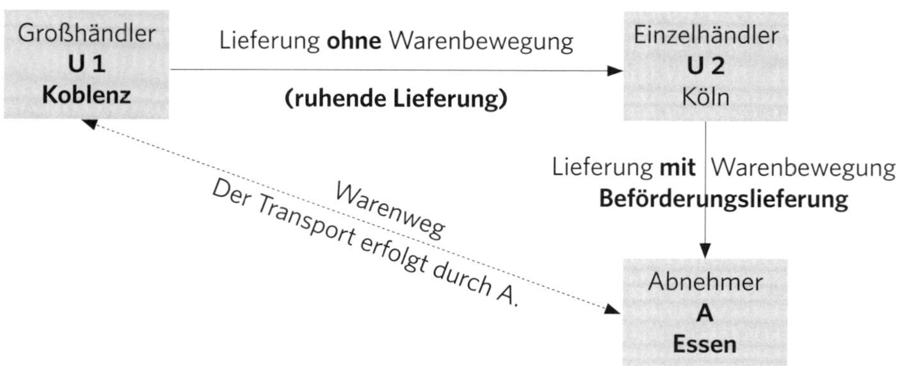

Die erste Lieferung (**U 1 an U 2**) ist die **ruhende Lieferung**, die der Beförderungs-/Versendungslieferung **vorangeht**.
Ort der Lieferung des U 1 ist **Koblenz**, weil dort die Beförderung **beginnt** (§ 3 **Abs. 7** Satz 2 **Nr. 1**).

Die **zweite** Lieferung (**U 2 an A**) ist die **Beförderungs-/Versendungslieferung**, da **A** die Maschinenteile **befördert**.
Ort der Lieferung des **U 2** ist **Koblenz**, weil dort die Beförderung/Versendung **beginnt** (§ 3 **Abs. 6 Satz 1**).

Wird der Gegenstand der Lieferung durch einen Abnehmer befördert oder versendet, der zugleich Lieferer ist (mittlerer Unternehmer, **Zwischenhändler**), ist die Beförderung oder Versendung grundsätzlich der **Lieferung an ihn** zuzuordnen.

Die strenge Trennung zwischen der Lieferung **mit** Warenbewegung (Beförderungs- oder Versendungslieferung) und der Lieferung **ohne** Warenbewegung (ruhende Lieferung) gilt auch bei Reihengeschäften mit **mehr als zwei** Lieferungen (**Mehrecksgeschäfte**).

BEISPIEL

(inländisches Mehrecksgeschäft):

Der Abnehmer A in Essen bestellt beim Einzelhändler U 3 in Köln Maschinenteile, die dieser beim Großhändler U 2 in Bonn und U 2 wiederum beim Hersteller U 1 in Koblenz bestellt. U 1 befördert die Teile vereinbarungsgemäß von Koblenz direkt zu A nach Essen.

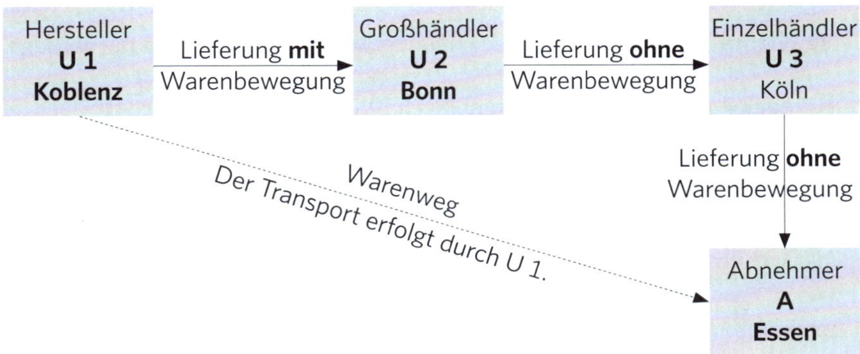

Die erste Lieferung (**U 1 an U 2**) ist die **Beförderungslieferung**, da U 1 als **erster** Unternehmer die Maschinenteile befördert.

Ort der Lieferung ist dort, wo die Beförderung **beginnt**, also in **Koblenz** (§ 3 Abs. 6 **Satz 1**).

Die zweite Lieferung (**U 2 an U 3**) und die dritte Lieferung (**U 3 an A**) sind **ruhende Lieferungen**, die der Beförderungslieferung **nachfolgen**.
Sie gelten dort als ausgeführt, wo die Beförderung **endet**, also in **Essen** (§ 3 Abs. 7 Satz 2 **Nr. 2**).
Ort der Lieferung ist für **beide** Lieferungen **Essen** (Ende der Beförderung, Abschnitt 3.14 Abs. 6 Satz 2 UStAE).

Alle drei Lieferungen sind in der Bundesrepublik Deutschland **steuerbar**, da der **Ort der Lieferung** im **Inland** liegt und die übrigen Voraussetzungen für die Steuerbarkeit nach § 1 Abs. 1 Nr. 1 erfüllt sind.

ÜBUNG →
1. Wiederholungsfragen 10 und 11 (Seite 264),
2. Fälle 5 bis 7 (Seite 267)

6.1.4.2 Innergemeinschaftliches Dreiecksgeschäft

§ 25b ist eine **Vereinfachungsregelung** für das **innergemeinschaftliche Dreiecksgeschäft** als Sonderform des Reihengeschäfts.

Ein **innergemeinschaftliches Dreiecksgeschäft** liegt nach **§ 25b** Abs. 1 vor, wenn

1. **drei Unternehmer** über denselben Gegenstand Umsatzgeschäfte abschließen und dieser Gegenstand **unmittelbar** vom **ersten** Lieferer an den **letzten** Abnehmer gelangt,
2. die Unternehmer in jeweils verschiedenen Mitgliedstaaten für Zwecke der Umsatzsteuer erfasst sind (**Unternehmer mit USt-IdNr.**),
3. der Gegenstand der Lieferung aus dem Gebiet **eines** Mitgliedstaates in das Gebiet **eines anderen** Mitgliedstaates gelangt **und**
4. der Gegenstand der Lieferung durch den **ersten** Lieferer (U 1) oder den **ersten** Abnehmer (U 2) befördert oder versendet wird, d.h. **kein Abholfall vorliegt.**

Die **Ortsregelung** bei einem **innergemeinschaftlichen Dreiecksgeschäft** nach **§ 25b** wird wie folgt bestimmt:

1. der **Ort der Lieferung** bestimmt sich nach § 3 **Abs. 6** und **Abs. 7** Satz 2 und
2. der **Ort des innergemeinschaftlichen Erwerbs** nach § 3d Satz 1 und Satz 2.

Sind bestimmte in **§ 25b** aufgeführte Bedingungen (siehe Abschn. 25b.1 UStAE) erfüllt, bedeutet dies:

1. Die **Lieferung des ersten Unternehmers** in der Reihe (**erster Lieferer**) ist grundsätzlich eine **steuerfreie innergemeinschaftliche Lieferung** in dem EU-Staat, in dem die Beförderung oder Versendung **beginnt** (§ 3 Abs. 6 Satz 1).
2. Der **mittlere Unternehmer** hat einen **innergemeinschaftlichen** Erwerb im Bestimmungsmitgliedstaat der Besteuerung zu unterwerfen, dort wo die Beförderung oder Versendung **endet** (§ 3d Satz 1).
   Die **Lieferung** des **zweiten Unternehmers** in der Reihe (**des mittleren Unternehmers**) ist im Bestimmungsmitgliedstaat eine steuerbare und steuerpflichtige **inländische Lieferung**.
   Die **Vereinfachung** besteht darin, dass der **innergemeinschaftliche Erwerb als besteuert** gilt, wenn die Voraussetzungen des § 25b **Abs. 2** erfüllt sind (§ 25b Abs. 3). Der mittlere Unternehmer darf deshalb keine Rechnung mit gesondertem Steuerausweis erteilen (§ 14a Abs. 7). Er muss in seiner Rechnung auf das Vorliegen eines innergemeinschaftlichen Dreiecksgeschäfts und die Steuerschuld des letzten Abnehmers hinweisen (§ 14a Abs. 7).
3. Der **letzte** (dritte) Unternehmer (**Abnehmer**) **schuldet** die **Umsatzsteuer** (§ 13a Abs. 1 Nr. 5) **und** ist für die zweite Lieferung zum **Vorsteuerabzug berechtigt** (§ 25b Abs. 5).

MERKE →	**§ 25b** verlagert die **Steuerschuld** auf den **letzten Abnehmer.**

BEISPIEL 1

(deutscher Unternehmer am Ende der Lieferkette):

Der **deutsche** Unternehmer A in Essen bestellt beim **belgischen** Großhändler U 2 in Brüssel eine Maschine.
U 2 hat die Maschine nicht vorrätig und bestellt sie bei dem **französischen** Hersteller U 1 in Paris. U 1 lässt die Maschine durch einen Transportunternehmer nach Weisung des U 2 unmittelbar an A befördern. Alle Beteiligten treten unter der **USt-IdNr. ihres Landes** auf. Die Voraussetzungen des § 25b Abs. 2 liegen vor.

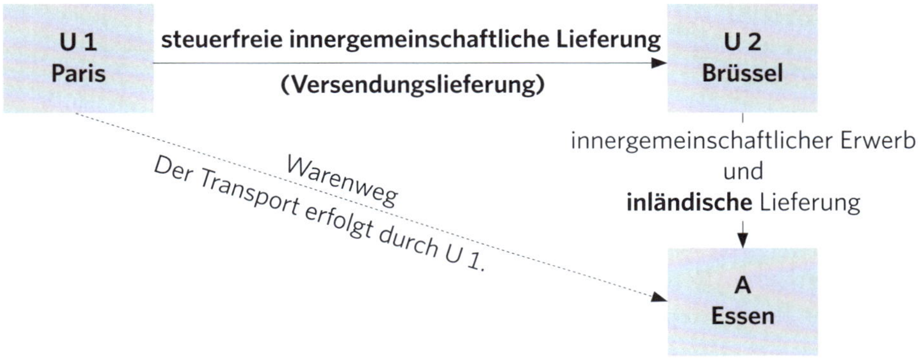

Die **erste Lieferung** des **U 1 an U 2** ist eine Lieferung **mit** Warenbewegung (**Versendungslieferung**).
Ort der Lieferung ist **Paris**, weil dort die Versendung **beginnt** (§ 3 Abs. 6 **Satz 1**).

Die **Lieferung** ist nach französischem Umsatzsteuerrecht **steuerfrei**.
U 2 bewirkt einen **innergemeinschaftlichen Erwerb** in Deutschland (§ 3d **Satz 1**). Da die Voraussetzungen des § 25b **Abs. 2** vorliegen, **gilt** der innergemeinschaftliche Erwerb in Deutschland als **besteuert** (§ 25b **Abs. 3**).

Die **zweite Lieferung** des **U 2 an A** ist die **ruhende Lieferung**, die der Versendungslieferung **nachfolgt**.
Ort der Lieferung des U 2 ist **Essen**, weil dort die Versendung **endet** (§ 3 Abs. 7 Satz 2 Nr. 2).
Die **Lieferung** des **U 2** an A ist in Deutschland steuerbar und mangels einer Steuerbefreiung auch **steuerpflichtig**.

Steuerschuldner ist jedoch **A**, weil die Voraussetzungen des § 25b Abs. 1 und Abs. 2 vorliegen.
A ist berechtigt, die geschuldete Steuer (USt) als **Vorsteuer abzuziehen** (§ 25b **Abs. 5**).

Abnehmer A hat die **Umsatzsteuer** und die **Vorsteuer** in Höhe von angenommenen 1.500 € in seiner **Umsatzsteuer-Voranmeldung 2026** wie folgt einzutragen:

	Abziehbare Vorsteuerbeträge	Kz	
38	Vorsteuerbeträge aus innergemeinschaftlichen Dreiecksgeschäften (§ 25b Abs. 5 UStG)	66	**1.500,00**
	Andere Steuerbeträge		
46			
47	Steuerbeträge, die nach § 25b Abs. 2 UStG geschuldet werden	69	**1.500,00**

BEISPIEL 2

(deutscher Unternehmer in der Mitte der Lieferkette):

Der **spanische** Unternehmer A in Madrid mit der USt-IdNr. ES 123456789 bestellt bei dem **deutschen** Großhändler **U 2** in Köln eine Maschine. Dieser lässt die Maschine von dem **französischen** Unternehmer U 1 in Paris fertigen und durch einen Frachtführer direkt an A nach Madrid befördern. U 2 stellt A **250.000 €** in Rechnung. Die Voraussetzungen des § 25b Abs. 2 liegen vor. Alle Beteiligten treten unter der USt-IdNr. ihres Landes auf.

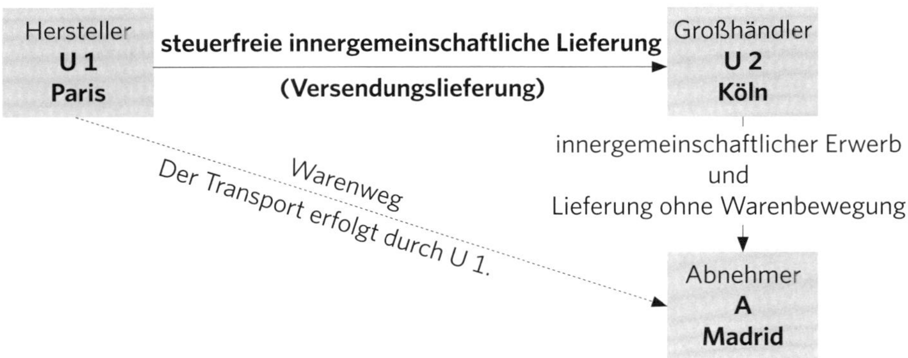

Die **erste Lieferung** des **U 1 an U 2** ist eine Lieferung **mit** Warenbewegung **(Versendungslieferung)**.

Ort der Lieferung des U 1 ist **Paris**, weil dort die Versendung **beginnt** (§ 3 Abs. 6 **Satz 1**).

Die **Lieferung** ist als innergemeinschaftliche Lieferung nach französischem Umsatzsteuerrecht **steuerfrei**.

U 2 bewirkt einen innergemeinschaftlichen Erwerb in Spanien, weil der Gegenstand bei der Lieferung an ihn in einen anderen EU-Mitgliedstaat (nach Spanien) gelangt ist (§ 3d **Satz 1**).

Da die Voraussetzungen des § 25b **Abs. 1** und **Abs. 2** vorliegen, gilt der innergemeinschaftliche Erwerb in Spanien als besteuert.

Die **zweite Lieferung** des **U 2 an A** ist eine Lieferung **ohne** Warenbewegung **(ruhende Lieferung)**.

Ort der Lieferung des U 2 ist **Madrid**, da sie der Versendungslieferung **nachfolgt** und dort die Versendung **endet** (§ 3 Abs. 7 Satz 2 **Nr. 2**).

Steuerschuldner ist jedoch **A**, weil die Voraussetzungen des § 25b Abs. 1 und Abs. 2 vorliegen.

A ist **berechtigt**, die nach § 25b Abs. 2 geschuldete Steuer als **Vorsteuer abzuziehen** (§ 25b **Abs. 5**).

Der **deutsche** Unternehmer **U 2** (erster Abnehmer, mittlerer Unternehmer) hat in seiner **Umsatzsteuer-Voranmeldung 2026** in **Zeile 33** (Kennzahl **42**) folgende Eintragung vorzunehmen:

33	Lieferungen des ersten Abnehmers bei **innergemeinschaftlichen Dreiecksgeschäften** (§ 25b UStG)	**42**	250.000		

Der **deutsche** Unternehmer **U 2** muss außerdem in seiner **„Zusammenfassenden Meldung"** Folgendes eintragen (§ 18a Abs. 7):

	1		2		3
Zeile	Länder-Kennzeichen	**USt-IdNr.** des Erwerbers/Unternehmers in einem anderen Mitgliedstaat	Summe der Bemessungsgrundlagen volle Euro	Ct	Sonstige Leistungen (falls JA, bitte „1" eintragen) Dreiecksgeschäfte (falls JA, bitte „2" eintragen)
1	**ES**	**123456789**	**250.000**	**-**	**2**

Kein innergemeinschaftliches Dreiecksgeschäft liegt vor, wenn der **letzte** Abnehmer die Ware **befördert oder versendet** (**Abholfall**). Hierbei ist die Beförderungs- oder Versendungslieferung der Lieferung an den **letzten** Abnehmer zuzuordnen (§ 3 Abs. 6a **Satz 3**).

Dies gilt nach den Zuordnungsregeln des § 3 Abs. 6a **auch** dann, wenn der **mittlere** Unternehmer (**Zwischenhändler**) die Beförderung oder Versendung übernimmt oder veranlasst und dabei eine **USt-IdNr.** verwendet, die ihm aus dem **Mitgliedstaat** ausgestellt wurde, in dem die Beförderung bzw. Versendung **beginnt** (§ 3 Abs. 6a Satz 5).

BEISPIEL

Ausgangssituation wie in Beispiel 2 mit dem Unterschied, dass U 2 bei der Bestellung bei U 1 mit seiner **französischen** USt-IdNr. FR 123456789 auftritt.

Durch die Verwendung der **französischen** USt-IdNr. ist die Warenbewegung der Lieferung **an** den Abnehmer **A zuzuordnen**.

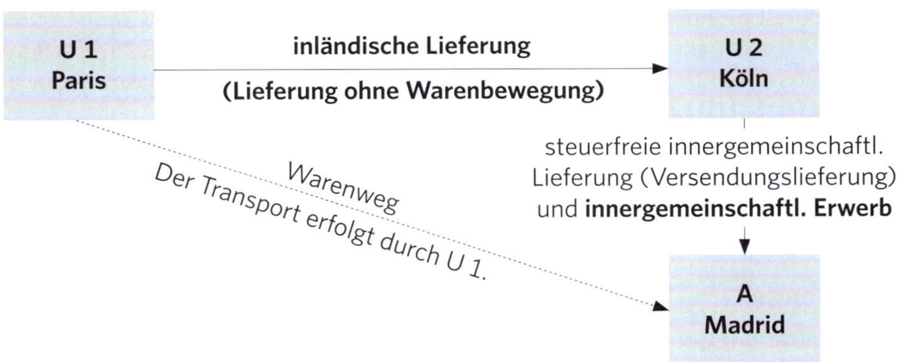

Die **erste Lieferung** des **U 1 an U 2** ist eine Lieferung **ohne** Warenbewegung **(ruhende Lieferung)**.
Ort der Lieferung ist **Paris**, weil dort die Versendung **beginnt**.
Die **Lieferung** ist nach französischem Umsatzsteuerrecht **steuerbar**.
U 2 ist berechtigt, die geschuldete Steuer (USt) als **Vorsteuer** in Frankreich **abzuziehen**.

Die **zweite Lieferung** des **U 2 an A** ist eine Lieferung **mit** Warenbewegung **(§ 3 Abs. 6a Satz 5)**
Ort der Lieferung des U 2 ist **Essen**, weil dort die Versendung **beginnt** (§ 3 Abs. 6 Satz 2 Nr. 2).
Die **Lieferung** ist als innergemeinschaftliche Lieferung **steuerfrei**.

Für A liegt ein innergemeinschaftlicher Erwerb vor.

ÜBUNG →
1. Wiederholungsfragen 12 bis 14 (Seite 264),
2. Fall 8 (Seite 267)

6.1.5 Ort der Lieferung beim Fernverkauf (§ 3c UStG)

Abweichend von den Vorschriften des **§ 3 Abs. 6 bis 8** gibt es nach **§ 3c** eine **Spezialvorschrift für innergemeinschaftliche Beförderungs- und Versendungslieferungen an bestimmte Abnehmer** (**innergemeinschaftlicher Fernverkauf**). Diese Vorschrift gilt **vor allem für** den **Versandhandel**, sie beschränkt sich allerdings nicht nur auf typische Versandhandelsumsätze.

§ 3c erfasst bestimmte **grenzüberschreitende Beförderungen und Versendungen** innerhalb des **Gemeinschaftsgebiets** an **Privatpersonen oder Halbunternehmer** und verlagert den Ort der Lieferung in den **Bestimmungsmitgliedstaat**.

Die **Spezialvorschrift des § 3c** hat **Vorrang** vor den allgemeinen Bestimmungen des **§ 3 Abs. 6 bis 8** (§ 3 Abs. 5a). Das bedeutet, dass **zunächst zu prüfen** ist, **ob** die Spezialvorschrift des **§ 3c zutrifft**. Trifft sie **nicht** zu, ist der **Ort der Lieferung** nach den Vorschriften des **§ 3 Abs. 6 bis 8** zu bestimmen.

Bei der Verlagerung des Leistungsorts beim innergemeinschaftlichen Fernverkauf in das übrige Gemeinschaftsgebiet muss sich der leistende Unternehmer für diese Umsätze **nicht** in den jeweiligen Mitgliedstaaten registrieren lassen. Er kann seinen Besteuerungsverpflichtungen über eine einzige **nationale elektronische Anlaufstelle** (sog. **One-Stop-Shop, OSS**) nachkommen (§ 18j). Dies erfolgt über eine **Meldung an das Bundeszentralamt für Steuern** als deutscher OSS (**Abschn. 18j.1 UStAE**).

Neben dieser **EU-Regelung** gilt für nicht im Gemeinschaftsgebiet ansässige Unternehmer der OSS gem. § 18i als **Nicht-EU-Verfahren**. Für Fernverkäufe von aus dem **Drittlandsgebiet eingeführten Gegenständen** in Sendungen mit einem Sachwert bis **150 Euro** besteht ein Import-One-Stop-Shop (IOSS) gem. § 18k. Für die einzelnen One-Stop-Shops können sich die betroffenen Unternehmer beim Bundeszentralamt für Steuern (BZSt) **registrieren**. Einzelheiten und Beispiele enthalten das BMF-Schreiben vom 01.04.2021 sowie der umfangreich angepasste UStAE.

6.1.5.1 Ort der Lieferung

Nach **§ 3c** liegt der **Ort der Lieferung** beim innergemeinschaftlichen Fernverkauf im **Bestimmungsmitgliedstaat**, wenn folgende **Voraussetzungen** erfüllt sind:

1. **Lieferung**,
2. **Beförderung** oder **Versendung** (§ 3 **Abs. 6 UStG**),
3. **aus** dem Gebiet eines **Mitgliedstaates**
4. **in** das Gebiet eines **anderen Mitgliedstaates (Bestimmungsmitgliedstaat)**,
5. **Abnehmer**:
    1. **Nichtunternehmer (Privatpersonen) oder**
    2. **Halbunternehmer**, welche die **Erwerbsschwelle nicht überschritten und** auch **nicht** für die Erwerbsbesteuerung **optiert** haben.
6. **Umsatzschwelle wird** durch den liefernden Unternehmer **überschritten oder Lieferer** optiert für die Besteuerung im Bestimmungsland.

6.1.5.2 Abnehmerkreis

Voraussetzung für die Anwendung des **§ 3c** ist u.a., dass die Ware an einen in § 3c **Abs. 1 Satz 3** bestimmten **Erwerberkreis** geliefert wird.

Zu dem **Erwerberkreis** nach § 3c Abs. 1 Satz 3 gehören

1. **Nichtunternehmer (Privatpersonen)** und
2. **Halbunternehmer,**

die einen **innergemeinschaftlichen Erwerb nicht zu versteuern** haben (Abschn. 3c.1 Abs. 2 Satz 3 UStAE).

6.1.5.2.1 Nichtunternehmer (Privatpersonen)

Erwerber, die zu den in § 3a Abs. 5 Satz 1 genannten Empfängern gehören, sind Nichtunternehmer und damit insbesondere **Privatpersonen** (§ 3c Abs. 1 Satz 3).

BEISPIEL

Der **deutsche** Elektronikhändler U mit USt-IdNr. in Freiburg befördert am 17. Mai 2026 mit eigenem Lkw ein Fernsehgerät für 500 € netto an den **Privatmann P** in Straßburg **(Frankreich)**. Die **Umsatzschwelle** (10.000 €) des U ist **überschritten**.

Ort der innergemeinschaftlichen Beförderungslieferung ist nach § 3c Abs. 1 Satz 1 **Straßburg**, weil dort die Beförderung **endet (Bestimmungsmitgliedstaat)**.

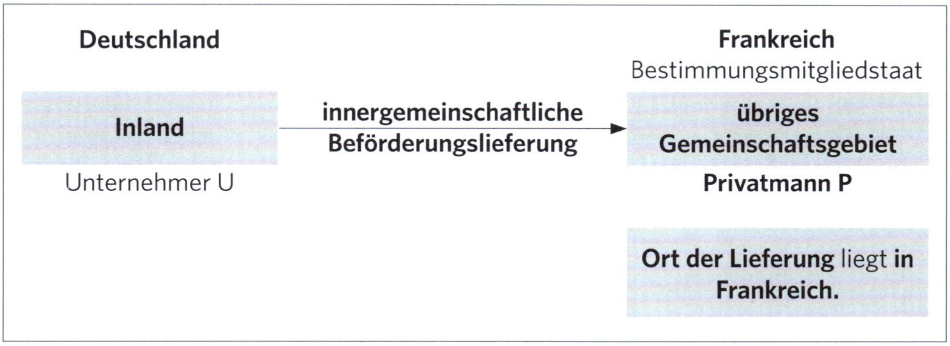

Die **Lieferung** ist für U im **Inland nicht steuerbar**, weil das Merkmal **Inland** fehlt.
Die **Lieferung** ist für U in **Frankreich (Bestimmungsmitgliedstaat) steuerbar**.
U kann das besondere Besteuerungsverfahren über den **OSS** gem. **§ 18j** (EU-Regelung) wählen und somit die Agabe einer Umsatzsteuervoranmeldung in Frankreich vermeiden.

Umsatzart nach § 1 i.V.m. § 3 UStG	Ort des Umsatzes	**nicht** steuerbare Umsätze im Inland €	**steuerbare** Umsätze im Inland €	steuerfreie Umsätze im Inland § 4 UStG €	steuerpflichtige Umsätze im Inland €
Lieferung	**Straßburg**	500	—	—	—

Bei Lieferungen **verbrauchsteuerpflichtiger Waren** (Mineralöle, alkoholische Getränke sowie Tabakwaren) an **Privatpersonen** ist der **Ort der Lieferung** immer im **Bestimmungsmitgliedstaat** (§ 3c Abs. 5 Satz 2; Abschn. 3c.1 Abs. 5 UStAE). Für die Lieferung **neuer Fahrzeuge** an Privatpersonen gilt **§ 3c ebenfalls nicht** (§ 3c Abs. 5).

Zusammenfassung zu Abschnitt 6.1.5.2.1:

Unternehmer mit USt-IdNr.

befördert oder versendet
aus einem EU-Mitgliedstaat

neue Fahrzeuge | verbrauchsteuerpflichtige Waren | sonstige Gegenstände

an

Privatpersonen in einem anderen EU-Mitgliedstaat

Umsatzschwelle (bei sonstigen Gegenständen)

überschritten/optiert | **nicht** überschritten/**nicht** optiert

Ort der Lieferung liegt am **Ende** der innergemeinschaftlichen Beförderung oder Versendung (im **Bestimmungsmitgliedstaat**) (§ 3 Abs. 1 und § 3d Satz 1 UStG).

Ort der Lieferung liegt am **Anfang** der innergemeinschaftlichen Beförderung oder Versendung **(im Ursprungsland)** (§ 3 **Abs. 6** UStG).

Beispiel:
Die Bischöflichen Weingüter Trier mit USt-IdNr. versenden eine Kiste Wein (verbrauchsteuerpflichtige Waren) für 108 € an den Pfarrer i. R. Hans Schneider in Luxemburg.
Ort der Lieferung für die innergemeinschaftliche Versendung ist **Luxemburg** (§ 3c Abs. 1 Satz 1 UStG).

6.1.5.2.2 Halbunternehmer

Für **Halbunternehmer** wird weiter vorausgesetzt, dass sie die **Erwerbsschwelle nicht überschritten und** auch **nicht für die Erwerbsbesteuerung optiert** haben (§ 3c Abs. 1 Satz 3).

Für Versandumsätze in das **Inland** beträgt die **Erwerbsschwelle** (§ 1a Abs. 3 Nr. 2)

12.500 Euro.

Für Versandumsätze in das **übrige Gemeinschaftsgebiet** ist die **Erwerbsschwelle** des jeweiligen **Mitgliedstaates** maßgebend (vgl. **Anhang 3** diese Buches; Abschn. 3.18 Abs. 4 Satz 7 UStAE).

BEISPIEL

Der **deutsche** Unternehmer U, Freiburg, befördert im Mai 2026 mit eigenem Lkw ein medizinisches Gerät für 1.000 € netto an die **Ärztin** Dr. Barbara Fabel, Straßburg. Frau Dr. Fabel hat die französische **Erwerbsschwelle** von 10.000 € **nicht überschritten** und auch **nicht** für die Erwerbsbesteuerung **optiert**. Die Umsatzschwelle des U (10.000 €) ist **überschritten**.

Ort der innergemeinschaftlichen Beförderungslieferung ist nach § 3c Abs. 1 Satz 1 **Straßburg**, weil dort die Beförderung **endet (Bestimmungsmitgliedstaat)**.

Deutschland

Inland

Unternehmer U

innergemeinschaftliche Beförderungslieferung →

Frankreich

Bestimmungsmitgliedstaat

übriges Gemeinschaftsgebiet

Halbunternehmer

Ort der Lieferung liegt in **Frankreich.**

Die **Lieferung** ist für U im **Inland nicht steuerbar**, weil das Merkmal **Inland** fehlt.
Die **Lieferung** ist für U in **Frankreich (Bestimmungsmitgliedstaat) steuerbar**.

U kann das besondere Besteuerungsverfahren über den **OSS** gem. **§ 18j** (EU-Regelung) wählen und somit die Agabe einer Umsatzsteuervoranmeldung in Frankreich vermeiden.

Umsatzart nach § 1 i. V. m. § 3 UStG	Ort des Umsatzes	**nicht** steuerbare Umsätze im Inland €	**steuerbare** Umsätze im Inland €	steuerfreie Umsätze im Inland § 4 UStG €	steuerpflichtige Umsätze im Inland €
Lieferung	**Straßburg**	1.000	—	—	—

MERKE → Wird bei einem **Halbunternehmer** die **Erwerbsschwelle nicht überschritten** und hat er auch **nicht** für die Erwerbsbesteuerung **optiert**, wird er **wie** eine **Privatperson** behandelt.

Bei der Beförderung oder Versendung **verbrauchsteuerpflichtiger Waren an Halbunternehmer** kommt **§ 3c nicht** zur Anwendung (§ 3c Abs. 5). In diesen Fällen gelten für den Ort der Lieferung die **allgemeinen** Vorschriften des **§ 3 Abs. 6 bis 8**.

Überschreiten Halbunternehmer die **Erwerbsschwelle**, kommt § 3c **nicht** zur Anwendung. Es gilt das Bestimmungslandprinzip (§ 1a Abs. 1 und Abs. 3 i.V.m. § 3d).

In diesen Fällen werden die **Halbunternehmer wie Unternehmer** behandelt.

ÜBUNG →	1. Wiederholungsfragen 15 bis 19 (Seite 264), 2. Fall 9 (Seite 268)

6.1.5.3 Umsatzschwelle

Eine weitere Voraussetzung für die Anwendung des § 3c ist, dass der **leistende** Unternehmer die **Umsatzschwelle im vorangegangenen** Kalenderjahr überschritten hat **und im laufenden** Kalenderjahr **überschreiten wird** (§ 3c Abs. 4).

In die Umsatzschwelle werden nicht nur die innergemeinschaftlichen Fernverkäufe, sondern **auch** die sonstigen Leistungen nach § 3a Abs. 5 (Telekommunikations-, Rundfunk- und Fernsehdienstleistungen sowie elektronisch erbrachte Dienstleisungen, **TRFE-Leistungen**) einbezogen.

Nach §3c Abs. 4 beträgt die **Umsatzschwelle**

10.000 Euro.

BEISPIEL

Der **belgische** Elektronikhändler U, Brüssel, liefert im April 2026 mit **eigenem Lkw** an den **Privatmann P**, Trier, eine Elektronikanlage zum Nettopreis von 2.500 €. U hat 2025 und 2026 die **Umsatzschwelle** von 10.000 € **überschritten**.

Die Lieferung ist für U im Inland **steuerbar** (§ 1 Abs. 1 **Nr. 1** i.V.m. **§ 3c**).

Umsatzart nach § 1 i.V.m. § 3 UStG	Ort des Umsatzes	**nicht** steuerbare Umsätze im Inland €	**steuerbare** Umsätze im Inland €	steuerfreie Umsätze im Inland § 4 UStG €	steuerpflichtige Umsätze im Inland €
Lieferung	**Trier**	—	2.500		

Wird die **Umsatzschwelle nicht überschritten**, ist **§ 3c** i.d.R. **nicht anzuwenden**. In diesem Falle ist der **Ort der Lieferung** nach den **allgemeinen** Vorschriften des § 3 **Abs. 6 bis 8** zu bestimmen (§ 3 Abs. 5a).

BEISPIEL

Sachverhalt wie im Beispiel zuvor mit dem **Unterschied**, dass U die **Umsatzschwelle** in Höhe von 10.000 € **2025 nicht überschritten** hat und **2026 auch nicht** überschreiten wird.

Ort der Lieferung ist **Brüssel** (§ 3 **Abs. 6** Satz 1). Die Lieferung ist für U in **Belgien (Ursprungsmitgliedstaat) steuerbar**.

Im **Inland** ist die Lieferung für U **nicht steuerbar**, weil die Voraussetzungen des § 1 Abs. 1 Nr. 1 **nicht** erfüllt sind (Merkmal **Inland** fehlt).

Umsatzart nach § 1 i. V. m. § 3 UStG	Ort des Umsatzes	**nicht** steuerbare Umsätze im Inland €	**steuerbare** Umsätze im Inland €	steuerfreie Umsätze im Inland § 4 UStG €	steuerpflichtige Umsätze im Inland €
Lieferung	**Brüssel**	2.500	—	—	—

Wird bei Versandumsätzen eines **deutschen** Unternehmers an den Abnehmerkreis im Sinne des § 3c **Abs. 2 (Privatpersonen und Halbunternehmer)** in einem **anderen EU-Mitgliedstaat** die **Umsatzschwelle überschritten**, ist der **Ort der Lieferung** im jeweiligen **Bestimmungsmitgliedstaat**.

BEISPIEL

Der **deutsche** Unternehmer U, Freiburg, liefert im Mai 2026 für 3.000 € netto einen Computer mit eigenem Lkw an den **französischen Privatmann P**, Straßburg.
U hat 2025 und 2026 die **Umsatzschwelle** von 10.000 € **überschritten**.

Ort der Lieferung ist Straßburg (§ 3c Abs. 1 Satz 1). Die Lieferung ist für U in **Frankreich (Bestimmungsmitgliedstaat) steuerbar**, weil dort die Beförderung **endet**.
Im **Inland** ist die Lieferung für U **nicht steuerbar**, weil das Merkmal **Inland** fehlt.

Umsatzart nach § 1 i. V. m. § 3 UStG	Ort des Umsatzes	**nicht** steuerbare Umsätze im Inland €	**steuerbare** Umsätze im Inland €	steuerfreie Umsätze im Inland § 4 UStG €	steuerpflichtige Umsätze im Inland €
Lieferung	**Straßburg**	3.000	—	—	—

ÜBUNG →
1. Wiederholungsfragen 20 und 21 (Seite 264),
2. Fall 10 (Seite 268)

6.1.5.4 Option nach § 3c Abs. 4 UStG

Wird die maßgebende **Umsatzschwelle nicht überschritten**, hat der **Lieferer** nach § 3c Abs. 4 die Möglichkeit, auf die Anwendung der Umsatzschwelle zu verzichten, d.h., er **kann für** die Besteuerung im **Bestimmungsland optieren**.

Bei einer **Option**, die den Lieferer für **mindestens zwei Kalenderjahre bindet**, gilt die Lieferung am **Ende** der Beförderung oder Versendung als **ausgeführt**.

BEISPIEL

Der **französische** Buchhändler U, Straßburg, versendet im April 2026 per Post Bücher an die **Privatperson P**, Freiburg, für 7.000 € netto. **U** hat 2025 die **Umsatzschwelle nicht überschritten** und wird sie **2026** auch **nicht überschreiten**.
U verzichtet 2026 nach § 3c Abs. 4 auf die Anwendung der Umsatzschwelle, d.h., er **optiert für** die Besteuerung im **Bestimmungsland**.

Ort der Lieferung ist **Freiburg**. Die Lieferung ist für U in **Deutschland** (**Bestimmungsmitgliedstaat**) **steuerbar**, weil alle Tatbestandsmerkmale des § 1 Abs. 1 **Nr. 1** i.V.m. **§ 3c Abs. 4** erfüllt sind.

Umsatzart nach § 1 i.V.m. § 3 UStG	Ort des Umsatzes	**nicht** steuerbare Umsätze im Inland €	**steuerbare** Umsätze im Inland €	steuerfreie Umsätze im Inland § 4 UStG €	steuerpflichtige Umsätze im Inland €
Lieferung	**Freiburg**	—	7.000		

Eine **Option** zur Besteuerung im Bestimmungsland **empfiehlt sich**, **wenn** der **Steuersatz** im **Bestimmungsland niedriger** ist **als** der **Steuersatz** im **Ursprungsland**.
Die Ware kostet dann den nicht vorsteuerabzugsberechtigten Kunden weniger.

6.1.5.5 Lieferung neuer Fahrzeuge

Die **Regelung** des **§ 3c** gilt **nicht** für die Lieferung **neuer Fahrzeuge**.
Für die Lieferung **neuer Fahrzeuge** an **Privatpersonen und Halbunternehmer** in andere EU-Mitgliedstaaten ist der **Ort des Erwerbs immer** im **Bestimmungsmitgliedstaat** (§ **3d Satz 1**).

6.1.5.6 Lieferung verbrauchsteuerpflichtiger Waren

Bei der Lieferung **verbrauchsteuerpflichtiger Waren** ist die **Versandhandelsregelung** des **§ 3c nur bedingt anwendbar**.
Lieferungen verbrauchsteuerpflichtiger Waren an **Privatpersonen** unterliegen immer der Regelung des **§ 3c**, während für Lieferungen verbrauchsteuerpflichtiger Waren an **Halbunternehmer § 3c nicht** gilt.

ÜBUNG →
1. Wiederholungsfragen 22 und 23 (Seite 264),
2. Fälle 11 bis 13 (Seiten 268 f.)

6.1.6 Ort der Lieferung von Gas, Elektrizität, Wärme oder Kälte (§ 3g UStG)

§ 3g UStG enthält eine eigene Ortsbestimmung für die **Lieferung von Gas oder Elektrizität** sowie **Wärme und Kälte** über die jeweiligen Erdgas-, Wärme- oder Kälte**netze**.
Durch die spezielle Ortsregelung wird klargestellt, dass **Lieferungen** dieser Gegenstände **keine bewegten** Lieferungen sind (Abschn. 3g.1 Abs. 6 Satz 1 UStAE).

§ 3g wird vom **Verbrauchslandprinzip** bestimmt. Der **Ort der Lieferung** liegt beim **Verbraucher**. Die **Einfuhr** von Gas, Elektrizität, Wärme oder Kälte ist nach § 5 Abs. 1 Nr. 6 **steuerfrei** (Abschn. 3g.1 Abs. 6 Satz 4 UStAE).

Die Anwendung von § 3 **Abs. 8** ist mangels Beförderung oder Versendung **ausgeschlossen** (Abschn. 3g.1 Abs. 6 Satz 5 UStAE).

Nach § 3g Abs. 3 findet bei der Anwendung der Ortsbestimmung **kein** innergemeinschaftlicher Erwerb gem. § 1a Abs. 2 oder eine Verbringung gem. § 3 Abs. 1a statt.
Damit löst die Lieferung von Gas, Elektrizität, Wärme oder Kälte **keine Erwerbsbesteuerung** im Empfängerstaat aus (Abschn. 3g.1 Abs. 6 Satz 2 UStAE).

Die **Lieferung** von Gas, Elektrizität, Wärme oder Kälte aus dem Drittlandsgebiet in das Inland ist im Inland **steuerbar** und **steuerpflichtig** (Abschn. 3g.1 Abs. 6 Satz 6 UStAE).

Die **Steuerschuld** für die Lieferung von Gas, Elektrizität, Wärme oder Kälte eines im Ausland ansässigen Unternehmers wird durch § 13b Abs. 2 **Nr. 5** grundsätzlich auf den inländischen **Leistungsempfänger** verlagert (Abschn. 3g.1 Abs. 6 Satz 6 UStAE).

Für die Ortsbestimmung von Gas, Elektrizität, Wärme oder Kälte ist entscheidend, an **wen** die Lieferung erfolgt. Nach § 3g werden folgende **Abnehmer** unterschieden:

1. **Unternehmer** als sog. **Wiederverkäufer** (§ 3g **Abs. 1**) und
2. **andere Abnehmer** (§ 3g **Abs. 2**).

6.1.6.1 Unternehmer (Wiederverkäufer)

Bei einer Lieferung von Gas, Elektrizität, Wärme oder Kälte an einen **Unternehmer** (Wiederverkäufer) gilt als **Ort dieser Lieferung** der Ort, an dem der **Abnehmer** sein Unternehmen **betreibt** (**Empfängerprinzip**; § 3g Abs. 1 Satz 1).

BEISPIEL

Das deutsche Energieversorgungsunternehmen Edis liefert an einen polnischen Energieversorger mit Sitz in Krakau Elektrizität. Der polnische Energieversorger liefert die Elektrizität seinerseits an Abnehmer (Unternehmer und private Endverbraucher) mit unterschiedlichem Sitz- und Verbrauchsort in Polen.

Die Lieferung der Elektrizität (§ 3 Abs. 1) durch Edis wird nach § 3g Abs. 1 Satz 1 am Sitzort des polnischen Energieversorgers in **Krakau** ausgeführt.
Die **Lieferung** der Elektrizität durch Edis ist mithin im Inland **nicht steuerbar** (Merkmal Inland fehlt).
Die **Steuerschuld** für die durch Edis in Polen ausgeführte steuerpflichtige Lieferung von Elektrizität geht auf den polnischen **Empfänger** der Leistung über (§ 13b Abs. 2 Satz 1 Nr. 5).
Edis hat eine (Netto-)Rechnung zu erstellen, in der auf die Verlagerung der Steuerschuldnerschaft hingewiesen wird (§ 14, § 14a Abs. 5).

6.1.6.2 Andere Abnehmer

Bei einer Lieferung von Gas über das Erdgasnetz, von Elektrizität oder von Wärme oder Kälte über Wärme- oder Kältenetze an **andere Abnehmer** (private oder unternehmerische Endverbraucher) gilt als Ort der Lieferung der Ort, an dem der Abnehmer die Gegenstände tatsächlich **nutzt oder verbraucht** (§ 3g Abs. 2 Satz 1 UStG).

Dies ist in der Regel dort, wo sich der **Zähler des Abnehmers** befindet (Abschn. 3g.1 Abs. 5 Satz 2 UStAE).

Liefern aber solche Abnehmer das an sie über das Erdgasverteilungsnetz gelieferte Gas bzw. die Elektrizität **weiter**, etwa bei Weiterverkauf von Überkapazitäten, **gilt** als **Ort der Lieferung** der **Sitzort des Abnehmers** bzw. der **Ort der Betriebsstätte** des Abnehmers.

BEISPIEL

Ein Unternehmer mit Sitz in Wuppertal betreibt ein energieintensives Galvanikunternehmen und kauft den Strom, den er für die Produktion in seinem Unternehmen benötigt, bei einem Energieversorgungsunternehmen mit Sitz in Frankreich ein, welches den Strom seinerseits in einem französischen Kernkraftwerk produziert.

Die Lieferung der Elektrizität (§ 3 Abs. 1) durch den französischen Energieversorger wird nach § 3g **Abs. 2** Satz 1 in **Wuppertal** ausgeführt, wo der Abnehmer den Strom verbraucht.
Die Lieferung der Elektrizität durch den französischen Energieversorger ist mithin im Inland **steuerbar** und **steuerpflichtig**.
Die **Steuerschuld** für die in Deutschland ausgeführte steuerpflichtige Lieferung von Elektrizität geht auf den **Unternehmer aus Wuppertal** über (§ 13b Abs. 2 Nr. 5 i.V.m. § 13b Abs. 5).
Betragsidentisch und zeitgleich ist der Unternehmer aus Wuppertal zum **Vorsteuerabzug** berechtigt (§ 15 Abs. 1 Satz 1 Nr. 4, kein Ausschluss nach § 15 Abs. 2).
Der französische Energieversorger hat eine (Netto-)Rechnung zu erstellen, in der auf die Verlagerung der Steuerschuldnerschaft hingewiesen wird (§ 14, § 14a Abs. 5).

ÜBUNG → Wiederholungsfragen 24 und 25 (Seite 264)

In der **Übersicht** auf der folgenden Seite werden die wesentlichen Merkmale über den **Ort der Lieferung** nochmals zusammengefasst.

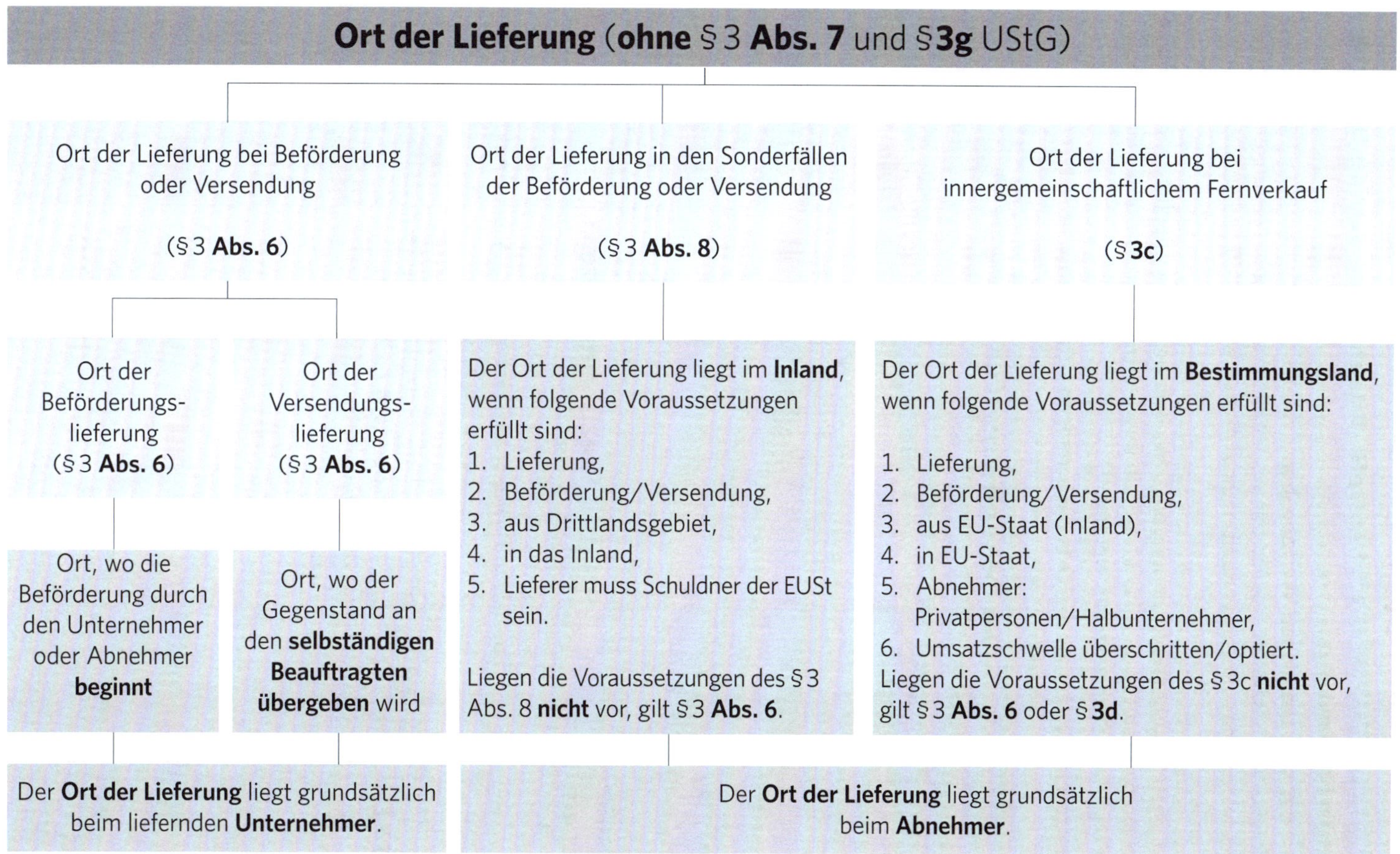
Ort der Lieferung (ohne § 3 Abs. 7 und § 3g UStG)
Ort der Lieferung bei Beförderung oder Versendung (§ 3 Abs. 6)
Ort der Lieferung in den Sonderfällen der Beförderung oder Versendung (§ 3 Abs. 8)
Ort der Lieferung bei innergemeinschaftlichem Fernverkauf (§ 3c)
Ort der Beförderungs-lieferung (§ 3 Abs. 6)
Ort der Versendungs-lieferung (§ 3 Abs. 6)
Ort, wo die Beförderung durch den Unternehmer oder Abnehmer beginnt
Ort, wo der Gegenstand an den selbständigen Beauftragten übergeben wird
Der Ort der Lieferung liegt im Inland, wenn folgende Voraussetzungen erfüllt sind:
1. Lieferung,
2. Beförderung/Versendung,
3. aus Drittlandsgebiet,
4. in das Inland,
5. Lieferer muss Schuldner der EUSt sein.
Liegen die Voraussetzungen des § 3 Abs. 8 nicht vor, gilt § 3 Abs. 6.
Der Ort der Lieferung liegt im Bestimmungsland, wenn folgende Voraussetzungen erfüllt sind:
1. Lieferung,
2. Beförderung/Versendung,
3. aus EU-Staat (Inland),
4. in EU-Staat,
5. Abnehmer: Privatpersonen/Halbunternehmer,
6. Umsatzschwelle überschritten/optiert.
Liegen die Voraussetzungen des § 3c nicht vor, gilt § 3 Abs. 6 oder § 3d.
Der Ort der Lieferung liegt grundsätzlich beim liefernden Unternehmer.
Der Ort der Lieferung liegt grundsätzlich beim Abnehmer.

6.2 Ort der sonstigen Leistungen

Sonstige Leistungen sind nach § 1 Abs. 1 **Nr. 1** nur **steuerbar**, wenn der **Ort der sonstigen Leistungen** im **Inland** liegt.

Der Ort der **unentgeltlichen Wertabgaben** richtet sich **nach den allgemeinen Regeln für entgeltliche Wertabgaben**, sodass bei ausgeführten sonstigen Leistungen für die Bestimmung des Ortes des Umsatzes **nicht** mehr zwischen entgeltlich und unentgeltlich **zu unterscheiden** ist.

Bei der Bestimmung des Orts der sonstigen Leistungen empfiehlt es sich, **zunächst** die **Spezialvorschriften** (§§ 3a Abs. 3 bis 8, 3b und 3e) zu prüfen, bevor die **Grundregeln** (§ 3a Abs. 1 und Abs. 2) angewendet werden.

Die **gesetzliche** Systematik des **Orts der sonstigen Leistungen** lässt sich wie folgt darstellen:

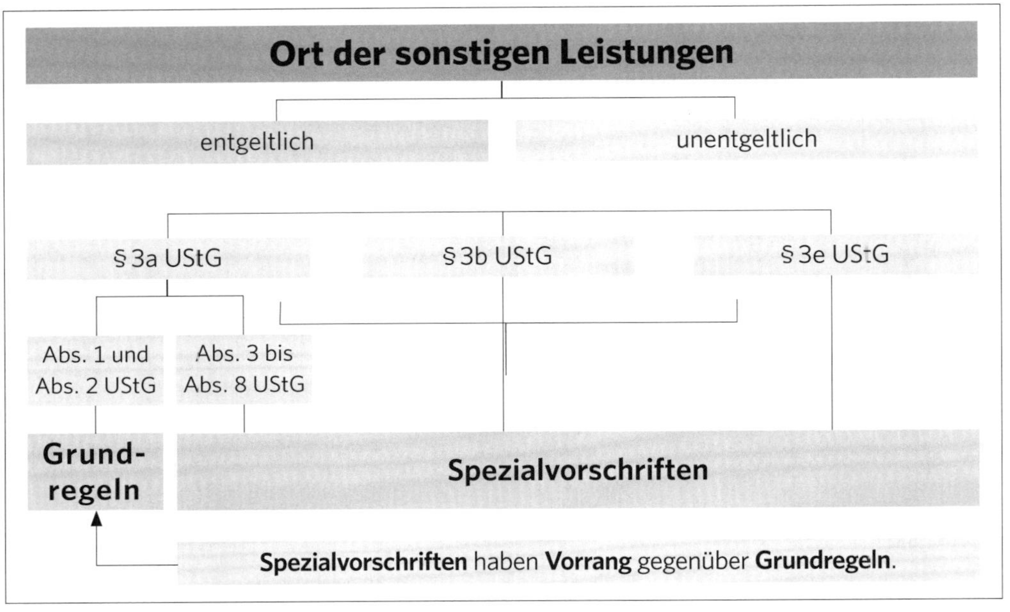

MERKE →	Zunächst ist zu prüfen, ob die **Spezialvorschriften** zutreffen. Treffen sie zu, gelten die **Spezialvorschriften**. Treffen sie **nicht** zu, gelten die **Grundregeln**.

6.2.1 Grundregeln des § 3a Abs. 1 und Abs. 2 UStG

Für die Bestimmung des Orts der sonstigen Leistung sind zwei Grundregeln zu unterscheiden:

Grundregeln des § 3a UStG

Grundregeln des § 3a **Abs. 2** UStG	Grundregeln des § 3a **Abs. 1** UStG
Unternehmer erbringt sonstige Leistung an **Unternehmer** (business to business, sog. **B2B-Umsätze**). Leistungsort: Sitzort des **Empfängers** **(Bestimmungslandprinzip)**	**Unternehmer** erbringt sonstige Leistung an **Nichtunternehmer** (business to consumer, sog. **B2C-Umsätze**). Leistungsort: Sitzort des **Leistenden** **(Ursprungslandprinzip)**

Die beiden **Grundregeln** sind **nicht anzuwenden**, wenn die Tatbestände der folgenden **Spezialvorschriften** erfüllt sind:

- die Spezialvorschriften des § 3a **Abs. 3 bis 8** und
- die Spezialvorschriften der **§§ 3b** und **3e**.

6.2.1.1 Grundregel des § 3a Abs. 2 UStG (B2B-Umsätze)

Die **Grundregel** des § 3a **Abs. 2** Sätze 1 und 2 bestimmt, dass eine sonstige Leistung an einen **Unternehmer** für dessen Unternehmen an dem **Ort ausgeführt** wird, von dem aus der **Leistungsempfänger** sein Unternehmen betreibt bzw. seine Betriebsstätte unterhält (**Empfängerortprinzip** bzw. **Bestimmungslandprinzip** bei grenzüberschreitenden Leistungsbeziehungen).

Zu den sonstigen Leistungen, die unter die Ortsbestimmung nach § 3a **Abs. 2** fallen, gehören insbesondere (Abschn. 3a.2 Abs. 16 Satz 2 UStAE):

- Arbeiten an beweglichen körperlichen Gegenständen sowie deren Begutachtung,
- alle Vermittlungsleistungen, soweit diese nicht unter § 3a Abs. 3 Nr. 1 fallen,
- die langfristige Vermietung eines Beförderungsmittels,
- Güterbeförderungen, einschließlich innergemeinschaftlicher Güterbeförderungen sowie der Vor- und Nachläufe zu innergemeinschaftlichen Güterbeförderungen,
- das Beladen, Entladen, Umschlagen und ähnliche mit einer Güterbeförderung im Zusammenhang stehende selbständige Leistungen,
- Planung, Gestaltung sowie Aufbau, Umbau und Abbau von Ständen im Zusammenhang mit Messen und Ausstellungen.

BEISPIEL

Hersteller U, Hamburg, verkauft Abnehmer A, Kopenhagen, Waren für netto 5.000 €. Abnehmer A beauftragt Frachtführer F, Hamburg, mit dem Warentransport nach Dänemark. A hat die Waren für sein dänisches Handelsunternehmen erworben.

Die **Güterbeförderung** ist eine sonstige Leistung i.S.d. §3a **Abs. 2**, weil **Unternehmer F** eine **sonstige Leistung** an **Unternehmer A** erbringt (B2B-Umsatz) und die übrigen Bestimmungen keine Spezialvorschrift enthalten (insbesondere § 3b Abs. 3 greift nicht). Ort der sonstigen Leistung ist demnach der **Sitzort des Empfängers** (= **Dänemark**).

Die Güterbeförderung ist in Deutschland **nicht steuerbar**, weil das Merkmal **Inland fehlt**.

6.2.1.2 Grundregel des §3a Abs. 1 UStG (B2C-Umsätze)

Die **Grundregel** des § 3a **Abs. 1** bestimmt, dass eine sonstige Leistung an einen **Nichtunternehmer** (**B2C-Umsatz**) grundsätzlich an dem **Ort ausgeführt** wird, von dem aus der **leistende Unternehmer** sein Unternehmen betreibt bzw. seine Betriebsstätte unterhält (**Sitzort des Leistenden** bzw. **Ursprungslandprinzip** bei grenzüberschreitenden Leistungsbeziehungen).

Der Leistungsort bestimmt sich nur dann nach §3a **Abs. 1**, wenn **kein** Tatbestand des §3a Abs. 2 bis Abs. 8, des §3b oder des §3e vorliegt (Abschn. 3a.1 Abs. 1 Satz 2 UStAE).

BEISPIEL 1

Rechtsanwalt U, der in Lindau (Deutschland) seine Kanzlei unterhält, berät den Privatmann P aus Singen (Deutschland) in zivilrechtlichen Angelegenheiten.

Die **rechtliche Beratung** ist eine sonstige Leistung i.S.d. §3a **Abs. 1**, weil ein Unternehmer eine sonstige Leistung an einen Nichtunternehmer erbringt (B2C-Umsatz) und die übrigen Bestimmungen keine Spezialvorschrift enthalten (insbesondere § 3a Abs. 4 Nr. 3 greift nicht). Ort der sonstigen Leistung ist demnach beim **Sitzort des Leistenden** (= **Lindau**). Die sonstige Leistung ist in Deutschland **steuerbar**.

BEISPIEL 2

Der Unternehmer U, München, kauft einen **vorsteuerbehafteten** Pkw für sein Unternehmen, den er auch im In- und Ausland **privat** nutzt.

U hat aus den Anschaffungskosten und den laufenden Kosten dieses Fahrzeugs 100 % der Vorsteuerbeträge abgezogen. Auf die private Pkw-Nutzung entfällt ein Entgelt von 300 €.

Der Ort der **unentgeltlichen** sonstigen Leistung (unentgeltliche Wertabgabe) ist demnach am **Sitzort des Leistenden** (= **München**). Die sonstige Leistung ist in Deutschland **steuerbar**.

6.2.2 Spezialvorschriften des §3a Abs. 3 bis 8 UStG

Zu den **Spezialvorschriften** des § 3a **Abs. 3 bis 8**, welche die Ortsbestimmungen regeln, gehören insbesondere:

- der Belegenheitsort eines Grundstücks (§3a Abs. 3 **Nr. 1**),
- der Übergabeort bei der Vermietung eines Beförderungsmittels (§3a Abs. 3 **Nr. 2**),
- der Tätigkeitsort/Empfängerort bei sonstigen Leistungen im Bereich Kultur, Kunst, Wissenschaft, Unterricht usw. (§3a Abs. 3 **Nr. 3**),
- der Tätigkeitsort bei Restaurationsleistungen, die **nicht** an Bord eines Schiffes, Flugzeugs oder einer Eisenbahn erbracht werden (§3a Abs. 3 **Nr. 3a Buchstabe a)**),
- der Tätigkeitsort bei Arbeiten an beweglichen körperlichen Gegenständen sowie deren Begutachtung (§3a Abs. 3 **Nr. 3a Buchstabe b)**),
- der Ort des vermittelten Umsatzes (§3a Abs. 3 **Nr. 4**),
- die Orte bei Katalogleistungen (§3a **Abs. 4**).

6.2.2.1 Belegenheitsort eines Grundstücks

Eine sonstige Leistung (einschließlich Werkleistung) im Zusammenhang mit einem Grundstück wird **dort** ausgeführt, **wo das Grundstück liegt** (**Belegenheitsort** = Ort des Grundstücks; § 3a Abs. 3 **Nr. 1** Satz 1).

§ 3a Abs. 3 **Nr. 1** gilt sowohl für sonstige Leistungen an **Unternehmer** als auch an **Nichtunternehmer** (B2B-Fälle + B2C-Fälle; Abschn. 3a.3 Abs. 1 Satz 1 UStAE).

BEISPIEL

Der Hauseigentümer U vermietet ein in Köln gelegenes Mietwohngrundstück an private Mieter.

Ort der sonstigen Leistung ist **Köln**, weil dort das Grundstück liegt (§ 3a Abs. 3 **Nr. 1** Satz 1). Die Leistung ist für U im Inland **steuerbar**, weil alle Tatbestandsmerkmale des § 1 Abs. 1 Nr. 1 i. V. m. § 3a Abs. 3 **Nr. 1** Buchstabe a) erfüllt sind.

Nicht nur die Vermietung und Verpachtung von Grundstücken gehören als sonstige Leistungen zu den Fällen des § 3a Abs. 3 **Nr. 1**, sondern auch alle anderen sonstigen Leistungen, die im **Zusammenhang** mit einem Grundstück erbracht werden.

BEISPIEL

Der Industrieunternehmer U, Bonn, hat anderen Unternehmern für sein Betriebsgrundstück in Bonn folgende Aufgaben übertragen:

- die Pflege der Grünflächen,
- die Gebäudereinigung,
- die Wartung der Heizungsanlage und
- die Pflege und Wartung der Aufzugsanlage.

Es handelt sich um **sonstige Leistungen**, die im **Zusammenhang** mit einem Grundstück stehen. **Ort der sonstigen Leistungen** ist **Bonn**, weil dort das Grundstück liegt. Die **sonstigen Leistungen** sind nach § 1 Abs. 1 Nr. 1 i.V.m. § 3a Abs. 3 **Nr. 1** im Inland **steuerbar**.

Einen Überblick über die **Abgrenzung des engen Zusammenhangs** sonstiger Leistungen im Zusammenhang mit einem Grundstück bietet Abschn. 3a.3 Abs. 7 bis 10 UStAE.

6.2.2.2 Übergabeort bei kurzfristiger Vermietung eines Beförderungsmittels

Die **kurzfristige** Vermietung eines **Beförderungsmittels** wird an dem **Ort** ausgeführt, **an dem dieses Beförderungsmittel dem Empfänger tatsächlich zur Verfügung gestellt wird**. Das ist der Ort, an dem das Beförderungsmittel dem Leistungsempfänger übergeben wird (**Übergabeort**; § 3a Abs. 3 **Nr. 2 Satz 1**).

Eine **kurzfristige Vermietung** liegt vor, wenn die Vermietung über einen ununterbrochenen Zeitraum von **nicht mehr als 90 Tagen bei Wasserfahrzeugen und nicht mehr als 30 Tagen bei anderen Beförderungsmitteln** erfolgt (§ 3a Abs. 3 Nr. 2 Satz 2).

Beförderungsmittel sind Gegenstände, deren Hauptzweck auf die Beförderung von Personen und Gütern zu Lande, zu Wasser oder in der Luft gerichtet ist und die sich auch tatsächlich fortbewegen, z.B. **Lkw**, **Pkw**, **Busse** (Abschn. 3a.5 Abs. 2 Satz 1 UStAE).

§ 3a Abs. 3 **Nr. 2** gilt grundsätzlich sowohl für sonstige Leistungen an **Unternehmer** als auch an **Nichtunternehmer** (B2B-Fälle + B2C-Fälle; Abschn. 3a.5 Abs. 1 Satz 1 UStAE). Eine **Ausnahme** besteht, wenn der **leistende Unternehmer im Drittlandsgebiet ansässig** ist **und** seine Leistung **an** einen **Nichtunternehmer** erbringt. Diese Leistung gilt als im Inland erbracht, soweit sie im Inland genutzt wird (§ 3a **Abs. 6, Verbrauchsort**).

BEISPIEL

Der deutsche Autovermieter U, Bonn, vermietet einen Pkw für **30 Tage** an den französischen Privatmann A. Die Übergabe des Mietwagens erfolgt auf dem Betriebsgelände des Autovermieters U in Bonn. A fährt mit dem Pkw 800 km in Deutschland und 2.800 km in Frankreich. Die Miete beträgt netto 1 €/km.

Ort der sonstigen Leistung für die **kurzfristige** Vermietung des Pkws ist **Bonn**, weil U in Bonn den Pkw an A übergibt (§ 3a Abs. 3 **Nr. 2 Satz 1**). Die sonstige Leistung ist **steuerbar**, weil alle Tatbestandsmerkmale des § 1 Abs. 1 Nr. 1 i. V. m. § 3a Abs. 3 **Nr. 2 Satz 1** erfüllt sind.

6.2.2.3 Sitzort des Leistungsempfängers bei langfristiger Vermietung eines Beförderungsmittels

Die **langfristige** Vermietung eines **Beförderungsmittels** an **Nichtunternehmer** (B2C-Fälle) wird an dem **Ort** ausgeführt, **an dem der Empfänger seinen Wohnsitz hat** (**Sitzort**; § 3a Abs. 3 **Nr. 2 Satz 3**). Eine Vermietung gilt als **langfristig**, wenn sie **nicht kurzfristig** im Sinne des § 3a Abs. 3 Nr. 2 ist, d. h., wenn sie über **mehr als 90 Tage bei Wasserfahrzeugen** und **mehr als 30 Tage bei anderen Beförderungsmitteln** erfolgt.

BEISPIEL

Der deutsche Autovermieter U, Bonn, vermietet einen Pkw für **6 Monate** an den Privatmann P, Köln. Die Übergabe des Mietwagens erfolgt auf dem Firmengelände des Autovermieters U in Bonn. P fährt mit dem Pkw in Deutschland und in Frankreich. Die Miete beträgt netto 1 €/km.

Ort der sonstigen Leistung für die **langfristige** Vermietung des Pkws ist **Köln**, weil P in Köln seinen Wohnsitz hat (§ 3a Abs. 3 **Nr. 2 Satz 3**). Die sonstige Leistung ist **steuerbar**, weil alle Tatbestandsmerkmale des § 1 Abs. 1 Nr. 1 i. V. m. § 3a Abs. 3 **Nr. 2 Satz 3** erfüllt sind.

Bei der langfristigen Vermietung von **Sportbooten** an Nichtunternehmer ist die Sonderregelung des § 3a Abs. 3 **Nr. 2 Satz 4** zu beachten (**Übergabeort** in bestimmten Fällen).

Wie auch bei der kurzfristigen Vermietung eines Beförderungsmittels an einen Nichtunternehmer ergibt sich **ausnahmsweise** ein abweichender Leistungsort, wenn der **leistende Unternehmer im Drittlandsgebiet ansässig** ist. Auch bei der langfristigen Vermietung eines Beförderungsmittels gilt diese als im Inland erbracht, soweit sie im Inland genutzt wird (§ 3a **Abs. 6, Verbrauchsort**).

6.2.2.4 Tätigkeitsort bzw. Empfängerort bei sonstigen Leistungen im Bereich Kultur, Kunst, Wissenschaft, Unterricht usw.

Zu den sonstigen Leistungen i. S. d. § 3a Abs. 3 **Nr. 3)** gehören

> kulturelle, künstlerische, wissenschaftliche, unterrichtende, sportliche, unterhaltende oder ähnliche Leistungen, wie Leistungen im Zusammenhang mit Messen und Ausstellungen, einschließlich der Leistungen der jeweiligen Veranstalter sowie die damit zusammenhängenden Tätigkeiten, die für die Ausübung der Leistungen unerlässlich sind.

§ 3a Abs. 3 **Nr. 3** gilt nur für sonstige Leistungen an **Nichtunternehmer** (B2C-Fälle). Ort der sonstigen Leistung ist der **Tätigkeitsort**.

BEISPIEL

Der **Sänger** Torsten Schupp, der in Österreich seinen Wohnsitz hat, wird für eine private Feier in Koblenz engagiert (B2C-Fall). Als Gage erhält er ein Entgelt von 4.000 €.

Ort der sonstigen Leistung ist **Koblenz** (Tätigkeitsort), weil dort die **künstlerische Leistung ausgeführt** wird. Die **sonstige Leistung** ist nach § 1 Abs. 1 Nr. 1 i. V. m. § 3a Abs. 3 **Nr. 3** im Inland **steuerbar**.

Umsatzart nach § 1 i.V.m. § 3 UStG	Ort des Umsatzes	**nicht** steuerbare Umsätze im Inland €	**steuerbare** Umsätze im Inland €	steuerfreie Umsätze im Inland § 4 UStG €	steuerpflichtige Umsätze im Inland €
sonstige Leistung	**Koblenz**	—	4.000		

Werden sonstige Leistungen nach § 3a Abs. 3 **Nr. 3** an einen **Unternehmer** ausgeführt (B2B-Fälle), werden die sonstigen Leistungen nach der **Grundregel** des § 3a **Abs. 2** bestimmt, d.h., der Ort der sonstigen Leistungen liegt an dem Ort, von dem aus der **Leistungsempfänger** sein **Unternehmen** betreibt bzw. seine Betriebsstätte unterhält (**Empfängerortprinzip**).

BEISPIEL

Ein amerikanischer Wissenschaftler hält in Bonn bei einem Seminarveranstalter (B2B-Fall) einen Vortrag, den er in den USA erstellt hat, für ein Entgelt von 5.000 €.

Ort der sonstigen Leistung ist **Bonn** (**Empfängerort**), weil die sonstige Leistung tatsächlich dort erbracht wird. Sie ist nach § 1 Abs. 1 Nr. 1 i.V.m. § 3a **Abs. 2** im Inland **steuerbar**.

Für die **Einräumung von Eintrittsberechtigungen** zu kulturellen, künstlerischen u.ä. Leistungen, die gegenüber einem **Unternehmer** für dessen unternehmerischen Bereich oder gegenüber einer nicht unternehmerisch tätigen juristischen Person mit USt-IdNr. erbracht werden, ist der Ort der sonstigen Leistung dort, wo die Veranstaltung tatsächlich durchgeführt wird (**Veranstaltungsort**). Werden die Leistungen an **Nichtunternehmer** erbracht, richtet sich der Leistungsort nach § 3 Abs. 3 **Nr. 3**. In beiden Fällen (B2B-Fall oder B2C-Fall) richtet sich der Ort der Leistung nach dem **Tätigkeits- oder Veranstaltungsort**.

BEISPIEL

Der unternehmerisch tätige Seminarveranstalter U mit Sitz in Salzburg (Österreich) veranstaltet ein Präsenz-Seminar zum aktuellen EU-Umsatzsteuerrecht in Berlin. An dem Seminar nimmt u.a. der Unternehmer A mit Sitz in Frankreich teil, der für die Eintrittskarte 400 € entrichtete.

Der **Ort der sonstigen Leistung** ist nach § 3a Abs. 3 **Nr. 5 Berlin**, weil dort die Veranstaltung stattfindet. Die sonstige Leistung ist nach § 1 Abs. 1 Nr. 1 i.V.m. § 3a Abs. 3 **Nr. 5** im Inland **steuerbar** und mangels einer Steuerbefreiung (§ 4) auch **steuerpflichtig**. Die Umsatzsteuer schuldet der leistende Seminarveranstalter U.

Werden die Leistungen **per Streaming** übertragen **oder** auf andere Weise **virtuell verfügbar gemacht**, gilt abweichend vom Tätigkeits- oder Veranstaltungsort als Ort der sonstigen Leistung der Ort, an dem der **Empfänger ansässig ist**, seinen **Wohnsitz oder gewöhnlichen Aufenthaltsort** hat (**B2C**) bzw. an dem der Leistungsempfänger sein **Unternehmen betreibt** bzw. eine die Leistung empfangende Betriebsstätte unterhält (**B2B**). Weitere Einzelheiten enthält das BMF-Schreiben vom 08.08.2025 .

6.2.2.5 Tätigkeitsort bei Restaurationsleistungen, die nicht an Bord eines Schiffs, Luftfahrzeugs oder einer Eisenbahn erbracht werden

Die **Abgabe** von Speisen und Getränken zum Verzehr an Ort und Stelle (Restaurationsleistungen), die **nicht** an Bord eines Schiffs, in einem Luftfahrzeug oder in einer Eisenbahn erbracht wird, wird **dort** ausgeführt, **wo sie vom Unternehmer tatsächlich erbracht wird** (**Tätigkeitsort**; § 3a Abs. 3 **Nr. 3a Buchstabe a)**).

Die **Restaurationsleistung** muss aber als **sonstige Leistung** anzusehen sein; zur Abgrenzung zwischen Lieferung und sonstiger Leistung bei der Abgabe von Speisen und Getränken wird auf die BMF-Schreiben vom 16.10.2008 (BStBl. 2008 I, S. 949 ff.) und vom 29.03.2010 (BStBl. 2010 I, S. 330) verwiesen (Abschn. 3a.6 Abs. 9 UStAE).

S 1 Einzelheiten zur Abgrenzung zwischen Lieferung und sonstiger Leistung bei Restaurationsumsätzen erfolgten bereits im Abschnitt 2.1.2, Seiten 150 f.

§ 3a Abs. 3 **Nr. 3a Buchstabe a)** gilt sowohl für sonstige Leistungen an **Unternehmer** als auch an **Nichtunternehmer** (B2B-Fälle und B2C-Fälle; vgl. auch Abschn. 3a.6 Abs. 8 UStAE).

BEISPIEL

Der Gastwirt U, München, verkauft in seiner Gastwirtschaft für 5.000 € netto Speisen und Getränke an Kunden zum Verzehr in seiner Gastwirtschaft.

Die Abgabe der Speisen und Getränke als **Restaurationsleistung** ist eine **sonstige Leistung** i. S. d. § 3a Abs. 3 **Nr. 3a Buchst. a)**. Ort der Abgabe der Speisen und Getränke ist **München**, weil dort die Leistung tatsächlich erbracht wird (Tätigkeitsort).
Der Vorgang ist nach § 1 Abs. 1 Nr. 1 i. V. m. § 3a Abs. 3 **Nr. 3a Buchst. a)** im Inland **steuerbar**.

Umsatzart nach § 1 i. V. m. § 3 UStG	Ort des Umsatzes	**nicht** steuerbare Umsätze im Inland €	**steuerbare** Umsätze im Inland €	steuerfreie Umsätze im Inland § 4 UStG €	steuerpflichtige Umsätze im Inland €
sonstige Leistung	**München**	—	5.000		

6.2.2.6 Tätigkeitsort bei Arbeiten an beweglichen körperlichen Gegenständen sowie deren Begutachtung

Bei Arbeiten an beweglichen körperlichen Gegenständen und bei der Begutachtung dieser Gegenstände für **Nichtunternehmer** bestimmt sich der Leistungsort nach dem **Ort, an dem der Unternehmer tatsächlich die Leistung ausführt** (**Tätigkeitsort**; § 3a Abs. 3 **Nr. 3a Buchstabe b)**).

Als Arbeiten an beweglichen körperlichen Gegenständen sind insbesondere **Werkleistungen** in Gestalt der Bearbeitung oder Verarbeitung (**Reparaturarbeiten**) anzusehen (Abschn. 3a.6 Abs. 11 UStAE).

§ 3a Abs. 3 **Nr. 3a Buchstabe b)** gilt nur für sonstige Leistungen an **Nichtunternehmer** (B2C-Fälle).

BEISPIEL

Der Privatmann A, Bonn, beauftragt den Unternehmer U, Köln, mit der Reparatur seiner Waschmaschine in Bonn.

Ort der sonstigen Leistung ist **Bonn**, weil dort die Werkleistung tatsächlich ausgeführt wird (§ 3a Abs. 3 **Nr. 3a Buchst. b)**).
Die **sonstige Leistung** ist nach § 1 Abs. 1 Nr. 1 i. V. m. § 3a Abs. 3 **Nr. 3a Buchst. b) steuerbar**.

Ist der Leistungsempfänger ein **Unternehmer**, kommt die **Spezialvorschrift** des § 3a Abs. 3 **Nr. 3a Buchstabe b) nicht** zur Anwendung. Der Leistungsort richtet sich in diesen Fällen nach der **Grundregel** des § 3a **Abs. 2** (B2B-Umsatz) und liegt somit am **Sitzort des Empfängers** (Abschn. 3a.6 Abs. 10 UStAE).

6.2.2.7 Ort des vermittelten Umsatzes

Eine Vermittlungsleistung an einen **Nichtunternehmer** (B2C-Fälle) wird an dem **Ort** ausgeführt, **an dem der vermittelte Umsatz als ausgeführt gilt** (**Ort des vermittelten Umsatzes**; § 3a Abs. 3 Nr. 4).

Ein **typischer Vermittler** ist z. B. der **Handelsvertreter** i. S. d. § 84 HGB.

BEISPIEL

Der Kfz-Händler U, Koblenz, vermittelt im Raum Koblenz einen Kfz-Verkauf für einen Privatkunden.

Ort der Vermittlungsleistung an den Nichtunternehmer ist **Deutschland**, weil dort der vermittelte Umsatz als ausgeführt gilt. Die sonstige Leistung ist **steuerbar**,weil alle Tatbestandsmerkmale des § 1 Abs. 1 Nr. 1 i. V. m. § 3a Abs. 3 **Nr. 4** erfüllt sind.

Werden die Vermittlungsleistungen an **Unternehmer** ausgeführt, kommt die **Spezialvorschrift** des § 3a Abs. 3 **Nr. 4 nicht** zur Anwendung. Der Leistungsort richtet sich in diesen Fällen nach der **Grundregel** des § 3a **Abs. 2** (B2B-Umsatz) und liegt somit am **Sitzort des Empfängers** (Abschn. 3a.7 Abs. 1 Satz 4 UStAE).

6.2.2.8 Orte bei Katalogleistungen

Leistungsempfänger ist Nichtunternehmer im Drittlandsgebiet

Ist der **Empfänger** der sonstigen Leistung ein **Nichtunternehmer** (B2C-Fall) **und** hat er seinen Wohnsitz oder Sitz im **Drittlandsgebiet**, wird die sonstige Leistung an seinem **Wohnsitz** oder Sitz ausgeführt (**Wohnsitzort des Empfängers**; § 3a Abs. 4 **Satz 1**).

Zu den sonstigen Leistungen i. S. d. § 3a Abs. 4 **Satz 1**, die in § 3a Abs. 4 **Satz 2** abschließend aufgeführt sind (**Katalogleistungen**), gehören:

1. die Einräumung, Übertragung und Wahrnehmung von Patenten, Urheberrechten, Markenrechten und ähnlichen Rechten,
2. die sonstigen Leistungen, die der Werbung und der Öffentlichkeitsarbeit dienen,
3. die sonstigen Leistungen aus der Tätigkeit als **Rechtsanwalt**, Patentanwalt, **Steuerberater**, Wirtschaftsprüfer, Dolmetscher, Übersetzer sowie die **rechtliche, wirtschaftliche und technische Beratung** durch andere Unternehmer,
4. die Datenverarbeitung,
5. die Überlassung von Informationen einschließlich gewerblicher Verfahren,
6. bestimmte Finanz- und Versicherungsumsätze,
7. die Gestellung von Personal,
8. der Verzicht auf Ausübung eines der in Nummer 1 bezeichneten Rechte,
9. der Verzicht, ganz oder teilweise eine gewerbliche oder berufliche Tätigkeit auszuüben,
10. die **Vermietung beweglicher** körperlicher **Gegenstände, ausgenommen Beförderungsmittel**,

11.-13. weggefallen

14. die Gewährung des Zugangs zu Erdgas- und Elektrizitätsnetzen.

BEISPIEL

Der Rechtsanwalt U, der in München seine Praxis unterhält, führt für den Privatmann A, der in Bern (Schweiz) seinen Wohnsitz hat, einen Prozess in München.

Es handelt sich um eine sonstige Leistung (Katalogleistung) i.S.d. § 3a Abs. 4 Nr. 3. Ort der sonstigen Leistung ist **Bern** (Wohnsitz des Leistungsempfängers).
Die **sonstige Leistung** ist im Inland **nicht steuerbar** (Merkmal Inland fehlt).

Leistungsempfänger ist Nichtunternehmer innerhalb des Gemeinschaftsgebiets

Ist der **Empfänger** der Katalogleistung ein **Nichtunternehmer** und hat er seinen Wohnsitz oder Sitz **innerhalb des Gemeinschaftsgebiets**, wird die sonstige Leistung **dort** ausgeführt, **wo der leistende Unternehmer sein Unternehmen betreibt** (§ 3a **Abs. 1**; **Sitzort des Leistenden**; Abschn. 3a.8 Nr. 2 UStAE).

BEISPIEL

Sachverhalt wie im Beispiel zuvor mit dem Unterschied, dass Rechtsanwalt U für den Privatmann A aus Rom einen Prozess in München führt.

Es handelt sich um eine sonstige Leistung i.S.d. § 3a Abs. 1 (Wohnsitz Rom).
Ort der sonstigen Leistung ist **München** (Sitzort des leistenden Unternehmers).
Die sonstige Leistung ist im Inland **steuerbar**.

Leistungsempfänger ist Unternehmer

Ist der **Empfänger** einer Katalogleistung ein **Unternehmer**, kommt die **Spezialvorschrift** des § 3a **Abs. 4 nicht** zur Anwendung. Der Leistungsort richtet sich in diesen Fällen nach der **Grundregel** des § 3a **Abs. 2** (B2B-Umsatz) und liegt somit am **Sitzort des Empfängers** (Abschn. 3a.8 Nr. 3 UStAE).

BEISPIEL

Der **Steuerberater** U, München, berät in seiner Praxis den **Spediteur** A, der in Mailand ein Speditionsunternehmen betreibt, in Fragen der deutschen Umsatzsteuer.
A unterhält in Deutschland keine Betriebsstätte.

Es handelt sich zwar um eine Katalogleistung i.S.d. § 3a Abs. 4 **Nr. 3**. Der Leistungsempfänger ist aber ein **Unternehmer**. Ort der sonstigen Leistung ist **Mailand** (§ 3a **Abs. 2**; Sitzort des Empfängers). Die **sonstige Leistung** ist im Inland **nicht steuerbar**.

Zusammenfassung zu Abschnitt 6.2.2.8:

6.2.2.9 Telekommunikations-, Rundfunk- und Fernsehdienstleistungen sowie elektronisch erbrachte Dienstleistungen (TRFE-Leistungen)

Der Ort der sonstigen Leistung bei TRFE-Leistungen gegenüber Nichtunternehmern ist grundsätzlich am **Wohnsitzort bzw. gewöhnlichen Aufenthaltsort des Empfängers** (§ 3a Abs. 5).

Der Ort der sonstigen TRFE-Leistung verlagert sich **erst dann** an den **Ort des Leistungsempfängers**, wenn die **unionseinheitliche Umsatzschwelle i.H.v. 10.000 Euro überschritten** wurde (vgl. § 3a Abs. 5). Wird die Umsatzschwelle **nicht** überschritten, bestimmt sich der Ort der TRFE-Leistung nach **§ 3a Abs. 1** (Sitzort des Leistenden).

Zur Berechnung der Umsatzschwelle werden **sämtliche TRFE-Umsätze** an Nichtunternehmer in **allen anderen** Mitgliedstaaten berücksichtigt. **Seit dem 01.07.2021** werden **auch** die Umsätze aus **innergemeinschaftlichen Fernverkäufen** berücksichtigt. Einzelheiten zu den TRFE-Umsätzen werden im BMF-Schreiben 2018/1031145 vom 14.12.2018 behandelt.

Werden **Telekommunikations- oder Rundfunk- und Fernsehdienstleistungen** durch einen **im Drittland ansässigen Unternehmer** erbracht, gelten sie als **im Inland** erbracht, wenn die Leistung **im Inland genutzt oder ausgewertet** wird (§ 3a Abs. 6 Nr. 3, **Verbrauchsort**).

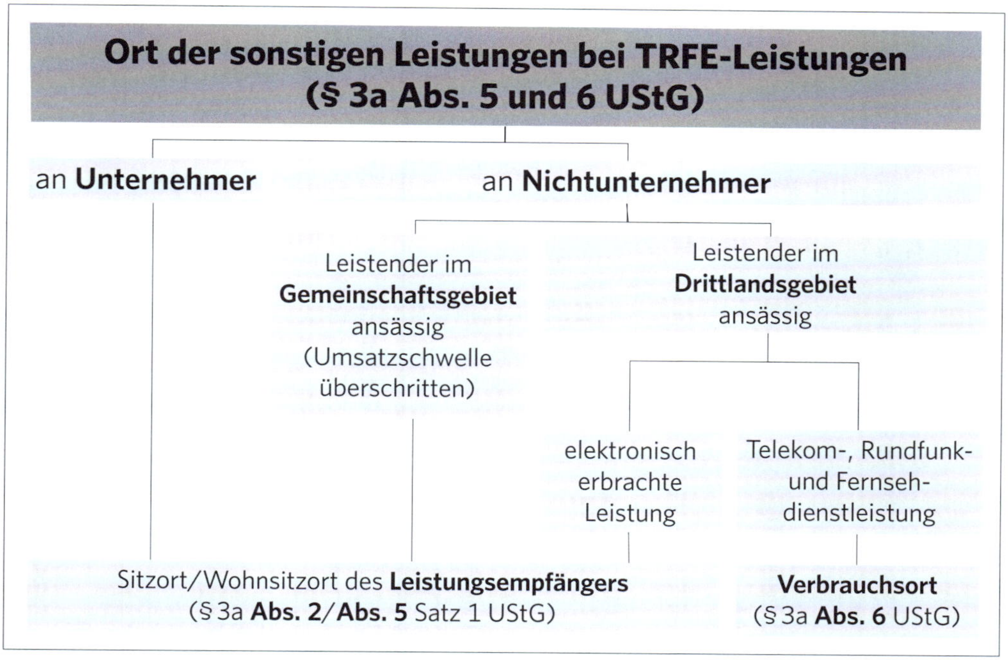

Für die betroffenen Unternehmen können hierdurch umsatzsteuerliche Registrierungspflichten in **verschiedenen Mitgliedstaaten** entstehen. Als Vereinfachung ist für diese Anbieter eine Sonderregelung mit **einer einzigen Anlaufstelle** vorgesehen (sog. **One-Stop-Shop, OSS**), bei der alle Umsätze dieser Leistungen sowie innergemeinschaftliche Fernverkäufe in sämtlichen Mitgliedstaaten erklärt werden. Die bis zum 20. Kalendertag nach Quartalsende übermittelten Umsätze je EU-Mitgliedstaat werden dann durch das BZSt als deutscher OSS an die zuständigen Finanzbehörden in den jeweiligen Mitgliedstaaten weitergeleitet. Bis zu diesem Zeitpunkt muss auch die Zahlung in einer Summe erfolgen.

In Deutschland ansässige Unternehmen, die am OSS-Verfahren (§ 18h) teilnehmen, können für diese Umsätze **Rechnungen nach deutschem Recht ausstellen** (§ 14 Abs. 7 Satz 3).

Ort der sonstigen Leistungen (§ 3a Abs. 1 bis 3 UStG)

- **Ort der sonstigen Leistungen** (§ 3a **Abs. 1 und Abs. 2** UStG)
  - **Grundregeln**
    - Sitzort des **Empfängers** (§ 3a **Abs. 2** UStG)
      - Ort, von dem aus der **Leistungsempfänger** sein Unternehmen betreibt (B2B-Umsätze)
    - Sitzort des **Leistenden** (§ 3a **Abs. 1** UStG)
      - Ort, von dem aus der **Leistende** sein Unternehmen betreibt (B2C-Umsätze)
- **Ort der sonstigen Leistungen** (§ 3a **Abs. 3** UStG)
  - **Spezialvorschriften**
    - Belegenheitsort (§ 3a Abs. 3 **Nr. 1** UStG)
      - Ort, wo das Grundstück liegt
    - Übergabeort bzw. Sitzort (§ 3a Abs. 3 **Nr. 2** UStG)
      - Ort, an dem das Beförderungsmittel übergeben wird bzw. an dem der Empfänger wohnt
    - Tätigkeitsort (§ 3a Abs. 3 **Nrn. 3 und 3a** UStG)
      - Ort, an dem der Unternehmer tatsächlich die Leistung ausführt
    - Ort des vermittelten Umsatzes (§ 3a Abs. 3 **Nr. 4** UStG)
      - Ort, an dem der vermittelte Umsatz als ausgeführt gilt

Treffen die **Spezialvorschriften** des § 3a Abs. 3 UStG **nicht** zu, gelten die **Grundregeln** des § 3a **Abs. 1** oder **Abs. 2** UStG.

Zusammenfassung zu Abschnitt 6.2.1 und 6.2.2:

Art der sonstigen Leistungen	Ort der sonstigen Leistungen	
	B2B-Umsätze	**B2C-Umsätze**
Grundregeln für sonstige Leistungen	Sitzort des Empfängers (§ 3a **Abs. 2**)	Sitzort des Leistenden (§ 3a **Abs. 1**)
grundstücksbezogene Leistungen	Belegenheitsort (§ 3a Abs. 3 **Nr. 1**)	Belegenheitsort (§ 3a Abs. 3 **Nr. 1**)
kurzfristige Vermietung eines Beförderungsmittels	Übergabeort (§ 3a Abs. 3 **Nr. 2**)	Übergabeort (§ 3a Abs. 3 **Nr. 2**)
langfristige Vermietung eines Beförderungsmittels	Sitzort des Empfängers (§ 3a **Abs. 2**)	Sitzort des Empfängers (§ 3a Abs. 3 **Nr. 2**)
sonstige Leistungen im Bereich Kultur, Kunst, Wissenschaft, Unterricht usw.	Sitzort des Empfängers (§ 3a **Abs. 2**)	Tätigkeitsort (§ 3a Abs. 3 **Nr. 3**)
Restaurationsleistungen, die nicht an Bord eines Schiffes, Luftfahrzeugs oder einer Eisenbahn erbracht werden	Tätigkeitsort (§ 3a Abs. 3 **Nr. 3 Buchst. b)**)	Tätigkeitsort (§ 3a Abs. 3 **Nr. 3a Buchst. a)**)
Arbeiten an beweglichen körperlichen Gegenständen sowie deren Begutachtung	Sitzort des Empfängers (§ 3a **Abs. 2**)	Tätigkeitsort (§ 3a Abs. 3 **Nr. 3a Buchst. b)**)
Vermittlungsleistungen	Sitzort des Empfängers (§ 3a **Abs. 2**)	Ort des vermittelten Umsatzes (§ 3a Abs. 3 **Nr. 4**)
Katalogleistungen im Drittlandsgebiet	Sitzort des Empfängers (§ 3a **Abs. 2**)	Wohnsitzort des Empfängers (§ 3a **Abs. 4**)
Katalogleistungen innerhalb des Gemeinschaftsgebiets	Sitzort des Empfängers (§ 3a **Abs. 2**)	Sitzort des Leistenden (§ 3a **Abs. 1**)
elektronisch erbrachte sonstige Leistungen	Sitzort des Empfängers (§ 3a **Abs. 2**)	Wohnsitzort des Empfängers (§ 3a **Abs. 5**)
Telekommunikations-, Rundfunk- und Fernsehleistungen – Dienstleister im **Gemeinschaftsgebiet** ansässig	Sitzort des Empfängers (§ 3a **Abs. 2**)	Wohnsitzort des Empfängers (§ 3a **Abs. 5**)
Telekommunikations-, Rundfunk- und Fernsehleistungen – Dienstleister im **Drittlandsgebiet** ansässig	Sitzort des Empfängers (§ 3a **Abs. 2**)	Verbrauchsort (§ 3a **Abs. 6**)

ÜBUNG →

1. Wiederholungsfragen 26 bis 43 (Seiten 264 f.),
2. Fall 14 und 15 (Seiten 269 f.)

6.2.3 Ort der Beförderungsleistung (Spezialvorschriften des § 3b UStG)

Zu den **Spezialvorschriften** des § **3b** hinsichtlich des Ortes der Beförderungsleistung gehören:

- Personenbeförderungen (§ 3b Abs. 1 **Sätze 1 und 2**),
- **nicht** innergemeinschaftliche Güterbeförderungen an Nichtunternehmer (§ 3b Abs. 1 **Satz 3**),
- innergemeinschaftliche Güterbeförderungen an Nichtunternehmer (§ 3b **Abs. 3**).

S 1 Güterbeförderungen an **Unternehmer** und damit zusammenhängende sonstige Leistungen wurden bereits im Abschnitt 6.2.1.1 dargestellt, Seiten 249 f.

6.2.3.1 Personenbeförderungen

Eine **Beförderung einer Person** wird dort ausgeführt, **wo** die **Beförderung bewirkt wird (zurückgelegte Beförderungsstrecke bzw. Streckenprinzip**; § 3b Abs. 1 Satz 1).

BEISPIEL

Transportunternehmer U, Bremen, wird von dem Leistungsempfänger A, Hamburg, beauftragt, für ein Entgelt von 500 € Personen mit einem Bus von Hamburg nach Bonn zu befördern.

Der **Ort der Beförderungsleistung** liegt im **Inland**, weil die Beförderungsleistung auf der **Verkehrsstrecke von Hamburg nach Bonn bewirkt** wird.
Die Beförderungsleistung ist **steuerbar**, weil alle Tatbestandsmerkmale des § 1 Abs. 1 Nr. 1 i. V. m. § **3b** Abs. 1 Satz 1 erfüllt sind.

Grenzüberschreitende Personenbeförderungen sind in einen **steuerbaren** und in einen **nicht steuerbaren** Leistungsanteil aufzuteilen. Nur der Teil der Leistung fällt unter das UStG, der auf das **Inland** entfällt (§ 3b Abs. 1 **Satz 2**).

Bemessungsgrundlage ist das **Entgelt**, das auf den **steuerbaren** inländischen Teil entfällt.

BEISPIEL

Der Transportunternehmer U, München, befördert Personen von München nach Zürich (Schweiz) für ein Entgelt von 1.500 €. Die **Gesamtstrecke** beträgt **300 km**, davon entfallen **100 km** auf das **Inland**.

Steuerbar ist nur der **Teil**, der auf das **Inland** entfällt, und zwar die Strecke von München bis zur Grenze (= **100 km**).
Das **anteilige Entgelt** für den steuerbaren Teil der Beförderungsleistung wird wie folgt ermittelt (Abschn. 3b.1 Abs. 6 UStAE):

$$\frac{\mathbf{1.500\,€ \times 100\,km}}{300\,km} = \underline{\mathbf{500\,€}}$$

Die Zugangsberechtigung zu einer Flughafenlounge in Flughäfen stellt eine **unselbständige Nebenleistung** zur Flugbeförderung dar, sodass sich der Leistungsort nach **§ 3b** bestimmt (BMF-Schreiben vom 26.04.2022, abrufbar unter www.bmfschreiben.de).

§ 3b Abs. 1 Sätze 1 und 2 gilt sowohl für sonstige Leistungen an **Unternehmer** (B2B-Fälle) als auch an **Nichtunternehmer** (B2C-Fälle; vgl. auch Abschn. 3b.1 Abs. 1 UStAE).

6.2.3.2 Nicht innergemeinschaftliche Güterbeförderungen an Nichtunternehmer

Eine **nicht** innergemeinschaftliche Güterbeförderung an **Nichtunternehmer** wird **dort** ausgeführt, **wo die Beförderung bewirkt wird (zurückgelegte Beförderungsstrecke bzw. Streckenprinzip**; § 3b Abs. 1 **Satz 3**).
Grenzüberschreitende Güterbeförderungen sind wie grenzüberschreitende Personenbeförderungen zu behandeln, d.h., es ist eine **Aufteilung** in einen **steuerbaren** und einen **nicht steuerbaren** Leistungsanteil vorzunehmen. Nur der **inländische** Teil ist **steuerbar**.

BEISPIEL

Der Transportunternehmer U, Berlin, transportiert für den Privatmann P, Bonn, ein Klavier von Berlin nach Oslo (Norwegen) für ein Entgelt von 450 €.
Die Gesamtstrecke beträgt 1.000 km, davon entfallen 300 km auf das Inland.

Es liegt eine **nicht innergemeinschaftliche Güterbeförderung** an einen Nichtunternehmer i.S.d. § 3b Abs. 1 **Satz 3** vor. **Steuerbar** ist nur der Teil, der auf das Inland entfällt (300 km).
Die steuerbare Beförderungsleistung ist jedoch nach § 4 Nr. 3a **steuerfrei**.

6.2.3.3 Innergemeinschaftliche Güterbeförderung an Nichtunternehmer

Eine **innergemeinschaftliche** Güterbeförderung an Nichtunternehmer wird von dem Ort ausgeführt, von dem die Beförderung des Gegenstandes **beginnt** (**Startort**; § 3b Abs. 3).

BEISPIEL

Der Beamte P, Koblenz, zieht aus beruflichen Gründen von Koblenz nach Brüssel um. Der Frachtführer U, Koblenz, transportiert das Umzugsgut von Koblenz nach Brüssel.

Es liegt eine innergemeinschaftliche Güterbeförderung an einen Nichtunternehmer i.S.d. § 3b **Abs. 3** vor. Ort der innergemeinschaftlichen Güterbeförderung ist **Koblenz**, weil dort die Beförderung **beginnt** (**Startort**).
Die sonstige Leistung ist nach § 1 Abs. 1 Nr. 1 i.V.m. § 3b **Abs. 3 steuerbar**.

ÜBUNG →
1. Wiederholungsfragen 44 bis 46 (Seite 265),
2. Fall 16 (Seite 270)

Zusammenfassung zu Abschnitt 6.2.3:

Art der sonstigen Leistungen	Ort der sonstigen Leistungen	
	B2B-Umsätze	**B2C-Umsätze**
Grundregeln für sonstige Leistungen	Sitzort des Empfängers (§ 3a **Abs. 2**)	Sitzort des Leistenden (§ 3a **Abs. 1**)
Personenbeförderungen	zurückgelegte Beförderungsstrecke (§ 3b Abs. 1 Satz 1 u. Satz 2)	zurückgelegte Beförderungsstrecke (§ 3b Abs. 1 Satz 1 u. Satz 2)
nicht innergemeinschaftliche Güterbeförderungen	Sitzort des Empfängers (§ 3a **Abs. 2**)	zurückgelegte Beförderungsstrecke (§ 3b Abs. 1 Satz 3 i.V.m. Sätzen 1 u. 2)
innergemeinschaftliche Güterbeförderungen	Sitzort des Empfängers (§ 3a **Abs. 2**)	Startort (§ 3b **Abs. 3**)

6.3 Ort des innergemeinschaftlichen Erwerbs (§ 3d UStG)

Ein **innergemeinschaftlicher Erwerb** gegen Entgelt (§ 1a und § 1b) ist nach § 1 Abs. 1 **Nr. 5** nur **steuerbar**, wenn er im **Inland** ausgeführt wird.

Ort des innergemeinschaftlichen Erwerbs ist grundsätzlich das Gebiet des Mitgliedstaates, in dem sich der Gegenstand am **Ende** der Beförderung oder Versendung befindet, d.h. im **Bestimmungsmitgliedstaat** (§ **3d Satz 1**).

Endet die Beförderung oder Versendung im **Inland**, ist der innergemeinschaftliche Erwerb gegen Entgelt in **Deutschland steuerbar** (§ 1 Abs. 1 Nr. 5; § 1a und § 1b und § 3d Satz 1).

BEISPIEL

Der **französische** Unternehmer U mit französischer USt-IdNr., Paris, versendet mit der Bahn eine Maschine im Wert von 10.000 € netto an den **deutschen** Unternehmer A mit deutscher USt-IdNr., Bonn, der die Maschine in seinem Unternehmen einsetzt.

Der **Ort des innergemeinschaftlichen Erwerbs** liegt in **Bonn**, weil dort die Versendung **endet**, sodass der innergemeinschaftliche Erwerb für A in Deutschland **steuerbar ist** (§ 1 Abs. 1 **Nr. 5** i.V.m. § 1a Abs. 1 und § **3d Satz 1**).

Umsatzart nach § 1 i.V.m. § 3 UStG	Ort des Umsatzes	**nicht** steuerbare Umsätze im Inland €	**steuerbare** Umsätze im Inland €	steuerfreie Umsätze im Inland § 4 UStG €	steuerpflichtige Umsätze im Inland €
Erwerb	**Bonn**	—	10.000		

Endet die Beförderung oder Versendung – aus der Sicht des Inlandes – **im übrigen Gemeinschaftsgebiet**, liegt eine steuerfreie innergemeinschaftliche **Lieferung** vor.

BEISPIEL

Der **deutsche** Unternehmer U mit deutscher USt-IdNr., Bonn, versendet mit der Bahn eine Maschine im Wert von 10.000 € netto an den **französischen** Unternehmer A mit französischer USt-IdNr., Paris, der die Maschine in seinem Unternehmen einsetzt.

Der **Ort der** innergemeinschaftlichen **Lieferung** ist **Bonn**, weil dort die Versendung **beginnt** (§ **3 Abs. 6** Satz 1).

Die innergemeinschaftliche **Lieferung** ist für U im Inland **steuerbar** (§ 1 Abs. 1 **Nr. 1** i.V.m. § 6a), jedoch nach § 4 Nr. 1b **steuerfrei**.

Umsatzart nach § 1 i.V.m. § 3 UStG	Ort des Umsatzes	**nicht** steuerbare Umsätze im Inland €	**steuerbare** Umsätze im Inland €	**steuerfreie** Umsätze im Inland § 4 UStG €	steuerpflichtige Umsätze im Inland €
Lieferung	**Bonn**	—	10.000	**10.000**	—

Für den **französischen** Unternehmer **A** liegt ein steuerbarer **innergemeinschaftlicher Erwerb** im Bestimmungsmitgliedstaat (Frankreich) vor.

MERKE → Ein steuerbarer innergemeinschaftlicher **Erwerb** setzt eine **steuerfreie** innergemeinschaftliche **Lieferung** voraus.

Verwendet der Erwerber gegenüber dem Lieferer eine **USt-IdNr.**, die ihm ein **anderer Mitgliedstaat** erteilt hat **als der**, in dem die Beförderung oder Versendung **endet**, so **gilt** der **Erwerb** in dem **Gebiet dieses Mitgliedstaates** als **bewirkt**.

Das Gebiet dieses Mitgliedstaates ist **so lange** für den Ort der Lieferung **maßgebend, bis** der Erwerber **nachweist**, dass der innergemeinschaftliche Erwerb in dem Mitgliedstaat der Umsatzsteuer unterworfen worden ist, in dem die Beförderung oder Versendung des Gegenstandes **geendet** hat (§ 3d **Satz 2**).

BEISPIEL

Der **französische** Unternehmer U mit französischer USt-IdNr., Paris, versendet mit der Bahn Parfüm für 5.000 € netto an den **deutschen** Unternehmer A in Köln.
Unternehmer A, der noch eine Betriebsstätte in den Niederlanden hat, verwendet gegenüber U eine ihm von den **Niederlanden** erteilte **USt-IdNr**.

Der **innergemeinschaftliche Erwerb** durch den deutschen Unternehmer A **gilt** als in den **Niederlanden bewirkt** und unterliegt dort der Umsatzsteuer (§ 3d **Satz 2**).
Von der Umsatzsteuer in den Niederlanden ist der deutsche Unternehmer entbunden, sobald er nachweist, dass der innergemeinschaftliche Erwerb in Deutschland besteuert worden ist (§ 17 Abs. 2 Nr. 4).

Zusammenfassung zu Abschnitt 6.3:

Ort des innergemeinschaftlichen Erwerbs
(§ **3d** UStG)

1. Der Ort des innergemeinschaftlichen Erwerbs befindet sich **grundsätzlich** im **Bestimmungsmitgliedstaat**.
2. **Ausnahme**: Verwendet der Erwerber irrtümlich eine USt-IdNr. eines Mitgliedstaates, die nicht mit der des Bestimmungsmitgliedstaates übereinstimmt, so gilt der **Ausgabestaat der USt-IdNr.** als Ort des innergemeinschaftlichen Erwerbs.

Der **Ort** des innergemeinschaftlichen Erwerbs liegt **grundsätzlich** beim **Abnehmer**.

ÜBUNG →
1. Wiederholungsfrage 47 (Seite 265),
2. Fälle 19 bis 21 (Seite 271)

6.4 Erfolgskontrolle

Wiederholungsfragen

1. Ist es für den Ort der Leistung bedeutsam, ob die Leistung entgeltlich oder unentgeltlich erbracht wurde?
2. Wo ist der Ort der Lieferung bei einer Beförderungslieferung i.S.d. § 3 Abs. 6 Satz 1 UStG?
3. Wo ist der Ort der Lieferung bei einer Versendungslieferung i.S.d. § 3 Abs. 6 Satz 4 UStG?
4. Wo ist der Ort der Lieferung bei einem Abholfall i.S.d. § 3 Abs. 6 Satz 1 UStG?
5. Wo gilt die Lieferung in den Sonderfällen des § 3 Abs.8 UStG als ausgeführt?
6. Um welche beiden Lieferungsarten muss es sich in den Sonderfällen des § 3 Abs. 8 UStG handeln?
7. Für welche Einfuhrländer gilt § 3 Abs. 8 UStG nicht?
8. Wer muss in den Sonderfällen des § 3 Abs. 8 UStG Schuldner der EUSt sein?
9. Wo wird die Lieferung ausgeführt, wenn der Gegenstand der Lieferung nicht befördert oder versendet wird?
10. Wo ist der Ort der Lieferung bei der Beförderungs- oder Versendungslieferung nach § 3 Abs. 6 Satz 1 UStG?
11. Wo ist der Ort der Lieferung nach § 3 Abs. 7 Satz 2 UStG für Lieferungen, die keine Beförderungs- oder Versendungslieferungen sind?
12. Wo liegt der Ort der Lieferung bei einem innergemeinschaftlichen Dreiecksgeschäft?
13. Wer schuldet die Umsatzsteuer bei einem innergemeinschaftlichen Dreiecksgeschäft?
14. Worin besteht die Vereinfachungsregelung des § 25b UStG?
15. Welche Leistungen umfasst der innergemeinschaftliche Fernverkauf?
16. Wo gilt die Lieferung beim innergemeinschaftlichen Fernverkauf als ausgeführt?
17. Wer gehört zum Erwerberkreis der Spezialvorschrift des § 3c UStG?
18. Welche weitere Voraussetzung ist für die Anwendung des § 3c UStG für Halbunternehmer erforderlich?
19. Wie hoch ist die Erwerbsschwelle für Versandumsätze ins Inland?
20. Für welche Umsätze gilt die Umsatzschwelle des § 3c Abs. 4 UStG?
21. Wie hoch ist die einheitliche Umsatzsschwelle?
22. In welchem Fall ist es für einen Unternehmer vorteilhaft, nach § 3c Abs. 4 UStG für das Bestimmungslandprinzip zu optieren?
23. Wie lange ist ein Lieferer an die Option nach § 3c Abs. 4 UStG mindestens gebunden?
24. Wo ist der Ort der Lieferung von Gas, Elektrizität, Wärme oder Kälte nach § 3g UStG, wenn der Abnehmer ein Unternehmer (Wiederverkäufer) ist?
25. Wo ist der Ort der Lieferung von Gas, Elektrizität, Wärme oder Kälte nach § 3g UStG, wenn der Verbrauch durch einen anderen Abnehmer (z.B. privaten Abnehmer) erfolgt?
26. Wo wird die sonstige Leistung bei der Grundregel des § 3a Abs. 2 UStG ausgeführt?
27. Wo wird die sonstige Leistung bei der Grundregel des § 3a Abs. 1 UStG ausgeführt?
28. Welche sonstigen Leistungen fallen unter die Ortsbestimmung des § 3a Abs. 2 UStG? Nennen Sie vier Beispiele.

29. Welche sonstigen Leistungen fallen unter die Spezialvorschrift des § 3a Abs. 3 bis 7 UStG? Nennen Sie vier Beispiele.
30. Wo wird die sonstige Leistung im Zusammenhang mit einem Grundstück ausgeführt?
31. Wo wird die kurzfristige Vermietung eines Beförderungsmittels ausgeführt?
32. Wo ist der Ort der sonstigen Leistung für kulturelle, künstlerische und wissenschaftliche Leistungen?
33. Wo ist der Ort der Restaurationsleistungen, die nicht an Bord eines Schiffs, Luftfahrzeugs oder einer Eisenbahn erbracht werden?
34. Wo ist der Ort der sonstigen Leistung bei Arbeiten an beweglichen körperlichen Gegenständen für Nichtunternehmer?
35. Wo ist der Ort der Vermittlungsleistung an einen Nichtunternehmer?
36. Wo ist der Ort der Vermittlungsleistung an einen Unternehmer?
37. Wo ist der Ort der sonstigen Leistung im Drittlandsgebiet, wenn der Empfänger der Katalogleistung ein Nichtunternehmer ist?
38. Wo ist der Ort der sonstigen Leistung innerhalb des Gemeinschaftsgebiets, wenn der Empfänger der Katalogleistung ein Nichtunternehmer ist?
39. Wo ist der Ort der sonstigen Leistung innerhalb des Gemeinschaftsgebiets, wenn der Empfänger der Katalogleistung ein Unternehmer ist?
40. Wo ist der Ort der sonstigen Leistung für Telekommunikationsdienstleistungen an Nichtunternehmer, wenn der Dienstleister im Gemeinschaftsgebiet ansässig ist?
41. Wo ist der Ort der sonstigen Leistung für Telekommunikationsdienstleistungen an Nichtunternehmer, wenn der Dienstleister im Drittlandsgebiet ansässig ist?
42. Wo ist der Ort der sonstigen Leistung für elektronisch erbrachte Leistungen?
43. Was ist ein One-Stop-Shop?
44. Wo gilt eine innergemeinschaftliche Güterbeförderung nach § 3b Abs. 3 UStG als ausgeführt?
45. Wo ist der Ort der sonstigen Leistung bei einer Personenbeförderung im Inland?
46. Wo ist der Ort der sonstigen Leistung bei einer grenzüberschreitenden Personenbeförderung?
47. Wo liegt grundsätzlich der Ort des innergemeinschaftlichen Erwerbs?

Fälle

FALL 1

Bestimmen Sie bei den Sachverhalten 1 bis 11 den **Ort des Umsatzes** und stellen Sie fest, ob die Leistungen des liefernden Unternehmers im Inland **steuerbar** sind. Nennen Sie dabei die einschlägigen Rechtsgrundlagen.

1. Großhändler G, Hannover, transportiert mit eigenem Lkw Waren für netto 4.000 € zu seinem Abnehmer A nach Bremen.
2. Hersteller H, Paris, hat ein Auslieferungslager in Saarbrücken. H befördert mit der Bahn Waren für netto 5.000 € vom Auslieferungslager Saarbrücken an den Abnehmer A in Mainz.
3. Abnehmer A, Köln, hat beim Hersteller H , Hamburg, eine Maschine für netto 10.000 € gekauft. A holt die Maschine mit eigenem Lkw bei H in Hamburg ab.

4. Buchhändler Hugendubel, München, verkauft und übergibt in seinem Geschäft die „Buchführung 1" für brutto 28 € an die Steuerfachangestellte Margret Herter, Landshut.
5. Großhändler G, Dresden, lässt mit eigenem Lkw Waren für netto 2.500 €, die sein schweizerischer Abnehmer A bestellt hat, durch einen seiner Fahrer von Dresden nach Bern schaffen.
6. Hersteller H, Stuttgart, der in Zürich (Schweiz) ein Auslieferungslager hat, lässt mit der Bahn Waren für netto 6.000 € von seinem Auslieferungslager an einen schweizerischen Abnehmer in Bern befördern.
7. Elektrohändler E, Luxemburg, lässt eine Kühltruhe für netto 500 € durch seinen Angestellten beim Hersteller U in Trier abholen.
8. Der deutsche Großhändler G, Ludwigshafen, befördert mit der Bahn Waren für netto 4.000 €, die der französische Abnehmer A bestellt hat, nach Straßburg.
9. Der deutsche Großhändler G, Hamburg, lässt Waren für netto 4.500 € durch einen Frachtführer zu seinem Abnehmer A nach Amsterdam bringen.
10. Großhändler G, Köln, bringt mit eigenem Lkw Waren für netto 5.000 € zu seinem Abnehmer A nach Bern (Schweiz).
11. Großhändler G, München, transportiert mit eigenem Lkw Waren für netto 6.000 €, die der griechische Abnehmer A bestellt hat, nach Athen.

FALL 2

Maschinenfabrikant M, Bern (Schweiz), bringt eine Maschine für netto 10.000 €, die der Stuttgarter Unternehmer A bestellt hat, mit seinem eigenen Lkw nach Stuttgart. M liefert „verzollt und versteuert", d.h., er lässt die Maschine zoll- und steuerrechtlich zum freien Verkehr abfertigen und entrichtet die Einfuhrumsatzsteuer.

1. Liegt ein Sonderfall der Lieferung i.S.d. § 3 Abs. 8 UStG vor?
2. Welche umsatzsteuerlichen Folgen treten durch die Lieferkondition „verzollt und versteuert" für M ein?
3. Ist die Lieferung für M in Deutschland steuerbar?

FALL 3

Sachverhalt wie im Fall 2 mit dem Unterschied, dass M „unverzollt und unversteuert" liefert. A lässt die Maschine zoll- und steuerrechtlich zum freien Verkehr abfertigen und entrichtet die Einfuhrumsatzsteuer.

1. Liegt ein Sonderfall der Lieferung i.S.d. § 3 Abs. 8 UStG vor?
2. Wo ist der Ort der Lieferung?
3. Ist die Lieferung für M im Inland steuerbar?
4. Ist der Umsatz in Deutschland steuerbar?

FALL 4

Bauunternehmer B in Freiburg hat den Auftrag erhalten, in Baden-Baden ein Geschäftshaus zu errichten. Lieferung und Einbau der Fenster lässt B von seinem schweizerischen Subunternehmer S aus Zürich ausführen.

1. Um welche Leistungsart handelt es sich bei der von Subunternehmer S erbrachten Leistung?
2. Wo ist der Ort der Leistung des Subunternehmers S?
3. Ist die Leistung des S in Deutschland steuerbar?

FALL 5

Der Unternehmer A in Düsseldorf bestellt beim Unternehmer B in Bielefeld Maschinenteile, die dieser bei C in Berlin ordert. C transportiert die Teile vereinbarungsgemäß mit eigenem Lkw direkt zu A nach Düsseldorf.

1. Zwischen welcher Lieferbeziehung liegt die Beförderungslieferung (Lieferung mit Warenbewegung)?
2. Wo ist der Ort der Beförderungslieferung?
3. Zwischen welcher Lieferbeziehung liegt die Lieferung ohne Warenbewegung?
4. Wo ist der Ort der ruhenden Lieferung?

FALL 6

Sachverhalt wie im Fall 5 mit dem Unterschied, dass A die Maschinenteile bei C in Berlin mit eigenem Lkw abholt.

1. Zwischen welcher Lieferbeziehung liegt die Beförderungslieferung (Lieferung mit Warenbewegung)?
2. Wo ist der Ort der Beförderungslieferung?
3. Zwischen welcher Lieferbeziehung liegt die Lieferung ohne Warenbewegung?
4. Wo ist der Ort der ruhenden Lieferung ?

FALL 7

Unternehmer A in Düsseldorf bestellt beim Unternehmer B in Bielefeld Maschinenteile, die dieser bei C in Hamburg und C wiederum bei D in Berlin ordert. B lässt vereinbarungsgemäß die Maschinenteile von Berlin zu A nach Düsseldorf befördern.
B führt keinen besonderen Lieferernachweis.

1. Zwischen welcher Lieferbeziehung liegt die Beförderungslieferung (Lieferung mit Warenbewegung)?
2. Wo ist der Ort der Beförderungslieferung?
3. Zwischen welchen Lieferbeziehungen liegen die Lieferungen ohne Warenbewegung?
4. Wo sind die Orte der ruhenden Lieferungen?

FALL 8

Die Maschinenbaufirma A in Paris (Unternehmer mit französischer USt-IdNr.) bestellt eine Maschine bei einem belgischen Großhändler U 2 in Brüssel (Unternehmer mit belgischer USt-IdNr.).
U 2 hat die Maschine nicht vorrätig und bittet den deutschen Produzenten U 1 in Köln (Unternehmer mit deutscher USt-IdNr.) die Maschine unmittelbar an A zu liefern.
U 1 versendet den Gegenstand an A.
Alle drei Unternehmer geben jeweils die USt-IdNr. ihres Landes an.

1. Liegt ein innergemeinschaftliches Dreiecksgeschäft nach § 25b Abs. 1 UStG vor?
2. Wo liegt der Ort der Lieferung des U 1 an U 2?
3. Ist die Lieferung des U 1 steuerbar?
4. Wo liegt der Ort der Lieferung des U 2 an A?
5. Wer schuldet die Umsatzsteuer für die Lieferung des U 2 an A?

FALL 9

Bestimmen Sie bei den Sachverhalten 1 bis 4 den **Ort des Umsatzes** und stellen Sie fest, in welchem Land die Lieferungen des Unternehmers U **steuerbar** sind. Nennen Sie dabei die einschlägigen Rechtsgrundlagen.

1. Der Privatmann P, Straßburg, lässt sich im Mai 2026 von dem deutschen Elektronikhändler U, Freiburg, eine Stereoanlage per Post für 1.000 € netto zuschicken. Die Umsatzschwelle des U ist überschritten.
2. Der Wohnungsvermieter A, Straßburg, der nur steuerfreie Umsätze ausführt, lässt sich im Juni 2026 von dem deutschen Unternehmer U, Stuttgart, Fenster für 5.000 € netto per Bahn zuschicken. A hat die französische Erwerbsschwelle nicht überschritten und auch nicht für die Erwerbsbesteuerung optiert. Die Umsatzschwelle des U ist überschritten.
3. Der französische Weinhändler U, Chablis, versendet im Juni 2026 per Post eine Kiste Wein an die deutsche Privatperson P, Mainz, für 200 € netto. Die Umsatzschwelle des U ist überschritten.
4. Der deutsche Heizölhändler U, Aachen, befördert im Mai 2026 mit seinem Tankfahrzeug 15.000 l Heizöl für 4.500 € netto an die belgische Privatperson P, Lüttich. Die Umsatzschwelle des U ist überschritten.

FALL 10

Der Buchhändler U, Hamburg, versendet im April 2026 per Post Bücher an Privatpersonen in Warschau für 5.000 € netto.
U hat 2025 die Umsatzschwelle nicht überschritten und wird sie auch 2026 nicht überschreiten.

1. Wo ist der Ort der Lieferung?
2. Ist die Lieferung für U im Inland steuerbar?
3. Ist die Lieferung für U in Polen steuerbar?

FALL 11

Sachverhalt wie im Fall 10 mit dem Unterschied, dass der Buchhändler U auf die Umsatzschwelle verzichtet, d.h., dass er nach § 3c Abs. 4 optiert. Der polnische Umsatzsteuersatz beträgt für Bücher 5 %.

1. Wo ist der Ort der Lieferung?
2. Ist die Lieferung für U im Inland steuerbar?
3. Ist die Option für U wirtschaftlich sinnvoll?

FALL 12

Der deutsche Versandhändler U, Aachen, versendet 2026 per Post normale Handelswaren an Privatpersonen ohne USt-IdNr. in Brüssel.
U hatte 2025 die Umsatzschwelle nicht überschritten. Zu Beginn des Jahres 2026 nimmt U an, dass er sie auch 2026 nicht überschreiten wird.
In Wirklichkeit versendet er bereits bis zum 31.05.2026 jedoch Handelswaren an belgische Privatpersonen ohne USt-IdNr., mit denen er die Umsatzschwelle überschreitet.

1. Wo ist der Ort der Lieferung 2026?
2. Ist die Lieferung für U in 2026 im Inland steuerbar?
3. Ist die Lieferung für U in 2026 in Belgien steuerbar?

FALL 13

Der belgische Unternehmer U, Brüssel, versendet im Februar 2026 per Bahn an die Tennisabteilung des Postsportvereins Koblenz e.V. (Kleinunternehmer) einen Bodenbelag für die Tennishalle des Vereins für 8.000 € netto.
Der Verein hat die Erwerbsschwelle von 12.500 € nicht überschritten und auch nicht für die Erwerbsbesteuerung optiert.
U hatte 2025 die Umsatzschwelle nicht überschritten und wird sie auch 2026 nicht überschreiten.

Sollte U nach § 3c Abs. 4 optieren? (Hinweis: Anhang 1 dieses Buches)
Begründen Sie Ihre Antwort.

FALL 14

Bestimmen Sie bei den Sachverhalten 1 bis 5 den **Ort des Umsatzes** und stellen Sie fest, ob die sonstigen Leistungen des liefernden Unternehmers U im Inland **steuerbar** sind. Nennen Sie dabei die einschlägigen Rechtsgrundlagen.

1. Der Gastwirt U serviert in seiner Gaststätte in München für 3.000 € netto Speisen und Getränke an seine Gäste.
2. Der Unternehmer U, Bochum, vermietet Wohnmobile für Urlaubsreisen. Die Mietfahrzeuge werden in Bochum übergeben. Die Vermietungsdauer liegt zwischen 2 Tagen und 3 Wochen. Die Wohnmobile werden von den Mietern im In- und Ausland genutzt. U weiß nicht, wo die Nutzung erfolgt. Die Bemessungsgrundlage beträgt 3.000 €.
3. Der Hauseigentümer U, Köln, vermietet ein in Aachen gelegenes Mietwohngrundstück an private Mieter für netto 6.000 €.
4. Der amerikanische Wirtschaftswissenschaftler U, Boston, hält im Auftrag des ausschließlich unternehmerisch tätigen OFW (Organisationsforum Wirtschaftskongress e.V., Sitz Köln) an der Uni Köln einen Vortrag für ein Entgelt von 2.500 €. Inhalt des Vortrags, der in Boston erstellt wurde, ist die Erläuterung seiner neuesten Forschungsergebnisse auf dem Gebiet der Globalisierung.
5. Der Handelsvertreter U, der in Mainz sein Büro unterhält, vermittelt für den Unternehmer A, Paris, eine Warenlieferung von Paris nach Rom für netto 100 €. Die Maschine wird mit der Bahn von Paris nach Rom transportiert.

FALL 15

Bestimmen Sie bei den Sachverhalten 1 bis 12 den **Ort des Umsatzes** und stellen Sie fest, ob die sonstigen Leistungen des liefernden Unternehmers U im Inland **steuerbar** sind. Nennen Sie dabei die einschlägigen Rechtsgrundlagen.

1. Der Steuerberater U, der in Bonn seine Praxis hat, übernimmt die steuerliche Beratung eines Unternehmers, der in Paris seinen Sitz hat und der im Inland keine Betriebsstätte unterhält. Die Bemessungsgrundlage beträgt 300 €.
2. Der Rechtsanwalt U, der in Köln seine Kanzlei hat, führt für den Unternehmer A, der seinen Sitz in Bern (Schweiz) hat, in Köln einen Prozess für netto 250 €.
3. Der Steuerberater U, der in Nürnberg seine Praxis hat, übernimmt die steuerliche Beratung für den Privatmann P, der in Oslo (Norwegen) seinen Wohnsitz hat, für ein Entgelt von 200 €.

4. Der deutsche Unternehmer U, Ludwigshafen, vermietet einem französischen Bauunternehmer, Straßburg, einen Ladekran, der ausschließlich auf einer Baustelle in Straßburg (Frankreich) eingesetzt wird für 900 € netto.
5. Der Unternehmer U, Flensburg, vermietet Fernsehgeräte an Privatpersonen in Dänemark für ein Entgelt von insgesamt 1.000 €.
6. Der Computerhersteller U, Zürich (Schweiz), vermietet eine EDV-Anlage an einen Nichtunternehmer in Köln für netto 300 €. Die Anlage wird in Köln genutzt.
7. Der deutsche Steuerberater U, Düsseldorf, berät den Schweizer P, der Nichtunternehmer ist und in Bern wohnt, in Fragen des deutschen Einkommensteuerrechts für ein Entgelt von 200 €.
8. Der Architekt U erstellt in seinem Büro in Hannover für einen deutschen Bauherrn die Bauzeichnung für ein Ferienhaus in Zürich (Schweiz) für netto 40.000 €.
9. Der Maschinenbauunternehmer U mit Sitz in München beauftragt den Spediteur S aus Dachau eine Maschine von München nach Bern (Schweiz) transportieren zu lassen. S erhält dafür ein Entgelt.
10. Der Maschinenbauunternehmer U mit Sitz in München beauftragt den Schweizer Frachtführer F, Bern, die Maschine aus Nr. 9 von Bern nach Zürich zu transportieren. F erhält dafür ein Entgelt.
11. Der Unternehmer A, Düsseldorf, lässt durch den niederländischen Spediteur S eine Ware von Amsterdam nach Düsseldorf für ein Entgelt von 2.000 € transportieren. Dabei verwendet der Unternehmer A seine deutsche USt-IdNr.
12. Der Unternehmer A, Madrid, beauftragt den Transportunternehmer S, Freiburg, mit dem Transport einer Maschine von Amsterdam nach Straßburg für ein Entgelt von 5.000 €.

FALL 16

Bestimmen Sie bei den Sachverhalten 1 bis 7 den **Ort der Leistung**. Ist die Leistung im Inland steuerbar? Nennen Sie dabei die einschlägigen Rechtsgrundlagen.

1. Omnibusunternehmer Welter aus Düsseldorf befördert die Mitglieder des Gesangvereins „Düsseldorfer Spatzen“ zu einem „Sängerwettstreit“ nach München und zurück.
2. Omnibusunternehmer Welter aus Düsseldorf befördert für Textilgroßhändler Günther aus Düsseldorf dessen Belegschaft zu einem Betriebsausflug nach Köln und zurück.
3. Omnibusunternehmer Welter aus Düsseldorf befördert die Mitglieder des Gesangvereins „Düsseldorfer Spatzen“ zu einem „Sängerwettstreit“ nach Wien und zurück.
4. Transportunternehmer Tauber aus Bochum befördert für den Bankangestellten Hermann aus Essen ein Klavier von Wuppertal nach Essen.
5. Transportunternehmer Tauber aus Bochum befördert für den Hersteller Hartung aus Essen eine Warenlieferung von Essen nach Wuppertal.
6. Der Transportunternehmer U, Bonn, transportiert für den Privatmann P, Bonn, ein Klavier von Bonn nach Köln. Die Gesamtkosten der Beförderungsleistung betragen 250 € netto.
7. Der Transportunternehmer U, Berlin, transportiert für den Privatmann P, Berlin, ein Klavier von Berlin nach Belgrad (Serbien) für ein Entgelt von 450 €. Die Gesamtstrecke beträgt 1.000 km, davon entfallen 100 km auf das Inland.

FALL 17

Möbeleinzelhändler U, Saarbrücken, entnimmt Möbel im Wert von 2.500 € netto (aktuelle Wiederbeschaffungskosten) aus seinem Unternehmen, die er seinen beiden Töchtern Monika und Mechthild zur Hochzeit schenkt und ihnen durch einen Spediteur zusendet. Monika wohnt in Saarbrücken, Mechthild wohnt in Straßburg (Frankreich).

1. Wo ist der Ort der unentgeltlichen Lieferung?
2. Ist der Sachverhalt im Inland steuerbar?

FALL 18

Der Kfz-Meister U, Aachen, lässt an seinem betrieblichen Fahrzeug (sog. Neufahrzeug) die routinemäßige Inspektion in seiner Werkstatt durchführen. Für die Inspektion hätte er einem Kunden 400 € netto berechnet. Anschließend fährt U mit dem betrieblichen Pkw in Urlaub nach Belgien. Von der Urlaubsfahrt entfallen lt. Fahrtenbuch 20 km auf das Inland und 750 km auf das Ausland. Die Kosten für die Urlaubsfahrt betragen 1.000 € netto.

1. Beschreiben Sie den Umfang und den Ort der erbrachten Leistungen.
2. Ist der Sachverhalt im Inland steuerbar?

FALL 19

Der niederländische Unternehmer U mit niederländischer USt-IdNr., Amsterdam, befördert mit eigenem Lkw normale Handelswaren für 4.300 € netto an den deutschen Unternehmer A mit deutscher USt-IdNr., Düsseldorf, der die Ware für sein Unternehmen verwendet.

1. Um welche Umsatzart handelt es sich für den deutschen Unternehmer A?
2. Wo ist der Ort des Umsatzes für den deutschen Unternehmer A?
3. Ist der Umsatz für A im Inland steuerbar?

FALL 20

Der französische Unternehmer U mit französischer USt-IdNr., Paris, befördert mit eigenem Lkw normale Handelswaren für 10.000 € netto an den deutschen Unternehmer A nach Lüttich (Belgien). A, der in Lüttich und in Aachen eine Betriebsstätte hat, verwendet gegenüber U irrtümlich seine deutsche USt-IdNr.

1. Um welche Umsatzart handelt es sich für den deutschen Unternehmer A?
2. Wo ist der Ort des Umsatzes für den deutschen Unternehmer A?
3. Ist der Umsatz für A im Inland steuerbar?

FALL 21

Der Bauunternehmer U, Stuttgart, erwirbt für seine im Betrieb nicht mitarbeitende Ehefrau von einem französischen Kfz-Händler in Paris einen neuen Pkw für 40.000 € und bringt ihn selbst nach Deutschland.

1. Um welche Umsatzart handelt es sich?
2. Wo ist der Ort des Umsatzes?
3. Ist der Umsatz für U im Inland steuerbar?

Weitere Fälle mit Lösungen zum Ort des Umsatzes finden Sie im **Lösungsbuch** der Steuerlehre 1. A L

Zusammenfassende Erfolgskontrolle zum 1. bis 6. Kapitel

Prüfen Sie, ob folgende Umsätze für den Unternehmer U im Inland **steuerbar** oder **nicht steuerbar** sind. Verwenden Sie dabei die folgende **Lösungstabelle**.

Tz.	Umsatzart nach § 1 i. V. m. **§ 3 UStG**	**Ort des Umsatzes**	**nicht** steuerbare Umsätze im Inland €	**steuerbare** Umsätze im Inland €
1.				
2.				
usw.				

1. Der Aachener Maschinenfabrikant U verkauft eine Maschine für 10.000 € netto nach Lüttich (Belgien). Der Käufer holt die Maschine mit eigenem Lkw in Aachen ab.
2. Der Hobbygärtner U aus Mainz verkauft in jedem Jahr Erdbeeren aus seinem Garten an Passanten. In diesem Jahr erlöst er 400 € netto. Im Vorjahr waren es 300 € netto.
3. Der Architekt U, der sein Büro in Köln hat, fertigt für 2.000 € netto den Bauplan für ein in Bonn gelegenes Wohnhaus an und übernimmt auch die Bauleitung. 70 % seiner Tätigkeit verrichtet er in seinem Büro in Köln.
4. Der Steuerberater U, dessen Büro sich in Saarbrücken befindet, vertritt für 300 € netto einen Privatmann aus Bern (Schweiz) in einer Erbschaftsteuersache vor dem Finanzgericht in Saarbrücken.
5. Der Möbelfabrikant U, Stuttgart, liefert Möbel für 30.000 € netto nach Bern (Schweiz). Er bringt die Möbel mit eigenem Lkw zur Privatperson A.
6. Der Freiburger Unternehmer U macht mit seinem betrieblichen Pkw (sog. Neufahrzeug) eine Urlaubsreise in die Schweiz. Von den Fahrtkosten entfallen 100 € netto auf die Strecke im Inland und 300 € netto auf die Strecke im Ausland. Zusätzlich sind 80 € vorsteuerfreie Kosten angefallen.
7. F, Frachtführer aus Kiel, befördert für einen Hersteller aus Norwegen leere Konservendosen für 2.500 € netto von Kiel nach Norwegen. Die Verkehrsstrecke beträgt 1.300 km. Davon entfallen 300 km auf das Inland.
8. Der Schreinermeister U in Hannover repariert einen Schreibtisch seines Büros. Die Reparatur verursacht Kosten in Höhe von 40 € netto.
9. Der Gastwirt U serviert in seiner Gaststätte in Passau für netto 5.000 € Speisen und Getränke an seine Gäste.
10. Die Privatperson A, Köln, bekommt von dem türkischen Unternehmer U, Istanbul, mittels Internet die Möglichkeit eröffnet, Software für 150 € netto auf ihre Anlage zu überspielen. Sie macht von dieser Möglichkeit Gebrauch.
11. Das deutsche Energieversorgungsunternehmen U liefert an einen österreichischen Energieversorger mit Sitz in Linz (AT) Elektrizität für 150.000 €. Der Energieversorger liefert die Elektrizität seinerseits an private Abnehmer mit unterschiedlichem Verbrauchsort in Österreich.

7 Steuerbefreiungen

Bisher wurde untersucht, ob bestimmte Umsätze im Inland **steuerbar** sind oder **nicht**.

Im Folgenden wird **geprüft**, ob die **steuerbaren** Umsätze im Inland **steuerfrei** sind oder **nicht**.

Steuerbare Umsätze im Inland, die **nicht steuerfrei** sind, sind – wie das folgende Schaubild zeigt – **steuerpflichtig**.

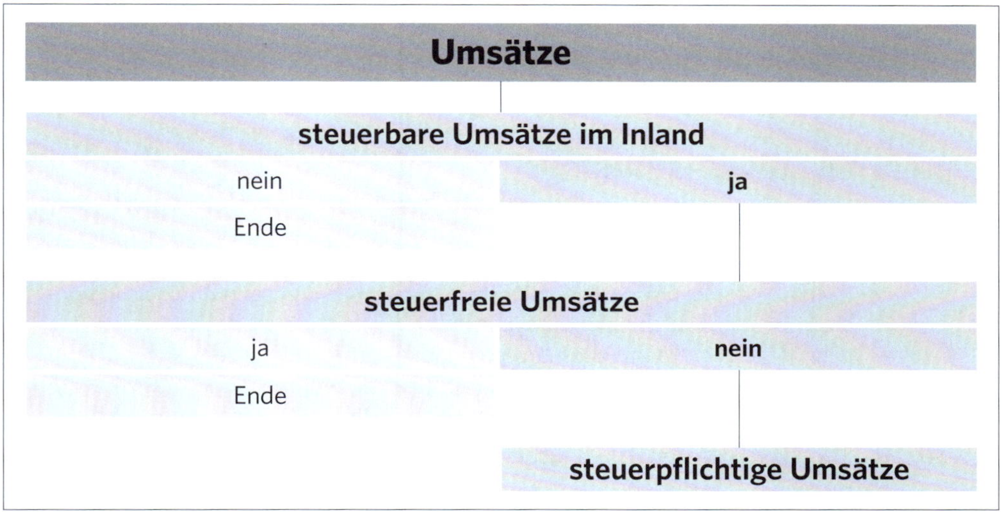

Die **steuerfreien Umsätze** werden in der folgenden Reihenfolge erläutert:

1. steuerfreie Umsätze **ohne** Vorsteuerabzug (§ 4 **Nrn. 8 bis 29**) und
2. steuerfreie Umsätze **mit** Vorsteuerabzug (§ 4 **Nrn. 1 bis 7**).

7.1 Steuerfreie Umsätze ohne Vorsteuerabzug

Neben der **Steuerfreiheit des Exports**, die zum **Ziel** hat, die inländischen Gegenstände **ohne Umsatzsteuerbelastung** dem ausländischen Markt zuzuführen, werden bestimmte **Inlandsumsätze** aus sozialen, kulturellen und haushaltsmäßigen Gründen ebenfalls von der Umsatzsteuer **befreit** (§ 4 **Nrn. 8 bis 29**).

Die Finanzverwaltung hatte im Zuge der **Bekämpfung der Corona-Pandemie alle** Leistungen der in **§ 4 Nr. 18** genannten Einrichtungen, die im **unmittelbaren Zusammenhang** mit der Eindämmung und Bekämpfung der Corona-Pandemie stehen, für die Veranlagungszeiträume **2020 bis 2023 steuerfrei** gestellt. **Zum 01.01.2024** ist diese **Befreiung entfallen.**

Die **Befreiung der Inlandsumsätze** nach § 4 **Nrn. 8 bis 29** führt grundsätzlich zum **Ausschluss** des **Vorsteuerabzugs** (§ 15 Abs. 2 Satz 1 Nr. 1).

MERKE →	**Steuerfreie Inlandsumsätze** führen grundsätzlich zum **Ausschluss des Vorsteuerabzugs** (Ausschlussumsätze).

Zu den **steuerfreien Umsätzen ohne Vorsteuerabzug** nach § 4 **Nrn. 8 bis 29** gehören z. B.:

§ 4 **Nr. 8**	Geld-, Kapital- und Kreditumsätze, auch Negativzinsen (BMF v. 21.06.2016)
§ 4 **Nr. 9**	**Konkurrenz zu anderen Verkehrsteuern** (z. B. **Grunderwerbsteuer**) (z. B. Entnahme eines Grundstücks aus dem Unternehmen, BMF-Schreiben vom 22.09.2008, BStBl. 2008 I, S. 895 f.),
§ 4 **Nr. 10**	**Versicherungsumsätze**,
§ 4 **Nr. 11**	Bausparkassenvertreter, Versicherungsvertreter, Versicherungsmakler i. S. d. Art. 135 Abs. 1 Buchstabe a MwStSystRL,
§ 4 **Nr. 12**	**Vermietungen und Verpachtungen** (z. B. Vermietung von Wohnungen in einem Mietwohngrundstück),
§ 4 **Nr. 13**	Leistungen durch Gemeinschaften der Wohnungseigentümer,
§ 4 **Nr. 14**	**Umsätze der Heilberufe** (z. B. als Arzt, Zahnarzt, Heilpraktiker, Krankengymnast, Hebamme, **Podologin** = medizinische Fußpflegerin), **Krankenhausbehandlungen** sind steuerfrei, wenn es sich um ein zugelassenes Krankenhaus nach § 108 des Fünften Buches Sozialgesetzbuch handelt **oder** die Leistungen **in sozialer Hinsicht** unter vergleichbaren Bedinungen z. B. eines öffentlich-rechtlichen Krankenhauses erbracht werden. Heilberufliche Leistungen sind **nur steuerfrei**, wenn bei der Tätigkeit (z. B. Untersuchung, Attest) ein **therapeutisches Ziel** im Vordergrund steht.
§ 4 **Nr. 15**	Sozialversicherung, Grundsicherung für Arbeitssuchende, Sozialhilfe,
§ 4 **Nr. 16**	Leistungen zur Betreuung oder Pflege körperlich, kognitiv oder psychisch hilfsbedürftiger Personen (inkl. Verfahrenspfleger),
§ 4 **Nr. 17**	Lieferung von menschlichen Organen, menschlichem Blut und Frauenmilch; Krankenbeförderungen,
§ 4 **Nr. 18**	eng mit der **Sozialfürsorge** und der **sozialen Sicherheit** verbundene Leistungen von Einrichtungen des **öffentlichen Rechts** oder anderen Einrichtungen, die **keine systematische Gewinnerzielung** anstreben
§ 4 **Nr. 19**	Umsätze der Blinden und Blindenwerkstätten,
§ 4 **Nr. 20**	Umsätze durch kulturelle Einrichtungen,
§ 4 **Nr. 21**	Schul- und Bildungszwecke, inkl. Schul- und Hochschulunterricht von Privatlehrern
§ 4 **Nr. 22**	Veranstaltungen wissenschaftlicher, belehrender oder sportlicher Art,
§ 4 **Nr. 23**	Erziehungs-, Ausbildungs- und Fortbildungszwecke, einschl. Beherbergung
§ 4 **Nr. 24**	Leistungen des Deutschen Jugendherbergswerkes,
§ 4 **Nr. 25**	Leistungen der Jugendhilfe (inkl. Verfahrensbeistände),
§ 4 **Nr. 26**	ehrenamtliche Tätigkeit,
§ 4 **Nr. 27**	Gestellung von Mitgliedern geistlicher Genossenschaften,
§ 4 **Nr. 28**	**Lieferung bestimmter Gegenstände** (z. B. ein Arzt verkauft einen Gegenstand seiner Praxiseinrichtung).
§ 4 **Nr. 29**	Leistungen von **Kostengemeinschaften** an deren Mitglieder, wenn deren Mitglieder dem Gemeinwohl dienende Leistungen ausführen.

Vermietung und Verpachtung von Grundstücken

Die Steuerbefreiung nach § 4 Nr. 12 Buchstabe a) gilt **nicht** nur für die Vermietung und die Verpachtung von **ganzen** Grundstücken, sondern **auch** für die Vermietung und Verpachtung von **Grundstücksteilen**. Hierzu gehören insbesondere Gebäude und Gebäudeteile wie **Stockwerke**, **Wohnungen** und **einzelne Räume**. Steuerfrei ist **auch** die **Überlassung von Werksdienstwohnungen** durch Arbeitgeber an Arbeitnehmer, wenn sie mehr als sechs Monate dauert (Abschn. 4.12.1 Abs. 3 Satz 6 UStAE). Zu den nach § 4 Nr. 12 Buchstabe a) steuerfreien Leistungen der Vermietung und Verpachtung von Grundstücken gehören **auch** die damit in unmittelbarem wirtschaftlichen Zusammenhang stehenden **üblichen Nebenleistungen**.

Als **Nebenleistungen** anzusehen sind die Lieferung von **Wärme**, die Versorgung mit **Wasser**, auch mit **Warmwasser**, die Überlassung von **Waschmaschinen**, die **Flur- und Treppenreinigung,** die **Treppenbeleuchtung** sowie die **Lieferung von Strom** durch den Vermieter (Abschn. 4.12.1 Abs. 5 Satz 3 UStAE).

BEISPIEL

Der Rentner und Hauseigentümer U erzielt aus seinem in Köln gelegenen gemischt genutzten Grundstück Einnahmen aus der **Vermietung von Wohnungen an Privatpersonen** in Höhe von 6.000 € netto.

Rentner U übt mit seiner Vermietung eine **unternehmerische Tätigkeit i. S. d. § 2** aus. Seine Wohnungsvermietung erfüllt den Tatbestand der inländischen **Steuerbarkeit** (§ 1 Abs. 1 Nr. 1 i. V. m. § 3a Abs. 3 Nr. 1a). Aufgrund des § 4 **Nr. 12 Buchstabe a)** ist der Umsatz jedoch **steuerfrei**.

Da es sich bei der Wohnungsvermietung um einen **Ausschlussumsatz** handelt, kann U insoweit **keinen Vorsteuerabzug** in Anspruch nehmen (§ 15 Abs. 2 Satz 1 Nr. 1). Die von anderen Unternehmern in Rechnung gestellten Umsatzsteuerbeträge stellen für U Kosten dar.

Umsatzart nach § 1 i. V. m. § 3 UStG	Ort des Umsatzes	**nicht** steuerbare Umsätze im Inland €	**steuerbare** Umsätze im Inland €	**steuerfreie** Umsätze im Inland § 4 UStG €	steuerpflichtige Umsätze im Inland €
sonstige Leistung	**Köln**	—	6.000	**6.000**	—

U hat die **steuerfreien Umsätze** in seiner **Umsatzsteuer-Voranmeldung 2026** in **Zeile 23** (**Kennzahl 48**) einzutragen:

23	**Steuerfreie Umsätze ohne Vorsteuerabzug** Umsätze nach § 4 Nr. 8 bis 29 UStG	Kz **48**	**6.000**	**—**			

Keine Nebenleistung ist die Lieferung von **Heizgas** und **Heizöl**. Die **Steuerbefreiung** des § 4 Nr. 12 Buchstabe a) **gilt** ebenfalls **nicht** für **mitvermietete Einrichtungsgegenstände** (z. B. Büromöbel, Abschn. 4.12.1 Abs. 3 Satz 4 UStAE).

ÜBUNG →
1. Wiederholungsfragen 1 bis 4 (Seite 287),
2. Fälle 1 und 2 (Seite 287)

7.2 Steuerfreie Umsätze mit Vorsteuerabzug

Der Unternehmer kann **Vorsteuerbeträge**, die im Zusammenhang mit **steuerfreien** Umsätzen stehen, **grundsätzlich nicht abziehen** (§ 15 Abs. 2 Satz 1 Nr. 1).
Eine **Ausnahme** von dieser grundsätzlichen Regelung bilden **gem. § 15 Abs. 3** z. B. die **steuerfreien** Umsätze nach **§ 4 Nrn. 1 bis 7**.
Zu den **steuerfreien Umsätzen** nach **§ 4 Nrn. 1 bis 7**, bei denen der Vorsteuerabzug trotz Steuerfreiheit dennoch möglich ist (§ 15 Abs. 3), gehören insbesondere:

- § 4 **Nr. 1** a) die **Ausfuhrlieferungen (§ 6)** und die Lohnveredelungen an Gegenständen der Ausfuhr (§ 7),
  b) die **innergemeinschaftlichen Lieferungen (§ 6a)**,
- § 4 Nr. 2 die Umsätze für die Seeschifffahrt und für die Luftfahrt (§ 8),
- § 4 Nr. 3 bestimmte sonstige Leistungen (z. B. **grenzüberschreitende Güterbeförderung**).

Nach dem Aufbau der **Umsatzsteuer-Voranmeldung 2026** werden die **steuerfreien Umsätze** nach **§ 4 Nrn. 1 bis 7** in **zwei Gruppen** zusammengefasst:

1. **steuerfreie innergemeinschaftliche Lieferungen** (§ **4 Nr. 1 Buchstabe b**) und
2. **weitere steuerfreie Umsätze mit Vorsteuerabzug** (z. B. **Ausfuhrlieferungen** nach § 4 **Nr. 1 Buchstabe a)**, Umsätze nach § 4 Nrn. 2 bis 7).

7.2.1 Steuerfreie innergemeinschaftliche Lieferungen

Eine **steuerfreie innergemeinschaftliche Lieferung** liegt nach § 4 **Nr. 1 Buchstabe b)** i. V. m. **§ 6a** Abs. 1 vor, wenn folgende **Voraussetzungen** erfüllt sind:

1. **Beförderungs-** oder **Versendungslieferung** (§ 3 **Abs. 6**)
2. durch den liefernden **Unternehmer** oder **Abnehmer**
3. **vom Inland**
4. **in** das **übrige Gemeinschaftsgebiet**.
5. **Abnehmer** ist entweder
   1. ein in einem **anderen** Mitgliedstaat für Zwecke der Umsatzsteuer erfasster **Unternehmer**, der den Gegenstand **für sein Unternehmen** erwirbt, **oder**
   2. eine in einem **anderen** Mitgliedstaat für Zwecke der Umsatzsteuer erfasste **juristische Person**, die **nicht** als **Unternehmer** tätig ist **oder** die den Gegenstand der Lieferung **nicht für** ihr **Unternehmen** erwirbt, **oder**
   3. eine **Privatperson**, die ein **neues Fahrzeug** erwirbt.
6. Erwerb unterliegt der **Erwerbsbesteuerung**.
7. **Abnehmer** (Unternehmer oder juristische Person) verwendet eine **gültige USt-IdNr**.
8. **Liefernder Unternehmer** erfasst die Lieferung sachgerecht in seiner **Zusammenfassenden Meldung** (§ 18a).

Die **Voraussetzungen** für die **Steuerbefreiung** der innergemeinschaftlichen Lieferung **müssen** vom liefernden Unternehmer **nachgewiesen werden** (§ 6a Abs. 3 Satz 1). Dies geschieht durch **Beleg- und Buchnachweis** (§§ 17a bis 17c UStDV).

Die Vorschriften für den Beleg- und Buchnachweis in der UStDV wurden zuletzt durch das Jahressteuergesetz 2019 geändert. Dabei wurden **neue unionsrechtliche** Belegnachweise in § 17a UStDV eingeführt. Die bisherigen Nachweise finden sich in § 17b UStDV und behalten weiter ihre **Gültigkeit** (Gelangensbestätigung, Spediteursbescheinigung, Frachtbrief).

In vielen Betrieben stellt die Gelangensbestätigung noch immer eine Hürde im EU-Export dar.

7.2.1.1 Lieferungen an Abnehmer mit USt-IdNr.

Der liefernde Unternehmer kann grundsätzlich davon ausgehen, dass der Erwerber eines Gegenstandes der **Erwerbsbesteuerung** unterliegt, wenn der **Abnehmer** beim Erwerb seine **USt-IdNr.** angibt.

Damit gibt der Abnehmer dem liefernden Unternehmer zu verstehen, dass er den Gegenstand im Ursprungsland **steuerfrei** einkaufen und den Erwerb im Bestimmungsland der **Erwerbsbesteuerung** unterwerfen will.

Der Lieferer sollte die vom Erwerber angegebene **USt-IdNr.** im Rahmen eines **qualifizierten Auskunftsverfahrens** beim Bundeszentralamt für Steuern **überprüfen** (z.B. online unter: https://evat.bff-online.de/evat/). Aus Beweisgründen sollte in Zweifelsfällen das Ergebnis der Prüfabfrage ausgedruckt werden – ansonsten droht in Betrugsfällen nachträglich die Aberkennung der Steuerfreiheit, mit der Folge, dass der Lieferer die Steuer schuldet.

BEISPIEL

Der **deutsche** Unternehmer U mit deutscher USt-IdNr., Bonn, versendet im Dezember 2026 von Bonn mit der Bahn eine Maschine für 10.000 € netto an den französischen Unternehmer A mit französischer USt-IdNr., Paris, der die Maschine in seinem Unternehmen einsetzt. Seine innergemeinschaftlichen Lieferungen nach Frankreich haben im letzten Kalendervierteljahr 2026 mehr als 50.000 Euro betragen.

Für U ist die **innergemeinschaftliche Lieferung steuerbar** (§ 1 Abs. 1 Nr. 1 i. V. m. § 3 Abs. 6) und bei entsprechendem Nachweis nach § 4 **Nr. 1b** i. V. m. § 6a Abs. 1 **steuerfrei**.

Umsatzart nach § 1 i. V. m. § 3 UStG	Ort des Umsatzes	**nicht** steuerbare Umsätze im Inland €	**steuerbare** Umsätze im Inland €	**steuerfreie** Umsätze im Inland § 4 Nr. ... UStG €	steuerpflichtige Umsätze im Inland €
Lieferung	**Bonn**	—	10.000	**10.000**	—

Der **deutsche** Unternehmer U hat die **steuerfreie innergemeinschaftliche Lieferung** in seiner **Umsatzsteuer-Voranmeldung 2026** in **Zeile 19** (**Kennzahl 41**) einzutragen:

		Bemessungsgrundlage ohne Umsatzsteuer	Steuer
		EUR	EUR Ct
	B. Steuerfreie Lieferungen, sonstige Leistungen und unentgeltliche Wertabgaben		
	Steuerfreie Umsätze mit Vorsteuerabzug		
	Innergemeinschaftliche Lieferungen (§ 4 Nummer 1 Buchstabe b UStG)		
19	an Abnehmer **mit** Umsatzsteuer-Identifikationsnummer	41 10.000	

Über die in **Zeile 19** der **Umsatzsteuer-Voranmeldung 2026** einzutragenden **steuerfreien innergemeinschaftlichen Lieferungen** sind **vierteljährlich** durch die amtlich bestimmte Schnittstelle **Zusammenfassende Meldungen - ZM** - an das Bundeszentralamt für Steuern elektronisch zu übermitteln (§ 18a).

Die Zusammenfassende Meldung ist **monatlich** abzugeben, wenn die Summe der Bemessungsgrundlagen für innergemeinschaftliche Warenlieferungen und Dreiecksgeschäfte im Kalendervierteljahr **mehr als 50.000 Euro** beträgt (§ 18a Abs. 1 **Satz 3**).

BEISPIEL

Sachverhalt wie im Beispiel zuvor. Der **deutsche** Unternehmer U trägt die **steuerfreie innergemeinschaftliche Lieferung** in der **Zusammenfassenden Meldung** für Dezember **2026** wie folgt ein (monatliche Abgabe zwingend gem. § 18a Abs. 1 Satz 3):

Zeile	1		2		3
	Länder-kennzei-chen	**USt-IdNr.** des Erwerbers/ Unternehmers in einem anderen Mitgliedstaat	Summe der Bemessungsgrundlagen EUR	Ct	Sonstige Leistungen (falls JA, bitte „1“ eintragen) Dreiecksgeschäfte (falls JA, bitte „2“eintragen)
1	**FR**	99999999999	**10.000**	**-**	

Die **Steuerfreiheit** der innergemeinschaftlichen Lieferung **entfällt**, wenn der Unternehmer seiner Pficht zur Abgabe der Zusammenfassenden Meldung **nicht** nachgekommen ist oder er die Zusammenfassende Meldung im Hinblick auf die jeweilige Lieferung **unrichtig** oder **unvollständig** abgegeben hat (§ 4 Nr. 1 Buchstabe b)).

Von der Zusammenfassenden Meldung zu unterscheiden sind die Intrastat-Meldungen. In den **Intrastat-Anmeldungen** sind neben den Warenlieferungen in das übrige Gemeinschaftsgebiet auch die aus dem EU-Gebiet bezogenen Waren (Wareneingang) zu erklären.

Die Intrastat-Anmeldeschwelle liegt für Waren**eingänge** bei **800.000 Euro**, die Grenze bei Waren**ausgängen** liegt bei 500.000 Euro.

ÜBUNG →
1. Wiederholungsfragen 5 bis 7 (Seite 287),
2. Fälle 3 bis 5 (Seite 288)

7.2.1.2 Lieferung neuer Fahrzeuge an Abnehmer ohne USt-IdNr.

Werden **neue Fahrzeuge** an **Abnehmer ohne USt-IdNr.** vom **Inland** in das **übrige Gemeinschaftsgebiet** geliefert, liegt ebenfalls eine **steuerfreie innergemeinschaftliche Lieferung** vor (§ 6a Abs. 1 **Nr. 2 Buchstabe c)**), weil **neue Fahrzeuge** im **Bestimmungsland** in jedem Fall der **Erwerbsbesteuerung** unterliegen.

Die **steuerfreien innergemeinschaftlichen Lieferungen neuer Fahrzeuge** an **Abnehmer ohne USt-IdNr.** sind in der **Umsatzsteuer-Voranmeldung 2026** in einer **besonderen Zeile** (Zeile 19, Kennzahl 44 siehe unten) aufzuführen.

BEISPIEL

Der **deutsche** Autohändler U, Dortmund, verkauft in Dortmund an den **niederländischen Privatmann P** einen **neuen Pkw** für 20.000 € netto, der den Pkw in die Niederlande fährt. P hat als Privatmann keine USt-IdNr. In den Niederlanden meldet P das Fahrzeug an und schickt anschließend U die Zulassungsbescheinigung dieser Anmeldung.

Für U ist die innergemeinschaftliche Lieferung **steuerbar** (§ 1 Abs. 1 Nr. 1 i. V. m. § 3 Abs. 6) und bei entsprechendem Nachweis nach § 4 **Nr. 1 Buchstabe b)** i. V. m. § 6a Abs. 1 **steuerfrei**.

Umsatzart nach §1 i.V.m. §3 UStG	Ort des Umsatzes	**nicht** steuerbare Umsätze im Inland €	**steuerbare** Umsätze im Inland €	**steuerfreie** Umsätze im Inland §4 Nr. ... UStG €	steuerpflichtige Umsätze im Inland €
Lieferung	Dortmund	—	20.000	**20.000**	—

Der **deutsche** Unternehmer **U** hat die **steuerfreie innergemeinschaftliche Lieferung** in seiner **Umsatzsteuer-Voranmeldung 2026** in **Zeile 20** (**Kennzahl 44**) einzutragen:

			Bemessungsgrundlage ohne Umsatzsteuer	Steuer
			EUR	EUR Ct
	B. Steuerfreie Lieferungen, sonstige Leistungen und unentgeltliche Wertabgaben			
	Steuerfreie Umsätze mit Vorsteuerabzug **Innergemeinschaftliche Lieferungen** (§ 4 Nummer 1 Buchstabe b UStG)			
19	an Abnehmer **mit** Umsatzsteuer-Identifikationsnummer	41	**20.000**	
21	neuer Fahrzeuge außerhalb eines Unternehmens (§ 2a UStG)	49		

Veräußert ein Unternehmer (z.B. Kfz-Händler) **keine neuen Fahrzeuge**, sondern **sonstige Gegenstände** (z.B. Gebrauchtwagen) an Abnehmer **ohne USt-IdNr.**, dann gelten für diese Geschäfte die **allgemeinen umsatzsteuerlichen Regeln** (Besteuerung im Ursprungsland).

ÜBUNG →	1. Wiederholungsfrage 8 (Seite 287), 2. Fälle 6 bis 8 (Seite 288)

7.2.2 Weitere steuerfreie Umsätze mit Vorsteuerabzug

Zu den **weiteren steuerfreien Umsätzen mit Vorsteuerabzug** gehören u.a. die **steuerfreien Ausfuhrlieferungen**. Dienstleistungen im Zusammenhang mit Ein- und Ausfuhren sind jedoch nicht immer steuerfrei, sondern nur dann, wenn sie zur Durchführung der Lieferung benötigt und an den Abnehmer direkt erbracht werden (Urteil des EuGH vom 29.06.2017).

Eine **steuerfreie Ausfuhrlieferung** liegt nach §4 **Nr. 1 Buchstabe a)** i.V.m. **§6** Abs. 1 Satz 1 **Nr. 1 und Nr. 2** vor, wenn folgende **Voraussetzungen** erfüllt sind:

1. **Beförderungs-** oder **Versendungslieferung** (§3 **Abs. 6**)
2. durch den liefernden **Unternehmer** oder den **ausländischen Abnehmer**
3. **vom Inland**
4. **in** das **Drittlandsgebiet**.

Die **Voraussetzungen** für die **Steuerbefreiung** der Ausfuhrlieferung müssen vom liefernden Unternehmer **nachgewiesen** werden (§ 6 Abs. 4). Dies geschieht durch **Ausfuhrnachweis** (§§ 9 und 10 UStDV) und **Buchnachweis** (§ 13 UStDV). Mit Schreiben vom 23.01.2015 sowie 19.06.2015 hat das BMF zu bestimmten Fallkonstellationen und Zweifelsfragen (Ausfuhrnachweis) Stellung genommen, die nicht ausdrücklich im Umsatzsteuer-Anwendungserlass geregelt sind. Die **Lieferung** durch einen Unternehmer oder Abnehmer **in ein Gebiet** nach §6 Abs. 1 Satz 1 **Nr. 3** wird im Folgenden **nicht** behandelt.

7.2.2.1 Lieferung durch den Unternehmer

Hat der **Unternehmer** den Gegenstand der Lieferung **vom Inland** in das **Drittlandsgebiet**, ausgenommen Gebiete nach § 1 Abs. 3 (insbesondere Freihäfen), **befördert oder versendet**, so braucht der Abnehmer **kein ausländischer Abnehmer** zu sein, um die Voraussetzungen einer steuerfreien Ausfuhrlieferung zu erfüllen (§ 6 Abs. 1 Satz 1 **Nr. 1**).

BEISPIEL

Der Maschinenhersteller **U**, **Mannheim**, verkauft und **befördert** mit eigenem Lkw eine Maschine für 10.000 € netto zum **deutschen** Abnehmer A nach **Bern** (Schweiz = **Drittlandsgebiet**).

U hat den Gegenstand in ein **Drittland befördert**. Die Lieferung ist im Inland **steuerbar** (§ 1 Abs. 1 Nr. 1 i. V. m. § 3 Abs. 6) und bei entsprechendem Nachweis nach § 4 **Nr. 1 Buchstabe a)** i. V. m. § 6 Abs. 1 Satz 1 **Nr. 1 steuerfrei**.

Umsatzart nach § 1 i. V. m. § 3 UStG	Ort des Umsatzes	**nicht** steuerbare Umsätze im Inland €	**steuerbare** Umsätze im Inland €	**steuerfreie** Umsätze im Inland § 4 Nr. ... UStG €	steuerpflichtige Umsätze im Inland €
Lieferung	**Mannheim**	–	10.000	**10.000**	–

U hat die **steuerfreie Ausfuhrlieferung** in seiner **Umsatzsteuer-Voranmeldung 2026** in **Zeile 22** (Kennzahl 43) einzutragen:

Zeile		Kz	Bemessungsgrundlage ohne Umsatzsteuer EUR	Steuer EUR	Ct
	B. Steuerfreie Lieferungen, sonstige Leistungen und unentgeltliche Wertabgaben				
	Steuerfreie Umsätze mit Vorsteuerabzug				
	Innergemeinschaftliche Lieferungen (§ 4 Nummer 1 Buchstabe b UStG)				
19	an Abnehmer **mit** Umsatzsteuer-Identifikationsnummer	41			
20	neuer Fahrzeuge an Abnehmer **ohne** Umsatzsteuer-Identifikationsnummer	44			
21	neuer Fahrzeuge außerhalb eines Unternehmens (§ 2a UStG)	49			
	Weitere steuerfreie Umsätze mit Vorsteuerabzug				
22	z. B. Ausfuhrlieferungen, Umsätze nach § 4 Nummer 2 bis 7 UStG, Umsätze nach Verordnungen der EU	43	10.000		

B 1 Die buchmäßige Darstellung der steuerfreien Ausfuhrlieferungen erfolgt in der **Buchführung 1**, 38. Auflage 2026, Seiten 368 f.

7.2.2.2 Beförderung oder Versendung durch den ausländischen Abnehmer

Hat der **Abnehmer** den Gegenstand der Lieferung **vom Inland** in das **Drittlandsgebiet** (ausgenommen Gebiete nach § 1 Abs. 3) **befördert oder versendet** (**Abholfall**), so muss der **Abnehmer** ein **ausländischer Abnehmer** sein, um die Voraussetzungen einer steuerfreien Ausfuhrlieferung zu erfüllen (§ 6 Abs.1 Satz 1 **Nr. 2**).

Ausländische Abnehmer sind Personen mit **Wohnsitz oder Sitz im Ausland** (§ 1 Abs. 2 Satz 2) – also auch auf Helgoland oder in der Gemeinde Büsingen – mit Ausnahme der in § 1 Abs. 3 bezeichneten Gebiete (z. B. in den Freihäfen) (Abschn. 6.3 Abs. 1 UStAE).

BEISPIEL

Der Maschinenhersteller **U**, **Mannheim**, verkauft eine Maschine für 10.000 € netto an den Schweizer Abnehmer A, Bern. Die Maschine wird **vom Abnehmer A** in Mannheim **abgeholt** und nach **Bern** (Schweiz = **Drittlandsgebiet**) transportiert.

Die Lieferung ist im Inland **steuerbar** (§ 1 Abs. 1 Nr. 1 i. V. m. § 3 Abs. 6) und bei entsprechendem Nachweis nach § 4 **Nr. 1 Buchstabe a)** i. V. m. § 6 Abs. 1 Satz 1 **Nr. 2 steuerfrei**.

Zusammenfassung zu Abschnitt 7.2:

Steuerfreie Umsätze mit Vorsteuerabzug

z. B.

steuerfreie **innergemeinschaftliche Lieferungen** (§ 4 **Nr. 1 Buchstabe b)** i. V. m. **§ 6a**)		steuerfreie **Ausfuhrlieferungen** (§ 4 **Nr. 1 Buchstabe a)** i. V. m. **§ 6**)	
an Abnehmer **mit** USt-IdNr.	**neuer Fahrzeuge** an Abnehmer **ohne** USt-IdNr.	Lieferung durch **Unternehmer**	Beförderung/Versendung durch **ausländische Abnehmer**
Die **innergemeinschaftliche Lieferung** ist **steuerfrei**, wenn folgende **Voraussetzungen** erfüllt sind: 1. Beförderungs- oder Versendungslieferung 2. durch U oder A 3. vom Inland 4. in EU-Staat 5. Abnehmer ist **Unternehmer mit USt-IdNr.** 6. Erwerb unterliegt der **Erwerbsbesteuerung** 7. gültige **USt-IdNr.** von A 8. korrekte **Erfassung in ZM** bei U. **(Zeile 19)**	Die **innergemeinschaftliche Lieferung** ist **steuerfrei**, wenn folgende **Voraussetzungen** erfüllt sind: 1. Beförderungs- oder Versendungslieferung 2. durch U oder A 3. vom Inland 4. in EU-Staat 5. Abnehmer ist **Privatperson ohne USt-IdNr.** 6. Erwerb unterliegt der **Erwerbsbesteuerung**. **(Zeile 20)**	Die **Ausfuhrlieferung** ist **steuerfrei**, wenn folgende **Voraussetzungen** erfüllt sind: 1. Beförderungs- oder Versendungslieferung 2. durch **U** 3. vom Inland 4. in Drittstaat. **(Zeile 22)**	Die **Ausfuhrlieferung** ist **steuerfrei**, wenn folgende **Voraussetzungen** erfüllt sind: 1. Beförderungs- oder Versendungslieferung 2. durch **ausländischen A** 3. vom Inland 4. in Drittstaat. **(Zeile 22)**

ÜBUNG →
1. Wiederholungsfragen 9 und 10 (Seite 287),
2. Fälle 9 und 10 (Seite 289)

7.3 Steuerfreier Reiseverkehr

Für den **privaten Reiseverkehr** innerhalb der Gemeinschaft (**innergemeinschaftlicher Reiseverkehr**) gilt das **Ursprungslandprinzip**, d.h., Gegenstände, die privat Reisende aus EU-Mitgliedstaaten in anderen Mitgliedstaaten erwerben, werden mit der **Umsatzsteuer des jeweiligen Einkaufslandes** belastet.

Reisende aus EU-Mitgliedstaaten können als **Privatpersonen** grundsätzlich **mengen- und wertmäßig unbegrenzt** Waren in anderen Mitgliedstaaten erwerben und in ihr Heimatland mitnehmen.

BEISPIEL

Der **französische Privatmann** Antoine Furbur, der seinen Wohnsitz in **Paris** hat, kauft 2026 während seines Urlaubs in der Bundesrepublik Deutschland bei dem Einzelhändler U in **Hamburg** eine Digitalkamera für 800 € + 152 € USt = 952 €, welche er anschließend mit nach Frankreich nimmt.

Die Lieferung der Kamera ist für U **steuerbar** (§ 1 Abs. 1 Nr. 1 i. V. m. § 3 Abs. 6). Da der steuerbare Umsatz **nicht steuerfrei** ist, ist er **steuerpflichtig**.

Umsatzart nach § 1 i.V.m. § 3 UStG	Ort des Umsatzes	**nicht** steuerbare Umsätz im Inland €	**steuerbare** Umsätze im Inland €	**steuerfreie** Umsätze im Inland § 4 UStG €	**steuerpflichtige** Umsätze im Inland €
Lieferung	**Hamburg**	—	800	—	**800**

U hat den **steuerpflichtigen Umsatz** in seiner **Umsatzsteuer-Voranmeldung 2026** in **Zeile 13** (**Kennzahl 81**) einzutragen und die Umsatzsteuer selbst zu berechnen:

			Bemessungsgrundlage ohne Umsatzsteuer	Steuer	
			EUR	EUR	Ct
	A. Steuerpflichtige Lieferungen, sonstige Leistungen und unentgeltliche Wertabgaben				
	Steuerpflichtige Umsätze				
13	zum Steuersatz von 19 %	81	**800**	**152**	**00**

Ausgenommen von dieser Vereinfachung ist der **Erwerb** von **neuen Fahrzeugen**. Für ihn gilt, auch wenn der Erwerber Privatperson ist und das Fahrzeug anlässlich einer Reise erworben wird, das **Bestimmungslandprinzip** (§ 1b Abs. 1 i. V. m. § 3d). Nach dem Bestimmungslandprinzip wird eine Leistung in dem Staat mit Umsatzsteuer belastet, in den sie letztlich gelangt.

Zollförmlichkeiten zwischen den EU-Mitgliedstaaten bestehen nicht. Dies gilt auch für den Reiseverkehr.

Wird im Rahmen des Reiseverkehrs an **Abnehmer aus Drittländern** geliefert (**außergemeinschaftlicher Reiseverkehr**), können diese Ausfuhrlieferungen unter bestimmten Voraussetzungen **steuerfrei** sein (§ 6 **Abs. 3a**).

ÜBUNG → Wiederholungsfragen 11 bis 13 (Seite 287)

7.4 Steuerfreie Umsätze mit Optionsmöglichkeit

Steuerfreie Umsätze schließen grundsätzlich die Inanspruchnahme des Vorsteuerabzugs aus (Ausschlussumsätze i.S.d. § 15 Abs. 2 Satz 1 Nr. 1). Unter bestimmten Voraussetzungen kann der Unternehmer jedoch **auf die Steuerfreiheit** seiner Umsätze **verzichten** (**Option** i.S.d. § 9 Abs. 1). Hierdurch wird der ursprünglich steuerfreie Umsatz **steuerpflichtig**.

Die Option führt im Gegenzug dazu, dass die entsprechenden Eingangsumsätze zum **Vorsteuerabzug** berechtigen (aus einem Ausschlussumsatz wird durch die Option ein Abzugsumsatz).

Sowohl die Erklärung zur Option nach § 9 UStG wie auch die Rücknahme sind zulässig, solange die Steuerfestsetzung für das Jahr der Leistungserbringung anfechtbar oder gemäß § 164 AO noch änderbar ist (Abschn. 9.1 Abs. 3 Satz 1 UStAE; BMF-Schreiben vom 02.08.2017).

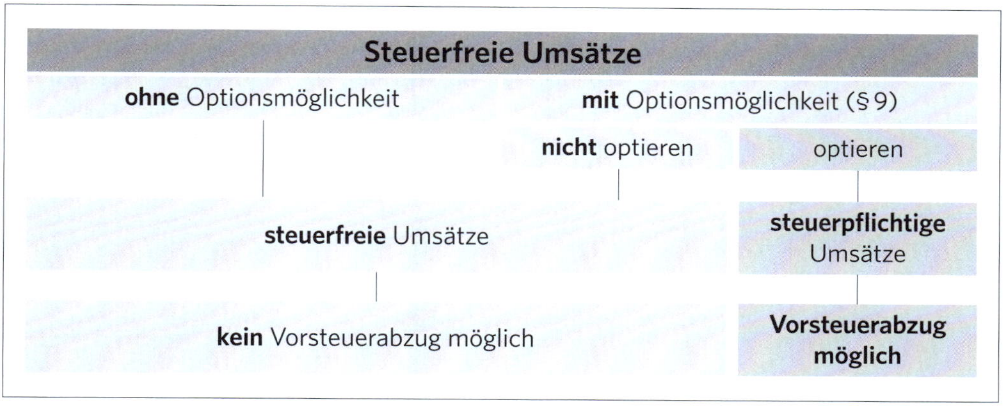

Einzelheiten zum Vorsteuerabzug erfolgen im Kapitel 13 „Vorsteuerabzug", Seiten 369 ff. S 1

Das **Optionsrecht** des § 9 Abs. 1 ist auf die folgenden **steuerfreien** Umsätze beschränkt:

- bestimmte Geld- und Kreditumsätze (§ 4 Nr. 8 Buchstaben a bis g),
- Umsätze, die unter das Grunderwerbsteuergesetz fallen (§ 4 Nr. 9a),
- **Vermietung und Verpachtung von Grundstücken** usw. (§ 4 Nr. 12),
- Leistungen der Wohnungseigentümer-Gemeinschaften (§ 4 Nr. 13),
- Umsätze der Blinden (§ 4 Nr. 19).

Im Folgenden wird ausschließlich die Optionsmöglichkeit der **Vermietungsumsätze** erläutert.

Der Verzicht auf die Steuerfreiheit (Option) ist bei Vermietungsumsätzen nur möglich, wenn die folgenden **Voraussetzungen** insgesamt erfüllt sind:

- Vermietung **an einen Unternehmer** (§ 9 Abs. 1),
- **für dessen Unternehmen** (§ 9 Abs. 1) und
- der Leistungsempfänger verwendet das Grundstück/Gebäude für Umsätze, die den **Vorsteuerabzug nicht ausschließen** (§ 9 Abs. 2).

BEISPIEL

Der Unternehmer U errichtet 2026 in Berlin ein gemischt genutztes Betriebsgebäude und vermietet dieses an

a) einen **Arzt** für seine Arztpraxis, monatliche Miete **3.000 €**,
b) eine **Steuerfachangestellte** für ihre Wohnung, monatliche Miete **500 €** und
c) einen **Steuerberater** für seine Steuerberaterpraxis, monatliche Miete **2.800 €**.

U verzichtet auf seine Steuerfreiheit nach § 4, soweit dies möglich ist (§ 9).

Alle Vermietungsumsätze sind **steuerbar** (§ 1 Abs. 1 Nr. 1 i. V. m. § 3a Abs. 3 Nr. 1 Buchstabe a) und nach § 4 Nr. 12 Buchstabe a) **steuerfrei**. U kann lediglich bei der Vermietung an den Steuerberater auf die Steuerfreiheit verzichten (optieren), weil dieser seine Praxis für Umsätze verwendet, die den Vorsteuerabzug nicht ausschließen (§ 9 Abs. 2). Für die Vermietungsumsätze an den Arzt und die Steuerfachangestellte kann U nicht optieren, weil die Voraussetzungen des § 9 Abs. 1 und 2 nicht erfüllt sind.

Umsatzart nach § 1 i. V. m. § 3 UStG	Ort des Umsatzes	**nicht** steuerbare Umsätze im Inland €	**steuerbare** Umsätze im Inland €	**steuerfreie** Umsätze im Inland § 4 UStG €	**steuerpflichtige** Umsätze im Inland €
a) sonstige Leistung	Berlin	—	3.000	**3.000**	—
b) sonstige Leistung	Berlin	—	500	**500**	—
c) sonstige Leistung	Berlin	—	2.800	—	**2.800**

U hat die Umsätze in seiner **Umsatzsteuer-Voranmeldung 2026** in die Zeile 23 (**Kennzahl 48**) und die Zeile 13 (**Kennzahl 81**) einzutragen:

Zeile		Kz	Bemessungsgrundlage	Steuer
23	**Steuerfreie Umsätze ohne Vorsteuerabzug** z. B. Umsätze nach § 4 Nummer 8 bis 29 oder § 19 Absatz 1 UStG	48	3.500	
	A. Steuerpflichtige Lieferungen, sonstige Leistungen und unentgeltliche Wertabgaben			
13	**Steuerpflichtige Umsätze** zum Steuersatz von 19 %	81	2.800	532 00

Beim Verzicht auf die Steuerfreiheit ist jedoch zu beachten, dass der **Vorsteuerabzug** bei **Änderung der Verhältnisse** unter bestimmten Voraussetzungen **zu berichtigen** ist (§ 15a).

Der **Verzicht auf die Steuerfreiheit** (die **Option**) ist – vorbehaltlich der Einschränkung in § 9 Abs. 3 – an **keine** besondere **Form gebunden** (Abschn. 9.1 Abs. 3 Satz 5 UStAE).

Der **Verzicht** braucht sich **nicht** auf **alle** bezeichneten Befreiungsvorschriften und innerhalb einer Befreiungsvorschrift **nicht** auf **alle** Umsätze zu erstrecken.
§ 9 lässt zu, dass sich der Unternehmer **bei jedem einzelnen Umsatz** für die Steuerpflicht entscheidet (**Einzeloption**; Abschn. 9.1 Abs. 1 Satz 2 UStAE).

Allerdings ist zu beachten, dass **§ 27 Abs. 2** eine besondere **Anwendungsvorschrift** für § 9 **Abs. 2** enthält, die sich auf Gebäude bezieht, die vor einem bestimmten Datum fertiggestellt wurden.

Ausführliche Erläuterungen mit Beispielen zur Einschränkung des Verzichts auf Steuerbefreiungen nach § 9 **Abs. 2** enthält der Umsatzsteuer-Anwendungserlass (siehe Abschn. 9.2 UStAE).

Sonderfall „Nichtunternehmerische (private) Nutzung betrieblicher Räume"

Für die nichtunternehmerische (private) Nutzung betrieblicher Räume und die damit zusammenhängende **Frage der Besteuerung der unentgeltlichen Nutzungsentnahme** sind seit dem Jahreswechsel 2010/2011 die beiden folgenden Rechtsstände zu beachten:

Bis 31.12.2010 konnte ein vorsteuerabzugsberechtigter Unternehmer eine gemischt genutzte Immobilie vollständig dem Unternehmensvermögen zuordnen und damit den **Vorsteuerabzug in voller Höhe** geltend machen. Der **nichtunternehmerische Anteil** (Privatnutzung) unterlag als unentgeltliche Wertabgabe nach § 3 Abs. 9a Nr. 1 a.F. der **Umsatzsteuer** (sog. **Seeling-Modell**).

Seit 01.01.2011 bleibt zwar das Zuordnungswahlrecht des Unternehmers erhalten, d.h., die Immobilie kann immer noch vollständig dem Unternehmensvermögen zugordnet werden, jedoch ist nach dem neu eingeführten § 15 **Abs. 1b** der **Vorsteuerabzug** für den nichtunternehmerisch (privat) genutzten Teil **ausgeschlossen**.

Aufgrund des fehlenden Vorsteuerabzugs **entfällt** dann aber auch die **Steuerbarkeit** der unentgeltlichen Nutzungsentnahme nach § 3 Abs. 9a Nr. 1.

BEISPIEL

„Altfall" - Rechtsstand bis 31.12.2010

Rechtsanwalt U, Köln, hat in 2010 ein Gebäude für 1.000.000 € + 190.000 € USt = 1.190.000 € hergestellt. Der Bauantrag für das Gebäude wurde im Jahre 2009 gestellt. U hat das Gebäude insgesamt seinem Unternehmen zugeordnet. Er nutzt das Betriebsgebäude zu 50 % unternehmerisch und zu 50 % für nichtunternehmerische (private) Wohnzwecke.

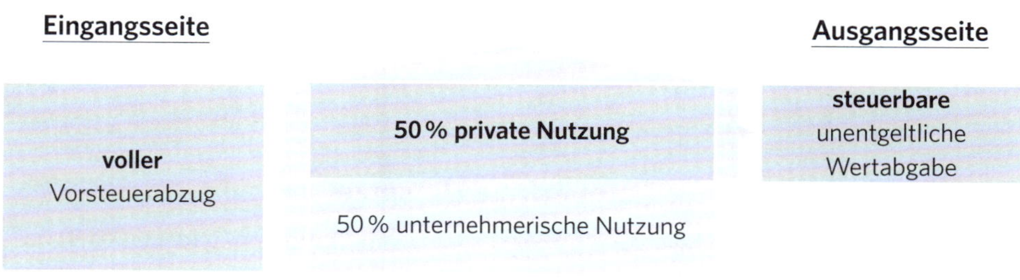

U kann die **volle Vorsteuer** i.H.v. **190.000 €** abziehen (für den privaten und den betrieblichen Teil). Aufgrund des vollen Vorsteuerabzugs kommt es zu einer **Besteuerung der unentgeltlichen Nutzungsentnahme** nach § 3 Abs. 9a Satz 1 Nr. 1 und insbesondere **Satz 2**.

§ 3 Abs. 9a Nr. 1 ist hinsichtlich der gemischt genutzten Grundstücke seit 2011 grundsätzlich nicht mehr anwendbar. Für **Altfälle** hat diese Regelung, wie im obigen Beispiel dargestellt, jedoch weiterhin Gültigkeit (Anschaffung/Herstellung vor dem 01.01.2011).

BEISPIEL

„Neufall" - Rechtsstand seit 01.01.2011

Rechtsanwalt U, Köln, hat in 2026 ein Gebäude für 1.000.000 € + 190.000 € USt = 1.190.000 € hergestellt. Der Bauantrag für das Gebäude wurde im Jahre 2025 gestellt. U hat das Gebäude insgesamt seinem Unternehmen zugeordnet. Er nutzt das Betriebsgebäude zu 50 % unternehmerisch und zu 50 % für nichtunternehmerische (private) Wohnzwecke.

Eingangsseite		Ausgangsseite
	50 % private Nutzung	**keine steuerbare** unentgeltliche Wertabgabe
eingeschränkter Vorsteuerabzug	50 % unternehmerische Nutzung	

U kann als **Vorsteuer** nur noch **95.000 €** (50 % von 190.000 €) für den unternehmerisch genutzten Anteil abziehen (§ 15 **Abs. 1b**). Aufgrund des eingeschränkten Vorsteuerabzugs entfällt insoweit die Besteuerung nach § 3 Abs. 9a Nr. 1.

ÜBUNG →
1. Wiederholungsfragen 14 bis 17 (Seite 287),
2. Fälle 11 bis 14 (Seiten 289 f.)

7.5 Zusammenfassung und Erfolgskontrolle

7.5.1 Zusammenfassung

Umsätze

steuerbare Umsätze im Inland

- **ja** → **steuerfreie Umsätze**
  - **ohne** Optionsmöglichkeit → **steuerfreie** Umsätze
  - **mit** Optionsmöglichkeit (§ 9)
    - **nicht** optiert → **steuerfreie** Umsätze
    - optiert → **steuerpflichtige** Umsätze
- nein → Ende

7.5.2 Erfolgskontrolle

Wiederholungsfragen

1. In welche beiden Gruppen können die steuerfreien Umsätze eingeteilt werden?
2. Warum werden bestimmte Inlandsumsätze von der Umsatzsteuer befreit?
3. Wozu führt die Befreiung der Inlandsumsätze nach § 4 Nrn. 8 bis 29 UStG?
4. Welche steuerfreien Umsätze nach § 4 Nrn. 8 bis 29 UStG kennen Sie?
5. Welche steuerfreien Umsätze mit Vorsteuerabzug kennen Sie?
6. Wann liegt eine steuerfreie innergemeinschaftliche Lieferung vor?
7. An welche Finanzbehörde sind monatlich die steuerfreien innergemeinschaftlichen Lieferungen auf elektronischem Weg zu übermitteln, wenn die Summe der Bemessungsgrundlagen im Kalendervierteljahr mehr als 50.000 Euro beträgt?
8. Wie werden innergemeinschaftliche Lieferungen neuer Fahrzeuge an Abnehmer ohne USt-IdNr. umsatzsteuerrechtlich behandelt?
9. Wann liegt eine steuerfreie Ausfuhrlieferung vor?
10. Gibt es innerhalb der EU steuerfreie Ausfuhrlieferungen?
11. Welches Besteuerungsprinzip gilt für den privaten Reiseverkehr?
12. Welche Gegenstände sind von dieser Regelung ausgenommen?
13. In welchem Fall sind Ausfuhrlieferungen im Rahmen des Reiseverkehrs steuerfrei?
14. Was versteht man unter einer Option nach § 9 UStG?
15. Welche Umsätze unterliegen den Steuerbefreiungen mit Optionsmöglichkeit? Nennen Sie Beispiele.
16. In welchen Fällen ist ein Verzicht auf Steuerbefreiung nur möglich?
17. Wie wird die private Nutzung eines insgesamt dem Unternehmensvermögen zugeordneten Betriebsgebäudes umsatzsteuerlich behandelt?

Fälle

FALL 1

Der selbständige Versicherungsvertreter U, Dortmund, der eine Stuttgarter Versicherungsgesellschaft vertritt, hat folgende Umsätze im Inland erzielt:

1.	Provisionseinnahmen	43.250 €
2.	Verkauf eines gebrauchten privaten Pkws	5.000 €
3.	private Nutzung des gemieteten Geschäftstelefons	300 €

Welche Umsätze sind steuerpflichtig?

FALL 2

Der Arzt Dr. U, der in Köln eine Praxis für Allgemeinmedizin betreibt, hat folgende Netto-Einnahmen (Umsätze) im Inland erzielt:

1.	Honorareinnahmen aus ärztlicher Tätigkeit	135.000 €
2.	Einnahmen aus schriftstellerischer Tätigkeit Der Verlag, bei dem Dr. U seine Werke veröffentlicht, hat seinen Sitz in Wiesbaden.	15.400 €
3.	Einnahmen aus dem Verkauf eines gebrauchten Bestrahlungsgerätes Das Gerät wird bei U abgeholt.	1.000 €

Welche Einnahmen sind steuerpflichtig?

FALL 3

Der deutsche Unternehmer U mit deutscher USt-IdNr., Erfurt, versendet mit der Bahn eine Maschine für 30.000 € netto an den italienischen Unternehmer A, Mailand, mit italienischer USt-IdNr., der die Maschine in seinem Unternehmen einsetzt.

1. Wo ist der Ort der Lieferung für die beiden Vertragspartner?
2. Ist der Umsatz für U im Inland steuerbar?
3. Ist der Umsatz für U im Inland steuerpflichtig?

FALL 4

Sachverhalt wie im Fall 3 mit dem Unterschied, dass U die Maschine mit seinem eigenen Lkw von Erfurt nach Mailand befördert.

1. Wo ist der Ort der Lieferung für die beiden Vertragspartner?
2. Ist der Umsatz für U im Inland steuerbar?
3. Ist der Umsatz für U im Inland steuerpflichtig?

FALL 5

Sachverhalt wie im Fall 3 mit dem Unterschied, dass der italienische Unternehmer A die Maschine in Erfurt abholt und nach Mailand befördert.

1. Wo ist der Ort der Lieferung für die beiden Vertragspartner?
2. Ist der Umsatz für U im Inland steuerbar?
3. Ist der Umsatz für U im Inland steuerpflichtig?

FALL 6

Der belgische Privatmann P, Lüttich, kauft beim Autohändler U in Köln einen neuen Pkw für netto 20.000 € und fährt damit nach Belgien. In Belgien meldet P das Fahrzeug an und schickt anschließend U die Zulassungsbescheinigung dieser Anmeldung.

1. Wo ist der Ort der Lieferung für die beiden Vertragspartner?
2. Ist die Lieferung für U im Inland steuerbar?
3. Ist die Lieferung für U im Inland steuerpflichtig?

FALL 7

Der französische Privatmann P, Metz, kauft beim Kfz-Händler U in Saarbrücken einen gebrauchten Pkw (Erstzulassung vor 8 Jahren, 128.000 km) und fährt damit nach Frankreich. Die Bemessungsgrundlage beträgt 3.000 €.

1. Wo ist der Ort der Lieferung für U?
2. Ist die Lieferung für U im Inland steuerbar?
3. Ist die Lieferung für U im Inland steuerpflichtig?

FALL 8

Sachverhalt wie im Fall 7 mit dem Unterschied, dass U den gebrauchten Pkw nach Metz befördert. U hat die Umsatzschwelle im Jahre 2025 überschritten.

1. Wo ist der Ort der Lieferung für U?
2. Ist die Lieferung für U im Inland steuerbar?
3. Ist die Lieferung für U im Inland steuerpflichtig?

FALL 9

Der Unternehmer U, Hamburg, versendet mit der Bahn sonstige Gegenstände für 10.000 € netto an den Abnehmer A in Oslo (Norwegen). Der Vorgang ist in seinen Büchern erfasst und eindeutig und leicht nachprüfbar belegt.

1. Wo ist der Ort der Lieferung für U?
2. Ist die Lieferung für U im Inland steuerbar?
3. Ist die Lieferung für U im Inland steuerpflichtig?

FALL 10

Sachverhalt wie im Fall 9 mit dem Unterschied, dass der norwegische Abnehmer A, Oslo, die Waren in Hamburg abholt.

1. Wo ist der Ort der Lieferung für U?
2. Ist die Lieferung für U im Inland steuerbar?
3. Ist die Lieferung für U im Inland steuerpflichtig?

FALL 11

Der Hauseigentümer U, Köln, der sich zulässigerweise nach § 9 für die Umsatzsteuerpflicht seiner Vermietungsumsätze entschieden hat, erzielt folgende Umsätze (ohne USt):

a)	Wohnungsvermietung an Privatpersonen	60.000 €
b)	Geschäftsräumevermietung an Rechtsanwälte	90.000 €

1. Wie hoch sind die steuerbaren Umsätze?
2. Wie hoch sind die steuerfreien Umsätze?
3. Wie hoch sind die steuerpflichtigen Umsätze?

FALL 12

Der selbständige Goldschmied U, Koblenz, lebt mit seiner Ehefrau im gesetzlichen Güterstand. Seine Werkstatt befindet sich in seinem gemischt genutzten Grundstück in Koblenz. Das Gebäude gehört seit Fertigstellung in vollem Umfang zum Unternehmensvermögen. U verzichtet auf die Steuerfreiheit nach § 9. Aus den Büchern und Unterlagen des U ergibt sich für das Kalenderjahr 2026 Folgendes:

a) U bewirkte folgende Leistungen:

Werklieferungen an Abnehmer im Inland	27.000 € (netto)
Werkleistungen an Auftraggeber im Inland	8.000 € (netto)

b) Das gemischt genutzte Grundstück, das 2020 fertiggestellt wurde, wird wie folgt genutzt:

Erdgeschoss
Das Erdgeschoss hat U an seine Frau vermietet, die dort ein Einzelhandelsgeschäft betreibt. Die Mieteinnahmen, die U zugeflossen sind, haben 3.600 € netto betragen.

1. Obergeschoss
Im 1. Obergeschoss befindet sich die Werkstatt des U. Die jährlichen Ausgaben betragen 3.000 €.

2. Obergeschoss
Das 2. Obergeschoss wird von U und seiner Familie selbst bewohnt. Die anteiligen Ausgaben nach § 10 Abs. 4 Nr. 2 UStG betragen 1.500 €.

1. Welche Umsätze sind steuerbar?
2. Welche Umsätze sind steuerfrei?
3. Welche Umsätze sind steuerpflichtig?

FALL 13

Der Malermeister Heinrich U betreibt seit Januar 2026 in Kaiserslautern einen Malerbetrieb verbunden mit Handel in Tapeten, Farben und sonstigem Zubehör. Das Ladenlokal wird von seiner Ehefrau U geführt, die bei ihrem Ehemann angestellt ist. Die Eheleute U leben im gesetzlichen Güterstand.
Das Ladenlokal des Ehemannes befindet sich in einem gemischt genutzten Gebäude, das der Ehefrau seit 2021 gehört. Mit ihrem Ehemann hat Frau U einen Mietvertrag über das Ladenlokal abgeschlossen, wonach monatlich netto 500 € an Miete zu zahlen sind.

In dem Gebäude der Ehefrau befindet sich im Erdgeschoss noch ein weiteres Ladenlokal, das an einen Textilhändler vermietet ist (Nettomiete monatlich 500 €).

Das erste Obergeschoss hat die Ehefrau an einen selbständigen Versicherungsvertreter (Miete monatlich 250 €) und einen selbständigen Architekten (Nettomiete monatlich 250 €) vermietet.

Im zweiten Obergeschoss befinden sich zwei Wohnungen, wovon eine Wohnung eigengenutzt und die andere für monatlich 250 € an Fremde zu Wohnzwecken vermietet ist. Die anteiligen Ausgaben für die selbstgenutzte Wohnung betragen monatlich 100 €.

Um in den Genuss eines evtl. Vorsteuerabzugs zu kommen, hat Frau U, soweit dies möglich war, nach § 9 optiert.

2026 sind alle Monatsmieten pünktlich entrichtet worden.

Heinrich U hat 2026 für die Lieferungen und sonstigen Leistungen seines Maler- und Handelsbetriebs Entgelte in Höhe von 152.500 € berechnet und erhalten.

1. Welche Umsätze sind für den Ehemann bzw. für die Ehefrau in 2026 steuerbar?
2. Welche Umsätze sind für den Ehemann bzw. für die Ehefrau in 2026 steuerfrei?
3. Welche Umsätze sind für den Ehemann bzw. für die Ehefrau in 2026 steuerpflichtig?

FALL 14

Der Unternehmer U, Mainz, ist seit 1. Januar 2025 Eigentümer einer fremdvermieteten Immobilie in Köln. Alle Räumlichkeiten werden unternehmerisch genutzt. Sämtliche Mieter tätigen vorsteuerabzugsberechtigte Umsätze.

U übermittelt am 07.12.2026 seine Umsatzsteuerjahreserklärung 2025 dem zuständigen Finanzamt.

Bis zu welchem Zeitpunkt kann U noch von seinem Optionsrecht gem. § 9 UStG Gebrauch machen?

A L — Weitere Fälle mit Lösungen zur Steuerbefreiung finden Sie im **Lösungsbuch** der Steuerlehre 1.

Zusammenfassende Erfolgskontrolle zum 1. bis 7. Kapitel

Prüfen Sie, ob folgende Umsätze für den Unternehmer U im Inland **nicht steuerbar**, **steuerbar**, **steuerfrei** oder **steuerpflichtig** sind. Buch- und belegmäßige Nachweise sind erbracht. Verwenden Sie dabei die Lösungstabelle von Seite 225.

1. Der selbständige Arzt Dr. U in München erzielt Honorareinnahmen aus ärztlicher Tätigkeit in Höhe von 250.000 €.
2. Der Hauseigentümer U hat sein in Bonn gelegenes Haus an Unternehmer vermietet und nach § 9 UStG zulässigerweise optiert. Die Mieteinnahmen betragen 6.000 € netto.
3. Der Hauseigentümer U hat sein in Köln gelegenes Haus an Privatpersonen vermietet. Die Mieteinnahmen betragen 12.000 €.
4. Der selbständige Bausparkassenvertreter U in Mannheim erzielt Provisionseinnahmen für vermittelte Umsätze einer Bausparkasse mit Sitz im Inland in Höhe von 14.375 €.
5. Der Hauseigentümer U bewohnt ein Geschäftsgrundstück in Ulm, das zu 100 % seinem Unternehmen gehört. Bei der Fertigstellung des Hauses in 2010 hat er den vollen Vorsteuerabzug in Anspruch genommen. Die anteiligen Ausgaben der Wohnung betragen 6.000 €.
6. Der Unternehmer U in Köln benutzt einen betrieblichen Pkw (Neufahrzeug) auch für Privatfahrten. Die anteiligen, zum Vorsteuerabzug berechtigenden (privaten) Kosten betragen lt. Fahrtenbuch netto 1.725 €. Die Kfz-Kosten, für die der Vorsteuerabzug nicht möglich ist, betragen anteilig 1.000 €.
7. Der Schneidermeister U betreibt im Erdgeschoss seines in Ludwigshafen gelegenen Gebäudes eine Maßschneiderei. Die jährlichen Ausgaben der eigenen Werkstatt betragen 6.000 €.
8. Der Steuerberater U in Dortmund erzielt Einnahmen aus dem Verkauf seines gebrauchten betrieblichen Pkws in Höhe von 6.545 €. Der Käufer (Kfz-Händler) holt den Pkw in Dortmund ab.
9. Der Rechtsanwalt U in Ulm erzielt Honorareinnahmen aus anwaltlicher Tätigkeit von 7.735 €. Der Rechtsanwalt hat nur inländische Mandanten, die Nichtunternehmer sind.
10. Das gemietete Geschäftstelefon des Unternehmers U in Münster wird auch privat genutzt. Die anteiligen (privaten) laufenden Telefonkosten betragen 740 €.
11. Die U-OHG betreibt in Köln eine Getränkegroßhandlung. Ein Gesellschafter der OHG entnimmt unentgeltlich 20 Kisten Limonade. Die 20 Kisten Limonade haben einen Netto-Einkaufswert von 100 €.
12. Der Mainzer Unternehmer U schenkt einem guten Kunden in Wiesbaden aus geschäftlichen Gründen einen Präsentkorb im Werte von 100 € netto. Die Gegenstände des Präsentkorbes hat er seinem Lager entnommen.
13. Der Arzt Dr. U, Düsseldorf, behandelt in seiner Praxis unentgeltlich einen Privatpatienten. Die ärztliche Leistung entspricht einem Wert von 50 €.
14. Der Maschinenhersteller U, Oslo (Norwegen), befördert mit eigenem Lkw Maschinen für 19.000 € netto an seinen Abnehmer A in Köln. U liefert „verzollt und versteuert". U lässt die Maschine in Deutschland zum zoll- und steuerrechtlich freien Verkehr abfertigen und zahlt die Einfuhrumsatzsteuer.
15. Der Maschinenhersteller U, München, befördert mit eigenem Lkw Maschinen für 25.000 € netto an den Maschinenhändler A in Bern (Schweiz).

8 Bemessungsgrundlage

Die Besteuerung der steuerpflichtigen Umsätze setzt voraus, dass die **Bemessungsgrundlagen** bekannt sind.

Die **Bemessungsgrundlage** ist der in Geld ausgedrückte Wert, auf den der Steuersatz angewendet wird.

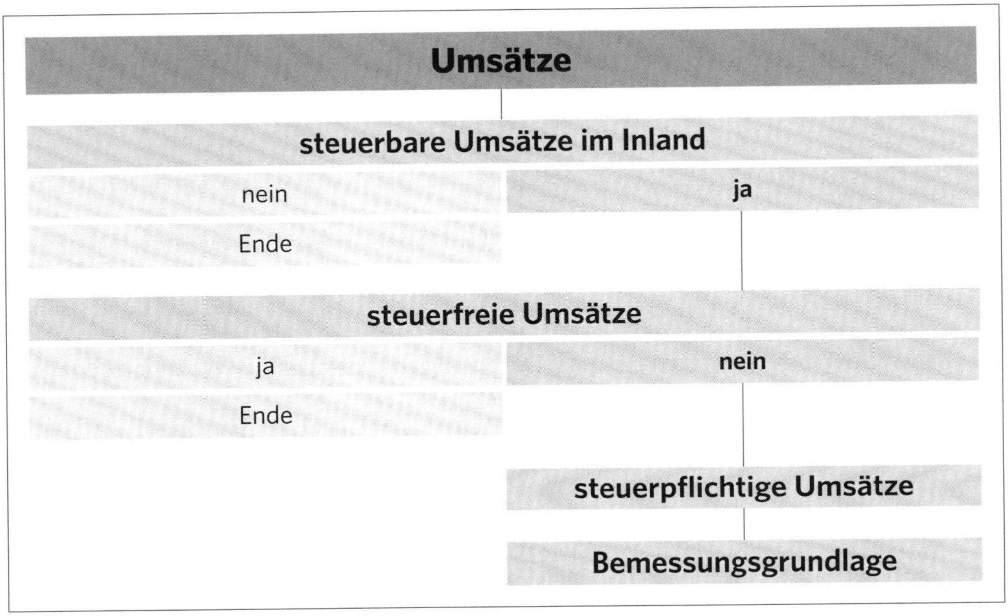

8.1 Bemessungsgrundlage für entgeltliche Leistungen

Die **Bemessungsgrundlage** für steuerpflichtige **entgeltliche** Lieferungen und sonstige Leistungen ist nach § 10 Abs.1 Satz 1 das

Entgelt.

8.1.1 Berechnungsmethode zur Ermittlung des Entgelts

Enthält ein Betrag **Entgelt und Umsatzsteuer** (z.B. die Tageseinnahmen eines Einzelhändlers), so muss für die Berechnung der Umsatzsteuer das **Entgelt** herausgerechnet werden.

Für die Berechnung des **Entgelts** gelten folgende **Divisoren**:

19 % = Divisor 1,19
7 % = Divisor 1,07

BEISPIELE

a) Es soll das **Entgelt** bei einem **Bruttobetrag** von **83,30 €** (einschließlich **19 %** USt) ermittelt werden:

$$\textbf{Entgelt} = \frac{83{,}30\ €}{1{,}19} = \underline{\textbf{70,00 €}}$$

b) Es soll das **Entgelt** bei einem **Bruttobetrag** von **53,50 €** (einschließlich **7 %** USt) ermittelt werden:

$$\textbf{Entgelt} = \frac{53{,}50\,€}{1{,}07} = \underline{\textbf{50,00\,€}}$$

8.1.2 Berechnungsmethode zur Ermittlung der Umsatzsteuer

Enthält ein Betrag **Entgelt und Umsatzsteuer**, kann die **Umsatzsteuer** mithilfe eines **Faktors** auch unmittelbar aus dem Bruttobetrag ermittelt werden. Für die Berechnung der **Umsatzsteuer** gelten folgende amtlich anerkannte **Faktoren** (Abschn. 15.4 Abs. 3 UStAE):

19 % = **Faktor 0,1597** entspricht **15,97 %**,
7 % = **Faktor 0,0654** entspricht **6,54 %**.

BEISPIELE

a) Aus dem **Bruttobetrag** von **83,30 €** (einschließlich **19 %** USt) soll die **USt** herausgerechnet werden:

$$\textbf{USt} = 83{,}30\,€ \times \textbf{0,1597} = \underline{\textbf{13,30\,€}}$$

b) Aus dem **Bruttobetrag** von **53,50 €** (einschließlich **7 %** USt) soll die **USt** herausgerechnet werden:

$$\textbf{USt} = 53{,}50\,€ \times \textbf{0,0654} = \underline{\textbf{3,50\,€}}$$

Nach § 13 Abs. 1 Nr. 1 entsteht die **Umsatzsteuer** für entgeltliche Leistungen bereits mit Ablauf des Voranmeldungszeitraums, in dem die **Leistungen ausgeführt** worden sind, **auch wenn die Bezahlung erst später erfolgt** (**Sollbesteuerung** = Besteuerung nach **vereinbarten Entgelten**).

Nach § 20 ist es unter bestimmten Voraussetzungen möglich, die **Umsatzsteuer** auch nach **vereinnahmten Entgelten** zu berechnen (**Istbesteuerung**).

8.1.3 Inhalt und Umfang des Entgelts

Das **Entgelt** ist einmal **Tatbestandsmerkmal** für die **Steuerbarkeit** der Leistungen nach § 1 Abs. 1 **Nr. 1** und gleichzeitig **Bemessungsgrundlage** (Steuerberechnungsgrundlage) für entgeltliche Lieferungen und sonstige Leistungen im Sinne des § 1 Abs. 1 **Nr. 1** (§ 10 Abs. 1 **Satz 1**).

Während es bei der Feststellung der **Steuerbarkeit** lediglich darauf ankommt, dass **überhaupt** ein **Entgelt** vorliegt, geht es bei der Ermittlung der **Bemessungsgrundlage** darum, die **genaue Höhe des Entgelts** festzulegen.

Entgelt ist alles, was der Leistungsempfänger aufwendet, um die Leistung zu erhalten, jedoch abzüglich der Umsatzsteuer (§ 10 Abs. 1 **Satz 2**). Die **Umsatzsteuer** gehört demnach **nicht** zum **Entgelt**.

Der **umsatzsteuerrechtliche** Begriff des **Entgelts** deckt sich somit **nicht** mit dem **privatrechtlichen** Begriff des **Kaufpreises**. Während das **Entgelt** eine **Nettogröße** ist, ist unter dem **Kaufpreis** im Sinne des BGB i.d.R. eine **Bruttogröße** (Entgelt + USt) zu verstehen.

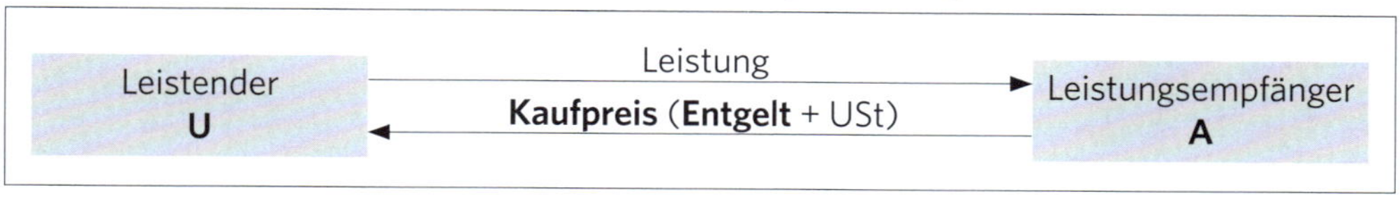

Zum **Entgelt** gehört **auch**, was ein **anderer als der Leistungsempfänger** dem Unternehmer für die Leistung gewährt (§ 10 Abs. 1 **Satz 2**).

In den meisten Fällen des Wirtschaftslebens besteht das Entgelt in **Geld**. Entgelt können aber auch eine **Lieferung** (Tausch) oder eine **sonstige Leistung** (tauschähnlicher Umsatz) darstellen (§ 3 Abs. 12 i.V.m. § 10 Abs. 2 Satz 2).

Durchlaufende Posten gehören **nicht zum Entgelt**. Hierbei handelt es sich um Beträge, die der Unternehmer **im Namen und für Rechnung eines anderen** vereinnahmt und verausgabt (§ 10 Abs. 1 Satz 5). Der Unternehmer tritt nur als Mittelsperson im Zahlungsverkehr auf.

BEISPIEL

Rechtsanwalt U, Stuttgart, zahlt für seinen Mandanten A bei der Gerichtskasse des Amtsgerichts Stuttgart einen Prozesskostenvorschuss für A von 500 €. Nach Beendigung des Prozesses stellt U seinem Mandanten A neben dem Honorar von netto 2.000 € auch die für A verausgabten Gerichtskosten in Höhe von 500 € in Rechnung.
Die Gerichtskosten gehören nicht zum Entgelt und unterliegen damit nicht der Umsatzsteuer, weil es sich bei ihnen um einen **durchlaufenden Posten** handelt. A ist Schuldner der Gerichtskosten (nicht U). Zur Bemessungsgrundlage gehört nur das Honorar in Höhe von netto 2.000 €.

Steuern, öffentliche Gebühren und Abgaben des Unternehmers stellen **keine** durchlaufenden Posten dar, auch wenn sie durch einen Kundenauftrag entstanden sind und dem Kunden in Rechnung gestellt werden. Bei einem Grundbuchabrufverfahren schuldet z.B. der Notar die Gebühren (keine durchlaufenden Posten, vgl. Abschn. 10.4 Abs. 3 UStAE).

Ebenfalls nicht zum Entgelt gehören **Verzugszinsen**, **Fälligkeitszinsen**, **Prozesszinsen**, Mahngebühren, Kosten für Mahnbescheide, Kosten beim Wechselrückgriff (Abschn. 10.1 Abs. 3 Satz 9 i.V.m. Abschn. 1.3 Abs. 3 UStAE – **sog. Schadenersatz**).

8.1.4 Überlassung von Fahrzeugen an das Personal

Besondere Bedeutung **in der Praxis** hat dabei die **Firmenwagenüberlassung** des Arbeitgebers an den Arbeitnehmer zu dessen Privatzwecken. Hier liegt nach Auffassung der Finanzverwaltung ein **tauschähnlicher Umsatz** (§ 3 Abs. 12 Satz 2) vor, da die **Firmenwagenüberlassung** als **Entgelt** für die Arbeitsleistung des Arbeitnehmers (sonstige Leistung) anzusehen ist, wenn das Kfz für eine **gewisse Dauer** (**mehr als fünf Tage im Monat**) und nicht nur gelegentlich zur Privatnutzung überlassen wird (Regelfall).

Der **Ort** dieser i.d.R. **entgeltlichen langfristigen Vermietung des Beförderungsmittels** bestimmt sich nach § 3a Abs. 3 Nr. 2 Satz 3 (**Wohnsitz des Leistungsempfängers**; vgl. auch Abschn. 3a.5 Abs. 4 UStAE).

Bei Arbeitnehmern mit Wohnsitz im Ausland (**Grenzpendler**) liegt der Leistungsort somit nicht im Inland, d.h., derartige Umsätze sind im Inland **nicht steuerbar**.

Aus Vereinfachungsgründen wird es grundsätzlich nicht beanstandet, wenn die umsatzsteuerliche Bemessungsgrundlage anstelle der Ausgaben mit den lohnsteuerlichen Werten der **1 %-Methode** oder der **Fahrtenbuchmethode** angesetzt wird (BMF-Schreiben vom 05.06.2014; Abschn. 15.23 Abs. 11 UStAE). Allerdings sind lohnsteuerliche **Kürzungen bei Elektro- und Hybridelektrofahrzeugen** für umsatzsteuerliche Zwecke **nicht zu berücksichtigen** und daher rückgängig zu machen (Abschn. 15.23 Abs. 11 Nr. 1 Satz 1 UStAE).

Die lohnsteuerlichen Werte sind als **Bruttowerte** anzusehen, aus denen die Umsatzsteuer herauszurechnen ist.

1 %-Methode

Wird der **lohnsteuerliche Wert** der **entgeltlichen Fahrzeugüberlassung** für **allgemeine Privatfahrten,** für **Fahrten zwischen Wohnung und erster Tätigkeitsstätte und Familienheimfahrten** (doppelte Haushaltsführung) nach § 8 Abs. 2 Sätze 2, 3 und 5 i. V. m. § 6 Abs. 1 Nr. 4 Satz 2 EStG mit dem vom Listenpreis abgeleiteten **Pauschalwert** angesetzt, kann von diesem Wert auch bei der **Umsatzbesteuerung** ausgegangen werden.

Allgemeine Privatfahrten (z. B. Einkaufsfahrten) können aus Vereinfachungsgründen mit **1 %** des auf **volle 100 € abgerundeten Bruttolistenpreises pro Monat** angesetzt werden.
Fahrten zwischen Wohnung und erster Arbeitsstätte können aus Vereinfachungsgründen mit **0,03 %** des auf **volle 100 € abgerundeten Bruttolistenpreises** für jeden **Kilometer der Entfernung (einfache Strecke) pro Monat** angesetzt werden.

Familienheimfahrten können aus Vereinfachungsgründen mit **0,002 %** des auf **volle 100 € abgerundeten Bruttolistenpreises** für jeden **Kilometer der Entfernung (einfache Strecke) pro Familienheimfahrt** angesetzt werden (vgl. R 8.1 Abs. 9 Nr. 1 LStR 2015).
Der Umsatzsteuer unterliegen die auf Familienheimfahrten entfallenden Kosten auch dann, wenn ein lohnsteuerlicher Wert nach § 8 Abs. 2 Satz 5 EStG nicht anzusetzen ist.

Das rechnerische **Ergebnis der 1 %-Methode** stellt einen **Bruttobetrag** dar, d. h., aus diesem Betrag ist zur Ermittlung der Bemessungsgrundlage die Umsatzsteuer herauszurechnen.
Ein **pauschaler Abschlag von 20 %** für nicht mit Vorsteuer belastete Kosten ist in diesen Fällen **unzulässig**, da es sich hier nicht um eine unentgeltliche Wertabgabe handelt (wie bei der privaten Nutzung eines betrieblichen Fahrzeugs durch den Unternehmer), sondern um eine **entgeltliche** sonstige Leistung (tauschähnlicher Umsatz).

BEISPIEL

Ein Arbeitnehmer nutzt seinen betrieblichen Pkw (Listenpreis einschließlich USt: 30.099 €) im Kalenderjahr für Privatfahrten, Fahrten zur 10 km entfernten ersten Arbeitsstätte und für 20 Familienheimfahrten zum 150 km entfernten Wohnsitz der Familie (doppelte Haushaltsführung).

a)	**Privatfahrten**	
	1 % von 30.000 € = 300; 300 € x 12 Monate =	3.600,00 €
b)	**Fahrten zwischen Wohnung und erster Arbeitsstätte**	
	0,03 % von 30.000 € = 9 €; 9 € x 10 km x 12 Monate =	1.080,00 €
=	lohnsteuerlicher geldwerter Vorteil	4.680,00 €
c)	**Familienheimfahrten**	
	0,002 % von 30.000 € = 0,60 €; 0,60 € x 150 km x 20 Fahrten =	1.800,00 €
=	Bruttowert der sonstigen Leistung für das Kalenderjahr	6.480,00 €
=	**Bemessungsgrundlage** (= 6.480 € : 1,19)	**5.445,38 €**

Umsatzart nach § 1 i. V. m. § 3 UStG	Ort des Umsatzes	**nicht** steuerbare Umsätze im Inland €	**steuerbare** Umsätze im Inland €	**steuerfreie** Umsätze im Inland § 4 UStG €	**steuerpflichtige** Umsätze im Inland €
entgeltl. s. L.	Bonn	—	5.445	—	**5.445**

Fahrtenbuchmethode

Wird bei einer **entgeltlichen** Fahrzeugüberlassung der private Nutzungswert mithilfe eines ordnungsgemäßen **Fahrtenbuchs** anhand der durch Belege nachgewiesenen Gesamtkosten ermittelt (R 8.1 Abs. 9 Nr. 2 LStR 2015), ist das aufgrund des Fahrtenbuchs ermittelte Nutzungsverhältnis **auch bei der Umsatzsteuer** zugrunde zu legen.
Damit das Fahrtenbuch von der Finanzverwaltung anerkannt wird, muss der Arbeitnehmer bestimmte **Formvorschriften** beachten.
Der Arbeitnehmer hat bei **dienstlichen Fahrten** folgende **Aufzeichnungen** vorzunehmen:

1. Datum und Kilometerstand zu Beginn und am Ende jeder Auswärtstätigkeit,
2. Reiseziel und bei Umwegen auch die Reiseroute sowie
3. Reisezweck sowie Name und Adresse aufgesuchter Geschäftspartner.

Anstatt eines Fahrtenbuchs ist auch ein Fahrtenschreiber einsetzbar, sofern hieraus dieselben Erkenntnisse gewonnen werden können (R 8.1 Abs. 9 Nr. 2 Satz 6 LStR 2015).
Bei den **Privatfahrten** genügt die Bezeichnung Privatfahrt mit der entsprechenden Kilometerangabe. Fahrten zwischen Wohnung und Arbeitsstätte sind als solche zu kennzeichnen.
Die **Fahrten zwischen Wohnung und Arbeitsstätte** sowie die **Familienheimfahrten** aus Anlass einer doppelten Haushaltsführung werden **umsatzsteuerlich** den **Privatfahrten** des Arbeitnehmers **zugerechnet**.
Aus den Gesamtkosten dürfen **keine Kosten ausgeschieden** werden, bei denen ein **Vorsteuerabzug nicht möglich** ist.

BEISPIEL

Ein sog. Firmenwagen des Unternehmers U, Bonn, mit einer Jahresleistung von **20.000 km** wird von einem Arbeitnehmer lt. ordnungsgemäß geführtem Fahrtenbuch an **180 Tagen** jährlich für Fahrten zur **10 km** entfernten ersten Arbeitsstätte benutzt.
Die übrigen Privatfahrten des Arbeitnehmers belaufen sich auf insgesamt **3.400 km**. Die gesamten **Kfz-Kosten** (Nettoaufwendungen einschließlich der auf den nach § 15a UStG maßgeblichen Berichtigungszeitraum von 5 Jahren verteilten Anschaffungskosten) betragen **9.000 €**.

Die **Bemessungsgrundlage** für die private Nutzung des betriebl. Pkws ist wie folgt zu ermitteln:

a)	**Fahrten zwischen Wohnung und erster Arbeitsstätte**	
	180 Tage x 20 km (tatsächliche Kilometer)=	3.600 km
b)	**sonstige Privatfahrten**	3.400 km
=	Privatfahrten insgesamt	**7.000 km**

Dies entspricht einer **Privatnutzung** von **35 %** (7.000 km x 100 : 20.000 km).
Für die umsatzsteuerliche **Bemessungsgrundlage** ist von einem Betrag i. H. v. **3.150 €** (35 % von 9.000 €) auszugehen.

Umsatzart nach § 1 i. V. m. § 3 UStG	Ort des Umsatzes	**nicht** steuerbare Umsätze im Inland €	**steuerbare** Umsätze im Inland €	**steuerfreie** Umsätze im Inland § 4 UStG €	**steuerpflichtige** Umsätze im Inland €
entgeltl. s. L.	Bonn	—	3.150	—	**3.150**

ÜBUNG →
1. Wiederholungsfragen 1 bis 8 (Seite 316),
2. Fall 1 (Seite 317 f.)

8.2 Bemessungsgrundlagen für unentgeltliche Leistungen

8.2.1 Unentgeltliche Lieferungen

Zu den unentgeltlichen Lieferungen nach **§ 3 Abs. 1b** gehören drei Tatbestände:

1. die **Entnahme von Gegenständen** (§ 3 Abs. 1b Satz 1 **Nr. 1**),
2. die **Sachzuwendungen an das Personal** (§ 3 Abs. 1b Satz 1 **Nr. 2**) und
3. **andere unentgeltliche Zuwendungen** (§ 3 Abs. 1b Satz 1 **Nr. 3**).

8.2.1.1 Entnahme von Gegenständen

Bei der Entnahme von Gegenständen nach § 3 Abs. 1b Satz 1 **Nr. 1** ist zu prüfen, ob die Anschaffung oder Herstellung dieser Gegenstände für das Unternehmen zum vollen oder teilweisen **Vorsteuerabzug berechtigt haben** (§ 3 Abs. 1b **Satz 2**).

8.2.1.1.1 Entnahme von vorsteuerbehafteten Gegenständen

Die Entnahme eines Gegenstandes, bei dem **Vorsteuer abgezogen** worden ist, wird bemessen nach (§ 10 Abs. 4 **Satz 1** Nr. 1):

1. dem **Nettoeinkaufspreis** zuzüglich der Nebenkosten für den Gegenstand oder für einen gleichartigen Gegenstand **zum Zeitpunkt des Umsatzes** (**Wiederbeschaffungskosten**) oder
2. nach den **Selbstkosten** des Gegenstandes **zum Zeitpunkt des Umsatzes**.

Die **Umsatzsteuer** gehört **nicht** zur **Bemessungsgrundlage** (§ 10 Abs. 4 **Satz 2**).

Welcher Wert anzusetzen ist, richtet sich danach, ob der betreffende Gegenstand angeschafft oder hergestellt worden ist.

zu 1. Nettoeinkaufspreis

Der **Nettoeinkaufspreis** zuzüglich der Nebenkosten für den Gegenstand oder einen gleichartigen Gegenstand zum Zeitpunkt des Umsatzes **entspricht** regelmäßig den

Wiederbeschaffungskosten.

Wiederbeschaffungskosten sind Kosten, die für die Beschaffung des Gegenstandes zum Zeitpunkt des Umsatzes aufzuwenden wären.

BEISPIEL

Der Koblenzer Einzelhändler U entnimmt seinem Unternehmen eine Kühltruhe, die er **wenige Tage zuvor** für **250 €** + 47,50 € USt = 297,50 € erworben hat, für private Zwecke.

Die **Bemessungsgrundlage** für die Berechnung der USt beträgt **250 €**. In diesem Fall entsprechen die **Wiederbeschaffungskosten** den **Anschaffungskosten**, weil der Gegenstand **unmittelbar nach der Beschaffung** entnommen wurde und keine Einkaufspreisänderung stattgefunden hat.

Umsatzart nach § 1 i. V. m. § 3 UStG	Ort des Umsatzes	**nicht** steuerbare Umsätze im Inland €	**steuerbare** Umsätze im Inland €	**steuerfreie** Umsätze im Inland § 4 UStG €	**steuerpflichtige** Umsätze im Inland €
entgeltl. s. L.	Koblenz	—	250	—	**250**

zu 2. Selbstkosten

Kann der **Nettoeinkaufspreis nicht ermittelt werden**, so sind als Bemessungsgrundlage die **Selbstkosten** anzusetzen (§ 10 Abs. 4 Nr. 1).

Die **Selbstkosten** umfassen alle durch den betrieblichen Leistungsprozess bis zum Zeitpunkt der Entnahme oder Zuwendung entstandenen Kosten (Abschn. 10.6 Abs. 1 Satz 4 UStAE).

Aus **Vereinfachungsgründen** wird die **Bemessungsgrundlage** für die Entnahme von Gegenständen bei Unternehmen **bestimmter Gewerbezweige** anhand von amtlich festgelegten **Pauschbeträgen** ermittelt. Diese Regelung dient der **Vereinfachung** und lässt keine Zu- und Abschläge wegen individueller persönlicher Ess- oder Trinkgewohnheiten zu. Auch Krankheit oder Urlaub rechtfertigen **keine Änderung der Pauschbeträge**.

Diese **Pauschbeträge** sind für das **Kalenderjahr 2026** für **unentgeltliche Wertabgaben (Sachentnahmen)** im BMF-Schreiben vom 23.12.2025 (IV D 3 - S 1547/00006/007/021) aufgeführt.

Die Pauschbeträge sind grundsätzlich **Jahreswerte** für **eine Person**. Für Kinder bis zum vollendeten 2. Lebensjahr entfällt der Ansatz eines Pauschbetrages. Bis zum vollendeten **12. Lebensjahr** ist die **Hälfte** des jeweiligen Wertes anzusetzen. Bei **gemischten Betrieben** (Metzgerei oder Bäckerei mit Lebensmittelangebot oder Gastwirtschaft) ist nur der jeweils **höhere Pauschbetrag** der entsprechenden Gewerbeklasse anzusetzen. Tabakwaren sind in den Pauschbeträgen nicht enthalten.

Gewerbezweig	Jahreswert **2026** für eine Person **ohne** Umsatzsteuer in €		
	zu 7 %	zu 19 %	insgesamt
Bäckerei	1.671	214	1.885
Fleischerei/Metzgerei	1.487	567	2.054
Gast- und Speisewirtschaften			
a) mit Abgabe von kalten Speisen	1.824	629	2.453
b) mit Abgabe von kalten und warmen Speisen	3.173	828	4.001
Getränkeeinzelhandel	123	276	399
Café und Konditorei	1.610	598	2.208
Milch, Milcherzeugnisse, Fettwaren und Eier (Eh.)	721	0	721
Nahrungs- und Genussmittel (Eh.)	1.395	368	1.763
Obst, Gemüse, Südfrüchte und Kartoffeln (Eh.)	384	169	553

BEISPIEL

Die Eheleute U betreiben in **Bonn** ein **Café**. Sie haben einen **zehnjährigen Sohn**.
Die Steuerpflichtigen bewerten ihre Sachentnahmen mit den **Pauschbeträgen**.

Die **Bemessungsgrundlage** beträgt für 2026:

	steuerpflichtige Umsätze		insgesamt
	zu 7 % €	zu 19 % €	€
Ehemann	1.610,00	598,00	2.208,00
Ehefrau	1.610,00	598,00	2.208,00
Kind (50 %)	805,00	299,00	1.104,00
Bemessungsgrundlage für 2026	**4.025,00**	**1.495,00**	**5.520,00**

Will der Steuerpflichtige **niedrigere Beträge** als die Pauschbeträge geltend machen, muss er entsprechende **Nachweise** führen.

ÜBUNG →
1. Wiederholungsfragen 9 und 10 (Seite 316),
2. Fälle 2 und 3 (Seite 318)

8.2.1.1.2 Entnahme von nicht vorsteuerbehafteten Gegenständen

Bei der Entnahme von Gegenständen, von deren Anschaffungs- oder Herstellungskosten **keine Vorsteuer abgezogen** wurde, fällt **grundsätzlich keine Umsatzsteuer** an. In diesen Fällen gilt **§ 3 Abs. 1b Satz 1 Nr. 1 nicht** (vgl. § 3 Abs. 1b Satz 2).

BEISPIEL

Der Unternehmer U, Bonn, erwirbt Anfang 2026 von einem **Privatmann** einen gebrauchten Teppich für **10.000 €** und ordnet ihn zulässigerweise seinem Unternehmen zu. Ende 2026 entnimmt U den Teppich aus seinem Unternehmen für private Zwecke.

Die **Entnahme des Teppichs** unterliegt **nicht** der **Umsatzsteuer** (nicht steuerbar), weil bei der Anschaffung des Teppichs **kein** Vorsteuerabzug möglich war.

Entnimmt ein Unternehmer einen seinem Unternehmen zugeordneten **Pkw**, den er von einer **Privatperson** und damit ohne Berechtigung zum Vorsteuerabzug erworben hat, unterliegt die Entnahme grundsätzlich **nicht** der Umsatzsteuer.

Wurden jedoch **nach der Anschaffung** an dem Pkw Arbeiten ausgeführt, die zum Einbau von **Bestandteilen** geführt haben und für die der Unternehmer zum **Vorsteuerabzug** berechtigt war, unterliegen bei der **Entnahme** des Pkws **nur** die **Bestandteile** (nicht der gesamte Pkw) der Umsatzsteuer (Abschn. 3.3 Abs. 2 Satz 2 UStAE).

Bestandteile sind diejenigen gelieferten **Gegenstände**, die aufgrund ihres Einbaus ihre **körperliche und wirtschaftliche Eigenart** endgültig **verloren** haben und die zu einer **dauerhaften**, im Zeitpunkt der Entnahme **nicht vollständig verbrauchten Werterhöhung** des Gegenstandes geführt haben (Abschn. 3.3 Abs. 2 Satz 3 UStAE).

Aus Vereinfachungsgründen wird **keine dauerhafte Werterhöhung** angenommen, wenn die Aufwendungen für den Einbau von Bestandteilen **weder 20 % der AK/HK noch 1.000 Euro** übersteigen (**Bagatellgrenze**, Abschn. 3.3 Abs. 4 Satz 1 UStAE).

Bemessungsgrundlage im Falle einer steuerpflichtigen Entnahme eines derartigen Pkws ist der **Restwert der Bestandteile im Zeitpunkt der Entnahme** (Wiederbeschaffungskosten).

BEISPIEL

Der Unternehmer U, Bonn, erwirbt 2025 von einem **Privatmann** und damit ohne Berechtigung zum Vorsteuerabzug einen gebrauchten Pkw für 10.000 € und ordnet ihn zulässigerweise seinem Unternehmen zu. Im Januar 2026 wird in den Pkw nachträglich eine **Klimaanlage** für 2.100 € + 399 € USt = 2.499 € eingebaut.
Im Mai 2026 entnimmt U den Pkw seinem Unternehmen für private Zwecke.
Der **Restwert der Klimaanlage** beträgt im Zeitpunkt der Entnahme **1.400 €.**

Das aufgewendete **Entgelt** für den nachträglichen Einbau der Klimaanlage beträgt **2.100 €**, also **mehr als 20 %** der ursprünglichen Anschaffungskosten des Pkws. Mit dem Einbau der Klimaanlage in den Pkw hat diese ihre körperliche und wirtschaftliche Eigenart endgültig verloren und zu einer dauerhaften, im Zeitpunkt der Entnahme nicht vollständig verbrauchten Werterhöhung des Pkws geführt. Die Entnahme des Pkws unterliegt daher nach § 3 Abs. 1b Satz 1 Nr. 1 i. V. m. Satz 2 mit einer **Bemessungsgrundlage** gemäß § 10 Abs. 4 Satz 1 Nr. 1 in Höhe von **1.400 €** der Umsatzsteuer (Abschn. 3.3 Abs. 2 Satz 3 UStAE).

Nicht zu einem **Bestandteil** gehören Aufwendungen für den **Gebrauch und die Erhaltung** des Gegenstandes, die ertragsteuerrechtlich **sofort abziehbaren Erhaltungsaufwand** darstellen, z. B. Aufwendungen für Reparatur-, Ersatz- oder Verschleißteile (Abschn. 3.3 Abs. 2 Satz 4 UStAE).

BEISPIEL

Sachverhalt wie im Beispiel zuvor mit dem **Unterschied**, dass der Unternehmer 2026 keine Klimaanlage einbauen, sondern lediglich eine **Inspektion** für 1.000 € + 190 € USt = 1.190 € durchführen lässt.

Die **Entnahme des Pkws** unterliegt **nicht** der **Umsatzsteuer**, weil die Aufwendungen **keine** Bestandteile sind (Abschn. 3.3 Abs. 2 Satz 4 UStAE).

Zusammenfassung zu Abschnitt 8.2.1.1:

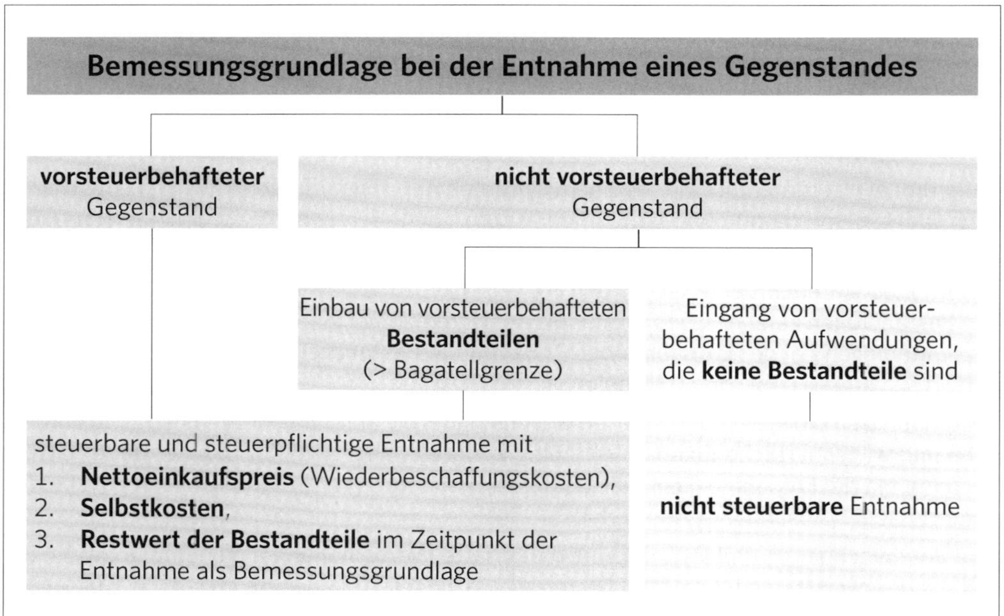

ÜBUNG →
1. Wiederholungsfrage 11 (Seite 316),
2. Fälle 4 und 5 (Seite 318)

8.2.1.2 Sachzuwendungen an das Personal

Unentgeltliche Zuwendungen an das Personal im Sinne des § 3 Abs. 1b Satz 1 Nr. 2 werden ebenfalls nach dem **Nettoeinkaufspreis** oder mangels eines Einkaufspreises nach den **Selbstkosten** zum Zeitpunkt des Umsatzes bemessen (§ 10 Abs. 4 Nr. 1).

Die einzelnen Voraussetzungen für die Steuerbarkeit der Sachzuwendungen an das Personal wurden im Abschnitt 3.1.2, Seiten 186 f., dargestellt. S 1

Die unentgeltliche Abgabe von Gegenständen an das Personal unterliegt nur dann der Umsatzsteuer, wenn bei der Anschaffung oder Herstellung des abgegebenen Gegenstandes der teilweise oder volle **Vorsteuerabzug** in Anspruch genommen werden konnte (Abschn. 1.8 Abs. 2 Satz 6 UStAE).

BEISPIEL

Der Elektrohändler U, Erfurt, **schenkt** seinem Arbeitnehmer anlässlich eines Firmenjubiläums einen Computer. U hat den Computer für sein Warensortiment gekauft. Der Bruttoeinkaufspreis betrug 1.999,20 €. Den entsprechenden **Vorsteuerabzug** hat U in Anspruch genommen. Preisänderungen sind bis zum Zeitpunkt des Umsatzes nicht eingetreten. Die **Bemessungsgrundlage** für die Berechnung der Umsatzsteuer beträgt aufgerundet **1.680 €** (Nettoeinkaufspreis im Zeitpunkt des Umsatzes).

Umsatzart nach § 1 i.V.m. § 3 UStG	Ort des Umsatzes	**nicht** steuerbare Umsätze im Inland €	**steuerbare** Umsätze im Inland €	**steuerfreie** Umsätze im Inland § 4 UStG €	**steuerpflichtige** Umsätze im Inland €
unentgeltl. L.	Erfurt	—	1.680	—	**1.680**

Keine steuerbaren Umsätze sind **Aufmerksamkeiten** und **Leistungen**, die **überwiegend** durch das **betriebliche Interesse** des Arbeitgebers veranlasst sind (§ 3 Abs. 1b Satz 1 Nr. 2, Abschn. 1.8 Abs. 2 Satz 7 UStAE).

Zu den **Aufmerksamkeiten** rechnen gelegentliche Sachzuwendungen bis zu einem Wert von **60 Euro** (brutto), z.B. Blumen, Genussmittel, ein Buch oder ein Tonträger, die dem Arbeitnehmer oder seinem Angehörigen aus Anlass eines **besonderen persönlichen Ereignisses** zugewendet werden (Abschn. 1.8 Abs. 3 Satz 2 UStAE).

Nicht steuerbare Leistungen, die **überwiegend** durch das **betriebliche Interesse** des Arbeitgebers veranlasst sind, liegen vor, wenn betrieblich veranlasste Maßnahmen zwar auch die Befriedigung eines privaten Bedarfs der Arbeitnehmer zur Folge haben, diese Folge aber durch die mit den Maßnahmen angestrebten betrieblichen Zwecke überlagert wird, z.B. Leistungen zur Verbesserung der Arbeitsbedingungen durch Bereitstellung von Aufenthalts- und Erholungsräumen (vgl. Abschn. 1.8 Abs. 4 Satz 3 UStAE).

ÜBUNG →
1. Wiederholungsfrage 12 (Seite 316),
2. Fall 6 (Seite 319)

8.2.1.3 Andere unentgeltliche Zuwendungen

Andere unentgeltliche Zuwendungen im Sinne des § 3 Abs. 1b Satz 1 **Nr. 3** werden ebenfalls nach dem **Nettoeinkaufspreis** oder mangels eines Einkaufspreises nach den **Selbstkosten** zum Zeitpunkt des Umsatzes bemessen (§ 10 Abs. 4 Nr. 1).

S 1 Die einzelnen Voraussetzungen für die Steuerbarkeit der anderen unentgeltlichen Zuwendungen wurden im Abschnitt 3.1.3, Seiten 187 f., dargestellt.

Die anderen unentgeltlichen Zuwendungen unterliegen nur dann der Umsatzsteuer, wenn die Anschaffungs- oder Herstellungskosten des abgegebenen Gegenstandes oder seiner Bestandteile mit Umsatzsteuer belastet waren und der Unternehmer den vollen oder zumindest einen teilweisen **Vorsteuerabzug** vornehmen konnte.

BEISPIEL

Das Modehaus Dienz, Köln, **verlost** im Rahmen eines Preisausschreibens für Werbezwecke einen VW-Beetle. Das Modehaus hat das Auto für 15.000 € + 2.850 € USt = 17.850 € gekauft und die ihm in Rechnung gestellte Umsatzsteuer als **Vorsteuer abgezogen**. Preisänderungen sind bis zum Zeitpunkt der Verlosung nicht eingetreten.

Die **Bemessungsgrundlage** für die Berechnung des Umsatzes beträgt 15.000 € (Nettoeinkaufspreis im Zeitpunkt des Umsatzes).

Umsatzart nach § 1 i.V.m. § 3 UStG	Ort des Umsatzes	**nicht** steuerbare Umsätze im Inland €	**steuerbare** Umsätze im Inland €	**steuerfreie** Umsätze im Inland § 4 UStG €	**steuerpflichtige** Umsätze im Inland €
unentgeltl. L.	Köln	—	15.000	—	**15.000**

Keine Umsätze liegen bei **Geschenken von geringem Wert** i.S.d. § 3 Abs. 1b Satz 1 Nr. 3 vor. **Geschenke von geringem Wert** liegen vor, wenn die Anschaffungs- oder Herstellungskosten der dem Empfänger im Kalenderjahr zugewendeten Gegenstände insgesamt **50 Euro** (Nettobetrag ohne Umsatzsteuer) **nicht übersteigen**.
Dies kann bei geringwertigen Werbeträgern (z.B. Kugelschreiber, Feuerzeuge, Kalender usw.) unterstellt werden (Abschn. 3.3 Abs. 11 Satz 3 UStAE).

MERKE → **Unentgeltliche Lieferungen** werden - mit Ausnahme geringwertiger Geschenke - u.a. **nur** dann **besteuert**, wenn der Unternehmer beim Einkauf des Gegenstandes zum **Vorsteuerabzug** berechtigt war.

B 1 Die **buchmäßige** Darstellung der **unentgeltlichen Lieferungen** erfolgt in der **Buchführung 1**, 38. Auflage 2026.

ÜBUNG →
1. Wiederholungsfrage 13 (Seite 316),
2. Fall 7 (Seite 319)

8.2.2 Unentgeltliche sonstige Leistungen

Zu den **unentgeltlichen sonstigen Leistungen** nach **§ 3 Abs. 9a** gehören:

1. die **private Nutzung betrieblicher Gegenstände** (§ 3 Abs. 9a **Nr. 1**) und
2. **andere** unentgeltliche sonstige Leistungen (§ 3 Abs. 9a **Nr. 2**).

8.2.2.1 Private Nutzung betrieblicher Gegenstände

Bei der privaten Nutzung betrieblicher Gegenstände sind **in der Praxis** vor allem vier Fälle bedeutend:

1. private Nutzung von **betrieblichen Räumen**,
2. private Nutzung von **betrieblichen Fahrzeugen** durch den Unternehmer,
3. private Nutzung **betrieblicher Telekommunikationsgeräte** durch den **Unternehmer**,
4. private Nutzung **betrieblicher Gegenstände** durch das **Personal**.

8.2.2.1.1 Private Nutzung von betrieblichen Räumen

Die **private Nutzung von Räumen** in einem dem Unternehmen zugeordneten Gebäude für Zwecke außerhalb des Unternehmens kann eine **steuerbare** oder **nicht steuerbare** Wertabgabe sein (Abschn. 3.4 Abs. 7 **Satz 1** UStAE).

Steuerbare Wertabgabe („Altfälle")

Die **private Nutzung von Räumen** ist nur **steuerbar**, wenn die unternehmerische Nutzung anderer Räume zum vollen oder teilweisen **Vorsteuerabzug** berechtigt hat (Abschn. 3.4 Abs. 7 **Satz 2** UStAE; siehe auch BFH-Urteil vom 08.10.2008, XI R 58/07).

Bei den **unentgeltlichen sonstigen Leistungen** (unentgeltlichen Wertabgaben) i.S.d. § 3 Abs. 9a Nr. 1 bilden die bei der Ausführung der Leistung entstandenen

Ausgaben

die **Bemessungsgrundlage** (§ 10 Abs. 4 Nr. 2).

Soweit ein Gegenstand für die Erbringung der sonstigen Leistung verwendet wird, zählen auch die **Anschaffungs- und Herstellungskosten** für diesen Gegenstand zu diesen Ausgaben. Diese sind, soweit sie mindestens 500 Euro betragen, **gleichmäßig** (linear) auf einen Zeitraum **zu verteilen**, der dem **Berichtigungszeitraum nach** § 15a (bei Gebäuden 10 Jahre) für diesen Gegenstand entspricht (§ 10 Abs. 4 Nr. 2 UStG). Da der Berichtigungszeitraum (10 Jahre) aber bei letztmöglicher Fertigstellung am 31.12.2010 zum 31.12.2020 abgelaufen war, kommt dieser Regelung **seit dem 01.01.2021 keine praktische Bedeutung mehr** zu.

BEISPIEL

Der Hauseigentümer U besitzt in Köln ein am 01.01.2010 fertiggestelltes viergeschossiges Gebäude („**Altfall**"), das er in vollem Umfang seinem Unternehmen zugeordnet hat. U hat auf die Steuerbefreiung nach § 4 Nr. 12 Buchstabe a) - soweit zulässig - verzichtet (§ 9). In der Bauphase hatte U für das EG und das 3. OG den Vorsteuerabzug in Anspruch genommen.
In **2026** wird das Gebäude wie folgt genutzt:

a) Die Räume im Erdgeschoss sind an einen **Autohändler** als Verkaufsräume vermietet. Der Autohändler versteuert seine Umsätze nach den allgemeinen Vorschriften des UStG. Die Miete beträgt jährlich **24.000 € netto**.

b) Die Räume im 1. Obergeschoss sind an einen **Arzt** für jährlich **12.000 €** vermietet. Der Arzt betreibt in den gemieteten Räumen eine Praxis für Allgemeinmedizin.

c) Die Räume im 2. Obergeschoss sind als Wohnung an eine kaufmännische **Angestellte** für jährlich **6.000 €** vermietet.

d) Die Räume im 3. Obergeschoss bewohnt **U selbst**. Die Ausgaben einschließlich der auf den nach § 15a UStG maßgeblichen Berichtigungszeitraum (10 Jahre) verteilten Herstellungskosten betragen für diese Räume jährlich **6.000 €**.

Die **Bemessungsgrundlagen** für die Nutzung des Gebäudes („Altfall") betragen 2026:

Umsatzart nach § 1 i.V.m. § 3 UStG	Ort des Umsatzes	**nicht** steuerbare Umsätze im Inland €	**steuerbare** Umsätze im Inland €	**steuerfreie** Umsätze im Inland § 4 UStG €	**steuer-pflichtige** Umsätze im Inland €
a) sonstige L.	Köln	—	24.000	—	24.000
b) sonstige L.	Köln	—	12.000	12.000	—
c) sonstige L.	Köln	—	6.000	6.000	—
d) unentgeltl. sonstige L.	Köln	—	0	—	0

Seit 01.01.2011 **entfällt** für die nichtunternehmerische Nutzung eines gemischt genutzten Gebäudes die Möglichkeit des **Vorsteuerabzugs** (§ 15 Abs. 1b; vgl. Bsp. unten). Damit ist auch die Wertabgabebesteuerung nach § 3 Abs. 9a Nr. 1 nicht mehr erforderlich. Seit 01.01. 2011 gilt § 3 Abs. 9a Nr. 1 theoretisch **nur noch** für **Altfälle** und entfaltet durch den Ablauf des Berichtigungszeitraums für Altfälle spätestens seit dem 01.01.2021 keine praktische Bedeutung mehr (vgl. Bsp. oben).

Nicht steuerbare Wertabgabe („Neufälle")

Die **private Nutzung von Räumen** ist **nicht steuerbar**, wenn die unternehmerische Nutzung **nicht** zum vollen oder teilweisen **Vorsteuerabzug** berechtigt hat (Umkehrschluss aus Abschn. 3.4 Abs. 7 Satz 2 UStAE).

BEISPIEL

Unternehmer U, München, ist Eigentümer eines **gemischt genutzten Gebäudes** (Fertigstellung 2026 – „**Neufall**"). Das **EG** hat U an einen **Rechtsanwalt (Kanzleiräume)** für jährlich **12.000 €** vermietet. Das **1. OG** nutzt U für **eigene Wohnzwecke**. U hat das Gebäude in vollem Umfang dem Unternehmen zugeordnet und auf die Steuerbefreiung nach § 4 Nr. 12a – soweit zulässig – verzichtet (§ 9). In der Bauphase hatte U für das Erdgeschoss den Vorsteuerabzug in Anspruch genommen. Der Vorsteuerabzug für das 1. OG ist aufgrund des § 15 Abs. 1b unterblieben. Die **Ausgaben** für die selbstgenutzten Räume i.S.d. des § 10 Abs. 4 Nr. 2 betragen jährlich **6.000 €**.

U steht hinsichtlich der **steuerpflichtig** vermieteten Kanzleiräume **ein Vorsteuerabzug** zu (§ 15 Abs. 1 Satz 1 Nr. 1 i.V.m. § 9).
Die private Nutzung für eigene Wohnzwecke ist **keine** unentgeltliche sonstige Leistung (**unentgeltliche Wertabgabe**) i.S.d. **§ 3 Abs. 9a Nr. 1**, da der dem Unternehmen zugeordnete Gegenstand **nicht** zum vollen oder teilweisen **Vorsteuerabzug** berechtigt hat (§ 15 Abs. 1b). Die private Nutzung ist **nicht steuerbar**.

Umsatzart nach § 1 i.V.m. § 3 UStG	Ort des Umsatzes	**nicht** steuerbare Umsätze im Inland €	**steuerbare** Umsätze im Inland €	**steuerfreie** Umsätze im Inland § 4 UStG €	**steuer-pflichtige** Umsätze im Inland €
EG: sonst. L.	München	—	12.000	—	12.000
1. OG: keine unentg. s. L.		**6.000**	—	—	—

8.2.2.1.2 Private Nutzung betrieblicher Fahrzeuge durch den Unternehmer

Hat der Unternehmer ein erworbenes Fahrzeug, welches sowohl für unternehmerische als auch für nichtunternehmerische (private) Zwecke genutzt wird, zulässigerweise insgesamt seinem Unternehmen zugeordnet, kann er die auf die Anschaffungskosten des Fahrzeugs entfallenden **Vorsteuerbeträge in voller Höhe** abziehen (§ 15 Abs. 1 Satz 1 Nr. 1).

Die **private Nutzung** unterliegt unter den Voraussetzungen des § 3 **Abs. 9a Satz 1 Nr. 1 und Satz 2** als unentgeltliche sonstige Leistung (unentgeltliche Wertabgabe) der **Umsatzsteuer** (buchungstechnisch ist dieser Wert als Privatentnahme ohne Umsatzsteuer zu erfassen).

Als **Bemessungsgrundlage** sind dabei nach § 10 Abs. 4 Satz 1 Nr. 2 die **Ausgaben** anzusetzen, soweit sie zum vollen oder teilweisen Vorsteuerabzug berechtigt haben.
Zur **Ermittlung der Ausgaben**, die auf die private Nutzung eines dem Unternehmen zugeordneten Fahrzeugs entfallen, hat der Unternehmer die Wahl zwischen drei Möglichkeiten: **Fahrtenbuchregelung**, **1 %-Regelung** oder **Schätzung**.

Die **1 %-Regelung** ist nur anwendbar, wenn das Kraftfahrzeug zu **mehr als 50 % betrieblich** genutzt wird (§ 6 Abs. 1 Nr. 4 Satz 2 EStG; notwendiges Betriebsvermögen i. S. d. EStG).

Die umsatzsteuerliche Behandlung betrieblicher Fahrzeuge wird in Abschnitt 15.23 UStAE behandelt.

Fahrtenbuchregelung

Setzt der **Unternehmer** für Ertragsteuerzwecke die private Nutzung mit den auf die **Privatfahrten** entfallenden Aufwendungen an, indem er die für das Fahrzeug insgesamt entstehenden Aufwendungen durch Belege und das Verhältnis der privaten zu den übrigen Fahrten durch ein ordnungsgemäßes **Fahrtenbuch** nachweist (§ 6 Abs. 1 Nr. 4 Satz 3 EStG), ist von diesem Wert auch bei der Bemessungsgrundlage für die private Nutzung auszugehen. Sofern Anschaffungs- oder Herstellungskosten mindestens 500 € (Nettobetrag ohne Umsatzsteuer) betragen, sind sie gleichmäßig auf den für das Fahrzeug maßgeblichen Berichtigungszeitraum nach § 15a (**5 Jahre**) zu verteilen. Aus den Gesamtaufwendungen sind für Umsatzsteuerzwecke die **nicht mit Vorsteuer belasteten Kosten** in der belegmäßig nachgewiesenen Höhe **auszuscheiden**. Im Gegensatz zum ertragsteuerlichen Wert erfolgt für umsatzsteuerliche Zwecke keine Kürzung bei Elektro- und Hybridelektrofahrzeugen (Abschn. 15.23 Abs. 5 UStAE).

BEISPIEL

Der Unternehmer U, Koblenz, nutzt seinen betrieblichen Pkw, den er vom Kfz-Händler Caspers Cars 2026 erworben hat, **lt. Fahrtenbuch zu 30 % für private Zwecke**.
Im Monat **Oktober 2026** sind für den Pkw folgende Kosten angefallen:

1.	Kosten, die **nicht** mit Vorsteuer belastet sind:		
	Kfz-Versicherungen und Kfz-Steuer		**100 €**
2.	Kosten, die zum **Vorsteuerabzug** berechtigt haben:		
	Benzin	200 €	
	Reparaturen	2.050 €	
	Absetzung für Abnutzung (AfA) gem. § 15a	250 €	**2.500 €**
=	Kosten insgesamt		2.600 €

Die **Bemessungsgrundlage** für die steuerpflichtige **unentgeltliche sonstige Leistung** beträgt im Oktober 2026 **750 €** (30 % von **2.500 €**).

Die **Entnahme der sonstigen Leistung**, die **nicht** der **Umsatzsteuer** unterliegt (nicht steuerbarer Anteil), beträgt im Oktober 2026 **30 €** (30 % von **100 €**).

Umsatzart nach § 1 i. V. m. § 3 UStG	Ort des Umsatzes	**nicht** steuerbare Umsätze im Inland €	**steuerbare** Umsätze im Inland €	**steuerfreie** Umsätze im Inland § 4 UStG €	**steuerpflichtige** Umsätze im Inland €
unentgelt. sonst. L.	Koblenz	—	750	—	**750**
kein Umsatz	—	**30**	—	—	—

Bei der Ermittlung der **anteiligen AfA** für den Pkw wurde der nach § 15a maßgebliche **Berichtigungszeitraum** (5 Jahre) zugrunde gelegt.

Wird ein Pkw z. B. von einem **Nichtunternehmer** und damit **ohne Berechtigung zum Vorsteuerabzug** erworben, gehört die **anteilige AfA** i. S. d. § 15a **nicht zur Bemessungsgrundlage**. Sie erhöht dann den **nicht steuerbaren Anteil** der unentgeltlichen Wertabgabe.

1 %-Regelung

Ermittelt der **Unternehmer** für Ertragsteuerzwecke den Wert der Nutzungsentnahme nach der sog. **1 %-Regelung** des § 6 Abs. 1 Nr. 4 Satz 2 EStG, so kann er von diesem Wert aus Vereinfachungsgründen bei der Bemessungsgrundlage für die private Nutzung ausgehen, wenn das Fahrzeug zu **mehr als 50 % betrieblich** genutzt wird. Im Gegensatz zum ertragsteuerlichen Wert erfolgt keine Kürzung des inländischen Listenpreises für Elektro- und Hybridelektrofahrzeuge (Abschn. 15.23 Abs. 5 UStAE).

Für die **nicht mit Vorsteuer belasteten Kosten** (z. B. Kfz-Steuer und Kfz-Versicherungen) ist ein **pauschaler Abschlag von 20 %** vorzunehmen.

Der 20 %-Abschlag stellt den nicht steuerbaren Anteil der privaten Kfz-Nutzung dar.

Das Berechnungsergebnis - nach Abzug des Pauschalabschlags - ist ein sog. **Nettowert**, auf den die Umsatzsteuer mit dem allgemeinen Steuersatz aufzuschlagen ist (Abschn. 15.23 Abs. 5 UStAE).

Der **Brutto-Listenpreis** ist **auf volle 100 Euro abzurunden**.

[**Hinweis**: Bei der **Fahrzeugüberlassung an das Personal** wird kein Abschlag für vorsteuerfreie Kosten vorgenommen, da es sich hier um eine entgeltliche Wertabgabe handelt. Außerdem stellt das Ergebnis der Berechnung einen sog. Bruttowert dar, aus dem die Umsatzsteuer noch herauszurechnen ist. Vgl. hierzu auch das Beispiel auf Seite 294.]

BEISPIEL

Zum Unternehmensvermögen des selbständigen Rechtsanwalts Kastor Fabel, Stuttgart, gehört ein Pkw, der auch für **private Fahrten** verwendet wird. Der Pkw wird zu mehr als 50 % betrieblich genutzt. Der **Brutto-Listenpreis** des Kraftfahrzeugs hat im Zeitpunkt der **Erstzulassung** (Januar 2025) **49.114 €** betragen.

Rechtsanwalt Fabel pauschaliert den privaten Nutzungsanteil des Pkws (Neufahrzeug) nach der **1 %-Regelung** für das Kalenderjahr 2026 wie folgt:

Brutto-Listenpreis des Pkws im Zeitpunkt der Erstzulassung	49.114,00 €
abgerundet auf volle 100 €	49.100,00 €
davon **1 %** = 491 € x 12 Monate =	5.892,00 €
- 20 % Abschlag für nicht mit Vorsteuer belastete Kosten	**- 1.178,40 €**
= Bemessungsgrundlage für ein Jahr	4.713,60 €

Umsatzart nach § 1 i.V.m. § 3 UStG	Ort des Umsatzes	**nicht** steuerbare Umsätze im Inland €	**steuerbare** Umsätze im Inland €	**steuerfreie** Umsätze im Inland § 4 UStG €	**steuer-pflichtige** Umsätze im Inland €
unentgelt. sonst. L.	Stuttgart	—	4.714	—	**4.714**
kein Umsatz	—	**1.178**	—	—	—

Schätzung

Ist die Anwendung der **1 % -Regelung** gem. § 6 Abs. 1 Nr. 4 Satz 2 EStG ausgeschlossen, weil das Fahrzeug zu **weniger als 50 % betrieblich** genutzt wird oder liegen die Voraussetzungen der **Fahrtenbuchregelung** nicht vor, weil z. B. kein ordnungsgemäßes Fahrtenbuch geführt wird, ist der private Nutzungsanteil für Umsatzsteuerzwecke anhand geeigneter Unterlagen im Wege einer sachgerechten **Schätzung** zu ermitteln.

Liegen geeignete Unterlagen für eine Schätzung **nicht** vor, ist der private Nutzungsanteil mit **mindestens 50 % zu schätzen**, soweit sich aus den besonderen Verhältnissen des Einzelfalls nichts Gegenteiliges ergibt. Aus den Gesamtaufwendungen sind die **nicht mit Vorsteuer belasteten Kosten** in der belegmäßig nachgewiesenen Höhe **auszuscheiden**.

Konnte der Unternehmer bei der Anschaffung eines dem Unternehmen zugeordneten Fahrzeugs keinen Vorsteuerabzug vornehmen (z. B. Erwerb von einem Nichtunternehmer), sind nur die vorsteuerbelasteten Unterhaltskosten zur Ermittlung der Bemessungsgrundlage heranzuziehen (Abschn. 15.23 Abs. 5 UStAE).

Fahrten zwischen Wohnung und Betriebsstätte sowie Familienheimfahrten

Die **Fahrten des Unternehmers zwischen Wohnung und Betriebsstätte** oder **Familienheimfahrten** wegen einer aus betrieblichem Anlass begründeten doppelten Haushaltsführung sind (im Gegensatz zur Fahrzeugüberlassung an das Personal) bei allen Berechnungsmethoden der **betrieblichen Nutzung** des Fahrzeugs **zuzurechnen** (BMF-Schreiben vom 07.07.2006, BStBl I 2006, S. 446 f.).

Es ist auch keine Vorsteuerkürzung nach § 15 Abs. 1a vorzunehmen (Abschn. 15.23 Abs. 5 UStAE).

8.2.2.1.3 Private Nutzung betrieblicher Telekommunikationsgeräte durch den Unternehmer

Kauft ein Unternehmer Telekommunikationsgeräte (z. B. Telefonanlagen nebst Zubehör, Faxgeräte, Mobilfunkeinrichtungen) für sein Unternehmen, kann er die hierauf entfallende **Vorsteuer** in **voller Höhe** nach § 15 **absetzen** (Abschn. 3.4 Abs. 4 Satz 1 UStAE).

Wird ein solches Gerät **für Zwecke außerhalb des Unternehmens** verwendet, liegt eine **unentgeltliche sonstige Leistung** (§ 3 **Abs. 9a Nr. 1**) in Höhe der anteiligen umsatzsteuerlichen „AfA" i. S. d. § 15a (Berichtigungszeitraum: 5 Jahre) vor, wenn die Anschaffungskosten mindestens 500 Euro betragen haben (vgl. Abschn. 3.4 Abs. 4 Satz 2 UStAE i. V. m. § 10 Abs. 4 Nr. 2 Satz 3).

BEISPIEL

Der Kölner Unternehmer U hat im **Januar 2026** für sein Unternehmen eine neue Telefonanlage für 2.000 € + 380 € USt = 2.380 € **gekauft**. Die ihm in Rechnung gestellte Umsatzsteuer von 380 € hat er als Vorsteuer abgezogen.
Er nutzt die betriebliche Telefonanlage zu 20 % für private Zwecke. Die betriebsgewöhnliche Nutzungsdauer beträgt lt. AfA-Tabelle 8 Jahre.

Die **Bemessungsgrundlage** 2026 beträgt 80 € (§ 10 Abs. 4 Nr. 2 Satz 3 i. V. m. § 15a Abs. 1) (2.000 € : **5 Jahre Berichtigungszeitraum** = 400 €; 400€ x 20 % = 80 €).

Umsatzart nach § 1 i. V. m. § 3 UStG	Ort des Umsatzes	**nicht** steuerbare Umsätze im Inland €	**steuerbare** Umsätze im Inland €	**steuerfreie** Umsätze im Inland § 4 UStG €	**steuer-pflichtige** Umsätze im Inland €
unentgelt. sonst. L.	Köln	—	80	—	**80**

Keine unentgeltlichen sonstigen Leistungen liegen bei **laufenden Telefonkosten** (z. B. Miete, Grund- und Gesprächsgebühren) vor – unabhängig davon, ob es sich um ein gekauftes oder gemietetes Telefon handelt – (Abschn. 3.4 Abs. 4 Satz 4 UStAE).

BEISPIEL

Der Bonner Unternehmer U benutzt sein **Geschäftstelefon zu 20 %** für private Zwecke. Die laufenden Telefonkosten (Grund- und Gesprächsgebühren) haben **4.500 €** betragen.

Die anteiligen **privaten laufenden Telefonkosten** von **900 €** (20 % von 4.500 €) sind **keine unentgeltlichen sonstigen Leistungen**, da die Vorsteuer anteilig zu kürzen ist.

8.2.2.1.4 Private Nutzung betrieblicher Gegenstände durch das Personal

Die **unentgeltliche Nutzung von Unternehmensgegenständen** wie Baumaschinen, Ferienwohnungen usw. durch das Personal wird als **unentgeltliche sonstige Leistungen** nach § 3 **Abs. 9a Nr. 1 besteuert**.

Von einer **unentgeltlichen** Überlassung von Kfz an das Personal kann ausnahmsweise ausgegangen werden, wenn die private Nutzung **gering** (aus besonderem Anlass oder an nicht mehr als fünf Tagen im Monat) ist (Abschn. 15.23 Abs. 12 UStAE). Bei einer in der Praxis üblichen Firmenwagenüberlassung aufgrund arbeitsvertraglicher Vereinbarungen handelt es sich hingegen um eine entgeltliche Nutzungsüberlassung (tauschähnlicher Umsatz).

Nach § 10 Abs. 4 Satz 1 **Nr. 2** wird der Umsatz bei **unentgeltlichen sonstigen Leistungen** i. S. d. § 3 Abs. 9a **Nr. 1** nach den bei der Ausführung dieser Umsätze entstandenen **Ausgaben**, soweit sie zum vollen oder teilweisen Vorsteuerabzug berechtigt haben, bemessen.

Betragen bei einem Gegenstand die Anschaffungs- oder Herstellungskosten **weniger als 500 €**, sind diese nicht auf mehrere Jahre zu verteilen, sondern im Jahr der Anschaffung oder Herstellung zu berücksichtigen (§ 10 Abs. 4 Satz 1 **Nr. 2** Satz 3).

8.2.2.2 Andere unentgeltliche sonstige Leistungen

Die **anderen sonstigen Leistungen** im Sinn des § 3 Abs. 9a **Nr. 2** werden für Privatzwecke des **Unternehmers** oder des **Personals** nach den bei der Ausführung dieser Umsätze entstandenen

Ausgaben

bemessen (§ 10 Abs. 4 **Nr. 3**).

Im Gegensatz zu den unentgeltlichen sonstigen Leistungen nach § 3 Abs. 9a **Nr. 1** gehören bei den **anderen sonstigen Leistungen** i. S. d. § 3 Abs. 9a **Nr. 2 sämtliche Kosten** zur Bemessungsgrundlage, **auch Kosten**, für die der **Vorsteuerabzug nicht möglich war**.

BEISPIEL

Der selbständige Installateur U baut ein Eigenheim in Mainz und verwendet dabei Material von seinem Lager für netto **5.000 €**.
Auf den Einsatz seiner Gesellen an dieser Baustelle entfallen Arbeitslöhne und Lohnnebenkosten in Höhe von **7.500 €**.

Die **Bemessungsgrundlage** für die unentgeltliche sonstige Leistung beträgt **12.500 €**.

Unentgeltliche Dienstleistungen für Privatzwecke des Personals

Erhalten Arbeitnehmer von ihrem Arbeitgeber freie Verpflegung, freie Unterkunft oder freie Wohnung, ist von den Werten auszugehen, die in der **Sozialversicherungsentgeltverordnung** (**SvEV**) in der jeweils geltenden Fassung festgesetzt sind.

Für die Gewährung von **Unterkunft und Wohnung** kann unter der Voraussetzung des § 4 Nr. 12 Buchstabe a) **Steuerfreiheit** in Betracht kommen (Abschn. 1.8 Abs. 9 Sätze 1 und 2 UStAE).

Die Gewährung der **Verpflegung** unterliegt dem **allgemeinen Steuersatz** (Abschn. 1.8 Abs. 9 Satz 3 UStAE).

Bei der **unentgeltlichen** Abgabe von Mahlzeiten an die Arbeitnehmer durch unternehmenseigene Kantinen ist aus Vereinfachungsgründen bei der Ermittlung der **Bemessungsgrundlage** von dem Wert auszugehen, der dem amtlichen **Sachbezugswert** nach **der Sozialversicherungsentgeltverordnung** entspricht (Abschn. 1.8 Abs. 11 UStAE i. V. m. R 8.1 Abs. 7 LStR 2015).

Nach § 2 SvEV beträgt der **Sachbezugswert** von unentgeltlichen oder verbilligten Mahlzeiten für alle Länder **2026** (Bruttowerte, BMF-Schreiben vom 29.12.2025):

	Sachbezugswert 2026		**Sachbezugswert 2025**	
Art des Sachbezugs	monatlich	täglich	monatlich	täglich
Frühstück	**71,10 €**	**2,37 €**	**69,00 €**	**2,30 €**
Mittagessen	**137,10 €**	**4,57 €**	**132,00 €**	**4,40 €**
Abendessen	**137,10€**	**4,57 €**	**132,00 €**	**4,40 €**
gesamt	**345,30 €**	**11,10 €**	**333,00 €**	**11,10 €**

BEISPIEL

Wert eines unentgeltlichen Mittagessens	4,57 €
darin enthalten 19/119 Umsatzsteuer	- 0,73 €
Bemessungsgrundlage	**3,84 €**

Im Übrigen wird auf Abschn. 1.8 UStAE und R 8.1 Abs. 7 LStR 2015 hingewiesen.

B 1 Die **buchmäßige** Darstellung der **unentgeltlichen sonstigen Leistungen** erfolgt in der **Buchführung 1**, 38. Auflage 2026.

ÜBUNG →
1. Wiederholungsfragen 14 und 15 (Seite 316 f.),
2. Fall 8 (Seiten 319 f.)

Zusammenfassung zu 8.2:

Siehe Seite 311.

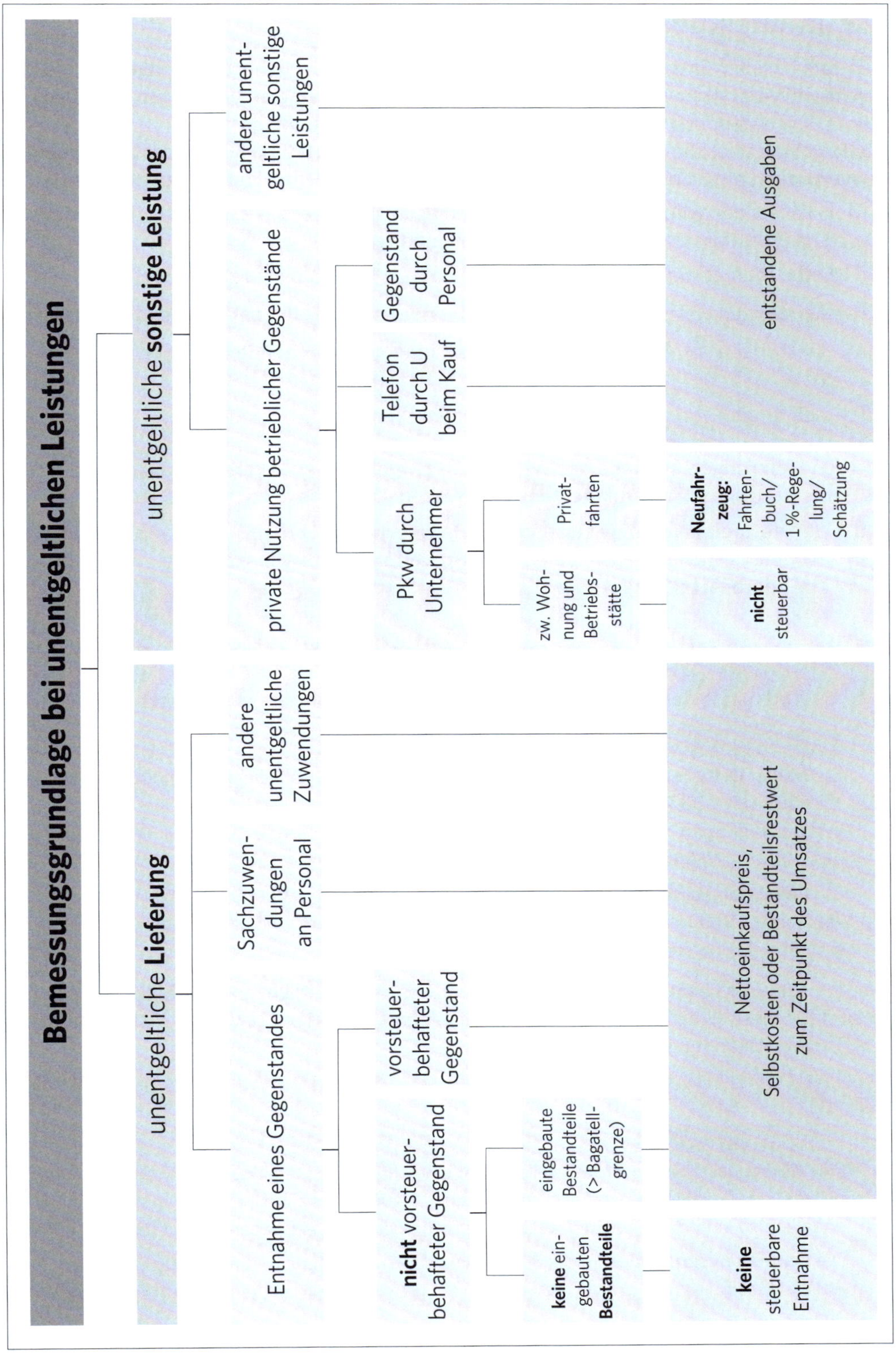

Bemessungsgrundlage bei unentgeltlichen Leistungen
unentgeltliche Lieferung
unentgeltliche sonstige Leistung
Entnahme eines Gegenstandes
Sachzuwendungen an Personal
andere unentgeltliche Zuwendungen
private Nutzung betrieblicher Gegenstände
andere unentgeltliche sonstige Leistungen
nicht vorsteuerbehafteter Gegenstand
vorsteuerbehafteter Gegenstand
Pkw durch Unternehmer
Telefon durch U beim Kauf
Gegenstand durch Personal
keine eingebauten Bestandteile
eingebaute Bestandteile (> Bagatellgrenze)
zw. Wohnung und Betriebsstätte
Privatfahrten
keine steuerbare Entnahme
Nettoeinkaufspreis, Selbstkosten oder Bestandteilsrestwert zum Zeitpunkt des Umsatzes
nicht steuerbar
Neufahrzeug: Fahrtenbuch/ 1 %-Regelung/ Schätzung
entstandene Ausgaben

8.3 Mindestbemessungsgrundlagen

Das tatsächliche **Entgelt** ist **nicht Bemessungsgrundlage**, wenn es **geringer** ist als der **objektive Wert** der bewirkten Leistung (verbilligte Überlassung an bestimmte Personen). In diesen Fällen sieht das Gesetz eine **Mindestbemessungsgrundlage** vor.
Die Regelung über die Mindestbemessungsgrundlagen nach § 10 Abs. 5 hat zum **Ziel**, den **Endverbrauch** möglichst **vollständig und gleichmäßig mit Umsatzsteuer zu belasten**.

In den Fällen der Mindestbemessungsgrundlagen ist stets ein **Entgelt** vorhanden, dass jedoch nach Auffassung des Gesetzgebers **zu niedrig** ist.

Die **Mindestbemessungsgrundlagen** im Sinne des § 10 **Abs. 5** sind zu prüfen bei

1. **Leistungen** von **Vereinigungen an Mitglieder oder diesen nahestehende Personen**,
2. **Leistungen** von **Einzelunternehmern an ihnen nahestehende Personen** und
3. **Leistungen** vom **Unternehmer an sein Personal** (Sachzuwendungen).

Werden **Lieferungen** im Sinne des § 10 Abs. 5 **entgeltlich**, aber **verbilligt** ausgeführt, so ist als Bemessungsgrundlage **mindestens anzusetzen** (§ 10 Abs. 5 i.V.m. § 10 Abs. 4)

1. der **Nettoeinkaufspreis** zuzüglich der Nebenkosten für den Gegenstand oder für einen gleichartigen Gegenstand **zum Zeitpunkt des Umsatzes** (**Wiederbeschaffungskosten**)
   oder
2. die **Selbstkosten** des Gegenstandes zum **Zeitpunkt des Umsatzes**.

D.h., es wird mindestens der Wert für unentgeltliche Wertabgaben angesetzt.

BEISPIEL

Die **Müller OHG**, Stuttgart, kauft einen Pkw von einem Automobilwerk für **30.000 €** + 5.700 € USt = 35.700 €.
Wenige Tage später verkauft die OHG diesen Pkw an ihren Gesellschafter Müller, Stuttgart, für 23.800 € (**20.000 €** + 3.800 € USt).

Die **Bemessungsgrundlage** für die Berechnung der USt beträgt **30.000 €**, weil der Nettoeinkaufspreis (30.000 €; § 10 Abs. 4 Nr. 1) das berechnete, aber zu niedrige Entgelt (20.000 €; § 10 Abs. 1) übersteigt.

Werden **sonstige Leistungen** im Sinne des § 10 Abs. 5 **entgeltlich**, aber **verbilligt** ausgeführt, so sind für diese Umsätze **mindestens anzusetzen** (§ 10 Abs. 5 i.V.m. § 10 Abs. 4 Nrn. 2 und 3) die entstandenen

Ausgaben.

BEISPIEL

Eine **KG** überlässt einem ihrer Gesellschafter einen firmeneigenen Pkw zur privaten Nutzung. Sie belastet das Privatkonto des Gesellschafters mit **2.400 €**. Der auf die private Nutzung des Pkws entfallende Anteil an den **zum Vorsteuerabzug** berechtigten Ausgaben beträgt jedoch **3.600 €**.

Die **Bemessungsgrundlage** für die Berechnung der Umsatzsteuer beträgt **3.600 €** (Abschn. 10.7 Abs. 1 UStAE).

Entsprechend der Rechtsprechung des EuGH und des BFH gilt als **Obergrenze** der Mindestbemessungsgrundlage das **marktübliche Entgelt**.

Zusammenfassung

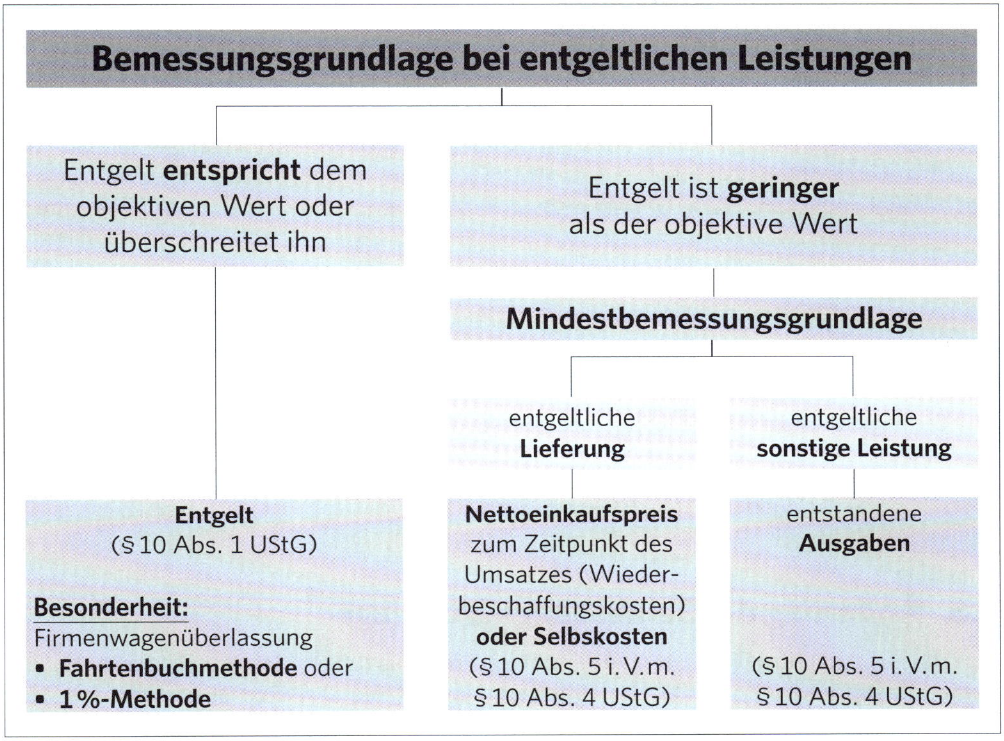

ÜBUNG →
1. Wiederholungsfragen 16 und 17 (Seite 317),
2. Fall 9 (Seite 320)

8.4 Bemessungsgrundlage für den innergemeinschaftlichen Erwerb

Bemessungsgrundlage für den **innergemeinschaftlichen Erwerb** nach § 1 Abs. 1 **Nr. 5** ist – wie bei der Lieferung – das **Entgelt** (§ 10 Abs. 1 Satz 1).

Das **Entgelt** lässt sich in der Regel aus der **Rechnung des Lieferers** entnehmen.

BEISPIEL

Der **spanische** Lieferer U, Madrid, stellt dem **deutschen** Unternehmer A, Bonn, für gelieferte Waren folgende Beträge in Rechnung (Auszug):

	Nettowarenwert	10.000 €
+	Frachtkosten	1.500 €
+	Verpackungskosten	500 €
	insgesamt	**12.000 €**

Die **Bemessungsgrundlage für** die Berechnung der deutschen Umsatzsteuer (**Erwerbsteuer**) beträgt **12.000 €**.

Beim innergemeinschaftlichen Erwerb sind (**alle**) **Verbrauchsteuern**, die vom **Erwerber** geschuldet oder entrichtet werden, in die **Bemessungsgrundlage einzubeziehen** (§ 10 Abs. 1 **Satz 3**, Abschn. 10.1 Abs. 6 Satz 3 UStAE).

Diese Abgaben können auch **nicht** als **durchlaufende Posten** im Sinne des § 10 Abs. 1 **Satz 5** behandelt werden (Abschn. 10.1 Abs. 6 Satz 4 UStAE).

Unter diese Regelung fallen **alle Verbrauchsteuern**, also nicht nur diejenigen, die auf verbrauchsteuerpflichtige Waren i.S.d. § 1a Abs. 5 erhoben werden, also nicht nur für Mineralöle, Alkohol und alkoholische Getränke sowie Tabakwaren, sondern **z. B. auch für Kaffee**.

BEISPIEL

Der Gastwirt A, Unternehmer mit USt-IdNr., Mainz, erwirbt von dem französischen Unternehmer U, Unternehmer mit USt-IdNr., Dijon, 20 Kisten Champagner. A verwendet den Champagner ausschließlich in seiner Gaststätte. Das **Entgelt** einschließlich Frachtkosten beträgt **5.000 €**. Außerdem hat A an **Verbrauchsteuer** (Schaumweinsteuer) **400 €** zu entrichten.

Die **Bemessungsgrundlage** für den innergemeinschaftlichen Erwerb beträgt **5.400 €** (5.000 € + 400 €).

ÜBUNG →
1. Wiederholungsfrage 18 (Seite 317),
2. Fall 10 (Seite 320)

8.5 Änderung der Bemessungsgrundlage

Ergeben sich **nachträglich** (in einem späteren Veranlagungszeitraum) **Änderungen der Bemessungsgrundlage**, so hat der **Unternehmer**, der die Umsätze **ausgeführt** hat, den dafür geschuldeten **Umsatzsteuerbetrag** zu berichtigen (§ 17 Abs. 1 Satz 1).
Ebenso hat der **Unternehmer**, an den diese Umsätze ausgeführt worden sind, den dafür in Anspruch genommenen **Vorsteuerbetrag** zu berichtigen (§ 17 Abs. 1 Satz 2).
§ 17 bezieht sich demnach auf **zwei Unternehmer**, die ihre Umsätze nach **vereinbarten Entgelten** besteuern (**Sollbesteuerung**) und zum **Vorsteuerabzug** berechtigt sind.
Führt ein **Unternehmer** eine steuerpflichtige Leistung z. B. an einen **Nichtunternehmer** (z. B. Privatmann) aus, so ist **nur** der **liefernde Unternehmer** verpflichtet, seine **Umsatzsteuerschuld zu berichtigen**.

Die **Änderung der Bemessungsgrundlage** kann in einer Entgelt**erhöhung** oder in einer Entgelt**minderung** bestehen. Die entsprechenden **Berichtigungen** sind für **den** Besteuerungszeitraum vorzunehmen, in dem die **Änderung eingetreten** ist (§ 17 Abs. 1 Satz 7).

Die Berichtigungspflicht ist **bereits** bei der Berechnung der **Vorauszahlungen** zu beachten (**§ 18** Abs. 1 **Satz 3**).

Entgelt**erhöhungen** können sich z. B. ergeben durch:

- **Preiszuschläge**,
- weiterberechnete **Spesen** bei einem Diskontkredit.

Weiterberechnete **Verzugszinsen**, **Fälligkeitszinsen** und **Prozesszinsen** sind Schadenersatz und **keine** Entgelt**erhöhungen** (Abschn. 1.3 Abs. 3 Satz 4 UStAE).

Entgeltminderungen (z. B. aufgrund einer Mängelrüge) führen erst im **Zeitpunkt** ihrer **Rückzahlung** zu einer Minderung der Bemessungsgrundlage (BFH-Urteil vom 18.09.2008, BStBl. 2009 II, S. 250). Der Zeitpunkt der Anspruchsentstehung ist grundsätzlich irrelevant.

Entgelt**minderungen** können sich z. B. ergeben durch:

- **Skonti**,
- Boni,
- Rabatte,
- Kaufpreisminderungen bei Mängelrügen,
- **Forderungsausfälle**.

Im Folgenden werden die beiden in der Praxis häufig vorkommenden Fälle der Entgelt**minderung** „Skontogewährung und Forderungsausfälle" näher erläutert.

8.5.1 Skonti

BEISPIEL

Der **Unternehmer** U, der als Monatszahler seine Umsätze nach vereinbarten Entgelten besteuert (Sollbesteuerung), liefert am 28.08.2026 Waren an den **Unternehmer** A, der ebenfalls Monatszahler ist. Seine Rechnung weist folgende Beträge aus:

	Waren, netto	10.000 €
+	19 % USt	1.900 €
	Rechnungsbetrag	11.900 €

U schuldet als Sollbesteuerer für August 2026 Umsatzsteuer in Höhe von 1.900 €. A kann diesen Betrag als Vorsteuer in Abzug bringen.
Die von U gewährten **Zahlungsbedingungen** lauten:
Zahlbar innerhalb 14 Tagen mit 2 % Skonto **oder** 30 Tagen netto.

A zahlt am 09.09.2026 unter **Abzug von 2 % Skonto**

	Rechnungsbetrag	11.900 €	
-	**2 % Skonto**	- **238 €**	(200 € + 38 € USt)
	Zahlung	11.662 €	

Durch den Skontoabzug ändert sich im September 2026 die Bemessungsgrundlage (Entgeltminderung). U schuldet für September 2026 **38 € weniger Umsatzsteuer**.
A hat die Vorsteuer für September 2026 entsprechend zu berichtigen (zu kürzen).

8.5.2 Forderungsausfälle

Die Pflicht zur Berichtigung der Umsatzsteuer bzw. Vorsteuer nach § 17 Abs. 1 besteht auch dann, wenn das Entgelt für eine Leistung **uneinbringlich** geworden ist (§ 17 Abs. 2 Nr. 1 Satz 1).

BEISPIEL

Der Unternehmer U hat eine **Forderung** aus 2025 an den Kunden A in Höhe von 595 € (500 € + 95 € USt), die unerwartet im Dezember 2026 **uneinbringlich** wird.

Durch den Forderungsausfall ändert sich im Dezember 2026 die Bemessungsgrundlage.
U schuldet für Dezember 2026 **95 €** weniger Umsatzsteuer.

Im **Umsatzsteuervoranmeldungsformular** für das Kalenderjahr **2026** bestehen in den Zeilen 51 und 52 Eingabefelder für die Änderung der Bemessungsgrundlage nach § 17. Änderungen der Bemessungsgrundlage nach § 17 Abs. 1 Satz 2 und Abs. 2 Nr. 1 Satz 1 sind in **Zeile 51** für den leistenden Unternehmer (**Minderung der Bemessungsgrundlage**) und in **Zeile 52** für den Leistungsempfänger (**Minderung der abziehbaren Vorsteuer**) einzutragen, was eine entsprechende (monatliche) Erfassung in der Buchhaltung voraussetzt.

Ist die **Umsatzsteuer berichtigt worden**, weil das Entgelt uneinbringlich geworden ist, und geht **nachträglich** wider Erwarten eine Zahlung auf die bereits berichtigte Forderung **ein**, ist die **Umsatzsteuer/Vorsteuer erneut zu berichtigen** (§ 17 **Abs. 2** Nr. 1 **Satz 2**).

Umsatzsteuerkorrekturen aufgrund **geschätzter Forderungsausfälle** (z.B. im Rahmen von Einzel- und Pauschalwertberichtigungen) sind **unzulässig**.

BEISPIEL

Auf die in **2006** (Steuersatz 16%) voll abgeschriebene Forderung an den Kunden A geht wider Erwarten 2026 ein Betrag von **580 €** (500 € + 80 € USt) auf dem Bankkonto des Unternehmers U ein.

Die **Bemessungsgrundlage** für die Berechnung der USt beträgt **500 €** (580 € : 1,16).

ÜBUNG →
1. Wiederholungsfragen 19 bis 21 (Seite 317),
2. Fälle 11 bis 15 (Seite 321)

8.6 Erfolgskontrolle

Wiederholungsfragen

1. Was versteht man unter der umsatzsteuerlichen „Bemessungsgrundlage"?
2. Was ist in der Regel die Bemessungsgrundlage bei entgeltlichen Lieferungen und sonstigen Leistungen?
3. Wie ermitteln Sie das Entgelt, wenn ein Betrag Entgelt und USt enthält?
4. Wie ermitteln Sie die USt, wenn ein Betrag Entgelt und USt enthält?
5. Was ist Entgelt im Sinne des § 10 Abs. 1 Satz 2 UStG?
6. Ist der Kaufpreis, den der Käufer nach § 433 BGB zu zahlen hat, der Brutto- oder Nettopreis?
7. Was versteht man unter durchlaufenden Posten?
8. Gehören durchlaufende Posten zum Entgelt?
9. Was ist die Bemessungsgrundlage für die Entnahme von Gegenständen i.S.d. § 3 Abs. 1b Satz 1 Nr. 1?
10. Was versteht man unter den Wiederbeschaffungskosten?
11. Was versteht man unter „Bestandteile" nach Abschn. 3.3 Abs. 2 Satz 3 UStAE?
12. Was ist die Bemessungsgrundlage für Sachzuwendungen an das Personal i.S.d. § 3 Abs. 1b Satz 1 Nr. 2 UStG?
13. Was ist die Bemessungsgrundlage für andere unentgeltliche Zuwendungen i.S.d. § 3 Abs.1b Satz 1 Nr. 3 UStG?
14. Was ist die Bemessungsgrundlage für unentgeltliche sonstige Leistungen i.S.d. § 3 Abs. 9a Nr. 1 UStG?

15. Was ist die Bemessungsgrundlage für unentgeltliche sonstige Leistungen i. S. d. § 3 Abs. 9a Nr. 2 UStG?
16. Für welche Fälle kommen die Mindestbemessungsgrundlagen nach § 10 Abs. 5 UStG in Betracht?
17. Welche Bemessungsgrundlagen sind mindestens bei entgeltlichen Leistungen im Sinne des § 10 Abs. 5 i. V. m. § 10 Abs. 4 UStG anzusetzen?
18. Was ist die Bemessungsgrundlage für den innergemeinschaftlichen Erwerb?
19. Wodurch können sich Entgelterhöhungen ergeben?
20. Wodurch können sich Entgeltminderungen ergeben?
21. Für welchen Zeitraum sind Berichtigungen vorzunehmen, wenn sich Änderungen der Bemessungsgrundlage ergeben?

Fälle

FALL 1

Ermitteln Sie bei den Sachverhalten a) bis f) die umsatzsteuerliche Bemessungsgrundlage. Verwenden Sie Fachbegriffe und erläutern Sie kurz Fallbesonderheiten. Nennen Sie die einschlägigen Rechtsgrundlagen.

Hinweis:

Unterstellen Sie, sofern keine anderen Informationen vorliegen, dass alle Unternehmer die USt-IdNr. ihres Landes verwenden. Beinhaltet ein Fall mehrere umsatzsteuerlich relevante Sachverhalte, ist jeder Sachverhalt gesondert zu beurteilen.

a) Der Unternehmer U, Bonn, verkauft in seinem Geschäft einen Fotoapparat zum Ladenpreis von 321,30 €. Der Umsatz unterliegt dem Steuersatz von 19 %.

b) Der Lebensmittelhändler U, Hannover, hat im Oktober 2026 steuerpflichtige Einnahmen aus Warenverkäufen im Inland von insgesamt 115.940 €.
Davon entfallen auf steuerpflichtige Umsätze

zum Steuersatz von 7 %	90.950 €
zum Steuersatz von 19 %	24.990 €
	115.940 €

c) Der Unternehmer U, Hamburg, überlässt 2026 einem Prokuristen seines Unternehmens ohne besonders berechnetes Entgelt einen zum Unternehmensvermögen gehörenden Pkw mit einer Jahresleistung von 25.000 km für Fahrten zwischen Wohnung und erster Arbeitsstätte und für Privatfahrten. Die gesamten Pkw-Kosten haben netto 11.000 € betragen. Davon sind 1.000 € Kosten, die nicht mit Vorsteuer belastet sind. Der Prokurist nutzt den Pkw lt. ordnungsgemäß geführtem Fahrtenbuch an 200 Tagen jährlich für Fahrten zur 20 km entfernten Arbeitsstätte. Die übrigen Privatfahrten des Prokuristen belaufen sich auf insgesamt 3.500 km.

d) Ein Arbeitnehmer nutzt einen betrieblichen Pkw seines Arbeitgebers U, Erfurt, mit einem Bruttolistenpreis von 20.025 € im Kalenderjahr 2026 an 220 Tagen zu Fahrten zur 30 km entfernten ersten Arbeitsstätte und zu Privatfahrten.

e) Ein betrieblicher Pkw des Unternehmers U, Leipzig, mit einer Jahresleistung von 25.000 km wird von einem Arbeitnehmer lt. ordnungsgemäß geführtem Fahrtenbuch an 200 Tagen jährlich für Fahrten zur 30 km entfernten ersten Arbeitsstätte genutzt. Die übrigen Privatfahrten des Arbeitnehmers belaufen sich auf 4.500 km. Die gesamten Kfz-Kosten haben netto 11.250 € betragen.

f) Der selbständige Vermessungsingenieur U, Bonn, ist von A mit der Gebäudeabsteckung und der späteren Einmessung des in Koblenz gelegenen Gebäudes beauftragt worden. In 2026 führt U die Absteckungsarbeiten durch, die dem allgemeinen Steuersatz von 19 % unterliegen. Beim Katasteramt hat U Gebühren zur Abrufung von Grundbuchdaten in Höhe von 89,25 € gezahlt (U ist nach Verwaltungsrecht Schuldner dieser Gebühren), die er in seiner Rechnung an A ordnungsgemäß als Einzelposition in gleicher Höhe ausweist. Der Rechnungs-Endbetrag ist 1.433,21 €.

FALL 2

Der Elektrohändler U, Karlsruhe, kauft im August 2026 fünf TV-Geräte zum Preis von je 350 € netto ein. Der Ladenverkaufspreis dieser Geräte beträgt 654,50 €. Der Hersteller der TV-Geräte senkt zum 01.10.2026 seine Preise für diese Geräte um 8 %.

a) U verkauft am 06.11.2026 ein TV-Gerät an einen guten Kunden und nimmt einen gebrauchten CD-Player für 154,50 € (gemeiner Wert) in Zahlung. Der Kunde zahlt noch 500 € bar.

b) Am 04.12.2026 schenkt U seiner Tochter anlässlich der bestandenen Führerscheinprüfung ein TV-Gerät.

c) Am 18.12.2026 verkauft U einem Mitarbeiter ein TV-Gerät für 320 €.

d) U schenkt am 18.12.2026 einem Geschäftsfreund zu dessen Firmenjubiläum ein TV-Gerät.

e) Am 18.12.2026 wird das fünfte TV-Gerät gestohlen. Die Versicherung zahlt am 28.12.2026 hierfür 315 €.

Ermitteln Sie die umsatzsteuerliche Bemessungsgrundlage für die Sachverhalte a) bis e).

FALL 3

Die Eheleute U betreiben in Köln eine Gastwirtschaft. In der Gastwirtschaft werden kalte und warme Speisen abgegeben. Zum Haushalt der Eheleute gehören eine 5-jährige Tochter und ein 15-jähriger Sohn. Die Steuerpflichtigen bewerten ihre Sachentnahmen nach den amtlichen Pauschbeträgen.

Ermitteln Sie die umsatzsteuerliche Bemessungsgrundlage für 2026.

FALL 4

Der Unternehmer U, Köln, erwarb am im Juli 2024 aus privater Hand einen gebrauchten Pkw für 10.000 € und ordnete ihn zulässigerweise seinem Unternehmen zu.
Im März 2025 ließ er eine Klimaanlage für 2.500 € + 475 € USt = 2.975 € nachträglich einbauen. Im August 2025 ließ er an seinem Pkw die Windschutzscheibe für 500 € + 95 € USt = 595 € erneuern.
Im März 2026 entnimmt U den Pkw aus seinem Unternehmen für private Zwecke.
Der Restwert im Zeitpunkt der Entnahme beträgt für die Klimaanlage 1.500 € und für die Windschutzscheibe 50 €.

Unterliegt die Entnahme der Umsatzsteuer? Begründen Sie Ihre Antwort.

FALL 5

Sachverhalt wie im Fall 4 mit dem Unterschied, dass der Unternehmer in 2026 eine Inspektion für netto 370 €, eine Wagenwäsche für netto 30 € sowie die Erneuerung von Kupplung und Bremsbelägen für netto 800 € durchführen lässt.

Unterliegt die Entnahme der Umsatzsteuer? Begründen Sie Ihre Antwort.

FALL 6

Elektrohändler U, Bremen, schenkt im August 2026 einem angestellten Mitarbeiter einen PC vom Lager. Die Anschaffungskosten des PCs haben 1.000 € netto betragen. Die Wiederbeschaffungskosten des PCs betragen im Zeitpunkt des Umsatzes 900 €.

Ermitteln Sie die umsatzsteuerliche Bemessungsgrundlage.

FALL 7

Der Unternehmer U, Koblenz, spendet im Mai 2026 dem Post-Sportverein Koblenz e.V., Koblenz, 200 Tennisbälle. U hat die Tennisbälle im April 2026 für 500 € + 95 € USt = 595 € gekauft und die ihm in Rechnung gestellte Umsatzsteuer von 95 € als Vorsteuer abgezogen.

Unterliegt die Sachspende an den Verein der Umsatzsteuer? Begründen Sie Ihre Antwort.

FALL 8

Ermitteln Sie bei den Sachverhalten a) bis h) die umsatzsteuerliche Bemessungsgrundlage.

a) Der Unternehmer U, Berlin, verwendet seinen betrieblichen Pkw, den er von einem Privatmann erworben hat, lt. Fahrtenbuch zu 30 % für private Zwecke. Im September 2026 fallen für den Pkw (Anschaffung Januar 2026) folgende Netto-Kosten an:

Absetzung für Abnutzung (gem. § 15a)	500 €
Kfz-Versicherung (Haftpflicht)	100 €
Kfz-Versicherung (Vollkasko)	160 €
Kfz-Steuer	60 €
Benzin und Öl	300 €
Reparatur	400 €

b) Malermeister U, Bonn, benutzt den betrieblichen Pkw, den er als Vorführwagen von einem Kfz-Händler im Januar 2026 erworben hat, auch privat. 2026 fallen folgende Netto-Kosten für den Pkw an:

Benzin	1.500 €
Kfz-Steuer und Kfz-Versicherung	2.000 €
Absetzung für Abnutzung (gem. § 15a)	3.300 €
Garagenmiete, für die der Vermieter nach § 9 optiert hat	200 €

Lt. Fahrtenbuch werden mit dem Pkw insgesamt 40.000 km gefahren. Auf die Privatfahrten entfallen 4.000 km, davon 2.000 km auf Fahrten im Ausland.

c) Zum Betriebsvermögen des selbständigen Steuerberaters U, Mainz, gehört ein Pkw, der im gesamten Kalenderjahr 2026 auch für private Zwecke genutzt wird. U hat den Pkw im Januar 2026 für 25.380 € + 4.822,20 € USt = 30.202,20 € erworben. Der Pkw wird zu mehr als 50 % betrieblich genutzt. Der Listenpreis i.S.d. § 6 Abs. 1 Nr. 4 EStG hat im Zeitpunkt der Erstzulassung einschließlich Schiebedach betragen:

Listenpreis A 4 einschl. Schiebedach netto	35.750,00 €
- Rabatt	- 5.000,00 €
= Endpreis netto	30.750,00 €
+ 19 % USt	5.842,50 €
= Endpreis brutto	36.592,50 €

Der Pkw hat am 31.12.2026 einen Buchwert von 23.190 €.

d) Unternehmer Müller aus Fürth nutzt seinen betrieblichen Pkw auch für private Zwecke. Herr Müller ermittelt den privaten Nutzungsanteil mithilfe der Fahrtenbuchmethode. Das Fahrzeug hatte er im Januar 2026 als Neuwagen bei Kfz-Händler Steger aus Nürnberg erworben. Die gesamte Jahresleistung 2026 beträgt 32.000 km. Die allgemeinen Privatfahrten (Urlaub, Einkauf usw.) betragen 12.800 km. Außerdem fährt Herr Müller in 2026 an 250 Tagen von seiner Wohnung zur 18 km entfernten Betriebsstätte (einfache Strecke) . Die ursprünglichen Anschaffungskosten des Fahrzeugs betragen 40.000 €, der ursprüngliche Nettolistenpreis 48.024 €. Die betriebsgewöhnliche Nutzungsdauer des Pkws beträgt laut amtlicher AfA-Tabelle 6 Jahre. An Kfz-Kosten fallen 2026 an (alles „Nettowerte"):

Benzin	2.700 €
Kfz-Steuer	500 €
Reparatur	3.500 €
Kfz-Versicherung	900 €

e) Sachverhalt wie zu d) mit dem Unterschied, dass Unternehmer Müller den privaten Nutzungsanteil mithilfe der 1 %-Methode ermittelt.

f) Sachverhalt wie zu d) mit dem Unterschied, dass die Angestellte Renate Tanski diesen Pkw privat nutzt und die Fahrtenbuchmethode anwendet.

g) Sachverhalt wie zu d) mit dem Unterschied, dass die Angestellte Renate Tanski diesen Pkw privat nutzt und die 1 %-Methode anwendet.

h) Der selbständige Malermeister U, der zum Vorsteuerabzug berechtigt ist, lässt von Arbeitnehmern seines Betriebes sämtliche Malerarbeiten in seinem neuen, selbstgenutzten Einfamilienhaus in Wiesbaden ausführen. Die Arbeitslöhne und die Lohnnebenkosten hierfür betragen 5.000 €. Außerdem verwendet er für 2.000 € netto Material, das er seinem Lager entnommen hat.

FALL 9

Kfz-Zubehörhändler Unger, Oldenburg, verkauft einem Mitarbeiter ein Zubehörteil für brutto 5 €. Herr Unger verkauft dieses Zubehörteil in seinem Laden für brutto 16 €. Der ursprüngliche Nettoeinkaufspreis betrug vor 6 Monaten 7 €. Mittlerweile kostet dieses Teil im Einkauf netto 5 €.

Ermitteln Sie die umsatzsteuerliche Bemessungsgrundlage.

FALL 10

Der Unternehmer A, Düsseldorf, erwirbt von dem französischen Unternehmer U, Paris, eine Maschine für ein Entgelt von 8.000 €. U lässt die Maschine mit der Bahn von Frankreich nach Deutschland befördern. Die Frachtkosten, die A zusätzlich in Rechnung gestellt werden, betragen 600 € netto.

Ermitteln Sie die umsatzsteuerliche Bemessungsgrundlage.

FALL 11

Der Schreinermeister U, München, liefert im August 2026 an A einen Stuhl für 89,25 € einschließlich 19 % USt. U räumt A die Möglichkeit des Skontoabzugs in Höhe von 2 % bei Zahlung innerhalb von 14 Tagen ein. A zahlt den Rechnungsbetrag rechtzeitig und zieht 2 % Skonto ab.

Ermitteln Sie die endgültige umsatzsteuerliche Bemessungsgrundlage.

FALL 12

Der Schlossermeister U, Nürnberg, liefert A im August 2026 eine Maschine zum Preis von 10.000 € zuzüglich 1.900 € Umsatzsteuer. A erhält nachträglich noch einen Rabatt von 10 % und 2 % Skonto. A zahlt den Restbetrag per Scheck.

Ermitteln Sie die endgültige umsatzsteuerliche Bemessungsgrundlage.

FALL 13

Der Schlossermeister U, Nürnberg, liefert mit beiliegender Rechnung im November 2025 eine Maschine zum Preis von netto 15.750 € an Unternehmer A. Dieser zahlt den kompletten Rechnungsbetrag im Dezember 2025.

Im Januar 2026 stellt A fest, dass die Maschinenlackierung bereits abblättert. A bietet U unverzüglich an, die Maschine mit dem versteckten Mangel zu akzeptieren, wenn U einen Preisnachlass in Höhe von brutto 892,50 € gewährt. U sendet A noch im Januar 2026 eine „kaufmännische Gutschriftsanzeige" in Höhe von brutto 892,50 € zu. Die entsprechende Banküberweisung von U an A erfolgt im Februar 2026. Die Kontoauszüge des U sowie des A belegen die Zahlungsflüsse zu den im Sachverhalt angegebenen Zeiten.

a) Ermitteln Sie die endgültige umsatzsteuerliche Bemessungsgrundlage.
b) Unterstellen Sie, dass U und A ihre Umsatzsteuervoranmeldungen monatlich abgeben (§ 18 Abs. 2 Satz 2 UStG) und nach vereinbarten Entgelten besteuert werden (Sollbesteuerung gem. § 13 Abs. 1 Nr. 1 Buchstabe a) UStG). In welchen Umsatzsteuervoranmeldungen müssen U und A die beiden Sachverhalte „Maschinenlieferung" und „Preisnachlass" angeben?
   Beschreiben Sie kurz die Wirkung der beiden Sachverhalte auf die jeweilige Umsatzsteuerzahllast des entsprechenden Umsatzsteuervoranmeldungszeitraums.

FALL 14

Der Baustoffhändler U, Heidelberg, hat eine Forderung an den Kunden A in Höhe von 9.163 € (7.700 € + 1.463 € USt). In 2026 geht auf diese Forderung ein Betrag von 2.737 € ein. Der Rest dieser Forderung ist verloren.

Um welchen Betrag muss die umsatzsteuerliche Bemessungsgrundlage berichtigt werden?

FALL 15

Der Pelzhändler Peter Reichel, Koblenz, hat eine Forderung an den Kunden Säumig in Höhe von 10.710 € einschl. 19 % USt, fällig am 29.09.2026. Reichel stellt am 30.11.2026 dem Kunden Säumig 6 % Verzugszinsen für 60 Tage in Rechnung.

Wie hoch ist das gesamte steuerpflichtige Entgelt?

Weitere Fälle mit Lösungen zur Bemessungsgrundlage finden Sie im **Lösungsbuch** der Steuerlehre 1. A L

Zusammenfassende Erfolgskontrolle zum 1. bis 8. Kapitel

Prüfen Sie, ob folgende Umsätze für den Unternehmer Kurt Kurz für den Monat Oktober 2026 im Inland **nicht steuerbar**, **steuerbar**, **steuerfrei** oder **steuerpflichtig** sind. Verwenden Sie dabei die Lösungstabelle von Seite 225.

Der Groß- und Einzelhändler Kurt Kurz führt ein Ladengeschäft für Unterhaltungselektronik und Haushaltsgeräte in einem eigenen Gebäude in Dachau. Er beliefert neben Endverbrauchern aus dem Dachauer Umland auch verschiedene Einzelhändler und Privatpersonen im In- und Ausland.

Kurt Kurz ist Eigentümer eines mehrstöckigen Gebäudes in München. Seine Umsätze unterliegen dem Regelsteuersatz nach § 12 UStG.

Er versteuert nach vereinbarten Entgelten und ist Monatszahler. Soweit möglich, verzichtet er bei den Umsätzen aus dem Grundstück auf die Steuerbefreiung. Kurt Kurz verfügt über eine USt-IdNr. Alle erforderlichen Bescheinigungen und Nachweise werden als gegeben betrachtet. Es liegen Nettobeträge vor, sofern nichts anderes angegeben ist.

Die folgenden Angaben macht Kurt Kurz für den Monat Oktober 2026:

1. Umsatzerlöse aus dem Verkauf an Kunden im Inland 448.700 €
2. Kurz versendet verschiedene Unterhaltungselektronikartikel an einen österreichischen Unternehmer mit gültiger USt-IdNr. für 14.450 €.
3. Kurz schenkt seiner Tochter Karin zum 16. Geburtstag eine Mini-Stereo-Anlage zum vormaligen Einkaufspreis von 200 €. Zum Entnahmezeitpunkt ist der Einkaufspreis um 20 % gestiegen. Der Ladenverkaufspreis des Artikels liegt bei 299 €.
4. Ein vermögender Kunde in der Schweiz bekommt eine High-End-Dolby-Digital-Anlage nach Zürich für 11.150 € durch die Post geliefert.
5. Eine Mitarbeiterin erhält anlässlich ihres 20-jährigen Arbeitsjubiläums einen schnurlosen Kopfhörer aus einer aktuellen Lieferung. Der Einkaufspreis beträgt 60 €. Der Verkaufspreis an den Endverbraucher beträgt 99 €.
6. An eine Privatperson in Meran (Italien) werden verschiedene Haushaltsgeräte im Wert von 2.400 € versandt. Die maßgebliche Umsatzschwelle wird nicht überschritten. Kurz hat auch nicht optiert.
7. Der 14-jährige Sohn von Kurt Kurz erhält einen bisher betrieblich genutzten PC geschenkt. Der Buchwert des Gerätes beträgt zu diesem Zeitpunkt 250 €. Der Anschaffungspreis betrug ursprünglich 1.600 €. Die aktuellen Wiederbeschaffungskosten für diesen PC liegen bei 450 €.
8. Aufgrund einer Mängelrüge eines Kunden nimmt der Unternehmer ein im September geliefertes Fernsehgerät zurück und erstattet den bereits im September vereinnahmten kompletten Verkaufspreis (Nettoverkaufspreis: 900 €).
9. Die Versicherung überweist wegen eines Wasserschadens im Warenlager 15.800 €.
10. Kurz bezieht von einem niederländischen Elektrogroßhändler Unterhaltungselektronikartikel im reinen Warenwert von 22.000 €. Eine ordnungsgemäße Rechnung des niederländischen Lieferanten liegt vor.
11. Kurz erhält vom Insolvenzverwalter eines Kunden die Nachricht, dass seine Forderung (19 % USt) aus dem Vorjahr in Höhe von 4.165 € komplett ausfällt.

12. Das viergeschossige Wohngebäude in München (Fertigstellung: Juni 2025), das insgesamt dem Unternehmensvermögen zugeordnet ist und für das - soweit möglich - der Vorsteuerabzug in Anspruch genommen wurde, wird wie folgt genutzt:
    - EG ist vermietet an einen Schreibwarenladen. Mieteinnahmen monatlich 2.261 € (Bankgutschrift)
    - 1. OG ist vermietet an einen Warenmakler. Mieteinnahme monatlich 1.725,50 € (Bankgutschrift)
    - 2. OG ist vermietet an einen Augenarzt. Mieteinnahme monatlich 1.740 € (Bankgutschrift)
    - 3. OG wird von Kurt Kurz als Wohnung selbst genutzt. Die anteiligen Ausgaben i.S.d. § 10 Abs. 4 Nr. 2 betragen für diese Wohnung monatlich 1.200 €.

9 Steuersätze

Durch die Anwendung des **Steuersatzes** auf die **Bemessungsgrundlage** ergibt sich die **Umsatzsteuer** (Traglast).

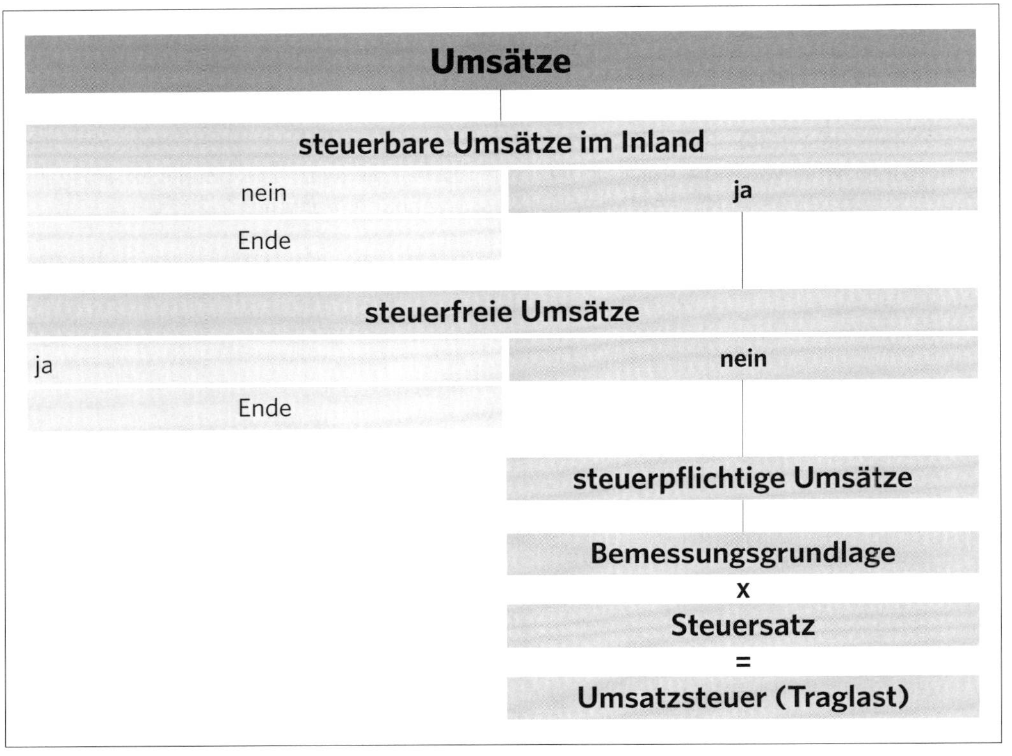

Das Umsatzsteuergesetz unterscheidet folgende Steuersätze:

- den **allgemeinen** Steuersatz (§ 12 Abs. 1),
- den **ermäßigten** Steuersatz (§ 12 Abs. 2),
- den **Nullsteuersatz** (§ 12 Abs. 3) und
- die **Durchschnittssätze** (§ 24 Abs. 1).

S 1 Die **Durchschnittssätze** werden im Kapitel 15 „Besteuerung nach Durchschnittssätzen", Seiten 401 ff., dargestellt und erläutert.

9.1 Allgemeiner Steuersatz

Seit dem 01.01.2007 beträgt der **allgemeine Steuersatz 19 %** der Bemessungsgrundlage (§ 12 **Abs. 1**). Bis zum 31.12.2006 betrug der allgemeine Steuersatz 16 %.
Der **allgemeine Steuersatz** ist auf alle **steuerpflichtigen Umsätze** anzuwenden, auf die der **ermäßigte Steuersatz, der Nullsteuersatz** oder die **Durchschnittssätze nicht** anzuwenden sind.

BEISPIEL

Der selbständige Schlossermeister U, Köln, liefert im August 2026 eine Maschine zum Preis von **netto 10.000€** zuzüglich Umsatzsteuer.

Da die Lieferung der Maschine **nicht** dem **ermäßigten Steuersatz, dem Nullsteuersatz** oder einem **Durchschnittssatz** unterliegt, ist der **allgemeine** Steuersatz von **19%** anzuwenden.

Umsatzart nach § 1 i.V.m. § 3 UStG	**nicht** steuerbare Umsätze im Inland €	**steuerbare** Umsätze im Inland €	**steuerfreie** Umsätze im Inland § 4 UStG €	**steuerpflichtige** Umsätze im Inland € (**19%**)	€ (**7%**)
Lieferung	—	10.000	—	**10.000**	—

U hat die steuerpflichtige Lieferung in seiner Umsatzsteuer-Voranmeldung 2026 in Zeile 13 (Kennzahl 81) einzutragen und die USt selbst zu berechnen:

	Steuerpflichtige Umsätze	KZ				
13	zum Steuersatz von 19%	**81**	**10.000**	**—**	**1.900,**	**00**

9.2 Ermäßigter Steuersatz

Der **ermäßigte Steuersatz** beträgt seit dem 01.07.1983 unverändert **7%** der Bemessungsgrundlage (§ 12 **Abs. 2**).

Die Umsätze, die dem **ermäßigten Steuersatz** unterliegen, sind in § 12 **Abs. 2 erschöpfend** aufgezählt. Daneben sind in der **Anlage 2** zum UStG die von § 12 Abs. 2 Nr. 1 und Nr. 2 **betroffenen Gegenstände** aufgeführt.

Die Beurteilung einheitlicher Leistungen und die Konsequenzen auf den anwendbaren Steuersatz wurden im Abschnitt 2.1.3, Seiten 152 f., dargestellt. S 1

Der **ermäßigte Steuersatz** gilt grundsätzlich für das **gesamte Entgelt** einer Leistung. Dazu gehören **auch Entgelte für unselbständige Nebenleistungen**, da sie das Schicksal der Hauptleistung teilen (z.B. Frachtkosten, Verpackungskosten).

Als Reaktion auf steigende Energiepreise wurde durch das **Gesetz zur temporären Senkung des Umsatzsteuersatzes auf Gaslieferungen über das Erdgasnetz** der Umsatzsteuersatz für **Gaslieferungen** über das Erdgasnetz **und** die Lieferung von **Wärme** über ein Wärmenetz **befristet vom 1. Oktober 2022 bis zum 31. März 2024** von **19%** auf **7%** gesenkt.

Die befristete Absenkung erfolgt durch Ergänzung der Absätze 5 und 6 in **§ 28**, welcher die zeitlich begrenzte Geltung einzelner Gesetzesvorschriften regelt.

Im Folgenden werden nur einige wichtige, dem ermäßigten Steuersatz unterliegende Umsätze mit Gegenständen der Anlage erläutert.

9.2.1 Gegenstände der Anlage 2 zum UStG

Der **ermäßigte Steuersatz** gilt für die Lieferungen, die Einfuhr und den innergemeinschaftlichen Erwerb der in **Anlage 2** bezeichneten Gegenstände. Dazu gehören z. B.

- **Lebensmittel und bestimmte Getränke,**
- **Waren des Buchhandels** und
- **bestimmte Erzeugnisse des grafischen Gewerbes.**

Von den in der **Anlage 2** bezeichneten **Gegenständen** haben **Lebensmittel** und **bestimmte Getränke** in umsatzsteuerlicher Hinsicht eine **große praktische Bedeutung**.

Zu den **Lebensmitteln** gehören **alle Nahrungsmittel**, **ausgenommen** Kaviar, Langusten, Hummer, Austern, Schnecken sowie Zubereitungen aus diesen Waren.

Die **bestimmten Getränke**, die dem ermäßigten Steuersatz unterliegen, sind **Wasser** (z. B. das an die einzelnen Haushalte gelieferte Trinkwasser/Leitungswasser), **Milch und Milchmischgetränke** mit einem Anteil an Milch von mindestens 75 % des Fertigerzeugnisses (Nrn. 4, 34 und 35 der **Anlage 2**).

Nicht als Wasser im Sinne der Anlage zum UStG gelten **Trinkwasser in den für Verbraucher bestimmten Fertigpackungen**, **Heilwasser und Wasserdampf** (Nr. 34 der **Anlage 2**).

Ebenso unterliegen alle übrigen Getränke, wie z. B. **Bier**, **Wein**, **Spirituosen** und **Fruchtsäfte**, **dem allgemeinen Steuersatz**.

BEISPIELE

Der Lebensmittelhändler U, Kiel, verkauft 2026 an den Lebensmitteleinzelhändler A 100 kg Mehl für 45 € netto.

Die **Lieferung** des Mehls unterliegt nach **Nr. 15 der Anlage 2** dem **ermäßigten Steuersatz**.

Umsatzart nach § 1 i. V. m. § 3 UStG	**nicht** steuerbare Umsätze im Inland €	**steuerbare** Umsätze im Inland €	**steuerfreie** Umsätze im Inland § 4 UStG €	**steuerpflichtige** Umsätze im Inland € (19 %)	€ (7 %)
Lieferung	—	**45**	—	—	**45**

U hat den **steuerpflichtigen Umsatz** in seiner **Umsatzsteuer-Voranmeldung 2026** in **Zeile 14** (**Kennzahl 86**) einzutragen und die **USt selbst zu berechnen**:

	Steuerpflichtige Lieferungen	Kz					
14	zum Steuersatz von 7 %	**86**	**45**	**—**		**3,**	**15**

Im Bereich der **Abgaben von Speisen und Getränken** zum **Verzehr an Ort und Stelle** richtet sich die Abgrenzung zwischen **Lieferungen** und **sonstigen Leistungen** nach den allgemeinen umsatzsteuerrechtlichen **Grundsätzen**.

S 1	Einzelheiten zum **Verzehr an Ort und Stelle** erfolgten bereits im Abschnitt 2.1.2 „Sonstige Leistungen", Seiten 150 f.

Zwischen dem **01.07.2020** und dem **31.12.2023** galt als steuerliche Hilfsmaßnahme zur Bewältigung der Corona-Krise (Corona-Steuerhilfegesetz), dass für erbrachte **Restaurant- und Verpflegungsdienstleistungen** der ermäßigte Umsatzsteuersatz von **7%** anzuwenden war. Die Absenkung galt **nicht** für die **Abgabe von Getränken** (§ 12 Abs. 2 Nr. 15). Bei **Pauschalangeboten** (Speisen und Getränke) konnten **30%** des Pauschalpreises dem Entgeltanteil der **Getränke** zugeordnet werden (BMF-Schreiben vom 03.06.2021). Eine weitere Verlängerung oder Entfristung erfolgte **nicht**, sodass **im Zeitraum 01.01.2024** bis **31.12.2025** wieder der **allgemeine** Steuersatz galt.

Durch das **Steueränderungsgesetz 2025** wird die Anwendung des ermäßigten Steuersatzes für **Restaurant- und Verpflegungsdienstleistungen ab dem 01.01.2026 unbefristet** eingeführt. Die Ermäßigung des Steuersatzes betrifft weiterhin **ausschließlich** die Abgabe von **Speisen**, nicht aber die von Getränken. Bei **Pauschalangeboten** können wieder **30%** des Pauschalpreises dem Entgeltanteil der **Getränke** zugeordnet werden. Bei Pauschalangeboten von **Hotels** (z. B. Übernachtung und Frühstück) kann der auf den **allgemeinen Steuersatz** entfallende Entgelt**anteil** mit **15%** angesetzt werden (BMF-Schreiben vom 22.12.2025).

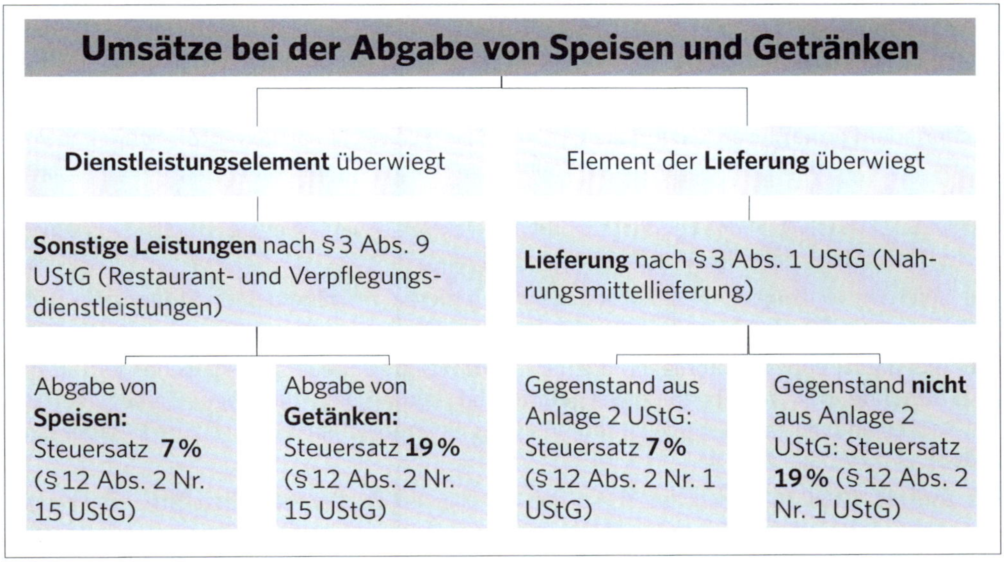

Insbesondere bei **Partyservice-Betrieben** hatte die kritische Überprüfung der Dienstleistungselemente große Bedeutung. Laut EuGH- und BFH-Rechtsprechung überwiegen bei derartigen Betrieben grundsätzlich die Dienstleistungselemente. Eine **Ausnahme** hiervon bildet die reine **Lieferung von Standardspeisen** (z.B. Steaks, Grillwürste etc.) ohne sonstiges Leistungsspektrum. Ein komplettes **Buffet** für z.B. 70 Personen **mit aufeinander abgestimmten Speisen** stellt hingegen **keine 7%-Lieferung von Standardspeisen** dar und ist somit als sonstige Leistung zu qualifizieren. Derart individualisierte Leistungen beinhalten hohe Dienstleistungselemente (z.B. besonderer Sachverstand, großer Arbeitsaufwand), die dem gesamten Leistungsaustausch das Gepräge geben. Durch die Gleichbehandlung von Restaurant- und Verpflegunsgdienstleistungen mit Blick auf die Abgabe von Speisen und Nahrungsmittellieferungen hat diese Abgrenzung an praktischer Bedeutung verloren

Die dargestellten Grundsätze gelten auch für **unentgeltliche Wertabgaben**. Ist der Verzehr durch den Unternehmer selbst als **sonstige Leistung** anzusehen, liegt eine unentgeltliche Wertabgabe nach § 3 Abs. 9a Nr. 2 vor, die dem **allgemeinen Steuersatz** unterliegt (BMF-Schreiben vom 16.10.2008, BStBl 2008 I, S. 949 ff.; Abschn. 3.6 UStAE).

BEISPIELE

Der Gastwirt U, München, verkauft entgeltlich Speisen der Anlage 2 in seiner Gaststätte.
Die Abgaben der Speisen sind als Restaurationsumsätze **sonstige Leistungen** i.S.d. § 3 Abs. 9, die dem **ermäßigten** Steuersatz von 7 % unterliegen (§ 12 Abs. 2 Nr. 15)

a) Der Gastwirt U, Nürnberg, liefert anlässlich eines Geburtstags entgeltlich Speisen der Anlage 2 als Standardspeisen zum **Verzehr außer Haus.** U erbringt keine weiteren Nebenleistungen.
Die Abgabe der Speisen **außer Haus** stellt hier eine **Lieferung** i.S.d. § 3 Abs. 1 dar, die dem **ermäßigten** Steuersatz von 7 % unterliegt (§ 12 Abs. 1 Nr. 1). U erbringt keine über die eigentliche Speisenherstellung und Speisenlieferung hinausgehenden Dienstleistungselemente.

b) Der Gastwirt U, Stuttgart, **isst in seiner Gaststätte** regelmäßig zu Mittag.
Die Abgaben der Speisen sind als Restaurationsumsätze **sonstige Leistungen** i.S.d. § 3 Abs. 9a Nr. 2, die dem **ermäßigten** Steuersatz von 7 % unterliegen.

Für die **Entnahme eines Gegenstandes** i.S.d. § 3 Abs. 1b – z.B. Entnahme von Nahrungsmitteln durch einen Gastwirt zum Verzehr in einer von der Gaststätte **getrennten** Wohnung – kann die **Steuerermäßigung** weiterhin in Betracht kommen (Abschn. 3.6 UStAE).

Bei den **Waren des Buchhandels** unterliegen die Lieferung und Vermietung von **Hörbüchern** dem **ermäßigten Steuersatz** (Anlage 2 zum UStG, Nr. 50). Im BMF-Schreiben vom 01.12.2014 werden Hörbücher näher definiert und **von Hörspielen abgegrenzt**. Maßgeblich ist insbesondere die Übertragung bzw. die Vermietung eines **körperlichen Gegenstandes** (z.B. CD-ROM). **Nicht** begünstigt sind auf elektronischem Wege erbrachte Leistungen, wie z.B. das **Herunterladen aus dem Internet**.

Die Lieferung von sogenannten **Fotobüchern** unterliegt dem **allgemeinen Steuersatz** (BMF-Schreiben vom 20.04.2016, BStBl 2016 I, S. 483).

E-Books und E-Papers unterliegen auch dem **ermäßigten** Steuersatz. Gleiches gilt für das sog. **Bundling**, d.h. die Abgabe einer **gedruckten** Zeitung bzw. die Abgabe eines gedruckten Buches **und** die gleichzeitige Einräumung des elektronischen Zugangs zum **E-Paper bzw. E-Book** (§ 12 Abs. 2 Nr. 14).

Bis zum 31.12.2024 waren die in Anlage 2 in Nr. 49 Buchstabe f, den Nrn. 53 (**Kunstgegenstände**) und 54 (**Sammlungsstücke**) bezeichneten Gegenstände **vom ermäßigten Steuersatz ausgeschlossen**. Durch das **Jahressteuergesetz 2024** wurde diese Ausnahmeregelung **zum 01.01.2025 abgeschafft**.

ÜBUNG →
1. Wiederholungsfragen 1 bis 9 (Seite 333),
2. Fälle 1 bis 4 (Seiten 333 f.)

9.2.2 Personenbeförderungsverkehr

Die **Beförderung von Personen** ist unter bestimmten **Voraussetzungen** ebenfalls mit dem **ermäßigten Steuersatz** zu versteuern (§ 12 Abs. 2 **Nr. 10** i.V.m. § 28 **Abs. 4**).

Eine **Voraussetzung** für die Anwendung des **ermäßigten** Steuersatzes ist, dass die Personenbeförderung mit **begünstigten Beförderungsmitteln** erfolgt. Als **begünstigtes Beförderungsmittel** ohne Beförderungsgrenzen gilt z. B. der **gesamte Schienenbahnverkehr**.

Damit unterliegen nicht nur die Umsätze des Nah-, sondern **auch** diejenigen des **Fernverkehrs** der Deutschen Bahn, des Flix Train und anderer Anbieter im Bahnfernverkehr dem **ermäßigten** Steuersatz (§ 12 Abs. 2 Nr. 10 **Buchstabe a**).

Weitere begünstigte Beförderungsmittel sind (§ 12 Abs. 2 Nr. 10 **Buchstabe b**)

- **Oberleitungsomnibusse**,
- **Linienverkehr mit Kraftfahrzeugen,**
- **Taxen**,
- **Drahtseilbahnen und sonstige Aufstiegshilfen aller Art**,
- **Linienverkehr mit Schiffen**,*
- **Fähren**.

Erläuterungen zu den einzelnen begünstigten Beförderungsmitteln enthält Abschn. 12.13 UStAE.

Nichtbegünstigte Beförderungsmittel sind

- **Bergbahnen** (auch Seil- und Seilschwebebahnen),
- **Mietomnibusse und (Funk-)Mietwagen,**
- **Ausflugsfahrten und Ferienzielreisen,**
- **Luftfahrzeuge**.

Beförderungen von Personen mit **begünstigten** Beförderungsmitteln im Sinne des § 12 Abs. 2 Nr. 10 **Buchstabe b**) unterliegen nach § 12 Abs. 2 Nr. 10 dem **ermäßigten** Steuersatz, **wenn** die Beförderung

a) entweder **innerhalb einer Gemeinde** (ohne Rücksicht auf die Länge der Beförderungsstrecke) durchgeführt wird **oder**

b) die Beförderungsstrecke (zwischen verschiedenen Gemeinden) **nicht mehr als 50 km** beträgt.

Unter einer **Gemeinde** ist die **politische Gemeinde** zu verstehen (Abschn. 12.14 Abs. 1 UStAE).

BEISPIELE

a) Der **Taxiunternehmer** U befördert einen Fahrgast **innerhalb der Stadt Berlin** zum Preis von 33 €. Die gesamte Beförderungsstrecke beträgt **60 km**.
Die Personenbeförderung wird mit einem **begünstigten** Beförderungsmittel (**Taxi**) **und innerhalb einer Gemeinde** (Berlin) durchgeführt. Die Personenbeförderung unterliegt dem **ermäßigten** Steuersatz von 7 %. Das Entgelt beträgt 30,84 € (33 € : 1,07). Die Steuer beträgt 2,06 € (30,84 € x 0,07).

b) Die Bahn AG befördert den Kunden A für 36,38 € von Koblenz nach Köln.
Da die Personenbeförderung mit dem Schienenbahnverkehr (Bahn AG) durchgeführt wird, unterliegt die Beförderung dem **ermäßigten** Steuersatz von 7 %. Das Entgelt beträgt 34,00 € (36,38 € : 1,07). Die Steuer beträgt 2,38 € (34,00 € x 0,07).

Wird ein **Fahrausweis** ausgegeben, der zur **Hin- und Rückfahrt** berechtigt, liegen **zwei getrennte Beförderungsstrecken** vor (Abschn. 12.14 Abs. 3 Satz 6 UStAE).

BEISPIEL

Marion Mertin kauft eine Fahrkarte für einen Fernbus von Wuppertal nach Köln und zurück. Die gesamte Fahrstrecke beträgt **98 km**.

Es liegen **zwei** getrennte **Beförderungsstrecken** von je 49 km vor. Da die Personenbeförderung mit einem **begünstigten Beförderungsmittel** durchgeführt wird **und** die Beförderungsstrecke **nicht mehr als 50 km** beträgt, unterliegt sie dem **ermäßigten** Steuersatz.

Der **ermäßigte Steuersatz** erstreckt sich **auch** auf die **Nebenleistungen** zu einer **begünstigten Hauptleistung** (Abschn. 12.13 Abs. 11 UStAE).

Fahrpreiszuschläge (z.B. für Zuschlagkarten, Platzkarten, Liegekarten usw.) sind **Entgeltteile** der Beförderungsleistung und teilen deren umsatzsteuerliches Schicksal.

9.2.3 Hotelgewerbe und Campingplätze

Folgende Leistungen unterliegen nach § 12 Abs. 2 **Nr. 11** dem **ermäßigten Steuersatz von 7 %**:

- die Vermietung von Wohn- und Schlafräumen, die ein Unternehmer zur **kurzfristigen** Beherbergung von Fremden bereithält (**Hotelgewerbe**), sowie
- die **kurzfristige** Vermietung von **Campingflächen**.

Als „**kurzfristig**" kann dabei in der Regel ein Zeitraum von **weniger als sechs Monaten** angesehen werden (Abschn. 12.16 Abs. 1 i.V.m. Abschn. 4.12.3 Abs. 2 Satz 1 UStAE).

Nicht von der Steuerermäßigung erfasst, da sie nicht unmittelbar der Beherbergung dienen, sind z.B. die Verpflegung, insbesondere das **Frühstück**, der Zugang zu Kommunikationsnetzen, insbesondere Internet, die TV-Nutzung, der Getränkeverzehr aus der Minibar, Wellnesangebote (Abschn. 12.16 Abs. 8 UStAE). Bei Pauschalangeboten von **Hotels** (sog. Business Packages oder Leistungspauschalen), bei denen Leistungen, die unterschiedlichen Steuersätzen unterliegen, einem Gesamtpreis unterliegen, kann der auf den **allgemeinen Steuersatz** entfallende Entgelt**anteil** mit **15 %** angesetzt werden (BMF-Schreiben vom 22.12.2025).

BEISPIEL

Eine Übernachtung im Einzelzimmer des Hotels Krone kostet pro Nacht 119 €. Im Preis enthalten ist ein Frühstück, die Nutzung des Hotel-WLan, -Parkplatzes und -Wellnesbereichs.

Der Entgeltanteil für die dem allgemeinen Steuersatz unterliegenden Leistungen kann mit 17,85 € (15 % von 119 €) angesetzt werden. Der Entgeltanteil für die Leistungen, die dem ermäßigten Steuersatz unterliegen, kann mit 101,15 € (85 % von 119 €) angesetzt werden.

Der **Besuch von Freizeitparks** ist ebenfalls mit dem Regelsatz zu versteuern (vgl. BFH-Urteil vom 27.06.2018).

ÜBUNG →	1. Wiederholungsfragen 10 und 11 (Seite 333), 2. Fälle 5 bis 7 (Seite 335)

9.3 Nullsteuersatz

Mit § 12 Abs. 3 wurde erstmals ein Steuersatz von **0 %** eingeführt. Der Steuersatz gilt für Leistungen, die **seit dem 01.01.2023** an Betreiber von **begünstigten Photovoltaikanlagen** ausgeführt werden.

Vergleichbar zu einer **Steuerbefreiung** entsteht durch den Steuersatz von 0 % beim leistenden Unternehmer **keine Umsatzsteuer**. Im **Unterschied** zu einer Steuerbefreiung besteht für den leistenden Unternehmer aber ein **Vorsteueranspruch** aus entsprechenden Eingangsleistungen.

Eine Photovoltaikanlage gilt unter folgenden Voraussetzungen als **begünstigt** (§ 12 Abs. 3Satz 1):

- die Photovoltaikanlage ist **auf oder in der Nähe von Privatwohnungen** installiert oder
- die Photovoltaikanlage ist **auf oder in der Nähe von Wohnungen** sowie **öffentlichen** und **anderen Gebäuden**, die für **dem Gemeinwohl dienende Tätigkeiten** genutzt werden, installiert.

Auch ohne eine gesetzliche Definition der erforderlichen Nähe gelten diese Voraussetzungen **aus Vereinfachungsgründen** stets als erfüllt, wenn die installierte **Bruttoleistung** der Photovoltaikanlage laut Marktstammdatenregister **nicht mehr als 30 Kilowatt** (peak) beträgt oder betragen wird. Hierdurch sollen vor allem Photovoltaikanlagen auf Einfamilienhäusern gefördert werden. Begünstigt sind aber auch Photovoltaikanlagen mit einer Leistung über 30 kW (peak), sofern sie auf oder in der Nähe von Wohngebäuden installiert sind, z.B. auf größeren Mietshäusern (FAQ „Umsatzsteuerliche Maßnahmen zur Förderung des Ausbaus von Photovoltaikanlagen", abrufbar unter www.bundesfinanzministerium.de).

Nach § 12 Abs. 3 gilt der Steuersatz von 0 % für **folgende Leistungen** im Zusammenhang mit **begünstigten** Photovoltaikanlagen:

- die **Lieferungen** an den **Betreiber** einer begünstigten Photovoltaikanlage, den **innergemeinschaftlichen Erwerb** und die **Einfuhr** von **Solarmodulen**, einschließlich der für den Betrieb einer Photovoltaikanlage **wesentlichen Komponenten** und der **Speicher**, die dazu dienen, den mit Solarmodulen erzeugten Strom zu speichern, und
- die **Installation** von begünstigten Photovoltaikanlagen sowie der Speicher, die dazu dienen, den mit Solarmodulen erzeugten Strom zu speichern.

Dem Steuersatz von 0 % unterliegen somit **ausschließlich** die oben genannten Leistungen **gegenüber dem Betreiber** der Photovoltaikanlage. Vorangegangene Leistungen des Herstellers, von Groß- oder Einzelhändlern gegenüber **anderen** Personen sowie **Wartungs- und Instandhaltungsleistungen** werden mit dem **Regelsteuersatz** besteuert.

Der Nullsteuersatz gilt nur für Photovoltaikanlagen, die **nach dem 01.01.2023 auf bestehenden Gebäuden installiert** werden. Eine **rückwirkende Anwendung** auf Bestandsanlagen ist **nicht möglich**. Hinweise zur Vorgehensweise bei der Errichtung von Photovoltaikanlagen bei **Neubau** eines Gebäudes enthält das BMF-Schreiben vom 20.10.2022.

Mit der **Einspeisung von Strom** ist der Photovoltaikanlagenbetreiber **Unternehmer** im Sinne des UStG. Als solcher hat er sich - wie alle anderen Unternehmer auch - beim Finanzamt steuerlich anzumelden. Diese Anmeldepflicht entfällt, sofern der Photovoltaikanlagenbetreiber die Besteuerung als **Kleinunternehmer** (§ 19) in Anspruch nimmt **und keine** weitere unternehmerische Betätigung vorliegt (BMF-Schreiben vom 12.06.2023). Darüber hinaus fällt unter diesen Voraussetzungen bei der Einspeisung von Strom **keine Umsatzsteuer** an.

Auch der **für private Zwecke entnommene Strom** unterliegt bei **begünstigten** Photovoltaikanlagen **nicht** der **Umsatzsteuer**, wodurch **keine unentgeltliche Wertabgabe** (§ 3 Abs. 1b Satz 2) vorliegt.

Weitergehende Hinweise enthält das BMF-Schreiben vom 27.02.2023, ergänzt durch das BMF Schreiben vom 30.11.2023.

ÜBUNG → Wiederholungsfragen 12 und 13 (Seite 333)

9.4 Zusammenfassung und Erfolgskontrolle

9.4.1 Zusammenfassung

Die folgende **Übersicht** zeigt die **Entwicklung der Steuersätze** seit 1968 (vgl. auch Abschn. 12.1 Abs. 1 UStAE).

Steuersätze

allgemeiner Steuersatz (§ 12 **Abs. 1**)

Der allgemeine Steuersatz gilt für die steuerpflichtigen Umsätze, die nicht dem ermäßigten Steuersatz, dem Nullsteuersatz oder einem Durchschnittsatz unterliegen.

allgemeiner Steuersatz:
01.01.1968 - 30.06.1968: 10 %
01.07.1968 - 31.12.1977: 11 %
01.01.1978 - 30.06.1979: 12 %
01.07.1979 - 30.06.1983: 13 %
01.07.1983 - 31.12.1992: 14 %
01.01.1993 - 31.03.1998: 15 %
01.04.1998 - 31.12.2006: 16 %
01.01.2007: **19 %**

ermäßigter Steuersatz (§ 12 **Abs. 2**)

Die Umsätze, die dem ermäßigten Steuersatz unterliegen, sind in § 12 Abs. 2 erschöpfend aufgezählt. Dazu gehören Lebensmittel und bestimmte Getränke, bestimmte Erzeugnisse des grafischen Gewerbes, Personenbeförderungsverkehr, Hotelgewerbe, Campingplätze.

ermäßigter Steuersatz:
01.01.1968 - 30.06.1968: 5 %
01.07.1968 - 31.12.1977: 5,5 %
01.01.1978 - 30.06.1979: 6 %
01.07.1979 - 30.06.1983: 6,5 %
01.07.1983: **7 %**

Besonderheiten:
Die Abgabe von **Getränken** als **Restaurationsumsätze** (= sonstige Leistungen) unterliegt dem **allgemeinen** Steuersatz.

Für **Gas- und Wärmelieferungen** galt im Zeitraum **01.10.2022 bis 31.03.2024** befristet der **ermäßigte** Steuersatz.

Nullsteuersatz (§ 12 **Abs. 3**)

Der Nullsteuersatz gilt für Lieferungen, innergemeinschaftliche Erwerbe und Einfuhren bei begünstigten Photovoltaikanlagen.

Nullsteuersatz:
01.01.2023: **0 %**

9.4.2 Erfolgskontrolle

Wiederholungsfragen

1. Welche Steuersätze gibt es bei der Umsatzsteuer?
2. Auf welche umsatzsteuerliche Größe sind die Steuersätze anzuwenden?
3. Für welche Umsätze kommt der allgemeine Steuersatz in Betracht?
4. Welche Waren und Erzeugnisse werden z.B. in der Anlage 2 zu § 12 Abs. 2 UStG genannt?
5. Welche Lebensmittel unterliegen nicht dem ermäßigten Steuersatz?
6. Für welche Getränke gilt der ermäßigte Steuersatz?
7. Welche Getränke werden mit dem allgemeinen Steuersatz besteuert?
8. Welcher Steuersatz gilt grundsätzlich für die Abgabe von Speisen und Getränken?
9. Welche im Zusammenhang mit Covid-19-Pandemie-Maßnahmen eingeführte Besonderheit gilt seit 01.01.2024 nicht mehr?
10. Welche Voraussetzungen müssen erfüllt sein, damit die Personenbeförderung dem ermäßigten Steuersatz unterliegt?
11. Welchem Steuersatz unterliegen nach § 12 Abs. 2 Nr. 11 UStG Leistungen im Hotelgewerbe und im Zusammenhang mit Campingplätzen?
12. Was sind begünstigte Photovoltaikanlagen im Sinne des § 12 Abs. 3?
13. Welche Leistungen unterliegen dem Steuersatz von 0 %?

Fälle

FALL 1

Der Rechtsanwalt U, Hannover, erhält im August 2026 folgende Beträge (netto) von inländischen Leistungsempfängern:

a)	Honorare aus Anwaltstätigkeit	20.000 €
b)	Gerichtskostenvorschüsse, die er im Namen und für Rechnung seiner Mandanten an die Gerichtskasse weitergeleitet hat	2.000 €
c)	Mieteinnahmen aus der Vermietung eines in Hannover gelegenen Büroraumes an einen Kollegen	840 €
d)	Verkaufspreis einer gebrauchten Büromaschine Der Käufer hat die Maschine bei U abgeholt.	500 €

U hat nach § 9 optiert.

Ermitteln Sie die Umsatzsteuer (Traglast) des Rechtsanwalts U für den Monat August 2026.

FALL 2

Der Gastwirt U, München, erzielt im August 2026 folgende Netto-Umsätze im Inland:

a)	Verkauf von Speisen der Anlage 2 zum Verzehr in der Gaststätte	300.000 €
b)	Verkauf von Speisen der Anlage 2 außer Haus	7.000 €
c)	Verkauf von alkoholischen Getränken	100.000 €
d)	Verkauf von Fruchtsäften	11.000 €
e)	Verkauf von Milch außer Haus	1.000 €
f)	Telefonbenutzung durch Gäste	2.600 €
g)	Benutzung des Geschäftstelefons durch die Familie U, laufende Kosten	100 €
h)	Mittagessen der Familie U in ihrer Gaststätte	2.500 €

Ermitteln Sie die Umsatzsteuer (Traglast) des Gastwirts U für den Monat August 2026.

FALL 3

Der Unternehmer U betreibt in Köln ein Warenhaus, dem eine Gaststätte angeschlossen ist. Für den Monat Juli 2026 ergeben sich folgende Netto-Umsätze im Inland (Gaststättenumsätze werden als solche bezeichnet):

a)	Backwaren	100.000 €
b)	Fleischwaren	250.000 €
c)	Textilwaren	100.000 €
d)	sonstige Lebensmittel der Anlage 2	350.000 €
e)	Gaststätte (Essensumsätze)	210.000 €
f)	Gaststätte (Getränkeumsätze)	90.000 €
g)	Für die Gaststätte sind aus dem Warenhaus entnommen worden	
	Lebensmittel	150.000 €
	Getränke	100.000 €
h)	Vermietung einer betrieblichen Wohnung an den Hausmeister	6.000 €

Ermitteln Sie die Umsatzsteuer (Traglast) des Unternehmers U für den Monat Juli 2026.

FALL 4

Der Unternehmer U betreibt in Mainz ein Einzelhandelsgeschäft mit Lebensmitteln aller Art. Außerdem besitzt er in dieser Stadt ein Hotel mit Restaurant.
Für den Monat September 2026 ergeben sich folgende Netto-Umsätze im Inland:

I. Einzelhandelsgeschäft

a)	Erlöse Fleischwaren	80.000 €
b)	Erlöse begünstigter Lebensmittel	120.000 €
c)	Erlöse nicht begünstigter Waren	280.000 €
d)	Das Einzelhandelsgeschäft hat an das Restaurant geliefert	
	begünstigte Lebensmittel	25.000 €
	nicht begünstigte Waren	6.000 €

e) Ein Freund erhält anlässlich seines 60. Geburtstages von U einen Geschenkkorb, der nur begünstigte Lebensmittel aus dem Einzelhandelsgeschäft enthält. Der Einkaufspreis des Geschenks beträgt 200 € netto.

f) Privatgespräche werden nur über das Telefon des Einzelhandelsbetriebs geführt. Auf die Privatgespräche entfallen laufende Kosten in Höhe von 100 €.

II. Hotel und Restaurant

a)	Erlöse aus der Vermietung von Hotelzimmern (ohne Frühstück)	66.000 €
b)	Erlöse aus dem Verkauf von Speisen zum Verzehr im Haus	160.000 €
c)	Erlöse aus dem Verkauf von Getränken zum Verzehr im Haus	120.000 €

d) Ein echter Perserteppich, der vor zehn Jahren von einem Unternehmer für das Hotel angeschafft wurde, ist zurzeit noch mit 1.000 € im Unternehmensvermögen enthalten. U lässt den Teppich in das Wohnzimmer seines Einfamilienhauses legen. Die Wiederbeschaffungskosten des gebrauchten Teppichs betragen 5.000 €.

Ermitteln Sie die Umsatzsteuer (Traglast) des Unternehmers U für den Monat September 2026.

FALL 5

Prüfen und begründen Sie, welche **Steuersätze** bei den Sachverhalten 1 bis 6 anzuwenden sind.

		19 %	7 %
1.	Taxifahrt im Stadtgebiet Berlin: 25 km		
2.	Taxifahrt im Stadtgebiet Berlin: 55 km		
3.	Taxifahrt von Neuwied nach Bonn: 58 km		
4.	Fahrt mit dem Funkmietwagen in Köln: 26 km		
5.	Bahnfahrt von Bonn nach Köln: 21 km		
6.	Fernbusfahrt von Andernach nach Bonn und zurück: insgesamt 86 km		

FALL 6

Unternehmer A betreibt eine Eisdiele in Koblenz. Am 12.01.2026 erwirbt A eine Eismaschine von dem italienischen Hersteller U, Mailand, für 4.200 €. Der Hersteller transportiert die Maschine am 19.01.2026 mit eigenem Fahrzeug von Mailand nach Koblenz. Beide Unternehmer benutzten ihre nationale USt-IdNr.

Prüfen und begründen Sie die Vorgänge 1 bis 7 aus der Sicht des **Unternehmers A**. Verwenden Sie dabei das folgende Schema.

Tz.	Vorgang	Beurteilung
1.	Umsatzart	
2.	Ort des Umsatzes	
3.	Steuerbarkeit	
4.	Steuerbefreiung	
5.	Bemessungsgrundlage in €	
6.	Höhe der Umsatzsteuer in €	
7.	Höhe der Vorsteuer in €	

FALL 7

Pferdezüchter U, Köln, verkauft im Oktober 2026 ein Pferd für brutto 14.280 € an eine Privatperson nach Dänemark. Der Erwerber holt das Pferd selbst in Köln ab und bringt es nach Dänemark. Weitere Veräußerungen von U nach Dänemark erfolgen in 2026 nicht.

Ermitteln Sie die Umsatzsteuer (Traglast) des Unternehmers U für diesen Umsatz.

Weitere Fälle mit Lösungen zu den Steuersätzen finden Sie im **Lösungsbuch** der Steuerlehre 1. A L

Zusammenfassende Erfolgskontrolle zum 1. bis 9. Kapitel

Ermitteln Sie anhand der folgenden Lösungstabelle die Umsatzsteuer (Traglast) des Großhändlers U, München, für den Monat Juli 2026. Erforderliche buch- und belegmäßige Nachweise liegen vor.

Tz.	Umsatzart nach § 1 i. V. m. § 3 UStG	**nicht** steuerbare Umsätze im Inland	**steuerbare** Umsätze im Inland	**steuerfreie** Umsätze im Inland § 4 UStG	**steuerpflichtige** Umsätze im Inland	
		€	€	€	€ (**19 %**)	€ (**7 %**)
1.						
2.						
usw.						

1. Einnahmen aus dem Verkauf von Fleischwaren 224.700 €
2. Einnahmen aus dem Verkauf von Textilwaren 271.320 €
3. Einnahmen aus dem Verkauf von Backwaren 64.200 €
4. Einnahmen aus dem Verkauf eines betrieblichen Lkws 17.850 €
5. Das Geschäftstelefon wird von U zu 30 % privat genutzt. Die laufenden Telefonkosten belaufen sich auf 600 €
6. Zum Unternehmensvermögen des U gehört ein Pkw (Anschaffung 2025), der auch privat genutzt wird. Der Brutto-Listenpreis des Kraftfahrzeugs hat im Zeitpunkt der Erstzulassung 100.099 € betragen. U pauschaliert den privaten Nutzungsanteil zulässigerweise nach der 1 %-Regelung.
7. U liefert für (netto) 10.000 € Waren, die er mit eigenem Lkw befördert, an A in Bern (Schweiz).
8. U nutzt den betrieblichen Pkw (Tz. 6) im Mai 2026 an 25 Tagen für Fahrten zwischen seiner Wohnung und der 10 km entfernten Betriebsstätte.
9. U schenkt im Mai 2026 seiner Tochter anlässlich der bestandenen Führerscheinprüfung einen betrieblichen Pkw, den er im Juli 2025 für 15.000 € + USt gekauft hatte. U hat die ihm in Rechnung gestellte Umsatzsteuer als Vorsteuer abgezogen. Die Wiederbeschaffungskosten des Pkws betragen im Mai 2026 11.800 € netto.
10. Die bereits versteuerte Forderung an den Kunden Säumig in Höhe von 2.900 €, fällig am 01.05.2026, ist noch nicht beglichen. U stellt am 30.06.2026 dem Kunden Säumig 4 % Verzugszinsen für 60 Tage in Rechnung.

10 Besteuerungsverfahren

Die **Umsatzsteuer** ist eine **Veranlagungssteuer**. Unter **Veranlagung** versteht man das förmliche Verfahren, in dem die Besteuerungsgrundlage ermittelt und die zu zahlende Steuer festgesetzt wird.

10.1 Besteuerungszeitraum

Besteuerungszeitraum für die **Veranlagung** ist grundsätzlich das **Kalenderjahr** (§ 16 Abs. 1 Satz 2).

Hat der Unternehmer seine gewerbliche oder berufliche Tätigkeit **nur in einem Teil** des Kalenderjahres ausgeübt, so tritt **dieser Teil** an die Stelle des Kalenderjahres (§ 16 Abs. 3).

BEISPIEL

Der Unternehmer U, Ulm, beginnt am **01.09.2026** seine unternehmerische Tätigkeit.

Besteuerungszeitraum ist in diesem Fall der Zeitraum vom **01.09.2026 bis 31.12.2026**.

10.2 Steuerberechnung

Die **Umsatzsteuer** ist von der **Summe** der **steuerpflichtigen Umsätze** nach § 1 Abs. 1 **Nrn. 1 und 5** eines **Besteuerungszeitraums** zu **berechnen**, soweit sie **entstanden** ist und die **Steuerschuldnerschaft** gegeben ist (§ 16 **Abs. 1** Satz 3). Die Berechnung der Umsatzsteuer von der **Summe** der steuerpflichtigen Umsätze eines bestimmten **Zeitabschnitts** bezeichnet man allgemein als **Abschnittsbesteuerung**.

Der Umsatzsteuer sind die nach § 6a Abs. 4 Satz 2, nach § 14c sowie nach § 17 Abs. 1 Satz 6 geschuldeten Steuerbeträge hinzuzurechnen (§ 16 Abs. 1 Satz 4).

Von der so berechneten **Umsatzsteuer** sind die in den Besteuerungszeitraum fallenden, nach § 15 **abziehbaren Vorsteuerbeträge abzusetzen** (§ 16 Abs. 2 Satz 1).

Der **Unterschiedsbetrag** zwischen der **Umsatzsteuer** und der **abziehbaren Vorsteuer** ergibt die **Umsatzsteuerschuld** (**Zahllast**) eines Unternehmers:

	Umsatzsteuer (Traglast)
-	abziehbare **Vorsteuer**
=	**Umsatzsteuerschuld (Zahllast)**

Übersteigt die **abziehbare Vorsteuer** die **Umsatzsteuer**, so ergibt sich für den Unternehmer ein **Erstattungsanspruch** (Vorsteuerguthaben).

Neben der Abschnittsbesteuerung gibt es noch die sogenannte Einzelbesteuerung, bei der nicht von der Summe der Umsätze eines Zeitabschnitts ausgegangen wird, sondern von jedem einzelnen steuerpflichtigen Umsatz.

Die Einzelbesteuerung gilt insbesondere für die Einfuhrumsatzsteuer und für den innergemeinschaftlichen Erwerb neuer Fahrzeuge durch Privatpersonen (**Fahrzeugeinzelbesteuerung**, § 16 Abs. 5a).

LF 3

10.3 Voranmeldungen und Vorauszahlungen

Der Unternehmer hat **bis zum 10. Tag** nach Ablauf jedes **Voranmeldungszeitraums** eine **Voranmeldung** nach amtlich vorgeschriebenem Datensatz durch **Datenfernübertragung** zu übermitteln (§ 18 Abs. 1 Satz 1). Bei der elektronischen Übermittlung an die Finanzbehörden ist ein **sicheres** Verfahren (z.B. ELSTER) zu verwenden, das den Datenübermittler **authentifiziert** und die Vertraulichkeit und Integrität des Datensatzes gewährleistet (§ 87a AO). Auf **Antrag** kann das Finanzamt gestatten, dass die Voranmeldung auch nach **herkömmlicher Form** (Papierform) abgegeben wird (§ 18 Abs. 1 Satz 2).
Der Voranmeldungszeitraum des **laufenden** Kalenderjahres bestimmt sich regelmäßig aufgrund der Steuer des **Vorjahres** (Abschn. 18.2 Abs. 1 Satz 1 UStAE).
Regel-Voranmeldungszeitraum ist grundsätzlich das **Kalendervierteljahr** (§ 18 Abs. 2 **Satz 1**; Abschn. 18.2 Abs. 1 Satz 5 UStAE).

Beträgt die **Steuer** (Umsatzsteuerschuld bzw. Zahllast) für das **vorangegangene** Kalenderjahr **mehr als 9.000 Euro** (bis 31.12.2024 7.500 Euro), ist der **Kalendermonat** Voranmeldungszeitraum (§ 18 Abs. 2 **Satz 2**).

Nimmt der Unternehmer seine Tätigkeit im Laufe des Jahres auf (**Neugründungsfälle**), ist im **laufenden** und **folgenden** Kalenderjahr **Voranmeldungszeitraum** – unabhängig von der Höhe der Steuerschuld – grds. der **Kalendermonat** (§ 18 Abs. 2 **Satz 4**). Diese Regelung ist für **2021 bis 2026 ausgesetzt**. Bei Gründung **ab 2021** ist die Steuerzahllast **realistisch zu schätzen** und der Voranmeldungszeitraum entsprechend der Schätzung zu wählen.

Der Unternehmer kann den Kalender**monat** als Voranmeldungszeitraum **wählen**, **wenn** sich im **vorangegangenen** Kalenderjahr (2025) ein **Überschuss** zu seinen Gunsten von **mehr als 7.500 Euro** (Vorsteuerguthaben) ergeben hat. Das **Wahlrecht** kann nur durch Abgabe einer Voranmeldung für Januar 2026 bis zum **10. Februar 2026** (bei Dauerfristverlängerung bis **10. März 2026**) ausgeübt werden. Das **Wahlrecht bindet** den Unternehmer für das **Kalenderjahr 2026** (§ 18 **Abs. 2a** Satz 3).

Der Unternehmer hat den **Voranmeldungszeitraum** in seiner Umsatzsteuer-Voranmeldung **anzukreuzen** (z. B. **Monatszahler** für den Monat **Dezember 2026**):

Voranmeldungszeitraum							
bei **monatlicher** Abgabe bitte hier ankreuzen						bei **vierteljährlicher** Abgabe bitte hier ankreuzen	
X	Januar	X	Mai	X	September	X	I. Kalendervierteljahr
X	Februar	X	Juni	X	Oktober	X	II. Kalendervierteljahr
X	März	X	Juli	X	November	X	III. Kalendervierteljahr
X	April	X	August	**X**	Dezember	X	IV. Kalendervierteljahr

Beträgt die Umsatzsteuerschuld für das **vorangegangene** Kalenderjahr (2025) **nicht mehr als 2.000 Euro**, kann das Finanzamt den Unternehmer von der Verpflichtung zur Abgabe der Voranmeldung und Entrichtung der Vorauszahlungen **befreien** (§ 18 Abs. 2 **Satz 3**). Durch das **Wachstumschancengesetz** wurde die Betragsgrenze **seit** dem Veranlagungszeitraum **2025** auf **2.000 Euro** angepasst.

Wird die **Voranmeldung nicht oder verspätet** abgegeben, kann das Finanzamt einen **Verspätungszuschlag** festsetzen (§ 152 Abs. 1 AO). Eine Schonfrist für die Abgabe der Umsatzsteuer-Voranmeldung (**Abgabe-Schonfrist**) ist **entfallen**.

Die **Steuer** für den Voranmeldungszeitraum (**Vorauszahlung**) hat der **Unternehmer selbst zu berechnen** (§ 18 Abs. 1 Satz 1, Steueranmeldung i.S.d. § 150 AO).
Die berechnete Umsatzsteuerschuld ist als **Vorauszahlung** an das Finanzamt zu entrichten. Sie ist **am 10. Tag nach Ablauf des Voranmeldungszeitraums fällig** (§ 18 Abs. 1 **Satz 4**).

Wird die **Vorauszahlung nicht** bis zum Ablauf des **Fälligkeitstages entrichtet**, so ist ein **Säumniszuschlag** in Höhe von 1 % der auf volle 50 Euro abgerundeten Steuerschuld für jeden angefangenen und vollen Monat der Säumnis zu entrichten (§ 240 Abs. 1 AO). Ein **Säumniszuschlag** wird bei einer Säumnis bis zu **drei Tagen** (**Zahlungs-Schonfrist**) grundsätzlich **nicht erhoben**. Wird die angemeldete Steuer durch Hingabe eines **Schecks** beglichen, fallen Säumniszuschläge an, wenn dieser nicht **drei Tage vor** dem Fälligkeitstag der Finanzkasse vorliegt (§ 240 Abs. 3 i.V.m. § 224 Abs. 2 Nr. 1 AO).

Es besteht jedoch weiterhin die Möglichkeit der **Dauerfristverlängerung** (§§ 46 bis 48 UStDV) um jeweils einen Monat. Der Unternehmer kann beim Finanzamt einen Antrag **in elektronischer Form** auf Dauerfristverlängerung stellen, um die Fristen für die Abgabe der Voranmeldungen und für die Entrichtung der Vorauszahlungen um **einen Monat zu verlängern** (vgl. auch Abschn. 18.4 UStAE).

Die **Fristverlängerung** wird bei **Monatszahlern**, **nicht** bei **Vierteljahreszahlern**, unter der **Auflage** gewährt, dass der Unternehmer **bis zum 10. Februar** (zuzüglich Schonfrist) eine **Sondervorauszahlung** anmeldet und entrichtet.

Die **Sondervorauszahlung** beträgt **ein Elftel der Summe der Vorauszahlungen – ohne** Berücksichtigung der Sondervorauszahlung – für das **vorangegangene** Kalenderjahr.

BEISPIEL

Der Koblenzer Unternehmer U, **Monatszahler**, beantragt erstmals für **2026** eine Dauerfristverlängerung. Die Umsatzsteuer-Vorauszahlungen für das Kalenderjahr **2025** haben **30.107,20 €** betragen.

U hat in den **Antrag auf Dauerfristverlängerung** und die **Anmeldung der Sondervorauszahlung in Zeile 8 und 9** einzutragen:

				EUR
8	1.	Summe der verbleibenden Umsatzsteuer-Vorauszahlungen zuzüglich der angerechneten Sondervorauszahlungen für das Kalenderjahr 2025		**30.107**
9	2.	Davon 1/11 = **Sondervorauszahlung 2026**........................	**38**	**2.737**

Die **Sondervorauszahlung** wird mit der für den Monat **Dezember** geschuldeten Umsatzsteuer-Vorauszahlung verrechnet (siehe Zeile **49,** Kz **39** der USt-Voranmeldung 2026). Ein verbleibender Erstattungsanspruch ist mit Ansprüchen aus dem Steuerschuldverhältnis aufzurechnen (§ 226 AO) und ansonsten zu erstatten (§ 48 Abs. 4 UStDV).

10.4 Zusammenfassende Meldung und (I)OSS

Der Unternehmer i.S.d. § 2 (keine Kleinunternehmer i.S.d. § 19 Abs. 1) hat die **Zusammenfassende Meldung** (ZM) **monatlich** abzugeben, wenn die Summe der Bemessungsgrundlagen für innergemeinschaftliche Warenlieferungen und Dreiecksgeschäfte im Kalendervierteljahr **mehr als 50.000 Euro** beträgt (§ 18a Abs. 1 Satz 3).

Die Zusammenfassenden Meldungen sind dem Bundeszentralamt für Steuern (BZSt) grundsätzlich bis zum **25. des Folgemonats** (z.B. Abgabe der ZM für Juni 2026 bis zum 27. Juli 2026 – Montag) online zu übermitteln (§ 18a).

Unternehmer, welche die Möglichkeiten des **One-Stop-Shops (OSS)** für die zentrale Erklärung sämtlicher **TRFE-Umsätze** und **innergemeinschaftlicher Fernverkäufe** an **Nichtunternehmer** im Gemeinschaftsgebiet nutzen möchten, haben ihre diesbezüglichen Steuererklärungen **einen Monat nach Ablauf des jeweiligen Besteuerungszeitraums** beim Bundeszentralamt für Steuern einzureichen. Gleiches gilt für die Nutzung des **Import-One-Stop-Shops (IOSS)** für die Einfuhr von für den innergemeinschaftlichen Fernverkauf bestimmten Gegenständen mit einem Sachwert von **höchstens 150 Euro**.

Für die **elektronische Übermittlung** steht Unternehmern das **Elster-Verfahren** zur Verfügung.

10.5 Steuererklärung und Veranlagung

Der **Unternehmer** hat für das Kalenderjahr eine **Steuererklärung** (Steueranmeldung) nach amtlich vorgeschriebenem Datensatz **in elektronischer Form** (bis zum **31.07.** des folgenden Jahres) zu übermitteln, in der er die zu entrichtende **Steuer** oder den **Überschuss** selbst zu berechnen hat (§ 18 Abs. 3). Wirkt ein **Steuerberater** bei der Erstellung der Steuererklärung mit, wird i.d.R. die Abgabefrist auf den **letzten Tag des Monats Feburar** des **zweiten** auf den Besteuerungszeitraum folgenden Jahres (des **übernächsten Jahres**) verlängert.

Berechnet der Unternehmer die zu entrichtende **Steuer** oder den **Überschuss** in der Steuererklärung **abweichend** von der Summe der Vorauszahlungen, so ist der **Unterschiedsbetrag** wie folgt zu behandeln:

Unterschiedsbetrag

zugunsten des **Finanzamtes**	zugunsten des **Unternehmers**
Eine **Abschlusszahlung** ist **einen Monat nach Eingang** der Steuererklärung **fällig** (§ 18 Abs. 4 Satz 1 UStG).	Ein **Erstattungsanspruch** wird nach Zustimmung (§ 168 AO) ohne besonderen Antrag **ausgezahlt**, **soweit** der Betrag **nicht** mit Steuerschulden verrechnet wird. Wünscht der Unternehmer eine **Verrechnung**, ist in **Zeile 18** der Erklärung eine „**1**" einzutragen.

Ist der Besteuerungszeitraum **kürzer** als ein Kalenderjahr (z.B., weil die unternehmerische Tätigkeit im Laufe des Kalenderjahres beendet wird), so ist die Steueranmeldung binnen eines Monats nach Ablauf des kürzeren Besteuerungszeitraums abzugeben (§ 18 Abs. 3).

In den Fällen der **Fahrzeugeinzelbesteuerung** hat der **Erwerber spätestens bis zum 10. Tag** nach Ablauf des Tages an dem die Steuer entstanden ist, eine **Steuererklärung** nach amtlich vorgeschriebenem Vordruck **(USt 1 B)** abzugeben, in dem er die zu entrichtende Steuer selbst zu berechnen hat (§ 18 **Abs. 5a**).

10.6 Zusammenfassung und Erfolgskontrolle

10.6.1 Zusammenfassung

Berechnung und **Erhebung** der **Umsatzsteuer**

Berechnung der Umsatzsteuer (§ **16** UStG)

Abschnittsbesteuerung

Die **Umsatzsteuer** ist grundsätzlich von der **Summe** der steuerpflichtigen Umsätze zu berechnen (§ 16 **Abs. 1** UStG).

Ausnahme:
Beim innergemeinschaftlichen Erwerb **neuer Fahrzeuge** i. S. d. **§ 1b durch Privatpersonen** ist die **Umsatzsteuer** (Erwerbsteuer) von jedem einzelnen Umsatz zu berechnen (§ 16 **Abs. 5a** UStG).

Von der **Umsatzsteuer** sind die **abziehbaren** Vorsteuerbeträge abzuziehen (§ 16 Abs. 2 UStG):

	Umsatzsteuer (Traglast)
-	**abziehbare Vorsteuer**
=	**Umsatzsteuer-Schuld (Zahllast)**

Erhebung der Umsatzsteuer (§ **18** UStG)

Voranmeldung und Vorauszahlung

Die **Voranmeldung** ist bis zum **10. Tag** nach Ablauf des **Voranmeldungszeitraums** elektronisch zu übermitteln. Die **Vorauszahlung** ist am **10. Tag** nach Ablauf des **Voranmeldungszeitraums** fällig (**Zahlungs-Schonfrist 3 Tage**).

Voranmeldungszeitraum ist
- der Kalender**monat**, wenn die **USt-Schuld** des Vorjahres mehr als **9.000 Euro** betragen hat;
- das Kalender**vierteljahr**, wenn die **USt-Schuld** des Vorjahres mehr als **2.000 Euro**, aber nicht mehr als **9.000 Euro** betragen hat.

Jahreserklärung

Der **Unternehmer** hat für das Kalenderjahr eine **Steuererklärung** bis zum **31.07.** des folgenden Jahres abzugeben. Wirkt ein **Steuerberater** bei der Erstellung mit, verlängert sich die Frist auf den **letzten Tag im Februar** des übernächsten Jahres.
Der Unterschiedsbetrag **zugunsten** des **Finanzamtes** ist **einen Monat** nach dem **Eingang** der Steuererklärung fällig.
Der Unterschiedsbetrag **zugunsten** des **Unternehmers** wird zurückgezahlt.

10.6.2 Erfolgskontrolle

Wiederholungsfragen

1. Was versteht man unter der Abschnittsbesteuerung?
2. Was versteht man unter der Einzelbesteuerung? Nennen Sie zwei Beispiele.
3. Wann sind Umsatzsteuer-Voranmeldungen an das Finanzamt grundsätzlich zu übermitteln?
4. Wann hat der Unternehmer in Gründungsfällen die Voranmeldung zu übermitteln?
5. Wann werden die Umsatzsteuer-Vorauszahlungen nach § 18 Abs. 1 Satz 3 UStG fällig?
6. Wann hat der Unternehmer die Umsatzsteuer-Jahreserklärung abzugeben?
7. Was versteht man unter einer Dauerfristverlängerung?

Fälle

Lösen Sie die Sachverhalte a) bis g); verwenden Sie Fachbegriffe und erläutern Sie kurz Fallbesonderheiten. Nennen Sie die einschlägigen Rechtsgrundlagen.

a) Textilgroßhändler Rifaat, Frankfurt/Main, ermittelt in seiner am 06.03.2026 elektronisch übermittelten Umsatzsteuererklärung 2025 eine noch an die Finanzkasse zu entrichtende Abschlusszahlung in Höhe von 500 €. Herr Rifaat hat keine Dauerfristverlängerung beantragt. Wann wird dieser Betrag fällig?

b) Sachverhalt wie zu a) mit dem Unterschied, dass Herr Rifaat einen Erstattungsanspruch in Höhe von 500 € ermittelt.
Wie ist dieser Erstattungsanspruch zu behandeln?

c) Buchhändler Ehret, Bonn, hat für das Kalenderjahr 2025 eine Umsatzsteuerschuld in Höhe von 15.000 € an das Finanzamt Bonn gezahlt. Für das Kalenderjahr 2026 hat Ehret fristgerecht Dauerfristverlängerung beantragt.
Bis wann muss er seine erste Umsatzsteuervoranmeldung 2026 an das Finanzamt Bonn übermitteln?

d) Für das Kalenderjahr 2025 hatte Baumaschinenhersteller Wirth, Singen, eine Umsatzsteuerschuld in Höhe von 26.000 € an das Finanzamt Singen abzuführen. Für das Kalenderjahr 2026 ergibt sich ein Erstattungsanspruch (Vorsteuerguthaben) in Höhe von 11.000 €.
Welchen Voranmeldungszeitraum hat die Firma Wirth in den Kalenderjahren 2026 und 2026 zu beachten?

e) Besorgen Sie sich einen Umsatzsteuer-Voranmeldungsvordruck 2026 und füllen Sie diesen für den Monat Oktober 2026 nach folgenden Angaben für den Großhändler Hugo Leitner, 56073 Koblenz, Cusanusstr. 25, aus (Finanzamt Koblenz, Postfach 709, 56007 Koblenz, Steuer-Nr. 22/220/2722/1). Herr Leitner ist Monatszahler ohne Dauerfristverlängerung.

Der Buchführung des Steuerpflichtigen Leitner entnehmen Sie die folgenden Beträge:

4125 (8125) Steuerfreie innergemeinschaftliche Lieferungen	45.780,00 €
4400 (8400) Erlöse 19 % USt	568.240,40 €
4300 (8300) Erlöse 7 % USt	86.210,50 €
4736 (8736) Gewährte Skonti 19 % USt	2.340,30 €
4731 (8731) Gewährte Skonti 7 % USt	84,70 €
4100 (8100) Steuerfreie Umsätze § 4 Nr. 8 ff. UStG	1.200,00 €
Auf dem Konto „**1406** (1576) Abziehbare Vorsteuer 19 %" wurden im Oktober im Soll gebucht	66.769,30 €

Beantworten Sie außerdem die folgenden Fragen:

1. Wie groß ist die Summe der steuerfreien und steuerpflichtigen Umsätze?
2. Wie hoch ist die Umsatzsteuer-Vorauszahlung für Oktober 2026?
3. Wann muss die Umsatzsteuer-Voranmeldung spätestens beim Finanzamt eingehen?
4. Wann muss die Umsatzsteuer-Vorauszahlung spätestens bei der zuständigen Finanzkasse eingehen?

f) Der Kölner Unternehmer Lindner ist seit 2025 Monatszahler mit Dauerfristverlängerung. Herr Lindner hat die folgenden monatlichen Umsatzsteuer-Vorauszahlungen für das Kalenderjahr 2025 geleistet:

Januar	420 €
Februar	2.220 €
März	1.705 €
April	2.315 €
Mai	5.150 €
Juni	2.750 €
Juli	2.090 €
August	1.190 €
September	2.541 €
Oktober	2.346 €
November	3.480 €
Dezember (3.826 € - 2.710 € Sondervorauszahlung)	1.116 €

Berechnen Sie die Sondervorauszahlung für 2026.

g) Die Umsatzsteuererklärung 2025 der Floristin Anna Auras geht am 12.05.2026 beim Finanzamt ein. Frau Auras hat eine Nachzahlung von 2.235 € zu leisten. Das Finanzamt weicht nicht von der angemeldeten Steuer ab. Frau Auras zahlt am 03.07.2026 die restliche Umsatzsteuer.
Kann das Finanzamt Säumniszuschläge festsetzen? Wenn ja, in welcher Höhe?

Weitere Fälle mit Lösungen zum Besteuerungsverfahren finden Sie im **Lösungsbuch** der Steuerlehre 1. A L

LF 3

11 Entstehung der Umsatzsteuer und Steuerschuldner

Die **Umsatzsteuer entsteht**, wenn alle **Voraussetzungen** des **§ 13** erfüllt sind.

Für die **Entstehung** der **Umsatzsteuer** sind **zwei Besteuerungsarten** von Bedeutung:

1. die **Sollbesteuerung** (Besteuerung nach **vereinbarten** Entgelten) und
2. die **Istbesteuerung** (Besteuerung nach **vereinnahmten** Entgelten).

Die **Sollbesteuerung** ist die **Regelbesteuerung**, während die **Istbesteuerung** nur als **Ausnahme** auf Antrag in Betracht kommt.

11.1 Entstehung der Umsatzsteuer für entgeltliche und unentgeltliche Leistungen

11.1.1 Sollbesteuerung

Bei der Besteuerung nach vereinbarten Entgelten (**Sollbesteuerung**) entsteht die Umsatzsteuer grundsätzlich mit Ablauf des Voranmeldungszeitraums, in dem die Lieferungen oder sonstigen Leistungen **ausgeführt** worden sind, d.h. mit Ablauf des letzten Tages eines Monats oder eines Vierteljahrs (§ 13 Abs. 1 Nr. 1a; Abschn. 13.1 Abs. 1 Satz 1 UStAE).

BEISPIEL

Der Malermeister U (**Monatszahler ohne Dauerfristverlängerung**), der seine Umsätze nach **vereinbarten** Entgelten besteuert (= **Sollbesteuerung**), hat im **Dezember 2025** die Fenster eines Kunden **gestrichen**. Der dem Kunden am **13.02.2026** in Rechnung gestellte Betrag in Höhe von 200 € + 38 € USt = 238 € wird am **18.03.2026** gezahlt.

Die **Umsatzsteuer** in Höhe von 38 € **entsteht mit Ablauf des Monats Dezember 2025** (mit Ablauf des **31.12.2025**), weil im Voranmeldungszeitraum Dezember 2025 die **Leistung ausgeführt** worden ist.
Das Rechnungsdatum und der Zahlungstag sind für die Entstehung der Umsatzsteuer in diesem Fall unerheblich.

Das Gleiche gilt für **unentgeltliche** Lieferungen und sonstige Leistungen im Sinne des § 3 Abs. 1b und Abs. 9a (§ 13 Abs. 1 **Nr. 2;** Abschn. 13.1 Abs. 1 Satz 2 UStAE).

MERKE →	Bei der **Sollbesteuerung entsteht** die **Umsatzsteuer** mit Ablauf des Voranmeldungszeitraums, in dem die Leistungen **ausgeführt** wurden.

ÜBUNG →	1. Wiederholungsfragen 1 und 2 (Seite 351), 2. Fälle 1 und 2 (Seite 351)

11.1.2 Istbesteuerung

Das Finanzamt kann auf **Antrag** gestatten, dass ein Unternehmer die **Umsatzsteuer** nicht nach vereinbarten, sondern nach **vereinnahmten** Entgelten (**Istbesteuerung**) berechnet (**§ 20**).

Für die **Istbesteuerung** muss **eine** der folgenden **Voraussetzungen** erfüllt sein:

1. der **Gesamtumsatz** (§ 19 Abs. 3) im **vorangegangenen** Kalenderjahr hat **nicht mehr als 800.000 Euro** betragen (§ 20 Satz 1 Nr. 1) **oder**
2. der Unternehmer ist **von der Verpflichtung, Bücher zu führen** und regelmäßig Bilanzen zu erstellen nach § 148 AO **befreit** ist **oder**
3. der Unternehmer führt Umsätze aus einer **Tätigkeit als Angehöriger eines freien Berufs** i.S.d. § 18 Abs. 1 Nr. 1 EStG (z.B. Steuerberater, Notar, Rechtsanwalt) aus.

BEISPIELE

zu 1. Gewerbetreibender U, Mainz, erzielt in 2026 einen **Gesamtumsatz** von 120.000 €.

U kann für **2027** einen Antrag auf Besteuerung nach **vereinnahmten Entgelten** stellen (Gesamtumsatz im Vorjahr nicht mehr als 800.000 Euro).

zu 2. Der Gewerbetreibende U, Köln, der nach § 141 AO buchführungspflichtig ist, wurde vom Finanzamt nach § 148 AO **von der Buchführungspflicht befreit**. Sein Gesamtumsatz im Vorjahr lag über 800.000 Euro.

U kann einen Antrag auf Besteuerung nach **vereinnahmten Entgelten** stellen. Die Höhe des Umsatzes ist in diesem Fall unerheblich.

zu 3. Der Notar U, Bonn, hat in 2026 einen Gesamtumsatz aus **freiberuflicher Tätigkeit** von 890.000 Euro. Den Gewinn ermittelt U gem. § 4 Abs. 3 EStG (EÜ-Rechnung bzw. EÜR).

U kann aufgrund seiner freiberuflichen Tätigkeit einen Antrag auf Besteuerung nach **vereinnahmten Entgelten** stellen. Die Höhe des Umsatzes ist in diesem Fall unerheblich.

zu 3. Der Notar U, Bonn, hat in 2026 einen Gesamtumsatz aus **freiberuflicher Tätigkeit** von 890.000 Euro. U führt freiwillig Bücher und ermittelt seinen Gewinn gem. § 4 Abs. 1 EStG (Betriebsvermögensvergleich).
U kann **keinen** Antrag auf Besteuerung nach **vereinnahmten Entgelten** stellen, weil er **freiwillig Bücher** führt und sein **Gesamtumsatz 800.000 Euro übersteigt** (vgl. BFH-Urteil vom 22.07.2010, BStBl. 2013 II, S. 590, sowie BMF-Schreiben vom 31.07.2013, BStBl. 2013 I, S. 964).

Bei der Besteuerung nach vereinnahmten Entgelten (**Istbesteuerung**) entsteht die Umsatzsteuer für Lieferungen oder sonstige Leistungen mit Ablauf des Voranmeldungszeitraums, in dem die Entgelte **vereinnahmt** worden sind (§ 13 Abs. 1 Nr. 1b; Abschn. 13.6 Abs. 1 Satz 1 UStAE).

BEISPIEL

Schreiner U (**Monatszahler ohne Dauerfristverlängerung**), der seine Umsätze nach **vereinnahmten Entgelten** versteuert, hat im **Dezember 2025** Türen und Fenster an einen Kunden **geliefert**. Der Kunde **zahlt** im **Februar 2026** den Rechnungsbetrag von 2.975 € (2.500 € + 475 € USt).

Die **Umsatzsteuer** in Höhe von 475 € **entsteht** mit Ablauf des Monats **Februar 2026**, weil im Februar 2026 das Entgelt (2.500 €) **vereinnahmt** worden ist.

MERKE →	Bei der **Istbesteuerung entsteht** die **Umsatzsteuer** mit Ablauf des Voranmeldungszeitraums, in dem die Entgelte **vereinnahmt** wurden.

Zusammenfassung zu Abschnitt 11.1.1 und 11.1.2:

Entstehung der Umsatzsteuer für Leistungen

Sollbesteuerung (§ 13 Abs. 1 **Nr. 1a** und **Nr. 2**)	**Istbesteuerung** (§ 13 Abs. 1 **Nr. 1b** i.V.m. **§ 20**)
Die Umsatzsteuer **entsteht** mit Ablauf des Voranmeldungszeitraums, in dem die entgeltlichen oder unentgeltlichen Leistungen **ausgeführt** worden sind. **Ausnahme:** Im Rahmen der Sollbesteuerung **entsteht** die Umsatzsteuer bereits **vor** der Ausführung der Leistung, wenn das Entgelt **vor** Leistungsausführung **vereinnahmt** worden ist. **Anzahlungen** sind stets im Zeitpunkt ihrer **Vereinnahmung** zu versteuern (**Mindest-Istbesteuerung**).	Die Umsatzsteuer **entsteht** für Leistungen mit Ablauf des Voranmeldungszeitraums, in dem die Entgelte **vereinnahmt** worden sind, wenn **einer** der folgenden Erlaubnistatbestände erfüllt ist: 1. Gesamtumsatz im vorangegangenen Kalenderjahr nicht mehr als **800.000 Euro oder** 2. Befreiung von der Buchführungspflicht nach § 148 AO **oder** 3. Umsätze aus freiberuflicher Tätigkeit nach § 18 Abs. 1 Nr. 1 EStG (**ohne** freiwillige Buchführung).

ÜBUNG →
1. Wiederholungsfragen 3 und 4 (Seite 351),
2. Fälle 3 und 4 (Seite 351)

11.1.3 Mindest-Istbesteuerung

Im Rahmen der **Sollbesteuerung** entsteht die Umsatzsteuer bereits **bevor** die Leistung **ausgeführt** worden ist, in dem **Voranmeldungszeitraum**, in dem das **Entgelt** oder Teilentgelt (Anzahlungen, Abschlagszahlungen, Vorauszahlungen) **vereinnahmt** worden ist (§ 13 Abs. 1 Nr. 1a **Satz 4**; Abschn. 13.5 Abs. 1 UStAE).

BEISPIEL

Unternehmer U (**Sollbesteuerung**, **Monatszahler** ohne Dauerfristverlängerung) erhält von seinem Kunden A im **Juli 2026** eine **Anzahlung** von **2.380 €**. Die Leistungen des U unterliegen dem allgemeinen Steuersatz. U erbringt die **Leistung** im **August 2026**.

U hat das **Entgelt** von **2.000 €** (2.380 € : 1,19) mit Ablauf des Monats **Juli 2026** zu versteuern, weil in diesem Voranmeldungszeitraum das Entgelt von 2.000 € **vereinnahmt** wurde, **bevor** die Leistung **ausgeführt** worden ist.

Die **Umsatzsteuer entsteht** für Entgelte oder Teilentgelte, die **vor Ausführung** der Leistung vereinnahmt werden, **ohne Rücksicht auf die Höhe** der vereinnahmten Beträge und den **Zeitpunkt der Rechnungserstellung** mit Ablauf des Voranmeldungszeitraums, in dem das Entgelt oder Teilentgelt vereinnahmt wird (§ 13 Abs. 1 Nr. 1a **Satz 4**).

Die **Mindest-Istbesteuerung** bewirkt, dass **jede auch noch so kleine Anzahlung** oder Vorauszahlung **der Besteuerung unterliegt**.

Zusammenfassung zu Abschnitt 11.1:

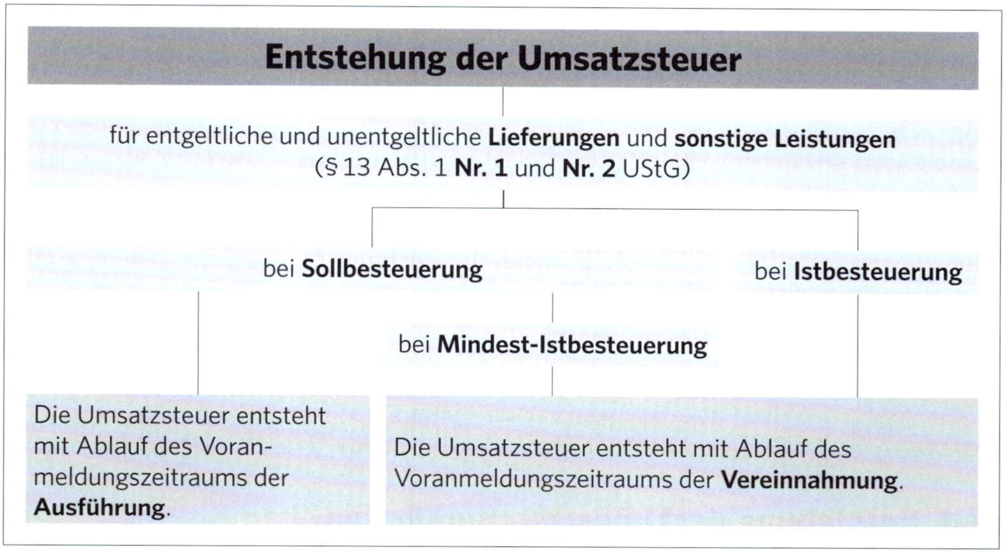

ÜBUNG → 1. Wiederholungsfrage 5 (Seite 351),
2. Fälle 5 und 6 (Seite 352)

11.2 Entstehung der Umsatzsteuer bei unrichtigem Steuerausweis

Hat ein **Unternehmer** in einer Rechnung für eine Lieferung oder sonstige Leistung einen **höheren** Steuerbetrag, als er nach dem UStG schuldet, gesondert **ausgewiesen** (**unrichtiger Steuerausweis**), **schuldet** er auch den **Mehrbetrag** (§ 14c Abs. 1 Satz 1). Dies gilt auch für steuerfreie Auslandslieferungen, für die in der jeweiligen Rechnung dennoch Umsatzsteuer ausgewiesen wurde (unrichtiger Steuerausweis, BMF-Schreiben vom 16.02.2016).

Die **Mehrsteuer entsteht** in dem Zeitpunkt, in dem auch die richtige Steuer entsteht, bei **Sollbesteuerung** mit Ablauf des Voranmeldungszeitraums, in dem die **Leistungen ausgeführt** worden sind, bei der **Istbesteuerung** mit Ablauf des Voranmeldungszeitraums der **Vereinnahmung**, **spätestens** jedoch im Zeitpunkt der **Ausgabe der Rechnung** (§ 13 Abs. 1 **Nr. 3**).

Die zu hoch ausgewiesene Umsatzsteuer wird vom Unternehmer geschuldet, obwohl der Leistungsempfänger diese Steuer **nicht als Vorsteuer abziehen** kann (Abschn. 14c.1 Abs. 1 Satz 6 UStAE).
Der leistende Unternehmer kann jedoch den Steuerbetrag gegenüber dem Leistungsempfänger **berichtigen**. In diesem Fall ist **§ 17 Abs. 1** entsprechend anzuwenden (Abschn. 14c.1 Abs. 5 UStAE).

BEISPIEL

Lebensmittelhändler U (Monatszahler ohne Dauerfristverlängerung), Köln, liefert im Mai 2026 Gemüse an Gastwirt A, Köln. Die der Lieferung beigefügte Rechnung weist u. a. folgende Daten aus: Warenwert 500 € + 19 % USt 95 €. A zahlt den Rechnungsbetrag im Juli 2026.

Neben der gesetzlich geschuldeten Umsatzsteuer i. H. v. 35 € entsteht auch der Mehrbetrag i. H. v. 60 € mit Ablauf des Monats Mai 2026 (§ 13 Abs. 1 Nr. 1a und Nr. 3).

11.3 Entstehung der Umsatzsteuer bei unberechtigtem Steuerausweis

Wer in einer Rechnung einen Steuerbetrag gesondert ausweist, obwohl er zum gesonderten Ausweis der Steuer **nicht berechtigt** ist (**unberechtigter Steuerausweis**), schuldet den ausgewiesenen Betrag (§ 14c Abs. 2 Satz 1). Dies betrifft vor allem Kleinunternehmer, bei denen die Umsatzsteuer nach § 19 Abs. 1 nicht erhoben wird (Abschn. 14c.2 Abs. 1 Satz 2 UStAE).

Das **Gleiche** gilt, wenn jemand wie ein leistender Unternehmer abrechnet und einen Steuerbetrag gesondert ausweist, obwohl er **nicht Unternehmer** ist oder eine Lieferung oder sonstige Leistung **nicht ausführt** (§ 14c Abs. 2 Satz 2).

Die Umsatzsteuer entsteht in diesem Fall im Zeitpunkt der **Ausgabe der Rechnung** (§ 13 Abs. 1 **Nr. 3;** siehe auch BMF-Schreiben vom 02.04.2015).

ÜBUNG → 1. Wiederholungsfragen 6 und 7 (Seite 351),
2. Fälle 7 bis 11 (Seiten 352 f.)

11.4 Entstehung der Umsatzsteuer für den innergemeinschaftlichen Erwerb

Die **Steuer entsteht** für den **innergemeinschaftlichen Erwerb** im Sinne des § 1a grundsätzlich mit **Ausstellung der Rechnung**, **spätestens** jedoch **mit Ablauf des dem Erwerb folgenden Kalendermonats** (§ 13 Abs. 1 **Nr. 6**).

BEISPIEL

Der **französische** Unternehmer U, Straßburg, **liefert** im **September 2026** eine Maschine an den **deutschen** Unternehmer A (**Monatszahler** ohne Dauerfristverlängerung), Stuttgart. Die Rechnung wird von U im **November 2026** erstellt.

Die Umsatzsteuer (**Erwerbsteuer**) für den innergemeinschaftlichen Erwerb (§ 1a Abs. 1) **entsteht** mit Ablauf des **31.10.2026** (spätestens ein Monat nach dem Erwerb).
A hat den innergemeinschaftlichen Erwerb in seiner Umsatzsteuer-Voranmeldung für **Oktober 2026** anzumelden.

11.5 Entstehung der Umsatzsteuer für den innergemeinschaftlichen Erwerb neuer Fahrzeuge

Die Steuer **entsteht** für den **innergemeinschaftlichen Erwerb neuer Fahrzeuge** i.S.d. **§ 1b** am **Tag des Erwerbs** (§ 13 Abs. 1 Nr. 7).

Für die **Abgabe der Steuererklärung** gelten **nicht** die **allgemeinen Fristen**. Vielmehr hat der Erwerber die Steuererklärung (**USt 1 B**) spätestens **bis zum 10. Tag nach Ablauf des Tages**, an dem die Steuer entstanden ist, abzugeben und die Steuer zu entrichten (§ 18 **Abs. 5a**).

BEISPIEL

Der **französische** Unternehmer U, Paris, **verkauft** am 22.09.2026 an den **deutschen** Privatmann P, Koblenz, einen neuen Pkw für 20.000 € netto. P **erhält** den Pkw am **25.09.2026**.
Die **Rechnung** wird von U am 06.10.2026 erstellt.

Die Umsatzsteuer (**Erwerbsteuer**) für den innergemeinschaftlichen Erwerb des neuen Fahrzeugs entsteht am **25.09.2026** (Tag des Erwerbs). Die Steuererklärung ist bis spätestens 05.10.2026 (25.09.2026 + zehn Tage) beim zuständigen **Wohnsitz-Finanzamt** (Koblenz) abzugeben.

11.6 Steuerschuldner nach § 13a UStG

Schuldner der Umsatzsteuer ist nach § 13a Abs. 1 in den Fällen

1. des § 1 Abs. 1 Nr. 1 und des § 14c Abs. 1 der **Unternehmer,**
2. des § 1 Abs. 1 Nr. 5 der **Erwerber,**
3. des § 6a Abs. 4 der **Abnehmer,**
4. des § 14c Abs. 2 der **Aussteller der Rechnung,**
5. des § 25b Abs. 2 der **letzte Abnehmer,**
6. des § 4 Nr. 4a der **Auslagerer.**

11.7 Verlagerung der Steuerschuldnerschaft nach § 13b UStG

Erbringt ein Unternehmer eine Leistung, schuldet er in der Regel die **Umsatzsteuer** (§ 13a Abs. 1 Nr. 1). Wird die Leistung an einen vorsteuerabzugsberechtigten Empfänger erbracht, kann der Leistungsempfänger die **Vorsteuer** abziehen, wenn die Voraussetzungen des § 15 Abs. 1 Nr. 1 erfüllt sind. Steuerausfälle drohen, wenn der leistende Unternehmer die Umsatzsteuer nicht abführt (z.B. im Insolvenzfall) und der Leistungsempfänger die Vorsteuer geltend macht. Derartige **Steuerausfälle** sollen durch § 13b **verhindert** werden.

Bei genau definierten Umsätzen (vgl. Leistungskatalog des § 13b Abs. 1 und 2) kommt es zu einer **Verlagerung der Steuerschuldnerschaft** (sog. „reverse charge") vom leistenden Unternehmer auf den **Leistungsempfänger** (§ 13b Abs. 5). „Vergisst" dieser die Anmeldung der Steuer, kann hierfür ein angemessenes Bußgeld erhoben werden.

Durch den Wechsel der Steuerschuld vereinigen sich **Umsatzsteuerschuld und Vorsteuerabzug beim Leistungsempfänger**.

Der Katalog der Leistungen, bei denen es zu einer Verlagerung der Steuerschuldnerschaft auf den Leistungsempfänger kommt, umfasst u.a. die folgenden Umsätze:

- sonstige Leistungen (auch Werkleistungen) eines im **übrigen Gemeinschaftsgebiet** ansässigen Unternehmers, die nach § 3a Abs. 2 (B2B-Fälle) im Inland steuerpflichtig sind (§ 13b **Abs. 1**),
- Werklieferungen oder sonstige Leistungen (auch Werkleistungen) eines im **Ausland** ansässigen Unternehmers (§ 13b Abs. 2 **Nr. 1**),
- Umsätze, die unter das Grunderwerbsteuergesetz fallen (§ 13b Abs. 2 **Nr. 3**),
- **Bauleistungen** (Werklieferungen, Werkleistungen und sonstige Leistungen) eines „Bauleisters" (Bauhandwerkers) an einen anderen „Bauleister" (Bauhandwerker), der **nachhaltig** Bauleistungen erbringt (§ 13b Abs. 2 **Nr. 4** i.V.m. Abs. 5 Satz 2),
- Übertragung von **Emissionszertifikaten** (§ 13b Abs. 2 **Nr. 6**),
- **Reinigen von Gebäuden und Gebäudeteilen** (§ 13b Abs. 2 **Nr. 8**),
- Lieferungen von **Mobilfunkgeräten, Tablet-Computern und Spielekonsolen**, wenn die Summe der Entgelte eines wirtschaftlichen Vorgangs **mindestens 5.000 Euro** beträgt (§ 13b Abs. 2 **Nr. 10**),
- Lieferungen der in der Anlage 4 zum UStG bezeichneten Gegenstände (**Edelmetalle, unedle Metalle und Cermets**), wenn die Summe der Entgelte eines wirtschaftlichen Vorgangs **mindestens 5.000 Euro** beträgt (§ 13b Abs. 2 **Nr. 11**),
- sonstige Leistungen auf dem Gebiet der **Telekommunikation** (§ 13b Abs. 2 **Nr. 12**).

Welcher Unternehmer als im **übrigen Gemeinschaftsgebiet** oder im **Ausland ansässig** gilt, regelt § 13b **Abs. 7**.

BEISPIEL

Rechtsanwalt R, Paris (F), berät im Mai 2026 Hersteller U (Sollbesteuerer und Monatszahler), Köln, in Fragen des französischen Wettbewerbsrechts gegen Honorar.

Der französische Rechtsanwalt R erbringt im Inland (§ 3a Abs. 2) eine steuerbare und steuerpflichtige sonstige Leistung (§ 13b Abs. 1). Die Umsatzsteuer für diese Leistung schuldet jedoch nicht R, sondern U als Leistungsempfänger (§ 13b Abs. 5 Satz 1). Die Steuer entsteht mit Ablauf des VZ Mai 2026 (§ 13b Abs. 1).

BEISPIEL

Ingenieur I, Bern (CH), berät im Mai 2026 Hersteller U (Sollbesteuerer und Monatszahler), Köln, in technischen Fragen gegen Honorar (Rechnungsdatum 07.07.2026).

Der Schweizer Ingenieur I erbringt im Inland (§ 3a Abs. 2) eine steuerbare und steuerpflichtige sonstige Leistung (§ 13b Abs. 2 Nr. 1). Die Umsatzsteuer für diese Leistung schuldet jedoch nicht I, sondern U als Leistungsempfänger (§ 13b Abs. 5 Satz 1). Die Steuer **entsteht** mit **Ablauf** des **Juni 2026** (§ 13b Abs. 2).

BEISPIEL

Der Bauunternehmer U (Monatszahler ohne Dauerfristverlängerung) in Kiel hat den Auftrag erhalten, in Flensburg ein Geschäftshaus zu errichten. Lieferung und Einbau der Fenster lässt U von seinem **dänischen** Subunternehmer D aus Kopenhagen im März 2026 ausführen (**Rechnungsdatum 14.04.2026**).
Der im Ausland ansässige Unternehmer D erbringt im Inland (§ 3 Abs. 7 Satz 1) eine steuerbare **Werklieferung** an U (§ 1 Abs. 1 Nr. 1 i.V.m. § 13b Abs. 2 **Nr. 1**). Die **USt** für diese Werklieferung **schuldet U** als Leistungsempfänger (§ 13b Abs. 5 Satz 1). Die USt **entsteht** am **14.04.2026**.

BEISPIEL

Der Bauunternehmer U (Monatszahler ohne Dauerfristverlängerung) in Kiel hat den Auftrag erhalten, in Flensburg ein Geschäftshaus zu errichten. Lieferung und Einbau der Fenster lässt U von seinem **deutschen** Subunternehmer S aus Rendsburg im März 2026 ausführen (**Rechnungsdatum 05.05.2026**).
Der in Deutschland ansässige Bauleister S erbringt im Inland (§ 3 Abs. 7 Satz 1) eine steuerbare **Werklieferung** (Bauleistung) an Bauleister U (§ 1 Abs. 1 Nr. 1 i.V.m. § 13b Abs. 2 **Nr. 4**). Die **USt** für diese Werklieferung (Bauleistung) **schuldet U** als Leistungsempfänger (§ 13b Abs. 5 Satz 2), weil er selbst nachhaltig Bauleistungen erbringt. Die Umsatzsteuer **entsteht** gem. § 13b Abs. 2 mit **Ablauf** des **April 2026.** Zu beachten ist, dass § 13b Abs. 2 **Nr. 1 Vorrang vor** § 13b Abs. 2 **Nr. 4** hat (vgl. § 13b Abs. 2 Nr. 4 **Satz 3**).

Sind Leistungsempfänger und leistender Unternehmer in Zweifelsfällen bei den Leistungen gem. § 13b Abs. 2 **Nr. 6 bis 12 übereinstimmend** vom Vorliegen der Voraussetzungen ausgegangen, obwohl dies **nicht** zutreffend war, gilt der Leistungsempfänger dennoch als Steuerschuldner, sofern dadurch **keine Steuerausfälle** entstehen (§13b Abs. 5 Satz 8).

Das Bundesministerium der Finanzen ist durch **§ 13b Abs. 10** ermächtigt, den Umfang der Steuerschuldnerschaft des Leistungsempfängers **kurzfristig zu erweitern**, um Steuerhinterziehungen zu vermeiden (sogenannter **EU-Schnellreaktions-Mechanismus**).

ÜBUNG →	1. Wiederholungsfragen 8 bis 11 (Seite 351), 2. Fälle 12 bis 18 (Seiten 353 f.)

11.8 Erfolgskontrolle

Wiederholungsfragen

1. Wann entsteht grundsätzlich die Umsatzsteuer für entgeltliche Leistungen bei der Sollbesteuerung?
2. Wann entsteht die Umsatzsteuer für unentgeltliche Leistungen?
3. Wann entsteht die Umsatzsteuer für Leistungen bei der Istbesteuerung?
4. Unter welchen Voraussetzungen kann die Istbesteuerung angewandt werden?
5. In welchen Fällen sind Anzahlungen bereits im Zeitpunkt der Vereinnahmung zu versteuern?
6. Wann entsteht die Umsatzsteuer bei unrichtigem Steuerausweis?
7. Wann entsteht die Umsatzsteuer bei unberechtigtem Steuerausweis?
8. Wann entsteht die USt für den innergemeinschaftlichen Erwerb i.S.d. § 1a und § 1b UStG?
9. Wann entsteht die Umsatzsteuer bei Verlagerung der Steuerschuldnerschaft nach § 13b Abs. 1 UStG und § 13b Abs. 2 UStG?
10. Wer ist Schuldner der Umsatzsteuer nach § 13a UStG?
11. Wer ist Schuldner der Umsatzsteuer nach § 13b UStG?

Fälle

FALL 1

Der Unternehmer U (Monatszahler ohne Dauerfristverlängerung), Koblenz, berechnet seine Umsatzsteuer nach vereinbarten Entgelten. U liefert am 09.10.2026 Waren an den Abnehmer A in Bremen.

a) Wann entsteht die Umsatzsteuer?
b) Bis wann ist die Umsatzsteuer-Voranmeldung für diesen Umsatz zu übermitteln?
c) Wann ist die Vorauszahlung fällig?
d) Bis zu welchem Tag muss die Vorauszahlung bei der Finanzkasse eingehen, wenn ein Säumniszuschlag vermieden werden soll?

FALL 2

Der Unternehmer U (Monatszahler ohne Dauerfristverlängerung), München, der seine Umsätze nach vereinbarten Entgelten versteuert, übergibt am 29.12.2026 der Deutschen Bahn AG eine Maschine zur Beförderung an den Abnehmer A in Stuttgart. A erhält die Maschine am 04.01.2027. Die Rechnung wird am 29.12.2026 erteilt. Die Zahlung erfolgt am 03.02.2027.

Wann entsteht die Umsatzsteuer?

FALL 3

Der Unternehmer U (Vierteljahreszahler), Osnabrück, hat am 18.08.2026 Waren an den Abnehmer A geliefert.

Die Rechnung wird am 25.08.2026 erteilt. Die Zahlung erfolgt am 27.10.2026.

Wann entsteht die Umsatzsteuer

a) bei der Sollbesteuerung und
b) bei der Istbesteuerung?

FALL 4

Der Gewerbetreibende U, Köln, hat in 2025 einen Gesamtumsatz von 200.000 € erzielt.

Kann U für das Jahr 2026 einen Antrag auf Istbesteuerung stellen?

FALL 5

Der Bauunternehmer U (Monatszahler ohne Dauerfristverlängerung), Berlin, der seine Umsätze nach vereinbarten Entgelten versteuert, schließt am 05.08.2026 mit dem Privatmann P einen Werkvertrag über die Errichtung eines Einfamilienhauses ab.
Darin verpflichtet sich U aus selbstbeschafftem Material den Rohbau des Einfamilienhauses zum Preis von 190.400 € einschließlich 19 % USt bis zum 03.02.2027 fertigzustellen.
Der Rohbau wird fristgerecht am 03.02.2027 fertiggestellt und abgenommen.
U erhält im Dezember 2026 eine Anzahlung in Höhe von 47.600 € einschließlich 19 % USt und am 04.03.2027 nach Fertigstellung des Hauses den Rest in Höhe von 142.800 € einschließlich 19 % USt.

a) Wann und in welcher Höhe entsteht die Umsatzsteuer?
b) Wann ist die Umsatzsteuer fällig? (Hinweis: Anhang 4 dieses Buches)

FALL 6

Der Maschinenhersteller U (Monatszahler ohne Dauerfristverlängerung), Duisburg, der seine Umsätze nach vereinbarten Entgelten versteuert, vereinnahmt am 14.08.2026 eine Anzahlung von 5.355 € einschließlich 19 % USt auf eine noch zu liefernde Maschine. Die Maschine wird am 06.10.2026 geliefert.

a) Wann und in welcher Höhe entsteht die Umsatzsteuer?
b) Wann ist die Umsatzsteuer fällig? (Hinweis: Anhang 4 dieses Buches)

FALL 7

Der Metzgermeister U (Monatszahler ohne Dauerfristverlängerung), Dresden, der seine Umsätze nach vereinnahmten Entgelten versteuert, entnimmt am 11.05.2026 Fleischwaren aus seinem Unternehmen für seinen Privathaushalt.

a) Wann entsteht die Umsatzsteuer?
b) Wann ist die Umsatzsteuer fällig? (Hinweis: Anhang 4 dieses Buches)

FALL 8

Unternehmer U (Quartalszahler, Besteuerung nach vereinnahmten Entgelten), Mainz, nutzt seinen in 2024 angeschafften betrieblichen Pkw im Mai 2026 auch privat.

a) Wann entsteht die Umsatzsteuer?
b) Wann ist die Umsatzsteuer fällig? (Hinweis: Anhang 4 dieses Buches)

FALL 9

Der Unternehmer U (Monatszahler ohne Dauerfristverlängerung), Wiesbaden, der seine Umsätze nach vereinbarten Entgelten versteuert, stellt am 27.04.2026 eine Rechnung mit unberechtigtem Steuerausweis aus, die er am 04.05.2026 dem Kunden A aushändigt.

a) Wann entsteht die Umsatzsteuer?
b) Wann ist die Umsatzsteuer fällig? (Hinweis: Anhang 4 dieses Buches)

FALL 10

Unternehmer U, Aachen, erhält von einem Kunden folgende Zahlungen:

Anzahlung am 18.03.2026	5.652,50 € einschl. 19 % USt,
Anzahlung am 13.07.2026	6.009,50 € einschl. 19 % USt,
Restzahlung am 23.11.2026.	

Die Lieferung erfolgt am 21.08.2026. Die Endrechnung lautet über insgesamt netto 15.000 € zuzüglich 2.850 € USt. U ist Monatszahler und versteuert nach vereinbarten Entgelten.

a) Wann entsteht die Umsatzsteuer?
b) Wann ist die Umsatzsteuer fällig? (Hinweis: Anhang 4 dieses Buches)

FALL 11

Sachverhalt wie im Fall 10 (inkl. Fragen a und b) mit dem Unterschied, dass Unternehmer U nach vereinnahmten Entgelten versteuert.

FALL 12

Der deutsche Unternehmer U (Monatszahler ohne Dauerfristverlängerung) verkauft im Voranmeldungszeitraum Januar 2026 einen Rollstuhl (Anlage 2 Nr. 51) für insgesamt 238 € und weist in der am 03.02.2026 ausgegebenen Rechnung unter Anwendung des Steuersatzes 19 % eine darin enthaltene Umsatzsteuer in Höhe von 38 € gesondert aus.

Wann und in welcher Höhe entsteht die Umsatzsteuer?

FALL 13

Der belgische Unternehmer U, Brüssel, liefert am 15.07.2026 eine Maschine an den deutschen Unternehmer A (Monatszahler ohne Dauerfristverlängerung) in Osnabrück. U erstellt die Rechnung am 16.09.2026.

a) Wann entsteht die Umsatzsteuer?
b) Wer ist Schuldner der Umsatzsteuer?
c) Wann ist die Umsatzsteuer fällig? (Hinweis: Anhang 4 dieses Buches)

FALL 14

Der französische Kraftfahrzeughändler U, Straßburg, verkauft am 13.02.2026 an den deutschen Privatmann P, Freiburg, einen neuen Pkw für 15.000 € netto.
P erhält den Pkw am 23.02.2026. Die Rechnung wird von U am 02.03.2026 erstellt.

a) Wann entsteht die Umsatzsteuer?
b) Wer ist Schuldner der Umsatzsteuer?
c) Wann ist die Umsatzsteuer fällig? (Hinweis: Anhang 4 dieses Buches)

FALL 15

Bauunternehmer U (Monatszahler ohne Dauerfristverlängerung, Sollbesteuerer), Berlin, lässt sich in 2026 vom serbischen Subunternehmer P, Belgrad, in Hannover einen Rohbau für 100.000 € errichten. Das Baumaterial wird von P gestellt. Der Rohbau wird am 29.12.2026 fertiggestellt und abgenommen. P erstellt seine Rechnung am 29.12.2026.

a) Wann entsteht die Umsatzsteuer?
b) Wer ist Schuldner der Umsatzsteuer?
c) Wann ist die Umsatzsteuer fällig? (Hinweis: Anhang 4 dieses Buches)

FALL 16

Rechtsanwalt R, Wien (AT), berät im März 2026 Bauunternehmer U (Monatszahler ohne Dauerfristverlängerung, Sollbesteuerer), Berlin, in Fragen des österreichischen Baurechts gegen Honorar.

a) Wann entsteht die Umsatzsteuer?
b) Wer ist Schuldner der Umsatzsteuer?
c) Wann ist die Umsatzsteuer fällig? (Hinweis: Anhang 4 dieses Buches)

FALL 17

Bauunternehmer U (Monatszahler ohne Dauerfristverlängerung, Sollbesteuerer), Berlin, lässt in 2026 den Einbau (inkl. Lieferung) der Fenster vom deutschen Fensterbaubetrieb F, Potsdam, in einen Rohbau in Berlin durchführen. Die Bauabnahme des Fenstereinbaus erfolgt am 29.12.2026. F erstellt seine Rechnung am 03.02.2027.

a) Wann entsteht die Umsatzsteuer?
b) Wer ist Schuldner der Umsatzsteuer?
c) Wann ist die Umsatzsteuer fällig? (Hinweis: Anhang 4 dieses Buches)

FALL 18

Was würde sich an der Lösung des Falls 17 ändern, wenn der Fensterbaubetrieb F mit Sitz in Polen den Einbau der von U in Deutschland selbst gekauften Fenster übernehmen würde?

Zusammenfassende Erfolgskontrolle zum 1. bis 11. Kapitel

Ermitteln Sie die (deutsche) **Umsatzsteuer** (Traglast) des Baustoffhändlers U, München, für den Monat November 2026. Gehen Sie davon aus, dass alle erforderlichen Nachweise und Belege erbracht sind. Verwenden Sie dabei die Lösungstabelle von Seite 336.

1. U liefert im November 2026 Baustoffe an Baubetriebe im Inland für brutto 285.600 €.
2. U liefert im November 2026 Baustoffe an Endverbraucher im Inland für brutto 130.900 €.
3. Unentgeltliche Entnahme von Baumaterial vom Lager München am 09.11.2026 für das Einfamilienhaus des Sohnes. Es betragen die Anschaffungskosten 29.000 €, die Wiederbeschaffungskosten 30.000 €, der Verkaufspreis brutto 46.410 €.
4. Beim Bau des Einfamilienhauses des Sohnes in München werden im November 2026 Arbeiter der Firma U unentgeltlich eingesetzt. Die anteiligen Selbstkosten betragen 2.000 €. Einem fremden Dritten hätte U dafür 2.500 € berechnet.
5. U liefert im November 2026 für 5.000 € (netto) Baustoffe, die er mit eigenem Lkw befördert, an den Abnehmer A, Zürich (Schweiz).
6. Die gesamten „Netto-Kfz-Kosten" (einschließlich anteiliger „AfA" i.S.d. § 15a Abs. 1) eines betrieblichen Pkws (Anschaffung 2025) betragen im November 2026 3.000 €. Davon entfallen lt. ordnungsgemäß geführtem Fahrtenbuch 30 % auf die private Nutzung. In den Kfz-Kosten sind enthalten: Kfz-Steuer 432 € und Kfz-Versicherung 568 €.
7. Im November 2026 werden an einen Münchener Kfz-Händler verkauft:
   1 Lkw der Firma U zum Preis von 7.140 € und
   1 Pkw der Ehefrau zum Preis von 5.800 €.
8. Im November 2026 betragen die laufenden Telefonkosten 1.000 €. Davon entfallen 10 % auf die private Nutzung.
9. U liefert im November 2026 für 7.000 € (netto) Baustoffe, die er mit eigenem Lkw befördert, an den Abnehmer A, Wien (Österreich). U und A verwenden ihre nationale USt-IdNr.
10. U liefert im November 2026 für 8.000 € (netto) Baustoffe, die er mit eigenem Lkw befördert, an den Abnehmer A, Oslo (Norwegen).
11. U vermietet eine in seinem Geschäftshaus gelegene Wohnung an einen Angestellten seines Betriebs. Die Novembermiete 2026 in Höhe von 1.000 € wird zum 30.11.2026 bei der Gehaltszahlung einbehalten.

12 Ausstellen von Rechnungen

Die Ausübung des **Vorsteuerabzugs** setzt voraus, dass der Unternehmer eine nach den §§ 14, 14a ausgestellte **Rechnung** besitzt (§ 15 Abs. 1 Nr. 1 Satz 2).

Definitionen

Rechnung ist jedes Dokument, mit dem über eine Lieferung oder sonstige Leistung abgerechnet wird, gleichgültig, wie dieses Dokument im Geschäftsverkehr bezeichnet wird (§ 14 Abs. 1 Satz 1).
Durch das **Wachstumschancengesetz** wird **seit 2025** zwischen **elektronischer** (**eRechnung**) und **sonstiger** Rechnung unterschieden. Daneben wurde die bisherige **Definition** der **elektronischen Rechnung geändert**.

Eine **elektronische Rechnung** ist eine Rechnung, die in einem **strukturierten elektronischen Format ausgestellt, übermittelt und empfangen** wird **und** eine **elektronische Verarbeitung ermöglicht** (§ 14 Abs. 1 Satz 3). An die Erfüllung der Definition werden bestimmte **technische Anforderungen** gem. EU-Richtlinie 2014/55/EU gestellt. Danach erfüllt z. B. eine per E-Mail übermittelte **PDF-Datei** seit Inkrafttreten der Neuregelung **nicht** mehr die Definition einer elektronischen Rechnung.

Eine **sonstige Rechnung** ist eine Rechnung, die in einem **anderen elektronischen Format oder** auf **Papier** übermittelt wird.

Die Verpflichtung, eine elektronische Rechnung auszustellen, betrifft nur **Leistungen zwischen Unternehmern (B2B)**, bei denen leistender Unternehmer und Leistungsempfänger **im Inland** (bzw. Gebiete nach § 1 Abs. 3) **ansässig** sind.

Aufgrund des erwarteten hohen Umsetzungsaufwands wurden **Übergangsregelungen** getroffen. Für in **2025** und **2026** ausgeführte B2B-Umsätze dürfen weiterhin **Papierrechnungen** übermittelt werden. Auch elektronische Rechnungen, die **nicht** dem **neuen Format entsprechen**, bleiben in diesem Zeitraum **zulässig**, **wenn** der Rechnungs**empfänger** dem Format **zustimmt** (§ 27 Abs. 38 Nr. 1 UStG).

Rechnungs**aussteller**, deren Gesamtumsatz (§ 19 Abs. 2) **in 2026 800.000 Euro nicht übersteigt**, dürfen diese Übergangsregelung **auch** für in **2027** ausgeführte B2B-Umsätze anwenden (§ 27 Abs. 38 Nr. 1 UStG).

Da inländische unternehmerische Rechnungs**empfänger** nicht abschätzen können, ob der Rechnungsaussteller von den Übergangsregelungen Gebrauch machen wird, müssen sie **seit 01.01.2025** in der Lage sein, elektronische Rechnungen nach den neuen Anforderungen **zu empfangen**.

Für **Kleinbetragsrechnungen** i. S. d. § 33 UStDV und für **Fahrausweise** i. S. d. § 34 UStDV ergeben sich **keine Änderungen**. Für diese Zwecke können weiterhin alle Arten von Rechnungen verwendet werden.

Berechtigung zum Ausstellen von Rechnungen

Ein **Unternehmer**, der Leistungen nach § 1 Abs. 1 **Nr. 1** ausführt, ist nach § 14 Abs. 2 Satz 1 **Nr. 2** Satz 1 **berechtigt**, Rechnungen auszustellen.

BEISPIEL

Der **Möbeleinzelhändler U**, Dortmund, liefert eine Wohnzimmereinrichtung an den **Privatmann P**, ebenfalls Dortmund.

U ist **berechtigt**, aber nicht verpflichtet, P eine Rechnung auszustellen.

Verpflichtung zum Ausstellen von Rechnungen

Führt ein **Unternehmer** eine Leistung an einen **anderen Unternehmer für dessen Unternehmen** oder an eine **juristische Person**, soweit sie **nicht** Unternehmer ist, aus, ist er **verpflichtet**, innerhalb von sechs Monaten nach Ausführung der Leistung eine **Rechnung auszustellen** (§ 14 Abs. 2 Satz 1 **Nr. 2** Satz 2).

BEISPIEL

Der **Möbelhersteller U**, München, liefert eine Wohnzimmereinrichtung an den **Möbeleinzelhändler A**, Nürnberg.

U ist **verpflichtet**, über die Lieferung eine **Rechnung auszustellen**, weil die Lieferung für einen **anderen Unternehmer für dessen Unternehmen** ausgeführt worden ist.

Eine **Verpflichtung** zur Ausstellung einer Rechnung besteht **nicht**, wenn der Umsatz nach **§ 4 Nrn. 8 bis 29 steuerfrei** ist (§ 14 Abs. 2 Satz 1 **Nr. 2** Satz 3).

Rechnung in Form einer Gutschrift

Eine **Gutschrift** ist eine Rechnung, die **vom Leistungsempfänger ausgestellt** wird (§ 14 Abs. 2 **Satz 2**; Abschn. 14.3 Abs. 1 Satz 1 UStAE).
Eine derartige Rechnung (Abrechnung durch den Leistungsempfänger) muss die **Bezeichnung „Gutschrift"** enthalten (§ 14 Abs. 4 Satz 1 **Nr. 10** sowie Abschn. 14.5 Abs. 24 Satz 1 UStAE).
Voraussetzung für die Wirksamkeit einer Gutschrift ist, dass die Gutschrift dem **leistenden Unternehmer** übermittelt worden ist und dieser dem ihm zugeleiteten Dokument **nicht widerspricht** (§ 14 Abs. 2 **Satz 3**). Widerspricht der Empfänger einer Gutschrift dem ihm übermittelten Dokument, verliert die Gutschrift die Wirkung einer Rechnung (BFH-Urteil vom 23.01.2013, XI R 25/11).

BEISPIEL

Der Maschinenhersteller A, Stuttgart, sendet seinem Handelsvertreter U (= Unternehmer), Essen, eine Provisionsgutschrift.
Zwischen A und U besteht Einverständnis darüber, dass die Provision mit Gutschrift abgerechnet wird. Die Gutschrift enthält die erforderlichen Angaben nach § 14 Abs. 4.

Die **Gutschrift** ist eine **Rechnung**, die vom Leistungsempfänger ausgestellt wird und der vom Empfänger der Gutschrift nicht widersprochen wird (§ 14 Abs. 2 Satz 3).

Keine Gutschrift im umsatzsteuerrechtlichen Sinne ist die im allgemeinen Sprachgebrauch ebenso bezeichnete Korrektur einer zuvor ergangenen Rechnung aufgrund einer Entgeltminderung (Abschn. 14.3 Abs. 1 Satz 6 UStAE). Hierbei handelt es sich lediglich um eine **kaufmännische Gutschrift**. Derartige „Gutschriften" sollten treffender die Bezeichnung Stornorechnung, Rabattabrechnung, Bonusabrechnung o. Ä. erhalten.

Die fehlerhafte Verwendung des Wortes Gutschrift führt nicht zwangsläufig zur Anwendung des § 14c (unberechtigter Steuerausweis).

12.1 Pflichtangaben in einer Rechnung

Nach § 14 Abs. 4 Satz 1 Nrn. 1 bis 10 muss eine Rechnung folgende Angaben enthalten:

1	vollständiger Name und vollständige Anschrift des leistenden Unternehmers und des Leistungsempfängers,
2	Steuernummer oder Umsatzsteuer-Identifikationsnummer des leistenden Unternehmers,
3	Ausstellungsdatum,
4	fortlaufende Nummer (Rechnungsnummer),
5	Menge und Art (**handelsübliche Bezeichnung**) der gelieferten Gegenstände oder Umfang und Art der sonstigen Leistung,
6	Zeitpunkt der Leistung,
7	Entgelt und im Voraus vereinbarte Entgeltminderung,
8	Steuersatz sowie den auf das Entgelt entfallenden Steuerbetrag oder Hinweis auf eine Steuerbefreiung,
9	Hinweis auf Aufbewahrungspflicht in bestimmten Fällen,
10	Angabe „Gutschrift" (bei Ausstellung der Rechnung durch den Leistungsempfänger).

Einzelheiten zu den Pflichtangaben in einer Rechnung siehe Abschn. 14.5 UStAE.

Voraussetzung für den **Vorsteuerabzug** ist, dass der Leistungsempfänger im Besitz einer nach den §§ 14 bzw. 14a ausgestellten Rechnung ist (§ 15 Abs. 1 Satz 1 Nr. 1).

Der **Leistungsempfänger** hat die in der Rechnung enthaltenen **Angaben** auf ihre **Vollständigkeit** und **Richtigkeit zu überprüfen** (Abschn. 15.2a Abs. 6 Satz 1 UStAE). So muss die **vollständige Anschrift** des Leistungsempfängers auf der Rechnung enthalten sein, d.h. der Ort, an dem dieser **grundsätzlich erreichbar** ist und nicht zwangsläufig dort, wo er seine wirtschaftliche Tätigkeit ausführt.

Die Überprüfung der **Richtigkeit der Steuernummer** oder der **inländischen USt-IdNr.** und der **Rechnungsnummer** ist dem Rechnungsempfänger **regelmäßig nicht möglich**.
Ist **eine dieser Angaben unrichtig** und konnte der Unternehmer dies nicht erkennen, bleibt der **Vorsteuerabzug erhalten**, wenn im Übrigen die Voraussetzungen für den Vorsteuerabzug gegeben sind (Abschn. 15.2a Abs. 6 Sätze 4 und 5 UStAE).

Eine **detaillierte Darstellung** der erbrachten Dienstleistung und eine **handelsübliche Bezeichnung** der gelieferten Gegenstände ist für die Ermittlung des korrekten Steuersatzes und zum Vorsteuerabzug **unerlässlich**. .

Verwendet der Rechnungsersteller in einer ansonsten einwandfreien Gutschrift einen nicht amtlichen Begriff, bleibt der Vorsteuerabzug des Leistungsempfängers trotzdem erhalten, wenn die verwendete Bezeichnung hinreichend eindeutig ist (z.B. Eigenfaktura, vgl. auch Abschn. 14.5 Abs. 24 Satz 4 UStAE).

BEISPIEL

Unternehmerin Beate Süß hat ihrem Kunden Sauer folgende Rechnung erteilt:

❶ *Beate Süß, Lebensmittelhandel, Löhsstr. 10, 56068 Koblenz*

❶ Herrn
Heinrich Sauer
Magdeburger Str. 13
56075 Koblenz

Rechnung

❹ Rechnungs-Nr.: 2026/256
❷ Steuer-Nr.: 22/220/1042/7
❸ Ausstellungsdatum: 11.11.26

❻ Sie erhielten am 09.11.2026

❺

Menge	Artikelbezeichnung	Preis/kg	Entgelt
10 kg	Zucker	0,90 €	9,00 €
10 kg	Mehl	0,75 €	7,50 €
		❼	16,50 €
		❽ + 7 % USt	1,16 €
		insgesamt	17,66 €

§ 14 Abs. 4 Satz 1 Nr. 9 ist nicht erforderlich, weil kein Fall des § 14b Abs. 1 Satz 5 vorliegt. § 14 Abs. 4 Satz 1 Nr. 10 ist nicht erforderlich, weil keine Gutschrift vorliegt.

Wird eine Leistung **verbilligt oder unentgeltlich** abgegeben, sind in der Abrechnung die **Bemessungsgrundlage i. S. d. § 10 Abs. 4** (z. B. Wiederbeschaffungskosten) **und** der darauf entfallende **Steuerbetrag** anzugeben (§ 14 Abs. 4 Satz 2).

In einer **Endrechnung**, mit der ein Unternehmer über die ausgeführte Leistung **insgesamt** abrechnet, sind die **vor** der Ausführung der Leistung vereinnahmten Entgelte oder Teilentgelte sowie die hierauf entfallenden Steuerbeträge gesondert auszuweisen, wenn über diese Entgelte oder Teilentgelte Rechnungen mit gesondertem Steuerausweis erteilt worden sind.

BEISPIEL

Unternehmer U hat seinem Kunden A folgende Anzahlungsrechnung (Auszug) **vor** Ausführung der Leistung zugesandt, die A beglichen hat:

	Teilentgelt	10.000,00 €
+	USt	1.900,00 €
	insgesamt	**11.900,00 €**

Nach Ausführung der Leistung erteilt U seinem Kunden A folgende **Endrechnung** (Auszug):

Entgelt der gesamten Leistung			20.000,00 €
zuzüglich 19 % USt			3.800,00 €
Bruttobetrag			23.800,00 €
abzüglich Anzahlung	10.000 €		
zuzüglich 19 % USt	1.900 €	–	11.900,00 €
Restzahlung			11.900,00 €

12.2 Rechnungen über Umsätze mit verschiedenen Steuersätzen

In einer Rechnung über Lieferungen oder sonstige Leistungen, die **verschiedenen Steuersätzen** unterliegen, sind die **Entgelte nach Steuersätzen aufzuschlüsseln** (§ 14 Abs. 4 Satz 1 **Nr. 7**).

BEISPIEL

Rechnungsauszug:

Menge	Bezeichnung	Stückpreis	Entgelt		USt 19 %	USt 7 %
10 Fl.	Wein	10,00 €	100 €			
50 Fl.	Apfelsaft	1,20 €	60 €	160,00 €	**30,40 €**	
10 kg	Zucker	0,90 €	9 €			
10 kg	Kaffee	8,00 €	80 €	89,00 €		**6,23 €**
				249,00 €	30,40 €	6,23 €
			+ USt	**36,63 €**		
			Rechnungsbetrag	285,63 €		

Wird der Steuerbetrag durch **Maschinen automatisch** ermittelt und durch diese in der Rechnung angegeben, so ist der **Ausweis des Steuerbetrags in einer Summe** zulässig, wenn für die einzelnen Posten der Rechnung der **Steuersatz** angegeben wird (§ 32 UStDV).

BEISPIEL

Rechnungsauszug:

Menge	Artikelbezeichnung	Stückpreis	Entgelt	USt [1]
10 Fl.	Wein	10,00 €	100,00 €	**1**
10 kg	Zucker	0,90 €	9,00 €	**2**
10 kg	Mehl	0,75 €	7,50 €	**2**
200 Pck.	Zigaretten	3,00 €	600,00 €	**1**
			716,50 €	
		+ USt	**134,16 €**	
		Rechnungsbetrag	850,66 €	

[1] 1 = allgemeiner Steuersatz, 2 = ermäßigter Steuersatz

Sowohl der Rechnungsaussteller als auch der Rechnungsempfänger haben i.d.R. die **Rechnungen acht Jahre** (bis zum 31.12.2024: zehn Jahre) aufzubewahren (§ 14b Abs. 1 Satz 1 UStG). Nach § 14b Abs. 2 Satz 2 UStG gilt die **achtjährige** Aufbewahrungspflicht **auch** für **elektronische Rechnungen**.

ÜBUNG →

1. Wiederholungsfragen 1 bis 5 (Seite 365),
2. Fälle 1 und 2 (Seite 365)

12.3 Zusätzliche Pflichten beim Ausstellen von Rechnungen in besonderen Fällen (§ 14a UStG)

§ 14a UStG regelt die **zusätzlichen Pflichten** bei der Ausstellung von Rechnungen **in besonderen Fällen**. **§ 14a ergänzt** § 14. Soweit nichts anderes bestimmt ist, bleiben die Regelungen des § 14 unberührt. Dies schließt die nach § 14 Abs. 4 geforderten Angaben ein (Abschn. 14a.1 Abs. 1 UStAE).

Zu den **besonderen Fällen** gehören:

- sonstige Leistungen i. S. d. § 3a Abs. 2 UStG, für die der Leistungsempfänger die Steuer nach § 13b Abs. 1 und Abs. 5 Satz 1 UStG schuldet,
- Lieferungen im Sinne des § 3c,
- **innergemeinschaftliche Lieferungen** (§ 6a),
- innergemeinschaftliche Lieferungen neuer Fahrzeuge (§§ 2a, 6a),
- Fälle der Steuerschuldnerschaft des Leistungsempfängers (§ 13b Abs. 2),
- Besteuerung von Reiseleistungen (§ 25),
- Differenzbesteuerung (§ 25a) und
- innergemeinschaftliche Dreiecksgeschäfte (§ 25b).

Darüber hinaus ist Folgendes zu beachten:

- Eine Rechnung über eine **innergemeinschaftliche Lieferung** von **neuen Fahrzeugen** muss nach § 14a Abs. 4 in jedem Fall die in § 1b Abs. 2 und 3 bezeichneten **Merkmale** enthalten (Abschn. 14a.1 Abs. 6 UStAE).
- Eine Rechnung über eine **Leistung i. S. d.** § 13b Abs. 2 muss die Angabe **„Steuerschuldnerschaft des Leistungsempfängers"** enthalten (§ 14a **Abs. 5**).
- Eine Rechnung über eine **Reiseleistung** (§ 25) muss die Angabe **„Sonderregelung für Reisebüros"** enthalten. Im Falle der **Differenzbesteuerung** (§ 25a) muss die Angabe **„Gebrauchtgegenstände/Sonderregelung", „Kunstgegenstände/Sonderregelung" oder „Sammlungsstücke und Antiquitäten/Sonderregelung"** enthalten sein (§ 14a Abs. 6 i. V. m. Abschn. 14a.1 Abs. 10 UStAE).

Innergemeinschaftliche Lieferungen

Führt der **Unternehmer** eine **innergemeinschaftliche Lieferung** aus, ist er zur **Ausstellung einer Rechnung bis zum 15. Tag des der Leistung folgenden Monats verpflichtet** (§ 14a Abs. 3 **Satz 1**), in der er auf die Steuerfreiheit hinweist (Abschn. 14a.1 Abs. 2 Satz 1 UStAE).

Der leistende Unternehmer hat gemäß § 14a Abs. 3 **Satz 2** in seiner Rechnung die folgenden **zusätzlichen Angaben** zu machen:

❶ **Umsatzsteuer-Identifikationsnummer** des **Unternehmers** und

❷ **Umsatzsteuer-Identifikationsnummer** des **Leistungsempfängers**.

Olivier Vergniolle, Textiles, 6 Rue Napoléon, Paris

❶ **Numéro d´identification: FR 128335655**

Herrn
Textilkaufmann E. Kühlenthal
Karthäuserhofweg 30
56075 Koblenz

❷ **USt-IdNr.: DE 149637654**

Rechnung

Steuer-Nr.: 12/345/6789
Rechnungs-Nr.: 13/1687
Ausstellungsdatum: 12.10.2026

Sie erhielten am 07.10.2026

Menge	Artikelbezeichnung	Stückpreis	Entgelt
50 Stück	Damenmäntel	200 €	**10.000,00 €**

Die innergemeinschaftliche Lieferung ist steuerfrei.

12.4 Rechnungen mit unrichtigem und unberechtigtem Steuerausweis

12.4.1 Rechnungen mit unrichtigem Steuerausweis

Hat der Unternehmer in einer Rechnung für eine Leistung einen **höheren** Steuerbetrag gesondert ausgewiesen (unrichtiger Steuerausweis), als er nach dem UStG für den Umsatz schuldet, so **schuldet** er auch den **Mehrbetrag** (§ 14c Abs. 1 **Satz 1**).
Der Unternehmer hat die **Möglichkeit**, den zu hoch ausgewiesenen Steuerbetrag gegenüber dem Leistungsempfänger **zu berichtigen** (§ 14c Abs. 1 **Satz 2** und Abschn. 14c.1 Abs. 5 UStAE).

BEISPIEL

Der Unternehmer U liefert dem vorsteuerabzugsberechtigten Einzelhändler A Waren, die dem **ermäßigten** Steuersatz unterliegen. U berechnet **19 % USt statt 7 %**:

	Lebensmittel	1.000 €
+	19 % USt	190 €
		1.190 €

U **schuldet** insgesamt **190 €** Umsatzsteuer. Diese 190 € USt setzen sich aus 70 € gesetzlich geschuldeter USt (§ 13 Abs. 1) und 120 € zu hoch ausgewiesener USt (§ 14c) zusammen.
Möchte U seine fehlerhafte **Rechnung berichtigen**, stehen ihm grundsätzlich die beiden folgenden Korrekturalternativen zur Verfügung (vgl. Bsp. Abschn. 14c.1 Abs. 5 UStAE):

(1) U lässt den **Nettobetrag unverändert** und korrigiert den fehlerhaften Steuersatz. In diesem Fall schuldet U 70 € USt (7 % von 1.000 €).

(2) U lässt den **Bruttobetrag unverändert** und korrigiert den fehlerhaften Steuersatz. In diesem Fall schuldet U 77,85 € USt (1.190 € : 1,07 x 0,07).

Hat der Unternehmer in einer Rechnung für eine Leistung einen **niedrigeren** Steuerbetrag gesondert ausgewiesen, als er nach dem UStG für den Umsatz schuldet, so **schuldet** er die **Steuer, die sich unter Berücksichtigung des zutreffenden Steuersatzes ergibt**. Die Umsatzsteuer ist in solchen Fällen aus dem **Bruttobetrag** herauszurechnen (Abschn. 14c.1 Abs. 9 UStAE; BFH-Urteil vom 26.06.2019).

12.4.2 Rechnungen mit unberechtigtem Steuerausweis

Wer in einer Rechnung einen Steuerbetrag gesondert ausweist, obwohl er zum gesonderten Ausweis der Steuer **nicht berechtigt** ist (z.B. unberechtigter Steuerausweis durch einen Kleinunternehmer), **schuldet** den **ausgewiesenen Betrag** (§ 14c Abs. 2 **Satz 1**).
Das Gleiche gilt, wenn jemand wie ein leistender Unternehmer abrechnet und einen Steuerbetrag gesondert ausweist, obwohl er **nicht Unternehmer** ist oder eine Lieferung oder sonstige Leistung **nicht ausführt** (§ 14c Abs. 2 **Satz 2**).

BEISPIEL

Der **Privatmann P** stellt dem Kfz-Händler **U**, Bonn, eine Rechnung über die Lieferung eines gebrauchten Pkws aus (Auszug):

	Pkw	5.000 €
+	**19% USt**	**950 €**
		5.950 €

P (= **Nichtunternehmer**) schuldet 950 € USt (§ 14c Abs. 2 **Satz 2** und Abschn. 14c.2 UStAE).

Der nach § 14c Abs. 2 Satz 1 und Satz 2 geschuldete Steuerbetrag **kann berichtigt** werden, **soweit die Gefährdung des Steueraufkommens beseitigt** wurde (§ 14c Abs. 2 Satz 3). Die **Gefährdung des Steueraufkommens ist beseitigt**, wenn ein Vorsteuerabzug beim Empfänger der Rechnung nicht durchgeführt oder die geltend gemachte Vorsteuer an die Finanzbehörde zurückgezahlt wurde (§ 14c Abs. 2 **Satz 4**).

Der Schuldner des unberechtigt ausgewiesenen Betrags hat die **Berichtigung** des geschuldeten Steuerbetrags bei dem für seine Besteuerung zuständigen Finanzamt gesondert **schriftlich** zu **beantragen**. Diesem Antrag hat er ausreichende Angaben über die Identität des Rechnungsempfängers beizufügen. Das Finanzamt des Schuldners des unberechtigt ausgewiesenen Betrags hat durch Einholung einer Auskunft beim Finanzamt des Rechnungsempfängers zu ermitteln, in welcher Höhe und wann ein unberechtigt in Anspruch genommener Vorsteuerabzug durch den Rechnungsempfänger zurückgezahlt wurde.

Nach Einholung dieser Auskunft teilt das Finanzamt des Schuldners des unberechtigt ausgewiesenen Betrags diesem mit, für welchen Besteuerungszeitraum und in welcher Höhe die Berichtigung des geschuldeten Steuerbetrags vorgenommen werden kann.

Die Berichtigung des geschuldeten Steuerbetrags ist in entsprechender Anwendung des § 17 Abs. 1 für den Besteuerungszeitraum vorzunehmen, in dem die Gefährdung des Steueraufkommens beseitigt worden ist (§ 14c Abs. 2 **Satz 5**, Abschn. 14c.2 Abs. 5 UStAE).

Mit BMF-Schreiben vom 18.09.2020 nimmt die Finanzverwaltung umfassend zur rückwirkenden Rechnungsberichtigung Stellung und ergänzt die Vorgaben in 15.2a UStAE.

ÜBUNG →
1. Wiederholungsfragen 6 bis 9 (Seite 365),
2. Fälle 3 bis 5 (Seiten 365 f.)

12.5 Rechnungen über Kleinbeträge

Kleinbetragsrechnungen sind Rechnungen, deren **Gesamtbetrag** (Bruttobetrag, d.h. Entgelt + USt) **250 Euro nicht übersteigt** (§ 33 UStDV). Kleinbetragsrechnungen brauchen **nicht alle** in § 14 geforderten Angaben zu enthalten.

Es genügt, wenn die **Kleinbetragsrechnung** folgende **Angaben** enthält (§ 33 **Satz 1** UStDV):

1. den vollständigen **Namen** und die vollständige **Anschrift** des **leistenden Unternehmers,**
2. das **Ausstellungsdatum**,
3. die **Menge** und die **Art** der gelieferten Gegenstände **oder** den **Umfang** und die **Art** der sonstigen Leistung und
4. das **Entgelt** und den darauf entfallenden **Steuerbetrag** für die Lieferung oder sonstige Leistung **in einer Summe** sowie den anzuwendenden **Steuersatz oder** im Fall einer Steuerbefreiung einen Hinweis darauf, dass für die Lieferung oder sonstige Leistung eine **Steuerbefreiung** gilt.

Bei korrekt ausgestellten Kleinbetragsrechnungen kann der Unternehmer (Leistungsempfänger) den **Vorsteuerabzug** in Anspruch nehmen (**§ 35 Abs. 1 UStDV**).

Fehlt eine der vier Angaben in der Kleinbetragsrechnung, so darf der Rechnungsempfänger die **Vorsteuer nicht in Abzug bringen**.

Der **Leistungsempfänger darf** bei Kleinbetragsrechnungen die **Umsatzsteuer** (= Vorsteuer) aus dem Bruttobetrag **selbst herausrechnen** (vgl. auch Abschn. 15.4 UStAE).

Die Vorschriften über die **Kleinbetragsrechnungen** nach § 33 Satz 1 und Satz 2 UStDV gelten **nicht** für Rechnungen über Leistungen **i.S.d. §§ 3c**, **6a und 13b** (§ 33 Satz 3 UStDV und Abschn. 14.6 UStAE).

Weist ein **Kleinunternehmer** in einer ansonsten ordnungsgemäß ausgestellten Kleinbetragsrechnung einen Steuerbetrag aus, schuldet er grundsätzlich die unberechtigt ausgewiesene Steuer (§ 19 Abs. 1 Satz 4 i.V.m. § 14c Abs. 2 Satz 1).

ÜBUNG →
1. Wiederholungsfrage 10 (Seite 365),
2. Fälle 6 und 7 (Seite 366)

12.6 Fahrausweise als Rechnungen

Eine **ähnliche Erleichterung** wie für Kleinbetragsrechnungen gibt es für **Fahrausweise** (§ 34 UStDV).

Fahrausweise, die für die **Beförderung von Personen** ausgegeben werden, gelten als **Rechnungen** im Sinne des § 14, wenn sie mindestens die folgenden **Angaben** enthalten:

1. den vollständigen **Namen** und die vollständige **Anschrift** des **Unternehmers, der die Beförderungsleistung ausführt** (§ 31 Abs. 2 UStDV ist entsprechend anzuwenden),
2. das **Ausstellungsdatum**,
3. das **Entgelt und** den darauf entfallenden **Steuerbetrag in einer Summe**,
4. den anzuwendenden **Steuersatz**, wenn die Beförderungsleistung **nicht** dem **ermäßigten** Steuersatz nach § 12 Abs. 2 Nr. 10 unterliegt. Und
5. im Fall der Anwendung des § 26 Abs. 3 ein **Hinweis** auf die grenzüberschreitende Beförderung von Personen im **Luftverkehr**.

Da Fahrausweise den Rechnungen i.S.d. § 14 gleichgestellt sind, berechtigen sie zum **Vorsteuerabzug**, sofern die übrigen Tatbestandsvoraussetzungen des § 15 erfüllt sind (**§ 35 Abs. 2 UStDV**).

Die Anwendung der Erleichterung des **§ 34 UStDV** erstreckt sich nicht nur auf den Schienenverkehr, sondern auch auf die **Personenbeförderung im Linienverkehr** (zu Land und in der Luft).

Online-Fahrausweise stellen elektronisch übermittelte Rechnungen dar.

Keine Fahrausweise sind Rechnungen über die Benutzung eines Taxis oder Mietwagens (Abschn. 14.7 Abs. 1 Satz 4 UStAE). Hierbei sind i.d.R. die Bestimmungen über Kleinbetragsrechnungen zu beachten.

ÜBUNG →	1. Wiederholungsfrage 11 (Seite 365), 2. Fälle 8 und 9 (Seite 367)

12.7 Zusammenfassung und Erfolgskontrolle

12.7.1 Zusammenfassung

- Der Unternehmer, der Leistungen ausführt, ist **berechtigt** und in bestimmten Fällen **verpflichtet**, Rechnungen auszustellen.
- Die Rechnungen müssen inhaltlich den **Anforderungen des § 14 Abs. 4** genügen.
- Für **Kleinbetragsrechnungen** und **Fahrausweise** gibt es hinsichtlich ihres Inhalts **Erleichterungen** (§§ 33 und 34 UStDV).
- Bei **zu hohem** Steuerausweis schuldet der Unternehmer auch den Steuermehrbetrag, bei **zu niedrigem** Steuerausweis schuldet er die gesetzlich vorgeschriebene Steuer. In beiden Fällen besteht **Berichtigungsmöglichkeit**.
- Bei **unberechtigtem Steuerausweis**, d.h., wenn überhaupt keine Leistung ausgeführt wurde oder der Rechnungsaussteller zum gesonderten Steuerausweis nicht berechtigt ist, kann **nur berichtigt** werden, **soweit** die **Gefährdung des Steueraufkommens beseitigt** worden ist.

12.7.2 Erfolgskontrolle

Wiederholungsfragen

1. Was versteht man umsatzsteuerlich unter einer Rechnung?
2. Was versteht man unter einer elektronischen Rechnung i.S.d. § 14 Abs. 1 Satz 8?
3. In welchen Fällen darf bzw. muss der leistende Unternehmer eine Rechnung ausstellen?
4. Welche Angaben muss eine den gesetzlichen Anforderungen entsprechende Rechnung enthalten?
5. Welche Änderungen ergeben sich durch das Wachstumschancengesetz ab 2025?
6. Was muss der Rechnungsaussteller bei Anzahlungs- und Endrechnungen beachten?
7. Was muss der Rechnungsaussteller bei Rechnungen im Rahmen des § 13b beachten?
8. Was muss der Rechnungsaussteller in den Fällen der Differenzbesteuerung beachten?
9. Welche Rechtsfolge ergibt sich, wenn der Unternehmer in einer Rechnung die Umsatzsteuer fehlerhaft ausweist?
10. Unter welchen Voraussetzungen liegt eine Kleinbetragsrechnung vor?
11. Unter welchen Voraussetzungen gilt ein Fahrausweis als Rechnung?

Fälle

FALL 1

Die Buchhandlung Reuffel, Löhrstr. 92, 56068 Koblenz, Steuernummer 22/220/1048/8, Rechnungsnummer 14/788, verkauft am 14.10.2026 an Steuerberater Werner Wimmer, Löhrstr. 45, 56068 Koblenz, die folgenden Bücher zu folgenden Ladenpreisen:

Bornhofen, Steuerlehre 2, 46. Auflage 2025	27,99 €
Bornhofen, Buchführung 2, 37. Auflage 2025	27,99 €
Bornhofen, Steuerlehre 1, 47. Auflage 2026	27,99 €
Bornhofen, Buchführung 1, 38. Auflage 2026	27,99 €

Schreiben Sie für die Buchhandlung Reuffel eine ordnungsgemäße Rechnung, die den gesetzlichen Anforderungen entspricht. Schreiben Sie keine Kleinbetragsrechnung i.S.d. § 33 Satz 1 UStDV, obwohl dies rechtlich möglich wäre.

FALL 2

Bauunternehmer U, Kassel, hat Holzhändler A, Kassel, eine neue Lagerhalle für 208.250 € (175.000 € + 33.250 € USt) errichtet (Fertigstellung 12/2026).
U stellt A folgende Abschlagsrechnungen aus:

im August 2026	11.900 € einschließlich 19 % USt,
im September 2026	26.775 € einschließlich 19 % USt,
im Oktober 2026	60.095 € einschließlich 19 % USt.

A hat die geforderten Abschlagszahlungen pünktlich - wie vereinbart - jeweils 8 Tage nach Rechnungserhalt geleistet. Die Restzahlung ist im Dezember 2026 fällig.
U weist in den Abschlagsrechnungen die Umsatzsteuer gesondert aus.

Erstellen Sie eine betragsmäßig korrekte Endrechnung und geben Sie an, wann die jeweiligen Umsatzsteuerbeträge im Rahmen der Besteuerung nach vereinbarten Entgelten entstehen.

FALL 3

Der Tapetenhändler U, Frankfurt, verkauft im November 2026 dem Privatmann P, Wiesbaden, Tapeten für brutto 476 €. P wünscht eine ordnungsgemäße Rechnung.

Die Rechnung des U lautet:

	Tapeten, netto	400,00 €
+	19 % USt	76,00 €
		476,00 €

Muss U eine den gesetzlichen Anforderungen entsprechende Rechnung ausstellen?

FALL 4

Der Antiquitätenhändler U, Ulm, kauft im August 2026 von dem Privatmann P eine Truhe für 4.760 €. Auf Verlangen des U stellt P eine Rechnung mit gesondertem Steuerausweis aus:

	Truhe, netto	4.000,00 €
+	19 % USt	760,00 €
		4.760,00 €

Beurteilen Sie den Fall aus umsatzsteuerlicher Sicht.

FALL 5

Der Bürobedarfshändler U, Bonn, liefert im September 2026 einem Kunden einen Bürostuhl und stellt eine Rechnung (Auszug) aus über

	Bürostuhl, netto	200,00 €
+	USt	40,00 €
		240,00 €

Prüfen Sie die Ordnungsmäßigkeit der Rechnung. Unterstellen Sie, dass die nicht diesen Teil der Rechnung betreffenden Angaben des U den Anforderungen des § 14 UStG entsprechen.

FALL 6

Der Schreibwarenhändler Andreas Dominitzki, Mainz, liefert an den Rechtsanwalt A Schreibpapier für dessen Kanzlei. Die Rechnung des Schreibwarenhändlers lautet:

> *Schreibwarenhandlung Andreas Dominitzki, Kreuzschanze 10, 55131 Mainz*
>
> 16.12.2026
>
> Büromaterial **257,00 €**
>
> Im Rechnungsbetrag sind 19 % USt enthalten.

Prüfen Sie die Ordnungsmäßigkeit der vorliegenden Rechnung.

FALL 7

Der Unternehmer Ewert kauft beim Schreibwarenhändler Kretzer, Hannover, einen Taschenrechner zum Preis von 25 € für seinen Betrieb. Der Verkäufer gibt dem Käufer einen Kassenzettel (Postkartengröße), auf dem Kretzers Firmenstempel, der Kauftag, der Bruttopreis, der Steuersatz von 19 % und die Bezeichnung des Kaufgegenstandes zu lesen sind.

Prüfen Sie, ob eine Kleinbetragsrechnung vorliegt.

FALL 8

Eine Fahrkarte der Deutschen Bahn AG, ausgestellt am 17.08.2026, weist neben dem Preis von 103 € eine Tarifentfernung von 550 km aus. Die Angabe des Steuersatzes fehlt.

a) Prüfen Sie, ob die Fahrkarte als Rechnung i.S.d. § 14 angesehen werden kann.
b) Wie viel Umsatzsteuer sind in diesem Fahrpreis enthalten?

FALL 9

Der Unternehmer Becker fährt im Dezember 2026 zu einem Kunden mit der Deutschen Bahn AG von Koblenz nach Wiesbaden. Auf der Fahrkarte sind die Tarifentfernung von 92 km und der Fahrpreis von 36 € angegeben.

In Wiesbaden nimmt Becker für die Fahrt vom Bahnhof zu den Geschäftsräumen des Kunden ein Taxi. Auf der Quittung des Taxifahrers steht der vollständige Name des Taxiunternehmers und dessen vollständige Anschrift, der Fahrpreis 10 €, der Steuersatz 7 %, Datum und Unterschrift des Fahrers. Beckers Name steht nicht auf der Quittung.

a) Wie viel Umsatzsteuer hat Becker insgesamt gezahlt?
b) Prüfen Sie die Rechnungseigenschaften der vorliegenden Belege.

A L — Weitere Fälle mit Lösungen zum Ausstellen von Rechnungen finden Sie im **Lösungsbuch** der Steuerlehre 1.

Zusammenfassende Erfolgskontrolle zum 1. bis 12. Kapitel

Ermitteln Sie die **Umsatzsteuer** (Traglast) des Steuerpflichtigen Willi Haas, Lahnstein, für den Monat Januar 2026. Verwenden Sie dabei die Lösungstabelle von Seite 336.

Willi Haas ist Eigentümer eines Gebäudes in Lahnstein 1, das er in 2025 hergestellt hat. Das Gebäude hat er in vollem Umfang seinem Unternehmen zugeordnet. Die Vorsteuer des Gebäudes hat er - soweit zulässig - abgezogen. Dieses Gebäude wird wie folgt genutzt:

a) Im Erdgeschoss befindet sich die eigene Metzgerei mit Ladengeschäft,
b) das 1. Obergeschoss ist an einen Notar vermietet, der dort seine Büros hat,
c) das 2. Obergeschoss ist an einen Steuerberater vermietet, der dort seine Praxis hat,
d) im 3. Obergeschoss wohnt er selbst mit seiner Familie.

Außer der Metzgerei hat Haas ein Hotel mit Restaurant. Hotel und Restaurant befinden sich in gemieteten Räumen in Lahnstein.

Haas hat auf die Steuerbefreiung nach § 4 Nr. 12a verzichtet, soweit dies nach § 9 zulässig gewesen ist.

Er unterliegt der Regelbesteuerung nach vereinbarten Entgelten.

Die erforderlichen Belege und Aufzeichnungen liegen vor.

Metzgerei

1.	Einnahmen aus dem Verkauf von Fleisch und Wurstwaren	45.154 €
2.	Einnahmen aus dem Verkauf von Bier und Cola in Dosen	297 €
3.	Lieferungen von Speisen mit Standardspeisen der Anlage 2 zum UStG im Rahmen des eigenen Party-Service (brutto) Davon wurden 513 € erst im Februar 2026 beglichen. Weitere Service-Dienstleistungen wurden nicht erbracht.	1.177 €
4.	Für die Lieferungen von Fleisch- und Wurstwaren an das Restaurant im Januar 2026 gehen auf dem Bankkonto der Metzgerei ein Die Buchführung für beide Betriebe wird getrennt geführt.	37.450 €

5. Im August 2025 wurden durch einen Brand in der Wurstküche Waren und Maschinen vernichtet. Da kein Fremdverschulden vorlag, erstattet die Versicherung im Januar 2026	2.907 €
6. Haas schenkt im Januar 2026 einem befreundeten Ehepaar aus Braubach zur Silbernen Hochzeit einen Präsentkorb, der nur Waren der Anlage 2 zum UStG enthält. Selbstkosten	200 €
Verkaufswert (brutto)	350 €
7. Im Januar 2026 schenkt Haas seiner Tochter zu Beginn ihres Studiums einen 3 Jahre alten Pkw mit Berechtigung zum Vorsteuerabzug, den er bisher zu 80 % betrieblich nutzte und der zum Unternehmensvermögen der Metzgerei gehörte. Buchwert am Tag der Schenkung	2.500 €
Wiederbeschaffungskosten am Tag der Schenkung	5.000 €
8. Für den Verkauf seines privaten Klaviers werden am 27.01.2026 bar in der Geschäftskasse vereinnahmt	3.420 €
9. Haas nutzt den betrieblichen Pkw (Anschaffung 2025) lt. Fahrtenbuch zu 30 % für Privatfahrten im Inland. Die Kfz-Kosten, für die der Vorsteuerabzug möglich ist, betragen im Januar 2026	1.200 €
Die Kfz-Kosten, für die der Vorsteuerabzug nicht möglich ist, betragen im November 2026	500 €
Hotel mit Restaurant	
10. Einnahmen aus der Vermietung von Hotelzimmern (ohne Frühstück)	16.264 €
11. Einnahmen aus dem Verkauf von Getränken im Restaurant	52.836 €
12. Am 20.01.2026 wird auf dem Bankkonto des Hotels ein Betrag von gutgeschrieben, den die Firma Bach als Vorauszahlung für eine Unternehmensfeier, die am 03.02.2026 im Restaurant stattfindet, leistet.	14.280 €
13. Einnahmen im Januar 2026 für die Benutzung des Internets durch Gäste	654,50 €
14. Familie Haas verzehrt im Januar 2026 Speisen zum Einkaufspreis (netto) von	800 €
Bier und Wein zum Einkaufspreis (netto) von	180 €
und Mineralwasser zum Einkaufspreis (netto) von im Restaurant.	20 €
Grundstück	
15. Die monatlichen Ausgaben i. S. d. § 10 Abs. 4 Nr. 2 der eigenen Metzgerei betragen	1.400 €
16. Am 06.01.2026 wird für das 1. und 2. Obergeschoss die Januarmiete von insgesamt vereinnahmt.	2.618 €
17. Die monatlichen anteiligen Ausgaben i. S. d. § 10 Abs. 4 Nr. 2 des 3. Obergeschosses betragen	1.000 €

13 Vorsteuerabzug

Ein **Unternehmer** kann unter bestimmten Voraussetzungen die ihm von anderen Unternehmern in Rechnung gestellte Umsatzsteuer (**Vorsteuer**) von seiner Umsatzsteuer (Traglast) abziehen.

Das folgende Schaubild zeigt die Einordnung der **Vorsteuer** in das Umsatzsteuersystem:

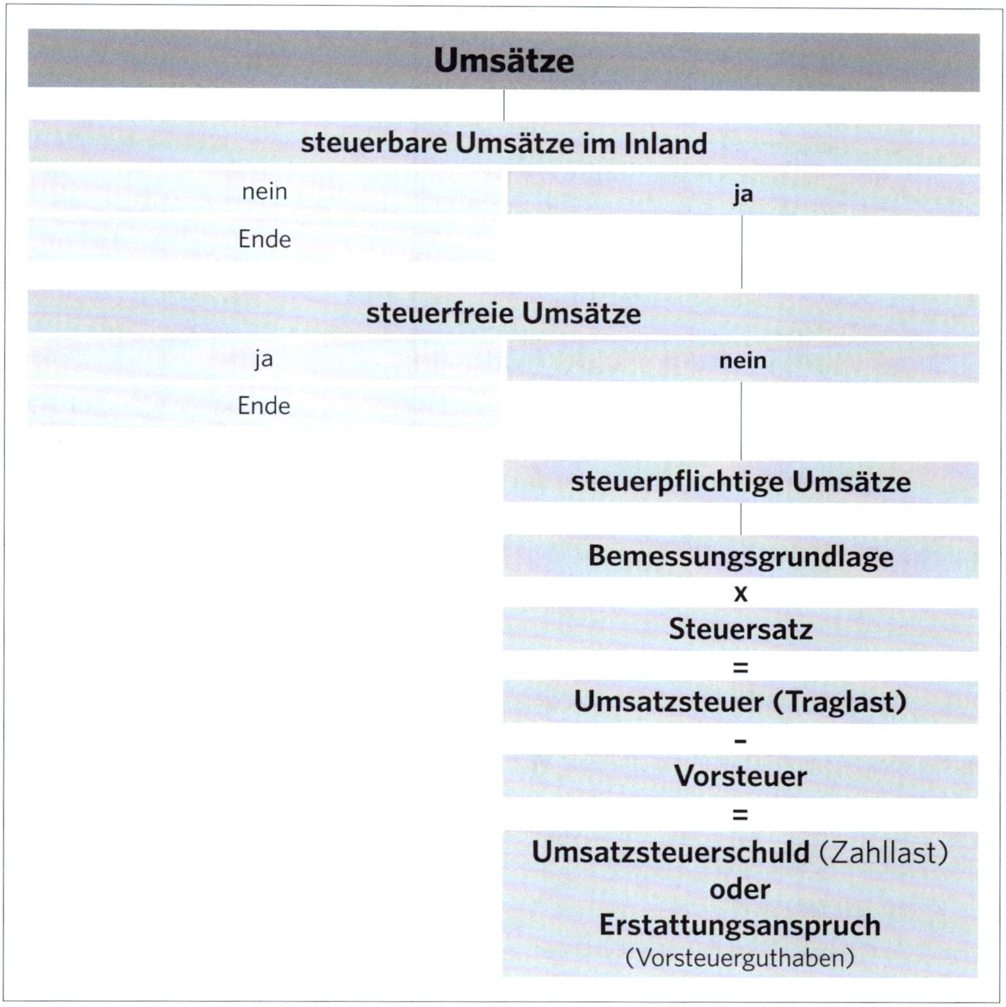

13.1 Voraussetzungen für den Vorsteuerabzug

Zum **Vorsteuerabzug** sind ausschließlich **Unternehmer** i.S.d. **§§ 2 und 2a** (keine Kleinunternehmer i.S.d. § 19 Abs. 1) im Rahmen ihrer unternehmerischen Tätigkeit berechtigt (Abschn. 15.1 Abs. 1 Satz 1 UStAE).

Nach § 15 **Abs. 1** kann der **Unternehmer** als **Leistungsempfänger** die folgenden **Vorsteuerbeträge** abziehen:

1. a) die **gesetzlich geschuldete Steuer** für Leistungen,
   b) die von einem **anderen Unternehmer**
   c) für **sein Unternehmen ausgeführt** worden sind.
   d) **Voraussetzung**: Der Unternehmer besitzt eine **ordnungsgemäß ausgestellte Rechnung** nach den §§ 14, 14a UStG.
   e) Nach § 15 Abs. 1 Nr. 1 Satz 3 ist der Vorsteuerabzug bereits **vor** Ausführung einer Leistung möglich, wenn
      - eine **Anzahlungsrechnung** mit gesondertem USt-Ausweis vorliegt und
      - die **Anzahlung** geleistet worden ist.
2. die entstandene **Einfuhrumsatzsteuer (EUSt)** für Gegenstände, die für sein Unternehmen nach § 1 Abs. 1 Nr. 4 eingeführt worden sind;
3. die **Steuer für den innergemeinschaftlichen Erwerb** von Gegenständen für sein Unternehmen, wenn der Erwerb nach § 3d **Satz 1** im Inland bewirkt wird;
4. die **Steuer für Leistungen im Sinne des § 13b Abs. 1 und 2**, die für sein Unternehmen ausgeführt worden sind;
5. die nach § 13a Abs. 1 Nr. 6 geschuldete Steuer für Umsätze, die für sein Unternehmen ausgeführt worden sind.

zu 1. a) gesetzlich geschuldete Steuer für Leistungen

Nach § 15 Abs. 1 Satz 1 **Nr. 1** ist nur die tatsächlich **gesetzlich geschuldete Steuer** für Leistungen, die von einem **anderen Unternehmer** für das **Unternehmen des Leistungsempfängers** ausgeführt worden sind, als **Vorsteuer abziehbar**.

Ein Vorsteuerabzug ist damit **nicht zulässig**, soweit der die Rechnung ausstellende Unternehmer die Steuer nach § 14c (unrichtiger oder unberechtigter Steuerausweis) schuldet (Abschn. 15.2 Abs. 1 Satz 2 UStAE).

BEISPIEL

Ein Unternehmer berechnet für eine Lieferung die Umsatzsteuer mit 19 %, obwohl hierfür nach § 12 Abs. 2 eine Steuer von 7 % geschuldet wird.

	berechnetes Entgelt	1.000 €
+	19 % USt	190 €
	Gesamtrechnungsbetrag	1.190 €

Der Unternehmer kann Vorsteuer in Höhe von 70 € (7 % von 1.000 €) geltend machen (siehe Beispiel in Abschn. 14c.1 Abs. 5 UStAE und Abschn. 15.2 Abs. 1 UStAE).

Es bleibt aber dem **leistenden Unternehmer** unbenommen, den zu hoch ausgewiesenen Steuerbetrag **zu berichtigen** (Abschn. 14c.1 Abs. 5 UStAE; siehe auch Seite 361).

zu 1. b) von anderen Unternehmern

Der Vorsteuerabzug ist nach § 15 Abs. 1 Satz 1 Nr. 1 nur möglich, wenn dem Unternehmer die gesetzlich geschuldete Steuer für Leistungen von einem **anderen Unternehmer** in Rechnung gestellt wird. Steuern, die dem Unternehmer von einem **Nichtunternehmer** in Rechnung gestellt werden, sind - obwohl sie von diesem nach § 14c **Abs. 2** geschuldet werden - **nicht abziehbar**.

BEISPIEL

Der Bürogehilfe Paffenholz verkauft seinen gebrauchten Pkw an den Kraftfahrzeughändler U. Paffenholz erteilt U eine **Rechnung** und weist darin einen Betrag von **400 €** als **Umsatzsteuer gesondert aus**.

U kann die **Vorsteuer nicht abziehen**, weil die Umsatzsteuer **nicht von einem anderen Unternehmer** gesondert in Rechnung gestellt wird.
Paffenholz schuldet dennoch die zu Unrecht ausgewiesene Umsatzsteuer (§ 14c **Abs. 2**).

zu 1. c) für sein Unternehmen

Die dem Unternehmer als Leistungsempfänger in Rechnung gestellte Umsatzsteuer muss auf Leistungen entfallen, die **für sein Unternehmen** ausgeführt worden sind. Leistungen, die für den Unternehmer in seiner Eigenschaft als **Privatperson** bestimmt sind, berechtigen **nicht** zum Vorsteuerabzug (Abschn. 15.2b Abs. 2 UStAE).

BEISPIEL

Der Gemüsehändler U kauft in einem Kaufhaus in Hamburg einen **Kinderwagen** für 238 €. U erhält eine Rechnung mit **38 €** gesondert ausgewiesener Umsatzsteuer.

U darf die Umsatzsteuer **nicht als Vorsteuer abziehen**, weil die Lieferung **nicht für sein Unternehmen** bestimmt ist.

Dient der Liefergegenstand **teilweise** auch **privaten Zwecken**, so ist die **Vorsteuer**, die durch den Erwerb des Gegenstandes anfällt, **in vollem Umfang** abziehbar, wenn der Gegenstand dem Unternehmen **voll zugeordnet** wird. Die nichtunternehmerische (private) Nutzung wird nach § 3 Abs. 9a Nr. 1 erfasst. Zur **Zuordnung** eines Gegenstandes zum Unternehmen vgl. Abschn. 15.2c UStAE.

Die Zuordnung von Leistungen zum Unternehmen wurde in Kapitel 3, Seiten 180 ff., dargestellt. S 1

Beträgt der unternehmerische Nutzungsanteil jedoch weniger als 10 %, gilt der Gegenstand als nicht für das Unternehmen angeschafft (§ 15 Abs. 1 Satz 2, Zuordnungsverbot).

BEISPIEL

Der Unternehmer U kauft im Dezember 2026 für sein Unternehmen einen Pkw für 59.500 € (50.000 € + 9.500 € USt). Der Pkw wird zu 40 % privat genutzt.
U ordnet den Pkw seinem Unternehmen in vollem Umfang zu.

U darf die **Vorsteuer** in Höhe von **9.500 €** voll **abziehen**. Zum Ausgleich dafür unterliegt die private Nutzung als unentgeltliche Leistung nach § 3 Abs. 9a Nr. 1 der **Umsatzsteuer**.

Abweichend von dieser Regelung muss bei einer Lieferung **vertretbarer Sachen** (= Sachen, die im Verkehr nach Zahl, Maß oder Gewicht bestimmt werden) **sowie** bei **sonstigen Leistungen**, die sowohl für den unternehmerischen als auch für den privaten Bereich bestimmt sind, die **Vorsteuer** entsprechend dem **unternehmerischen** und dem **privaten** Verwendungszweck in einen **abziehbaren** und einen **nicht abziehbaren** Betrag **aufgeteilt** werden (Abschn. 15.2c Abs. 2 Nr. 1 Satz 1 UStAE).

BEISPIEL

Der Unternehmer A kauft **8.000 l Heizöl** (= **vertretbare Sache**). Davon sind **5.000 l** (5.000 l x 100 : 8.000 l = **62,5 %**) für sein **Unternehmen** und **3.000 l** (3.000 l x 100 : 8.000 = 37,5 %) für seinen **Privathaushalt**. In der Rechnung des Heizöl-Lieferanten U werden insgesamt **400 €** USt gesondert ausgewiesen.

A darf als **Vorsteuer** nur **250 €** (62,5 % von 400 €) **anteilig abziehen**, weil nur 62,5 % des Heizöls **für sein Unternehmen** bestimmt sind.

Seit 01.01.2011 ist der Vorsteuerabzug für gemischt genutzte Gebäude ausgeschlossen, soweit die Vorsteuer auf die nichtunternehmerische Nutzung entfällt (§ 15 **Abs. 1b** UStG).

Telefondienstleistungen (sonstige Leistungen) bezieht der Unternehmer nur insoweit für sein Unternehmen, als er das Telefon **unternehmerisch** nutzt. Wird das betriebliche Telefon auch **privat** genutzt, ist die Vorsteuer **anteilig** zu **kürzen** (Abschn. 3.4 Abs. 4 Satz 5 UStAE).

BEISPIEL

Der Kölner Unternehmer U, der zum Vorsteuerabzug berechtigt ist, nutzt das Geschäftstelefon zu **10 % für private Zwecke**. Die laufenden Telefonkosten (Miete, Grund- und Gesprächsgebühren) haben im Dezember 1.190 € (1.000 € + **190 € USt**) betragen.

U darf als **Vorsteuer** nur **171 €** (90 % von 190 €) **anteilig abziehen**, weil nur 90 % der Leistungen **für sein Unternehmen** bestimmt sind.

Der **Vorsteuerabzug ist ausgeschlossen**, wenn der **Gegenstand** von einem Unternehmer zu **weniger als 10 % für sein Unternehmen genutzt** wird (§ 15 Abs. 1 Satz 2). In solchen Fällen hat der Ausschluss der Vorsteuer zur **Folge**, dass **unentgeltliche** Lieferungen **nicht steuerbar** sind, weil für sie der Vorsteuerabzugstatbestand Voraussetzung ist (§ 3 Abs. 1b Satz 2).

BEISPIEL

Der zum Vorsteuerabzug berechtigte Unternehmer U, München, kauft einen Pkw für 59.500 € (50.000 € + 9.500 € USt). Der Pkw wird von U nur gelegentlich als Zweitwagen zu **8% unternehmerisch** genutzt.

Der Pkw ist dem nichtunternehmerischen (privaten) Bereich zuzuordnen, sodass der **Vorsteuerabzug entfällt** (§ 15 Abs. 1 Satz 2).
Andererseits wird ein solches Fahrzeug beim Verkauf nicht im Rahmen des Unternehmens als Hilfsgeschäft veräußert, sodass der Verkauf nicht der Umsatzsteuer unterliegt.

zu 1. d) ordnungsgemäß ausgestellte Rechnung

Siehe hierzu Kapitel 12, Seiten 354 ff.

zu 1. e) Ausführung bzw. Zahlung

Ein Unternehmer darf Vorsteuerbeträge grundsätzlich nur für solche Leistungen abziehen, die bereits an ihn **ausgeführt** sind.

BEISPIEL

Der Unternehmer A (Monatszahler ohne Dauerfristverlängerung) lässt im **Januar 2026** durch den Malermeister U die Fenster seines Betriebsgebäudes **streichen**. U stellt jedoch bereits im **Dezember 2025** auf Wunsch des Unternehmers A für die noch auszuführende Leistung eine **Rechnung** mit gesondertem Ausweis der USt aus. A **bezahlt** diese Rechnung erst im **März 2026**.

A darf die **Vorsteuer** erst im Januar **2026** abziehen, weil dann erst die Tatbestandsvoraussetzungen des § 15 Abs. 1 Satz 1 Nr. 1 **Satz 1** erfüllt sind (Ausführung und Rechnung).
Der Zahlungszeitpunkt ist unerheblich.

Der **Grundsatz**, dass die Vorsteuer erst **nach Ausführung** der Leistung abgezogen werden kann, wird durch § 15 Abs. 1 Satz 1 Nr. 1 Satz 3 **durchbrochen**.

Nach § 15 Abs. 1 Satz 1 Nr. 1 Satz 3 ist der **Vorsteuerabzug** bereits **vor Ausführung** einer Leistung möglich, **wenn**

1. eine **Anzahlungsrechnung** mit **gesondertem USt-Ausweis** vorliegt **und**
2. die **Anzahlung geleistet** ist.

BEISPIEL

Der Maschinenhersteller U, Bonn, sendet dem Kunden A, der zum Vorsteuerabzug berechtigt ist, im **Juli 2026** eine **Anzahlungsrechnung** über

	netto	5.000 €
+	19 % USt	950 €
	Rechnungsbetrag	5.950 €

A **bezahlt** die Anzahlungsrechnung im **August 2026** durch Banküberweisung. Die Lieferung erfolgt erst im **September 2026**.

A kann die **Vorsteuer von 950 € für den Monat August 2026** abziehen, da zu diesem Zeitpunkt die **Anzahlungsrechnung** mit **gesondertem USt-Ausweis** vorliegt **und** die **Anzahlung geleistet** ist, obwohl die Maschine erst im September 2026 geliefert wird (§ 15 Abs. 1 Satz 1 Nr. 1 Satz 3). Der Aspekt der Soll- oder Istbesteuerung spielt bei der Beurteilung des Vorsteuerabzugs grundsätzlich keine Rolle.

zu 2. entstandene Einfuhrumsatzsteuer

Der Unternehmer kann neben der Umsatzsteuer im Sinne des § 15 Abs. 1 Satz 1 **Nr. 1** auch die **Einfuhrumsatzsteuer (EUSt)** als **Vorsteuer abziehen**, wenn sie **entstanden** ist **und** die Gegenstände **für sein Unternehmen** nach § 1 Abs. 1 **Nr. 4** eingeführt worden sind (§ 15 Abs. 1 Satz 1 **Nr. 2** sowie Abschn. 15.8 Abs. 1 UStAE).

Dabei ist nicht die Zahlung, sondern die **Entstehung** der Einfuhrumsatzsteuer entscheidend.

Die **entstandene EUSt** ist durch einen **zollamtlichen Beleg** oder durch einen **zollamtlich bescheinigten Ersatzbeleg** nachzuweisen (Abschn. 15.11 Abs. 1 Nr. 2 UStAE).

Nicht erforderlich ist, dass der Unternehmer die Einfuhrumsatzsteuer **selbst** entrichtet.
Er kann sie als Vorsteuer auch dann abziehen, wenn ein vom Unternehmer beauftragter **Dritter** (z. B. Spediteur, Frachtführer) Schuldner der Einfuhrumsatzsteuer ist, vorausgesetzt, dass sich der Unternehmer den zollamtlichen Beleg oder Ersatzbeleg vom Schuldner aushändigen lässt (Abschn. 15.8 Abs. 7 UStAE).

Innerhalb der EU besteht die Pflicht zur Teilnahme am **elektronischen** Ausfuhrverfahren. In Deutschland steht hierfür das IT-Verfahren **ATLAS** (Automatisiertes Tarif- und Lokales Zollabwicklungssystem) zur Verfügung.
Hierbei werden **Bescheide** über die Einfuhrabgaben (einschließlich der Einfuhrumsatzsteuer) regelmäßig durch standardisierte elektronische Nachrichten (EDIFACT) ersetzt und somit **papierlos** übermittelt (Abschn. 15.11 Abs. 1 Nr. 2 UStAE).

zu 3. Steuer für den innergemeinschaftlichen Erwerb

Der **Unternehmer** kann nach § 15 Abs. 1 Satz 1 **Nr. 3** die **entstandene Steuer für den innergemeinschaftlichen Erwerb** von Gegenständen (**Erwerbsteuer**) als **Vorsteuer abziehen**, wenn er die Gegenstände **für sein Unternehmen** bezogen hat und zur Ausführung von Umsätzen verwendet, die den Vorsteuerabzug nicht ausschließen. Weitere Voraussetzung ist, dass der innergemeinschaftliche Erwerb nach § 3d **Satz 1** im Inland bewirkt werden muss, d.h., die Beförderung oder Versendung muss tatsächlich in Deutschland enden.

Das Recht auf Vorsteuerabzug der Erwerbsteuer entsteht in dem Zeitpunkt, in dem die Erwerbsteuer **entsteht** (§ 13 Abs. 1 Nr. 6). Der Unternehmer kann damit den Vorsteuerabzug in der Umsatzsteuer-Voranmeldung geltend machen, in der er den innergemeinschaftlichen Erwerb zu versteuern hat (Abschn. 15.10 Abs. 3 UStAE).

BEISPIEL

Der französische Unternehmer U mit französischer USt-IdNr., Paris, versendet im August 2026 eine Maschine für 10.000 € netto samt Rechnung an den deutschen Unternehmer A (**Monatszahler** ohne Dauerfristverlängerung) mit deutscher USt-IdNr. in Bonn, der die Maschine in seinem Unternehmen einsetzt.

Es liegt ein **steuerpflichtiger innergemeinschaftlicher Erwerb** vor, sodass für den deutschen Erwerber A Umsatzsteuer (**Erwerbsteuer**) in Höhe von **1.900 €** entsteht.
Die entstandene **Erwerbsteuer** in Höhe von **1.900 €** kann A im Monat August 2026 als **Vorsteuer** abziehen (§ 15 Abs. 1 Satz 1 **Nr. 3**).

	Umsatzsteuer aus innergemeinschaftlichem Erwerb	1.900,00 €
-	**Vorsteuer** aus innergemeinschaftlichem Erwerb	-1.900,00 €
=	verbleibender Betrag	0,00 €

A hat den steuerpflichtigen innergemeinschaftlichen Erwerb mit der entsprechenden **Erwerbsteuer** in seiner **Umsatzsteuer-Voranmeldung August 2026** in **Zeile 25** (**Kennzahl 89**) einzutragen.

25	**Steuerpflichtige innergemeinschaftliche Erwerbe** zum Steuersatz von 19 %	Kz **89**	**10.000**	**—**	**1.900,**	**00**

Diese **Erwerbsteuer** ist **gleichzeitig** in **Zeile 39** (**Kennzahl 61**) **als abziehbare** Vorsteuer einzutragen:

Zeile		Kz	Steuer EUR	Ct
	F. Abziehbare Vorsteuerbeträge			
38	Vorsteuerbeträge aus Rechnungen von anderen Unternehmen (§ 15 Abs. 1 Satz 1 Nr. 1 UStG), aus Leistungen im Sinne des § 13a Abs. 1 Nr. 6 UStG (§ 15 Abs. 1 Satz 1 Nr. 5 UStG) und aus innergemeinschaftlichen Dreiecksgeschäften (§ 25b Abs. 5 UStG) .	**66**		
39	Vorsteuerbeträge aus dem innergemeinschaftlichen Erwerb von Gegenständen (§ 15 Abs. 1 Satz 1 Nr. 3 UStG)	**61**	**1.900,**	**00**

45	Verbleibender Betrag		**0,**	**00**

zu 4. Vorsteuerbeträge aus Leistungen i.S.d. § 13b Abs. 1 und 2 UStG

Der **Leistungsempfänger** kann die von ihm nach § 13b Abs. 5 geschuldete Umsatzsteuer - ähnlich wie beim innergemeinschaftlichen Erwerb - als **Vorsteuer** abziehen, wenn er die Lieferung oder sonstige Leistung **für sein Unternehmen** bezieht **und** zur Ausführung von Umsätzen verwendet, die den **Vorsteuerabzug nicht ausschließen**.

Soweit die Steuer auf eine Zahlung **vor** Ausführung dieser **Leistung** entfällt, ist sie bereits **abziehbar**, wenn die **Zahlung** geleistet worden ist (§ 15 Abs. 1 Satz 1 **Nr. 4**).

BEISPIEL

Der Bauunternehmer U in Berlin lässt sich in 2026 von dem serbischen Subunternehmer P aus Belgrad in Potsdam einen Rohbau errichten, den P mit **100.000 €** in Rechnung stellt. Das Baumaterial wird von P gestellt. Die Bemessungsgrundlage beträgt 100.000 € (§ 10 Abs. 1).

Der im Ausland ansässige Unternehmer P erbringt im Inland eine steuerbare **Werklieferung** an den Bauunternehmer U (§ 1 Abs. 1 Nr. 1 i.V.m. § 3 Abs. 4).
Ort der Werklieferung ist **Potsdam**, weil sich dort der Rohbau im Zeitpunkt der Verschaffung der Verfügungsmacht befindet (§ 3 Abs. 7 Satz 1). Die Werklieferung ist nach § 1 Abs. 1 Nr. 1 steuerbar und mangels Steuerbefreiung (§ 4) auch steuerpflichtig. Die Umsatzsteuer für diese Werklieferung schuldet **U als Leistungsempfänger** (§ 13b Abs. 2 Nr. 1 i.V.m. § 13b Abs. 5).
U kann die Umsatzsteuer als **Vorsteuer** abziehen (§ 15 Abs. 1 Satz 1 **Nr. 4**).

Bauunternehmer U hat die **Umsatzsteuer** und die **Vorsteuer** in Höhe von **19.000 €** (19 % von 100.000 €) in seiner **Umsatzsteuer-Voranmeldung 2026** wie folgt einzutragen:

	D. Leistungsempfänger als Steuerschuldner (§ 13b UStG)	Kz					
30	Sonstige Leistungen nach § 3a Abs. 2 UStG eines im übrigen Gemeinschaftsgebiet ansässigen Unternehmers (§ 13b Abs. 1 UStG)	**46**			**47**		
31	Umsätze, die unter das GrEStG fallen (§ 13b Abs. 2 Nr. 3 UStG)	**73**			**74**		
32	Andere Leistungen (§ 13b Abs. 2 Nr. 1, 2, 4 bis 12 UStG)	**84**	**100.000**	**—**	**85**	**19.000,**	**00**

41	Vorsteuerbeträge aus Leistungen i.S.d. § 13b UStG (§ 15 Abs. 1 Satz 1 Nr. 4 UStG	**67**	**19.000,**	**00**

45	Verbleibender Betrag		**0,**	**00**

Mit Urteil vom 26.04.2017 hat der EuGH entschieden, dass im Rahmen des Reverse-Charge-Verfahrens der Kunde berechtigt sein kann, die durch den leistenden Unternehmer in seiner Rechnung fehlerhaft oder versehentlich ausgewiesene Umsatzsteuer vom zuständigen Finanzamt anstatt vom Lieferanten zurückzufordern.

ÜBUNG →
1. Wiederholungsfragen 1 und 2 (Seite 386),
2. Fälle 1 bis 6 (Seiten 386 f.)

13.2 Nicht abziehbare Vorsteuerbeträge nach § 15 Abs. 1a und § 15 Abs. 2 UStG

Der allgemeine Grundsatz, dass die in § 15 Abs. 1 Nrn. 1 bis 5 bezeichneten Vorsteuern abgezogen werden können, gilt **nicht**, wenn der Unternehmer bestimmte **steuerfreie** Umsätze ausführt (§ 15 Abs. 2) oder bestimmte **Aufwendungen** tätigt (§ 15 Abs. 1a).
Das Vorsteuerabzugsverbot des § 15 Abs. 1b (private Nutzung betrieblicher Räume bei sog. Neufällen ab dem 01.01.2011) wurde bereits auf Seite 189 dargestellt.

13.2.1 Nicht abziehbare Vorsteuerbeträge nach § 15 Abs. 2 UStG

Führt ein Unternehmer **nur Ausschlussumsätze** aus, kann er **keine** Vorsteuerbeträge abziehen.

Zu den **Ausschlussumsätzen** gehören nach § 15 **Abs. 2**:

1. die **steuerfreien** Umsätze nach § 4 **Nrn. 8 bis 29** (soweit nicht optiert wurde) und
2. die **fiktiven steuerfreien Umsätze im Ausland**, die nach § 4 Nrn. 8 bis 29 steuerfrei wären, wenn sie im Inland ausgeführt würden.

BEISPIELE

zu 1. Bauunternehmer U, Trier, besitzt ein Mietwohngrundstück in Trier. Die Mieteinnahmen sind nach § 4 **Nr. 12** steuerfrei. In 2026 sind für den Außenanstrich des Hauses Kosten in Höhe von 10.000 € + 1.900 € USt = 11.900 € entstanden.

U kann den **Vorsteuerbetrag** von **1.900 €**, den ihm der Malermeister in Rechnung stellt, **nicht abziehen**, weil er mit Umsätzen in wirtschaftlichem Zusammenhang steht, die **steuerfrei** sind (§ 15 Abs. 2 **Nr. 1** und Abschn. 15.13 Abs. 1 Satz 1 UStAE).

zu 2. Bauunternehmer U, Trier, besitzt auch in Luxemburg ein Mietwohngrundstück. Die Mieteinnahmen sind **fiktive steuerfreie Umsätze** im **Ausland**, die – würden sie im Inland ausgeführt – steuerfrei wären. U führt mit eigener Baukolonne Reparaturen an diesem Haus durch und verwendet dabei Baumaterial im Werte von 5.000 € + 950 € USt = 5.950 €, das er seinem Trierer Baustofflager entnommen hat.

U kann die **Vorsteuer** von **950 € nicht abziehen**, weil sie mit fiktiven steuerfreien Umsätzen im Ausland im Zusammenhang steht, die steuerfrei wären, wenn sie im Inland ausgeführt würden (§ 15 Abs. 2 **Nr. 2** und Abschn. 15.14 UStAE).

MERKE →	**Steuerfreie Umsätze** sind **grundsätzlich** vom **Vorsteuerabzug ausgeschlossen**.

13.2.2 Nicht abziehbare Vorsteuerbeträge nach § 15 Abs. 1a UStG

Vorsteuerbeträge sind nach § 15 **Abs. 1a nicht abziehbar**, wenn sie auf folgende Aufwendungen entfallen:

Aufwendungen, für die das Abzugsverbot des § 4 Abs. 5 Satz 1 **Nrn. 1 bis 4, 7** oder des **§ 12 Nr. 1** des **EStG** gilt (§ 15 Abs. 1a **Satz 1**).

Der Vorsteuerausschluss gilt **nicht** für **Bewirtungsaufwendungen**, soweit § 4 Abs. 5 Satz 1 Nr. 2 EStG einen **Abzug** angemessener und nachgewiesener Aufwendungen **ausschließt**, d.h., die 30 %-Kürzung führt zu keiner Vorsteuerkürzung (§ 15 Abs. 1a Satz 2).

Der Vorsteuerabzug darf nicht allein deswegen versagt werden, weil die Formvorschriften für den einkommensteuerlichen Nachweis als Betriebsausgabe nicht eingehalten worden sind (Abschn. 15.6 Abs. 2 Satz 5 UStAE). Für den Vorsteuerabzug gelten ebenfalls die allgemeinen Vorschriften des § 15 (Abschn. 15.6 Abs. 2 Satz 6 UStAE).

Zu den **Aufwendungen**, die nach § 15 **Abs. 1a Satz 1 vom Vorsteuerabzug ausgeschlossen** sind, gehören:

nicht abziehbare Vorsteuerbeträge

aus **nicht abzugsfähigen Betriebsausgaben** i.S.d. § 4 Abs. 5 EStG	aus **nicht abzugsfähigen Ausgaben** i.S.d. § 12 EStG
• Geschenke über 35 Euro (**Nr. 1**), • **unangemessene** Bewirtungsaufwendungen (**Nr. 2**), • Aufwendungen für Gästehäuser (**Nr. 3**), • Aufwendungen für Jagd, Fischerei sowie Segel- und Motorjachten (**Nr. 4**), • unangemessene Aufwendungen für die Lebensführung (**Nr. 7**).	• Lebensführungskosten (**Nr. 1**).

Nicht erfasst von der Kürzung des Vorsteuerabzugs sind insbesondere die nicht abzugsfähigen Betriebsausgaben nach § 4 Abs. 5 Satz 1 **Nr. 6b** EStG.

Hierbei handelt es sich um **Aufwendungen für ein häusliches Arbeitszimmer sowie die Kosten der Ausstattung**.

In diesen Fällen bleibt der Vorsteuerabzug bestehen und die **Besteuerung entfällt**.

Im Folgenden werden exemplarisch die in der Praxis häufig vorkommenden Aufwendungen für **Geschenke** und **Bewirtungsaufwendungen** erläutert.

Geschenke

Die für den Kauf eines **Geschenkes über 50 Euro** (Nettobetrag ohne Umsatzsteuer) i.S.d. § 4 Abs. 5 Satz 1 **Nr. 1** EStG anfallende Umsatzsteuer ist vom **Vorsteuerabzug ausgeschlossen** (§ 15 Abs. 1a Satz 1). Die **Einschränkung** des Vorsteuerabzugs betrifft sowohl **höherwertige Geschenke** in Form von **Gegenständen** (z.B. eine Kiste Champagner) als auch in Form von **sonstigen Leistungen** (z.B. Eintrittskarten für Theater, Konzerte, Sportveranstaltungen oder Gutscheine für einen Restaurantbesuch, siehe auch Abschn. 15.6 Abs. 4 UStAE).

Bei **Geschenken unter 50 Euro netto** kann der Vorsteuerabzug auch gewährt werden, wenn der Unternehmer die Aufwendungen für Geschenke **nicht gesondert** aufzeichnet (Abschn. 15.6 Abs. 2 Satz 5 UStAE).

Werden mehrere geringwertige Geschenke im Laufe eines Jahres demselben Empfänger zugewendet und wird dabei die **50-Euro-Grenze überschritten**, entfällt der **Vorsteuerabzug nachträglich**.

Steht im Zeitpunkt des Erwerbs oder der Herstellung eines Gegenstandes seine Verwendung als Geschenk noch nicht fest, kann ein Vorsteuerabzug unter den allgemeinen Voraussetzungen des § 15 in Anspruch genommen werden.

Wird dieser Gegenstand später als Geschenk verwendet (**Geschenk aus dem Warensortiment**), ist im Zeitpunkt seiner Hingabe eine **Vorsteuerkorrektur** nach § 17 Abs. 2 Nr. 5 vorzunehmen, wenn die **Freigrenze** von **50 Euro** überschritten wird (Abschn. 15.6 Abs. 5 UStAE).

Bewirtungsaufwendungen

Nach § 15 Abs. 1a **Satz 2** ist der Vorsteuerabzug in **vollem** Umfang für die dem einkommensteuerrechtlichen Abzugsverbot des § 4 Abs. 5 Satz 1 **Nr. 2** EStG unterliegenden **angemessenen und nachgewiesenen** Bewirtungsaufwendungen unter den allgemeinen Voraussetzungen des § 15 zu gewähren (Abschn. 15.6 Abs. 6 Satz 1 UStAE).

Nur die Bewirtungsaufwendungen, die **unangemessen** sind, bleiben vom Vorsteuerabzug ausgeschlossen (Abschn. 15.6 Abs. 6 Sätze 2 und 3 UStAE).

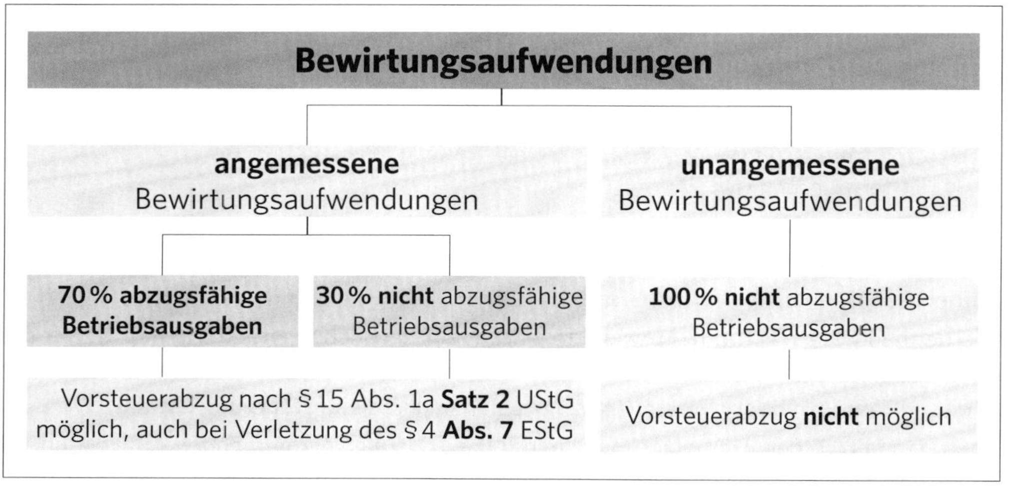

BEISPIEL

Der Unternehmer U, der zum Vorsteuerabzug berechtigt ist, bewirtet seinen Geschäftsfreund A in einem Restaurant in Mainz. Die Rechnung beläuft sich auf 119 € (100 € + **19 € USt**).
Die Aufwendungen sind angemessen und werden ordnungsgemäß nachgewiesen.

Nach § 4 Abs. 5 Satz 1 Nr. 2 EStG i. V. m. § 15 Abs. 1a **Satz 2** UStG kann U den **vollen** Vorsteuerabzug in Höhe von **19 €** geltend machen, obwohl U einkommensteuerrechtlich nur 70 € (70 % von 100 €) als Betriebsausgabe abziehen kann.

Bei den angemessenen und nachgewiesenen Bewirtungsaufwendungen kann der Vorsteuerabzug auch dann gewährt werden, wenn der Unternehmer die Bewirtungsaufwendungen **nicht gesondert** aufzeichnet (Abschn. 15.6 Abs. 2 Satz 5 UStAE).

BEISPIEL

Sachverhalt wie im Beispiel zuvor.
Die angemessenen und nachgewiesenen Aufwendungen von 70 € (70 % von 100 €) bucht U nicht auf das richtige Konto „**6640** (4650) (Abzugsfähige) Bewirtungskosten", sondern auf das Konto „**6300** (4900) **Sonstige betriebliche Aufwendungen**". Auf diesem Konto werden noch andere Aufwendungen als Bewirtungsaufwendungen gebucht.

U darf die **volle Vorsteuer** von 19 € **abziehen**, obwohl er gegen die einkommensteuerrechtliche Vorschrift des § 4 Abs. 7 EStG verstößt (Abschn. 15.6 Abs. 2 Satz 5 UStAE).
Es liegt ein **Verstoß gegen** die besondere **Aufzeichnungspflicht** nach § 4 **Abs. 7** EStG vor, weil U die Aufwendungen **nicht gesondert** aufzeichnet, d. h., er bucht sie nicht auf einem **besonderen Konto** [H 4.11 (Besondere Aufzeichnungen) EStH].
Einkommensteuerrechtlich darf U die 70 € **nicht** als Betriebsausgabe abziehen, weil er die besonderen Aufzeichnungspflichten des § 4 Abs. 7 EStG nicht beachtet (R 4.11 Abs. 1 Satz 1 EStR).

Die **buchmäßige** Darstellung der nicht abziehbaren Vorsteuerbeträge nach § 15 Abs. 1a UStG erfolgt in der **Buchführung 1**, 37. Auflage 2026. B 1

ÜBUNG →
1. Wiederholungsfrage 3 (Seite 386),
2. Fälle 7 bis 12 (Seiten 387 f.)

13.3 Abziehbare Vorsteuerbeträge nach § 15 Abs. 3 UStG

Der Grundsatz, dass Vorsteuerbeträge **nicht** abziehbar sind, die im Zusammenhang mit **steuerfreien** Umsätzen stehen, wird durch § 15 **Abs. 3** durchbrochen.

Nach § 15 **Abs. 3** ist der Vorsteuerabzug insbesondere bei **steuerfreien** Umsätzen nach § 4 **Nrn. 1 bis 7** möglich (Abschn. 15.13 UStAE).

So ist z. B. der **Vorsteuerabzug** bei Eingangsvorgängen zulässig, die mit folgenden **steuerfreien** Ausgangsumsätzen im Zusammenhang stehen:

1. den **steuerfreien Ausfuhrlieferungen** nach § 4 **Nr. 1a** i. V. m. § 6 und
2. den **steuerfreien innergemeinschaftlichen Lieferungen** nach § 4 **Nr. 1b** i. V. m. § 6a.

BEISPIELE

zu 1. Der Maschinenhersteller U, Bonn, exportiert Maschinen nach **Norwegen**.
Die **Ausfuhrlieferung** ist nach § 4 **Nr. 1a** i. V. m. § 6 **steuerfrei**. Im Zusammenhang mit der Herstellung der Maschinen sind Vorsteuerbeträge in Höhe von 10.000 € angefallen. Die Voraussetzungen des § 15 Abs. 1 sind erfüllt.

U kann diese **Vorsteuerbeträge** nach § 15 Abs. 1 i. V. m. § 15 Abs. 3 Nr. 1a **abziehen**.

zu 2. Sachverhalt wie zuvor mit dem **Unterschied**, dass U die Maschinen an den **französischen** Unternehmer A mit französischer USt-IdNr., Paris, liefert. Die **innergemeinschaftliche Lieferung** ist nach § 4 **Nr. 1b** i. V. m. § 6a steuerfrei.

U kann die **Vorsteuerbeträge** nach § 15 Abs. 1 i. V. m. § 15 Abs. 3 Nr. 1a **abziehen**.

ÜBUNG →
1. Wiederholungsfrage 4 (Seite 386),
2. Fälle 13 und 14 (Seite 388)

13.4 Zum Teil nicht abziehbare Vorsteuerbeträge

Führt ein Unternehmer **sowohl** Umsätze aus, die zum Vorsteuerabzug berechtigen (**Abzugsumsätze**) **als auch** Umsätze, die den Vorsteuerabzug ausschließen (**Ausschlussumsätze**), so müssen die **Vorsteuerbeträge**, die mit solchen **Mischumsätzen** in wirtschaftlichem Zusammenhang stehen, in **abziehbare** und **nicht abziehbare Vorsteuerbeträge aufgeteilt werden** (§ 15 Abs. 4).

Für die **Aufteilung der Vorsteuerbeträge**, die nicht voll den Abzugs- oder Ausschlussumsätzen zugerechnet werden können (**Mischumsätze**), gibt es nach § 15 Abs. 4 **drei Aufteilungsmethoden**:

1. Aufteilung der Vorsteuerbeträge nach ihrer **wirtschaftlichen Zuordnung** (§ 15 Abs. 4 **Satz 1**),
2. Aufteilung der Vorsteuerbeträge im Wege einer **sachgerechten Schätzung** (§ 15 Abs. 4 **Satz 2**) und
3. Aufteilung der Vorsteuerbeträge nach dem **Verhältnis der Umsätze** (§ 15 Abs. 4 **Satz 3**).

Mit dem BMF-Schreiben vom 20.10.2022 sowie jenem vom 18.11.2022 bietet die Finanzverwaltung **weiterführende Erläuterungen** zur Aufteilung von Vorsteuerbeträgen bei **gemischt genutzten Grundstücken** und übernimmt die Rechtsprechung des EuGH sowie des BFH. Danach ist vorrangig eine Aufteilung **auf Basis der Fläche** (qm) vorzunehmen. Allerdings ist ein anderer Aufteilungsschlüssel (z. B. Umsatz) zu verwenden, wenn dieser zu einem **präziseren Aufteilungsergebnis** führt.

13.4.1 Aufteilung der Vorsteuerbeträge nach ihrer wirtschaftlichen Zuordnung

Verwendet der Unternehmer einen für sein Unternehmen gelieferten Gegenstand oder eingeführten Gegenstand oder innergemeinschaftlich erworbenen Gegenstand oder eine von ihm in Anspruch genommene sonstige Leistung **nur zum Teil** zur Ausführung von **Ausschlussumsätzen**, so ist der **Teil des Vorsteuerbetrags nicht abziehbar**, der den **Ausschlussumsätzen wirtschaftlich zuzurechnen** ist (§ 15 Abs. 4 **Satz 1**).

Als **grundsätzliche Aufteilungsmethode** wird in § 15 **Abs. 4** die Aufteilung der Vorsteuerbeträge, die in wirtschaftlichem Zusammenhang mit **Mischumsätzen** stehen, nach der **wirtschaftlichen Zuordnung** zu den Abzugs- bzw. Ausschlussumsätzen bestimmt.

Die **wirtschaftliche Zuordnung** kann mithilfe von **Aufteilungsschlüsseln** erfolgen, die sich z. B. aus technischen Maßen (wie **qm**, **cbm**) berechnen lassen oder sich aus den Unterlagen der Kostenrechnung ergeben.

BEISPIEL

U ist seit 1984 Eigentümer eines Geschäftsgrundstückes in Kassel. Von der Gesamtfläche von 2.000 qm sind 1.700 qm = **85 %** als **Geschäftsräume** an andere vorsteuerabzugsberechtigte Unternehmer und 300 qm = **15 %** als **Wohnungen** an Nichtunternehmer vermietet.
U hat auf die Steuerbefreiung nach § 9 zulässigerweise verzichtet (**optiert**).

In 2026 lässt U einen **Fahrstuhl** in das Haus einbauen, der von allen Mietern genutzt wird. Bisher hat U die Aufteilung der Vorsteuerbeträge, die auf Mischumsätze entfallen, in qm vorgenommen.

U kann von den **Vorsteuerbeträgen**, die im Zusammenhang mit dem Fahrstuhl-Einbau anfallen, **15 % nicht abziehen**, weil sie den **Ausschlussumsätzen** wirtschaftlich zuzurechnen sind (Abschn. 15.17 Abs. 1 Nr. 3 und Abs. 2 UStAE).

13.4.2 Aufteilung der Vorsteuerbeträge im Wege einer sachgerechten Schätzung

Bei der nach § 15 Abs. 4 **Satz 2** zugelassenen **Schätzung** ist auf die im **Einzelfall** bestehenden **wirtschaftlichen Verhältnisse** abzustellen.

Hierbei ist es **erforderlich**, dass der angewandte **Maßstab** systematisch von der Aufteilung nach der **wirtschaftlichen Zuordnung** ausgeht (Abschn. 15.17 Abs. 3 UStAE).

BEISPIEL

U hat ein Immobilienbüro mit der Verwaltung seines **Geschäftsgrundstückes** betraut, das hierfür ein festes monatliches Honorar von 1.000 € zuzüglich 190 € USt berechnet. Nach dem **Arbeitsaufwand schätzt** das Immobilienbüro den Anteil der **Verwaltung der Wohnräume** an der Gesamtverwaltung des Grundstücks auf **5 %**.
U hat nach § 9 zulässigerweise optiert.

U kann von den **Vorsteuerbeträgen**, die der Hausverwalter berechnet, **5 % nicht abziehen**, weil sie den **Ausschlussumsätzen** zuzurechnen sind.

13.4.3 Aufteilung der Vorsteuerbeträge nach dem Verhältnis der Umsätze

Nach § 15 Abs. 4 **Satz 3** ist eine Aufteilung der Vorsteuerbeträge nach dem **Verhältnis der Umsätze nur** zulässig, **wenn keine andere präzisere wirtschaftliche Zurechnung möglich** ist.
Nur in diesen Fällen kann der nicht abziehbare Teil der einer Umsatzgruppe nicht ausschließlich zurechenbaren Vorsteuerbeträge einheitlich nach dem **Verhältnis der Umsätze**, die den Vorsteuerabzug ausschließen, zu den anderen Umsätzen ermittelt werden (Abschn. 15.17 Abs. 3 Satz 4 UStAE).

BEISPIEL

Zahnarzt Dr. Riehl, Bonn, lässt den Empfangsbereich seiner Praxis renovieren. Die in den Handwerker- und Möbelrechnungen ausgewiesenen Vorsteuerbeträge beziffern sich auf 6.000 €. Zu Dr. Riehls Leistungsspektrum zählen steuerfreie Zahnarztleistungen und steuerpflichtige Laborumsätze mit Zahnprothesen (§ 4 Nr. 14). Die Laborumsätze betragen 60 % der Gesamtumsätze. Die Nutzfläche des Labors beträgt 30 % der Gesamtfläche.

Dr. Riehl kann die Vorsteuerbeträge nach seinem **Umsatzschlüssel** (60 % : 40 %) aufteilen. Eine Aufteilung nach Nutzflächen (30 % : 70 %) ist für Dr. Riehl nicht sinnvoll und stellt keinen angemessenen wirtschaftlichen Aufteilungsmaßstab dar (§ 15 Abs. 4 Satz 3). Der **Vorsteuerabzug** beträgt somit **3.600 €** (60 % v. 6.000 €). Müsste Dr. Riehl eine Aufteilung nach Nutzflächen vornehmen, könnte er lediglich 1.800 € (30 % v. 6.000 €) Vorsteuerabzug in Anspruch nehmen.

ÜBUNG →
1. Wiederholungsfrage 5 (Seite 386),
2. Fälle 15 und 16 (Seiten 388 f.)

13.5 Vorsteuerermittlung in besonderen Fällen

Der **Vorsteuerabzug** kann abweichend von den allgemeinen Voraussetzungen des § 15 bei

1. **Rechnungen über Kleinbeträge** und
2. **Fahrausweisen**

unter **erleichterten Bedingungen** vorgenommen werden (§ 35 UStDV).

13.5.1 Vorsteuerbeträge in Kleinbetragsrechnungen

In Rechnungen, deren Gesamtbetrag **250 Euro brutto** nicht übersteigt (**Kleinbetragsrechnungen i.S.d. § 33 UStDV**), brauchen - wie sonst notwendig - Entgelt und Umsatzsteuer nicht getrennt ausgewiesen zu werden. Es genügt, wenn zum Gesamtbetrag (= Bruttobetrag) der **Steuersatz** angegeben wird.

Der Unternehmer kann die **Vorsteuer selbst berechnen**. Die Aufteilung des Rechnungsbetrags kann nach den bereits bekannten Methoden vorgenommen werden (§ 35 Abs. 1 UStDV; Abschn. 15.4 UStAE).

S 1 Die Berechnungsmethoden zur Ermittlung des Entgelts und der Umsatzsteuer wurden bereits in den Abschnitten 8.1.1 und 8.1.2, Seiten 292 f., erläutert.

13.5.2 Vorsteuerbeträge in Fahrausweisen

Die für den Vorsteuerabzug bei Rechnungen über Kleinbeträge getroffene Regelung gilt für den Vorsteuerabzug bei **Fahrausweisen** im Sinne des § 34 UStDV entsprechend (§ 35 Abs. 2 UStDV).

Bei der Berechnung des Vorsteuerbetrags ist der **allgemeine** Steuersatz zugrunde zu legen, wenn auf dem Fahrausweis **dieser Steuersatz angegeben** ist.

Der **ermäßigte** Steuersatz ist bei Fahrausweisen zugrunde zu legen, die **keine Angaben über den Steuersatz** enthalten.

Bei Fahrausweisen im **Luftverkehr** kann der Vorsteuerabzug nur in Anspruch genommen werden, **wenn** der **Steuersatz im Fahrausweis angegeben** ist.

Keine Fahrausweise im Sinne des § 34 UStDV sind **Belege** über die Benutzung **von Taxen, Mietwagen** oder von **Kraftomnibussen außerhalb des Linienverkehrs** (Abschn. 15.5 Abs. 7 UStAE).

ÜBUNG →
1. Wiederholungsfragen 6 bis 8 (Seite 386),
2. Fälle 17 und 18 (Seite 389)

13.5.3 Vorsteuerbeträge bei Reisekosten

Reisekosten sind

1. **Fahrtkosten**,
2. **Verpflegungsmehraufwendungen**,
3. **Übernachtungskosten** und
4. **Reisenebenkosten**,

wenn diese durch eine so gut wie ausschließlich beruflich veranlasste Auswärtstätigkeit des Arbeitnehmers (Unternehmers) entstehen (R 9.4 Satz 1 LStR 2015).

Eine **beruflich veranlasste Auswärtstätigkeit** liegt vor, wenn der Arbeitnehmer vorübergehend außerhalb seiner Wohnung und ersten Tätigkeitsstätte tätig wird (§§ 9 Abs. 4a Satz 2 und 4 EStG).

Wird ein **Unternehmer** außerhalb seiner Wohnung und von seinem dauerhaft angelegten betrieblichen oder beruflichen Mittelpunkt entfernt tätig, liegt eine **Geschäftsreise** vor.
Die für die Auswärtstätigkeit geltenden Grundsätze sind auch für die Geschäftsreise anzuwenden (R 4.12 Abs. 1 Satz 1 EStR).
Einkommensteuerrechtlich kann der Arbeitgeber die Reisekosten seinem Arbeitnehmer steuerfrei ersetzen, soweit sie bestimmte Höchstbeträge nicht übersteigen (§ 3 Nr. 16 EStG).

Umsatzsteuerrechtlich ist der Vorsteuerabzug für Aufwendungen, die aus Anlass einer Geschäftsreise oder beruflich veranlassten Auswärtstätigkeit im Inland für das Unternehmen entstehen, unter den allgemeinen Voraussetzungen des § 15 möglich.
Der Vorsteuerabzug aus **Reisepauschbeträgen**, z.B. aus Verpflegungs- und Kilometerpauschalen, ist **ausgeschlossen**.

Ertragsteuerlich sind Verpflegungsmehraufwendungen allerdings **nur** als **Pauschbeträge** und nicht in tatsächlicher Höhe als abzugsfähige Betriebsausgaben anerkannt.
Ein Vorsteuerabzug ist lediglich aus den **tatsächlichen** Reisekosten möglich, wenn die Umsatzsteuer auf der Rechnung **gesondert** ausgewiesen ist und diese auf den Namen des **Unternehmers** lautet bzw. eine **Kleinbetragsrechnung** oder ein **Fahrschein** vorliegt.
Der Unternehmer kann nur bei **Einzelnachweis** den Vorsteuerabzug aus Reisekosten geltend machen.

BEISPIEL

Der Unternehmer U, Köln, besucht in 2026 aus betrieblichen Gründen eine Messe in Leipzig.
Die Dauer der Geschäftsreise beträgt 15 Stunden.
Dabei entstehen ihm folgende Aufwendungen (Nettobeträge) , die er anhand von ordnungsgemäß ausgestellten Rechnungen (**Einzelbelegen**) nachweist:

	abziehbare BA	nicht abziehbare BA	Vorsteuer
1. **Fahrtkosten** für Bahnfahrt:	200,00 €		14,00 €
2. **Reisenebenkosten** für Taxifahrten:	60,00 €		4,20 €
3. **Verpflegungskosten** (gesamt 150 €):	14,00 €	136,00 €	28,50 €
4. **Übernachtungskosten**:	250,00 €		47,50 €
	524,00 €	136,00 €	94,20 €

Einkommensteuerliche Beurteilung:
Von den gesamten Verpflegungskosten in Höhe von 150 € sind **136 €** (150 € - 14 €) **nicht abzugsfähige Betriebsausgaben**. Lediglich 14 € wirken sich als BA steuermindernd aus.

Umsatzsteuerliche Beurteilung:
U kann anhand der Rechnungen (Einzelbelege) den vollen **Vorsteuerabzug** in Höhe von **94,20 €** vornehmen, obwohl er aus einkommensteuerlicher Sicht nur Mehraufwendungen für Verpflegung von 14 € (Pauschbetrag) als Betriebsausgaben absetzen kann.

Die **buchmäßige** Darstellung des **Vorsteuerabzugs aus Reisekosten** erfolgt in der **Buchführung 1**, 38. Auflage 2026, Seiten 379 ff. B 1

ÜBUNG →
1. Wiederholungsfrage 9 (Seite 386),
2. Fall 19 (Seite 389)

13.6 Berichtigung des Vorsteuerabzugs nach § 15a UStG

Ändern sich bei einem Wirtschaftsgut, das **nicht nur einmalig** zur Ausführung von Umsätzen verwendet wird, **innerhalb von fünf Jahren** - bei Grundstücken **innerhalb von zehn Jahren** - ab dem Zeitpunkt der erstmaligen Verwendung die für den ursprünglichen Vorsteuerabzug maßgebenden **Verhältnisse** (z.B. Ausschlussumsätze statt Abzugsumsätze), ist für jedes Kalenderjahr der Änderung ein Ausgleich durch **Berichtigung** des Abzugs der auf die Anschaffungs- oder Herstellungskosten entfallenden **Vorsteuerbeträge** vorzunehmen (§ 15a **Abs. 1**).

Damit gilt § 15a **Abs. 1 in der Regel** nur für das einkommensteuerrechtliche **Anlagevermögen** (Abschn. 15a.1 Abs. 2 Nr. 1 UStAE).

Nach § 15a **Abs. 1** ist sowohl dem Grunde als auch der Höhe nach bereits bei **Leistungsbezug** über den Vorsteuerabzug abschließend zu entscheiden.

Die **Berichtigung** des gesamten Vorsteuerbetrags wird nicht mehr durch eine geänderte Steuerfestsetzung nach AO-Vorschriften, sondern nach § 15a - **verteilt auf fünf bzw. zehn Jahre** - grundsätzlich pro rata temporis (zeitanteilig) vorgenommen, wenn die **tatsächliche Verwendung** von der **Verwendungsabsicht** abweicht.

BEISPIEL

Der zum Vorsteuerabzug berechtigte Unternehmer U lässt 2025 auf einem zu seinem Unternehmensvermögen gehörenden Grundstück ein zweigeschossiges Haus für 500.000 € + 95.000 € USt = 595.000 € errichten. U **beabsichtigt**, das **gesamte** Gebäude **steuerpflichtig** zu vermieten. **Tatsächlich** wird das Gebäude **nur zu 30 % steuerpflichtig** (an gewerbliche Mieter) und zu **70 % steuerfrei** (an private Mieter) vermietet. Sämtliche Mietverträge gelten ab 01.01.2026. Sowohl in 2026 als auch in 2027 ändert sich die Mietstruktur nicht.

Sofern U die **Absicht** der insgesamt steuerpflichtigen Vermietung objektiv **glaubhaft** machen kann, steht ihm in **2025** der volle Vorsteuerabzug in Höhe von **95.000 €** zu.
U hat in 2026 unter Beachtung der tatsächlichen Verwendung 70 % des Jahresbetrags in Höhe von 6.650 € (95.000 € x 1/10 x 70 %) zu berichtigen. Die gleiche Pflicht hat er in 2027 zu erfüllen.

§ 15a **Abs. 2** behandelt die Wirtschaftsgüter, die nur **einmalig** zur Ausführung von Umsätzen **verwendet** werden. Damit gilt § 15a **Abs. 2** im Wesentlichen nur für das einkommensteuerrechtliche **Umlaufvermögen** (Abschn. 15a.1 Abs. 2 Nr. 2 UStAE).

Während für § 15a Abs. 1 die Berichtigungszeiträume von fünf und zehn Jahren gelten, gibt es bei § 15a Abs. 2 **keinen Berichtigungszeitraum**. Es kommt allein darauf an, ob sich - irgendwann - bei dem Wirtschaftsgut die für den ursprünglichen Vorsteuerabzug maßgeblichen **Verhältnisse ändern**.

BEISPIEL

Ein Bauträger-Unternehmen erwirbt in 2026 ein Gebäude steuerpflichtig in der **Absicht**, es umzubauen und steuerpflichtig zu veräußern.
Das Unternehmen kann deshalb die Vorsteuer aus dem Erwerb des Gebäudes abziehen. Das Gebäude ist bei dem Bauträger **Umlaufvermögen**; es soll nur zu **einem Umsatz**, der steuerpflichtigen Veräußerung, **verwendet** werden.

Kommt es zu einer **steuerfreien** Veräußerung, weil der Bauträger keinen Käufer findet, bei dem er von § 9 Gebrauch machen kann, kommt es zu einer Berichtigung des Vorsteuerabzugs. Die Berichtigung ist für den Berichtigungszeitraum vorzunehmen, in dem das Gebäude veräußert wird.

§ 15a **Abs. 3** behandelt den **nachträglichen Einbau von Gegenständen** in ein Wirtschaftsgut, die dabei ihre körperliche oder wirtschaftliche Eigenart verloren haben, oder die Ausführung **sonstiger Leistungen** an einem Wirtschaftsgut, ohne dass dabei nachträgliche Anschaffungs- oder Herstellungskosten vorliegen.

Soweit im Rahmen einer Maßnahme in ein Wirtschaftsgut **mehrere** Gegenstände eingehen oder an einem Wirtschaftsgut **mehrere** sonstige Leistungen ausgeführt werden, sind diese zu einem Berichtigungsobjekt zusammenzufassen (§ 15a Abs. 3 Satz 2 und Abschn. 15a.1 Abs. 2 Nr. 3 UStAE).

Vereinfachungen bei der Berichtigung des Vorsteuerabzugs regelt **§ 44 UStDV**.

BEISPIEL

Unternehmer U, Köln, lässt an einem steuerpflichtig vermieteten Bürogebäude in 2026 folgende Renovierungsarbeiten durchführen:

- Malerarbeiten: 5.000 € + 19 % USt,
- neue Heizkörper 3.000 € + 19 % USt,
- neue Eingangstür: 500 € + 19 % USt,
- fünf neue Innentüren: je 200 € + 19 % USt.

Da es sich um **eine** (Renovierungs-) Maßnahme handelt, muss U sämtliche Leistungen zu **einem** Berichtigungsobjekt zusammenfassen (§ 15a Abs. 3 Satz 2). Er kann z. B. nicht den Erwerb der Türen, bei denen die Vorsteuer jeweils unter der Bagatellgrenze des § 44 Abs. 1 UStDV (1.000 Euro) liegt, ausnehmen, sodass diese Werklieferung bei einer späteren Änderung der Verwendungsverhältnisse nicht mehr Gegenstand einer Vorsteuerkorrektur sein würde.

Bei anderen sonstigen Leistungen ist nach § 15a Abs. 4 Satz 2 eine Berichtigung nur möglich, wenn die sonstige Leistung in der **Steuerbilanz** aktiviert werden muss (z. B. EDV-Programme).

ÜBUNG → Wiederholungsfrage 10 (Seite 386)

13.7 Erfolgskontrolle

Wiederholungsfrage

1. Welche Voraussetzungen müssen erfüllt sein, damit ein inländischer Leistungsbezug zum Vorsteuerabzug berechtigt?
2. Welche Voraussetzungen müssen erfüllt sein, damit der Leistungsempfänger bereits vor Ausführung der Leistung den Vorsteuerabzug in Anspruch nehmen kann?
3. In welchen Fällen lässt § 15 UStG keinen Vorsteuerabzug zu?
4. Welche Voraussetzungen müssen erfüllt sein, damit der Unternehmer nach § 15 Abs. 3 UStG Vorsteuerbeträge abziehen kann, obwohl er steuerfreie Umsätze tätigt? Nennen Sie zwei Beispiele.
5. In welchen Fällen muss der Unternehmer die Vorsteuerbeträge nach § 15 Abs. 4 UStG aufteilen?
6. Wie wird die Vorsteuer bei Kleinbetragsrechnungen ermittelt?
7. Unter welchen Voraussetzungen ist beim Vorsteuerabzug bei Fahrausweisen der allgemeine Steuersatz zugrunde zu legen?
8. Unter welchen Voraussetzungen ist beim Vorsteuerabzug bei Fahrausweisen der ermäßigte Steuersatz zugrunde zu legen?
9. Was wissen Sie über den Vorsteuerabzug bei Reisekosten?
10. Wie wird der Vorsteuerabzug nach § 15a UStG berichtigt?

Fälle

FALL 1

Der Unternehmer U, Essen, kauft 50.000 l Heizöl. Davon sind 40.000 l für sein Unternehmen und 10.000 l für seinen Privathaushalt. In der Rechnung des Heizöllieferanten werden insgesamt 2.600 € USt gesondert ausgewiesen.

Ermitteln Sie die abziehbare Vorsteuer. Begründen Sie Ihre Antwort.

FALL 2

Der Bauunternehmer U, Bonn, errichtet für den Unternehmer A (Monatszahler ohne Dauerfristverlängerung), Köln, eine Fabrikhalle. U sendet A im Juli 2026 eine Abschlagsrechnung über netto 8.000 € + 1.520 € USt = 9.520 €. A leistet im August 2026 die geforderte Abschlagszahlung von 9.520 €. Die Halle wird im November 2026 fertiggestellt, abgenommen und abgerechnet.

Wann kann A die Vorsteuer abziehen? Begründen Sie Ihre Antwort.

FALL 3

Der Unternehmer U, Bochum, kauft im Oktober 2026 einen neuen Geschäftswagen, gibt seinen alten Geschäftswagen mit 7.140 € in Zahlung und zahlt den restlichen Kaufpreis in Höhe von 13.685 € durch Banküberweisung.

Ermitteln Sie die abziehbare Vorsteuer. Begründen Sie Ihre Antwort.

FALL 4

Der serbische Unternehmer U, Belgrad, befördert eine Maschine zu dem deutschen Unternehmer A, Frankfurt/Oder, der die Maschine in seinem Unternehmen einsetzt. U liefert „unverzollt und unversteuert", d.h., die Maschine wird von A im Inland in den zoll- und umsatzsteuerlich freien Verkehr überführt. Die entstandene Einfuhrumsatzsteuer beträgt 19.000 €.

Kann A die entstandene EUSt als Vorsteuer abziehen? Begründen Sie Ihre Antwort.

FALL 5

Fahrradhändler A, Köln, bestellt unter Verwendung seiner deutschen USt-IdNr. Fahrräder im Wert von netto 5.000 € beim niederländischen Fahrradhersteller U.
U berechnet und versendet die Fahrräder im September 2026 unter Verwendung seiner niederländischen USt-IdNr.

Kann A einen Vorsteuerabzug geltend machen? Begründen Sie Ihre Antwort.

FALL 6

Der in Oslo (Norwegen) ansässige Unternehmer U errichtet 2026 in München für den Unternehmer A eine Montagehalle für 150.000 € netto.

Kann A einen Vorsteuerabzug geltend machen? Begründen Sie Ihre Antwort.

FALL 7

Die Gynäkologin Dr. Sabine Hommen, Dortmund, kauft für ihre Praxis einen Computer für netto 1.000 € + 190 € USt = 1.190 €.

Kann Frau Dr. Hommen den Vorsteuerabzug geltend machen? Begründen Sie Ihre Antwort.

FALL 8

Der Tierarzt Dr. Gerhard Blum, Hamburg, kauft für seine Praxis einen Medikamentenschrank für netto 1.400 € + 266 € USt = 1.666 €.

Kann Dr. Blum den Vorsteuerabzug geltend machen? Begründen Sie Ihre Antwort.

FALL 9

Der Hauseigentümer U besitzt in Bremen ein Mietwohngrundstück, das er an Nichtunternehmer vermietet. In 2026 sind für den Außenanstrich des Hauses Kosten in Höhe von 20.000 € + 3.800 € USt = 23.800 € entstanden.

Kann U den Vorsteuerabzug geltend machen? Begründen Sie Ihre Antwort.

FALL 10

Die Bank U, Frankfurt, tätigt nach § 4 Nr. 8 Buchstaben a) bis g) steuerfreie Umsätze. In 2026 erwirbt sie im Inland eine Computeranlage im Wert von 10.000 € + 1.900 € USt = 11.900 €, die sie in ihrer Filiale in Koblenz verwendet.

Kann U den Vorsteuerabzug geltend machen? Begründen Sie Ihre Antwort.

FALL 11

Bauunternehmer U, Stuttgart, überlässt einem Architekt unentgeltlich aus betrieblichen Gründen einen Büroraum in seinem Stuttgarter Geschäftsgebäude. In 2026 sind für eine Reparatur dieses Büroraumes Kosten von 500 € + 95 € USt = 595 € angefallen.

Kann U den Vorsteuerabzug geltend machen? Begründen Sie Ihre Antwort.

FALL 12

Der Unternehmer U, Köln, der zum Vorsteuerabzug berechtigt ist, hat für die Bewirtung von Geschäftsfreunden in einer Gaststätte 595 € (500 € + 95 € USt) aufgewendet. Die Aufwendungen sind angemessen und werden durch einen ordnungsgemäß ausgestellten Beleg nachgewiesen.

Ermitteln Sie die abziehbare Vorsteuer. Begründen Sie Ihre Antwort.

FALL 13

Kfz-Händler U, Köln, tätigt in 2026 steuerpflichtige Inlandslieferungen in Höhe von 400.000 €. Im Zusammenhang mit diesen Inlandslieferungen sind 2026 Vorsteuerbeträge in Höhe von 45.000 € angefallen.
Außerdem hat U in 2026 zwei Neufahrzeuge an einen Unternehmer aus der Schweiz für insgesamt 50.000 € verkauft. Die in diesem Zusammenhang bei U in 2026 angefallenen Vorsteuerbeträge haben 5.700 € betragen.

Kann U die Vorsteuerbeträge abziehen? Begründen Sie Ihre Antwort.

FALL 14

Der Maschinenhersteller U, München, versendet in 2026 eine Spezialmaschine an einen französischen Abnehmer. Im Zusammenhang mit der Herstellung der Spezialmaschine sind bei U Vorsteuerbeträge in Höhe von 7.000 € angefallen.

Kann U die Vorsteuerbeträge abziehen? Begründen Sie Ihre Antwort.

FALL 15

Der Friseurmeister Baus, Münster, betreibt im 1. und 2. Stock seines in 1984 fertiggestellten Geschäftshauses einen Friseursalon.
Drei weitere Stockwerke des Hauses sind an Privatpersonen vermietet.
In 2026 werden Baus folgende Vorsteuerbeträge gesondert in Rechnung gestellt:

für Wareneinkäufe seines Friseursalons	20.000 €
für eine Dachreparatur seines Hauses	5.000 €

Die einzelnen Stockwerke des Gebäudes sind gleich groß.

Wie hoch ist die abziehbare Vorsteuer in 2026?

FALL 16

Die Fabrikantin Marianne Mayer, Duisburg, bezieht im Oktober 2026 50.000 l Heizöl. Der Heizöllieferant berechnet ihr dafür folgende Beträge:

netto	25.000 €
+ 19 % USt	4.750 €
	29.750 €

Von den berechneten 50.000 l wurden geliefert:

30.000 l in den Heizöltank der Fabrik,
15.000 l in den Heizöltank des Mietwohngrundstücks der Frau Mayer,
5.000 l in den Heizöltank des Einfamilienhauses, das Frau Mayer selbst bewohnt.

Wie hoch ist die abziehbare Vorsteuer in 2026? Begründen Sie Ihre Antwort.

FALL 17

Der Steuerberater Wessling, Kiel, erhält von einem Buchhändler einen Kassenbeleg über die Lieferung eines USt-Handbuches. Der Beleg lautet über 56 €. Entgelt und Steuer sind nicht getrennt. Der Steuersatz ist mit 7 % angegeben.

Wie hoch ist die abziehbare Vorsteuer in 2026? Begründen Sie Ihre Antwort.

FALL 18

Der Unternehmer Bell, Stuttgart, hat über eine Reise im Juni 2026 folgende Belege:

a) eine Fahrkarte der Deutschen Bahn AG, Preis 27 €,
b) einen Beleg des Taxiunternehmers Müller, Stuttgart, Hauptstraße 5, über eine Stadtfahrt, Preis 9,20 €, der Steuersatz und das Ausstellungsdatum sind angegeben.

Wie hoch ist die abziehbare Vorsteuer in 2026? Begründen Sie Ihre Antwort.

FALL 19

Der Arbeitnehmer A führt vom 01.04.2026 bis 04.04.2026 im Auftrag seines Arbeitgebers U, Aachen, der zum Vorsteuerabzug berechtigt ist, mit seinem eigenen Pkw und per Flugzeug eine Dienstreise im Inland durch. Die Reise beginnt am 01.04.2026 um 10:00 Uhr und endet am 04.04.2026 um 21:00 Uhr.
A erhält die folgenden lohnsteuerlich zulässigen Beträge, die durch ordnungsgemäß ausgestellte Belege nachgewiesen sind, von seinem Arbeitgeber erstattet:

1. Kilometerpauschale für 140 gefahrene km (140 km x 0,30 € = 42 €),
2. Verpflegungspauschale (14 € + 28 € + 28 € + 14 € = 84 €),
3. Flugticket 599 € brutto, auf dem Ticket ist der Steuersatz in Höhe von 19 % vermerkt,
4. Übernachtungspauschale (3 x 20 € = 60 €).

Wie hoch ist die abziehbare Vorsteuer in 2026? Begründen Sie Ihre Antwort.

Weitere Fälle mit Lösungen zum Vorsteuerabzug finden Sie im **Lösungsbuch** der Steuerlehre 1. A L

Zusammenfassende Erfolgskontrolle zum 1. bis 13. Kapitel

Ermitteln Sie die Umsatzsteuerschuld (Zahllast) des Großhändlers Nagib Zeidan, Bonn, für den Monat Dezember 2026. Der Unternehmer teilt seine Vorsteuer nach § 15 Abs. 4 auf. Seine Umsätze unterliegen dem allgemeinen Steuersatz. Verwenden Sie für die Ermittlung der Umsatzsteuer (Traglast) die folgende Lösungstabelle:

Tz.	Umsatzart nach § 1 i. V. m. § 3 UStG	**nicht** steuerbare Umsätze im Inland €	**steuerbare** Umsätze im Inland €	**steuerfreie** Umsätze im Inland § 4 UStG €	**steuerpflichtige** Umsätze im Inland € (19 %)
1.					
2.					
usw.					

1. Die ausgeführten Lieferungen im Dezember 2026 an Einzelhandelsbetriebe im Inland betragen 380.800 € brutto.
2. Unentgeltliche Lieferungen (Warenentnahme) werden im Dezember 2026 vorgenommen. Die Anschaffungskosten der Waren haben 7.500 € netto betragen.
   Die Wiederbeschaffungskosten betragen im Zeitpunkt der Entnahme 8.000 € netto.
3. Nagib Zeidan ist Eigentümer eines in Bonn gelegenen Hauses, das er am 01.08.2026 gekauft und in vollem Umfang seinem Unternehmen zugeordnet hat. Die Vorsteuer zieht er nur für den unternehmerisch genutzten Anteil des Hauses ab (§ 15 Abs. 1b UStG). Er verzichtet auf Steuerbefreiungen nach § 4 Nr. 12a, soweit dies nach § 9 zulässig ist.
   Das Haus wird wie folgt genutzt:
   Das Erdgeschoss hat Zeidan an A vermietet, der dort ein Einzelhandelsgeschäft betreibt. Die Mieteinnahmen betragen im Dezember 2026 3.570 €.
   Das 1. Obergeschoss wird von Zeidan selbst bewohnt. Die anteiligen Ausgaben i. S. d. § 10 Abs. 4 Nr. 2 betragen monatlich 1.000 €.
   Die Räume im 2. Obergeschoss sind als Wohnung an einen Nicht-Unternehmer für monatlich 900 € vermietet.
4. Für den Außenanstrich des Hauses entstehen im Monat Dezember 2026 Kosten in Höhe von 10.000 € + 19 % USt. Die Flächen der Außenwände betragen für das Erdgeschoss 50 qm, das 1. Obergeschoss 30 qm und das 2. Obergeschoss 20 qm.
5. Die abziehbaren Vorsteuerbeträge der Großhandlung betragen insgesamt 14.200 € (ohne Tz. 4).

14 Aufzeichnungspflichten

Zur **Feststellung der Umsatzsteuer** und der **Grundlagen ihrer Berechnung** ist der **Unternehmer** verpflichtet, **Aufzeichnungen** zu machen (§ 22).

Ebenso hat der **Lagerhalter**, der ein Umsatzsteuerlager i.S.d. § 4 Nr. 4a betreibt, Aufzeichnungen nach § 22 zu führen (§ 22 Abs. 2 **Nr. 9 und Abs. 4c**).

Die Aufzeichnungen müssen so beschaffen sein, dass es einem **sachverständigen Dritten** innerhalb einer **angemessenen** Frist möglich ist, einen Überblick über die **Umsätze des Unternehmers** und die **abziehbare Vorsteuer** zu erhalten und die **Grundlagen für die Steuerberechnung** festzustellen (§ 63 Abs. 1 UStDV).

14.1 Aufzeichnung der Entgelte und Teilentgelte beim entgeltlichen Leistungsausgang

Der **Unternehmer** muss die vereinbarten (bzw. vereinnahmten) **Entgelte** für seine **ausgeführten** entgeltlichen Lieferungen und sonstigen Leistungen eindeutig, leicht überprüfbar und fortlaufend **aufzeichnen**. Dabei muss ersichtlich sein, wie sich die Entgelte auf die **steuerpflichtigen Umsätze, getrennt nach Steuersätzen**, und auf die **steuerfreien** Umsätze verteilen (§ 22 Abs. 2 **Nr. 1**).

Außerdem müssen aus den Aufzeichnungen die Umsätze hervorgehen, die der Unternehmer nach **§ 9** als steuerpflichtig behandelt.

Die Aufzeichnungspflichten erstrecken sich gem. § 22 Abs. 2 **Nr. 2** nicht nur auf die Entgelte für bereits ausgeführte entgeltliche Leistungen, sondern auch auf im Voraus **vereinnahmte** Entgelte und Teilentgelte (z.B. Anzahlungen, Fälle der Mindest-Istbesteuerung gem. § 13 Abs. 1 Nr. 1a Satz 4).

Die **Umsatzsteuer** gehört nicht zum Entgelt und braucht deshalb grundsätzlich **nicht** aufgezeichnet zu werden. Die Aufzeichnung der Umsatzsteuer ergibt sich jedoch bei Steuerpflichtigen mit doppelter Buchführung zwangsläufig aus den geführten Umsatzsteuerkonten.

BEISPIEL

Der Unternehmer U, Köln, mit doppelter Buchführung, verkauft 2026 Waren für 1.000 € + 190 € USt = 1.190 € auf Ziel.

Er bucht:

1200 (1400) Forderungen		**4410** (8410) Erlöse		**3806** (1776) USt	
1.190,00			1.000,00		190,00

Nach § 63 Abs. 3 UStDV kann der Unternehmer das **Entgelt und den Steuerbetrag in einer Summe** (brutto) aufzeichnen (**Bruttomethode**).

Spätestens zum Schluss jedes Voranmeldungszeitraums muss der Unternehmer jedoch die Entgelte (Nettobeträge) durch Herausrechnen der Umsatzsteuer aus den Bruttowerten ermitteln und aufzeichnen.

BEISPIEL

Der Unternehmer U, Magdeburg, verkauft im August 2026 Waren gegen bar:

① 1.190 € (einschl. 19 % USt)
② 714 € (einschl. 19 % USt)
③ 476 € (einschl. 19 % USt)

Er bucht:

1600 (1000) Kasse		**4410** (8410) Erlöse		**3806** (1776) USt	
① 1.190,00		④ **380,00**	① 1.190,00		④ **380,00**
② 714,00			② 714,00		
③ 476,00			③ 476,00		
			2.380,00		

④ = **Buchung am Schluss des Voranmeldungszeitraums**.

Durch die Buchung der USt ④ am Schluss des Voranmeldungszeitraums wird erreicht, dass der Bruttowert in Höhe von 2.380 € auf den Nettowert (das Entgelt) in Höhe von 2.000 € zurückgeführt wird.

14.2 Aufzeichnung unentgeltlicher Leistungen

Der Unternehmer ist verpflichtet, auch die **Bemessungsgrundlagen** für die **unentgeltlichen Leistungen** i.S.d. § 3 Abs. 1b und § 3 Abs. 9a Nr. 1 aufzuzeichnen (§ 22 Abs. 2 **Nr. 3**).

Auch hier ist ersichtlich zu machen, wie sich die Bemessungsgrundlagen auf die **steuerpflichtigen** unentgeltlichen Leistungen, **getrennt nach Steuersätzen**, und auf die **steuerfreien** unentgeltlichen Leistungen verteilen.

Die **Umsatzsteuer** gehört hier ebenfalls nicht zur Bemessungsgrundlage und braucht deshalb **nicht** aufgezeichnet zu werden. Die Aufzeichnung der Umsatzsteuer ergibt sich jedoch bei Steuerpflichtigen mit doppelter Buchführung auch hier zwangsläufig aus den geführten Umsatzsteuerkonten.

BEISPIEL

Der Unternehmer U, Mainz, mit doppelter Buchführung, entnimmt im August 2026 seinem Unternehmen Waren für seinen Privathaushalt, die dem allgemeinen Steuersatz unterliegen. Der Nettoeinkaufspreis der entnommenen Waren beträgt 1.000 €.

Er bucht:

2100 (1800) Privat		**4620** (8910) Entnahme d.U.		**3806** (1776) USt	
1.190,00			1.000,00		190,00

ÜBUNG → Wiederholungsfragen 1 und 2 (Seite 398)

14.3 Aufzeichnung der Entgelte und Teilentgelte sowie der Vorsteuer beim entgeltlichen Leistungseingang

Der Unternehmer ist verpflichtet, beim entgeltlichen Leistungseingang die **Entgelte** (Nettobeträge) für **empfangene** Leistungen **und** die auf diese Umsätze entfallende Steuer (**Vorsteuer**) getrennt aufzuzeichnen (§ 22 Abs. 2 **Nr. 5**).

BEISPIEL

Der Unternehmer U kauft im August 2026 Waren für 500 € + 95 € USt = 595 € auf Ziel.

Er bucht:

5410 (3410) Wareneingang		**1406** (1576) Vorsteuer		**3300** (1600) Verbindlichk.	
500,00		95,00			595,00

Aufzuzeichnen sind auch jene Entgelte und Teilentgelte sowie die darauf entfallende Steuer, die beim leistenden Unternehmer der Mindest-Istbesteuerung unterliegen.

Der Unternehmer kann - wie beim Leistungsausgang - die Entgelte und die Vorsteuerbeträge in einer Summe (brutto), jedoch getrennt nach den in den Eingangsrechnungen angewandten Steuersätzen, aufzeichnen (**Bruttomethode**).

Spätestens zum Schluss des Voranmeldungszeitraums hat der Unternehmer die Summe der Entgelte (Nettobeträge) und die Summe der Steuerbeträge (Vorsteuer) zu errechnen und aufzuzeichnen (§ 63 Abs. 5 UStDV, „Zollamtsbeleg").

14.4 Aufzeichnung im Falle der Einfuhr

Der Unternehmer hat ferner die **Bemessungsgrundlagen** für die Einfuhr von Gegenständen **und** die **Einfuhrumsatzsteuer** aufzuzeichnen (§ 22 Abs. 2 **Nr. 6**). Weitere Einzelheiten enthält § 64 UStDV.

14.5 Aufzeichnung des innergemeinschaftlichen Erwerbs

Der Unternehmer ist verpflichtet, die **Bemessungsgrundlagen** für den innergemeinschaftlichen Erwerb von Gegenständen **sowie** die hierauf entfallenden **Steuerbeträge** aufzuzeichnen (§ 22 Abs. 2 **Nr. 7**).

Auch hierbei ist eine Aufteilung der Bemessungsgrundlagen nach **steuerpflichtigen und steuerfreien** Umsätzen sowie gegebenenfalls nach **Steuersätzen** vorzunehmen.

14.6 Aufzeichnungen über Leistungen i. S. d. § 13b UStG

Nach § 22 Abs. 2 **Nr. 8** werden insbesondere Aufzeichnungspflichten für den **Leistungsempfänger** festgelegt, die dieser zu erfüllen hat, soweit er als Leistungsempfänger Steuerschuldner nach § 13b **Absätze 1 bis 5** ist.

Der Leistungsempfänger hat Aufzeichnungen über den **leistenden Unternehmer**, dessen **Leistung** (Art, Umfang, Zeitpunkt), die **Bemessungsgrundlage**, die darauf entfallende **Steuer** sowie den **Zeitpunkt der Vereinnahmung des Entgelts** zu führen.

ÜBUNG → Wiederholungsfragen 3 bis 5 (Seite 398)

14.7 Erleichterungen für die Trennung der Entgelte

Aus den Aufzeichnungen des Unternehmers muss grundsätzlich zu ersehen sein, wie sich die Entgelte auf die **steuerpflichtigen** Umsätze, **getrennt nach Steuersätzen**, und auf die **steuerfreien** Umsätze verteilen.

Die **sofortige Trennung der Entgelte nach Steuersätzen** ist in der Praxis vielfach sehr **schwierig** oder nicht durchführbar, vor allem wenn Unternehmer über ein großes Warensortiment verfügen und in der Regel Barverkäufe vornehmen.

Unternehmern, denen aufgrund der Art und des Umfangs ihres Geschäfts eine sofortige Trennung der Entgelte nach Steuersätzen in den Aufzeichnungen **nicht zuzumuten** ist, kann das Finanzamt auf **Antrag** eine **nachträgliche Trennung** der Entgelte **auf der Grundlage der Wareneingänge** gestatten. Eine Trennung nach anderen Merkmalen ist grundsätzlich möglich (§ 63 Abs. 4 UStDV).

Eine solche Erleichterung der Aufzeichnungspflichten kommt allerdings **nicht** in Betracht, wenn eine **Registrierkasse** mit Zählwerken für mehrere Warengruppen **oder** eine entsprechende **andere Speichermöglichkeit** eingesetzt wird (Abschn. 22.6 Abs. 1 Satz 5 UStAE).

Trennung der Entgelte bei verschiedenen Steuersätzen

Für Unternehmer, deren Lieferungen der Besteuerung nach unterschiedlichen Steuersätzen unterliegen, kann auf **Antrag** eines der folgenden **drei Verfahren** (sog. Aufschlagsverfahren) zugelassen werden (Abschn. 22.6 UStAE):

1. rechnerische Ermittlung der begünstigten oder nicht begünstigten Umsätze aufgrund der **Wareneingänge** unter **Hinzurechnung der tatsächlichen oder üblichen Aufschläge**,
2. rechnerische Ermittlung der begünstigten oder nicht begünstigten Umsätze aufgrund der **Wareneingänge** unter **Hinzurechnung eines gewogenen Durchschnittsaufschlags**,
3. rechnerische Ermittlung der begünstigten oder nicht begünstigten Umsätze nach den **tatsächlichen Verkaufsentgelten bei Filialunternehmen**.

14.7.1 Trennung der Entgelte aufgrund der Wareneingänge unter Hinzurechnung der tatsächlichen oder üblichen Aufschläge

Die erworbenen Waren sind im Wareneingangsbuch oder auf dem Wareneinkaufskonto **getrennt** nach den beiden Steuersätzen **aufzuzeichnen**.

Auf der Grundlage der **Wareneingänge** sind **entweder** die Umsätze der Waren, die dem **allgemeinen** Steuersatz unterliegen, **oder** die **steuerermäßigten** Umsätze **rechnerisch** zu ermitteln (Abschn. 22.6 Abs. 9 Satz 2 UStAE).

Zu diesem Zweck ist im Wareneingangsbuch oder auf dem Wareneingangskonto **für diese Waren** neben der Spalte „Einkaufsentgelt" eine **zusätzliche Spalte** mit der Bezeichnung „**Verkaufsentgelt**" **einzurichten**.
Zweckmäßigerweise wird dazu die Warengruppe mit dem **geringsten** Volumen gewählt (beim Lebensmitteleinzelhändler die 19 %-Waren).

Die Waren der Gruppe, für die die zusätzliche Spalte „**Verkaufsentgelt**" eingerichtet worden ist, sind grundsätzlich einzeln und mit handelsüblicher Bezeichnung (Schlüsselzahlen und Symbole genügen) einzutragen (Abschn. 22.6 Abs. 9 Sätze 4 und 5 UStAE).

Bei der Aufzeichnung des Wareneingangs sind aufgrund der tatsächlichen oder üblichen Aufschlagsätze die tatsächlichen bzw. **voraussichtlichen Verkaufsentgelte** für die betreffenden Waren zu errechnen und in die zusätzliche Spalte „**Verkaufsentgelt**" einzutragen.

Die zusätzliche Spalte „**Verkaufsentgelt**" ist am Schluss des Voranmeldungszeitraums **zu addieren**. Die **Summe** dieser Verkaufsentgelte **gilt als Umsatz** an begünstigten bzw. nicht begünstigten Waren.

Zieht man von dem im gleichen Voranmeldungszeitraum insgesamt erfassten **Bruttoumsatz** aus allen Warengeschäften die Bruttosumme der Spalte „**Verkaufsentgelt**" ab, ergibt die Differenz die Bruttosumme der übrigen Entgelte nach dem **anderen Steuersatz.**

BEISPIEL

Der Lebensmittelhändler U, Köln, Monatszahler, der seine Umsätze nach vereinnahmten Entgelten versteuert, trägt im Oktober 2026 in seinem Wareneingangsbuch die Waren, die dem Steuersatz von **7 %** unterliegen, mit **10.000 €** (netto) und die Waren, die dem Steuersatz von **19 %** unterliegen, mit **5.000 €** (netto) ein.
Die fiktiven **Verkaufsentgelte** der **19 %-Waren** betragen **6.000 €** (netto).
Der **Gesamtumsatz** hat im Oktober 2026 einschließlich USt **23.190 €** betragen.

Der Lebensmittelhändler U führt folgendes **Wareneingangsbuch**:

1	2	3	4	5				6	7
Lfd. Nr.	Tag des Erwerbs	Lieferant	Art der Ware	**Einkaufs**entgelt für				**Verkaufs-** entgelt für 19 %-Waren	Beleg-hinweis
				7 %-Waren		19 %-Waren			
				Netto-preis €	USt €	Netto-preis €	USt €	Nettopreis €	
.	.	.	.	.	.	.	.	.	.
.	.	.	.	.	.	.	.	.	.
.	.	.	.	.	.	.	.	.	.
Summe				10.000	700	5.000	950	6.000	

Die Trennung der Entgelte ist für den Monat Oktober 2026 wie folgt vorzunehmen:

			Entgelte	Steuer
Monatsumsatz (brutto) insgesamt		23.190 €		
- Verkaufsentgelte zu **19 %** (netto)	6.000 €			
zuzüglich 19 % USt	1.140 €	- 7.140 €	6.000 €	1.140 €
= Bruttoumsatz zu **7 %**		16.050 €	15.000 €	1.050 €
Umsatzsteuer(Traglast)				2.190 €
- Vorsteuer (700 € + 950 €)				- 1.650 €
= Umsatzsteuerschuld				540 €

ÜBUNG → 1. Wiederholungsfrage 6 (Seite 398),
2. Fall 1 (Seite 399)

14.7.2 Trennung der Entgelte aufgrund der Wareneingänge unter Hinzurechnung eines gewogenen Durchschnittsaufschlags

Ebenso wie beim ersten Verfahren ist es notwendig, die erworbenen Waren **getrennt** nach den beiden Steuersätzen **aufzuzeichnen**.
Für die Warengruppe, für die auf der Grundlage des Wareneingangs der Umsatz errechnet werden soll, ist ein **gewogener Durchschnittsaufschlagsatz** nach den **tatsächlichen Verhältnissen eines Kalendervierteljahres** rechnerisch zu ermitteln.

Diese rechnerische Ermittlung ist grundsätzlich für die **Umsatzsteuergruppe** vorzunehmen, die den **geringsten Anteil** am **gesamten Umsatz** bildet.

Hierzu sind am Schluss eines Voranmeldungszeitraums die Einkaufsentgelte aufzurechnen. Dem **Gesamtbetrag dieser Einkaufsentgelte** ist der **gewogene Durchschnittsaufschlag hinzuzusetzen**. Der gewogene Durchschnittsaufschlagsatz ist, sofern sich die Struktur des Unternehmens nicht ändert, **für die Dauer von fünf Jahren anzuwenden**. Die weitere Berechnung erfolgt wie beim ersten Verfahren (Abschn. 22.6 Abs. 14 und Abs. 15 UStAE).

BEISPIEL

Der Lebensmittelhändler U in Stuttgart zeichnet im 3. Kalendervierteljahr 2026 (Juli bis September 2026) Einkaufs**entgelte** der 19 %-Waren in Höhe von 20.000 € und die Verkaufs**entgelte** dieser Waren in Höhe von 26.000 € auf.

Durchschnittsaufschlagsatz $= \frac{6.000\,€ \times 100}{20.000\,€} =$ **30 %**

Für den Monat November 2026 ergeben sich folgende Zahlen:

Einkaufsentgelte der 7 %-Waren	12.000 €,
Einkaufsentgelte der 19 % -Waren	5.000 €,
Bruttoumsatz insgesamt	23.216 €,
Vorsteuer	1.790 €.

Die **Trennung der Entgelte** ist für den Monat November 2026 wie folgt vorzunehmen:

			Entgelte	Steuer
	Einkaufsentgelte zu 19 %	5.000 €		
+	**Aufschlagsatz 30 %**	**1.500 €**		
=	Verkaufsentgelte zu 19 %	6.500 €	6.500 €	
+	19 % USt	1.235 €		1.235 €
=	Bruttoumsatz zu 19 %	7.735 €		
	Bruttoumsatz insgesamt	23.216 €		
-	Bruttoumsatz zu **19 %**	- 7.735 €		
=	Bruttoumsatz zu **7 %**	15.481 €	14.468 €	1.013 €
	Umsatzsteuer (Traglast)			2.248 €
-	Vorsteuer (840 € + 950 €)			- 1.790 €
=	Umsatzsteuerschuld (Zahllast)			458 €

14.7.3 Trennung der Entgelte nach den tatsächlichen Verkaufsentgelten bei Filialunternehmen

Filialunternehmen können die Trennung der Entgelte nach **tatsächlichen Verkaufsentgelten** dann vornehmen, wenn sie die tatsächlichen Verkaufsentgelte, die dem ermäßigten oder allgemeinen Steuersatz unterliegen, im Zeitpunkt der Auslieferung an den einzelnen Zweigbetrieb **gesondert aufzeichnen** (Abschn. 22.6 Abs. 16 UStAE).

Eine getrennte Aufzeichnung der Wareneingänge ist in diesem Falle entbehrlich.

BEISPIEL

Bruttomonatsumsatz insgesamt	333.000 €
Bruttoumsatz der 7 %-Waren	214.000 €
Vorsteuer	20.000 €

Die Trennung der Entgelte ist bei dem Filialunternehmen wie folgt vorzunehmen:

				Entgelte	Steuer
	Bruttoumsatz insgesamt		333.000 €		
-	Verkaufsentgelt zu **7 %**	200.000 €			
	zuzüglich 7 % USt	14.000 €	- 214.000 €	200.000 €	14.000 €
=	Bruttoumsatz zu **19 %**		119.000 €	100.000 €	19.000 €
	Umsatzsteuer (Traglast)				33.000 €
-	Vorsteuer				- 20.000 €
=	Umsatzsteuerschuld (Zahllast)				13.000 €

ÜBUNG →
1. Wiederholungsfragen 7 und 8 (Seite 398),
2. Fälle 2 und 3 (Seite 399)

14.8 Zusammenfassung und Erfolgskontrolle

14.8.1 Zusammenfassung

Aufzeichnungen	Umfang der Aufzeichungen
1. über die Umsätze	
1.1 ausgeführte entgeltliche Leistungen	Entgelte
1.2 ausgeführte unentgeltliche Leistungen	Bemessungsgrundlage
1.3 innergemeinschaftlicher Erwerb	Bemessungsgrundlagen und die hierauf entfallenden Steuerbeträge
1.4 Umsätze des § 13b Abs. 1 bis 5 UStG	Entgelte
2. über die Vorsteuern	
2.1 empfangene Leistungen	Entgelte und Vorsteuer
2.2 Einfuhr	Bemessungsgrundlagen und EUSt
2.3 innergemeinschaftlicher Erwerb	Bemessungsgrundlagen und die hierauf entfallenden Steuerbeträge
2.4 Leistungen des § 13b Abs. 1 bis 5 UStG	Entgelte und Vorsteuer

14.8.2 Erfolgskontrolle

Wiederholungsfragen

1. Was muss der Unternehmer beim entgeltlichen Leistungsausgang nach § 22 UStG aufzeichnen?
2. Was muss der Unternehmer bei den unentgeltlichen Leistungen aufzeichnen?
3. Was hat der Unternehmer im Falle der Einfuhr nach § 22 Abs. 2 Nr. 6 UStG aufzuzeichnen?
4. Was hat der Unternehmer im Falle des innergemeinschaftlichen Erwerbs i. S. d. § 22 Abs. 2 Nr. 7 UStG aufzuzeichnen?
5. Was hat der Leistungsempfänger in den Fällen des § 13b UStG aufzuzeichnen?
6. Welche Verfahren zur erleichterten Trennung der Entgelte kann das Finanzamt für Handel und Handwerk zulassen?
7. Wie ist zu verfahren, wenn die Trennung der Entgelte vom Wareneingang her unter Hinzurechnung eines gewogenen Durchschnittsaufschlags durchgeführt werden soll?
8. Wie ist bei Filialunternehmen zu verfahren, wenn die Trennung der Entgelte nach den tatsächlichen Verkaufsentgelten durchgeführt werden soll?

Fälle

FALL 1

Der Lebensmittelhändler A, Bremen, der seine Umsätze nach vereinnahmten Entgelten versteuert, führt mit Genehmigung des Finanzamtes die Trennung der Entgelte vom Wareneingang her durch. A zeichnet seine Waren getrennt nach den beiden Steuersätzen in einem Wareneingangsbuch auf. Für die 7 %-Waren trägt er außerdem in einer zusätzlichen Spalte die voraussichtlichen Verkaufsentgelte ein.

Aus seinen Aufzeichnungen ergibt sich für den Monat Dezember 2026 Folgendes:

a)	vereinnahmte Entgelte zuzüglich Umsatzsteuer insgesamt	112.004 €
b)	Verkaufsentgelte der 7 %-Waren (ohne Umsatzsteuer)	75.800 €

1. Nach welchem Verfahren ist die erleichterte Trennung der Entgelte vorzunehmen?
2. Wie viel Euro betragen jeweils die Entgelte und die Umsatzsteuer nach diesem Verfahren?

FALL 2

Der Lebensmittelhändler B, Würzburg, zeichnet ein Vierteljahr lang die Einkaufsentgelte der nicht begünstigten Waren und die Verkaufsentgelte dieser Waren auf, um den gewogenen Durchschnittsaufschlagsatz errechnen zu können.

a)	Summe der Einkaufsentgelte der 19 %-Waren	37.400 €
b)	Summe der Verkaufsentgelte der 19 %-Waren	44.880 €

Für den Monat Oktober 2026 zeichnet B folgende Beträge auf:

a)	Bruttomonatsumsatz insgesamt	24.140 €
b)	Einkaufsentgelt der 19 % -Waren	5.000 €

1. Wie viel Prozent beträgt der gewogene Durchschnittsaufschlagsatz?
2. Wie viel Euro betragen jeweils die Entgelte und die USt, wenn die Trennung der Entgelte vom Wareneingang her unter Hinzurechnung dieses gewogenen Durchschnittsaufschlagsatzes durchgeführt wird?

FALL 3

Das Finanzamt hat dem Einzelhändler C, Bonn, gestattet, die Entgelte aus den begünstigten Umsätzen nachträglich anhand des Wareneingangs zu berechnen.

Im November 2026 erzielt C einen Bruttoumsatz von 123.100 € einschl. 7 % bzw. 19 % USt. Der Wareneingang der begünstigten Umsätze beträgt 50.000 €, der Rohgewinnaufschlag hierfür 30 %. Im November 2026 ergeben sich 5.200 € abzugsfähige Vorsteuerbeträge.

Ermitteln Sie in einem übersichtlichen Schema die Umsatzsteuerschuld (Zahllast) für November 2026.

Zusammenfassende Erfolgskontrolle zum 1. bis 14. Kapitel

Der selbständige Goldschmied U, Koblenz, lebt mit seiner Ehefrau im gesetzlichen Güterstand (im Güterstand der Zugewinngemeinschaft). Seine Werkstatt befindet sich in seinem Haus in Koblenz, das 1997 fertiggestellt wurde. Das Grundstück hat er in vollem Umfang seinem Unternehmen zugeordnet. Bei der Herstellung des Hauses in 1997 hat er den vollen Vorsteuerabzug in Anspruch genommen. U verzichtet - soweit wie möglich - auf die Steuerfreiheit nach § 4 Nr. 12a. Die drei Geschosse des Hauses sind gleich groß.

Aus den Büchern und Unterlagen ergibt sich für den Monat Dezember 2026 Folgendes:

1. U bewirkt im Dezember 2026 folgende Leistungen:

Werklieferungen im Inland	154.000 € (netto)
Werkleistungen im Inland	15.400 € (netto)

2. Die Vorsteuerbeträge auf den Wareneinkauf und die Werkstattkosten betragen im Dezember 2026 15.000 €.

Das Haus wird wie folgt genutzt:

a) **Erdgeschoss**
Das Erdgeschoss hat U an seine Frau vermietet, die dort ein Einzelhandelsgeschäft betreibt. Die Mieteinnahmen, die U im Dezember 2026 zufließen, betragen 1.200 € (netto).

b) **1. Obergeschoss**
Das 1. Obergeschoss wird von U mit seiner Familie selbst bewohnt. Die anteiligen Ausgaben i.S.d. § 10 Abs. 4 Nr. 2 betragen monatlich 600 €.

c) **2. Obergeschoss**
Im 2. Obergeschoss befindet sich die Werkstatt des U. Die monatlichen Ausgaben für das 2. Obergeschosses betragen 800 €.

3. Für die Instandsetzung des Daches sind U im Dezember 2026 Kosten in Höhe von 19.000 € + 19 % USt entstanden.
4. Auf die private Nutzung des betrieblichen Pkws entfallen im Dezember 2026 lt. ordnungsgemäß geführtem Fahrtenbuch 400 € Pkw-Kosten, bei denen der Vorsteuerabzug möglich gewesen ist, und 100 € Pkw-Kosten, bei denen der Vorsteuerabzug nicht möglich gewesen ist.
5. Ein Teil des Warenlagers wird im Dezember 2026 durch Brand vernichtet. Die Versicherung zahlt für den entstandenen Schaden im Dezember 2026 10.000 €.
6. U schenkt seiner Schwester zu ihrem Namenstag am 11.12.2026 einen Goldring. Den Ring hat er aus seinem Betrieb entnommen. Der Wert des Goldrings beträgt im Zeitpunkt des Kaufs 500 €, im Zeitpunkt der Entnahme 600 € und der Verkaufswert des Ringes beläuft sich auf 700 €.
7. U hat für einen arabischen Kunden ein goldenes Essbesteck angefertigt. Hierfür hat er 6.000 € vereinnahmt. Das Essbesteck übergibt er anlässlich einer Ferienreise dem Kunden persönlich in Riad.

Wie hoch ist die Umsatzsteuerschuld (Zahllast) des U für den Monat Dezember 2026, wenn für das Haus die Vorsteuer-Aufteilung nach § 15 Abs. 4 Satz 1 erfolgt?

15 Besteuerung nach Durchschnittssätzen

Viele kleine Unternehmer und Land- und Forstwirte wären überfordert, wenn sie die Aufzeichnungspflichten des § 22 voll erfüllen müssten.

Zur **Vereinfachung des Besteuerungsverfahrens** hat der Gesetzgeber

1. für **land- und forstwirtschaftliche Betriebe Durchschnittssätze** festgesetzt (**§ 24**) und
2. **kleineren Vereinen** (Vereine mit einem Vorjahresumsatz von nicht mehr als **50.000 Euro - bis zum 31.12.2025: 45.000 Euro**) die Möglichkeit eingeräumt, ihre abziehbare Vorsteuer durch Anwendung des **Pauschalsatzes von 7 %** auf ihre steuerpflichtigen Umsätze zu ermitteln (**§ 23a**).

Durch das **Steueränderungsgesetz 2025** wurde die **Umsatzgrenze von 45.000 Euro auf 50.000 Euro** mit Wirkung **zum 01.01.2026** angehoben.

15.1 Durchschnittssätze für land- und forstwirtschaftliche Betriebe

Der Gesetzgeber hat die **Umsatzsteuer und** die **Vorsteuer** für Umsätze, die ein Unternehmer im Rahmen seines **land- und forstwirtschaftlichen Betriebs** ausführt, pauschal festgesetzt (§ 24).

Die Anwendung des § 24 setzt grundsätzlich voraus, dass der landwirtschaftliche Betrieb **bewirtschaftet** wird (Abschn. 24.1 Abs. 4 Satz 1 UStAE).
Ein Unternehmer, der seinen landwirtschaftlichen Betrieb **verpachtet** und dessen unternehmerische Betätigung im Bereich der Landwirtschaft sich in dieser Verpachtung erschöpft, betreibt mit der Verpachtung **keinen** landwirtschaftlichen Betrieb im Sinne des § 24. In diesen Fällen kann zu Beginn der Verpachtung für die Anwendung des § 19 Abs. 1 UStG aus Vereinfachungsgründen auf den voraussichtlichen Gesamtumsatz des laufenden Kalenderjahres abgestellt werden (Abschn. 19.1 Abs. 4a Satz 1 UStAE).

Mit dem **Jahressteuergesetz 2020** wurden die Voraussetzungen zur Anwendung der Durchschnittssätze für land- und forstwirtschaftliche Betriebe geändert. Danach kann die Durchschnittssatzbesteuerung für Umsätze, die **nach dem 31.12.2021** ausgeführt werden, nur noch angewendet werden, wenn der **Gesamtumsatz des Vorjahres nicht mehr als 600.000 Euro** betragen hat. Hierdurch müssen sich zahlreiche land- und forstwirtschaftliche Betriebe **seit 2022** auf die **Regelbesteuerung** einstellen.

Der **allgemeine Durchschnittssatz** betrug für **2022 9,5 %**. Durch das **Achte Gesetz zur Änderung von Verbrauchsteuergesetzen** wurde dieser Satz für **2023** auf **9,0 %** festgesetzt. Er wird **jährlich überprüft** und bei Bedarf gesetzlich angepasst (§ 24 Abs. 5).

Zum Zeitpunkt des Inkrafttretens des **Jahressteuergesetzes 2024** (06.12.2024) wurde er auf **8,4 %** gesenkt. **Zum 01.01.2025** erfolgt eine weitere Absenkung auf **7,8 %**. Dieser Prozentsatz gilt **auch** für **2026**.

Die folgende **Übersicht** zeigt die ab. 01.01.2026 gültigen **Durchschnittssätze für land- und forstwirtschaftliche Betriebe**:

Art der Umsätze	Durchschnittssatz		Steuerzahllast
	Umsatz v.H.	Vorsteuer v.H.	
1. Lieferungen von forstwirtschaftlichen Erzeugnissen, ausgenommen Sägewerkserzeugnisse (z.B. Rund-, Schicht- und Abfallholz)	5,5	5,5	0
2. Lieferungen der in der Anlage 2 aufgeführten Sägewerkserzeugnisse (z.B. Schnittholzabfälle, Hobel-, Hack- und Sägespäne), sonstige Leistungen (z.B. Lohnfuhren), Hilfsumsätze (z.B. Verkauf gebrauchter Landmaschinen)	7,8	7,8	0
3. Lieferungen und unentgeltliche Wertabgaben (ausgenommen Ausfuhrlieferungen und Umsätze im Ausland) der			
a) in der Anlage 2 nicht aufgeführten Sägewerkserzeugnisse (z.B. Kanthölzer, Bohlen, Bretter)	19	7,8	11,2
b) in der Anlage 2 nicht aufgeführten Getränke (z.B. Wein, Traubenmost, Frucht- und Gemüsesäfte) sowie alkoholische Flüssigkeiten (z.B. reiner Alkohol)	19	7,8	11,2
4. Ausfuhrlieferungen und im Ausland bewirkte Umsätze der			
a) in der Anlage 2 nicht aufgeführten Sägewerkserzeugnisse (vgl. Nr. 3a)	7,8	7,8	0
b) Getränke, alkoholischen Flüssigkeiten (vgl. Nr. 3b)	7,8	7,8	0
5. übrige landwirtschaftliche Umsätze (z.B. Getreide, Vieh, Fleisch, Milch, Obst, Gemüse, Eier)	7,8	7,8	0

15.2 Zusammenfassung und Erfolgskontrolle

15.2.1 Zusammenfassung

- Für die im Rahmen eines **land- und forstwirtschaftlichen Betriebes** ausgeführten Umsätze wird die **Umsatzsteuer und** die **Vorsteuer** nach **Durchschnittssätzen** festgesetzt (**§ 24**). **Seit 01.01.2022** kann die Durchschnittssatzbesteuerung **nur** noch angewendet werden, **wenn** der **Gesamtumsatz des Vorjahres nicht mehr als 600.000 Euro** betragen hat.

- **Kleinere Vereine** haben die Möglichkeit, ihre abziehbare Vorsteuer durch Anwendung des **Pauschalsatzes von 7 %** auf ihre steuerpflichtigen Umsätze zu ermitteln, wenn ihr **Vorjahresumsatz nicht mehr als 50.000 Euro (bis 31.12.2025: 45.000 Euro**) betragen hat (**§ 23a**).

15.2.2 Erfolgskontrolle

WIEDERHOLUNGSFRAGEN

1. Unter welchen Voraussetzungen können Land- und Forstwirte die Besteuerung nach Durchschnittssätzen anwenden?
2. Welche Vereine können ihre abziehbare Vorsteuer durch Anwendung des Pauschalsatzes von 7 % ermitteln?

Zusammenfassende Erfolgskontrolle zum 1. bis 15. Kapitel

Der Unternehmer Wolfgang Kühn, Frankfurt, zeichnet für das III. Kalendervierteljahr 2026 folgende Geschäftsvorfälle, die dem allgemeinen Steuersatz unterliegen, auf (die genannten Beträge sind Nettobeträge):

1.	Warenlieferungen im Inland	68.750 €
2.	Sonstige Leistungen im Inland	21.375 €
3.	Innergemeinschaftliche Lieferungen	11.450 €
4.	Auf einer inländischen Fahrt mit seinem betrieblichen Pkw wird sein Wagen durch die Schuld eines Dritten beschädigt. Der Dritte zahlte bar	800 €
5.	Der serbische Unternehmer Kolac hat bei Kühn eine Spezialmaschine bestellt. Kühn befördert diese Maschine mit eigenem Fahrzeug für nach Serbien. Der Vorgang ist buch- und belegmäßig nachgewiesen.	20.000 €

Kühn ist Eigentümer eines viergeschossigen Hauses in Frankfurt, das in 2006 fertiggestellt und in vollem Umfang seinem Unternehmen zugeordnet wurde. Kühn hat - soweit möglich - auf die Steuerbefreiung nach § 4 Nr. 12a verzichtet und den maximal möglichen Vorsteuerabzug für das Haus in Anspruch genommen. Die aktuelle Gebäudenutzung entspricht der ursprünglichen Verwendungsabsicht. Das Haus wird in 2026 wie folgt genutzt:

1.	Das Erdgeschoss ist an einen Einzelhändler vermietet, der dort sein Geschäft betreibt. Die Jahresmiete beträgt	12.000 €
2.	Das 1. Obergeschoss ist für jährlich an einen Steuerberater vermietet,der dort seine Praxis betreibt.	12.000 €
3.	Das 2. und 3. Obergeschoss sind für das Jahr 2026 für insgesamt an Privatpersonen vermietet.	12.000 €

An Vorsteuerbeträgen fallen im III. Kalendervierteljahr 2026 an:

1.	beim Wareneinkauf und bei den Kosten einschließlich der Hauskosten für das Erdgeschoss und das 1. Obergeschoss	8.750 €
2.	für die Instandsetzung des Erdgeschosses	3.000 €
3.	für die Instandsetzung des 3. Obergeschosses	1.000 €

Ermitteln Sie die Umsatzsteuerschuld (Zahllast) für das III. Kalendervierteljahr 2026. Verwenden Sie für die Ermittlung der Umsatzsteuer (Traglast) die Lösungstabelle von Seite 386.

16 Differenzbesteuerung

Das Umsatzsteuersystem führt zu Problemen, wenn Gegenstände aus dem nichtunternehmerischen Bereich in den unternehmerischen Bereich überführt und dort erneut umgesetzt werden.
In diesen Fällen werden Gegenstände mehrfach mit Umsatzsteuer belastet, ohne dass eine Entlastung durch einen Vorsteuerabzug stattfindet.

Die **Differenzbesteuerung nach § 25a UStG** löst dieses Problem.

Bei der Differenzbesteuerung wird lediglich die positive **Differenz** (Marge) **zwischen Verkaufspreis und Einkaufspreis** der Umsatzsteuer unterworfen (Margenbesteuerung).

Bei Rechnungen im Rahmen der Differenzbesteuerung ist Folgendes zu beachten:

- Die Steuer ist grundsätzlich mit dem **allgemeinen Steuersatz (19 %)** zu berechnen (§ 25a Abs. 5 und Abschn. 25a.1 Abs. 15 UStAE).
- Es gilt das **Verbot des offenen Steuerausweises** (§ 14a Abs. 6 und Abschn. 25a.1 Abs. 16 UStAE).
- Die Rechnung muss die Angabe **„Gebrauchtgegenstände/Sonderregelung“, „Kunstgegenstände/Sonderregelung“ oder „Sammlungsstücke und Antiquitäten/ Sonderregelung“** enthalten (§ 14a Abs. 6).

16.1 Voraussetzungen

Für die Anwendung der Differenzbesteuerung ist es erforderlich, dass folgende Tatbestandsmerkmale erfüllt sind (§ 25a Abs. 1):

1. **Lieferung** (i. S. d. § 1 Abs. 1 Nr. 1)
2. **eines** (gebrauchten) beweglichen körperlichen Gegenstandes (**Gebrauchtgegenstandes**)
3. **durch** einen **Wiederverkäufer**.
4. Der Gegenstand wurde an den Wiederverkäufer im Gemeinschaftsgebiet ohne Umsatzsteuer oder im Wege der Differenzbesteuerung geliefert.

Die Anwendung der Differenzbesteuerung ist auf **Wiederverkäufer** beschränkt.

Als **Wiederverkäufer** gelten Unternehmer, die im Rahmen ihrer gewerblichen Tätigkeit üblicherweise Gebrauchtgegenstände erwerben und sie **danach**, gegebenenfalls nach Instandsetzung, im eigenen Namen wieder verkaufen (**gewerbsmäßige Händler**), **und** die **Veranstalter öffentlicher Versteigerungen**, die Gebrauchtgegenstände im eigenen Namen und auf eigene oder fremde Rechnung versteigern (Abschn. 25a.1 Abs. 2 Satz 2 UStAE).

BEISPIEL

Der **Antiquitätenhändler** U, Bonn, erwirbt Anfang 2026 von der **Privatperson** P einen 250 Jahre alten Schrank für **1.000 €**. U verkauft diesen Schrank Mitte 2026 für **1.800 €** an die Privatperson A, Köln.

Der Verkauf des Schrankes unterliegt der **Differenzbesteuerung**, weil alle Voraussetzungen des § 25a Abs. 1 erfüllt sind. Der Steuersatz beträgt 19 % (§ 25a Abs. 5).

16.2 Bemessungsgrundlage bei Einzeldifferenzbesteuerung

Bemessungsgrundlage für die entgeltliche Lieferung eines Gebrauchtgegenstandes durch einen Wiederverkäufer ist die (positive) **Differenz zwischen dem Verkaufspreis und dem Einkaufspreis** (§ 25a Abs. 3 Satz 1).
Aus dem **Differenzbetrag** ist die **Umsatzsteuer herauszurechnen**, weil sie nicht zur Bemessungsgrundlage gehört (Abschn. 25a.1 Abs. 8 Satz 1 UStAE).

BEISPIEL

Der Wiederverkäufer U, Bonn, **kauft** im August 2026 von dem **Privatmann** P, Bonn, einen **gebrauchten** Pkw für 15.000 €. U **verkauft** das Fahrzeug nach einem Monat für **20.000 €** an den Privatmann A, Bonn.

Die **Bemessungsgrundlage** für die Differenzbesteuerung wird wie folgt ermittelt:

	Verkaufspreis, brutto	20.000,00 €
-	Einkaufspreis	- 15.000,00 €
=	Differenzbetrag, brutto	5.000,00 €
-	Umsatzsteuer (15,97 %* von 5.000 €)	- 798,50 €
=	**Bemessungsgrundlage**	**4.201,50 €**

U hat für den Verkauf des Pkw **798,50 € Umsatzsteuer** an das Finanzamt abzuführen.
(* Vgl. Abschn. 15.4 Abs. 3 UStAE.)

Nebenkosten, die **nach** dem Kauf des Gegenstandes anfallen, also **nicht** im **Einkaufspreis** enthalten sind, z.B. Reparaturkosten, **mindern nicht** die Bemessungsgrundlage (Abschn. 25a.1 Abs. 8 Satz 2 UStAE).

Lässt sich bei einem **Kunstgegenstand** der Einkaufspreis nicht ermitteln oder ist der Einkaufspreis unbedeutend, beträgt die Bemessungsgrundlage **30 % des Verkaufspreises** (§ 25a Abs. 3 **Satz 2**).

16.3 Bemessungsgrundlage bei Gesamtdifferenzbesteuerung

Bei Gegenständen, deren **Einkaufspreis** den Betrag von **750 Euro** (bis zum 31.12.2024: 500 Euro) nicht übersteigt, kann die **Bemessungsgrundlage** anstatt mit der Einzeldifferenz nach der **Gesamtdifferenz** ermittelt werden (§ 25a Abs. 4).

§ 25a **Abs. 4** hat insbesondere für die Unternehmer große **Bedeutung**, die Gegenstände von geringem Wert oder in großen Mengen einkaufen, wie z.B. **Briefmarken-** oder **Münzhändler**, **Second-Hand-Shops** oder **Bücherantiquariate**.

Die **Gesamtdifferenz** ist der **Betrag**, **um den** die **Summe der Verkaufspreise und die Werte nach § 10 Abs. 4 Nr. 1 die Summe der Einkaufspreise** – jeweils bezogen auf den Besteuerungszeitraum – **übersteigt**. Der Unterschiedsbetrag stellt einen Bruttobetrag dar, d.h., die enthaltene Umsatzsteuer ist mit 19 % herauszurechnen.

Für die Ermittlung der **Verkaufs- und Einkaufspreise** sind die **Absätze 1 bis 3 des § 25a** entsprechend anzuwenden.

BEISPIEL

Der **Antiquitätenhändler** U **kauft** eine **Wohnungseinrichtung** für **3.000 €**. Dabei ist er insbesondere an einer **antiken Truhe** (geschätzter anteiliger Einkaufspreis **1.100 €**) und einem **Weichholzschrank** (Schätzpreis **800 €**) interessiert.
Die **restlichen Einrichtungsgegenstände**, zu denen ein Fernsehgerät (Schätzpreis 250 €) gehört, will er an einen Trödelhändler verkaufen.

U muss beim **Weiterverkauf** der **Truhe und** des **Weichholzschrankes** die **Bemessungsgrundlage** nach der **Einzeldifferenz** ermitteln.
Für die **restlichen Einrichtungsgegenstände** einschließlich des Fernsehgeräts **kann** die **Bemessungsgrundlage** nach der **Gesamtdifferenz** ermittelt werden, weil der Einkaufspreis dieser einzelnen Gegenstände 750 Euro nicht übersteigt (Abschn. 25a.1 Abs. 12 UStAE).

16.4 Verzicht auf die Differenzbesteuerung

Ein **Verzicht auf** die Anwendung der **Differenzbesteuerung** ist **bei jeder einzelnen Lieferung** eines Gebrauchtgegenstandes **möglich** (§ 25a **Abs. 8**).
Der Verzicht auf die Differenzbesteuerung nach § 25a Abs. 8 hat zur **Folge**, dass auf die Lieferung die **allgemeinen Vorschriften des Umsatzsteuergesetzes** anzuwenden sind (Abschn. 25a.1 Abs. 21 Satz 6 UStAE).

Der Verzicht auf die Differenzbesteuerung ist in folgenden Fällen i.d.R. **sinnvoll**:

1. Verkauf an vorsteuerabzugsberechtigte Unternehmer,
2. Verkauf von 7 %-Gegenständen an Personen ohne Vorsteuerabzugsmöglichkeit.

In den oben genannten Fällen kann der Wiederverkäufer den Gebrauchtgegenstand günstiger anbieten und/oder seinen Rohgewinn erhöhen.

BEISPIEL

Gebrauchtwagenhändler U, Bonn, verkauft den von einer Privatperson für 9.000 € erworbenen gebrauchten Pkw an den vorsteuerabzugsberechtigten Unternehmer A, Bonn. Die Kostenbelastung des A soll maximal 10.000 € betragen.

Die folgende Lösung verdeutlicht den **Unterschied** zwischen der **Differenzbesteuerung** und der **Regelbesteuerung**:

	Differenzbesteuerung	Regelbesteuerung
Verkaufspreis, brutto	10.000,00 €	11.900,00 €
- Einkaufspreis	- 9.000,00 €	- 9.000,00 €
Differenzbetrag, brutto	1.000,00 €	2.900,00 €
- USt	- 159,66 €	- 1.900,00 €
= **Rohgewinn**	**840,34 €**	**1.000,00 €**

In beiden Fällen ist A mit 10.000 € belastet.
Im Falle der **Differenzbesteuerung** steht A **kein Vorsteuerabzug** zu.
Die Option zur **Regelbesteuerung** bewirkt, dass A - sofern eine ordnungsgemäße Rechnung i.S.d. § 14 UStG vorliegt - einen **Vorsteuerabzug** in Höhe von **1.900 €** in Anspruch nehmen kann.
Der **offene Steuerausweis** ist ein Indiz für den Verzicht gem. § 25a Abs. 8 UStG.

U konnte seinen **Rohgewinn** um **159,66 €** (1.000 € - 840,34 €) **erhöhen**.
Alternativ könnte U bei gleichem Rohgewinn (840,34 €) den Gebrauchtwagen um netto **159,66 € günstiger anbieten**.

Ein **Verzicht auf die Differenzbesteuerung** nach § 25a **Abs. 8** ist im Fall der Besteuerung nach der **Gesamtdifferenz ausgeschlossen** (Abschn. 25a.1 Abs. 21 Satz 3 UStAE).

16.5 Erfolgskontrolle

Wiederholungsfragen

1. Für welche Gegenstände kann die Differenzbesteuerung nach § 25a UStG in Anspruch genommen werden?
2. Wer kann die Differenzbesteuerung nach § 25a UStG anwenden?
3. Was ist bei der Rechnungserstellung im Falle der Differenzbesteuerung zu beachten?
4. Was ist die Bemessungsgrundlage für die entgeltliche Lieferung nach § 25a Abs. 3 UStG?
5. In welchem Fall kann die Bemessungsgrundlage anstatt nach der Einzeldifferenz nach der Gesamtdifferenz ermittelt werden?
6. In welchem Fall kann der Wiederverkäufer auf die Anwendung der Differenzbesteuerung verzichten?

Fälle

FALL 1

Studienrat Rönz, Bonn, verkauft Kfz-Händler Werner, Bonn, einen Gebrauchtwagen zum Preis von 3.000 €.
Kfz-Händler Werner verkauft diesen Gebrauchtwagen der Steuerfachangestellten Eva Fuchs, Köln, zum Preis von 4.046 €.

a) Stellen Sie die umsatzsteuerlichen Folgen der beiden Kfz-Geschäfte (An- und Verkauf) für Herrn Werner unter Berücksichtigung der Regelbesteuerung dar.
b) Erläutern Sie die umsatzsteuerlichen Folgen im Rahmen der Differenzbesteuerung.

FALL 2

Antiquitätenhändler Arndt, Köln, kauft von der Familie Fuchs, Köln, einen antiken Schrank von geschichtlichem Wert zum Preis von 1.500 €.
Anschließend verkauft Herr Arndt diesen Schrank an Studienrat Rönz, Bonn, zum Preis von 2.690 €.

Erläutern Sie die umsatzsteuerlichen Folgen im Rahmen der Differenzbesteuerung.

FALL 3

Studienrat Lang, Köln, verkauft Kfz-Händler Werner, Bonn, einen Gebrauchtwagen zum Preis von 3.000 €.
Kfz-Händler Werner verkauft diesen Gebrauchtwagen an die Familie Hof, Köln, zum Preis von 2.000 €.

Erläutern Sie die umsatzsteuerlichen Folgen im Rahmen der Differenzbesteuerung.

LF 6

17 Besteuerung der Kleinunternehmer

Die Sonderregelungen des **§ 19** sind auf sog. **Kleinunternehmer** anzuwenden. Die Kleinunternehmerbesteuerung wurde **zum 01.01.2025** insbesondere durch das **Wachstumschancengesetz** und das **Jahressteuergesetz 2024 umfassend reformiert**.

17.1 Begriff des Kleinunternehmers

Im **Inland ansässige** Unternehmer, deren **Gesamtumsatz** nach § 19 Abs. 2

1. im **vorangegangenen** Kalenderjahr **25.000 Euro** (bis 31.12.2024: 22.000 Euro) nicht überstiegen hat **und**
2. im **laufenden** Kalenderjahr **100.000 Euro** nicht übersteigt (bis 31.12.2024: voraussichtlich 50.000 Euro nicht übersteigen wird,

werden als **Kleinunternehmer** bezeichnet.

BEISPIEL

Der Unternehmer U, Bonn, hat im **vorangegangenen** Kalenderjahr (**2025**) einen Gesamtumsatz von **15.000 €** erzielt. Im **laufenden** Kalenderjahr (**2026**) beträgt der Gesamtumsatz **35.000 €**.

U ist **Kleinunternehmer** i.S.d. § 19 Abs. 1 Satz 1, weil **beide** Voraussetzungen erfüllt sind.

Durch das Abstellen auf den **Vorjahresumsatz** (erste Voraussetzung) sollte der Unternehmer grundsätzlich **zu Beginn** eines Kalenderjahres wissen, ob **Umsatzsteuer** bei ihm erhoben wird oder nicht. Dies ist für ihn ggf. im Hinblick auf einen **offenen Steuerausweis in einer Rechnung** wichtig. Die Einführung einer festen Grenze für den Umsatz im **laufenden** Kalenderjahr (zweite Voraussetzung) kann allerdings dazu führen, dass **unterjährig** der **Wechsel** von der Kleinunternehmerbesteuerung **zur Regelbesteuerung** vorzunehmen ist.

BEISPIEL

Unternehmer U, Ulm, hat in 2025 einen Gesamtumsatz in Höhe von **20.000 €** erzielt. Im laufenden Kalenderjahr hat er bislang einen Gesamtumsatz in Höhe von **80.000 €** erzielt. Er kann einen neuen Kunden gewinnen, der einen Gegenstand für **40.000 €** bestellt und sofort bezahlt.

Mit Vereinnahmung des Entgelts für diesen Umsatz **überschreitet** U im laufenden Kalenderjahr die Grenze von **100.000 €**. Bereits dieser Umsatz ist **nicht** mehr nach § 19 Abs. 1 **steuerbefreit** und unterliegt **in voller Höhe** der **Regelbesteuerung**.

Nimmt der Unternehmer seine Tätigkeit **im Laufe eines Kalenderjahres neu** auf, so ist **seit dem 01.01.2025** auf den **tatsächlichen inländischen Gesamtumsatz des laufenden Jahres** abzustellen. Bisher angewandte **Hochrechnungen entfallen**. Entsprechend der Zweckbestimmung des § 19 Abs. 1 ist **im Jahr der Aufnahme der Tätigkeit** die Grenze von **25.000 Euro** und nicht die Grenze von 100.000 Euro **maßgebend** (Abschn. 19.1 Abs. 3 Satz 2 UStAE).

ÜBUNG →
1. Wiederholungsfragen 1 bis 3 (Seite 413),
2. Fall 1 (Seite 414)

17.2 Gesamtumsatz

Der **Gesamtumsatz**, von dem für die Berechnung der Umsatzgrenzen des § 19 Abs. 1 auszugehen ist, ist **nicht** – wie das Wort vermuten lässt – der **gesamte Umsatz** eines Kleinunternehmers, sondern ein in § 19 Abs. 2 genau beschriebener Betrag.

In § 19 Abs. 2 ist der Gesamtumsatz wie folgt definiert:

	Summe steuerbarer Umsätze im Sinne des § 1 Abs. 1 Nr. 1
	steuerbare **entgeltliche** und **unentgeltliche Leistungen**
./.	**steuerfreie Umsätze nach § 4 Nrn. 8i, 9b und Nrn. 11 bis 29**
	Nr. 8i bestimmte Wertzeichenumsätze **Nr. 9b** bestimmte Umsätze, die unter das Rennwett- und Lotteriegeschäft fallen **Nrn. 11 bis 29** z.B. Umsätze aus der Tätigkeit als Bausparkassenvertreter, Arzt, Zahnarzt
./.	**steuerfreie Hilfsumsätze nach § 4 Nrn. 8a bis 8h, Nr. 9a und Nr. 10**
	Nrn. 8a bis 8h Gewährung, Verwaltung, Vermittlung von Krediten **Nr. 9a** Umsätze, die unter das Grunderwerbsteuergesetz fallen **Nr. 10** Leistungen aufgrund eines Versicherungsverhältnisses
./.	**Umsätze mit Wirtschaftsgütern des Anlagevermögens**
	Veräußerung und **Entnahme** von Wirtschaftsgütern des Anlagevermögens
=	**Gesamtumsatz im Sinne des § 19 Abs. 2**

Der **Gesamtumsatz** ist eine **Netto-Größe** (**ohne** Hinzurechnung einer Umsatzsteuer):

BEISPIEL 1

Der Handelsvertreter U, Essen, hat im Kalenderjahr **2025** folgende Umsätze erzielt:

a)	Einnahmen aus Provision, brutto	**14.419,23 €**
b)	Einnahmen aus dem Verkauf eines betrieblichen Pkws, brutto	**5.691,77 €**
c)	steuerbare unentgeltliche Leistungen, netto	**500,00 €**

Der **Gesamtumsatz** im Sinne des § 19 Abs. 2 beträgt in **2026 15.000 €**.

U ist in **2026 Kleinunternehmer**, bei dem **keine Umsatzsteuer erhoben** wird.

Begründung:

1. Der **Gesamtumsatz** im Sinne des § 19 Abs. 2 hat im vorangegangenen Kalenderjahr (2025), wie die folgende Rechnung zeigt, **25.000 € nicht überschritten**:

a)	Umsatz aus Provision (14.419,23 € : 1,19)	12.117 €
b)	Umsatz aus Pkw-Verkauf (5.691,77 € : 1,19)	4.783 €
c)	Umsatz aus steuerbaren unentgeltlichen Leistungen	500 €
=	Summe steuerbarer Umsätze im Sinne des § 1 Abs. 1 Nr. 1	17.400 €
–	Umsatz aus Pkw-Verkauf (Wirtschaftsgut des Anlagevermögens)	– 4.783 €
=	Gesamtumsatz im Sinne des § 19 Abs. 2	**12.617 €**

2. Der **Gesamtumsatz** im Sinne des § 19 Abs. 2 übersteigt im **laufenden** Kalenderjahr (2026) **nicht 100.000 €**.

BEISPIEL 2

Der selbständige Arzt U, Koblenz, erzielt 2026 folgende **Einnahmen**:

Einnahmen aus ärztlicher Tätigkeit (steuerfrei)	200.000 €
Einnahmen aus Vortragstätigkeit (steuerpflichtig: 5.400 € + 1.026 € USt)	6.426 €
Einnahmen aus schriftstellerischer Tätigkeit (steuerpflichtig: 3.500 € + 245 € USt)	3.745 €

Der **Gesamtumsatz** des U wird wie folgt berechnet:

	steuerbare Umsätze im Sinne des § 1 Abs. 1 Nr. 1 (200.000 € + 5.400 € + 3.500 €)	208.900 €
-	**steuerfreie Umsätze nach § 4 Nrn. 8i, 9b und 11 bis 29** (steuerfreie Umsätze nach § 4 Nr. 14)	- 200.000 €
-	**steuerfreie Hilfsumsätze nach § 4 Nrn. 8a bis 8h, 9a und 10**	0 €
=	**Gesamtumsatz im Sinne des § 19 Abs. 2**	**8.900 €**

Der **Gesamtumsatz** ist für Kleinunternehmer stets nach **vereinnahmten** Entgelten zu berechnen (§ 19 Abs. 2 Satz 1).

BEISPIEL

Der Kleinunternehmer Peter Schreiber stellt in 2026 **Entgelte** in Höhe von netto **25.800 €** in Rechnung. Davon sind am 31.12.2026 **1.800 € noch nicht bezahlt**.

Schreiber setzt in 2026 als Gesamtumsatz i. S. d § 19 Abs. 2 UStG **24.000 €** (25.800 € - 1.800 €) an, weil der Gesamtumsatz nach **vereinnahmten Entgelten** zu berechnen ist.

ÜBUNG →
1. Wiederholungsfragen 4 bis 6 (Seite 413),
2. Fälle 2 bis 5 (Seiten 414 f.)

17.3 Rechtsfolgen der Kleinunternehmereigenschaft

Liegen die Voraussetzungen des § 19 Abs. 1 Satz 1 vor, gelten die in § 1 Abs. Nr. 1 bezeichneten Umsätze (**entgeltliche und unentgeltliche** Lieferung und sonstige Leistungen) als **steuerfrei**. **Bis 31.12.2024** waren die Umsätze **steuerpflichtig**, die Umsatzsteuer wurde aber **nicht erhoben**.

Die Umsatzsteuer für die **Einfuhr** von Gegenständen (§ 1 Abs. 1 Nr. 4), für den **innergemeinschaftlichen Erwerb** (§ 1 Abs. 1 **Nr. 5**) **sowie** die nach § 13a Abs. 1 Nr. 6, § 13b Abs. 5, § 14c Abs. 2 und § 25b Abs. 2 geschuldete Umsatzsteuer hat der **Kleinunternehmer** hingegen **abzuführen** (Abschn. 19.1 Abs. 1 Sätze 2 bis 3 UStAE).

Die Vorschrift des **§ 19 Abs. 1 schließt** die Anwendung der Vorschriften über den **Vorsteuerabzug aus**. Der Kleinunternehmer kann daher die Steuerbeträge für Umsätze, die an ihn ausgeführt werden, **nicht** nach § 15 als Vorsteuer geltend machen. Dasselbe gilt für die **Einfuhrumsatzsteuer** und die **Erwerbsteuer**, die er jedoch zahlen muss.

Kleinunternehmer können vom **Verzicht auf Steuerbefreiungen (§ 9) keinen Gebrauch machen**. Möchte ein Kleinunternehmer § 9 in Anspruch nehmen (z. B. um in den Genuss des Vorsteuerabzugs bei Vermietungsumsätzen zu kommen), muss er dem Finanzamt **erklären**, **dass er** auf die Anwendung des § 19 Abs. 1 **verzichtet**, d. h., er muss für die **Regelbesteuerung optieren** (§ 19 Abs. 3). Faktisch muss eine doppelte Option (§ 19 Abs. 3 + § 9) erfolgen.

Außerdem sind Kleinunternehmer **nicht berechtigt**, **Umsatzsteuer** für ihre Umsätze **in Rechnungen gesondert auszuweisen**. Weist ein Kleinunternehmer dennoch Umsatzsteuer in einer Rechnung gesondert aus, so **muss** er diese Steuer an das Finanzamt abführen (§ 14c Abs. 2). Soweit eine Verpflichtung zur Rechnungsausstellung nach § 14 UStG besteht, müssen Kleinunternehmer in ihren Rechnungen **auf** die **Steuerfreiheit** als Kleinunternehmerumsatz **hinweisen** (§ 34a Satz 1 UStDV). Sie sind aber **nicht** verpflichtet, **E-Rechnungen** zu erstellen (§ 34a Satz 3 UStDV).

Kleinunternehmer haben an Stelle der nach § 22 Abs. 2 bis 4 vorgeschriebenen Angaben nur die **Werte der erhaltenen Gegenleistungen** für ihre Leistungen **und** die **unentgeltlichen** sonstigen Leistungen i. S. d. § 3 Abs. 9a Nr. 2 **aufzuzeichnen** (§ 65 UStDV).

Seit 2025 sind Kleinunternehmer **grundsätzlich von** der **Abgabe von Voranmeldungen sowie einer Steuererklärung befreit** (§ 19 Abs. 1 Satz 2). Diese Befreiung gilt **nicht** für die in **§ 18 Abs. 4a** genannten Leistungen, z. B. **innergemeinschaftliche Erwerbe**, **Reverse-Charge-**Sachverhalte oder **innergemeinschaftliche Dreiecksgeschäfte**.

Ebenso hat die **Finanzverwaltung** weiterhin das Recht, eine Umsatzsteuererklärung gem. § 149 Abs.1 Satz 2 AO **einzufordern** (§ 19 Abs. 1 Satz 2, 2. Halbsatz).

ÜBUNG → Wiederholungsfragen 7 bis 11 (Seite 413),

17.4 Option für die Regelbesteuerung

Der Kleinunternehmer kann **bis zum letzten Tag des Monats Februar** des **zweiten** auf den Besteuerungszeitraum folgenden Kalenderjahres (d. h. für 2026 bis zum 29.02.2028) gegenüber dem Finanzamt **unwiderruflich** erklären, dass er auf die Anwendung des § 19 **Abs. 1** verzichtet (§ 19 **Abs. 3**).

Er **optiert** damit für die Regelbesteuerung, d.h., er unterliegt der Besteuerung nach den allgemeinen Vorschriften des UStG.

Die **Option** kann für ihn **vorteilhaft** sein, wenn er z.B. hauptsächlich Umsätze an andere vorsteuerabzugsberechtigte Unternehmer bewirkt und selbst – im Falle der Regelbesteuerung – Vorsteuerbeträge geltend machen könnte.

Die **Option** gilt vom **Beginn** des Kalenderjahres an, für das sie erklärt wird.

Die **Optionserklärung** bindet den Unternehmer **mindestens fünf Jahre** (§ 19 Abs. 3 Satz 3).

Der Kleinunternehmer, der für die Regelbesteuerung **optiert** hat, kann

1. auf **Steuerbefreiungen** nach § 9 **verzichten**,
2. die **Umsatzsteuer** in seinen Rechnungen **gesondert ausweisen**,
3. den **Vorsteuerabzug geltend machen**.

BEISPIEL

Unternehmer U, Düsseldorf, hat 2025 einen Gesamtumsatz im Sinne des § 19 Abs. 2 von 13.000 € erzielt und 2026 für die Regelbesteuerung **optiert**, um den Vorsteuerabzug geltend machen zu können.
In 2026 zeichnet U abziehbare Vorsteuerbeträge von insgesamt **3.250 €** auf.
Seine steuerpflichtigen Umsätze (19 % USt) betragen in 2026 **7.500 €**.

Der **Erstattungsanspruch** (das Vorsteuerguthaben) für 2026 wird wie folgt berechnet:

	Umsatzsteuer (Traglast) (19 % von 7.500 €)	1.425 €
-	abziehbare Vorsteuer	- 3.250 €
=	**Erstattungsanspruch** (Vorsteuerguthaben)	**1.825 €**

ÜBUNG →	1. Wiederholungsfragen 12 und 13 (Seite 413), 2. Fälle 6 bis 9 (Seiten 415 f.)

17.5 Kleinunternehmerbesteuerung in der EU

Mit Wirkung zum 01.01.2025 wurde die grenzüberschreitende Kleinunternehmerbesteuerung in der EU ebenfalls überarbeitet. **Deutsche** Unternehmer **können** danach **unter bestimmten Voraussetzungen** auch in anderen Mitgliedstaaten die dort geltenden Regelungen der Kleinunternehmerbesteuerung in Anspruch nehmen. **Ebenso** können Unternehmer **aus anderen Mitgliedstaaten** die deutsche Kleinunternehmerbesteuerung anwenden.

Deutsche Unternehmer können in anderen Mitgliedstaaten die dort geltende Kleinunternehmerbesteuerung anwenden, **wenn** sie die **lokalen Kriterien für Kleinunternehmer** erfüllen **und**:

1. der **Jahresumsatz** (gem. Art. 288 MwStSystRL) im **vorangegangenen** Kalenderjahr **100.000 Euro nicht** überschritten hat (§ 19a Abs. 1 Sätze 1 und 2) **und**
2. die **Teilnahme** beim BZSt an einem besonderen **elektronischen Meldeverfahren** beantragt und eine **Kleinunternehmer-Identifikationsnummer** erhalten haben (§ 19a Abs. 3).

Im **Inland** muss der deutsche Unternehmer **vierteljährlich** (jeweils bis zum Ende des darauffolgenden Monats) beim BZSt unter der Kleinunternehmer-Identifikationsnummer eine **Umsatzmeldung elektronisch** über amtliche Schnittstelle abgeben (§ 19a Abs. 3).

Unternehmer **anderer Mitgliedstaaten** können in Deutschland die geltende Kleinunternehmerbesteuerung anwenden, wenn sie die **deutschen Kriterien** für Kleinunternehmer erfüllen **und**:

1. der **Jahresumsatz** (gem. Art. 288 MwStSystRL) im **vorangegangenen** Kalenderjahr **100.000 Euro nicht** überschritten hat **und**
2. in ihrem **Heimatstaat** eine **Kleinunternehmer-Identifikationsnummer** erhalten haben und **an** dem **Meldeverfahren teilnehmen**.

ÜBUNG →	Wiederholungsfragen 14 und 15 (Seite 413),

17.6 Zusammenfassung und Erfolgskontrolle

17.6.1 Zusammenfassung

Der Gesamtumsatz im Sinne des § 19 Abs. 2 UStG wird wie folgt ermittelt:

	steuerbare Umsätze im Sinne des § 1 Abs. 1 Nr. 1 UStG
	steuerbare **entgeltliche** und **unentgeltliche Leistungen**
./.	**steuerfreie Umsätze nach § 4 Nrn. 8i, 9b und Nrn. 11 bis 29** UStG
	hierzu gehören z. B. Umsätze aus der Tätigkeit als Bausparkassenvertreter, Arzt, Zahnarzt
./.	**steuerfreie Hilfsumsätze nach § 4 Nrn. 8a bis 8h, Nr. 9a und Nr. 10**
	Gewährung, Verwaltung, Vermittlung von Krediten (Nrn. 8a bis 8h), Umsätze, die unter das Grunderwerbsteuergesetz fallen (Nr. 9a), Leistungen aufgrund eines Versicherungsverhältnisses (Nr. 10)
./.	darin enthaltene Umsätze von Wirtschaftsgütern des Anlagevermögens
=	**Gesamtumsatz im Sinne des § 19 Abs. 2 UStG**

17.6.2 Erfolgskontrolle

WIEDERHOLUNGSFRAGEN

1. Wer ist Kleinunternehmer i. S. d. § 19 Abs. 1 UStG?
2. Welche Konsequenzen ergeben sich bei der Überschreitung der Wertgrenze für das laufende Jahr?
3. Welche Grenze gilt im Jahr einer Neugründung für den Gesamtumsatz?
4. Wie wird der Gesamtumsatz i. S. d. § 19 Abs.2 UStG berechnet?
5. Ist der Gesamtumsatz eine Brutto- oder eine Nettogröße?
6. Wird der Gesamtumsatz nach vereinbarten oder vereinnahmten Entgelten berechnet?
7. Für welche Umsätze braucht der Kleinunternehmer keine Umsatzsteuer zu zahlen?
8. Für welche Umsätze muss der Kleinunternehmer Umsatzsteuer zahlen?
9. Was gilt für einen Kleinunternehmner hinsichtlich des Vorsteuerabzugs?
10. Was hat der Kleinunternehmer bei der Rechnungsstellung zu beachten?
11. In welchen Fällen hat der Kleinunternehmer Voranmeldungen und/oder Steuererklärungen abzugeben?
12. In welchem Fall ist es für den Kleinunternehmer vorteilhaft, für die Regelbesteuerung zu optieren?
13. Wie lange gilt die Option für die Regelbesteuerung mindestens?
14. Unter welchen Voraussetzungen kann ein im Inland ansässiger Unternehmer die Kleinbesteuerungsregelungen eines anderen Mitgliedsstaates anwenden?
15. Unter welchen Voraussetzungen kann ein im übrigen Gemeinschaftsgebiet ansässiger Unternehmer die deutschen Kleinbesteuerungsregelungen anwenden?

Fälle

FALL 1

Unternehmer Stein, Köln, hat folgende Gesamtumsätze i.S.d. § 19 Abs. 1 Satz 1 erzielt:

Jahr 1	22.500 €,
Jahr 2	25.500 €,
Jahr 3	18.555 €,
Jahr 4	110.000 €.

In welchen Jahren kann Herr Stein als Kleinunternehmer behandelt werden?

FALL 2

Christoph Platen, Bonn, der in 2025 Kleinunternehmer i.S.d. § 19 Abs. 1 gewesen ist, hat in 2025 einen Gesamtumsatz i.S.d. § 19 Abs. 1 Satz 1 in Höhe von 22.500 € erzielt.

Seine in 2026 tatsächlich aufgezeichneten Umsätze betragen 34.750 €. Dieser Betrag setzt sich wie folgt zusammen:

a)	steuerpflichtige Lieferungen, brutto (19 %)	20.230 €
b)	steuerpflichtige sonstige Leistungen, brutto (19 %)	8.330 €
c)	Verkauf einer Produktionsmaschine, brutto (19 %)	5.950 €
d)	nicht steuerbare unentgeltliche Leistungen, netto	240 €

1. Berechnen Sie den Gesamtumsatz i.S.d. § 19 Abs. 2 für 2026.
2. Ist Platen in 2026 Kleinunternehmer i.S.d. § 19 Abs. 1? Begründen Sie Ihre Antwort.

FALL 3

Der Handelsvertreter Norbert Merkler, Ulm, beginnt seine berufliche Tätigkeit am 01.10.2026. Seine Provisionseinnahmen betragen im Zeitraum Oktober bis Dezember 2026 23.000 €.

1. Ist Merkler in 2026 Kleinunternehmer nach § 19 Abs. 1? Begründen Sie Ihre Antwort.
2. Ist Merkler in 2027 Kleinunternehmer, wenn sein Gesamtumsatz i.S.d. § 19 Abs. 2 in 2027 80.000 € beträgt?

FALL 4

Der Unternehmer Günther Merz, der in Westerburg (WW) eine Schneiderei betreibt, zeichnet in 2026 folgende Einnahmen bzw. Umsätze auf:

a)	Einnahmen aus steuerpflichtigen Werklieferungen und Werkleistungen	9.282 €
b)	Einnahmen aus der Veräußerung einer Nähmaschine	1.547 €
c)	nicht steuerbare unentgeltliche Leistungen, netto	4.350 €
d)	Einnahmen aus der Vermietung eines Betriebsgrundstücks, steuerfrei	6.000 €

Ermitteln Sie den Gesamtumsatz i.S.d. § 19 Abs. 3 für 2026.

FALL 5

Der Handelsvertreter Rudolf Wolfs, Bonn, legt Ihnen für das Kalenderjahr 2026 folgende Zahlen vor:

a)	Provisionseinnahmen	11.662 €
b)	Einnahmen aus der Vermietung eines Betriebsgrundstücks, steuerfrei	12.034 €
c)	Einnahmen aus dem Verkauf eines betrieblichen Pkws	4.165 €
d)	Einnahmen aus dem Verkauf des Betriebsgrundstücks, steuerfrei	50.000 €
e)	nicht steuerbare unentgeltliche Wertabgaben,	595 €

1. Berechnen Sie den Gesamtumsatz i.S.d. § 19 Abs. 2 für 2026.
2. Ist Wolfs in 2026 Kleinunternehmer i.S.d. § 19 Abs. 1, wenn der Gesamtumsatz für 2025 i.S.d. § 19 Abs. 2 30.000 € beträgt? Begründen Sie Ihre Antwort.

FALL 6

Der ursprüngliche Kleinunternehmer Frank Reuter, Duisburg, erzielt in 2026 steuerpflichtige Umsätze in Höhe von 9.500 €. Reuter hat für die Regelbesteuerung optiert. Der Steuersatz beläuft sich auf 7 %. An Vorsteuerbeträgen fallen in 2026 1.500 € an.

Wie hoch ist der Erstattungsanspruch bzw. das Vorsteuerguthaben in 2026?

Ist die Option zur Regelbesteuerung sinnvoll?

FALL 7

Besorgen Sie sich einen Umsatzsteuererklärungs-Vordruck 2025 und füllen Sie diesen anhand der folgenden Angaben aus:

Für das Kalenderjahr 2025 ergaben sich für den Unternehmer Josef Weinheim, Journalist, Pfeilstraße 13, 70569 Stuttgart, Finanzamt Stuttgart II, Steuernummer 95/090/2895/5 folgende Einnahmen bzw. Umsätze:

1.	Einnahmen aus journalistischer Tätigkeit	18.725 €
2.	Einnahmen aus dem Verkauf seines Pkws, der zu 80 % betrieblich genutzt wurde	4.760 €
3.	Einnahmen aus dem in Koblenz gelegenen Mietwohngrundstück (nur an Privatpersonen vermietet)	12.000 €
4.	Einnahmen aus Vortragstätigkeit	2.975 €
5.	nicht steuerbare private Autonutzung (anteilige Netto-Ausgaben)	700 €

Bei den anteiligen Ausgaben war der Vorsteuerabzug in Höhe von 1.185,60 € möglich.
Das Vorauszahlungssoll 2025 betrug 919 €

Zusammenfassende Erfolgskontrolle zum 1. bis 17. Kapitel

FALL 1

Für eine Maschine, die im August 2026 für netto 30.000 € geliefert wird, sind folgende Zahlungen geleistet worden:

1. Anzahlung im April 2026	11.305 €
2. Anzahlung im Juli 2026	12.019 €
Teilzahlung im September 2026	6.307 €
Restzahlung im März 2027	

Der Unternehmer ist Monatszahler ohne Dauerfristverlängerung. Der Steuersatz beträgt 19 %. In den Anzahlungsrechnungen wurde die Umsatzsteuer gesondert ausgewiesen.

Wann und in welcher Höhe wird die Umsatzsteuer fällig

a) im Falle der Sollbesteuerung?
b) im Falle der Istbesteuerung?

FALL 2

Ein Unternehmer stellt für Lieferungen, die dem Steuersatz von 19 % unterliegen, folgende Rechnungen aus (Auszug, die nicht dargestellten Bereiche der beiden Rechnungen erfüllen die Voraussetzungen des § 14 Abs. 4):

	Rechnung 1	Rechnung 2
Entgelt für ...	10.000 €	10.000 €
+ 19 % USt	2.000 €	1.200 €
insgesamt	12.000 €	11.200 €

a) Wie viel Umsatzsteuer schuldet der Unternehmer?
b) Wie viel Vorsteuer können die zum Vorsteuerabzug berechtigten Leistungsempfänger abziehen?

FALL 3

Nennen Sie zu folgenden Sachverhalten die Art und den Ort des Umsatzes mit einem Hinweis auf die entsprechenden §§ des UStG (so genau wie möglich).

Geben Sie ferner an, ob die Vorgänge im Inland steuerbar und steuerpflichtig sind und ggf. welchem Steuersatz die Umsätze unterliegen:

a) Ein Steuerberater erstellt in seinem Büro in Koblenz während der Bürozeit seine Umsatzsteuer-Erklärung und seine Einkommensteuer-Erklärung.
b) Ein Unternehmer, Freiburg, liefert eine Maschine für netto 10.000 € an einen Abnehmer in die Schweiz. Für den mit eigenem Lkw durchgeführten Transport stellt er 800 € netto in Rechnung. 90 % der Beförderung entfallen auf das Inland.
c) Ein Architekt, Hamburg, fertigt in seinem Büro die Bauzeichnung für ein Wohnhaus auf Helgoland.
d) Ein Unternehmer, Trier, nutzt den Geschäfts-Pkw (sog. Neufahrzeug) für eine Urlaubsreise. 60 % der Fahrstrecke liegen im Ausland.
e) Ein Spediteur, Trier, transportiert für Unternehmer U, Saarbrücken, eine Maschine von Saarbrücken nach Metz (F). Der Spediteur erteilt eine ordnungsgemäße Rechnung.

Zusammenfassendes Beispiel mit Lösung

I. Sachverhalt:

Erich Bendel betreibt seit 2025 in 56073 Koblenz, Cusanusstr. 25, eine Maßschneiderei in einem ihm gehörenden Haus (gemischt genutztes Grundstück). Er hat, soweit dies möglich ist, auf die Steuerbefreiungen nach § 4 Nr. 12a verzichtet (§ 9).

Das Gebäude hat Bendel in vollem Umfang seinem Unternehmen zugeordnet. Bei der Herstellung des Hauses in 2025 hat Bendel den maximal möglichen Vorsteuerabzug in Anspruch genommen.

Seine jährlichen Umsätze schwanken zwischen 660.000 € und 670.000 €.

Erforderliche buch- und belegmäßige Nachweise liegen vor.

Für den Monat August 2026 ergibt sich aus den Büchern und Angaben Folgendes (Finanzamt 56007 Koblenz, Postfach 709, Steuernummer 22/220/1042/9):

1.	Bendel erbrachte	
	Werklieferungen im Inland für netto	14.230 €
	Werkleistungen im Inland für netto	6.250 €
2.	Bendel ließ sich von einem Gesellen einen Anzug anfertigen. Die erforderlichen Stoffe und Zutaten wurden seinem Betrieb entnommen. Die Selbstkosten des Anzugs betrugen	600 €
3.	Für einen Kunden (Unternehmer mit USt-IdNr.), der in Brüssel wohnt, fertigte Bendel in seiner Werkstatt einen Mantel an. Bendel brachte den Mantel selbst nach Brüssel. Für den Mantel vereinnahmte er	700 €
	Dieser Betrag ist in Tz. 1 nicht enthalten. Die Voraussetzungen des § 4 Nr. 1 Buchstabe b) i. V. m. § 6a Abs. 1 sind erfüllt.	
4.	Durch einen Brand wurde ein Ballen Stoff vernichtet.	
	Die Versicherung zahlte hierfür	1.500 €
5.	Bendel schenkt seinem Sohn Anzugstoff. Wiederbeschaffungskosten:	300 €
	Der Stoff hat einen Verkaufswert von brutto	476 €
6.	Das Geschäftstelefon wird von Bendel zu 20 % privat genutzt. Die laufenden Fernsprechgebühren beliefen sich im August 2026 auf	150 €
7.	Das gemischt genutzte Grundstück wird wie folgt genutzt:	
	a) Erdgeschoss, vermietet an ein Reisebüro Monatsmiete, netto	1.800 €
	b) 1. Obergeschoss, eigene Werkstatt monatliche Ausgaben	1.000 €
	c) 2. Obergeschoss, eigene Wohnung monatliche anteilige Ausgaben	800 €
8.	Die Vorsteuer ist im August 2026 angefallen (inkl. Tz. 6):	
	a) für Materialeinkauf und Werkstattkosten	1.820 €
	b) für den Umbau des Erdgeschosses seines Hauses	280 €
	c) für eine Dachreparatur seines Hauses	528 €

II. Aufgabe:

Beurteilen Sie zunächst die **Unternehmereigenschaft** des Herrn Bendel, die **Art der Besteuerung**, den **Abgabezeitpunkt der Umsatzsteuer-Voranmeldung August 2026** sowie die **Fälligkeit der Umsatzsteuer-Vorauszahlung August 2026**.

Ermitteln Sie anschließend die **Umsatzsteuerschuld (Zahllast) bzw. den Erstattungsanspruch** für den Voranmeldungszeitraum August 2026.

Lösung:

Bendel ist **Unternehmer**, weil er eine gewerbliche Tätigkeit selbständig ausübt (§ 2 Abs. 1 Satz 1).

Sein **Unternehmen** umfasst die Maßschneiderei und das gemischt genutzte Grundstück (§ 2 Abs. 1 Satz 2).

Seine **Umsatzsteuer** berechnet er nach **vereinbarten** Entgelten, weil die Voraussetzungen für eine Istbesteuerung nach § 20 **nicht** gegeben sind. Seine Umsätze betrugen im vorangegangenen Kalenderjahr (2025) **mehr** als 600.000 Euro.

Seine **Umsatzsteuer-Voranmeldung** für den Monat August 2026 hat er spätestens am **10.09.2026** (10.09.2026 = Mittwoch) dem zuständigen Finanzamt zu übermitteln (§ 18 Abs. 1 Satz 1).

Die **Umsatzsteuer-Vorauszahlung** für den Monat August 2026 hat Bendel spätestens zum **15.09.2026** [Fälligkeitstag = 10.09. (Mittwoch) + 3 Tage (Zahlungsschonfrist) = 13.09.2026 (Samstag), nächster Werktag = 15.09.2026 (Montag)] zu leisten (§ 18 Abs. 1 Satz 4).

Die umsatzsteuerliche Behandlung der im Sachverhalt genannten Beträge ergibt sich aus der folgenden **Lösungstabelle**:

Lösungstabelle:

Tz.	Umsatzart nach § 1 i. V. m. § 3 UStG	Ort des Umsatzes	nicht steuerbare Umsätze im Inland €	steuerbare Umsätze im Inland €	steuerfreie Umsätze im Inland €	steuerpflichtige Umsätze im Inland €
1	entgeltliche Leistungen (Werklieferungen)	DE		14.230		14.230,00
	entgeltliche Leistungen (Werkleistungen)	DE		6.250		6.250,00
2	unentgeltliche Lieferung (GE)	DE		600		600,00
3	(steuerfreie innergemeinschaftliche) Lieferung	DE		700	700	—
4	echter Schadensersatz	—	1.500	—	—	—
5	unentgeltliche Lieferung (GE)	DE		300		300,00
6	keine unentgeltliche Leistung	—	30	—	—	—
7a	sonstige Leistung, Option nach § 9	DE		1.800	—	1.800,00
7b	kein Umsatz	—	1.000	—	—	—
7c	keine stb. unentgeltl. sonstige Leistung (Neufall)	DE	800			
						23.180,00
	Umsatzsteuer (Traglast) 19 % von 23.180 €					4.404,20
-	**abziehbare Vorsteuer**					
	Tz. 8a Materialeinkauf, Werkstattkosten			1.820 €		
	Tz. 8b Umbau des Erdgeschosses			280 €		
	Tz. 8c Dachreparatur ⅔ von 528 € (§ 15 Abs. 4)			352 €		- 2.452,00
=	**Umsatzsteuerschuld** (Zahllast)					**1.952,20**

2026

Umsatzsteuer-Voranmeldung

— Eingangsstempel — **11**

Steuernummer	Wirtschafts-Identifikationsnummer
22/220/1042/9	D E

30

An das Finanzamt

Koblenz, Postfach 709, 56007 Koblenz

Unternehmer – ggf. abweichende Firmenbezeichnung – Anschrift – Telefon – E-Mail-Adresse

Erich Bendel
Cusanusstr. 25
56073 Koblenz

Voranmeldungszeitraum

bei **monatlicher** Abgabe bitte hier ankreuzen			bei **vierteljährlicher** Abgabe bitte hier ankreuzen
Januar	Mai	September	I. Kalendervierteljahr
Februar	Juni	Oktober	II. Kalendervierteljahr
März	Juli	November	III. Kalendervierteljahr
April	X August	Dezember	IV. Kalendervierteljahr

Berichtigte Anmeldung	10	1 = Ja
Belege (z. B. Verträge, Rechnungen) sind beigefügt bzw. werden gesondert eingereicht	22	1 = Ja
Wechsel von der Kleinunternehmer-Regelung (§ 19 UStG) zur Regelbesteuerung Datum des Wechsels	70	

		Bemessungsgrundlage ohne Umsatzsteuer EUR		Steuer EUR Ct
A. Steuerpflichtige Lieferungen, sonstige Leistungen und unentgeltliche Wertabgaben				
Steuerpflichtige Umsätze				
zum Steuersatz von 19 %	81	23.180		4.404,20
zum Steuersatz von 7 %	86			
zum Steuersatz von 0 %	87			
zu anderen Steuersätzen	35		36	
Lieferungen land- und forstwirtschaftlicher Betriebe nach § 24 UStG an Abnehmer **mit** Umsatzsteuer-Identifikationsnummer	77			
Umsätze, für die eine Steuer nach § 24 UStG zu entrichten ist (Sägewerkserzeugnisse, Getränke und alkoholische Flüssigkeiten, z. B. Wein)	76		80	
B. Steuerfreie Lieferungen, sonstige Leistungen und unentgeltliche Wertabgaben				
Steuerfreie Umsätze mit Vorsteuerabzug				
Innergemeinschaftliche Lieferungen (§ 4 Nummer 1 Buchstabe b UStG)				
an Abnehmer **mit** Umsatzsteuer-Identifikationsnummer	41	700		
neuer Fahrzeuge an Abnehmer **ohne** Umsatzsteuer-Identifikationsnummer	44			

Steuernummer 22/220/1042/9

- 2 -

Zeile		Kz	Bemessungsgrundlage ohne Umsatzsteuer EUR	Kz	Steuer EUR	Ct
21	neuer Fahrzeuge außerhalb eines Unternehmens (§ 2a UStG)	49				
22	**Weitere steuerfreie Umsätze mit Vorsteuerabzug** z. B. Ausfuhrlieferungen, Umsätze nach § 4 Nummer 2 bis 7 UStG, Umsätze nach Verordnungen der EU	43				
23	**Steuerfreie Umsätze ohne Vorsteuerabzug** z. B. Umsätze nach § 4 Nummer 8 bis 29 oder § 19 Absatz 1 UStG	48				
	C. Innergemeinschaftliche Erwerbe					
24	**Steuerfreie innergemeinschaftliche Erwerbe** von bestimmten Gegenständen und Anlagegold (§§ 4b und 25c UStG)	91				
	Steuerpflichtige innergemeinschaftliche Erwerbe					
25	zum Steuersatz von 19 %	89				
26	zum Steuersatz von 7 %	93				
27	zum Steuersatz von 0 %	90				
28	zu anderen Steuersätzen	95		98		
29	**neuer Fahrzeuge** (§ 1b Absatz 2 und 3 UStG) von Lieferern **ohne** Umsatzsteuer-Identifikationsnummer zum allgemeinen Steuersatz	94		96		
	D. Leistungsempfänger als Steuerschuldner (§ 13b UStG)					
30	Sonstige Leistungen nach § 3a Absatz 2 UStG eines im übrigen Gemeinschaftsgebiet ansässigen Unternehmers (§ 13b Absatz 1 UStG)	46		47		
31	Umsätze, die unter das GrEStG fallen (§ 13b Absatz 2 Nummer 3 UStG)	73		74		
32	Andere Leistungen (§ 13b Absatz 2 Nummer 1, 2, 4 bis 12 UStG)	84		85		
	E. Ergänzende Angaben zu Umsätzen					
33	Lieferungen des ersten Abnehmers bei **innergemeinschaftlichen Dreiecksgeschäften** (§ 25b UStG)	42				
34	Steuerpflichtige Umsätze des leistenden Unternehmers, für die der **Leistungsempfänger** die **Steuer nach § 13b Absatz 5 UStG schuldet**	60				
35	**Nicht steuerbare sonstige Leistungen** gemäß § 18b Satz 1 Nummer 2 UStG	21				
36	**Übrige nicht steuerbare Umsätze** (Leistungsort nicht im Inland)	45				
37	**Umsatzsteuer (Summe der Zeilen 13 bis 18 und 25 bis 32)**				4.404	20
	F. Abziehbare Vorsteuerbeträge und Berichtigung des Vorsteuerabzugs					
38	Vorsteuerbeträge aus Rechnungen von anderen Unternehmern (§ 15 Absatz 1 Satz 1 Nummer 1 UStG), aus Leistungen im Sinne des § 27 Absatz 40a UStG und aus innergemeinschaftlichen Dreiecksgeschäften (§ 25b Absatz 5 UStG)			66	2.452	00
39	Vorsteuerbeträge aus dem innergemeinschaftlichen Erwerb von Gegenständen (§ 15 Absatz 1 Satz 1 Nummer 3 UStG)			61		
40	Entstandene Einfuhrumsatzsteuer (§ 15 Absatz 1 Satz 1 Nummer 2 UStG)			62		
41	Vorsteuerbeträge aus Leistungen im Sinne des § 13b UStG (§ 15 Absatz 1 Satz 1 Nummer 4 UStG)			67		

Steuernummer 22/220/1042/9

- 3 -

Zeile		Bemessungsgrundlage ohne Umsatzsteuer		Steuer	
		EUR		EUR	Ct
42	Vorsteuerbeträge, die nach allgemeinen Durchschnittssätzen berechnet sind (§ 23a UStG)		63		
43	Vorsteuerabzug für innergemeinschaftliche Lieferungen neuer Fahrzeuge außerhalb eines Unternehmens (§ 2a UStG) sowie von Kleinunternehmern im Sinne des § 19 Absatz 1 UStG (§ 15 Absatz 4a UStG)		59		
44	Berichtigung des Vorsteuerabzugs (§ 15a UStG)		64		
45	Verbleibender Betrag (Zeile 37 abzüglich der Zeilen 38 bis 44)			1.952	20
	G. Andere Steuerbeträge				
46	Steuer infolge des Wechsels der Besteuerungsform sowie Nachsteuer auf versteuerte Anzahlungen und ähnlichem wegen Steuersatzänderung		65		
47	In Rechnungen unrichtig oder unberechtigt ausgewiesene Steuerbeträge (§ 14c UStG) sowie Steuerbeträge, die nach § 6a Absatz 4 Satz 2, § 17 Absatz 1 Satz 7, § 25b Absatz 2 UStG oder von einem Auslagerer oder Lagerhalter nach § 27 Absatz 40a UStG geschuldet werden		69		
	H. Vorauszahlung/Überschuss				
48	**Umsatzsteuer-Vorauszahlung/Überschuss (Summe der Zeilen 45 bis 47)**			1.952	20
49	**Abzug** der festgesetzten **Sondervorauszahlung** für Dauerfristverlängerung (in der Regel nur in der letzten Voranmeldung des Besteuerungszeitraums auszufüllen)		39		
50	**Verbleibende Umsatzsteuer-Vorauszahlung** **Verbleibender Überschuss** – bitte dem Betrag ein Minus voranstellen - **(Bitte in jedem Fall ausfüllen)**		83	1.952	20
	I. Ergänzende Angaben zu Minderungen nach § 17 Absatz 1 Sätze 1 und 2 in Verbindung mit Absatz 2 Nummer 1 Satz 1 UStG				
51	Minderung der Bemessungsgrundlage (in den Zeilen 13 bis 18 enthalten)	50			
52	Minderung der abziehbaren Vorsteuerbeträge (in der Zeile 38 aus Rechnungen von anderen Unternehmen (§ 15 Absatz 1 Satz 1 Nummer 1 UStG) sowie in den Zeilen 42 und 43 enthalten)		37		

J. Sonstige Angaben **11 / 86**

Ein Erstattungsbetrag wird auf das dem Finanzamt benannte Konto überwiesen, soweit der Betrag nicht mit Steuerschulden verrechnet wird.

53 **Verrechnung des Erstattungsbetrags erwünscht / Erstattungsbetrag ist abgetreten.** Geben Sie bitte die Verrechnungswünsche auf einem gesonderten Blatt an oder auf dem beim Finanzamt erhältlichen Vordruck „Verrechnungsantrag". **29** 1 = Ja

54 Das **SEPA-Lastschriftmandat** soll ausnahmsweise (z. B. wegen Verrechnungswünschen) für diesen Voranmeldungszeitraum **nicht verwendet** werden (falls ja, bitte eine „1" eintragen). Ein ggf. verbleibender Restbetrag ist gesondert zu entrichten. **26** 1 = Ja

Ergänzende Angaben zur Steueranmeldung

Eine Eintragung ist in Zeile 55 nur vorzunehmen, wenn einer der dort genannten Sachverhalte vorliegt. In diesem Fall erläutern Sie bitte diese Sachverhalte in den „Ergänzenden Angaben zur Steueranmeldung". Die ergänzenden Angaben werden gesondert geprüft. Dies kann die Bearbeitungsdauer verlängern. Falls Sie mit der Abgabe der Steueranmeldung lediglich Belege und Aufstellungen übermitteln, ist in Zeile 55 keine Eintragung vorzunehmen.

55 In dieser Steueranmeldung **500**
1 = konnten steuererhebliche Sachverhalte nicht erklärt werden.
2 = wird bewusst eine von der Verwaltungsauffassung abweichende Rechtsauffassung vertreten.
3 = sollen Sachverhalte personell vertieft geprüft werden.
4 = liegen mehrere der vorgenannten Gründe vor (Mehrfachauswahl).

Hinweis: Bitte übermitteln Sie Ihre ergänzenden Angaben nur für die vorstehend genannten Sachverhalte mit einer gesonderten Anlage mit der Überschrift „**Ergänzende Angaben zur Steueranmeldung**".

Datenschutzhinweis:
Die mit der Steueranmeldung angeforderten Daten werden auf Grund der §§ 149, 150 AO und der §§ 18, 18b UStG erhoben. Die Angabe der Telefonnummer und der E-Mail-Adresse ist freiwillig. Informationen über die Verarbeitung personenbezogener Daten in der Steuerverwaltung und über Ihre Rechte nach der Datenschutz-Grundverordnung sowie über Ihre Ansprechpartner in Datenschutzfragen entnehmen Sie bitte dem allgemeinen Informationsschreiben der Finanzverwaltung. Dieses Informationsschreiben finden Sie unter www.finanzamt.de (unter der Rubrik „Datenschutz") oder erhalten Sie bei Ihrem Finanzamt.

56 09.09.2026 Erich Bendel

Datum, Unterschrift

Prüfungsfälle: Umsatzsteuer

PRÜFUNGSFALL 1

I. Sachverhalt

Frau Seil betreibt in Bonn unter der Firma „Fitnesspark Petra Seil e.K." einen Großhandel für Sportgeräte. Außerdem ist Frau Seil Eigentümerin eines gemischt genutzten Grundstücks in Köln. Auf dem Grundstück befindet sich ein Wohn- und Geschäftsgebäude. Während der Bauphase im Jahre 2010 sind mit Vorsteuer belastete Herstellungskosten in Höhe von 900.000 € angefallen. Das Gebäude wird nach der Fertigstellung im Dezember 2010 entsprechend der ursprünglichen Verwendungsplanung wie folgt genutzt:

- Im Erdgeschoss betreibt Dr. Thiel eine Tierarztpraxis (150 qm),
- im 1. Obergeschoss befinden sich die Anwaltskanzlei Arno Arndt (80 qm) und das Versicherungsbüro Vera Velten (70 qm),
- das 2. Obergeschoss bewohnen Herr Arndt (60 qm) und Frau Seil (90 qm).

Frau Seil hat das Grundstück in vollem Umfang ihrem Unternehmen zugeordnet und verzichtet seit Baubeginn auf die Steuerbefreiung nach § 4 Nr. 12 Buchstabe a) UStG (§ 9). Bei der Herstellung des Gebäudes hat Frau Seil - soweit möglich - den Vorsteuerabzug in Anspruch genommen. Die vorliegenden Rechnungen und Belege entsprechen den gesetzlichen Anforderungen. Alle beteiligten Unternehmer verwenden die USt-IdNr. ihres Landes. Aus den Geschäftsunterlagen ergeben sich für das Kalenderjahr 2026 die folgenden Daten:

1. Bareinnahmen aus dem Sportgeräteverkauf an private inländische Abnehmer: 75.565 €
2. Warenwert des Sportgeräteverkaufs an gewerbliche inländische Abnehmer: 460.000 €
3. Verkauf einer kompletten Sportstudioausstattung (Warenwert: 70.000 €) an einen belgischen Unternehmer
4. Verkauf eines Cross-Trainers (ursprünglicher Nettoeinkaufspreis: 550 €) an einen Mitarbeiter für brutto 595 €. Der neue Nettoeinkaufspreis beträgt zum Zeitpunkt des Verkaufs an den Mitarbeiter aufgrund eines Modellwechsels 450 €. Frau Seil bietet diesen Cross-Trainer in ihrem Laden für brutto 1.071 € an.
5. Frau Seil verschenkt aus ihrem Warensortiment je einen Fahrradhelm im Wert von netto 50 € an einen Mitarbeiter anlässlich seines 40. Geburtstages sowie an einen guten Kunden zur Eröffnung der Radsportsaison.
6. Die laufenden mit Vorsteuer belasteten Betriebskosten des gemischt genutzen Gebäudes betragen insgesamt 3.600 €. In diesem Betrag sind nicht die Handwerkerrechnungen aus Tz. 9d) bis g) enthalten. An Schuldzinsen sind 14.400 € angefallen. Die Versicherungsbeiträge betragen 1.800 €. Eine direkte Zuordnung der Betriebskosten, der Schuldzinsen und der Versicherungsbeiträge zu den verschiedenen Nutzungseinheiten ist nicht möglich.
7. Die Monatsmieten sind von den Mietern pünktlich zum 15. eines Monats per Banküberweisung gezahlt worden. Die monatlichen Zahlungseingänge auf dem Bankkonto betragen:

a) Tierarztpraxis Dr. Thiel:	1.785 €
b) Anwaltskanzlei Arndt:	952 €
c) Versicherungsbüro Velten:	812 €
d) Wohnung Arndt:	348 €
e) Wohnung Seil:	0 €

8. Frau Seil nutzt einen im Januar 2025 angeschafften betrieblichen Pkw mit werkseitig eingebautem Navigationsgerät für allgemeine Privatfahrten sowie für Fahrten zwischen Wohnung und Betrieb (258 Fahrten/einfache Strecke: 30 km). Die ursprünglichen Anschaffungskosten des Pkws betrugen 24.000 €. Der Buchwert zum 31.12.2026 beträgt 16.000 €. Der ursprüngliche Nettolistenpreis des Fahrzeugs ohne Navigationsgerät betrug 25.000 €. Der ursprüngliche Nettolistenpreis des Navigationsgeräts betrug 1.500 €. Ein Fahrtenbuch wird nicht geführt. Der Pkw wird zu mehr als 50 % betrieblich genutzt.
9. Die folgenden Vorsteuerbeträge sind in 2026 angefallen:

a) für Wareneinkäufe (betrifft Umsätze Tz. 1, 2, 4 und 5):	55.840,00 €
b) für Wareneinkäufe (betrifft Umsatz Tz. 3):	7.466,67 €
c) für sonstige empfangene Leistungen des Großhandels:	3.200,00 €
d) für Handwerkerrechnung Tierarztpraxis:	1.600,00 €
e) für Handwerkerrechnung Anwaltskanzlei:	800,00 €
f) für Handwerkerrechnung Versicherungsbüro:	320,00 €
g) für Handwerkerrechnung Wohnung Arndt:	48,00 €

10. Sportgeräteeinkauf in den Niederlanden für netto 7.000 € (noch nicht in den Sachverhalten 1 bis 9 berücksichtigt)

II. Aufgaben

Ermitteln Sie die Umsatzsteuerschuld bzw. den Erstattungsanspruch für das Kalenderjahr 2026. Gehen Sie kurz auf die Problembereiche Art des Umsatzes, Ort der Leistung, Steuerbarkeit, Steuerfreiheit, Steuerpflicht, Steuersatz und Bemessungsgrundlage ein.

Verwenden Sie Fachbegriffe und nennen Sie alle einschlägigen Rechtsgrundlagen.

PRÜFUNGSFALL 2

I. Sachverhalt

Der Weinhändler Heinrich Kanisch, der mit seiner Ehefrau Helga geb. Holzmeister im gesetzlichen Güterstand lebt, betreibt in Bremen in gemieteten Räumen eine Weinhandlung. Außerdem ist er seit 2025 Eigentümer eines in Bremen gelegenen Hauses (Fertigstellung in 2025). Das Gebäude hat Kanisch in vollem Umfang seinem Unternehmen zugeordnet. Seine jährlichen Umsätze schwanken zwischen 680.000 und 700.000 €. Kanisch hat auf die Steuerbefreiungen nach § 4 Nr. 12 Buchstabe a) verzichtet, soweit dies möglich gewesen ist (§ 9). Erforderliche beleg- und buchmäßige Nachweise liegen vor. Bei innergemeinschaftlichen Lieferungen verwendet Kanisch seine deutsche USt-IdNr.

Aus den Büchern und Unterlagen ergibt sich für den Monat August 2026 Folgendes:

a) Weinhandlung

Die Erlöse aus dem Weinhandel betragen im August 2026 insgesamt 34.000 € (netto).

Sie setzen sich wie folgt zusammen:

1. 19.000 € entfallen auf Lieferungen an Abnehmer im Inland,
2. 6.000 € entfallen auf Versendungslieferungen an Abnehmer in der Schweiz,
3. 4.000 € entfallen auf Abholfälle an Abnehmer mit USt-IdNr. in Frankreich,
4. 2.000 € entfallen auf Beförderungslieferungen an Abnehmer mit USt-IdNr. in den Niederlanden,
5. 3.000 € entfallen auf Abholfälle an Abnehmer mit USt-IdNr. in Dänemark.
6. Die abziehbaren Vorsteuerbeträge des Weinhandels betragen für den Monat August 2026 insgesamt 1.900 €.

b) Haus

Herr Kanisch hat - soweit möglich - den Vorsteuerabzug in Anspruch genommen. Die folgenden Sachverhalte sind im August 2026 zu beachten:

1. Das Erdgeschoss hat Heinrich Kanisch an seine Ehefrau vermietet, die dort ein Einzelhandelsgeschäft betreibt. Die monatliche Miete beträgt 2.000 € (netto).
2. Das 1. Obergeschoss wird von Familie Kanisch selbst bewohnt. Die anteiligen Ausgaben betragen jährlich 12.000 €.
3. Die Räume im 2. Obergeschoss sind als Wohnung an einen kaufmännischen Angestellten für jährlich 12.000 € vermietet.
4. Für den Außenanstrich des Hauses sind Kosten in Höhe von 9.000 € + 19 % USt entstanden. Die Flächen der Außenwände betragen für das Erdgeschoss 35 qm, das 1. Obergeschoss 35 qm und das 2. Obergeschoss ebenfalls 35 qm.
5. Für Renovierungsarbeiten der Räume im 2. Obergeschoss sind Kanisch Kosten in Höhe von 5.000 € + 19 % USt in Rechnung gestellt worden.

II. Aufgabe

Wie hoch ist die (deutsche) Umsatzsteuerschuld (Zahllast) des Heinrich Kanisch für den Monat August 2026?

PRÜFUNGSFALL 3

I. Sachverhalt

Franz Schneider, der mit seiner Ehefrau Jutta geb. Boos im gesetzlichen Güterstand lebt, betreibt in Köln ein Einzelhandelsgeschäft mit Lebensmitteln aller Art. Außerdem besitzt er seit 1980 in Köln ein Hotel mit Restaurant. Seine jährlichen Umsätze schwanken zwischen 600.000 € und 700.000 €.

Aus den Büchern und Unterlagen ergibt sich für den Monat Dezember 2026 Folgendes:

a) Einzelhandelsgeschäft

1.	Lieferungen von Fleischwaren im Inland,netto	7.000 €
2.	Lieferungen sonstiger begünstigter Lebensmittel an Abnehmer im Inland netto	10.000 €
3.	Lieferungen nicht begünstigter Waren an Abnehmer im Inland netto	24.400 €
4.	Lieferungen begünstigter Lebensmittel an das Restaurant netto	2.000 €
5.	Lieferungen nicht begünstigter Waren an das Restaurant netto	500 €
6.	Schneider schenkt einem Kölner Freund zum Geburtstag einen Präsentkorb, der nur begünstigte Lebensmittel aus dem Einzelhandelsgeschäft enthält.	
	Anschaffungskosten des Geschenkes	180 €
	Wiederbeschaffungswert des Geschenkes	200 €
	Verkaufswert des Geschenkes	280 €
7.	Das Geschäftstelefon wird von der Familie Schneider zu 20 % privat genutzt. Die laufenden Fernsprechgebühren belaufen sich im Monat Dezember 2026 auf	500 €
8.	Die abziehbaren Vorsteuerbeträge des Einzelhandelsgeschäfts betragen im Dezember 2026 insgesamt	3.010 €

b) Hotel mit Restaurant

1.	Vermietung von Hotelzimmern (ohne Frühstück) netto	5.500 €
2.	Verkauf von Speisen zum Verzehr im Haus netto	14.000 €
3.	Verkauf von Getränken zum Verzehr im Haus netto	10.000 €
4.	Ein echter Perserteppich, der vor zehn Jahren von einem Unternehmer für das Hotel angeschafft wurde, ist zurzeit noch mit 1.000 € im Betriebsvermögen enthalten. Franz Schneider lässt den Teppich im Dezember 2026 in sein Wohnzimmer legen. Die Wiederbeschaffungskosten des gebrauchten Teppichs betragen im Dezember 2026	10.100 €
5.	Die Vorsteuerbeträge des Hotels und Restaurants betragen im Dezember 2026 insgesamt	1.517 €

II. Aufgabe

Ermitteln Sie die Umsatzsteuerschuld (Zahllast) des Franz Schneider für den Monat Dezember 2026.

PRÜFUNGSFALL 4

Der Prüfungsfall 4 besteht aus **Teil I** und **Teil II**.

Teil I

Maschinenfabrikant U, Duisburg, schließt am 02.12.2026 mit dem Unternehmer A, Amsterdam, einen Kaufvertrag über die Lieferung einer Maschine für 100.000 € netto ab. A setzt die Maschine in seinem Unternehmen ein. U und A sind Unternehmer mit USt-IdNr. Beide Unternehmer verwenden die USt-IdNr. ihres Landes.
Am 09.12.2026 transportiert U die Maschine mit eigenem Lkw nach Amsterdam. A erhält die Maschine am 10.12.2026.
Die Rechnung wird von U am 06.01.2027 erstellt. Beide Unternehmer sind Monatszahler ohne Dauerfristverlängerung.

1. Um welche Leistungsart handelt es sich?
2. Wo ist der Ort der Lieferung?
3. Ist die Lieferung im Inland steuerbar?
4. Ist die Lieferung im Inland steuerfrei?
5. Ist die Lieferung im Inland steuerpflichtig?
6. Ist U verpflichtet, für die Lieferung eine Rechnung auszustellen?
7. Welche weiteren gesetzlichen Pflichten hat U nach dem UStG zu erfüllen?

Begründen Sie Ihre Antworten unter Hinweis auf die gesetzlichen Vorschriften.

Teil II

Der französische Unternehmer U, Paris, versendet am 09.12.2026 mit der Bahn eine Maschine für 100.000 € netto an den deutschen Unternehmer A, Köln (Monatszahler ohne Dauerfristverlängerung), der die Maschine in seinem Unternehmen einsetzt.
A erhält die Maschine am 11.12.2026. U und A sind Unternehmer mit USt-IdNr., die monatlich ihre Umsatzsteuer abführen. Beide Unternehmer verwenden die USt-IdNr. ihres Landes. Die Rechnung erstellt U am 06.01.2027.

1. Um welche Umsatzart handelt es sich?
2. Wo ist der Ort des Umsatzes?
3. Ist der Umsatz im Inland steuerbar?
4. Ist der Umsatz im Inland steuerfrei?
5. Ist der Umsatz im Inland steuerpflichtig?
6. Wann entsteht die Umsatzsteuer?
7. Wer ist Steuerschuldner?
8. Wann ist die Umsatzsteuer fällig?
9. Wie wirkt sich der Vorgang bei der Ermittlung der Umsatzsteuerschuld (Zahllast) des A aus?

Begründen Sie Ihre Antworten unter Hinweis auf die gesetzlichen Vorschriften.

PRÜFUNGSFALL 5

Erika Schneider betreibt in Magdeburg ein Fachgeschäft für Damenmoden. Außerdem ist sie Eigentümerin eines in 2025 für netto 800.000 € umsatzsteuerpflichtig erworbenen gemischt genutzten Grundstücks (vgl. Tz. 8), das sie in vollem Umfang ihrem Unternehmen zugeordnet hat. Sie hat seit dem Kauf auf alle Steuerbefreiungen nach § 4 Nr. 12 Buchstabe a) verzichtet (§ 9) und – soweit möglich – den vollen Vorsteuerabzug in Anspruch genommen. Erforderliche Beleg- und Buchnachweise gelten als erbracht. Alle beteiligten Unternehmer verwenden ihre nationale USt-IdNr. Der Umsatz des Vorjahres belief sich auf 620.000 €.

Aus der Buchführung ergeben sich für 2026 die folgenden Zahlen:

1.	Verkäufe von Damenmoden im Inland netto (ohne Tz. 4)	459.528 €
2.	Entnahmen von Waren für den eigenen Bedarf im August 2026,	
	Anschaffungskosten	1.950 €
	Wiederbeschaffungskosten	2.145 €
	Verkaufswert, netto	3.510 €
3.	Versicherungsleistung für entwendete Waren	3.591 €
4.	Verkauf eines Kostüms an eine Verkäuferin im Mai 2026 zum Preis von	595 €
	Es betragen:	
	die Anschaffungskosten	500 €
	die Wiederbeschaffungskosten	525 €
	der Verkaufspreis, brutto	1.071 €
5.	Einen wertvollen Damenmantel überbringt die Steuerpflichtige einer guten Kundin (Unternehmerin) nach Frankreich.	
	Sie vereinnahmt hierfür im August 2026	5.670 €
6.	Das Geschäftstelefon wird auch privat genutzt.	
	Die anteiligen laufenden Telefonkosten betragen 2026 netto	600 €
7.	Die anteiligen Ausgaben betragen 2026 für die private Pkw-Nutzung (Anschaffung 2025) netto	
	a) bei den mit Vorsteuer belasteten Kosten	4.800 €
	b) bei den nicht mit Vorsteuer belasteten Kosten	1.000 €
8.	Das gemischt genutzte Grundstück wird in 2026 wie folgt genutzt:	
	a) Erdgeschoss: eigenes Geschäft mit Büro, Ausgaben netto	24.000 €
	b) 1. Obergeschoss: Büroräume vermietet an einen Rechtsanwalt, Mieteinnahme 2026	14.280 €
	c) 2. Obergeschoss: eigene Wohnung, anteilige Ausgaben netto	8.000 €
9.	Die Vorsteuer ist angefallen	
	a) für Wareneinkäufe	36.390 €
	b) für Reparaturen im Erdgeschoss des Hauses	791 €
	c) für Außenputz und Anstricharbeiten am Haus	1.522,50 €
	Die Außenwände sind bei allen Geschossen 100 qm groß.	
	d) für Geschäftskosten	8.091 €

Die Vorsteueraufteilung erfolgt nach § 15 Abs. 4 Satz 1. Die Umsatzsteuer-Vorauszahlungen der Steuerpflichtigen betragen für 2026 19.890,30 €.

1. Wie hoch ist die Umsatzsteuer-Abschlusszahlung für 2026?
2. Bis wann ist die Umsatzsteuer-Abschlusszahlung zu entrichten?

PRÜFUNGSFALL 6

I. Sachverhalt

Die Firma Werner Klein Baustoffhandlung e.K., Kaiserslautern, liefert Baustoffe im Groß- und Einzelhandel. Eine Option i.S.d. § 9 UStG wurde nicht durchgeführt.

Sie erzielt in 2026 Einnahmen aus:

- Lieferungen an Baubetriebe im Inland 261.800 €
- Lieferungen an Endverbraucher im Inland 142.800 €

Klein ermittelt die private Nutzung des betrieblichen Pkws (Anschaffung 2024) nach der 1 %-Regelung des § 6 Abs.1 Nr. 4 Satz 2 EStG. Der Bruttolistenpreis des privat genutzten Pkws hat im Zeitpunkt der Erstzulassung 62.540 € betragen.

In den oben genannten Beträgen sind folgende Vorgänge nicht enthalten:

1. Entnahme von Baumaterial im Mai 2026 vom Lager Kaiserslautern für das Einfamilienhaus der Tochter, Nettoeinkaufspreis zum Zeitpunkt der Entnahme 21.932 €
2. Beim Bau des Einfamilienhauses der Tochter werden im September 2026 Arbeiter der Firma Klein unentgeltlich eingesetzt. Einem fremden Dritten würde Klein 2.450 €
berechnen. Die anteiligen Ausgaben betragen netto 1.300 €
3. Es werden verkauft:
im Juni 2026 ein gebrauchter Lkw der Firma zum Preis von brutto 5.950 €
im Juli 2026 ein gebrauchter Pkw der Ehefrau zum Preis von 3.570 €
4. An einen anderen Unternehmer wird ein Teil des Kaiserslauterner Lagerplatzes vermietet. Jahreseinnahme 2.400 €
5. Klein schenkt im Mai 2026 einem Kunden aus geschäftlichem Anlass einen Gegenstand, den er seinem Warenbestand entnimmt.
Die ursprünglichen Sollbuchungen beim Wareneinkauf lauten:
5200 (3200) Wareneingang 300 €
1406 (1576) Vorsteuer 57 €
6. Klein vermietet an seinen Subunternehmer Olivier Chablis aus Straßburg (Frankreich) einen Baukran für zwei Monate, den er auf seiner Baustelle in Nancy (Frankreich) benötigt.
Die Monatsmiete beträgt 400 €

An Vorsteuerbeträgen werden in der Buchführung 40.150 €
ausgewiesen (einschließlich Vorsteuerbuchung aus Tz. 5).

II. Aufgabe

Berechnen Sie die Umsatzsteuerschuld (Zahllast) des Werner Klein für 2026.

PRÜFUNGSFALL 7

I. Sachverhalt

Der Steuerberater Thomas Port, der mit seiner Ehefrau im gesetzlichen Güterstand lebt, betreibt in Stuttgart im Erdgeschoss seines in 2025 fertiggestellten gemischt genutzten Grundstücks ein Steuerberatungsbüro. Port hat das Grundstück in vollem Umfang seinem Unternehmen zugeordnet und - soweit möglich - den Vorsteuerabzug in Anspruch genommen. Er hat auf Steuerbefreiungen nach § 4 Nr. 12 Buchstabe a) verzichtet, soweit dies möglich ist (§ 9). Port versteuert als Monatszahler seine Umsätze nach vereinnahmten Entgelten.

Aus den Büchern und Unterlagen ergibt sich für den Monat Dezember 2026 Folgendes:

1. Einnahmen für steuerliche Beratung seiner inländischen Mandanten — 29.750 €
2. Am 31.12.2026 sind noch Honorarrechnungen von 3.570 € offen.
3. Für den Kauf eines neuen Pkws für das Unternehmen, der auch privat genutzt wird, werden im Dezember 2026 einschl. 19 % USt 35.700 € gezahlt.
4. Port benutzt den betrieblichen Pkw (s.o.) lt. Fahrtenbuch zu 30 % für Privatfahrten. Die gesamten Kfz-Kosten einschl. AfA i.S.d. § 15a betragen im Dezember 2026
   a) bei den mit Vorsteuer belasteten Kosten — 1.500 €
   b) bei den nicht mit Vorsteuer belasteten Kosten — 500 €
5. Das dem Steuerberater gehörende Gebäude wird in 2026 wie folgt genutzt:
   a) Im Erdgeschoss befindet sich das Steuerberatungsbüro. Die jährlichen Ausgaben betragen — 24.000 €
   b) Das 1. Obergeschoss hat Port an eine Mandantin, Werbeagentur X-GmbH, für jährlich (netto) 36.000 € vermietet.
   c) Das 2. Obergeschoss wird von der Familie Port selbst bewohnt. Die jährlichen anteiligen Ausgaben i.S.d. § 10 Abs. 4 Nr. 2 betragen — 12.000 €
6. Für Renovierungsarbeiten der Räume im 1. Obergeschoss werden Thomas Port im Dezember 2026 Kosten in Höhe von 10.000 € + 1.900 € USt = 11.900 € ordnungsgemäß in Rechnung gestellt.
7. Am 29.12.2026 kauft Thomas Port ein kleines Kopiergerät. Die ordnungsgemäß ausgestellte Rechnung lautet über netto 800 € zuzüglich 19 % USt. Der Kaufpreis wird am 06.01.2027 gezahlt.
8. An Vorsteuer für laufende Kosten sind im Dezember 2026 insgesamt angefallen 1.548 €

II. Aufgabe

Berechnen Sie die Umsatzsteuerschuld (Zahllast) bzw. den Erstattungsanspruch (Vorsteuer-Guthaben) des Thomas Port für den Monat Dezember 2026.

PRÜFUNGSFALL 8

I. Sachverhalt

Petra Jaeckel, Bonn, handelt mit Baustoffen. Sie bittet Sie, ihre Umsatzsteuer-Voranmeldung für den Monat Dezember 2026 zu erstellen. Jaeckel versteuert ihre Umsätze nach vereinbarten Entgelten. Sie hat auf die Steuerbefreiungen nach § 4 Nr. 12 Buchstabe a) verzichtet, soweit dies möglich gewesen ist (§ 9).

Aus ihren Aufzeichnungen ergibt sich für den Monat Dezember 2026 Folgendes:

1. Lieferungen an Unternehmer im Inland netto — 290.000 €
2. Lieferungen an private Kunden im Inland netto — 75.000 €
3. Für Reparaturarbeiten an ihrem privat genutzten Einfamilienhaus entnimmt Jaeckel im Dezember 2026 Baustoffe vom Bonner Lager zum Nettoeinkaufspreis von — 9.250 €.
4. Auf eine Forderung aus 2025 in Höhe von brutto 4.613,63 € gehen im Dezember 2026 — 1.328,04 € ein. Der Rest der Forderung ist verloren.
5. Die anteiligen Kosten für den Monat Dezember 2026 betragen für private Pkw-Nutzung (Anschaffung 2024)
   a) bei den mit Vorsteuer belasteten Kosten — 400 €
   b) bei den nicht mit Vorsteuer belasteten Kosten — 100 €
6. Im Dezember 2026 arbeiten zwei Arbeiter der Baustoffhandlung während der Geschäftszeit im Garten des Einfamilienhauses von Frau Jaeckel. Die anteiligen Ausgaben betragen — 350 €
7. Jaeckel ist Eigentümerin eines bebauten Grundstücks in Köln, das sie in vollem Umfang ihrem Unternehmen zugeordnet hat. Das in 2025 erstellte Gebäude (Bauantrag Januar 2025) wird wie folgt genutzt:
   a) Im Erdgeschoss befindet sich eine Drogerie. Die jährlichen Mieteinnahmen betragen netto — 12.000 €
   b) Im 1. Obergeschoss befinden sich die Büroräume von Jaeckel. Die jährlichen Ausgaben betragen — 12.000 €
   c) Das 2. Obergeschoss hat Jaeckel an einen Rechtsanwalt als Wohnung für jährlich netto — 8.400 € vermietet.
8. Das gesamte Treppenhaus wird im Dezember 2026 renoviert. Dafür werden Kosten in Höhe von 30.000 € + 5.700 € USt = — 35.700 € in Rechnung gestellt. Die Renovierungskosten entfallen zu gleichen Teilen auf die einzelnen Geschosse, die alle 200 qm groß sind.
9. Die Vorsteuer auf den Wareneinkauf und die Kosten der Baustoffhandlung beträgt im Dezember 2026 — 33.750 €

II. Aufgabe

Berechnen Sie die Umsatzsteuerschuld (Zahllast) der Petra Jaeckel für den Monat Dezember 2026.

PRÜFUNGSFALL 9

I. Sachverhalt

Karl Peter Engelen betreibt in Koblenz in gemieteten Räumen einen Einzelhandel mit Pelzwaren. Seine jährlichen Umsätze schwanken zwischen 660.000 und 700.000 €.

Im Oktober 2026 hat Engelen aus dem Verkauf von Pelzwaren – ohne die in den folgenden Tz. 1 bis 5 genannten Beträge – Einnahmen in Höhe von 47.600 € erzielt.

1. Am 16.10.2026 liefert Engelen an Baron von Preuschen eine Nerzdecke. Seine Rechnung weist Folgendes aus:

Nerzdecke	15.000 €
+ 19 % USt	2.850 €
	17.850 €

   Baron von Preuschen zahlt am 21.10.2026 unter Abzug von 2 % Skonto.
2. Seit August 2026 hat Engelen eine Forderung aus einer Lieferung an die Baronin von Greifenklau in Höhe von 11.900 € (10.000 € + 1.900 € USt). Am 16.10.2026 geht auf diese Forderung ein Betrag von 4.165 € ein. Der Rest der Forderung ist uneinbringlich.
3. Die Forderung aus einer Lieferung an den Kunden Säumig in Höhe von 2.975 €, fällig am 01.09.2026, ist noch nicht beglichen. Das Entgelt dieser Forderung wird im Voranmeldungszeitraum August 2026 versteuert. Engelen stellt zum 31.10.2026 dem Kunden Säumig 4 % Verzugszinsen für 60 Tage in Rechnung.
4. Engelen schenkt am 23.10.2026 seiner Tochter zum Geburtstag eine Nerzkappe, die er im August 2026 für 500 € + USt kauft. In seinem Geschäft wird diese Kappe für 833 € einschließlich 19 % USt angeboten. Laut der neuesten Preisliste des Lieferanten Rauch beträgt der Preis der Nerzkappe im Oktober 2026 600 € + USt.
5. Engelen übergibt am 23.10.2026 der Deutschen Post AG ein Paket, in dem sich eine Hermelin-Stola befindet, zur Beförderung an den Kunden Reich in Hamburg. Reich erhält das Paket am 03.11.2026. Die Rechnung wird am 04.11.2026 über 4.800 € + USt erteilt. Die Zahlung erfolgt am 17.11.2026.
6. Engelen lädt im Oktober 2026 während einer mehrtägigen Geschäftsreise zwei Kunden ein und bewirtet sie. Dadurch entstehen ihm Kosten in Höhe von insgesamt 180 € zuzüglich 19 % USt, die angemessen sind. Von den Kosten entfallen 60 € auf ihn selbst. Engelen führt den nach § 4 Abs. 5 Nr. 2 EStG geforderten Nachweis anhand einer ordnungsgemäß ausgestellten Rechnung. Er bucht den Vorgang wie folgt:

6640 (4650) Bewirtungskosten	180,00 €
1406 (1576) Vorsteuer	34,20 €
an **1600** (1000) Kasse	214,20 €

An Vorsteuer fallen (ohne Tz. 6) für den Monat Oktober 6.468,56 € an, die nicht zu beanstanden sind.

II. Aufgabe

Berechnen Sie die Umsatzsteuerschuld (Zahllast) des Karl Peter Engelen für den Monat Oktober 2026.

PRÜFUNGSFALL 10

I. Sachverhalt

Reiner Müller betreibt in Stuttgart eine Maschinenfabrik. Er versteuert seine Umsätze nach vereinbarten Entgelten. Müller verwendet bei innergemeinschaftlichen Lieferungen seine deutsche USt-IdNr. Aus der Buchführung ergibt sich für den Monat Mai 2026 Folgendes:

1. Das Konto „**4400** (8400) Erlöse 19 %" weist einen Nettoumsatz von 140.500 € aus. Dieser Betrag setzt sich wie folgt zusammen:
   a) Lieferungen an Abnehmer im Inland 105.000 €
   b) Versendungslieferung an einen Abnehmer in der Schweiz 14.500 €
   c) Beförderungslieferung an einen Abnehmer in Frankreich
      Der Abnehmer ist Unternehmer mit USt-IdNr. 10.000 €
   d) Abholfall an einen Abnehmer in Belgien
      Der Abnehmer ist Privatmann. 11.000 €
2. Auf dem Konto „**4100** (8100) Steuerfreie Umsätze § 4 Nr. 8 ff. UStG" sind 300.000 € gebucht. Es handelt sich um den Erlös aus dem Verkauf eines Betriebsgrundstücks.
3. Auf dem Konto „**4845** (8820) Erlöse aus Verkäufen Sachanlagevermögen 19 % USt (bei Buchgewinn)" sind 23.500 € gebucht. Der Betrag betrifft den Verkauf eines betrieblichen Pkws.
4. Auf dem Konto „**4640** (8920) Verwendung von Gegenständen für Zwecke außerhalb des Unternehmens 19 % USt" ist ein Betrag von 3.000 € gebucht.
5. Auf dem Konto „**6640** (4650) Bewirtungskosten" sind 300 € gebucht.
   Die Vorsteuer von 57 € wird auf dem Konto „**1406** (1576) Abziehbare Vorsteuer 19 %" erfasst. Die Kosten sind anlässlich der Bewirtung eines Kunden in einem Gourmet-Restaurant angefallen. Von den 300 € können nach der allgemeinen Verkehrsauffassung 200 € als angemessen angesehen werden. Müller führt den nach § 4 Abs. 5 EStG geforderten Nachweis anhand einer ordnungsgemäß ausgestellten Rechnung.
6. Auf dem Konto „**1406** (1576) Abziehbare Vorsteuer 19 %" sind 12.048 € gebucht.

II. Aufgabe

Berechnen Sie die Umsatzsteuerschuld (Zahllast) des Reiner Müller für den Monat Mai 2026.

A | L — Weitere Prüfungsfälle mit Lösungen finden Sie im **Lösungsbuch** der Steuerlehre 1, Seiten 127/128 ff.

Anhang 1

Mehrwertsteuersätze in den EU-Mitgliedstaaten

(Europäische Kommission, Stand 01.01.2026)

Mitgliedstaaten	stark ermäßigter Satz	ermäßigter Satz	Normalsatz	Zwischensatz
Belgien (BE)	–	6 / 12	21	12
Bulgarien (BG)	–	9	20	–
Dänemark (DK)	–	–	25	–
Deutschland (DE)	**–**	7	19	**–**
Estland (EE)	–	9	24	–
Finnland (FI)	–	10 / 13,5	25,5	–
Frankreich (FR)	2,1	5,5 / 10	20	–
Griechenland (EL)	–	6 / 13 / 17	24	–
Irland (IE)	–	9 / 13,5	23	–
Italien (IT)	4	5 /10	22	–
Kroatien (HR)	–	5 / 13	25	–
Lettland (LV)	–	12 / 5	21	–
Litauen (LT)	–	5 / 9	21	–
Luxemburg (LU)	3	8	17	14
Malta (MT)	–	5 / 7	18	12
Niederlande (NL)	–	9	21	–
Österreich (AT)	–	10 / 13	20	13
Polen (PL)	–	5 / 8	23	–
Portugal (PT)	–	6 / 13	23	13
Rumänien (RO)	–	11	21	–
Schweden (SE)	–	6 / 12	25	–
Slowakei (SK)	–	5 / 19	23	–
Slowenien (SI)	–	5 / 9,5	22	–
Spanien (ES)	4	10	21	–
Tschechien (CZ)	–	12 / 0	21	–
Ungarn (HU)	–	5 / 18	27	–
Zypern (CY)	3	5 / 9	19	–

Anhang 2

Umsatzsteuerzuständigkeitsverordnung (UStZustV)

in der vom 19.12.2025 geltenden Fassung

Unternehmer ist ansässig in	zuständiges Finanzamt
1. Belgien	**Trier**
2. Bulgarien	**Neuwied**
3. Dänemark	**Flensburg**
4. Estland	**Rostock**
5. Finnland	**Bremen**
6. Frankreich, Fürstentum Monaco	**Offenburg**
7. Großbritannien und Nordirland, Isle of Man	**Hannover-Nord**
8. Griechenland	**Berlin International**
9. Irland	**Hamburg-Nord**
10. Italien	**München**
11. Kroatien	**Kassel**
12. Lettland	**Bremen**
13. Liechtenstein	**Konstanz**
14. Litauen	**Mühlhausen**
15. Luxemburg	**Saarbrücken I**
16. Nordmazedonien	**Berlin International**
17. Niederlande	**Kleve**
18. Norwegen	**Bremen**
19. Österreich	**München**
20. Polen	**Hameln-Holzminden (A-G), Oranienburg (H-L), Cottbus (M-R und für alle Fälle der §§ 18 Abs. 4e, 18j und 18k UStG) und Nördlingen (S-Z)**
21. Portugal	**Kassel**
22. Rumänien	**Chemnitz-Süd**
23. Russland	**Magdeburg**
24. Schweden	**Hamburg-Nord**
25. Schweiz	**Konstanz**
26. Slowakei	**Chemnitz-Süd**
27. Spanien	**Kassel**
28. Slowenien	**Oranienburg**
29. Tschechische Republik	**Chemnitz-Süd**
30. Türkei	**Dortmund-Unna**
31. Ukraine	**Magdeburg**
32. Ungarn	**Zentralfinanzamt Nürnberg**
33. Weißrussland	**Magdeburg**
34. USA	**Bonn-Innenstadt**
alle anderen § 21 Abs. 1 Satz 2 UStG	**Berlin International**
alle § 18 Abs. 4c UStG	**Bundeszentralamt für Steuern in Bonn**

Anhang 3

Die **Schwellenwerte** der EU-Mitgliedstaaten
(Europäische Kommission, Stand 01.01.2026)

EU-Staaten	Erwerbsschwellen	Umsatzschwelle
Belgien	11.200 EUR	10.000 EUR
Bulgarien	10.000 EUR	10.000 EUR
Dänemark	80.000 DKK	10.000 EUR
Deutschland	**12.500 EUR**	**10.000 EUR**
Estland	10.000 EUR	10.000 EUR
Finnland	10.000 EUR	10.000 EUR
Frankreich	10.000 EUR	10.000 EUR
Griechenland	10.000 EUR	10.000 EUR
Irland	41.000 EUR	10.000 EUR
Italien	10.000 EUR	10.000 EUR
Kroatien	10.000 EUR	10.000 EUR
Lettland	10.000 EUR	10.000 EUR
Litauen	14.000 EUR	10.000 EUR
Luxemburg	10.000 EUR	10.000 EUR
Malta	10.000 EUR	10.000 EUR
Niederlande	10.000 EUR	10.000 EUR
Österreich	11.000 EUR	10.000 EUR
Polen	240.000 PLN	10.000 EUR
Portugal	10.000 EUR	10.000 EUR
Rumänien	34.000 RON	10.000 EUR
Schweden	90.000 SEK	10.000 EUR
Slowakei	13.941 EUR	10.000 EUR
Slowenien	10.000 EUR	10.000 EUR
Spanien	10.000 EUR	10.000 EUR
Tschechien	326.000 CZK	10.000 EUR
Ungarn	10.000 EUR	10.000 EUR
Zypern	10.251 EUR	10.000 EUR

MERKE → **Seit dem 01.07.2021** wurden die **Lieferschwellen** durch eine **einheitliche Umsatzschwelle** in Höhe von **10.000 Euro ersetzt**.

Anhang 4

Kalender 2026

Kalenderpedia
Informationen zum Kalender

Januar

KW	Mo	Di	Mi	Do	Fr	Sa	So
1				1	2	3	4
2	5	6	7	8	9	10	11
3	12	13	14	15	16	17	18
4	19	20	21	22	23	24	25
5	26	27	28	29	30	31	

Februar

KW	Mo	Di	Mi	Do	Fr	Sa	So
5							1
6	2	3	4	5	6	7	8
7	9	10	11	12	13	14	15
8	16	17	18	19	20	21	22
9	23	24	25	26	27	28	

März

KW	Mo	Di	Mi	Do	Fr	Sa	So
9							1
10	2	3	4	5	6	7	8
11	9	10	11	12	13	14	15
12	16	17	18	19	20	21	22
13	23	24	25	26	27	28	29
14	30	31					

April

KW	Mo	Di	Mi	Do	Fr	Sa	So
14			1	2	3	4	5
15	6	7	8	9	10	11	12
16	13	14	15	16	17	18	19
17	20	21	22	23	24	25	26
18	27	28	29	30			

Mai

KW	Mo	Di	Mi	Do	Fr	Sa	So
18					1	2	3
19	4	5	6	7	8	9	10
20	11	12	13	14	15	16	17
21	18	19	20	21	22	23	24
22	25	26	27	28	29	30	31

Juni

KW	Mo	Di	Mi	Do	Fr	Sa	So
23	1	2	3	4	5	6	7
24	8	9	10	11	12	13	14
25	15	16	17	18	19	20	21
26	22	23	24	25	26	27	28
27	29	30					

Juli

KW	Mo	Di	Mi	Do	Fr	Sa	So
27			1	2	3	4	5
28	6	7	8	9	10	11	12
29	13	14	15	16	17	18	19
30	20	21	22	23	24	25	26
31	27	28	29	30	31		

August

KW	Mo	Di	Mi	Do	Fr	Sa	So
31						1	2
32	3	4	5	6	7	8	9
33	10	11	12	13	14	15	16
34	17	18	19	20	21	22	23
35	24	25	26	27	28	29	30
36	31						

September

KW	Mo	Di	Mi	Do	Fr	Sa	So
36		1	2	3	4	5	6
37	7	8	9	10	11	12	13
38	14	15	16	17	18	19	20
39	21	22	23	24	25	26	27
40	28	29	30				

Oktober

KW	Mo	Di	Mi	Do	Fr	Sa	So
40				1	2	3	4
41	5	6	7	8	9	10	11
42	12	13	14	15	16	17	18
43	19	20	21	22	23	24	25
44	26	27	28	29	30	31	

November

KW	Mo	Di	Mi	Do	Fr	Sa	So
44							1
45	2	3	4	5	6	7	8
46	9	10	11	12	13	14	15
47	16	17	18	19	20	21	22
48	23	24	25	26	27	28	29
49	30						

Dezember

KW	Mo	Di	Mi	Do	Fr	Sa	So
49		1	2	3	4	5	6
50	7	8	9	10	11	12	13
51	14	15	16	17	18	19	20
52	21	22	23	24	25	26	27
53	28	29	30	31			

Gesetzliche Feiertage 2026 (bundesweit)

1. Januar	Neujahr	1. Mai	Tag der Arbeit	3. Oktober	Tag der Deutschen Einheit
3. April	Karfreitag	14. Mai	Christi Himmelfahrt	25. Dezember	1. Weihnachtstag
6. April	Ostermontag	25. Mai	Pfingstmontag	26. Dezember	2. Weihnachtstag

Angaben ohne Gewähr

Kalender 2027

Kalenderpedia
Informationen zum Kalender

Januar

KW	Mo	Di	Mi	Do	Fr	Sa	So
53					1	2	3
1	4	5	6	7	8	9	10
2	11	12	13	14	15	16	17
3	18	19	20	21	22	23	24
4	25	26	27	28	29	30	31

Februar

KW	Mo	Di	Mi	Do	Fr	Sa	So
5	1	2	3	4	5	6	7
6	8	9	10	11	12	13	14
7	15	16	17	18	19	20	21
8	22	23	24	25	26	27	28

März

KW	Mo	Di	Mi	Do	Fr	Sa	So
9	1	2	3	4	5	6	7
10	8	9	10	11	12	13	14
11	15	16	17	18	19	20	21
12	22	23	24	25	26	27	28
13	29	30	31				

April

KW	Mo	Di	Mi	Do	Fr	Sa	So
13				1	2	3	4
14	5	6	7	8	9	10	11
15	12	13	14	15	16	17	18
16	19	20	21	22	23	24	25
17	26	27	28	29	30		

Mai

KW	Mo	Di	Mi	Do	Fr	Sa	So
17						1	2
18	3	4	5	6	7	8	9
19	10	11	12	13	14	15	16
20	17	18	19	20	21	22	23
21	24	25	26	27	28	29	30
22	31						

Juni

KW	Mo	Di	Mi	Do	Fr	Sa	So
22		1	2	3	4	5	6
23	7	8	9	10	11	12	13
24	14	15	16	17	18	19	20
25	21	22	23	24	25	26	27
26	28	29	30				

Juli

KW	Mo	Di	Mi	Do	Fr	Sa	So
26				1	2	3	4
27	5	6	7	8	9	10	11
28	12	13	14	15	16	17	18
29	19	20	21	22	23	24	25
30	26	27	28	29	30	31	

August

KW	Mo	Di	Mi	Do	Fr	Sa	So
30							1
31	2	3	4	5	6	7	8
32	9	10	11	12	13	14	15
33	16	17	18	19	20	21	22
34	23	24	25	26	27	28	29
35	30	31					

September

KW	Mo	Di	Mi	Do	Fr	Sa	So
35			1	2	3	4	5
36	6	7	8	9	10	11	12
37	13	14	15	16	17	18	19
38	20	21	22	23	24	25	26
39	27	28	29	30			

Oktober

KW	Mo	Di	Mi	Do	Fr	Sa	So
39					1	2	3
40	4	5	6	7	8	9	10
41	11	12	13	14	15	16	17
42	18	19	20	21	22	23	24
43	25	26	27	28	29	30	31

November

KW	Mo	Di	Mi	Do	Fr	Sa	So
44	1	2	3	4	5	6	7
45	8	9	10	11	12	13	14
46	15	16	17	18	19	20	21
47	22	23	24	25	26	27	28
48	29	30					

Dezember

KW	Mo	Di	Mi	Do	Fr	Sa	So
48			1	2	3	4	5
49	6	7	8	9	10	11	12
50	13	14	15	16	17	18	19
51	20	21	22	23	24	25	26
52	27	28	29	30	31		

Gesetzliche Feiertage 2027 (bundesweit)

1. Januar	Neujahr	1. Mai	Tag der Arbeit	3. Oktober	Tag der Deutschen Einheit
26. März	Karfreitag	6. Mai	Christi Himmelfahrt	25. Dezember	1. Weihnachtstag
29. März	Ostermontag	17. Mai	Pfingstmontag	26. Dezember	2. Weihnachtstag

Angaben ohne Gewähr

Anhang 5

Aktuelle Rechtsänderungen – Übersicht

Die folgenden Tabellen fassen die in der aktuellen Auflage berücksichtigten Rechtsänderungen nach Themengebieten zusammen und dokumentieren die jeweiligen Quellen.

Berücksichtigte Rechtsänderungen Abgabenordnung					
Kapitel	Thema	Art Änderung	Quelle	Paragraf	Fundstelle
3.4.5	Elektronische Bekanntgabe von Steuerbescheiden	Gesetz	Viertes Gesetz zur Entlastung der Bürgerinnen und Bürger, der Wirtschaft sowie der Verwaltung von Bürokratie (Viertes Bürokratieentlastungsgesetz)	§ 122a AO	BGBl. 2019 I, Nr. 43, S. 1794

Berücksichtigte Rechtsänderungen Umsatzsteuer					
Kapitel	Thema	Art Änderung	Quelle	Paragraf	Fundstelle
2.1.2, 9.2.1	Steuersatz bei Abgabe von Speisen und Getränken	Gesetz, BMF-Schreiben	Steueränderungsgesetz 2025, BMF	§ 12 Abs. 2 UStG	BGBl. 2025 I Nr. 363; BMF-Schreiben vom 22.12.2025 - III C 2 - S 7220/00023/014/027
2.2.2.1	Aufhebung der Freizone des Hafens Cuxhaven	Gesetz	Gesetz zur Aufhebung der Freizone Cuxhaven und zur Änderung weiterer Vorschriften	§ 1 Abs. 2 UStG	BGBl. 2025 I Nr. 341
3.2.1	Vorsteueraufteilung	Gesetz	Gesetz zur Modernisierung und Digitalisierung der Schwarzarbeitsbekämpfung	§ 15 Abs. 4 UStG	BGBl. 2025 I Nr. 369
4.1	Zollanmeldung im Rahmen der zentralen Zollabwicklung	Gesetz	Steueränderungsgesetz 2025	§ 21b UStG	BGBl. 2025 I Nr. 363
8.2.1	Pauschbeträge unentgeltliche Wertabgaben	BMF-Schreiben	BMF	§ 10 Abs. 4 UStG	BMF-Schreiben vom 23.12.2025, IV D 3 - S 1547/00006/007/021
8.2.2	Sachbezugswerte	BMF-Schreiben	BMF	§ 2 Abs. 1 und 3 SvEV	BMF-Schreiben vom 29.12.2025 - IV C 5 - S 2334/00088/007/013
9.2.3	Aufteilung von Hotelleistungen (Business-Package, Servicepauschalen)	BMF-Schreiben	BMF	§ 12 Abs. 2 UStG	BMF-Schreiben vom 22.12.2025 - III C 2 - S 7220/00023/014/027
15	Umsatzgrenze für Besteuerung nach Durchschnittssätzen	Gesetz	Steueränderungsgesetz 2025	§ 22 UStG	BGBl. 2025 I Nr. 363

T

U

V

W

Z

Bornhofen

Die Lehrbücher

Steuerlehre 1
Allgemeines Steuerrecht, Abgabenordnung, Umsatzsteuer

Steuerlehre 2
Einkommensteuer, Körperschaftsteuer, Gewerbesteuer, Bewertungsgesetz und Erbschaftsteuer

Buchführung 1
Grundlagen der Buchführung für Industrie- und Handelsbetriebe

Buchführung 2
Abschlüsse nach Handels- und Steuerrecht, Betriebswirtschaftliche Auswertung, Vergleich mit IFRS

Die Lösungsbücher

Zu jedem Lehrbuch ist ein passendes Lösungsbuch mit zusätzlichen **Prüfungsaufgaben und Lösungen** erhältlich.

Die Bornhofen-Edition

Das Konzept

Aktualität, Praxisbezug und eine ausgefeilte pädagogische Aufbereitung der Inhalte kennzeichnen die Werke von Bornhofen. Die **Zweibändigkeit** und die **Vernetzung** zwischen den Steuerlehre- und Buchführungsbüchern bei ständig aktueller Rechtslage gewährleisten das sichere Verständnis der beiden Sachgebiete als auch ihres wechselseitigen Zusammenhangs. Aufgaben verschiedener Schwierigkeitsgrade bringen die notwendige Sicherheit bei der Umsetzung des erlernten Wissens.

Der Veröffentlichungsrhythmus

Steuerlehre 1 und Buchführung 1 erscheinen der **laufenden** Rechtslage angepasst stets im Juni eines jeden Kalenderjahres. Steuerlehre 2 und Buchführung 2 erscheinen mit dem **vollständigen** Rechtsstand des Vorjahres stets im **Februar** eines jeden Kalenderjahres. Gleichzeitig werden Ausblicke für das laufende Jahr geboten.

Unter **sn.pub/lecturer-material** erhalten **registrierte Dozenten** bei Angabe der ISBN eine eMail mit dem Downloadlink für ein Gratis-PDF mit ausgewählten Schaubildern.

Die Autoren und das Team

Die inhaltliche und methodische Darstellung von *StD, Dipl.-Hdl. Manfred Bornhofen* und *WP, StB, CPA, Dipl.-Kfm. Martin C. Bornhofen* ist wesentlich geprägt durch ihre praktischen Erfahrungen in der Wirtschaft und ihre langjährigen Lehr- und Prüfungstätigkeiten.

Manfred Bornhofen gehört zu den wenigen Autoren, die Gabler zu seinem 75-Jahre-Jubiläum 2004 für seine besonderen Leistungen als Autor mit dem Gabler-Award eigens ausgezeichnet hat.

StR'in, Dipl. BW (BA), M.A., M.Sc. Annika Bock ist nach ihrer Tätigkeit in der Steuerberatung nun im Schuldienst tätig und unterrichtet u. a. als Steuerfachlehrerin.

OStR'in, Dipl.-Finw., Dipl.-Hdl. Simone Meyer ist nach ihrem dualen Studium bei der Finanzverwaltung und dem anschließenden Studium der Wirtschaftspädagogik im Schuldienst als Steuerfachlehrerin tätig.

Ihr Bonus als Käufer dieses Buches

Als Käufer dieses Buches können Sie kostenlos das eBook zum Buch nutzen. Sie können es dauerhaft in Ihrem persönlichen, digitalen Bücherregal auf **link.springer.com** speichern oder auf Ihren PC/Tablet/eReader downloaden.

Gehen Sie bitte wie folgt vor:

1. Gehen Sie zu **link.springer.com** und suchen Sie das vorliegende Buch (am schnellsten über die Eingabe der eISBN).
2. Legen Sie es in den Warenkorb und klicken Sie dann auf: **zum Einkaufswagen/zur Kasse.**
3. Geben Sie den untenstehenden Coupon ein. In der Bestellübersicht wird damit das eBook mit 0 Euro ausgewiesen, ist also kostenlos für Sie.
4. Gehen Sie weiter **zur Kasse** und schließen den Vorgang ab.
5. Sie können das eBook nun downloaden und auf einem Gerät Ihrer Wahl lesen. Das eBook bleibt dauerhaft in Ihrem digitalen Bücherregal gespeichert.

EBOOK INSIDE

eISBN: 978-3-658-51982-7

Ihr persönlicher Coupon: 3bVeak9RZlqujil

Sollte der Coupon fehlen oder nicht funktionieren, senden Sie uns bitte eine E-Mail mit dem Betreff: **eBook inside** an **customerservice@springernature.com**.

GPSR Compliance

The European Union's (EU) General Product Safety Regulation (GPSR) is a set of rules that requires consumer products to be safe and our obligations to ensure this.

If you have any concerns about our products, you can contact us on ProductSafety@springernature.com

In case Publisher is established outside the EU, the EU authorized representative is:

Springer Nature Customer Service Center GmbH
Europaplatz 3
69115 Heidelberg, Germany

Printed by Wilco bv, the Netherlands